# 今の大ヒットはこれだ

2024年度版



専用ホームページ
http://www.mrpartner.co.jp/daihit2024/

# 生きづらさを抱える
# すべての人に送るラジオ

仕事や家庭、子育てなど様々な人間関係のトラブルに悩む方の心のケアをしてきた『INSIDE』主宰でカウンセラーの石橋典子さんがMCを務める「渋谷クロスFM（88.5MHz）の『繊細さんいらっしゃい』（毎月第3月曜日昼12時～LIVE放送）が、2024年6月17日より放送を開始した。傷つきやすく、様々な生きづらさを抱えている繊細さん向けの情報番組。回によってはゲストを迎えて繊細エピソードの対談を行う。繊細さんが穏やかな心で日常を送るヒントなどお届けする。

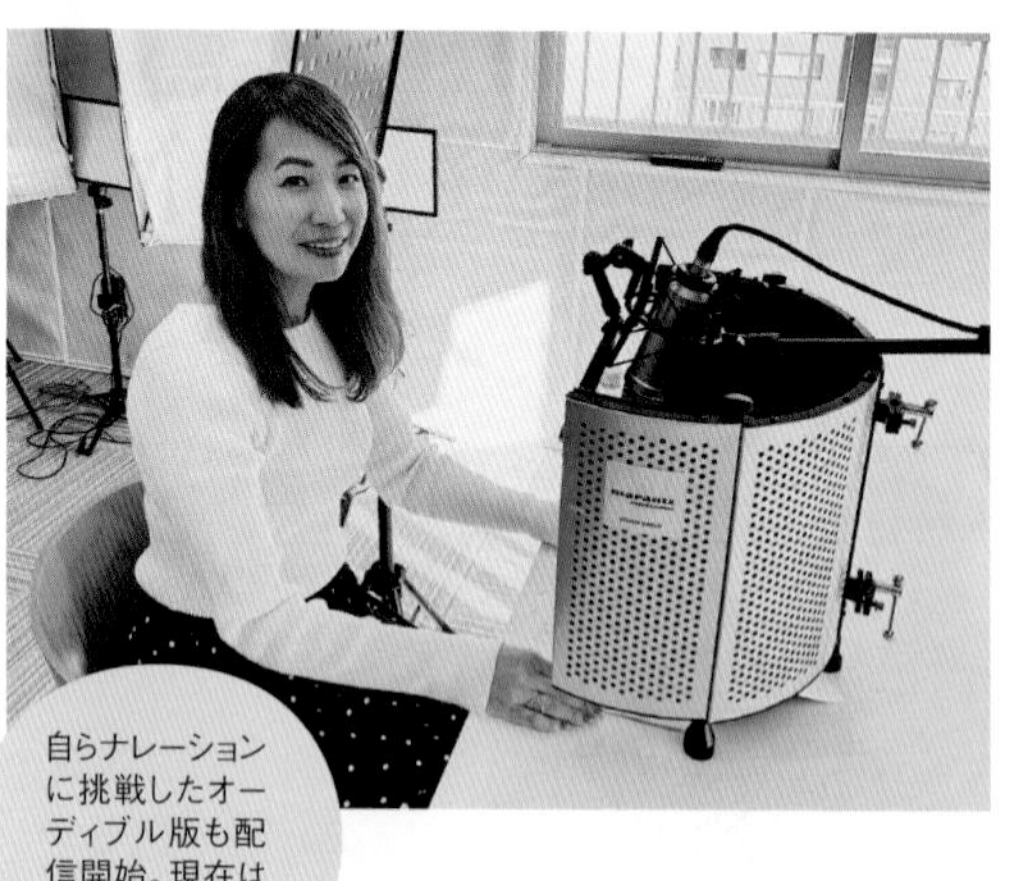

自らナレーションに挑戦したオーディブル版も配信開始。現在は新著書執筆に注力している。

主宰 石橋典子さん

カウンセラー。幼少期から多数の困難に遭遇するも独自の思考法で解決。過去の経験を活かしたカウンセリングセッションを行ってきたが個人セッションは終了、現在は各メディアを通じてメンタルヘルスの重要性を伝えている。週刊エコノミストREC AWARD 2024に選ばれた。


INSIDE いしばしのりこ

TEL/080-4096-5858 E-mail/n.ishibashi58@gmail.com
東京都渋谷区神宮前2 INSIDE
https://www.noriko-counseling.com/
Youtube INSIDE ヒプノシス 音声ファイル 検索

Amazon
社会心理学カテゴリーの「ギフトとしてよく贈られている商品」で

第1位 獲得!

初著書
『エネルギー・バンパイア』
現代書林刊
定価 1,540円（税込）

エネルギー・バンパイアは

“いい人の仮面”をかぶって心のやさしい人を狙う!!

5人に1人いる?!

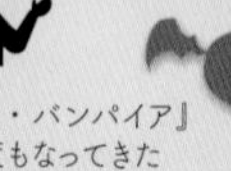

友人関係

『エネルギー・バンパイア』の餌食に何度もなってきた著者がエネルギーの守り方を教えます。

# 2024年度版 今の大ヒットはこれだ!! ≪目次≫

CONTENTS

2024年度版

今の大ヒットはこれだ!!

本誌掲載の商品に関しましては、特別な表記がない限り、すべて税込価格となっております。

# 1 相続と空き家対策は専門家に

**相続は争族という言葉があるくらい
家族内で揉めてしまうものである。
そうならないように
頼りになる相続の専門家に
相談しましょう。**

# 空き家対策に有効なアパート経営を推奨

## ブランディングされたサロン型賃貸のESPRESSO

人口減少などを背景に増える一方の空き家。その対策の要である土地の有効活用の理想的なモデルがある。『株式会社ESPRESSO』代表取締役で不動産企画コンサルタントの牛田寛千(かんじ)さんが企画設計したニューヨーク・ブルックリンにあるようなカフェスタイルの賃貸アパート『ESPRESSO®』の建築だ。カッコよく暮らしたい若い社会人や自分磨きに敏感な女性、豊かな暮らしを望むカップルなどの感性をくすぐるスタイリッシュな空間構成とデザインで、ネイルサロンやビジネス用のスモールオフィスなどにカスタマイズすることも可能。空き室が出ず、安定収益が期待できる活用策だ。

東京都大田区大森南3丁目に新しくできた「ESPRESSO 大森南」を見れば、その魅力は一目瞭然だ。木造2階建てで、1~2階とも「1LDK＋ロフト」タイプ。11・8帖のLDKに隣接して3・8帖の洋室、その洋室にウォークインクローゼットがあり、LDKから階段を上がると4・8帖のロフト、そのロフトにもウォークインクローゼットという配置。ロフトがある分、天井が高く開放感を感じられる。

内装の壁面がレンガタイル柄でヴィンテージ感が漂うのが大きな特長。1階がグレーレンガタイル柄、2階が赤レンガタイル柄。ステンレストップにダークブラウンのパネルがスタイリッシュなキッチンにはIHコンロが2口。カウンターがあり、腰高のスツールを置いてコーヒータイムを楽しむこともできる。洋室は引き戸。水廻りはサニタ

ウッド調の色彩のコンビネーションとデザインサッシ、『ESPRESSO®』のスタイリッシュなデザイン。

## 【サロン型賃貸】フェムテックサロン

リールームとしてバスルーム、洗面所、洗濯機置き場、トイレが一体になっていて機能的、海外のホテルにあるようなスタイル。木目調とブラックアイアンのシンプルな洗面台、ダークブラウンのアクセントパネルがスタイリッシュなバスルームもお洒落。浴室乾燥に暖房、涼風機能がついている。

ロフトには、手すり付きのしっかりとした階段で上がる。ほどよい高さで秘密基地感覚が味わえる。ベッドスペースにも第2のリビングスペースにも使える。エントランスオートロックつきの玄関で、暗証ダイヤルポストと部屋専用の宅配ボックスが設置されている。ほぼ同じ間取りの2階へは廊下の奥にある階段で上がる。

外部のファサードもブラック、ブラウン、ウッド調の色彩のコンビネーションとデザインサッシ、ブラックの幕板に『ESPRESSO®』の看板文字がスタイリッシュなデザインを印象付ける。

「賃貸アパート経営で重要なのは、空室対策です。全国の空室率が約2割

## ESPRESSO GARAGE HOUSE

## ESPRESSO APARTMENT

といわれるいま、住みたいと憧れを持ってもらえる部屋であることが大事なのです。言い換えれば、住みたい人を探すのではなく、住みたい人が集まってくる、そんなアパートを建てることです」

　こう指摘する牛田さんが、老朽化した空き家を解体撤去した後の土地活用とアパート経営を成功へと導くためのポイントとして挙げるのが「デザイン性の高さ」「建築コストの良さ」「満足度の高さ」「空室率の低さ」「収益力の高さ」だ。

「コンセプト型賃貸の『ESPRESSO®』アパートメントは、設計時においてある程度仕様をパターン化して設計の簡略化を図り、メーカーと業務提携を行い、協力体制を構築しています。このように建築コストの原価管理を徹底することで、建設費がわかりやすくなり、土地を有効に活用する事業計画へとつながります。また『ESPRESSO®』のようなコンセプト型の物件にはファンがつきます。ファンのこだわりや

ESPRESSO
まるで
スタバのような空間！
これからの
賃貸はこれだ！

ライフワークが写真などにより表現され、その空間にマッチした家具や雑貨の特徴が記号化されてSNSなどを通じて広がっていきます。そんなこだわりのある人たちが集まることで、ファンクラブが構築され、入居待ちリストが現実化します。土地活用と部屋探しの情報のマッチングによって、空室率ゼロを目指すことが可能になるのです」

牛田さんは、『ESPRESSO®』を利用して店舗環境を整備し、給料などを支給するトライアルサロンから始め、そのまま経営を継続できるサロン開業支援事業も開始した。ネイル、アイラッシュ、フェイシャル、脱毛、フェムテックなどサロンを目指す女性には願ってもない、素敵なお部屋での「隠れ家サロン」の開業のチャンスになるもので、空き家対策に悩む所有者の選択肢として、『ESPRESSO®』のサロンへのカスタマイズも提案していく考えだ。

（ライター／斎藤紘）

ESPRESSO

ESPRESSO
ルームツアー

ESPRESSOは
ニュースだ！

ESPRESSO
賃貸経営セミナー

代表取締役
**牛田寛千**（かんじ）さん

不動産企画コンサルタントとして、コンセプト型賃貸物件『エスプレッソ』でファンとなった入居者の集客から賃貸事業の企画提案、施工まで行う。不動産企画コンサルタント、宅地建物取引士。

株式会社 **ESPRESSO**
エスプレッソ

0120-358-505
lan@lan-c.jp
㊟ 愛知県清須市新清洲1-4-6 セゾン新清洲101
http://espresso-apartment.com/ @espresso.fanclub

# 国税庁経験を生かし相続案件に的確対応

30年超に及ぶ国税庁勤務で培った経験と知見を生かし、相続や事業承継の難問を最善の着地点に導いてきたのが『大倉佳子税理士事務所』所長の大倉佳子さんだ。毎年度ごとに変わる税制を踏まえながら、遺言書作成時のアドバイスから相続財産の調査、遺産分割をする際に考慮すべき相続税の特例のアドバイス、節税対策、相続税の申告代行、不動産の相続登記、負担の少ない事業継承達成のサポートまで幅広く対応するが、要は相続税の申告代行だ。

「相続税とは、相続する財産が相続税の基礎控除額を超えた時に発生する税のことです。相続税申告の手続きは非常に煩雑で、特に相続財産に不動産や土地などが含まれていた場合は名義変更や評価計算も行わなければならず、申告内容はさらに複雑になります。当事務所では、正確な納税額を算出し、期限遅れによる延滞税や加算税などの罰金を防ぐことができます。また、基礎控除以外にも配偶者の税額軽減や小規模宅地等の特例などを適用することで相続税を減額できる制度があります。これらの制度には厳しい適用条件が設けられていたり、年々内容が変更されたりするため個人で適用するのは困難です。当事務所では、ご依頼者様が適用条件を満たしているかどうか判断し、少しでも相続税額が減額できるよう努めています」

大倉さんは、払いすぎた相続税の還付請求も支援する。

「相続税の申告期限から5年以内であ

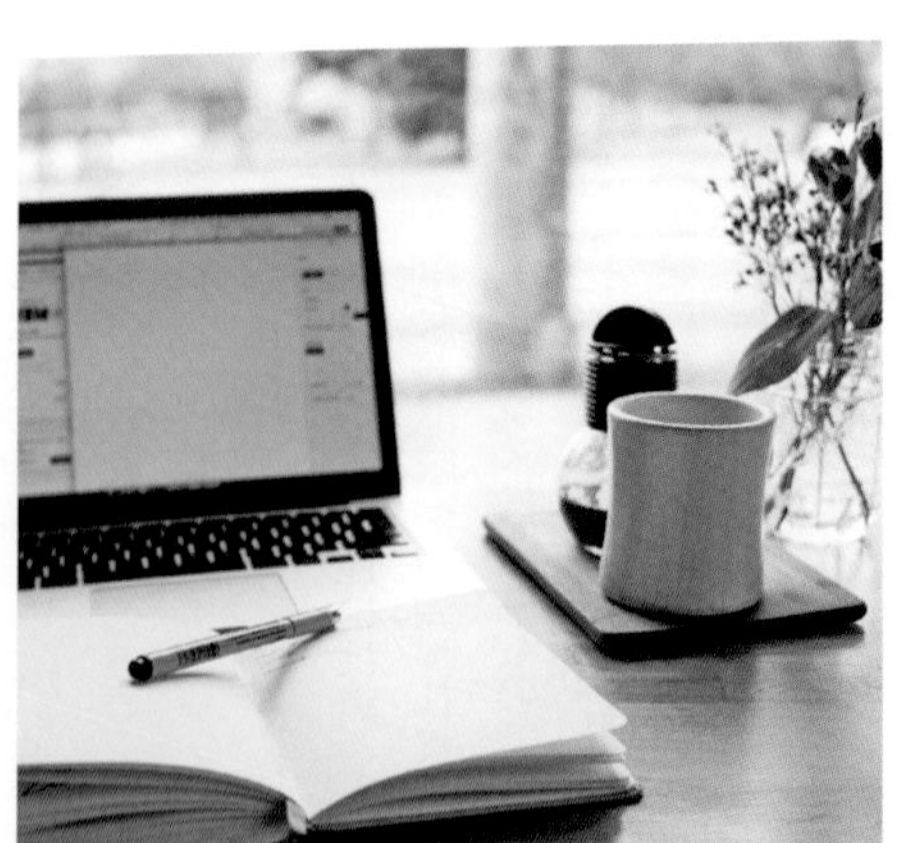

『クマさんの女心と仕事心
―W・HEART』(文芸社)
定価 1,100円+税

れば、払いすぎた相続税を取り戻せる可能性があります。個人で相続税申告をした、特長のある土地を相続した、現地調査をせずに土地を相続した、手書きの相続税申告書を提出したなどいった場合、不要な相続税を収めた可能があるので、ぜひ相談して下さい」

事業承継については令和6年度税制改正で、事業承継税制の承認計画の提出期限が法人版、個人版とも令和8年3月31日まで2年延長されたことなどに留意を促す。

(ライター/斎藤紘)

「確定申告は、税制を一番身近に感じ、毎日身の引き締まる期間」と大倉さんは語る。

代表
**大倉佳子** さん

東京国税局採用。都内税務署及び国税庁に30年余り勤務。2017年『大倉佳子税理士事務所』開業(関東信越税理士会所沢支部所属)。2018年、中小企業等軽々強化法に基づく経営革新等支援機関に認定。

**大倉佳子税理士事務所**
おおくらよしこぜいりしじむしょ

☎ 04-2924-0790
✉ garnet-bear8@jcom.zaq.ne.jp
㊟ 埼玉県所沢市上新井5-33-15
http://okura-tax.jp/　https://taxoo-jimusyo.com/

相続の一連の手続きをワンストップで対応。女性の細やかな視点で丁寧なサポート。

# 二つの国家資格活用 円滑円満な相続実現

森大輔税理士事務所
Digital Minds Tax Counselor Office

相続税申告・相続対策・終活
迷わず依頼したくなる理由

安心感

400件
相続税申告

100件
相続対策・終活

相続専門 税理士
森 大輔

圧倒的な安心感と豊富な実績、そして充実した専門家と提携先。

中堅税理士法人で相続チームに所属し、主に相続財産約5億円規模の案件を担当、相続専門税理士法人で4000万~10億円規模の案件を中心に400件超の相続案件を担当、国内最大手税理士法人で管理者として相続案件全般に関与。「心に寄り添う相続対策のスペシャリスト」を標榜する『森大輔税理士事務所』代表の森大輔さんの実績だ。遺産分割のサポート、相続税申告、節税対策に加え、生前相続対策や二次相続対策、贈与税申告、空き家対策の相続コンサルティングまで対応、税理士と二級ファイナンシャル・プランニング技能士のダブル国家ライセンスに裏付けられた幅広い知見が業務の信頼性を支える。専門家として助言や手続きの代行を行うことができる遺産分割のサポートは森さんの実力が伝わる典型例だ。

「遺産分割は、被相続人の残した財産を相続人たちがどのように分けるのかを決定する重要な手続きで、遺言書の有無や相続人の状況によって方法が異なります。遺産分割の方法には現物分割、代償分割、換価分割、共有分割の4つあり、それぞれにメリットとデメリットがあるため、遺産の種類や相続人の状況に応じて適切な方法を選びます。当事務所では、遺産の把握と評価、財産目録の作成、遺産分割協議書の作成まで相続人全員の意見を尊重しながら相続が円満、円滑に進むよう支援します」

空き家を相続した場合の対策について相談を受けた時は、管理費や維持

## 四つの考え方

Digital 効率
DX クラウド
心 Mind 幸せ Tax 税金
心交 税理士
相談 Counselor

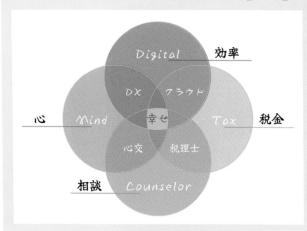

**1. Digital**

最新のIT技術を取り入れ、
常に先進的なアプローチで
効率化を目指します。

**2. Mind**

心を大事にし、個々の状況に合わせて最適なサービスを提供します。

**3. Tax**

常に最新の税務に精通し、
専門家としてアドバイスします。

**4. Counselor**

受容・傾聴・共感を意識し、
あらゆるお悩みの相談を受けます。

費がかかる、取り壊し費用を請求される場合がある、固定資産税がはね上がる場合があるなど経済的な問題点を指摘、相続人が売却を選択し、令和9年12月31日までの間に売って、築年や売却代金など一定の要件に当てはまるときは、譲渡所得の金額から最高3000万円まで控除することができる「被相続人の居住用財産（空き家）に係る譲渡所得の特別控除の特例」の活用も提案する。

（ライター／斎藤紘）

圧倒的 安心感　豊富な 経験！　充実の 提携先！

森大輔税理士事務所
Digital Minds Tax Counselor Office

こちらからも
検索できます。

代表
**森大輔** さん

熊本学園大学大学院会計専門職研究科アカウンティング専攻修了。複数の税理士法人を経て独立開業。税理士、二級ファイナンシャル・プランニング技能士、日商簿記一級、全経簿記上級。「株式会社ミライズ」取締役。

**森大輔税理士事務所**
もりだいすけぜいりしじむしょ

✉ support@dm-taxcounselor.com
https://dm-taxcounselor.com/

全国へ向けてオンライン対応。理想の未来へ導いてくれる。

# 日常のお困りごと相談！

行政書士（家族信託専門士・身元保証相談士）

身元保証
家族信託
無料
相続
離婚
相談
遺言書
空家
終活

# 相続の生前対策支援
# 家族信託契約を推奨

遺言書の作成や家族信託など相続の生前対策で頼りにされているのが『行政書士つかもと駅前相談室』代表の中嶋士朗さんだ。行政書士に認められた権限と知見を動員するだけでなく、約30年の教師経験で培ったヒアリング能力も生かし、相談案件の課題を見極め、最適解を追求する姿勢が支持される理由だ。

契約書作成の専門家であり、家族信託普及協会認定の家族信託専門士でもある中嶋さんが力を入れているのが家族信託の支援だ。

「遺産相続は、争続と呼ばれるように大変な困難が待ち受けている場合がありますので、ご相談者様の元気なうちの意思決定と正式な書類作成が重要です。その有力な選択肢となるのが、財産を所有する人が元気なうちに信頼できる家族などに、その管理や処分を託すという財産管理方法の一つ、家族信託です。財産管理や活用が成年後見制度より柔軟に行えるのが利点です。家族信託は財産を託す委託者と託された財産の管理運用や処分などを行う受託者の信託契約によって成立しますが、当事務所では不備不足のない信託契約書を作成し、公正証書にすることが可能で、一連の手続き円滑に進めることができます」

また中嶋さんは、「遺言書」を遺しておくことの大切さも分かっていただきたいという。

「特に第三順位である兄弟姉妹が相続人となる場合は注意が必要です。兄弟姉妹には遺留分がないため、生前

※家族信託ってなに？
※終活について相談にのってほしい！
※離婚について相談してみたい！
※相続の手続き（銀行の解約など）
※遺言書を書きたい！
※身元保証の相談にのってほしい！
※空き家問題について
※その他お困りごと全般

に遺言書を作っておくことで安心を手に入れる場合が多いのです。実際このような依頼に何度も遭遇しています」

そして、中嶋さんが一番強調したいのは、「『元気なうちに』信託や遺言書などの『手当て』を行っておくとがどれほど大切なことかぜひわかっていただきたい」という。

（ライター／斎藤紘）

「家族信託専門士・身元保証相談しとしてお困りごとを承ります」

代表
**中嶋士朗** さん

大阪市立大学商学部卒。キヤノンマーケティングを退職後、大阪市立の中学校社会科教諭として30年間務める。2016年退職後、行政書士資格を取得。2017年、行政書士登録。2018年『行政書士つかもと駅前相談室』開業。

行政書士 **つかもと駅前相談室**
つかもとえきまえそうだんしつ

☎ 06-6836-9446
✉ nakajima@sodansitu.jp
㊟ 大阪府大阪市西淀川区柏里2-7-27 ビクトワール塚本601
https://sodansitu.net/

## 元気な今だからこそ準備できること

- ☑ 財産の所有者が認知症になるのが心配
- ☑ 銀行に定期預金をしている
- ☑ マイホームなどの不動産を所有している
- ☑ 昔からの保険をそのままにしている
- ☑ 将来、施設に入る予定がある
- ☑ 自宅を売却して老後の資金にしたい
- ☑ 遺言書を残しておきたい
- ☑ 介護にはいくら必要か知らない
- ☑ 軽度認知症害(MCI)を聞いたことがない

# 不動産相続に的確助言
# 生前対策・空き家対策

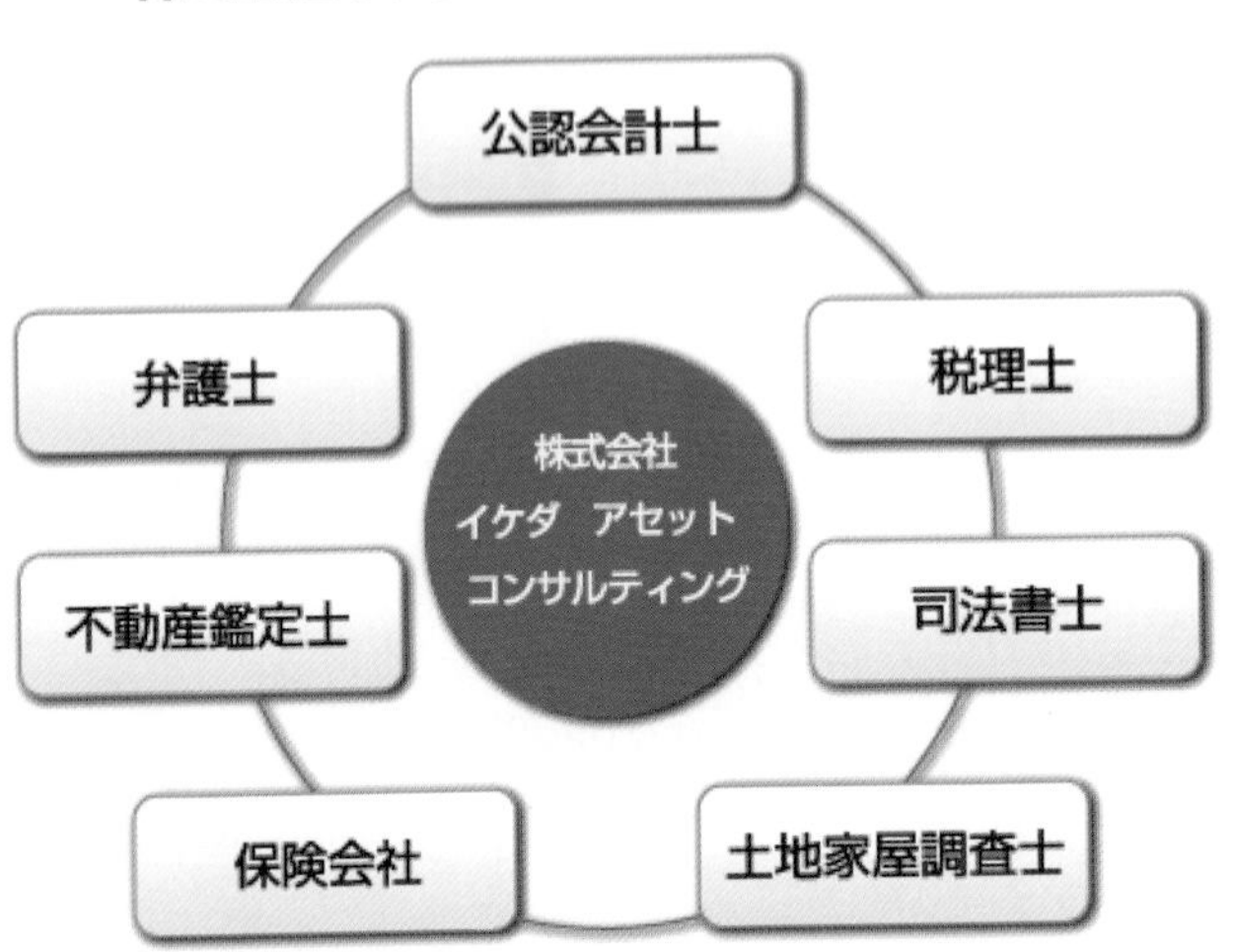


相続の中でも特に複雑で難解な問題といわれる不動産相続を深く、幅広い知見で解決に導いてきたのが、公認会計士、税理士、行政書士の国家資格と相続診断士の民間資格を併せ持つ『池田幸弘公認会計士事務所』代表の池田幸弘さんだ。生前対策、空き家対策を重視し、最適解を追求する。

「不動産相続は、相続人間での財産分配、相続税の問題、遺産分割の方法など複雑な要素が絡み合い、生前対策が重要です。相続税は、相続税の評価方法に従って、土地は路線価、建物は固定資産税評価額で評価されるが、土地の形状や使用状況、権利状況などにより評価が変わるので、不動産の適切な評価と税金対策が重要な要素となります。当事務所はお客様にとって最大限に節税した相続税を計算させて頂きます」

空き家対策では、二つの法律に留意を促す。一つは2024年4月から相続登記を義務化した民法・不動産登記法の改正。

「この法改正は、所有者が特定できない空き家が増えて社会問題化していることが背景になっています。相続によって不動産を取得した相続人は、その所有権の取得を知った日から3年以内に、遺産分割が成立した場合には、遺産分割が成立した日から3年以内に、相続登記をしなければなりません。いずれの場合も正当な理由なく義務に違反した場合は10万円以下の過料の適用対象となります。2024年4月1日より以前に相続が開始している場合も3年の猶予期間がありますが、義務化の対象となりますので、不動産を相続したら、早めに登記することが大事です」

もう一つが、2023年12月13日に施行された空家対策推進特措法の改正。

「空き家の多くは、親から相続しながら相続人が住まずにいるケースがほとんどです。法改正で、倒壊の危険性や衛生上著しく問題のある状態の特定空家だけでなく、放置すれば特定空家化する状態の管理不全空家と勧告を受けた場合も住宅用地特例が解除され、土地の固定資産税が最大で6倍に増加しますので、専門家に相談して、土地の有効活用などの対策を考えるべきです」

（ライター／斎藤紘）

代表
**池田幸弘** さん

中小企業の取締役、「新日本有限責任」監査法人、「船井総研系」の財産コンサルティング企業、税理士法人勤務を経て、『池田幸弘公認会計士事務所』の開設及び『株式会社イケダアセットコンサルティング』を設立。東京税理士会研修会講師、日本公認会計士協会、税務第一委員会委員長、市川市市政戦略委員を歴任。

## 池田幸弘公認会計士事務所
いけだゆきひろこうにんかいけいしじむしょ

03-5335-7981
ikeda@ike-cpa.jp
住 東京都杉並区荻窪5-16-14 カパラビル8F
http://ike-cpa.jp/

こちらからも
検索できます。

# 遺言書は60歳過ぎたら遺言の専門家に相談を

「残された遺族に悲しい争いが起きないよう遺言書の作成は、体力、気力のあるうちに取り組むことが大事です」

こう指摘して、60歳を過ぎたシニア層に遺言書作成の準備を始めるよう促すのが『行政書士 柴田法務会計事務所』所長の柴田純一さんだ。行政書士とファイナンシャルプランニング技能士の国家資格に裏付けられた専門知識と金融機関で20年間、中高年層の生活設計アドバイザーをした経験が遺言書作成に係るアドバイスの信頼性を支える。

「遺言を残さずに死亡した場合、遺産は民法の定める法定相続分に応じて相続人に分割されることになります。例えば、亡くなった方が、家業を継承している長男に法定相続分より多く遺産を相続して欲しいと望んでいた場合、遺言書がなければ長男が他の相続人より多く相続できるかどうかは他の相続人との協議次第となってしまいます。相続は権利関係が絡むものであり、家族間でさえ協議が難航するという事態に陥ってしまう事もありえます。家族間にヒビが入ることのないように事前に対応策を考えておくことが大切です」

最高裁の司法統計によると2022年に家庭裁判所で扱った遺産分割事件の件数は12981件にのぼり、柴田さんが指摘するように遺産分割をめぐって家族間で争いが起きていることがわかる。

柴田さんは、遺言書類作成相談を受ければ、相続人の調査や相続財産

の確認を経て、すべての文章や日付などを自分の手で書く自筆証書遺言の原案作成や遺言者が証人二人の立会いのもとで口述した内容を公証人が筆記し、全員が署名押印して作成する公正証書遺言の作成をサポートする。

「遺言書は厳格な法律文書であり、その書き方によっては、せっかくの遺言が無駄になってしまう可能性があります。街の身近な法律家として最善にして遺漏なき遺言書になるよう支援します」

（ライター／斎藤紘）

高齢者のご相談が多いため、ほとんどのご相談は、依頼者のご指定場所へお伺いしております。ご指定場所は、ご自宅でも、ご入院先でも、またご相談者のご希望の場所、どこでもお伺いしますので、お気軽にご連絡ください。

所長
**柴田純一** さん

中央大学法学部卒。金融機関を定年退職後、遺言・相続専門の行政書士として独立。ファイナンシャルプランニング技能士。円満相続遺言支援士。全国自衛隊父兄会賛助会員、東京都自衛隊父兄会賛助会員。東京都防衛協会評議会員。

行政書士 **柴田法務会計事務所**
しばたほうむかいけいじむしょ

☎ 03-6780-1408 FAX 03-6780-1409
✉ info@yuigonsyo.biz
㊟ 東京都板橋区大谷口2-24-13
https://www.yuigonsyo.biz/

全国相続協会相続支援センター
https://www.souzoku-kyoukai.com/

# 相続不動産の評価に有効なITサービス

日本最大級のデータベースと確かなロジックで

## 全国の不動産をだれでも簡単スピード評価

＼ サービスがすぐに分かる ／

相続税の算定で最も重要なのが相続財産の金額構成比で40％と大きな割合を占める土地、建物の不動産の評価だ。その評価で威力を発揮するのが『株式会社タス』の高精度の不動産評価ITサービス『TAS-MAP（タスマップ）』。不動産鑑定士の国家資格を持つ代表取締役の絹川善明さんは、基礎控除が引き下げられ、相続税の課税対象者が広がった状況を背景に、『TAS-MAP』を活用した相続コンサルティングを推進していく考えだ。

『TAS-MAP』は、不動産鑑定評価理論をベースに開発され、「土地建物評価」「マンション評価」「収益評価」などのサービスを提供している。日本全国の土地や建物をわずか3分で属人性や恣意性を排除した精度の高い評価ができるほか、一棟アパートやマンション、事務所、テナントビルなどの収益物件の賃料収入や空室率、運営費用、利回り計算などを自動判定することも可能だ。

「お客様から相続対策として現時点での相続税の概算額を知りたいなどといった相談を受けます。『TAS-MAP』のユーザーである相続税コンサルタントからは、「TAS-MAP」を利用して相続不動産の価格を把握することで相続税の納税資金をいかに準備するかという対策だけでなく、所有財産のポートフォリオを変更することによって相続税額を引き下げるアドバイスができるようになったと、好評をいただいています」

絹川さんは、『TAS-MAP』を利用した相続コンサルティングの好例として高齢者施設に移るため空き家になる実家を

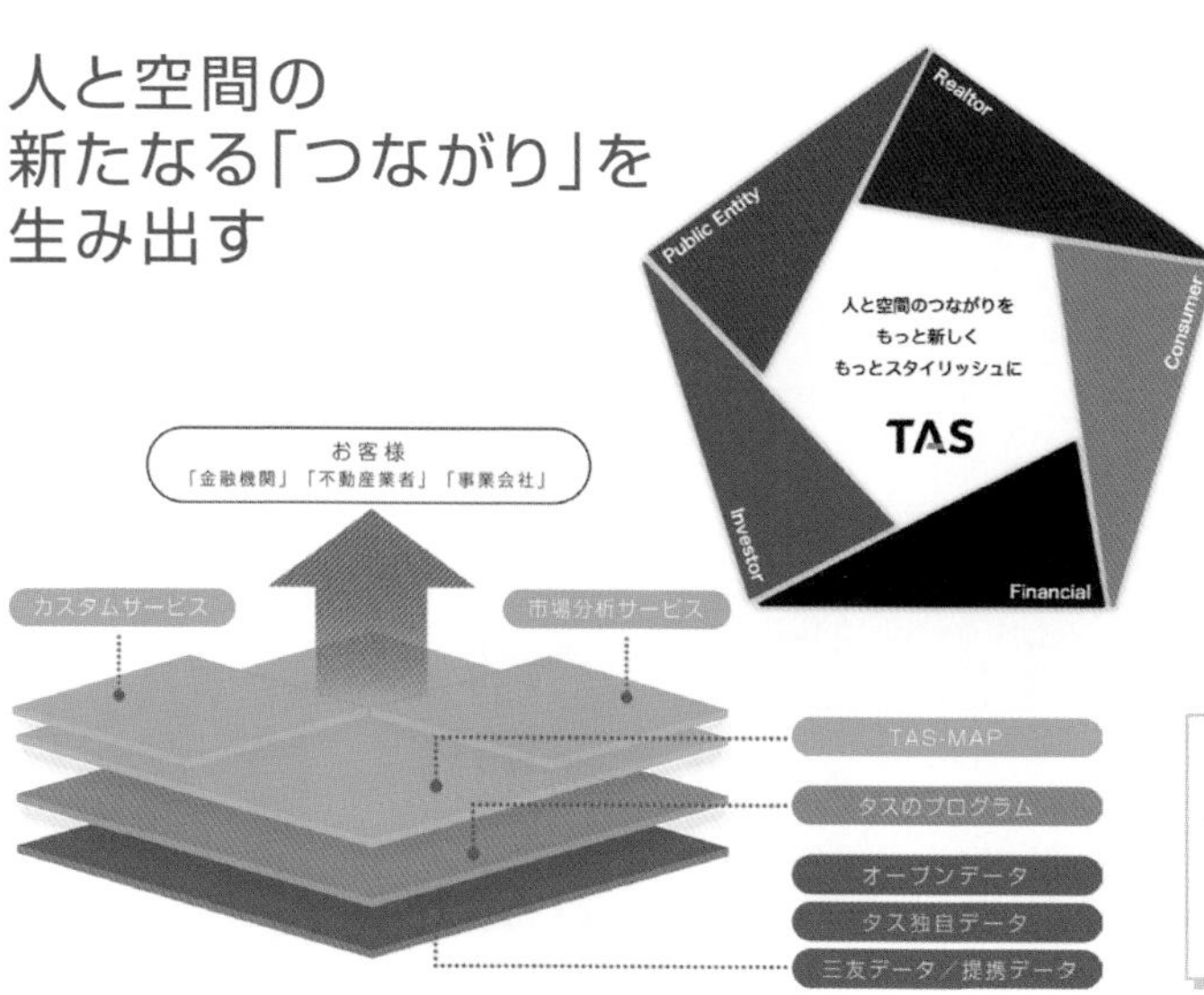


**不動産情報提供サービス**

- 不動産評価
- ブルーマップ
- 路線価/住宅地図等
- 土地情報レポート

**ITソリューション支援**

- データ・システム連携
- 業務ソリューション支援
- 業務関連調査・レポート
- 研究開発

**データ分析サービス**

- 不動産インデックス
- ハイブリッド分析
- エリアマーケティング
- オーダーメイド分析

取り壊してアパート経営を検討していた資産家のケースを挙げる。アパート経営をした場合、『TAS-MAP』の収益評価で見てみると、期待できる家賃収入は少なく空室率も高いエリアでTASキャッシュフロー表によるローンシミュレーションから見ると12年後に赤字経営に転落する可能性があることから、実家を売却し、その資金で都心市街地の中古区分マンションを入居者付きで買い替える提案をし、資産家から信頼と正式依頼を受けることができたという。（ライター／斎藤紘）

代表取締役
**絹川善明** さん

中央大学理工学部卒。不動産鑑定士。公共機関でインフラ開発に携わった後、不動産投資法人、外資系不動産コンサル企業、固定資産税コンサルタントを経て、2022年『株式会社タス』代表取締役に就任。

**株式会社 タス**

☎ 03-6222-1023
✉ yoshiaki-kinukawa@tas-japan.com
㊟ 東京都中央区八丁堀3-22-13 PMO八丁堀4F
https://corporate.tas-japan.com/

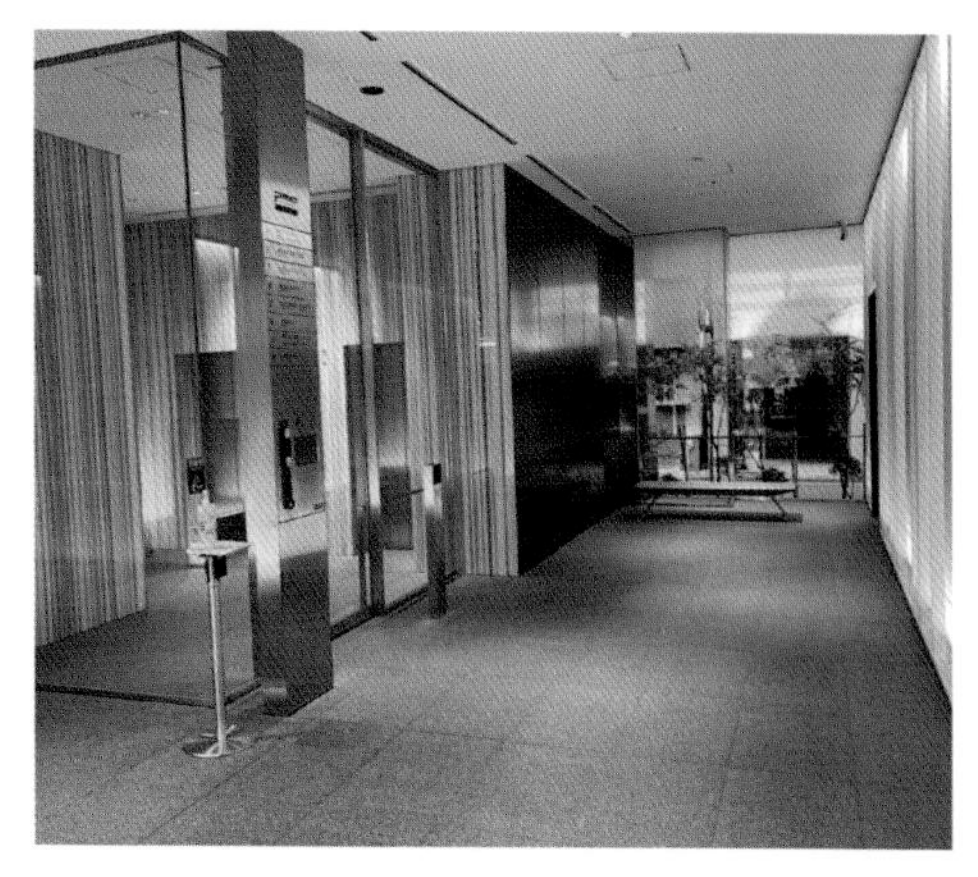

# 相談者の心に寄添う 相続や遺言書の支援

創業37年、親子で運営する司法書士事務所。司法書士4名体制で親身に対応。

1987年開業の『足立司法書士事務所』で父親の足立雅彦さんと共同代表を務める絵理さんは、相続や遺言書、不動産登記などに関わる法務サービスで実績を重ねる司法書士だ。大学での法教育の講師経験を持ち、その深い知見が業務の信頼性を支える。

相続に関しては、戸籍の収集や相続財産の調査、遺産分割協議書の作成などの遺産承継業務、遺言執行業務、不動産相続手続き、金融機関での預貯金解約と受け取り手続きまでカバー、遺言書については、遺産に関する様々な問題を未然に防ぐために、法律上決められたルールに沿った作成を支援する。また、「想いや歴史を残すことは、残された家族の心の資産になる」と、同事務所独自のサービスとして、「これまでどう歩んできたか」「どんな思いでここまで来たのか」「残された人に何を伝えたいのか」を深く掘り下げた自分史としての遺言と思い出の写真をセットにした「遺言×ヒストリーアルバム」も作成する。

（ライター／斎藤紘）

「遺言×ヒストリーアルバム」

共同代表
**足立絵理** さん

大学で法教育の講師経験あり。相続・事業承継等のセミナー講師多数行う。共著書に「社長の年代別事業承継バイブル」「経営者の安心ライフノート」の2冊。2児の母。「求められるもの以上のものをご提供したい」そんな想いで仕事に向き合う。

## 足立司法書士事務所
あだちしほうしょしじむしょ

☎ 06-6266-2209
✉ info-legal@office-adachi.jp
㊟ 大阪府大阪市中央区南船場2-2-2-204 ヴァンデュールアッシュ南船場
https://www.office-adachi.jp/

# 空き家の利活用に注力
# 相続不動産に適切助言

保険だけでなく、総合的なお金の相談をすることができる。

将来の不安を減らすことをサポート。

講演会やセミナーも開催。

熊本県玉名市の『あんしんライフプラン相談室』代表の久保田豊さんは、人口減少などで深刻化する空き家問題に精力的に取り組んできた行政書士だ。全国古家再生推進協議会や日本マンション投資アナリスト協会の会員になり、空き家の利活用による収益化や空き家を活用した投資についてセミナーを開催するなどの啓発活動はその一端。また、空き家や空きビルの再生によってまちの活性化を目指す「九州DIYリノベWEEK」にボランティアとして参加、異業種の専門家たちと意見交換しながら地元の駅前のシャッター通りの活性化など空き家の利活用も進めてきた。さらに、行政書士や宅地建物取引士、不動産経営管理士、不動産投資アナリストなどの資格に裏付けられた幅広い知見を生かし、相続した不動産の問題が生じない名義変更や利活用、売却か保有かの選択などについて、現地で物件の状態を確認したうえで、相続人にとって最善の方法を助言している。

（ライター／斎藤紘）

https://kubotagyouseisyoshi.net/
（あんしんライフプラン相談室）

代表
**久保田豊** さん

東京都立大学法学部卒。1992年から法律事務所でパラリーガル（法律事務専門補助者）として25年勤務。2018年「久保田行政書士事務所」を開業。行政書士、二級ファイナンシャルプランナー技能士、宅地建物取引士。

## あんしんライフプラン相談室
あんしんライフプランそうだんしつ

090-6474-7485
southgate777yutak@gmail.com
㊟ 熊本県玉名郡南関町大字上長田666-4
https://kubotagyouseisyoshi.com/

人と人との、出会い、繋がり、時間を大切に

株式会社
マルサンクロノス

# 相続不動産の相談に売却活用で的確な提案

千葉県、東京23区を中心に投資物件の販売。

不動産売買の仲介や不動産投資のコンサルティングで数多くの物件を扱ってきた『マルサンクロノス株式会社』代表取締役の森本孝之さんは、相続した不動産をどうすべきか悩む相続人の相談に乗り、多角的観点から検討を加え、最善策を提案して信頼を集めてきた不動産のプロだ。

「不動産を相続した場合の対処法は、自分で住む、人に貸す、売る、等価交換する、土地を活用するの5つが選択肢になりますが、家屋が老朽化し、社会問題になるほど空き家が増えている現状では、更地にした土地の売却か活用が対策の鍵になります。売却する場合は、物件の立地、築年数、広さ、市場動向などから査定し、相続税も考慮しながら適正な価格を導き出します。活用の場合は、立地環境を考え、投資用アパートや貸店舗、駐車場、コインランドリーなど失敗のリスクが低く、収益をもたらす用途を考えていきます」

（ライター／斎藤紘）

不動産に関する不安、悩みを解決できるようにサポート。相続した土地を処分したい、収益不動産の売買、相続対策、土地活用、賃貸事業など不動産に関する問題を解決。

代表取締役
**森本孝之** さん

2022年10月『マルサンクロノス株式会社』設立、代表取締役に就任。千葉県、東京都23区内の不動産売買仲介、不動産投資物件紹介、不動産コンサルティングを実施。

**マルサンクロノス** 株式会社


☎ 03-5830-3283
✉ marusan@marusan0123.com
㊟ 東京都台東区元浅草1-3-2 松岡ビル4F
https://marusan-estate.com/

# 地域再生と新価値創出 空き家共創企画が始動

## 「空き家共創企画」

・人口減少
・空き家の増加
→ 地域社会の空洞化・不安定化

〈コンセプト〉
1. 互助・互恵の理念と実利のインセンティブとの調和した融合
2. 個人間の契約関係の明確化と将来的なリスク回避
3. 「消費型社会」「成長社会」から「ストック型社会」「持続可能社会」への転換

〈空き家共創企画登録フォーム〉
類型：Ⅰ　売買予約権付定期借家(期間上限5年)
類型：Ⅱ　共創型リフォーム条件付売買
類型：Ⅲ　DIY型賃貸(国土交通省推奨)
類型：Ⅳ　通常型売買・賃貸

売主(貸主)様 → 登録 → 〈空き家共創企画登録フォーム〉 ← 登録 ← 買主(借主)様

売主(貸主)様 → 管理受託契約締結 登録 → 〈空き家管理登録フォーム〉 → 適宜マッチング・媒介 → 買主(借主)様

〈空き家管理登録フォーム〉
・資産価値保全　・利活用
・地域の居住環境向上

うなぎの寝床と呼ばれる間口が狭い構造で建替えも難しい町家が多く、住宅約8軒のうち1軒が空き家という全国でも空き家率の高い京都市で、空き家を活用し、地域再生と新価値創出を目指すプロジェクトが始動する。不動産事業や保全修繕事業、リフォーム事業、空き家・賃貸住宅管理事業などで実績を重ねる『株式会社いちぶん不動産商会』代表取締役社長の神野明人さんがプロデュースする「空き家共創企画」だ。

「現在、社会的な喫緊の課題として、空き家の再利活用による地域社会の居住環境の向上と、ストック社会、あるいは持続可能な社会の実現が要請されています。それに応えるのが『空き家共創企画』です」

神野さんは、「共創」に込められる互助、互恵の精神と実利面でのインセンティブとの調和のとれた融合をコンセプトに、空き家の適切な管理形態や利活用方法を示していく考えだ。

（ライター／斎藤紘）

代表取締役社長
**神野明人** さん

1988年から機械設備に携わり、2022年『株式会社いちぶん不動産商会』設立。宅地建物取引士、行政書士、マンション管理士、マンションリノベーションアドバイザー、ボイラー整備士、第二種電気工事士などの資格保有。


株式会社 **いちぶん不動産商会**
いちぶんふどうさんしょうかい

075-748-8921
ichibun@ichibun.co.jp
㊟ 京都府京都市伏見区中島中道町27
https://ichibun.co.jp/

# 空き家を見回り管理
# 窓開けや清掃など代行

料金 月2回 3,300円（税込）オプションは料金別途。

空き家が増え続け、総務省の速報集計によると2023年10月1日現在で900万戸にのぼり、その管理が社会的課題になる中、所有者に代わって定期的に空き家を見回るサービスを始めたのが『合同会社 BEES-FACTORY』だ。代表社員平木智之さんは、「空き家対策特別措置法の改正で放置して管理不全空き家に認定されると固定資産税が最大6倍にもなる」と指摘し、管理委託を促す。サービスは、見回り当日に鍵を受け取り、二人1組で空き家に行き窓開け空気の入れ替え、室内清掃、下水の水通しを行う中、「普請事がないか」「害獣害虫がいないか」などを調べ、郵便物を回収して届けて不要なチラシなどを処分する。オプションとして庭木の剪定、草刈り作業なども行う。また、空き家見回りサービスのほか、自宅から介護施設などへの引っ越しの手伝いや家具の移動などお年寄りの困ったを解決する取り組みも行っている。

（ライター／斎藤紘）

代表社員
**平木智之** さん

廃棄物収集運搬会社で廃棄物に関わる様々仕事を経験後、2012年遺品整理を手がける「明日香サービス」設立。2024年3月『BEES-FACTORY』設立。遺品整理士認定協会認定の遺品整理士。

合同会社 **BEES-FACTORY**
ビーズ-ファクトリー


075-315-0177
ending.asuka@gmail.com
㊟ 京都府京都市中京区壬生土居ノ内町29
http://www.asuka-service.net/

# 誠心誠意の遺品整理
# 社会規範に沿い実施

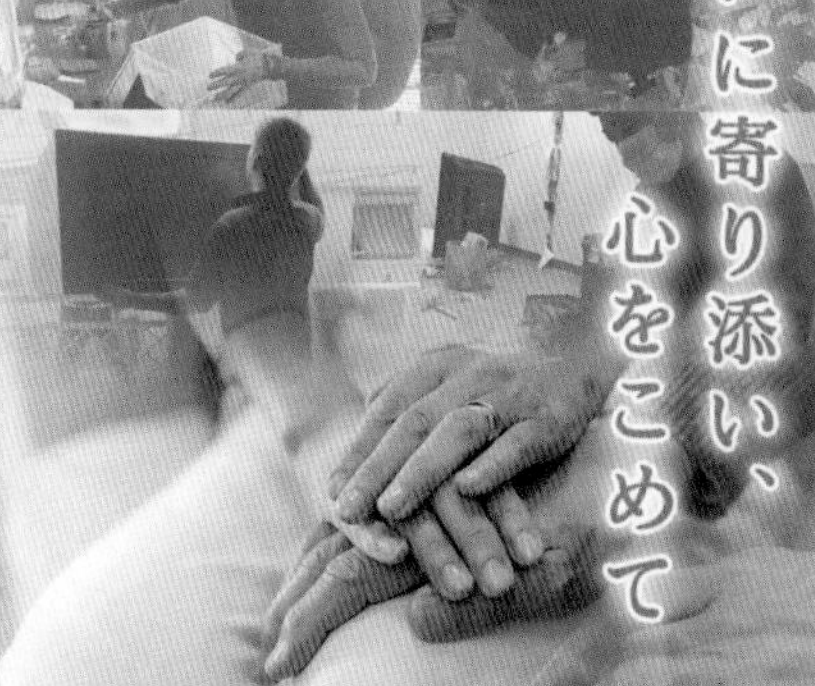

想いに寄り添い、
心をこめて

まごころこめて、サービスを提供。

高齢化社会で重要性が増す遺品整理や生前整理、不用品回収、特殊清掃で頼りにされているのが『Re:move』代表の田中亮太さんだ。

遺品整理関係の法令、遺品整理業の社会的な役割、遺品の供養についての心構えなどの知識が求められる一般社団法人遺品整理士認定協会認定の遺品整理士の資格を持ち、業務実施に必要な産業廃棄物収集運搬や古物商の許可証を取得、遺族の心に寄り添い、社会規範に則って、誠心誠意業務に向き合う姿勢が支持される理由だ。

「遺品整理には、亡くなった方の相続に関する貴重品や重要書類の整理、思い出の品などを分別、処分、保管、寄付などが含まれます。高齢者施設への入所などに伴うご自宅の生前整理にも対応します」

田中さんは、事件や事故による死亡や孤独死などが発生した家の特殊清掃も行う事件現場特殊清掃士の資格も持つ。

（ライター／斎藤紘）

こんなお悩みはございませんか？

- 生前整理を始めたいけど進め方がわからない
- 不用品が多くて処分に困っている
- 空き家になった実家を整理してほしい
- すぐに部屋を退去する必要がある
- 福祉施設に移るので整理したい

RE Re:move

「遺品整理」対応エリア:近畿一円を中心に日本全国。

代表
**田中亮太** さん

少量の不用品の撤去から一軒家の全撤去まで対応。遺品整理士、事件現場特殊清掃士、産業廃棄物収集運搬業許可証などの資格と10年以上の経験で培ったスキルと柔軟な対応でお客様のご要望に丁寧に応える。

**Re:move**
リ：ムーブ

0120-09-5311
re_move-5311@outlook.jp
㊟ 大阪府大阪市淀川区田川北3-4-36
https://remove5311.com/

庭木の剪定・伐採。

引っ越し。

遺品整理・生前整理。

家の中の不要品整理、処分、買取。

# 家屋の困り事に対応
# 空家も対象の便利屋

家屋に関する様々な困りごとに対応して約20年、一万人以上の依頼主を笑顔に変えてきたのが、神奈川県秦野市を拠点に活動する『便利屋Handy-man』代表の野崎喜弘さんだ。亡くなった親から実家を相続したものの、遠くに住んでいて管理に手が回らないなどといった空き家のオーナーからの相談にも応じている。

これまでに手がけた仕事は、生前整理や遺品整理から室内、庭、物置、倉庫の不用品の整理と処分、買取、引越し手伝い、庭木の剪定、伐採、草刈り、草むしり、物置の解体処分、ゴミ屋敷清掃など多岐にわたる。こうした仕事の多くは、空き家を維持管理する上でも必要になるが、依頼があれば適切に作業する。また、軽トラック、1tトラック、1・5tトラックのいずれかの荷台いっぱいに不用品を積み込んで処分できる「トラック詰め放題パック」というサービスも行っている。

（ライター／斎藤紘）

こちらからも検索できます。

代表
**野崎喜弘** さん

神奈川県の秦野市や平塚市を中心に活動する『便利屋Handy-man』の代表。困りごとを抱えた依頼主に寄り添う親身な対応とフットワークの良さが評判になり、依頼が絶えない。産業廃棄物収集運搬の許可や遺品整理士の資格も取得。

便利屋 **Handy-man**
ハンディ・マン

☎ 080-9777-5374
✉ handyman.benri0901@gmail.com
㊟ 神奈川県秦野市菩提436-1
https://handy-man0901.com/

# 家族史を未来に残す デジタルで写真整理

『未来ギフトアルバム』「自分の人生を綴った自分史」や家族との思い出、一族の家系図、資料とともに一冊に。

「アルバムを捨てたいけど、思い出がなくなりそうで捨てられない」「過去に現像・プリントした写真が整理できずにたまっている」など、お悩みを解決。

高さ65cmのアルバムが、A4サイズ36ページの未来ギフトアルバムにしたら、厚さ1cmに変身。

重くてかさばるアルバムや箱の中でバラバラになった写真をデジタル技術で整理し、手軽に見えるようにした『池田パソコン塾』代表の池田小百合さん考案の『未来ギフトアルバム』が評判だ。制作方法を伝授するほか、家族史を記録に残す生前対策として制作も行う。

「生前整理を学んでわかったのは、重くて扱いにくく、保管に困るアルバムが一番の困りということでした。そこで考えたのが『未来ギフトアルバム』。人生の大切な記録を残し、大人になった子どもたちの未来へ届けなければという想いからつけた名前です」

制作方法は、スキャン機能のあるプリンタ複合機や無料のスキャンアプリをインストールしたスマホで写真をデジタル化し、パソコンに取り込んで、探しやすいように年代ごとやイベントごとにフォルダ名やファイル名をつけて整理するもので、DVDで残すことも可能だ。スマホに溜まったデジタル写真の整理方法も教える。

（ライター／斎藤紘）

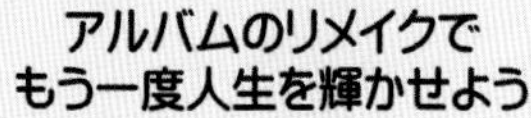


## アナログ写真 片づけ講座

アルバムのリメイクで
もう一度人生を輝かせよう

代表
**池田小百合** さん

1998年に『池田パソコン塾』を開校。パソコン講座の他、未来ギフトアルバム作成認定講座も指導。生前整理活用アドバイザー、一般社団法人自分史活用推進協議会自分史活用アドバイザーも保有している。

未来ギフトアルバム運営事務局 **池田パソコン塾**
いけだパソコンじゅく

0982-63-6262
ikeda-pc-juku@ace.ocn.ne.jp
㊟ 宮崎県東臼杵郡門川町南ヶ丘1-24
https://mirai-gift-album.jimdosite.com/

column

# あなたの会社は大丈夫？ハラスメントの今と昔

## 知っておくべきハラスメントの対策と対処法

NGH（米国催眠士協会）認定ヒプノティストの資格証。


NORIKO ISHIBASHI

いしばしのりこ

TEL/080-4096-5858　E-mail/n.ishibashi58@gmail.com
東京都渋谷区神宮前2 INSIDE
https://www.noriko-counseling.com/

Youtube　INSIDE ヒプノシス 音声ファイル　検索

こちらからも検索できます。


部下に「ハラスメントをされた」といわれたり、実際に訴えられた方から相談を受けたことがあります。これまでにも会社の飲み会で交流を深めることは行われてきましたが、今は親交を深めたくてお誘いしただけでも相手が不快を感じたらハラスメントといわれてしまう時代です。お酒好きで誘われて嬉しい人もいますが、お酒を飲めない人もいるので、お酒を飲める、飲めないを知ったうえで声をかけると良いでしょう。職場では、上司が部下を叱ったり注意をすることがありますが、ハラスメントといわれるのを警戒して注意しにくいと感じることも。円滑にコミュニケーションができている職場は、上司が若い子の良さや得意なものを認めて学ぼうという姿勢を持っている傾向があります。同じ言葉でも相手がどのように受け取るかという問題なので、さじ加減が本当に難しいと思います。ハラスメントを受けたと感じたときは、直属の上司または人事部の方に相談がおすすめ。初回相談無料の弁護士の先生も多いので利用するのも良いでしょう。

継続性がある場合は、ICレコーダーやボイスメモで録音するのも一つの手段です。精神的に病んで体調に影響したり、その職場で働くこと自体を見直さなければならないこともあります。ハラスメントの種類とどこからが本当に訴えれてしまうのかの法的な解釈をある程度知っておくと対応しやすいと思います。ハラスメントかなと思ったら、自分の中だけで迷わずに周りの人やカウンセラー、弁護士などに相談するなど、状況を客観視することも大切です。

石橋典子さん

学習院大学法学部政治学科卒。実業家の祖父からビジネスのレクチャーを受け、大学卒業後は民間気象事業会社、クリエイティブ事業会社にてセールス・企画・ブランディング業務に携わる。現在はカウンセラーとして各メディアを通じメンタルヘルスの大切さを伝える。本年度 週刊エコノミスト「REC AWARD 2024」に選出された。

# 素人の考えでは問題は
# 解決できないことも多いので、
# 困ったときは、そ
# の道の専門家に任せよう。

夜遅くまで夫婦で打ち合わせ。「手を抜かず、妥協しない」精神は、優れた職人に選ばれるほど。お客様に満足していただくため、日々努力を重ねていく。

2020年、工務店グランプリ『匠』受賞。

代表取締役
**宍戸信照** さん

神奈川県出身。『有限会社信和土建』を創建した父親の「仕事は見て覚えろ。ワザは盗むもの」という教えを胸に経験を積み、27歳のとき事業を継承。仲間の職人たちと協力し合い施工。基礎工事の配筋マイスター、転圧マイスター。

# 「匠の盾」を受賞した土台作りの匠 その技に隠された気配りの心

## 匠の技で土台作り 重要な「養生・脱枠」

『有限会社信和土建』代表の宍戸信照さんは、創建したお父様の教え「仕事は見て覚えろ、ワザは盗むものだ」という言葉を胸にコツコツと経験を重ね、27歳の時に事業を継承した。それ以来、日々、職人仲間と協力し合い施工をしている。

宍戸さんは、工事の配筋マイスター、転圧マイスターでもある。工事の配筋マイスター、転圧マイスターとは、建物の安定性、耐久性、耐震性に関わる土台造りが正しく行われているか、戸建てを建てる人が判断する上で基準になる基礎工事の理想形を作られているかを、第三者住宅検査機関のホームリサーチ社が職人を顕彰する制度。この制度で宍戸さんは、卓越した技術を持つ人に与えられる最高位の三ツ星の転圧マイスターと、配筋マイスターの称号を受賞した。全国工務店グランプリで「匠の盾」も受賞した正真正銘、匠の技の持ち主である。

建物で一番大事なことは、土台作りだという。地震が多い日本では、特に土台作りは建物の良し悪しに直結する。すべての物事において基礎づくりは大事だと思うが、建物においては特に耐震性や居住性に大きく関わってくる。生死に関わると

有限会社 **信和土建**
しんわどけん

042-763-4443
㊟ 神奈川県相模原市中央区田名7165-13

妥協を許さぬマイスターの工具。高い道具を使い、大事にしていく。安い道具も同じ大事にする。

「馬筋」

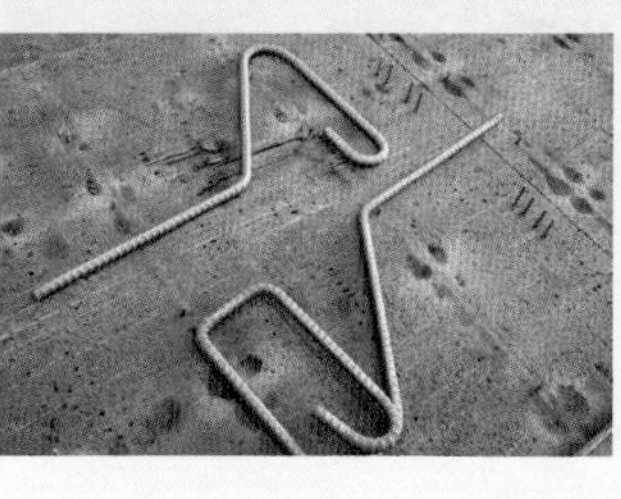

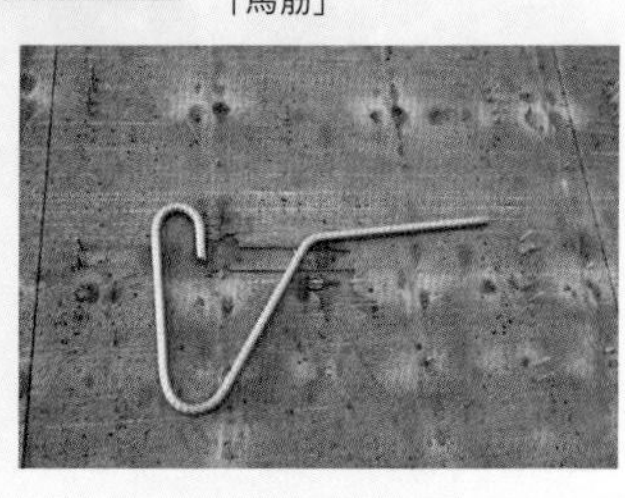

いうのも決して大袈裟ではないだろう。その大切な土台作り、匠の技を持つ宍戸さんから、今回は「養生・脱枠」についてお話を伺った。

「基礎工事における養生とは、コンクリートを型枠に流し込んでから固まるまでの間、急激な乾燥や温度変化、風雨や直射日光から保護したり、十分な強度が確保できるまでの期間、振動や外力の悪影響を受けないように保護することをいいます。コンクリートというのは、セメントと水の化学反応、これを水和反応といいますが、徐々に固まり、強度を増していきます。硬化する初期の段階で急激に乾燥するとセメントの水和反応に必要な水が不足し、十分な強度が確保されない可能性も出てきてしまう。このような不都合を生じないために、打ち込み初期のコンクリートは養生マットや水密シートにより、乾燥や外気温の影響から保護し、所定の期間養生することが必要あります。これが養生というのです」

シートをかぶせたら、あとは待つだけ、というわけではない。乾燥の度合いによっては、水を散布したり、被膜養生剤を塗布することなども奨励されている。

高い道具を使い、大事にしていく。安い道具も同じ大事にする。

「どれくらいの期間、養生が必要なのかというと、建築学会から発行されている『建築工事標準仕様書』によると、普通ポルトランドセメント(もっとも一般的なセメント)を用いて、標準的な住宅基礎の耐用年数を確保する場合、養生期間は5日以上、ということになっています。しかしながら、工期や工程によっては、これが難しい場合もある。また、最低5日間養生をしなければ、コンクリートが必要な性能を発揮できないのかというと、必ずしもそうとは言い切れない。先ほど紹介した仕様書(通称JASS5)これによると、打ち込んだコンクリートの圧縮強度が10N／㎜2以上に達したことを確認すれば、その段階で以降の養生は打ち切ることができるとされています。様々な実験結果の蓄積によって、この圧縮強度まで硬化が進めば、以降の湿潤養生を行わなくとも乾燥による強度増進の不足や中性化、つまり炭酸ガスが浸透し、これによる抵抗性の低下などの問題は生じないことが分かったからです」

だが、現実には現場のコンディションは千差万別である。例えば、湿度が低い環境下で直射日光に晒されたりすると、コンクリートの水分が急激に失われ、細かいひび割れが生じやすくなる。これをプラスチックひび割れという。強い風に吹き付けられたような場合も水分が飛散してしまうので、プラスチックひび割れが発生しやすい。このような場合は、とにかく乾燥から守るため、養生マットや水密シートなどで覆い水分を維持する方法や硬化したコンクリートに散水や噴霧を行う、または水を張って水分を供給する方法、コンクリートを保湿する膜養生剤や浸透性の養生剤を塗ることで、水分の逸散を防ぐ方法などの手段がとりプラスチックひび割れを防ぐ。

逆に冬の寒さの中では、セメントの水和反応の進みが遅くなるために硬化の進行が遅れたり、打ち込み初期のコンクリートが凍結すると初期凍害というダメージを受ける、凍結障害の危険があるのだという。この場合は保温養生といい、断熱材で表面を覆いセメントの水和反応で生じる熱を逃がさない方法がとられる。それでもなお、凍結の危険性があると判断されるような場合は、コンクリートの周囲の気温を上げる、給熱養生という方法がとられる。

「具体的には、基礎をテントで覆って、内部の空間をジェットヒーターやストーブを使って暖めます。他にも練炭を使用する方法や電気で熱を発する特殊なシート、電気毛布を連想していただけるとわかりやすいが、そうしたシートで表面を覆う方法もあります。このようなことは、ごく特殊な例で、普通はシートによる養生で事足ります」

だが、そこにもやはり、職人技の見せ場というものがあると宍戸さんはいう。

「例えば、耐圧盤の打設前に雨が降れば、防湿シートの水滴をスポンジや雑巾などでふきとり水分の流入を防ぎます。養生期間を終えると脱枠の作業に入り、型枠を外すのですが、その際も外履き内履きにはき替えて行い、耐圧と立ち上がりの継ぎ目を地べラなどで綺麗に掃除をします」

土台作りがいかに大切か、匠の技の裏には、日々の気配りがある。心を込めて一つひとつ細かい作業を気配りしながらの作業。夢のマイホームを立てる際には、こうして見えないところも、心を込め丁寧な作業をしてくれる、職人技の方に出会えることが重要ではないだろうか。

（ライター／河村ももよ）

「良い仕事をした達成感が『信和土建』より職人に与える本当の報酬と考えています」と宍戸さん率いるメンバーの目は熱く輝いている。

会長
**菱沼博之** さん

祖父や父親が経営者で早くから独立心を抱く。自衛隊を除隊した21歳の時から父親の仕事を手伝いながら建設業のノウハウを磨き、24歳で独立。『ライフ建設』、『ライフ興産』、『ライフ開発』、『ニシオカリース』で構成する『ライフグループ』会長。

# 発想の転換で建設業の2024年問題克服
# 土木工学の功績で国際グランプリを受賞

## 人・車両を増やさず事業維持 低迷する日本経済にも提言

傘下に4事業会社を擁し、栃木県真岡市を拠点に建設事業など20を超える事業を展開する『ライフグループ』会長の菱沼博之さんが、元皇族の伏見博明氏が総裁を務める世界学術文化審議会による世界最優秀技術認定に基づき2024年6月、米国財団法人国際学士院から国際グランプリと工学博士の称号が与えられた。土木工学分野の新工法の開発などが評価されたものだが、その思考回路の原点にあるのが発想の転換だ。今、建設業界は働き方改革で時間外労働時間に上限が設けられた2024年問題への対応で苦慮しているが、この課題に対しても発想の転換で独自の業務遂行スキームを構築し、2024年問題をクリアしながら作業員の生活も向上する一石二鳥の効果を生み出した。

2024年問題は、働き方改革関連法の改正で年間時間外労働時間が制限されるもので、流通、運輸、建設などの事業会社や医師に適用され、建設業では時間外労働時間の上限が原則として月45時間以内、年360時間以内となっているほか、企業の規模に関係なく月の時間外労働時間が60時間を超える場合は50%の割増賃金を


株式会社 **ライフ建設**
ライフけんせつ

0285-81-7916
lifeconstruction@themis.ocn.ne.jp
㊟ 栃木県真岡市西田井1129-2
http://life-group-global.com/

有限会社ライフ興産　㊟ 栃木県芳賀郡益子町大字益子3312-1

株式会社ニシオカリース　㊟ 栃木県真岡市西田井字東原1144-8

株式会社ライフ開発　㊟ 栃木県真岡市西田井東原11-1

支払う必要がある。正社員や契約社員の労働環境が改善される半面、人手不足で人材確保が困難、新規に雇用する経済力がない、売上や従業員の収入が減少するといった負の側面があり、業界が苦慮する理由だ。

『ライフグループ』は、中核の『ライフ建設』と『ライフ興産』『ライフ開発』『ニシオカリース』の4社で構成。土木・建築工事、造成工事、解体工事、建設残土処理、太陽光発電などの再生可能エネルギー施設建設、産業廃棄物処理、土石採取、山林立木の伐採、建設資材の運搬、木材チップの製造販売、重機・車両リース、不動産の売買仲介、不動産の管理、自動車修理などの事業を展開しているため、2024年問題をクリアするためには経営努力が必要だった。

「建設業では、雨や台風で作業ができない日があっても、納期は決まっているために作業時間の波が出てしまい、長時間労働が避けられない場合が少なくありません。だからといって人や車両を増やすことは人手不足が深刻な建設業界の現状や資金面を考えると、そう簡単にできることではありません」

こう指摘する菱沼会長が着目したのが、一人親方など個人事業主の場合は労働時間の管理が不要なことと、家電通販会社が家電メーカーの空き生産ラインを利用して安く商品を作って売る手法。これを組み合わせたのが独自の業務遂行スキームだ。

「当グループでは、ダンプカーやトレーラーなど約300台の車両を二人の作業員に1台ずつ割り当てて運用し、土砂や建設残土、重機、建設機材などを運んでいきましたが、2024年問題を見越して2年前から、昼間に規定時間内で社員として作業した後、夜間に個人事業主としてグループ会社の仕事を請け負う形で作業し、実質、1台の車両を二人で運用するようにしたのです。夜働く作業員は働ける空き時間があるか、子どもの教育費を稼ぐためにさらに働く必要があるかなどを判断して自分の意思で可否を選択できるようにしています。この体制で、労働基準法などに触れることなく、人や車両を増やさず、不慣れな新人を雇って新たな人件費をかけて教育する必要もなく、これまでの仕事量を維持することができていますし、2024年問題で懸念された減収ではなく、逆に増えた作業員が続出しています」

真岡市で夜間煌々と明かりがともるグループ会社は、地域住民から「不夜城」ともいわれるが、その光景は菱沼会長の発想の転換の象徴でもある。

菱沼会長は、このスキームの視点から低迷する日本経済の再興を考えるよう促す。

「IMF（国際通貨基金）が2024年4月に発表した2023年の1人当たり名目GDPの世界ランキングで日本は34位と低迷しています。今後5～6年で韓国に抜かれるといわれています。韓国がどうしてここまで伸びてきたかといえば、韓国の人は一つの仕事に固執せず、いくつも仕事を掛け持ちしながら個人所得を増やしてきたことと無関係ではありません。日本も人口減少に伴う深刻な人手不足を背景に、厚生労働省がモデル就業規則上で勤務時間外に他の会社等の業務に従事することができるという条文を設けましたが、日本ではまだ進んでいません。その半面、大幅な賃金上昇が見込めないうえに残業代が減少しているため、副業で収入補てんを望む人が増えています。こういう状況だからこそ、発想を転換して、働く人が稼げる環境を広げなければ、この国はいつまでたっても低迷から抜けられないでしょう」

卓越した発想力に加え、菱沼会長は手がけた業容の多さ、土木施工管理技士などの国家資格を含め施工管理、安全管理、労務管理などに関する16もの資格に裏付けられた知見の幅広さからコンサルティングでも頼りにされる存在だ。これまで病院に電力を供給するメガソーラー基地の建設や高速道路のインターチェンジそばの物流拠点の構築、海外ではアジアの発展途上国の道路や学校の建設などの大型プロジェクトに関わってきたが、新たに著名な建築家や大手建築会社などと組み、円安を背景に日本国内の建築費の75％で海外の半導体製造基地に50～60階建ての高層マンションを建築するプロジェクトを進めている。

このような活動と並行して土木工学の進化を追求してきた菱沼会長について、世界最優秀技術認定で世界グランプリに推挙した世界学術文化審議会は、国際学士院の中の認定機関として優れた創作や研究、発明などの認定、文化遺産の保護などの活動を行い、加盟国は世界107ヵ国にのぼる。菱沼会長はまた、伏見博明氏が同じく総裁を務める「般社団法人日本文化振興会」の活動にも協力し、同会の幹部としても認定されている。さらに、菱沼会長の夫人で『ライフ建設』の前社長国子さんも、約40年にわたるパッチワークやキルトの優れた制作活動が評価され、「日本文化振興会」から国際芸術文化賞を受賞、菱沼会長の国際グランプリ受賞と合わせ、初の夫婦ダブル受賞の快挙になった。

「受賞の意味を噛みしめ、これからもいささかでも社会に貢献できればと思っています。日本も発想の転換で元気を取り戻すことを願っています」

（ライター／斎藤紘）

「一般社団法人やさしいあかりでつなぐ地方創生ネットワーク」に加盟。

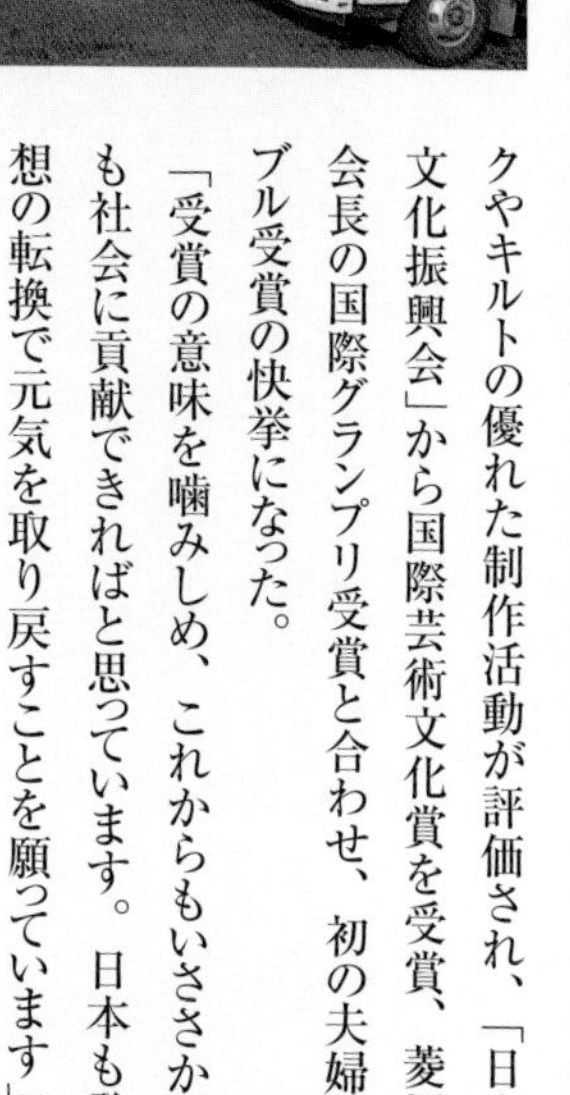

菱沼会長と国子夫人、そして伏見宮殿下（中央）。

**CRMを通して世界の中の日本の価値向上と笑顔広がる世界の実現**

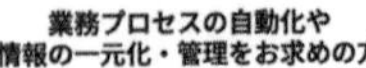

業務プロセスの自動化や
情報の一元化・管理をお求めの方

CRMの機能の相談やより良い使い方をお求めの方

導入コンサルや分析、使い方の講義などをお求めの方

代表取締役
**松原晋啓** さん

大学中退後、システム会社のSE、アクセンチュアなどでのSE・コンサルタント、米国のソフトウエア会社でのエバンジェリスト、マイクロソフトでのソリューションスペシャリストなどを経て、2020年『アーカス・ジャパン株式会社』設立。

# AIやCRMを活用し社会の前進を牽引 一人で何役もこなすバーサタイリスト

## 著書で若い者にアドバイス 事業を貫くおもてなし精神

複数の専門領域を持ち、その時その時のビジネスニーズと状況に応じて、いくつもの役割をこなせる人材、バーサタイリストになる方法を教示した本が2024年6月に刊行された。経営戦略の顧客関係管理（Customer Relationship Management CRM）の世界的第一人者で、世界最大の米経済紙ウォールストリートジャーナルからIT界の次世代リーダーを意味する「Next Era Leaders for IT」に選出された『アーカス・ジャパン株式会社』代表取締役の松原晋啓さんの著書「バーサタイリスト 35歳までに『1万人に1人』の実力者になる方法」。自身の歩みを辿りながら、行動原理や思考法を示したものだが、そこから浮かび上がるのは卓越した技術力と発想力、そして人間味あふれる人柄だ。

松原さんは、大学中退後、国内のシステム会社でシステムエンジニアを経験後に渡米、アクセンチュア・テクノロジー・ソリューションズの創設メンバーとして入社、プロジェクトリーダーなどを務めた。転職先の企業で当時リリースされたばかりだったマイクロソフトのCRMを日本で初めて導入、「マイクロソフトMVP」という世界的な称号を授与され、マイクロソフトに転職し、CRMチームに配属され、以後十

**アーカス・ジャパン** 株式会社

06-6195-7501
info@arcuss-japan.com
㊟ 大阪府大阪市淀川区西中島5-9-6 新大阪サンアールビル本館3F
https://www.arcuss-japan.com/

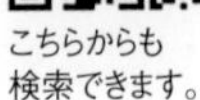

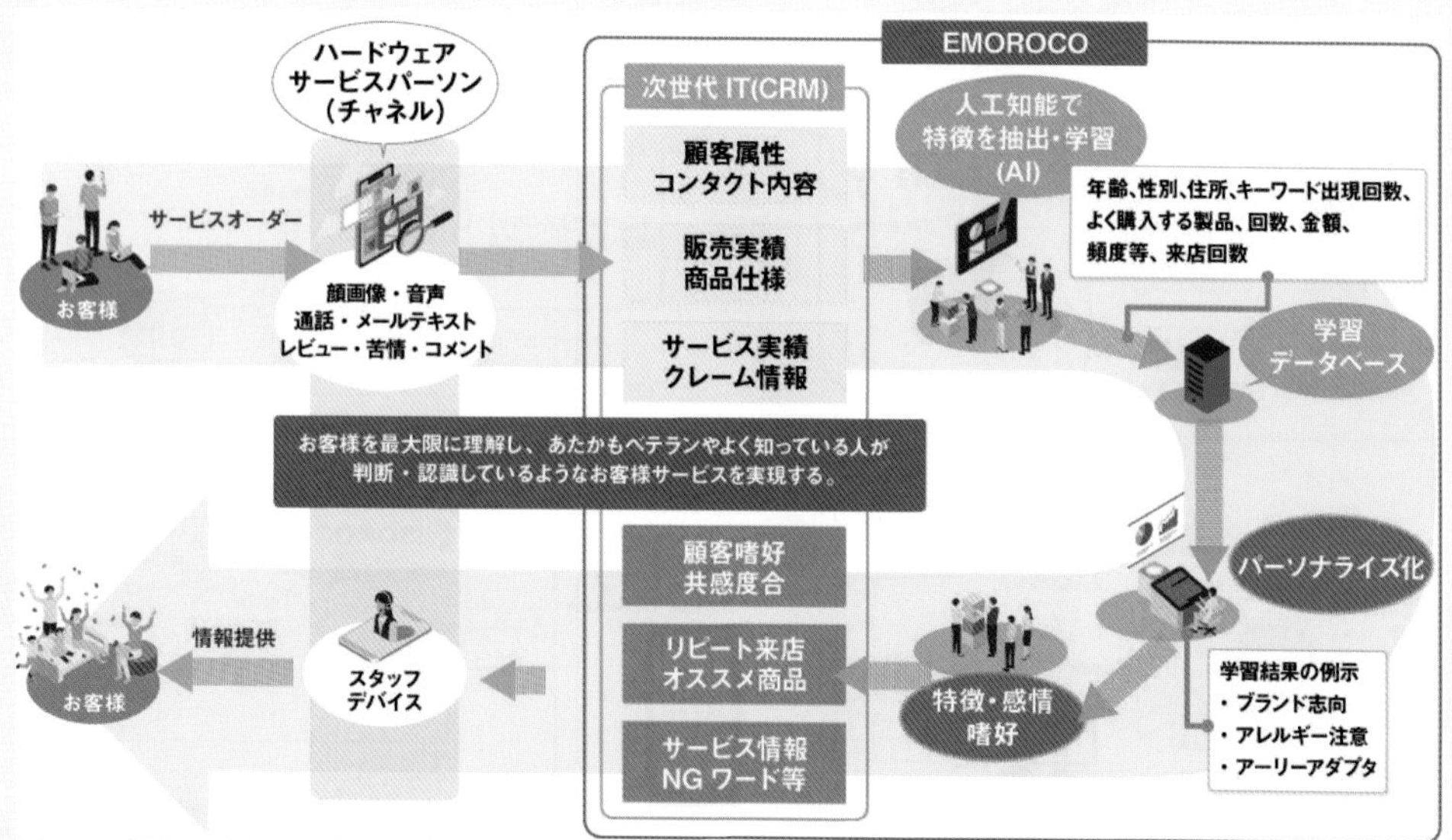


『EMOROCO』は、EMOtional Analysis（感情分析）、RObot（ロボット）、COgnitive（人工知能）の各機能を搭載したCRMソリューション。従来のOne to Oneを謳うCRMに比して新世代（CRM3.0）のCRMコンセプト「パーソナライズドCRM」に基づいて開発されているため、顧客の感情を"見える化"することで、より精度の高い顧客サービスの提供が可能。

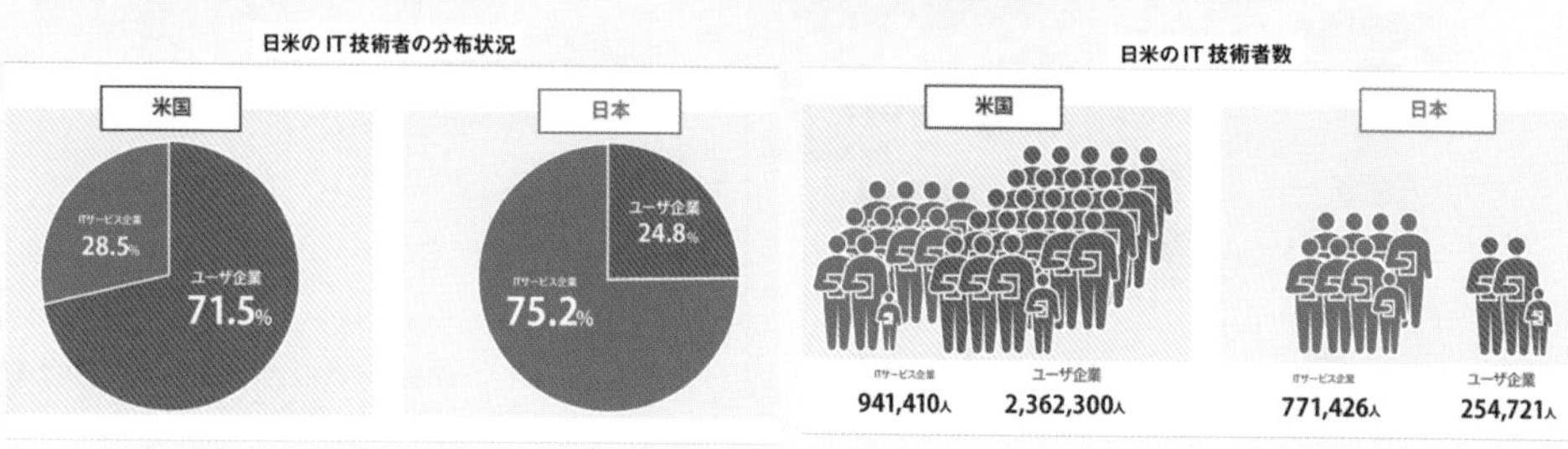


数年、CRMに携わる仕事を続け、2020年7月、『アーカス・ジャパン』を設立した。また、「日本きくらげ」のオーナーになって栽培事業にも乗り出し、2023年には大阪・心斎橋筋に 健康家庭料理&雑煮BAR「膳」を開店、さらにプロモーションビデオの制作など手がける子会社『ノイギア株式会社』を設立、ドローン操縦士の資格も持つなど、バーサタイリストを地で行く活躍ぶりだ。

CRMは、顧客の連絡先や購入履歴の確認、メールやソーシャルメディアを通じたやりとり、業務管理、商談状況のチェックなどを一つの業務アプリケーションの中で行い、顧客一人ひとりを深く理解し、顧客が求めるものを提供するシステムのことで、IBMに次ぐITサービス企業、アンダーセン・コンサルティングによって概念が確立された。

このCRM分野で松原さんの実力が伝わるのが、顧客が来るのを待つ従来のEC(e-cmmerce 電子商取引)とは全く異なり、自ら売りに行く行商人のような働きをする次世代CRMシステム「EMOROCO」を搭載したEM(e-merchant 電子行商人)サイトプラットフォーム『Arcury』の開発。顧客の細かなニーズを的確に汲み取り、商品やサービスの販売に確実につなげることができるように構築した、疑似汎用型AIを搭載した世界初のCRMだ。

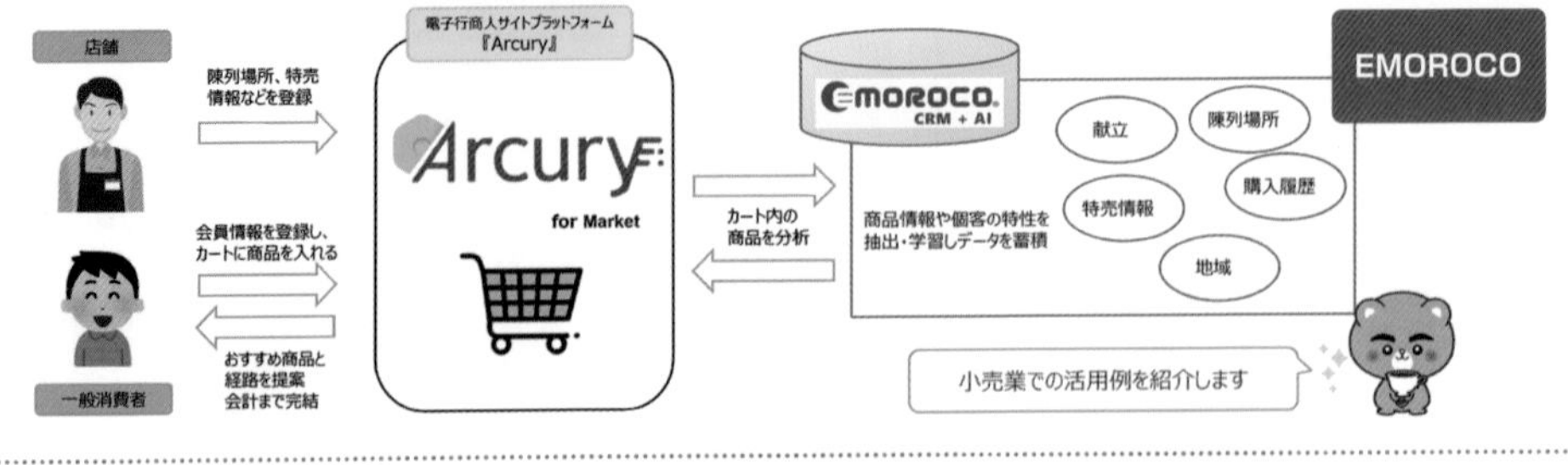


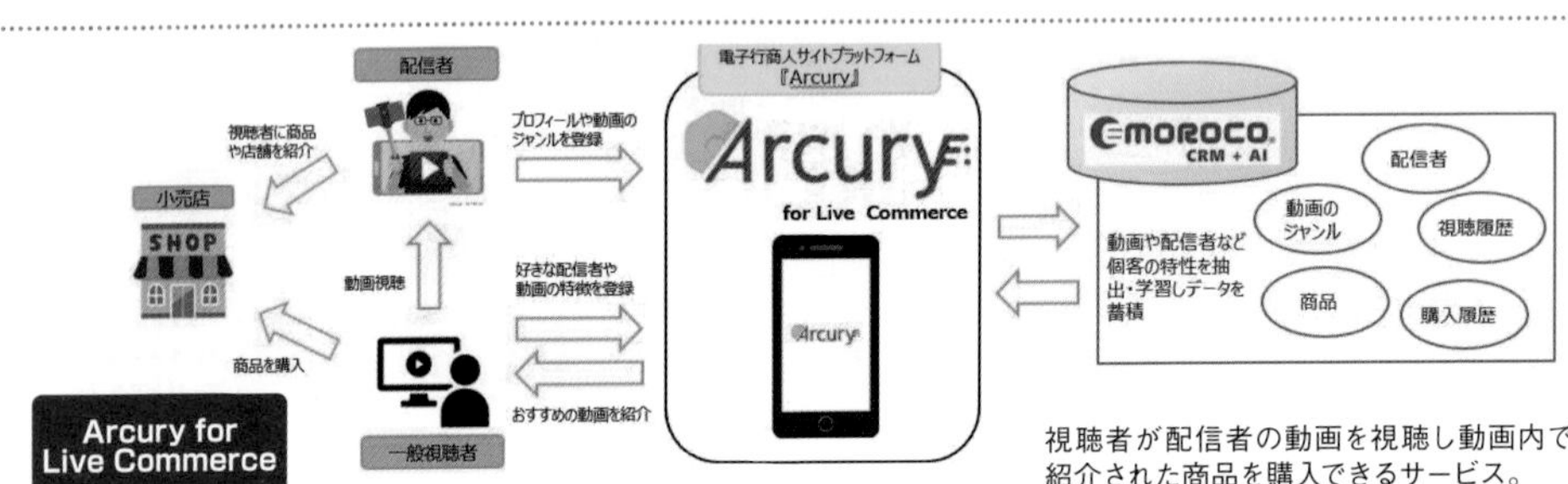


視聴者が配信者の動画を視聴し動画内で紹介された商品を購入できるサービス。

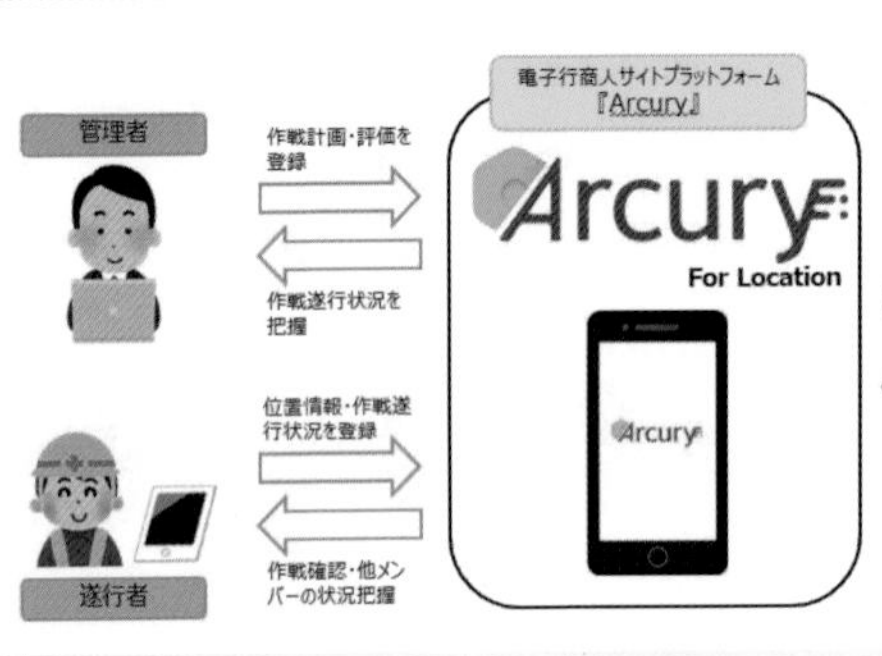


Arcury
for Location

EMOROCO
CRM + AI

作戦や人・環境などの特性を抽出・学習しデータを蓄積

人の行動特性
作戦の種類
気象条件
地形
遂行結果

狩猟、イベント、災害時の救助活動など、チーム内の動きをリアルタイムで把握し、作戦の計画から遂行・評価までを支援するサービス。

「EMOROCO」は、EMOtional Analysis（感情分析）、RObot（ロボット）、COgnitive（人工知能）の各機能の集合体だ。

「『EMOROCO』は、数値として把握できる定量データと顧客情報に当たる定性データをAIが分析し、顧客の性格や感情を含む深い情報を導き出し、顧客の感情を見える化することで、より精度の高い顧客サービスの提供が可能になるCRMソリューションです。企業に蓄積されたあらゆるデータや膨大な市場データをAIが学習、分析し、その結果をCRMに活かすことでより精度の高い分析が可能になります。常に最新データを学習しているので市場とのミスマッチが起こりにくく、導入企業は最適な施策を打つことができるようになります。日本人の得意とするおもてなしの精神をシステム化したものといえばわかりやすいかもしれません」

松原さんは、『Arcury』や「EMOROCO」をベースに、用途のバリエーションを広げてきた。視聴者のニーズに沿った動画を配信し、その中で紹介された商品を購入できる「Arcury for Live Commerce」、「Acury」と位置情報を用いて、狩猟やイベント、災害時の救助活動などを支援する「Arcury for Location」、大学経営を支援する学校情報統合ソリューション、病院経営を支援する病院情報統合ソリューション、CRMで管理される顧客情報のコンプライアンス的課題を解決する「EMOROCO 反社チェック」など多岐にわたる。

健康家庭料理&雑煮バー「膳」では、バックオフィスで行う顧客データの管理にCRMを導入したほか、「K合同会社」が開発した生成AI接客ツール「Alive」を試験導入した。

「今飲食店ではタブレットによるセルフオーダーやロボット配膳にITが使われてしまっています。人との接点に関しては人が対応しないと満足度は得られないのにです。当社では、在庫の管理や発注業務などサービスと関係ない世界をシステム化することに重きを置いていて、人がおもてなしをするという血も涙もある世界を作れるのが、正しいITの使い方だと考えています」

松原さんは、「日本きくらげ」のオーナーの権利を取得したが、市場を席巻することが目的ではないという。

「栄養豊富な『日本きくらげ』は、コンテナ栽培できるので、土壌は不要、環境にも天候にも左右されずに、必要なのは水だけ。農業経験もいりません。この栽培手法を1人でも開業可能なパッケージにして横展開することで広めると同時に、その技術を他の野菜にも応用できるように改良し、普及させることで世界的な食料不足の解消にも貢献したいと思っています」

ITの視点からコンテナ栽培の仕組みに可能性を感じたという松原さんは、土壌改良に関わる知識や情報を収集し、今では農業コンサルタントとして知見を提供できるほどになったという。

もう一つ、松原さんが目指すものがある。『Arcury』を活用した「世界の注目を集める町づくり」だ。

「住民や行政、病院、学校、店舗、観光などあらゆる情報をポータル化し、行政サービスや観光案内、物件マッチングなどあらゆる情報を提供できるほか、教育や医療ともスムーズに連携でき、ローカル5GやドローンW向けのIoTサービスと連携させて災害時の人命救助に役立てることも可能な体制を備えたような町づくりに貢献していきたいと思っています」

このように一人で何役もこなすバーサタイリストである松原さん。その著書には、「キャリアアップを目指したいけど、いま何をすればいいのか分からない」「努力はしているけど、具体的に何歳までになにをするのかのイメージが持てない」などといったキャリア構築に悩んでいる若い世代へのアドバイスが詰まっている。

（ライター／斎藤紘）

代表
**丸本恵子** さん
京都府出身。『株式会社ホリスティック美容食育アカデミー』代表。食の知識、知恵、科学的な学びを通じて美容の本質を知ることを活動理念に、食育アドバイザー育成にも取り組む。

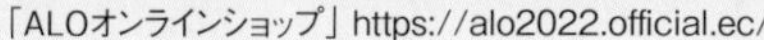
「ALOオンラインショップ」https://alo2022.official.ec/

# 健康に過ごすために大切なこと『Ondine Aquas』で水と正しく付き合う

## 三つの乳酸菌とオリゴ糖で腸内を整えて健康な身体へ

引き算の健康法と足し算の栄養学で幸せもキレイも両方手に入れるお手伝いをする『ホリスティック美容食育®アカデミー』。『株式会社ホリスティック美容食育アカデミー』代表であり、美容食育研究家の丸本恵子さんは、美容教育や断食、ファスティングなどの指導を行いながら「水の本質を理解した正しい付き合い方」の情報発信にも力を入れている。今回は、キレイと健康の両方を手に入れられると好評の『「株式会社ALO」の『Ondine シリーズ』についてお聞きした。

—お家の水道水がプレミアムウォーターになる『OndineAquas』とは、どのような商品ですか。

『OndineAquas』は、水道水を入れた容器にセラミックのスティックを入れるだけで水素とケイ素が大量に含まれたプレミアムウォーターを作ることができる商品です。水道水に含まれたフッ素や塩素、放射線などの不純物などを浄化するために浄水器を使っている方も多いと思いますが、単に浄化するだけでなく水素とケイ素を発生させるので、身体に本当に必要な水が手に入ります。

株式会社 **ホリスティック美容食育アカデミー**
ホリスティックびようしょくいくアカデミー

✉ info@zerodanziki.com
https://zero-danziki.com/

こちらからも
検索できます。

〈ブログ〉https://ameblo.jp/hbsa/
『プロになるための費用』130,000円（税込）
オンライン動画配信。
補習講座やイベントでサロンを使用している。
上級コース申込者楽しい特別なイベントに参加できる。「どうしたら受けられるか？ いくらで受けられるか？」いつからでも誰でもどこにいても受講可能。

『Ondine Laflora』16,200円(税込)　会員価格 8,330円(税込)

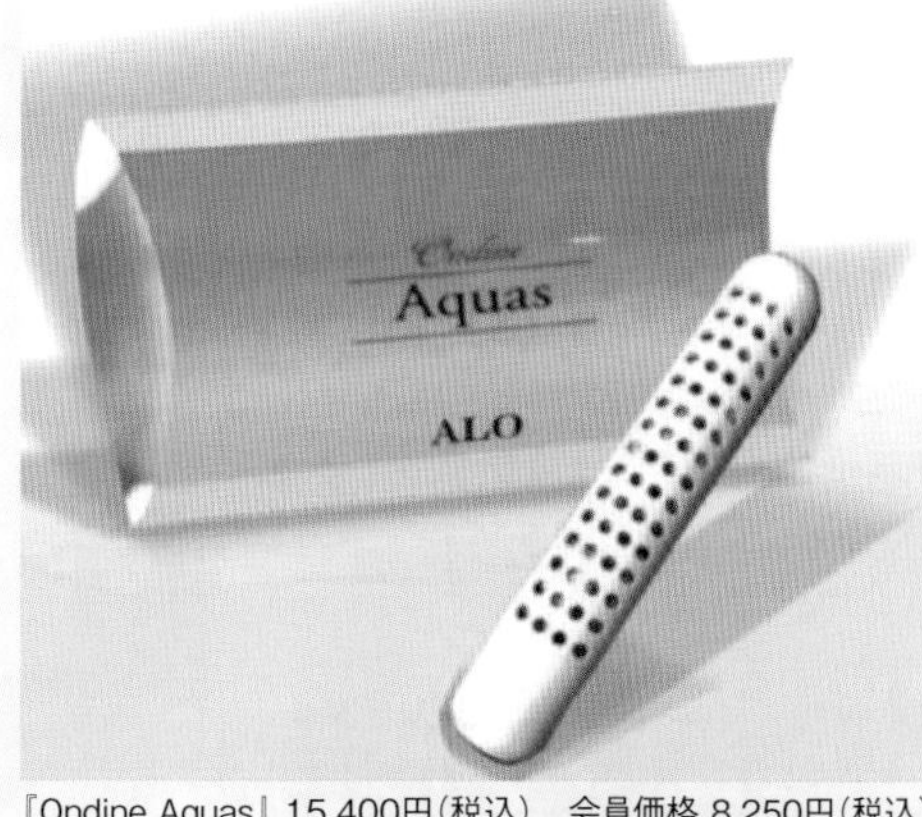


『Ondine Aquas』15,400円(税込)　会員価格 8,250円(税込)

『基本プログラム+プロフェッショナルプログラムセット』
120,000円(税込)

新発売

著書「水のチカラ」
コスモ21刊　1,540円(税込)

―『OndineAquas』の良い点やメリットにはどのようなものがありますか。

私も自宅にすごく高い浄水器や水素の発生器などをつけていますが、外出や出張時に飲むことはできません。水の入ったボトルにセラミックを入れるだけで外出先でも良質な水が飲めるのは大きなメリットです。水道水にセラミックを入れるだけで1Lを1時間、一日で20Lほど作れるのも非常に便利だと思います。私たちが飲んでいる水道水やペットボトルの水は酸化しているのですが、セラミックをいれることによって水がpH7に変化するのも良い点の一つです。飲む水によって身体の体質が変わるので、人体の体液と同じpH4～8を摂ることが望ましいです。私の唾液は、pH7・4でとても今良い状態です。体温が高くて体調も良好です。薬をたくさん飲まれている方は体液が酸化していることが多いので、飲むお水を見直してみるのがオススメです。

『株式会社ホリスティック美容食育®アカデミー』の『ホリスティック美容食育®』は商標登録。
『ホリスティック美容食育®アカデミー』は、全国15000社企業の登録の福利厚生倶楽部の認定校に指定。

## アカデミー資格の特徴

**オンラインだから! いつでもスタート可能! 主婦の方も無理なく学べる!**

●陰陽五行で相談者の一生の運気のバイオリズムをカウンセリングできる
●相談者の生まれもった使命と武器を伝えられる　●食育講師としてセミナーができるようになる
●分子整合栄養学が学べる　●雑穀について学べる
●美しくなるためのノウハウを学べる　●グレードアップできる美容系の資格
●生年月日で陰陽五行で身体のエネルギーを具体的に数値化することができるのでカウンセリングしやすい
●一生使えるビジネススキルを安価で学べる動画なので何度も見ることができる
●ゼロ断食®も学べるのでファスティングのアドバイス指導をできる
●80歳になっても在宅で働ける

**―水素やケイ素は、身体にとってどのような働きをしますか。**

日本ではあまり知られていないケイ素ですが、アメリカやヨーロッパでは、薬に準ずるものという取り扱いになっている国があるほどその効果に注目が集まっています。ケイ素は、骨の形成を担っているので、骨粗鬆症の予防効果があります。特に骨盤や足の付け根といった歩くときに一番必要な骨の部分の骨密度が上がるので、高齢者には積極的に摂取していただきたい栄養素です。この他にも体内の水銀や鉛、砂、アルミなどの重金属を体外に排出するデトックス効果があります。水素は、癌や生活習慣病、老化などの原因となるヒドロキシラジカルを除去してくれる働きがあります。ヒドロキシラジカルはとても不安定で細胞を攻撃してしまう有害物質ですが、水素と結合すると人体に安全な水へと変化します。水素は一番小さな分子で、体内の隅々まで行き渡ることができるので、体内のどの場所で発生したヒドロキシラジカルでも安全に体外に排出することができます。

―オススメの使用方法はありますか。

セラミックを使用開始して1ヵ月間は飲み水にして頂いて、それ以降はお風呂に入れていただくのがオススメです。セラミックを入れて30分ほどすると塩素が除去されて、水素とケイ素がたっぷり含まれたお風呂になります。全身で水素やケイ素を浴びることで全身ツヤツヤになりますよ。アトピーにお悩みの方にも喜ばれています。

―『OndineLaflora』とはどのような商品ですか。

『OndineLaflora』は、世界的な特許が取れている有名な2種類の乳酸菌「フェカリスFK-23」と「フェカリスLFK」、ぬか床由来の新しい乳酸菌「プランタナムHJ1」、潰瘍性大腸炎の治療などに使われている厚労省認可のガラクトオリゴ糖、水溶性食物繊維のイヌリンなどを配合して作った乳酸菌チュアブルです。噛んで摂取するタブレットなので、水がなくても手軽に飲めます。

―どのような効果がありますか。

2023年5月より「東京サロン」「大阪サロン」をオープン。
<東京サロン> ㈪東京都品川区上大崎ブリリアンタワー
<大阪サロン> ㈪大阪府大阪市北区大深町グランフロント大阪オーナーズタワー
<横浜元町サロン> ㈪ 神奈川県横浜市中区山下町グローリオタワー

3種の乳酸菌はすべて死菌体で含まれているので、確実に腸に届いて効率よく善玉菌のエサになり、腸内環境を整えてくれます。食物の消化や吸収、不要な糖やタンパク質、有害物質などの排出、免疫力アップ、ビタミンやホルモン各種酵素などの生成を促すなどの効果が期待できます。「フェカリスFK-23」は、免疫賦活作用、抗腫瘍作用、抗がん剤副作用軽減、C型肝炎改善作用、感染症抑制作用の特許を取得済です。腸内をしっかりと整え、内側からキレイで病気に負けない健康的な身体に導いてくれます。

―どのような方にオススメですか。

赤ちゃんからシニアの方まで、美容や健康に気をつけている方にぜひ摂っていただきたい商品です。GMP認証を取得した製薬レベルの工場で製造しているので、安心して飲んでいただけます。

（ライター／彩未）

100人以上の規模の講演会多数。

代表
**藤麻美子** さん

新潟大学教育学部卒。辛い症状を改善し人生をより良く生きるために30年近く研究を重ね『丹田呼吸法』に独自の『丹田フラダンス®』を取り入れた、最速で脳心体を変えるメソッドが好評。

著書
「毎朝10回の深い呼吸で体が変わる」文響社版（川嶋朗医博監修）
（Amazon部門1位3刷、台湾で中国語版で重版）
「毎朝3分の丹田呼吸で体も心も元気になる」あさ出版（川嶋朗医博監修）（台湾で中国語版で出版）
「全てをリセットする最高の呼吸」自由国民社（増刷）

# 国内外で話題の「藤麻美子式丹田呼吸法」ぶれない自分軸を作り願望を叶える

## 自律神経の不調を改善し心身と脳を整える

おへそから握り拳一つ分下がった場所にある「丹田」。身体のエネルギーセンターのような働きをする「丹田」を意識して、深い腹式呼吸を繰り返す「丹田呼吸法」に様々な要素をプラスした『日本丹田呼吸法セラピー協会®』の『藤麻美子式丹田呼吸法』が好評だ。代表の藤麻美子さんは、地元山形県の公立高校で教師を務めていた時に交通事故に遭い、医者にこれ以上はよくならないといわれるほどのひどいむち打ち症や腰痛に悩まされた経験がある。西洋医学では改善が難しいといわれた辛い症状を緩和するために独学で丹田呼吸法や瞑想、ストレッチ、ヨガ、統合医療、レイキ、アロマなどを学んだ。様々な要素を組み合わせながら自分の身体で試行錯誤し、独自の丹田呼吸法を開発。交通事故の後遺症の肩こりや腰痛が消失するだけでなく、風邪を引きやすい虚弱体質も改善した。さらに人間関係の悩みも改善し、やりたいと思ったことが叶う人生に変化したという。公立高校の教師として教壇に立ちながら地元山形県を中心に約8年間に亘って呼吸法を伝える活動を行っていたが、2011年に30年の教師生活にピリオドを打った。山形、東京、仙台などを中心に全国各地で『藤麻美子式丹田呼吸法セラピー教室』

**日本丹田呼吸法セラピー協会®**
にほんたんでんこきゅうほうセラピーきょうかい

✉ office@miraclerainbow.jp
㊟ 山形県東村山郡中山町達磨寺154-5
https://www.miraclerainbow.jp/

毎月ワイキキの夕陽で呼吸法:オンラインサロン開催。

## 宮古島マスター講座 ～宮古島に愛されて～

宮古島にて認定マスター講座『丹田フラダンス®』とバイオリン。

『丹田呼吸法セラピー』
公式新宿スクール（毎週金曜日）、4年ぶりに再開。

生き生きと自分らしく輝く認定講師。

を展開。それぞれの悩みや目的にあった呼吸法セラピーを提案し、多くの方が悩みを解決して幸せな人生を歩めるようにサポートしている。２０１５年には、『日本丹田呼吸法セラピー協会®』を設立。「15秒丹田呼吸法」を通してすべての方が幸せに生きられるようにと、「丹田呼吸法」の普及やインストラクターや講師の育成、書籍などの出版を通した情報発信に力を注いでいる。ベースになっている「丹田呼吸法」とは、全身の気が集まる重要な丹田を意識しながら口からゆっくりと息を吐き出す腹式呼吸のこと。通常、人間が無意識に行っている呼吸はお腹から胸の間でしていることが多い。学校や仕事などでストレスがかかると肩で息をしていることもあり、自律神経のバランスが崩れると心身に様々な不調が現れてしまう。毎朝3分、たった10回程度の深い呼吸を繰り返すだけで、自律神経系が緊張状態になっている場合はリラックスさせ、機能が低下している場合は適度の緊張を取り戻して調和する。「15秒丹田呼吸法」をたった10回行っただけで、脳のα波を2～3割アップし、幸せホルモンのセロトニンを増やして心身を深い意識状態へと導く、とても簡単なマインドフルネスの方法でもある。「丹田呼吸法」をベースに10年間の様々な研究で生み出された『藤麻美子式丹田呼吸法』は、世界トップレベルのアロマ：サーキュエッセンスの

## 山形蔵王温泉マスター講座
## - 大自然に抱かれて -

香りを吸香しながらハワイアンミュージックの音楽に乗り、呼吸法ストレッチを行ったあとに「丹田呼吸法」を行うものだ。ハワイワイキキビーチで生み出した「丹田フラダンス®」や呼吸法ストレッチなどで身体の歪みを整え、リラクゼーションで心身と脳を深いリラックス状態へと導く。呼吸を整えると内蔵の働きを調節する自律神経を整えることができるので、疲れや冷え、不眠、イライラやうつなど様々な症状を改善できる。自律神経は身体を病原菌やウイルスから守る免疫細胞の働きに関わっているため、免疫力もアップする。自然治癒力が高まり、しつこい肩こりや腰痛の改善、化学物質過敏症、視力アップ、体調の改善、ダイエットや美肌効果、風邪や生活習慣病の予防や改善もできる。また、心身が深い意識状態となるため、自分の内側に意識を向け、静かに自分の内面と向き合うことが可能だ。自分軸をしっかりと持てるのでライフワークバランスを整えたり、不登校や引きこもりの改善や感情のコントロールが無理なくできるなどの効果もある。様々な要素を組み合わせた独自のメソッドは、「丹田呼吸法」を単独で行うよりも高い効果を得られると国内外問わず大きな話題となっている。『日本丹田呼吸法セラピー協会®』は、「丹田呼吸法」による健康法の普及や啓発、社会貢献などに力を入れている。東京、横浜、岡山、仙台、山

形・沖縄で随時開催中の『丹田呼吸法セラピー教室』では、心身に様々な悩みを抱える方が集まり、セルフケアの方法を学んでいる。参加者からは「肩こりや腰痛などが痛みを改善した」「ウエストが引き締まった」「過労とストレスによる極度の疲労感や体調不良がなくなった」「嫌なことがあっても流せるようになった」「売上が急増した」「がんが寛解した」など嬉しい声が続々と届いている。また、独立を支援するための協会認定のインストラクターや講師の育成も積極的に行っており、セラピスト認定講座を卒業した『日本丹田呼吸法セラピー協会』公認のインストラクターや講師が全国各地で活躍中だ。2024年3月にオンラインで開催した「能登半島地震復興チャリティイベント」には100名以上が参加し、盛況のうちに閉会した。参加費用は手数料を除いて全額石川県庁に寄付を行った。場所をとらず、お金がなくても誰でも手軽にできるセルフケアでぶれない自分軸をつくり、前向きな気持ちで人生を歩んでいけるようにこれからも支援を続けていく。

「今後は、世界に向けて『丹田』を発信し、世界中の人が、場所をとらず、お金もかけずに誰でもが手軽にセルフケアできる『丹田呼吸法』で健康で最高に幸せ・平和になれればと願っています」

（ライター／彩未）

理事長 兼 園長
**山本良一** さん

関西学院大社会学部社会福祉・社会学コース卒。大阪市中央児童相談所で児童福祉司として活躍。1976年、「社会福祉法人弘法会」理事長、「大東わかば保育園」園長。大東市児童福祉審議会委員、花園大学非常勤講師などを歴任。

# 保育園と共に歩んだ人生の掉尾（ちょうび）を飾る開園50周年記念誌で積極的保育を回想

## 子どもの成長促す独自理論後継者に運営を委ねる意向

強いメッセージ性を帯びると予想される一冊の記念誌制作の準備が始まった。2026年5月に開園から半世紀の節目を迎える『大東わかば保育園』の開園50周年記念誌。子どもを取り巻く社会環境の変化、保育園が抱える様々な課題を直視しながら、あるべき保育の理想形を追求してきた園長山本良一さんが確立した積極的保育という独自の保育理論とその実践の記録の集大成となるもので、2025年9月頃に公刊される予定だ。子育て世帯をサポートするエッセンシャルワークである保育の課題解決のために山本さんが重ねた努力と工夫は、保育現場で働く保育士や保育士を目指す若者、保育園経営を考える人たちへのメッセージになるはずだ。

山本さんは、福祉の道を目指して関西学院大社会学部社会福祉・社会学コースで福祉理論を包括的に学び、児童相談所勤務を経て保育の世界に進み、1976年に大東市における8番目の法人立民間保育園として『大東わかば保育園』を園開した。その後、園舎の耐震性に課題が生じ、厚生労働省の改築のための交付金を利用して園舎を建て替え、2015年には社会福祉法改正

社会福祉法人 弘法会 認定こども園 **大東わかば保育園**
だいとうわかばほいくえん

072-878-4121
㊟ 大阪府大東市北条1-21-36
http://www.eonet.ne.jp/~wakaba-hoikuen/

を受けて大東市での最初の幼保連携型認定こども園となった。これが同保育園の外形的な歴史だが、山本さんはこの間の社会環境の変化を次のように回想する。

「十数年前から保育園は大きな変化の中にあります。少子高齢化の傾向はますます進み、バブル崩壊後の経済の停滞状況が続く中、いろいろな分野での改革が模索されるとともに実行されています。保育においても改革と国の将来を考える中で、少子化対策の重要性が意識され、児童福祉法が改正されて、保育指針も改訂されました。また、次世代育成支援対策推進法なるものも制定されました。保育園は地域社会全体の次世代の健全育成を担うことも求められています。また、マスコミによって繰り返し大きく報道される児童に関わる事件が起こることによって、保育園にさまざまな対策や意識改革が求められています。社会的存在である保育園はそれらの求めに応じていかなければなりませんが、歴史的存在でもある保育園は子どもたちの生きる力や真善美を感じる力を伸ばす働きをすることも忘れてはならないと思います」

最新刊
「保育に、哲学を!
一人ひとりの子どもを深く見つめる、
真の保育とは?」幻冬舎刊

絶賛発売中!!

これまでに数々の本を出版。

山本さんはまた、コロナ禍についても言及する。

「2020年1月頃から新型コロナウイルス感染症が世界的に流行があって、我が国においても全国的に緊急事態宣言が発せられて、全業種にわたって行事の自粛、外出自粛があって、保育にも大きな影響があり、コロナ禍といえる状況が約3年間続き、令和5年5月にインフルエンザ等と同じ5類へと移行措置が国においてとられました。約4年ぶりに全国的なスポーツ大会や地域の祭り、イベントが復活してきましたが、あらゆる社会生活、そして保育に影響が残りました。保育内容も多くの工夫と努力のもとに、子どもたちにできるだけの保育をしようと気持ちを強くもって毎日の保育にとりくむ状況が続いています」

こうした状況を乗り越える理論的支柱になったのが積極的保育だ。これには二つの視点がある。一つは、子どもを取り巻く社会環境の変化だ。

「少子化、核家族化、働く母親の増加、テレビゲームの普及、遊び場の不足など子どもを取り巻く環境は大きく変わり、子どもだけで自由に遊ぶことが少なくなってしまったうえに、子どもが巻き込まれる事故や事件もあり、子どもだけで家の外で遊ばせることに社会全体が消極的になっています。こうした傾向は、子どもの成長にいいは

## わかば式　合同あそび

運動能力　考える力　想像力

協調性　発言する楽しさ　思いやる心

●毎年テーマを決め、ストーリーを考えて全園児が遊びます。

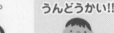

各クラスの役割決定

どんなお話にするか、5才児中心に決定

クラスで子どもたちの成長を考えながらくり返し遊び、発展させていきます。全体でも合同あそびが行われます。

園庭での合同あそび
ストーリーをまとめ動きなども確認していきます。

うんどうかい!!

合同あそび
★1部　★2部で
見ていただきます

ずはないのです」

もう一つが保育園の抱える課題だ。

「保育園といえば 待機児童や保育士不足 保育園建設反対運動といったマスコミなどに取り上げられる水面上の問題に社会の関心が向きがちです。しかし、見えない水面下でも保育の第一線で働く園長や保育士たちは行政への書類提出、各種審議会や保育団体などからの文書、研修会の案内、研究機関などからのアンケートなどへの対応、不審者対策、感染症対策、虐待問題、情報公開、業務の記録化など様々な問題に直面しており、それが保育の質に影響しかねない状況にあります」

この二つの視点を踏まえた積極的保育を山本さんは次のように定義する。

「積極的保育とは、現実的な諸問題にとらわれずに、子どもの力を信じて伸ばしていくことを第一に考え、園長が強い心を持って保育士などと力を合わせ、保護者や地域の住民の理解を得ながら保育に全力で取り組む姿勢です」

積極的保育で重視するのが安心、信頼、感動、あそびだ。

「安心して過ごせること、身近なところにいる大人を信頼できること、そして楽しさや喜びを感

生活発表会

おもちつき

作品展

じて心を動かす感動があること。私は常々これらを経験することが子どもとして、人間としてよく育つために大切と考えています。また一人の人間として尊重され、不安な感情などが理解されるとともに能力が認められ、伸ばすことができたという体験をすることによって、生きる喜びを感じ、自分を伸ばすことに意欲的に取り組める人間になることができると考えています。また、年齢の壁を越えて自由に入り乱れて遊ぶと、自然に友達との遊び方を学んだり、危険を察知して避ける力を身に付けたりして、自分を伸ばすことに意欲的な子どもが育っていくのがわかります。何気ない遊びが学びに進化していくのです」

野外劇などに皆で取り組む合同あそび、様々な年中行事、クッキング、サッカーや跳び箱、マットなどの基礎的な運動、英語あそびなどにも子どもの成長のための工夫が施されている。

山本さんは、こうした保育面の努力のほか、ネットによる人材獲得による保育士などの補充、照明器具のLED化、エアコン室外機や防犯カメラ、プールなどの更新などの予算措置、行政書士法人への業務委託、職員の出退勤に対するタイムカードの導入など環境整備や運営体制の強化にも取り組んできた。

夏まつり

おとまり保育

うんどう会

親子遠足

さつまいもほり

焼きいも大会

クリスマス会

卒園式

また、山本さんは、約20年前から現副園長の女性に多くの権限を委譲し、後継者へのバトンタッチの準備を進めてきた。『大東わかば保育園』が満50年周年を迎える2026年3月31日をもって退任し、副園長に運営を継承させる意向だ。山本さんはこれまで積極的保育の実際を紹介した著書を5冊刊行したが、開園50周年記念誌の制作は保育園と共に歩んだ人生の掉尾（ちょうび）を飾る仕事になる。そこには保育園運営を支援してくれた行政機関や同業者、地域住民などへの感謝の言葉も綴られる。

（ライター／斎藤紘）

RC建築

住宅基礎

代表
**田中真司** さん

少年期から車に関心を持ち工業高校に入学。父親のいとこが経営する1991年創業の『有限会社田中鉄筋」でアルバイトとして働く。卒業後、入社、2013年二代目社長に就任。一級鉄筋施工技能士、登録鉄筋基幹技能者、二級建設業経理士。

機械基礎

橋脚補強

# 高品質の鉄筋工事を支える経験と知見 気を遣った行動で工程の効率化に寄与

## 経営のトップに導いた努力 発注元ニーズに的確に対応

「一つひとつ目の前の人に、仕事にベクトルを集め、自分に向くベクトルも相手に向けてみる。それが本当の集中であり、気を遣った思いやりある行動になる」

公共構造物や建物の建築建設で重要な役割を担う鉄筋工事の専門会社、『有限会社田中鉄筋』代表の田中真司さんの性格を表す言葉だ。これが、自社施工の品質を追求するだけでなく、工事全体に携わる様々な業者の立場や状況を踏まえ、理解した上で全工程が効率的に進むよう努力する姿勢に表出し、発注元から信頼を集めてきた。

「鉄筋工事は、公共インフラやマンション、オフィスビル、住宅の建築、建設に不可欠な鉄筋コンクリートの骨組をつくり上げる仕事ですが、それだけで建物にはなりません。現場を管理される元請様はもとより、様々な専門職の方々のご協力によって構造物や建物になります。このことを常に頭に入れて作業を進めています」

施工では、玉掛けや高所作業車の運転、溶接継手作業などの資格所有が必要になるが、同社には登録鉄筋基幹技能者や鉄筋施工技能士、土木施工管理技士など延べ36人の資格保有者が在籍、

有限会社 **田中鉄筋**
たなかてっきん

0265-49-0280
t.tekkin@comet.ocn.ne.jp
㊟ 長野県下伊那郡松川町上片桐557-1
http://ttekkin.com/

橋脚躯体

住宅基礎

大口径深礎工

護岸工事

三遠南信4号橋下部工

国道バイパス工事、自動車道新設工事、河川砂防堰堤工事、発電所大規模改修工事、ホテル建築工事、住宅基礎工事などを手がけてきた。請け負う工事の50%が国の事業、20%が地方自治体事業、残りが民間工事だ。

田中さんの仕事に臨む姿勢は厳格だ。

「どんな仕事も同じだと思いますが、満足したらその先はない。ですから、この程度で良いかということは絶対に許しません。どこまでやっても100%ということはありません。仕事である以上は予算や納期、お客様のニーズなど様々な条件があります。それらにいかに的確に応えていくかが肝心であり、そこに妥協があってはならないと思っています」

田中さんは、工業高校生の時から同社でアルバイトとして働き、卒業後そのまま就職、現場で経験と技術を習得する努力を重ねながら、現場職長として責任を負うようになり、創業者である先代社長が闘病生活に入った後、営業、経理でも働き、35歳の時に経営トップの座に就いた。この間、二級鉄筋施工技能士、一級鉄筋施工技能士の国家資格、二級建設業計理士の称号を取得、その経験と知見が事業の信頼性を支える。

（ライター／斎藤紘）

次の世代へと紡ぐ技術。
京都府木津川市の株式会社幸喜建設


施工管理や測定、設計、調査、計画などを通じて現場を支える。

代表
**吉仲健** さん

まずは行動する姿勢といつも前向きに物事を捉えることを大切にしながら、土木・公共工事分野で地域社会の基盤づくりに大きく貢献。2022年国土交通近畿地方整備局より優良工事等施工者局長表彰。

# 日々の生活に必要不可欠なインフラ整備
# 高い技術力と強い熱意で丁寧な施工

## 経営者自身の卓越した技術力が経営資源

『株式会社幸喜建設』は、道路や河川工事などの公共土木事業や公共施設の設計や建設などを中心に、私達が快適に暮らしていくために必要不可欠な地域社会のインフラ構築や整備を行っている。代表の吉仲健さんは、オーストラリアへの留学や20代から始めた個人事業主としての経験により、困難に直面したときも諦めず前向きに取り組み、乗り越える力を身につけた。どんなときでも楽しみながら事業に取り組む姿勢が、その高い技術力と熱意に繋がっている。

同社は、約30年の歴史をもつ「日皆田建設」の社長が他界した際、当時社員だった吉仲さんが社名を変更する形で事業を継承し、発足した。前身の会社から引き継いだ確かな技術、豊富な知識と経験、信頼という経営資源を大切にしながら、高品質な施工管理や品質管理、迅速な対応でお客様の期待を超える成果を追求し続けている。

吉仲さんの卓越した技術力は、西日本最大級の淀川に最初に建設された天ヶ瀬ダムの右岸減勢工落石対策工事で高い評価を受けた。ドローンで山の形状を計測して数値化し、山の斜面に合

株式会社 **幸喜建設**
こうき

0774-76-0024
㊟ 京都府木津川市加茂町法花寺野風呂田15
https://www.kouki-construction.com/

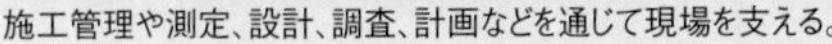

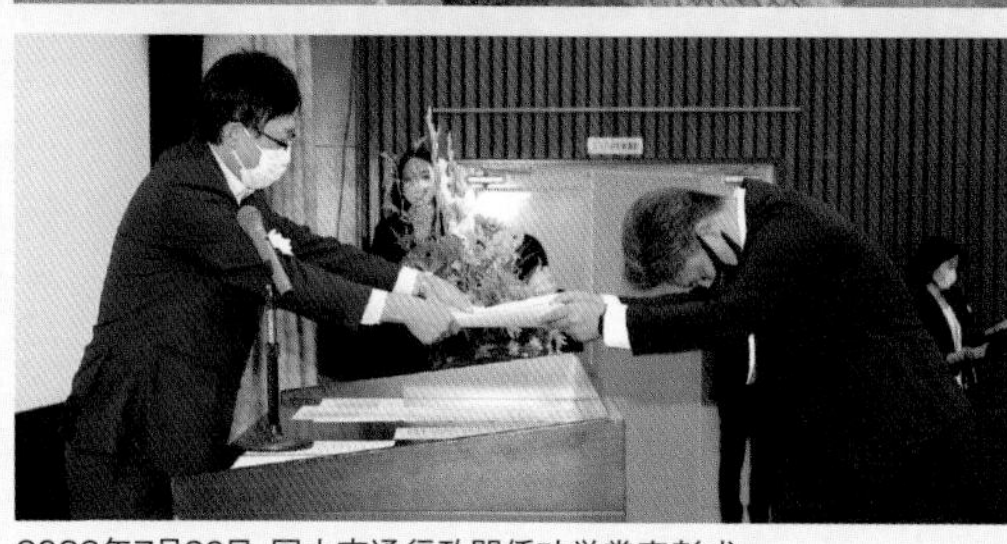

2022年7月20日、国土交通行政関係功労賞表彰式
国土交通近畿気泡整備局優良工事等施工者局長表彰。

わせて網をピッタリ張る落石対策工事を行った。落石による被害から人や車両を守る安全性の確保を重視した丁寧な施工と高い技術力が認められ、2022年国土交通省近畿地方設備局長より「極めて優秀な技術者」として表彰された。

「高度経済成長期に集中的に整備された社会インフラは、急速に老朽化が進んできており、適切な修繕や補修などのインフラ整備が急がれています。近年は大型地震も増えていることから、平時からのインフラ整備による機能維持はもちろん、災害発生時に壊れたインフラを復旧するなど、日々の暮らしや経済活動を速やかに取り戻すためのインフラ整備にも尽力しています。これまでの施工で培ってきた経験や知識、高い技術力、さらに前身から受け継いできた経営資源があるからこそ、同業の方が見ても上手だと感じる丁寧で美しい施工を行うことができていると考えています」

クライアントの要望やビジョンを大切にした安全性を重視した丁寧な施工で公共・土木工事や解体工事、測量などを通して地域社会へ貢献するだけでなく、今だけでなく次の世代へと紡ぐべき価値あるサービスの提供を行っている。

（ライター／彩未）

代表取締役社長
**坂巻美代子** さん

土木工事を担う夫と結婚。1982年、土木施工管理技士の国家資格取得。1986年に『株式会社開発工業』を設立後、経理などの管理部門を担当。1999年、夫は会長になり、代表取締役社長の重責を担う。夫は2012年に他界。

# 土木工事で社会に貢献する使命感が鮮明
# 人・建機一対派遣の戦略的施工体制推進

## ゼネコンから信頼得た施工
## 個人としても社会奉仕活動

神奈川県厚木市の子育て支援センター「もみじの手」で2024年2月、遊具の寄贈式があった。贈り手の厚木商工会議所女性会の会長、同会まちづくり委員会委員長と共に出席した副委員長坂巻美代子さんは、『株式会社開発工業』の経営を担って25年になる経営者。実業界で活躍する女性の国際ボランティア奉仕組織、国際ソロプチミスト厚木の会員としても女性と女児の生活を向上させるための活動を行ってきたが、主力事業の土地造成工事や道路舗装工事自体が社会の生活経済を支えるインフラ整備に欠かせない仕事。「人・建機一対派遣」という戦略的施工体制を強みに、社会に貢献する強い使命感を持って事業を推進してきた。

「土地を有効活用するために目的や用途に合わせて区画や形を整える土地造成工事や道路の地盤面下を数層にわたってアスファルトやコンクリートで締固めて人や自動車が安全、スムーズに通行可能とする道路舗装工事は、良質な社会資本の整備に必要不可欠であり、社会の発展や安全、災害対策、環境保全などに寄与する大事な仕事です。当社は施工管理者、建機や重機のオペレー


株式会社 **開発工業**
かいはつこうぎょう

046-241-3364
info@kaihatsu-kogyo
㊟ 神奈川県厚木市下荻野863-2
http://kaihatsu-kogyo.co.jp/

<第一事業所>
㊟ 神奈川県厚木市下荻野860（2300㎡）
<第二事業所>
㊟ 神奈川県厚木市棚沢90 1650㎡）
<第三事業所>
㊟ 神奈川県愛甲郡
愛川町角田4097（4000㎡）

人と建機一対
当社は創業から常に機械力に注力しており、累計200台を超える建機を導入してまりました。
それらを操作するオペレーターは当社自慢の人財です。
KOMATSU


**舗装工事**

戸建駐車場舗装工事から
高速道路まで幅広く対応。

**宅地造成工事**

”使われ易い”会社を目指して
自己主張せず、
お客様の要望に
柔軟に対応。

**砕石などの販売運搬**

RC-40をはじめ、
様々な砕石を
要望に応じて対応。

ター、作業員の全てがこの意識を持ち、完成度の高い施工で依頼主様のご要望に応えてきました」

同社の実力を示すが、依頼主の8割をゼネコンが占める経営実態。そのゼネコンから信頼を得たのが「人・建機一対派遣」体制だ。

「『人・建機一対派遣』体制は、監理技術者となるスタッフ、建機、重機のオペレーター、作業員と建機をセットで現場ごとに派遣し、完工まで現地に滞在して作業し、マンパワーとマシンパワーの相乗効果で機動力と施工力を最大化するものです。工事を完遂すれば、会社に戻って次の工事のためのチームを編成して派遣しますので、工事依頼に即応できるのが当社の特長であり、使われ易い会社を目指してきた経営理念そのものです」

工事を請け負うエリアは本州全域で、常時4〜5ヵ所で作業する。建機、重機は常時約50台をそろえ、どのような工事にも対応できる体制だ。また、坂巻さんは、土木施工管理技士の国家資格を持ち、工程、安全、品質、コストの管理に関する知見を生かすことができるのも、建設業界でわずか4・8％にとどまる女性経営者の中で異彩を放つ理由だ。

（ライター／斎藤紘）

路面下空洞調査

代表取締役社長
**長谷川俊彦** さん

東京理科大学卒。機雷の探査技術を日本で最初に開発した理学博士渡邊健氏を慕い、同氏が1979年に創業した『大和探査技術株式会社』に1980年入社、2007年四代目代表取締役社長に就任。ベトナムとシンガポールに駐在事務所開設。

# 高度な技術で活断層や地殻構造の状態把握 地震調査で社会の安全に貢献する意思鮮明

## 地震防災対策の立案の前提 建設構造物の健全度も調査

地震大国を改めて印象付けた能登半島地震に止まらず、今後も南海トラフ巨大地震や首都直下地震などが想定される中、「地震調査研究の成果を地震防災対策に反映させるように努めなければならない。」とする国の方針に寄与するのが、『大和探査技術株式会社』の『地震調査』だ。地質調査や磁気探査など多様な方法で活断層から軟弱地盤、インフラ構造物まで調べるもので、代表取締役の長谷川俊彦さんは、蓄積した技術的経験とノウハウで社会の安全・安心に貢献していく考えだ。

「地盤は、地下に蓄えられたエネルギーを突発的に発散し地震を発生することがあります。しかしこれも長い目で見れば周期性を持ち、場所ごとに同様な被害を生じることになります。したがって過去の地震すなわち歴史地震を調査することは、今後の発生、規模、起きる被害の程度を予測することができます。特に原子力発電所、人口密度の高い都市部、地盤が軟弱な場所などでは対策の策定に重要です」

「活断層調査」は、地質時代で約180万年前から現在に至る第四紀の後期以降に地震を起こし、


**大和探査技術** 株式会社
だいわたんさぎじゅつ

03-5633-8080
㊟ 東京都江東区東陽5-10-4
https://www.daiwatansa.co.jp/

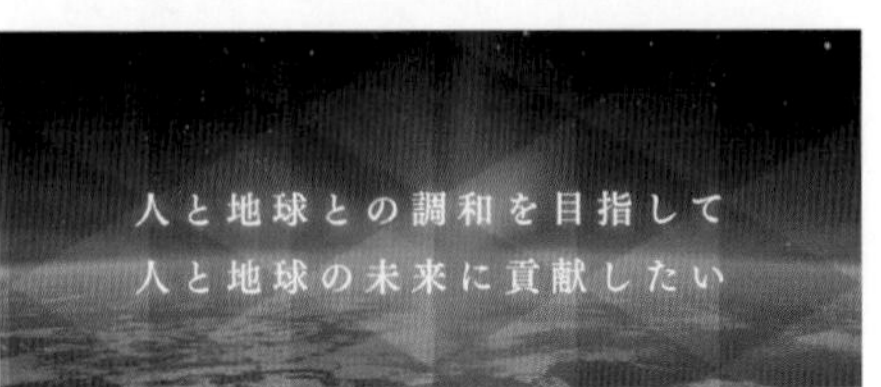

人と地球との調和を目指して
人と地球の未来に貢献したい

盛土地盤被災状況調査

反射法地震探査による地質構造調査

震災斜面崩壊調査

数百年〜十万年単位で動く活断層を対象に浅層反射法探査やトレンチ調査でその広がり、規模、連続性、動いた時期、周期を調べて、対応の要不要を判断する。また、陸上では人工震源などで、海上では多連式エアーガンなどで発生させ、地下の地層境界で、反射して戻ってくる弾性波を捉える地震探査反射法で地下数千mまでの地殻構造や活断層を調べることもできる。

「軟弱地盤・埋め立て地盤分布調査」は、地震時の液状化や地盤沈下、擁壁の倒壊を起こす可能性がある湖沼地や谷間の埋め立て造成地などを対象にボーリング調査や表面波探査などで状況を掴む。「建設・構造物調査」は、港湾施設の潜水調査、RCレーダ探査、弾性波トモグラフィ調査などで、経年劣化による耐震性能の状態を把握する。このほか、弾性波探査や電気探査などによる「地滑り調査」や陥没事故や崩落事故につながる道路下やトンネル背面などの空洞を地中レーダーで調べる「空洞調査」なども行う。

過去の地震については、同社は1498年の明応東海地震や1707年の宝永地震の被害状況から推定した震度分布図を作成するなどの実績もある。

（ライター／斎藤紘）

高温廃液槽内に設置。

社名の『オオモリ』は、少年期からのご飯の大盛をめぐる思い出とたくさんの仕事を請け負う決意を合わせて命名。

代表取締役
**井上稔也** さん

工業高校卒業後、自動車メーカー、造船工場を経てタオル製造工場に転職、工場長を最後に50歳で退職。その後、個人事業で産業設備機器プラント設備の施工保守に注力、2016年、『株式会社オオモリ』設立、省エネコンサルティング着手。

# 『熱交換器』で高温廃液から熱を回収し再利用 エネルギーコスト削減のメリット生む事業

## 工場改修時にセットで提案 省エネコンサルなども好評

「新しいものを導入することより、使えるものを使い切ることの方が真のSDGsではないでしょうか」

『株式会社オオモリ』代表取締役の井上稔也さんが、省エネコンサルティングと配管工事の事業に加え、2023年から新たに開始した『熱交換器設置』事業に託した思いだ。工場から出る高温の廃液から『熱交換器』で取り出した熱を熱源として再利用できるようにする事業で、企業にはエネルギーコストを削減するメリットをもたらす。

「工場では、様々な流体を高温にして利用していますが、使用後は廃液としてプールに貯められ、熱を冷ました後に廃棄されます。『熱交換器設置』事業は、この廃液プールに腐食に強いステンレスでできたスパイラルチューブ仕様の熱交換器を設置し、チューブの中の冷水を温める形で熱を回収し、その温められた水を流体の温度を高めるのに再利用するのです。70℃の流体にするのに30℃の水を利用すれば、その分、昇温のためのエネルギーが削減できるのです」

井上さんは、前職の染色工場時代に使っていた『熱交換器』に度々不具合が生じたことから、そ


株式会社 **オオモリ**

0898-52-7521
consulting@shikoku-oomori.com
㊟ 愛媛県今治市祇園町3-2-17
https://www.shikoku-oomori.com/

省エネコンサルティング・省エネ施工

『熱交換器』設置前。

設置後配管。

設置

の構造や機能を調べたことがあり、その経験を生かしたのが『熱交換器設置』事業。既存の配管に組み込む形で設置するので別途ポンプやモーターなどを設置する必要もない上に、チューブの詰まりなどを簡単に取り除くことができるなどメンテナンス性に優れた構造に特長がある。

依頼があれば、工場で使う流体の種類や時間当たりの流量、温度、給水温度などを考慮して設計、スパイラルチューブを作るステンレスを選定して製作する完全オーダーメイドだ。「最新のスペックで工場全体にプラスαをもたらす」として、工場全体のリニューアル時や配管の補修時などにセットで提案、これまでに4ヵ所の工場に導入するなど実績を積み重ねている。

井上さんは、生産工程一つひとつのエネルギー使用状況について調べた上で、行政の補助金制度などを活用する投資ゼロ、少額投資の省エネ対策で企業から信頼を集めたほか、太陽光発電設備、蓄電池、制御装置、自己託送システム、都市ガス発電機から成り、自然災害に強く、恒常的に電力コストを抑制できる電力の企業版地産地消システム構想も打ち出して注目を集めた。

（ライター／斎藤紘）

# 大切な家族を守るための断熱材

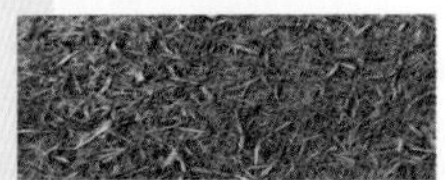

取締役
**岡西豪（つよし）さん**
実家が営む建設会社で働き、その後、公共事業が減ったため他の事業所でアルバイトをする中で、セルローズファイバーのことを耳にし、需要が伸びると考え、2010年に『西日本エコ断熱』を創業。2015年に法人化。

# 木質繊維による断熱で快適な住空間実現
# 夏季の高温化対策に室内の温度環境重視

## 古紙再利用のエコな断熱材
## オーガニック断熱材も推奨

地球温暖化で夏季の気温が上昇、熱中症などの健康被害が相次ぐ中、天然木質繊維から成る新聞の古紙を再利用したセルローズファイバーを原料としてスーパージェットファイバーによる断熱工法。この二つの高密度な充填残熱材工法で快適な住空間を実現しているのが『西日本エコ断熱株式会社』だ。住まう人の健康のために室内の温度環境を重視する取締役の岡西豪さんは、夏の断熱に強いドイツ製の木繊維断熱材『STEICO（シュタイコ）』による施工も推奨する。

「断熱がされていない家では冷房時でも70%もの熱が侵入してきます。その対策としてマットを敷き詰める断熱工法が一般的ですが、マットには継ぎ目などのスキマができ、断熱効果が十分に発揮できない弱点がありました。この課題のソルーションとなるのがスーパージェットファイバーによる断熱工法です。原料のセルローズファイバーは、熱や音を伝えにくい空気胞を持つ天然木質繊維が1本1本絡み合って空気層を作ることで、断熱性、吸音性を高めます。調湿性もあり、カビやダニの発生も抑えます。フワフワの綿状になっているのが特長で、専用の機材で壁や床、天井に隙間なく


**西日本エコ断熱** 株式会社
にしにほんエコだんねつ

0790-72-1880
nishi-eco@meg.winknet.ne.jp
住 兵庫県宍粟市一宮町安黒502
https://www.nishi-eco.co.jp/

## 夏を快適にする「比熱容量」と「透湿性」

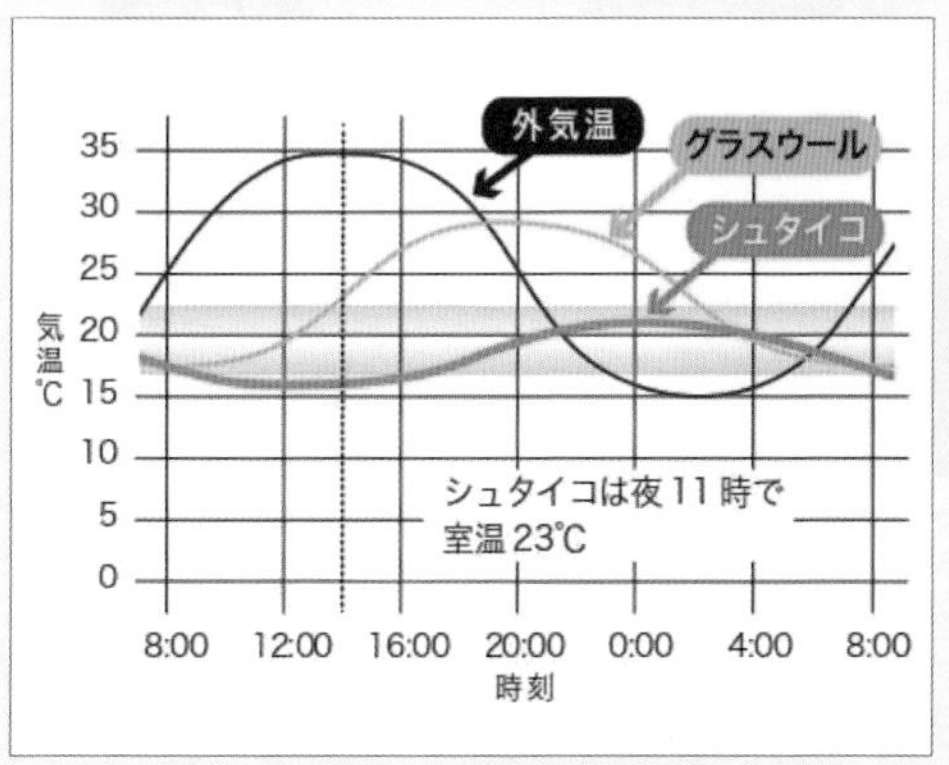


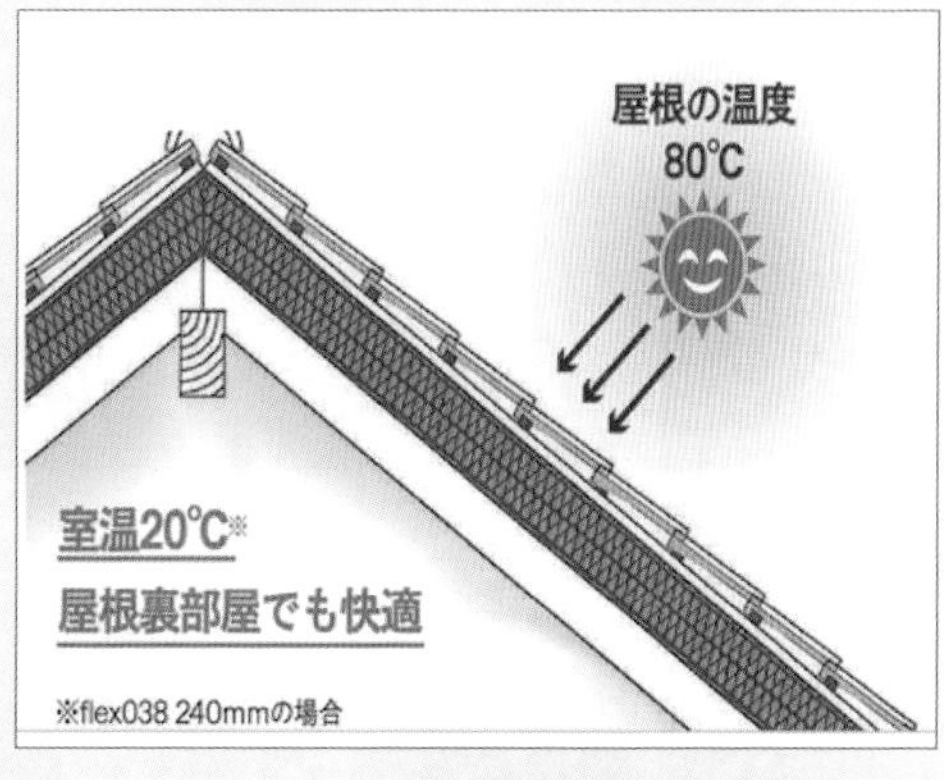

『シュタイコゼル』

『シュタイコデュオドライ』

『シュタイコフレックス038』

吹き込んでいきます。当社は、メーカーが実施する研修を受け、認定を得た専門業者として実技と知識を身に付けていますので、隅々まで高密度に充填することができます」

一方、『STEICO』は、針葉樹の端材や間伐材が原料のオーガニック断熱材。木繊維で建物を覆う『STEICO』は例えるなら森の中で暮らすような心地よさを創り出すという。

「物体の温度を1℃高めるのに必要な熱量のことを比熱容量といい、数値が高いほど温まりにくくなります。日本の暑い熱い夏を快適に過ごすには、比熱容量こそが最も重要なカギになります。これまで断熱材の性能は、冬の寒さに対する熱伝導率が重要視され、比熱容量にはあまり注目されていませんでした。この点、『STEICO』は、比熱容量が高く、熱伝導率が非常に低いため、真夏の外気温を室内に通しませんので、真夏でも快適でひんやりと涼しい室内環境を創ります」

同社の職人が建物の大きさに合わせ、いずれの工法も1、2日で施工するという。今では関西全域だけでなく岡山、鳥取、四国などの工務店から施工依頼が来るという。

（ライター／斎藤紘）

代表取締役
**中山寧子** さん

1975年創業の『文化ステート株式会社』の経営を他界した父親から承継し、2021年に二代目代表取締役に就任。埼玉県越谷市を拠点に宅地建物の売買、不動産仲介業務、賃貸管理、建築請負、宅地の開発、造成などの事業を展開。

# 時代の要請に応え価値ある不動産を開発事業で企業の発展と社会貢献の両立追求

## 種地活用の分譲物件で実績
## 事業用不動産の再生事業も

「時代に合わせて価値ある不動産を開発していく」

埼玉県南越谷を拠点に不動産開発を手がけて半世紀の歴史を刻む『文化ステート株式会社』二代目代表取締役の中山寧子さんの決意だ。東武沿線上に次々と新しい街並みが広がっていく昭和の光景に触発されて不動産事業に参入し、成長軌道に乗せて他界した父親の夢を胸に、企業の発展と社会貢献の両立を追求しながら新たな地平を目指す。

事業の中核は、将来的に価値が大きく上がる可能性がある種地を取得し、高級木造分譲住宅や自社ブランド「エフローレシリーズ」の分譲マンションを企画、設計し、販売する事業。12棟のマンションと大小多数の戸建住宅の分譲実績を誇る。

「父親が先見の明で取得した土地は、埼玉県東部地域周辺だけでなく、東京都内でも好立地に数多くあります。それぞれの土地の特長を生かしながら、今の時代に合うように肉付けをしていくのがこれからの当社の使命だと思っています。どうすれば少しでも街並みを活性化でき、地域貢献につながるかを考えていきます」


**文化ステート** 株式会社
ぶんかステート

048-985-6134
office@bunka-est.com
㊟ 埼玉県越谷市南越谷4-5-2
https://www.bunka-est.com/

こちらからも
検索できます。

パーキンソン病専用ホーム「PDハウス越谷」

マンション・アパート・事務所、収益物件の賃貸・管理業務も手がけている。

越谷レイクタウン北口計画

現在、同社は2025年1月のオープンを目指して、子会社が越谷市内にて結婚式場だった建物をパーキンソン病専門の老人ホームを運営している「株式会社サンウェルズ」と建替工事を進めているが、これも中山さんの経営方針の実践ともいうべきもので、地域の医療福祉に貢献するのが目的だ。

同社さんはこれまで、東京・四谷に建つ店舗付きオフィスビルを耐震補強工事なども含めリノベーションするなど事業用不動産の再生事業に取り組んできたり、東京・六本木の開発では、細分化された土地や利権が複雑に絡み合う土地を地主同士の調整役として整理し、都市ビルに生まれ変わらせたりしてきた。これまで積み上げてきたノウハウを生かし、今後も地域に根ざした新たな街づくりに貢献する企業としての発展がますます期待される。

中山さんの下で働くスタッフは、約10人の少数精鋭。

「当社のスタッフは、一人ひとりがそれぞれの業務に精通したプロフェショナルです。事業を展開するに当たっては、常にスタッフの意見を参考に最善の道を探っていきます。今後も会社全体の事業能力をアップデートさせながら、新たな事業に挑戦していきたいと思っています」

（ライター／斎藤紘）

「タイル面コーティング滑り止め工法」

大規模完成マンション

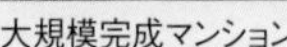

代表取締役
**上村允郎** さん

大学卒業後、大阪の建築事務所に就職、転職を経て大規模修繕工事に出会う。2012年『建築設計事務所』設立。NPO法人集合住宅改善センター設計監理事業部長。耐震総合安全機構会員。

**業務提携会社**

◎六景 株式会社
◎株式会社 非破壊調査SST研究所
大阪 ✆ 06-6944-7177　福岡 ✆ 092-526-3255
◎株式会社 ピアレックス・テクノロジーズ
✆ 0725-22-5361
◎株式会社 あつまり暮らすと　✆ 0798-35-5075
◎株式会社 ナカノセラミック　✆ 06-6368-3030

# 高経年マンションの耐震性不足に警鐘
# 耐震補強を進めるプロセスに的確な助言

## 大規模修繕セミナーなどで管理組合の意識変革を促す

2024年年明け早々に能登半島地震が発生し、今後も巨大地震が想定される中、耐震性不足が懸念される高経年マンションの耐震補強のコンサルティングで管理組合から頼りにされているのが『株式会社K15建築設計事務所』所長の上村允郎さんだ。関西電力グループのIT企業「オプテージ」が主催する「未来を考える大規模修繕セミナー」の講師も務め、築古、新築を問わず、地震対策に向き合うよう広く管理組合関係者に意識改革を促していく考えだ。

「我が国のマンションのストック数は約700万戸、うち築40年以上を経過した高経年のマンションは2022年末時点で約125万戸存在します。この中で1981年以前の旧耐震基準で建てられたマンションは約106万戸もあります。耐震性に不安がある場合は、まずはマンションの耐震性がどの程度の水準なのかを知り、必要に応じて耐震補強などの措置を講ずる必要があります」

上村さんはこう指摘した上で、耐震化に向けたプロセスも示す。

「耐震補強の措置を講ずるには、区分所有法に基づいた決議に向けて、区分所有者間の合意形


**株式会社 K15建築設計事務所**
ケイ・イチゴけんちくせっけいじむしょ

✆ 06-6809-4303
✉ k15_kamimura@yahoo.co.jp
㊓ 大阪府大阪市中央区大手通2-3-9 大手通キャッスルヴィラ601
https://www.kei-ichigo.com/


創造と技術のちいさな不思議な会社

## 未来を見据えた大規模修繕工事

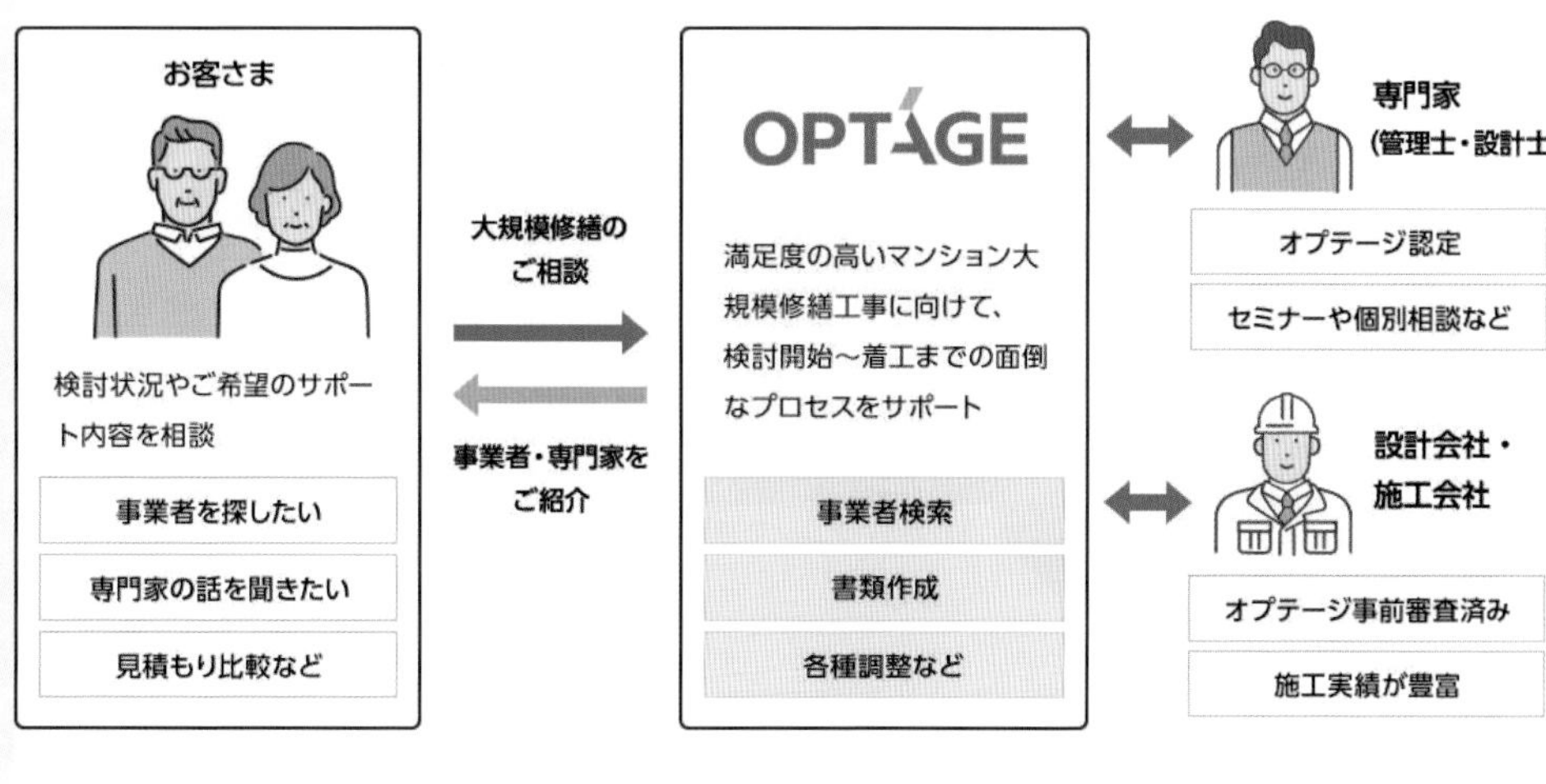

成を段階毎に図りながら進めていくことが求められます。耐震診断段階、耐震化検討段階、耐震改修計画段階、耐震改修実施段階という4つの段階を踏みながら、合意のレベルを着実に高めていくことが重要です。ただし、マンションによっては管理組合が機能していなかったり、修繕履歴がなかったり、区分所有者の高齢化で修繕積立金が不足したりといった課題を抱えたところもあり、そうしたケースでは専門家の力を借りて、国が制定したマンション管理適正化法やマンション建替円滑化法に沿い、マンション長寿命化促進税制や国や地方自治体の補助制度などを活用しながら体制を整えていくよう助言しています」

上村さんは、阪神淡路大震災を契機に設立されたNPO法人耐震総合安全機構の会員として耐震対策に力を入れ、耐震性不足のマンションについて助言してきた。その視線は新築マンションにも向けられる。

「新耐震基準では、震度6強から震度7でも倒壊しない構造であることが義務付けられていますが、建てられたばかりのマンションも劣化していきますので、耐震性も含め長期修繕計画の不断の見直しが重要です」

（ライター／斎藤紘）

高経年マンションと修繕費積立不足。

代表取締役社長
**望月重美** さん

武蔵野美術大学美術学部建築学科卒。同大学院建築コース修了。建設会社を経て2000年、エム・ファシリティズ研究所を創業。2008年、『ファーマ一級建築士事務所』設立。一級建築士、設備設計一級建築士などの資格保有。

# 最善の着地点を考えるマンションの終活 デベロッパーへの建て替え相談も選択肢

## 所有者の高齢化等も視野に修繕計画に最終ライン設定

「人生の終わりを迎えるに当たって、資産の整理など生前に様々な準備をする終活と同じように、高経年マンションを最終的にどうするかを考えることが重要」

首都圏のマンションを中心に大規模修繕について数多くの管理組合をサポートしてきた『株式会社ファーマ一級建築士事務所』代表取締役社長の望月重美さんが管理組合に検討の一つとして提案しているのが「マンションの終活」だ。最善の策を選択するための出口戦略として建て替え検討も選択肢として提案する。

「今後もおカネをかけて修繕を行いながら、マンションに長く住み続けたいと考えている人が多いと思います。国交省も30年先までの長期修繕計画の作成を推奨していますが、いつかは解体して更地にしなくてはならない時がきます。その間、区分所有者の高齢化が進み、修繕積立金の確保も難しくなっていきます。これが管理組合に『マンションの終活』の検討を促す理由です。当事務所では、マンションの寿命を想定し、それより手前に最終ラインを設け、そこまで修繕に必要なおカネをかけ、その後について様々な角度から出口戦

株式会社 ファーマ 一級建築士事務所
ファーマ いっきゅうけんちくしじむしょ
㊟ 神奈川県横浜市神奈川区栄町6-1-1-3202
http://www.fa-ma.jp/

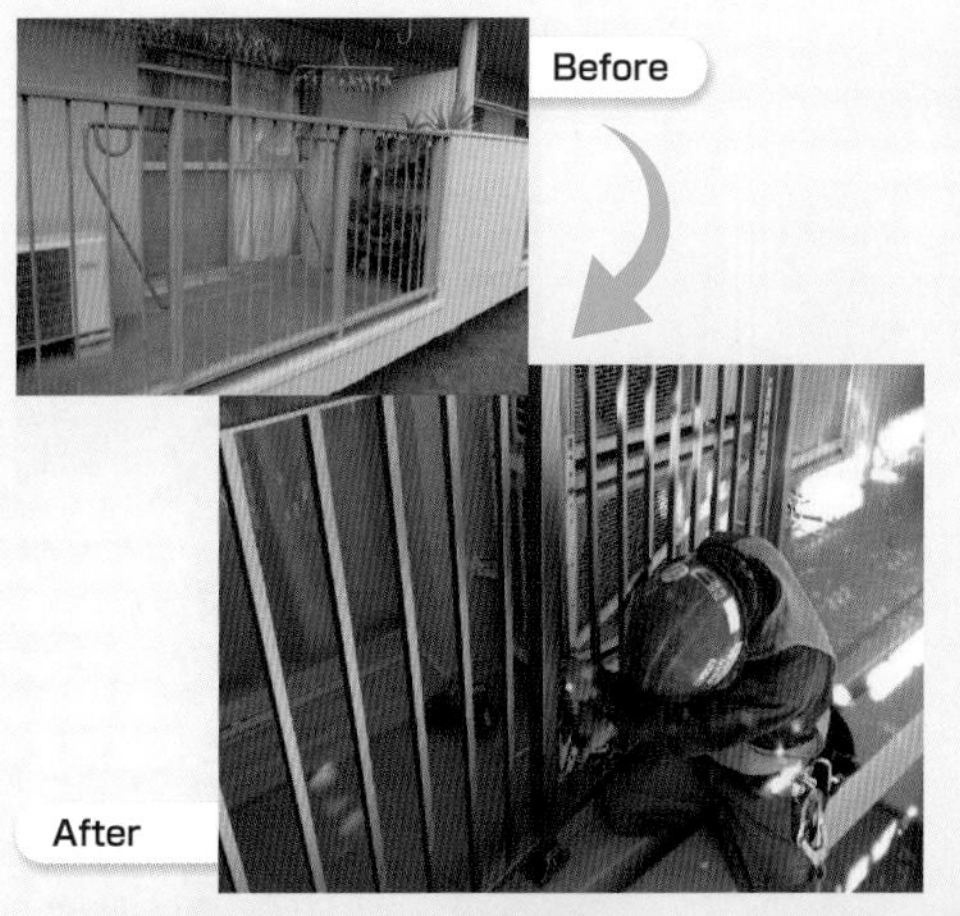

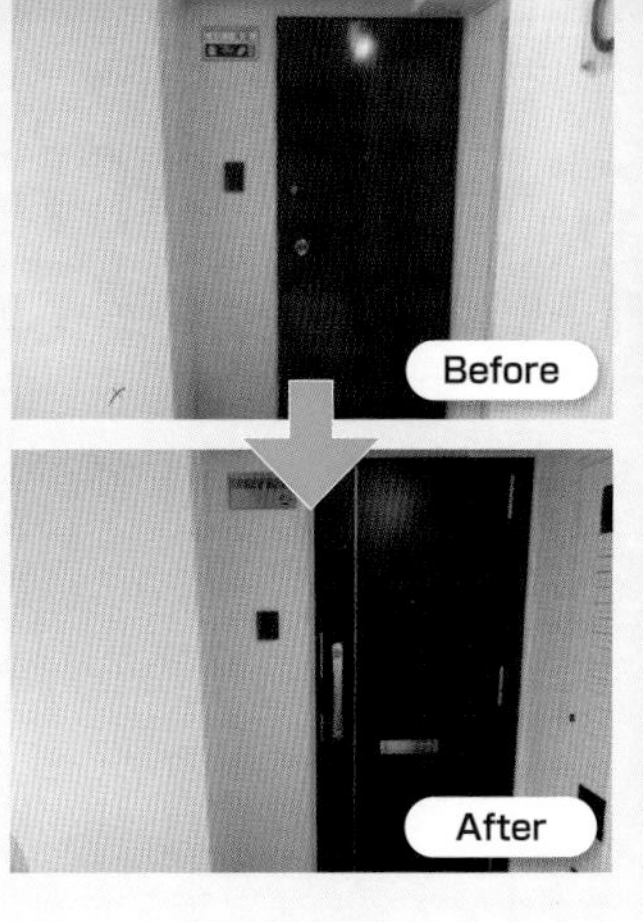

略を考え、余分な出費を抑えたうえで様々な選択肢の中から最善の着地点を見い出す、この検討を徐々に行っていくことが大事だと考えています」

望月さんは、着地点としてマンション開発のデベロッパーの協力を得て建て替えを検討することも有力な選択肢として挙げる。

「マンションを解体した後の土地で建て替えると、条件によっては、建て替え時に階数や戸数、床面積を増やすことが可能になる場合もあります。今まで30世帯が入っていたものを60世帯が入れるように建て替え、その増えた戸数分を売却して建て替え資金に充てれば、区分所有者は大きな負担をせずに住み続けることもあります。容積率に余裕がない場合は、隣接地を巻き込んで建て替えたり、耐震性に問題がある場合は国の補助金を利用したりする方法もあります。デベロッパーもマンションの建て替えを積極的に進めていますので、相続をして勉強会などをお願いしてみるのも良いでしょう」

国交省の推計では、築30年超のマンションが2026年には330万戸を超えるとわれ、望月さんは「マンションの終活」がますます重要になるとみている。

（ライター／斎藤紘）

『ねこ扉』片開き1セット 250,000円～(商品代・工事費込)

代表
**高木仁** さん

2011年よりお客様と猫ちゃんが安心・安全に暮らせるお手伝いをスタート。これまでに培った豊富な経験と知識、建具職人としての技術を合わせ、他店では真似できない『ねこ扉』を手がけてきた。これまでに施工した現場は約500件。

# 愛猫家が作るオーダーメイドの『ねこ扉』猫ちゃんが安心して暮らせるお部屋へ

## 唯一無二の作品を制作する ペットリフォーム専門家

猫脱走防止扉、猫侵入防止扉、キッチン侵入防止、キャットウォーク、キャットタワーのペットリフォームを中心に、オーダーメードに特化した建具や間仕切り家具などを製作／施工を行う『M.J WORKS』。独学で木工技術やデザインを学んだという代表の高木仁さんは、猫脱走防止扉をネット販売する企業から工事を頼まれたことをきっかけに2011年から『ねこ扉』の制作に携わるようになったという。『ねこ扉』に理解のある工務店は少なく、希望のデザインや仕組みが伝わらなかったり、高額になりがちな中、専門で制作してもらえる貴重な会社だ。

制作はすべてオーダーメード。猫の習性や性格、飼い主の希望をしっかりヒアリング、実際に現地に訪れて部屋の雰囲気、住居の作りを確認した上で図面に起こし、一つずつ丁寧に仕上げていく。すべてが高木さんのオリジナルデザインで、他社では真似できない唯一無二の完成度は大好評。一般家庭はもちろん、大手ハウスメーカーや設計事務所からも依頼を受けるようになった。設置したい場所に壁や枠がない、階段などの形が複雑、などの場合も大丈夫。長年の経験と知識で、まるで

## M.J WORKS
エム．ジェイ ワークス


03-6279-6082
mjworks@nekotobira.com
㊟ 東京都世田谷区千歳台6-12-16
https://nekotobira.com/
@m.j_works

初めからあったような綺麗な仕上がりになる。

「単に『ねこ扉』を施工するだけでなく、玄関の使い勝手を考えた上で、扉の設置場所や扉の開く方向を提案して頂き大変感謝しております。家を設計した段階でオーダーメードで作ってもらった建具ですといっても何の違和感もない位の完成度に思えます」など、依頼者からは喜びと感謝のメッセージが絶えない。

活動は東京、神奈川、千葉、埼玉を中心としているが、その他の地域にお住まいの方も相談可能。まずはお問い合わせフォームか電話で相談。見積もりに納得したら、実際に訪れて採寸してくれる。オーダーメード制作なので、契約から工事まで約2か月かかるが、それも醍醐味。工事は1～2日で完了し、その後もしっかりとアフターサポートしてもらえるので安心だ。

高木さん自身も熱い愛猫家。2021年から家族となった愛猫、福ちゃんとの生活をブログにも。心和む内容と可愛い福ちゃんの姿に、高木さんの猫愛が伝わってくる。実際に猫を愛し、猫との生活を送っているからこそできる「猫ちゃんのためのリフォーム」を高木さんは実践している。

（ライター／播磨杏）

代表
**内村春菜** さん

男性が多い造園業界では珍しい女性代表として女性目線を活かした繊細さと親しみやすさ、柔軟な対応力で造園業を革新。お客様のニーズにあわせた「生活を豊かにするグリーンサービス」を提供。二級造園施工管理士。

# 女性ならではの配慮と繊細なデザイン その後の管理を見据えた庭作りを実現

## 植木の剪定から維持・管理までまるごと解決

樹木の幹や枝は常に成長しており、葉が茂って混み合うと病気の原因となったり、ハチや毛虫などの害虫が集まってくることがあるため、定期的な剪定が必要だ。しかし、木の剪定の知識や技術がなかったり、仕事や家事・育児などで忙しく、時間をとるのが難しい方も多い。

『合同会社 vert』は、「生活をより豊かにするグリーンサービス」をコンセプトに、庭の木の剪定や庭の維持・管理、草刈りや消毒、樹木の保護、花壇のお手入れ、ガーデンリフォームなどの悩みをまるごと解決してくれる造園会社。代表の内村春菜さんは、公園や庭園、緑地などの設計・施工のエキスパートである2級造園施工管理の資格を持つ。2021年に個人事業主として活動をはじめ、2023年に『合同会社vert』を設立。造園業界では珍しい女性代表として、女性ならではの視点による繊細なデザインや細部まで配慮されたきめ細やかなサービスが特長。よりよいサービスに繋げるために日々トレーニングを欠かさず行い、技術力は常に進化を続けている。

昔ながらの技術を大切にしつつも最新の作業用機械を使用した丁寧でスピーディーな作業は、県


合同会社 **vert**
ヴェール

080-3977-7550
harunauchimura@g-reach.net
㊟ 熊本県上益城郡甲佐町大字吉田
https://vert-kumamoto.com/
@vert_kumamoto

オーダー家具も制作。

建物の外観に合わせながら、お客様のイメージにも寄り添うデザインを作る。

Before

After

Before

After

内トップクラスの実力と定評がある。若さと豊富な知識、確かな技術力でお客様の庭のイメージや具体的な要望に寄り添った庭を作り上げている。

また、新たな庭を作ったり、ガーデンリフォームなども得意としており、花や木、草の組み合わせを考えながらも和風や自然風、洋風などお客様の庭のイメージ、土地の形や特長、建物の外観なども考慮したうえで美しい庭が実現するようデザインする。

定期的なメンテナンスや芝生の管理、除草、草刈り、消毒作業などをトータルで依頼することもできるので、庭を常にきれいなまま維持することも可能。戸建て住宅をもつ個人のお客様だけでも年間100件を越える依頼があり、高い顧客満足度が高い技術力と迅速で細部まで丁寧な作業を裏付ける。この他、大規模工場の除草作業や観光施設の樹木伐採作業、企業の芝張りや防草シートの施工など多くの実績がある。施工後も見据えた管理がしやすく、居心地の良さも重視したデザインと柔軟な対応で快適で楽しいガーデンライフを実現する。

（ライター／彩未）

投入槽

特許技術によって設けた処理槽

代表
**野口昭司** さん

米作農家だったが、将来性への懸念から養豚業に転換し、『野口ファーム』設立。悪臭公害対策の延長線上で排尿対策に乗り出し、EM菌を活用した「畜産動物の排尿処理方法」で2013年、特許取得。2015年、中国で特許取得。

# 畜産の環境問題を解決する排尿処理方法 排せつ物を利用した堆肥が最優秀賞受賞

## 有用微生物群EM菌を利用 日中で特許を取得した技術

畜産動物の排せつ物は、悪臭や水質汚染といった環境問題の発生要因となる一方で、土壌改良資材や肥料としての利用価値が大きい貴重なバイオマス資源でもある。この二つの側面に着目し、特許技術などを活用して成果を上げているのが、茨城県神栖町で養豚業を営む『野口ファーム』代表の野口昭司さんだ。環境問題に対する取り組みの象徴が、「畜産動物の排尿処理方法」の開発。2013年に日本で、15年には養豚王国中国で特許を取得した画期的な技術だ。有機物を分解する有用微生物群EM菌を利用する。

この技術の仕組みは、養豚場の場合、空き地に穴を掘り、ビニールシートを敷いて2個の水槽を作り、排尿を集めて、EM細菌と共に第一処理槽に導き、水中エジェクターポンプで攪拌させて尿の初期浄化を進行させる第一浄化工程と、この初期浄化尿と槽内の浮遊汚泥を第二処理槽に導き、水中エジェクターポンプで攪拌させ、EM細菌を増殖させて尿の最終浄化を進行させる第二浄化工程、最終浄化尿を取り出す浄化尿排出工程とから成る。排尿処理槽は、ユンボなどの一般的な掘削用の建設機械と防水施工されるシート地

## 野口ファーム

のぐちファーム

FAX 0299-92-3167
住 茨城県神栖市高浜903

**日本と中国の特許番号**

中国 ZL201310356939.7号
日本 第5308570号

この施設の普及に、役所の力が必要となる。
「Bengust Provincial.Veterinary office」のPurita,L,Lesing室長と面会。ODAの摘要を受ける時の注意などの説明していただき、これからが本番になっていく。

『野口ファーム』では
20数年前からフィリピンより
研修生と技術実習生を受け入れている。

研究農場に案内されて、スタッフより施設の説明を受け、排尿処理施設の設置場所などを協議。

フィリピンバギオ市のホテルにて。合流から2日間に渡り目的がほぼ達成できた。

「Benguet State University College of Agriculture Department of animal science」
Mary Arnel D Garcia教授とそのスタッフ。専門家だけあって、その浄化能力の高さに驚いた様子。

の組み合わせで簡単に形成することができるという。

EM菌は、培養水と糖蜜、水道水を熱帯魚を飼育するサーモスタット付きの水槽に入れ、その周りに水を張り36℃に設定、4日間で培養液が完成する。浄化した後の排尿の検査では、生物化学的酸素要求量が基準の16分の1、窒素含有量は5分の1と水質汚濁防止法の排水基準を大幅に下回った。また、施工コストも処理槽がコンクリート構造物で地中深くに埋設された本格的な浄化処理施設の4千万円の約10分の1の400万円程度で済むという。

畜産動物の排せつ物のバイオマス資源化では、野口さんは処理槽に沈殿した汚泥を液肥として利用するほか、排せつ物の堆肥化にも取り組んできた。その堆肥は、家畜排せつ物の適正な管理とその有効利用に努める畜産農家を顕彰する茨城県畜産協会と茨城県堆肥利用促進協議会主催の茨城県堆肥コンクールの養豚部門で、適度な水分を含み，官能評価と成分評価とのバランスがとれた堆肥として最優秀賞を受賞しただけでなく、特別賞として茨城県農林水産部長賞が授与された。

（ライター／斎藤紘）

業務効率化の要望を元にシステム開発を行う。

代表取締役
**岩間崇** さん

農家に生まれ、大学で電子工学を学ぶ。公務員を経てシステム開発会社で十数年間システム開発に従事。独立して、2017年『ガンズシステム合同会社』設立。農業分野のシステム開発やコンピュータ業務の代行に注力。2022年2月、株式化。

# 個人事業の顧客管理・販促をITで支援
# 果樹農家の配送伝票印刷用ソフトも活用

## 継続的な収入確保を後押し
## IT導入補助金で負担軽減

農家や個人事業主の顧客管理や販促をIT技術で支援し、喜ばれているのが、『株式会社ガンズシステム』代表取締役でITシステムエンジニアの岩間崇さんだ。その製品の象徴が個人事業向け顧客管理システム『Green Wood（グリーンウッド）』と果物配送伝票印刷ソフト『ももっちい』。有効性に加え、生産性向上や業務効率化を目指す農家や中小事業者を対象にした経済産業省のIT導入補助金が利用でき、経済的な負担が軽減されるのもユーザーが増える理由だ。

『Green Wood』は、インターネット経由で岩間さんが開発したソフトウェアを利用できるクラウド型サービスで、個人事業主や小規模事業者が顧客リストを管理したり、顧客とのつながりを作ったりする機能で継続的に収入を手に入れることを目的としたものだ。パソコン上で『Green Wood』のURLかQRコードでアクセスし、申込フォームに事業所情報を入力、登録し、『Green Wood』のトップ画面が表示されればインストールが完了する。

操作は、ログイン画面から入り、顧客情報や受注情報などを入力すれば、顧客一覧の出力、

株式会社 **ガンズシステム**

090-7705-9350
t-iwama@gunssystem.com
㊟ 山梨県笛吹市一宮町東原706-1
http://gunssystem.com/

こちらからも
検索できます。

「農業」と「システム」と「マーケティング」本。

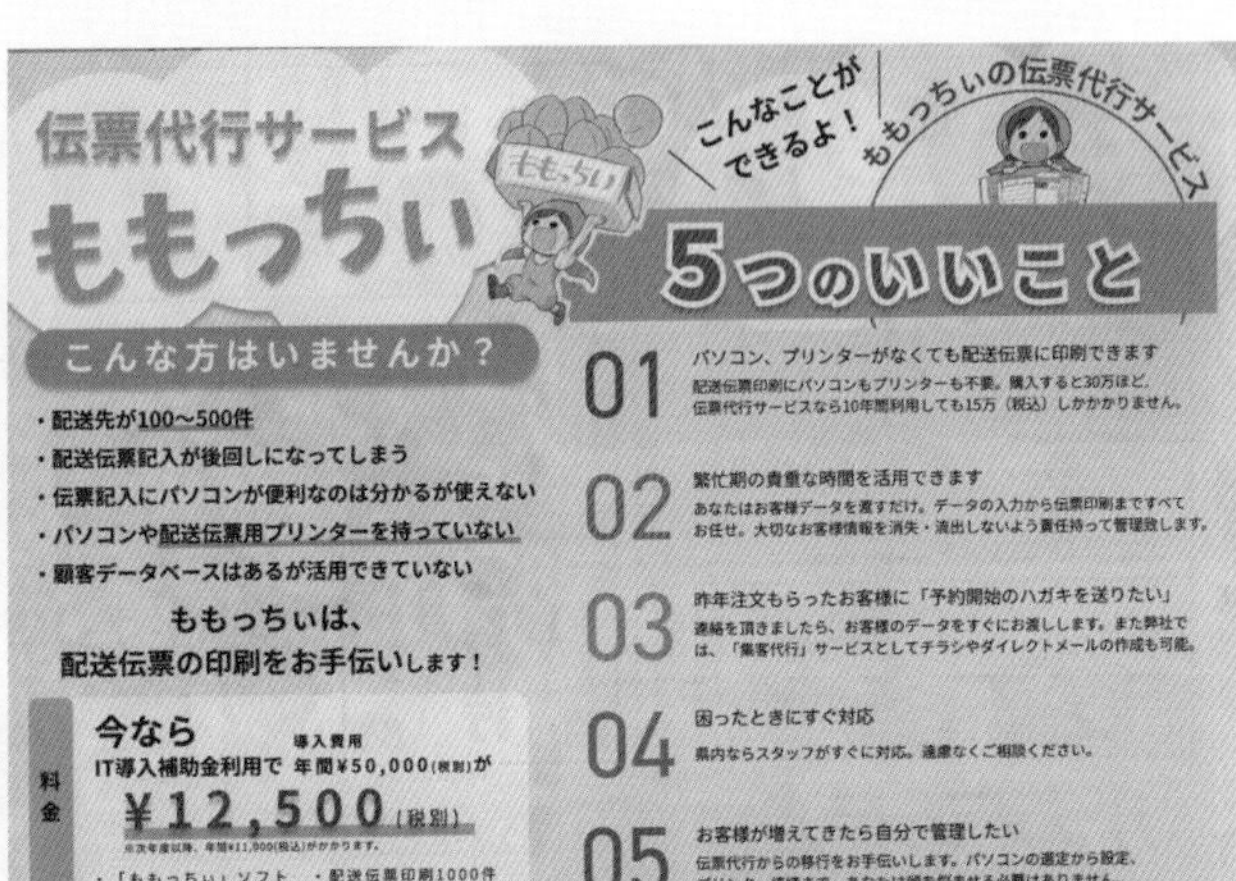


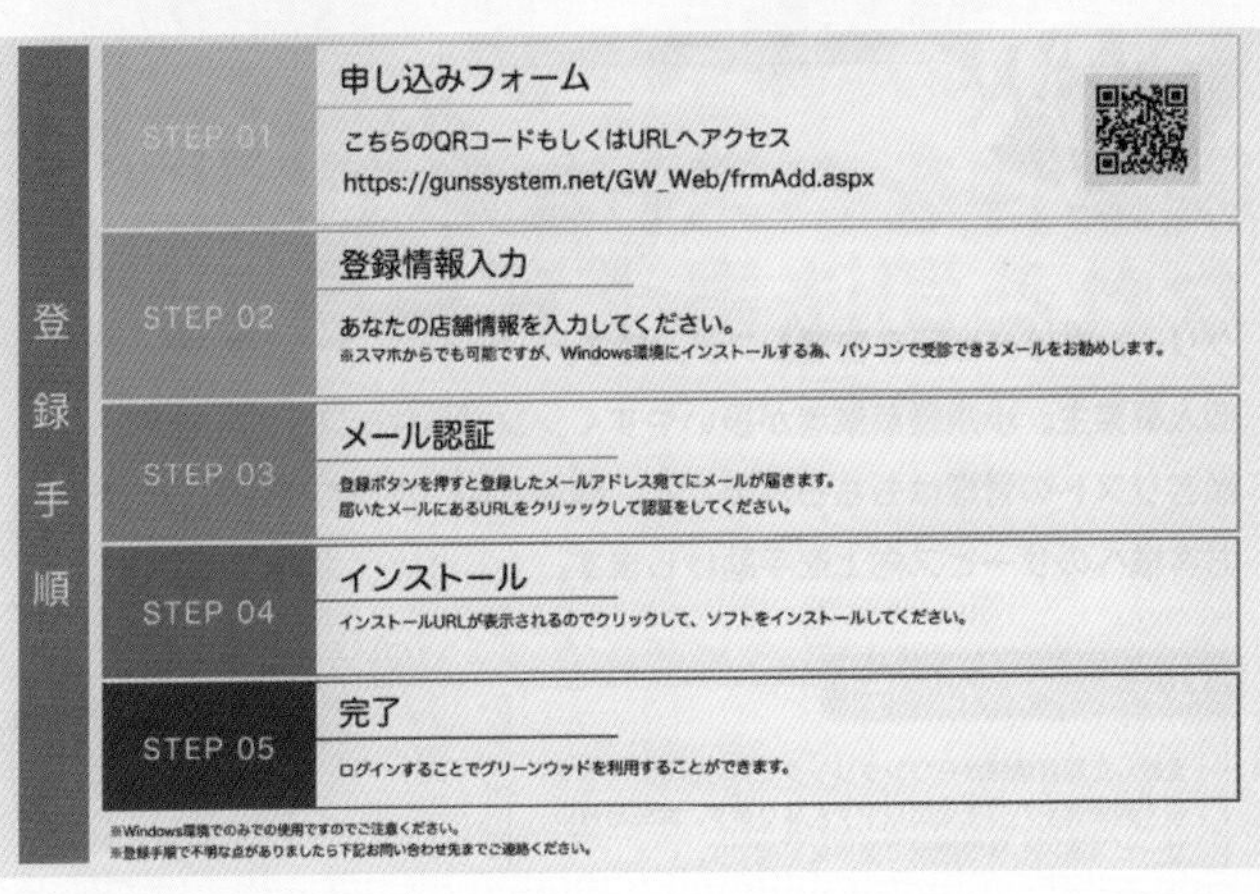


『Green Wood』
インストールの
申し込み

動作環境

OS Microsoft® Windows® 10 / 11（日本語のみ。64BitOSのみ）
メモリ 4GB 以上
HDD 1GB 以上
その他 インターネット環境必須

受注履歴の確認、注文金額や消費税の自動計算、請求書や納品書、領収書の作成、ハガキ宛名シールの印刷、メールの送信などができるようになる。オプションでPOS（販売時点情報管理）機能の導入支援や保守サポートも受けられる。

『ももっちぃ』は、品物や届け先などの登録、運送会社ごとの配送伝票の作成、伝票一括印刷、宛名シール印刷、はがき宛名印刷など多様な機能を持つソフト。これを活用する「配送伝票代行サービス」では、農家から受け取った顧客データを岩間さんがパソコンで入力、配送伝票を印刷し、販促用のチラシやダイレクトメールの作成も代行する。料金は初年度の費用5万円、それ以降は年1万円で、初年度のデータ入力500件、それ以降毎年20件までは無料。無料分を超えた場合は1件に付き50円、配送伝票は毎年1000枚まで印刷する。

岩間さんは、自分で配送伝票を印刷したい山梨県笛吹市近隣の農家向けに『ももっちぃ』を設定サポート付きで5万円で販売、代金が4分の1になるIT導入補助金の申請も支援する。

また岩間さんは、『Green Wood』『ももっちぃ』の両方をクラウド化した。

（ライター／斎藤紘）

誠心誠意、じっくりお話を伺いし、
お客様にとって最良の解決方法を提案します。
相続・不動産登記・養育費に関するお悩みは、
お早めに司法書士オフィスウェールムにご相談ください。

代表
**平木康嗣** さん

学業修了後、メーカーで約15年、ものづくりに専念。「より人と触れ合える仕事に挑戦したい」と独立を決意。会社に勤めながら学び、行政書士と司法書士の資格取得。2016年、『司法書士行政書士オフィスウェールム』設立。

# 多種多様な相続案件をベストな形で解決
# 遺産管理人になれる司法書士資格を活用

## 難問も解きほぐす緻密調査 遺言の執行者に就任し支援

「相続といっても抱えている問題は多種多様。解決のための選択肢も一つではありません。相談者様にとってベストな形で解決できるよう対応します」

『司法書士行政書士オフィスウェールム』代表の平木康嗣さんが主要業務の『相続のワンストップサービス』で貫くスタンスだ。法律上の手続きと行政手続きの専門家である二つの国家資格に加え、他の士業との協業体制も生かし、相続の難問を最善の着地点に導いてきた。

平木さんは、司法書士の業務を「他人の事業の経営、他人の財産の管理若しくは処分を行う業務」と規定した司法書士法施行規則に基づき、遺産管理人として取り組む相続案件は、生前対策から遺産承継遺言書作成と遺言執行、遺産分割協議、不動産登記・相続登記、相続放棄、事業承継、家族信託、成年後見、空き家問題、保険金の請求、預金口座の解約、株式等証券の換価手続きなどまで多岐にわたるが、複雑な案件も周到、緻密に処理する。その典型例が「会ったことのない相続人との遺産分割協議」についての相談の対応だ。

「亡くなった夫の前妻との間に子がいると聞いたこ

司法書士行政書士 **オフィスウェールム**

045-620-2373
support1@office-verum.jp
㊟ 神奈川県横浜市神奈川区西神奈川1-4-7 コーポ・タニ102
https://office-verum.jp/

心から納得できる道を模索することを重視する信念。

とがあるものの、名前も行方もわからないケースでの遺産相続のご相談でしたが、当オフィスでは戸籍を収集して調査し、前妻との子の所在を確認、依頼者の近況などに遺産目録を添えて郵送しました。その子から連絡があり、遺産分割協議の手続きについて説明したところ、相続財産はすべて依頼者に相続してもらうとの意思を表明したため、その内容の遺産分割協議書を作成し、解決することができました」

高齢化に伴って、終活の遺言書に関する相談が増えているという。

「遺言書は、被相続人が自分の意思で財産を分配できるのが利点ですが、遺言で財産を何人かの受遺者に遺贈したり、換価処分して相続人に分配したり、遺言書に書かれた内容を実現するためには様々な手続きが必要になります。当オフィスでは、遺言執行者に就任してこれらの手続きを支援することができます」

平木さんは、不動産登記法の改正で2024年4月から義務化された相続不動産の登記についても、法務局での手続に必要な被相続人や相続人全員の戸籍謄本などの証明書を収集したりして適切に登記できるように支援する。

（ライター／斎藤紘）

所長・弁理士
**藤田考晴** さん

東京工業大学工学部卒。同大学大学院理工学研究科修了。株式会社デンソーの基礎研究所で研究に従事後、大手特許事務所に入所。1998年、弁理士資格取得。約8年の実務経験を経て、2003年『オリーブ国際特許事務所』設立。2024年、弁理士法人化。

# 市場で優位に立つビジネスモデル特許 そのメリットと特許出願の留意点を解説

## Amazonの特許が代表例 新規性と進歩性が不可欠

「経済活性化に不可欠」と政府が支援に乗りだしたスタートアップ。「その武器の一つになるのがビジネスモデル特許です」と指摘するのは『弁理士法人オリーブ国際特許事務所』所長の藤田考晴さんだ。その理由などについてお聞きした。

**―ビジネスモデル特許とはどのようなものですか。**

「ビジネスモデル特許とは、ビジネスモデルそのものではなく、ビジネスモデルを実施する際の技術的な工夫についての特許です。ビジネスモデル自体が特許になるという訳でないことに注意して下さい。ビジネス方法がITC(Information and Communication Technology: 情報通信技術)を利用して実現された発明である場合に、特許として保護されうるということです。そこで、特許庁では、「ビジネス関連発明」という用語を用いてビジネスモデル特許とは区別しています。例えば、デリバリーサービス自体は特許の対象になりませんが、効率的に配達するためのソフトウェアは特許になる可能性があるということです。ビジネスモデル特許は市場への他社の参入を阻止したり、

弁理士法人 **オリーブ国際特許事務所**
オリーブこくさいとっきょじむしょ

045-640-3253
olive@olive-pat.com
㊟ 神奈川県横浜市西区みなとみらい2-2-1 横浜ランドマークタワー37F
http://www.olive-pat.com/

融資や投資が受けやすくなったり、いろいろなメリットがあります」

**― スタートアップの武器になるとはどういう意味ですか。**

「スタートアップとは、GAFAに代表される米国のIT企業のように、新しいビジネスを創り出し、短期間で急成長を遂げる企業を指しますが、ビジネスモデル特許の最初の例の一つがAmazonのワンクリック特許です。WEB通販で顧客が一度個人情報を登録すれば、後は1クリックで購入できる仕組みです。小さな書店だった同社が世界的企業になったのは、ユーザーの利便性を高めたこの技術的な工夫を武器に他社に対して優位性をもってビジネスを進めたことが大きいといわれています」

**― 国内でビジネスモデル特許に該当する発明はありますか。**

「代表的な例では、銀行口座振込システム、チケット発券システム、レンタル商品返却システム、会計処理システム、ステーキ提供システム、地図広告連動システムなどがあります」

**― ビジネスモデル特許を取得する上で留意すべき点は。**

「ビジネスモデル特許は他の発明技術と同じように特許庁に出願して審査を受けなければなりませんが、新規性だけではなく、進歩性を有するものでなければ特許は認められません。また特許出願から1年6カ月が経過すると発明の内容が公開されてしまいますので、特許が認められなかった場合は、他社にアイデアを奪われる恐れがあります。従って、他社に知られては困るようなノウハウなどは出願書類に記載しないように十分に注意を払う必要があります。特許出願の専門家である弁理士はその点を心得ていますので、相談することをお勧めします」

（ライター／斎藤紘）

経営理念:堅実に一歩一歩歩むこと　継続性　顧客の信頼

代表取締役
**福井乙人**(いつんど) さん

大学在学中、システム構築関連の仕事に興味を抱き、卒業後、コンピュータ関係の大手企業に就職、システムエンジニアとしてシステム開発に従事。退職後、ベンチャー企業を経て独立、2005年『株式会社イフ』設立。

# 効率化と使い易さをシステム開発で追求
# 参画したプロジェクトで示す高度技術力

## 少数精鋭の頭脳集団を牽引
## 顧客企業との意思疎通重視

「今後ますますアップする世の中の変遷スピードのサイクルに追いつけるシステム構築の事前相談から完成後のアフターケアまで、お客様と直接交わすコミュニケーションを通じてマン・ツー・マンでお付き合いします」

ITに精通した少数精鋭の頭脳集団、『株式会社イフ』代表取締役の福井乙人さんが2005年の創業以来貫いてきた事業運営のスタンスだ。システム開発を請け負ったクライアントは大手企業から通信情報業界やエネルギー業界の企業、遊技機メーカーまで多岐にわたるが、ただシステムを開発するだけでなく、「人」の視点を重視し、業務の高密度化、効率化を求める経営者や管理職とシステムの維持管理を担うエンジニアやデータの入力などを担当するスタッフそれぞれが納得できるバランスの取れたシステム構成で信頼を得てきた。

「これからの世の中、日々進化し変貌する事業環境の変化に対応したフレキシブルな業務形態、情報系システムの構築は企業にとって欠かせない資産です。当社は、企業の長期、短期ビジョンにマッチした要件定義から基本設計に至る周到なシス


株式会社 **イフ**

03-5725-3188
info@i-fu.co.jp
㊟ 東京都目黒区上目黒3-6-16 MTビル4F
http://www.i-fu.co.jp/

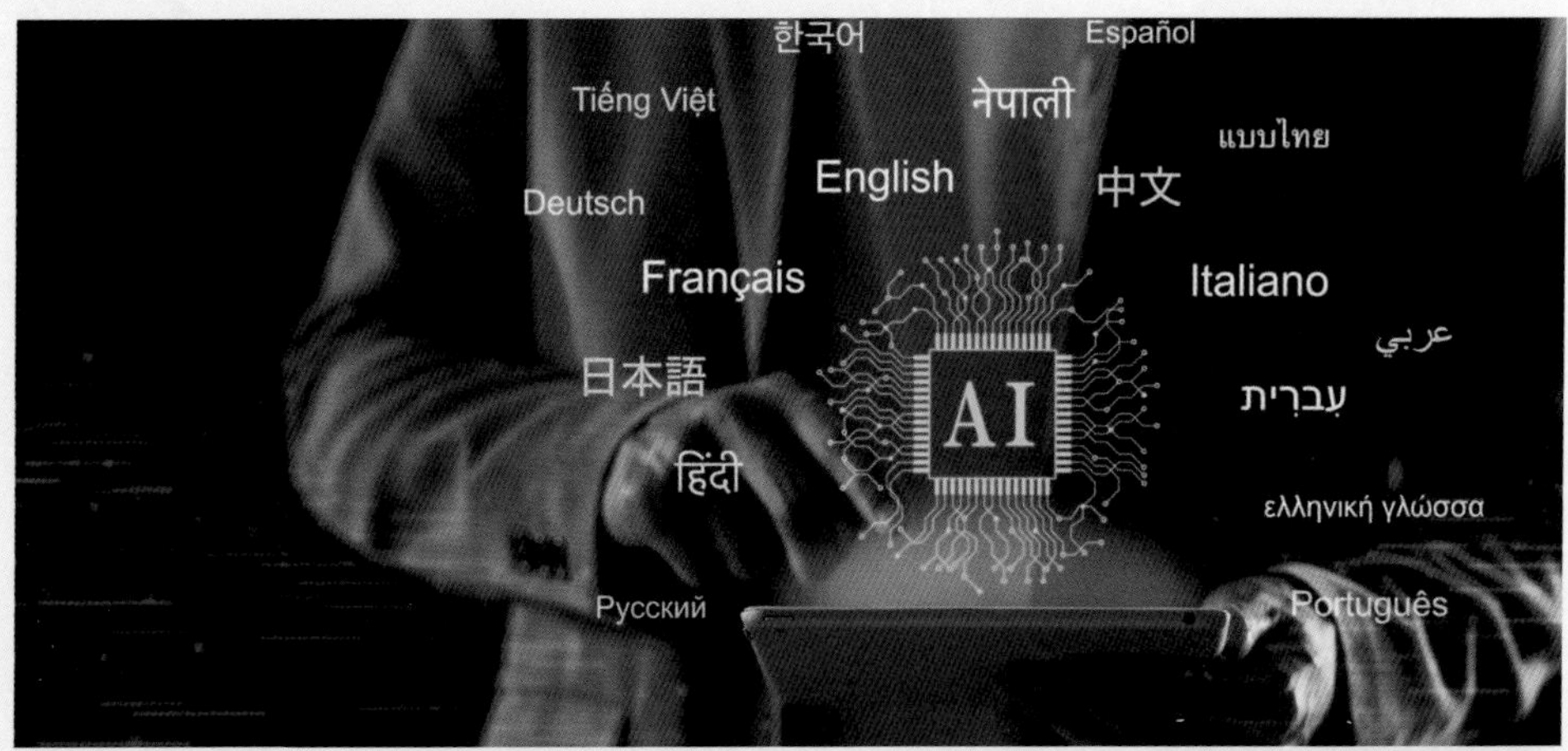

テム企画を提供しますが、このプロセスで大事にしているのが、経営戦略上、経営者がシステムに何を求めているかを的確に把握するコミュニケーションと、システムを運用する担当者の立場に立って使いやすさを追求する姿勢です」

同社が参画したプロジェクトからその実力が伝わる。ネットワーク機器などの構成や運用情報を管理するシステムで、英国政府が発表したITサービス管理における成功事例をまとめた文献ITILに準拠した情報通信系ネットワークの「構成管理システムの開発及び運用サポート」、商品情報を集める会社とタイアップして商品情報をデータベースにまとめ、マーケティングなどに利用し、順調に顧客数を伸ばすことに貢献した「マーケティングデータベースシステムの開発」、設備のメンテナンスの業務で、独自のアプリケーションなど複数の技術要素を組み合わせたタブレットを使って点検記録などの報告、結果確認などの管理業務を効率化にする「設備管理システムの開発」はその好例だ。

企業のITパートナーとしてWin-Winの関係を築くのが福井さんの願いだ。

（ライター／斎藤紘）

一隅を照らす
一人一人の笑顔がまわりを笑顔にする

院長
**岡田恭典** さん

富山大学卒。形成外科出身の高い技術力と定期的な韓国研修での自己研鑽による高い技術力が好評。現在は四つの部門を中心とする健康総合クリニックで一人ひとりの不安とニーズに寄り添い、その人の笑顔を目指す。

「一人ひとりの笑顔は、まわりも笑顔にさせる」
「治療を通して日常を笑顔で過ごしてほしい」
そんな思いで日頃の診療にあたっている。

# 健康なくして笑顔は生まれない<br>四部門の総合医療を提供

## 一人ひとりの人生に寄り添った医療

『ビアジェネラルクリニック』の理念は、「一隅を照らす」。はじめはわずかでも少しずつ波及していくことで全体が輝きだすという意味を持つ言葉だ。また、「ビア」にはスペイン語で「道」という意味があり、「一人ひとりの人生という「道」に関わり、笑顔にすることによって、社会全体を笑顔にできるクリニックでありたい」という院長の岡田恭典さんの願いが込められている。

『ビアジェネラルクリニック』では、現在四つの部門に分けて一人ひとりと総合的に向き合う。「美容」では、悩みや要望を丁寧にカウンセリングを行い、その人にあった施術を提案。施術の仕組みやリスクを丁寧に説明した上で、納得した上で施術の同意を貰うため、施術を行わないという選択をする方も少なくないという。勢いで施術をして後悔しないよう、その日施術はできるだけ避けている。本人の好みの形になるように微調整を行いながら施術を行える高い技術力と丁寧なカウンセリングにより、理想の姿になれると高い満足度・リピート率を誇る。「訪問診療」では、メディカルスタッフだけでなく他業種や地域の方ともしっかりと連携して適切な医療を提供する。また、終わ

## ビアジェネラルクリニック

070-470-46553
㊟ 埼玉県川越市富士見町26-38 キュービックテラスA
https://via-generalclinic.net/

2023年にクリニック移転し、より落ち着いた雰囲気のクリニックとなっている。

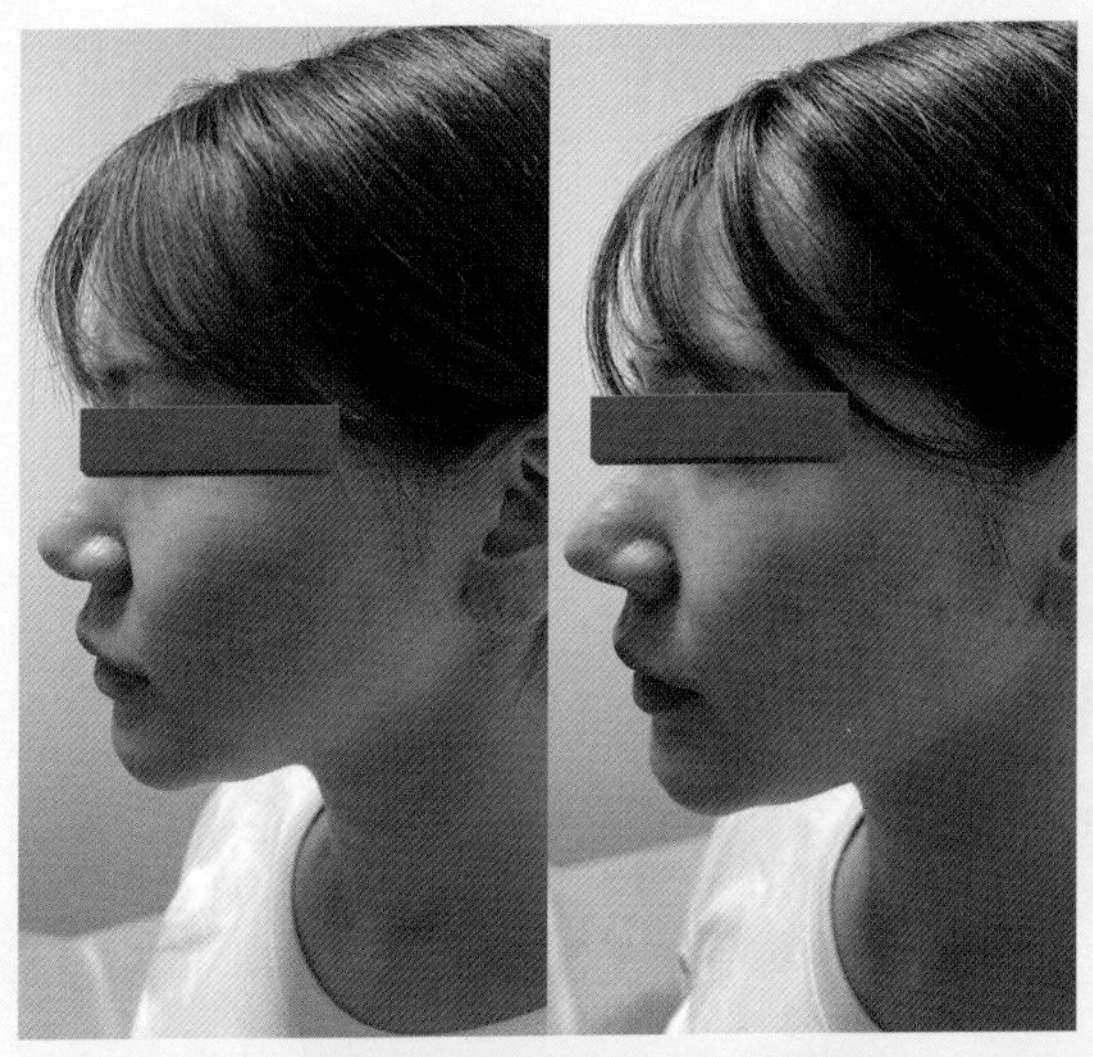

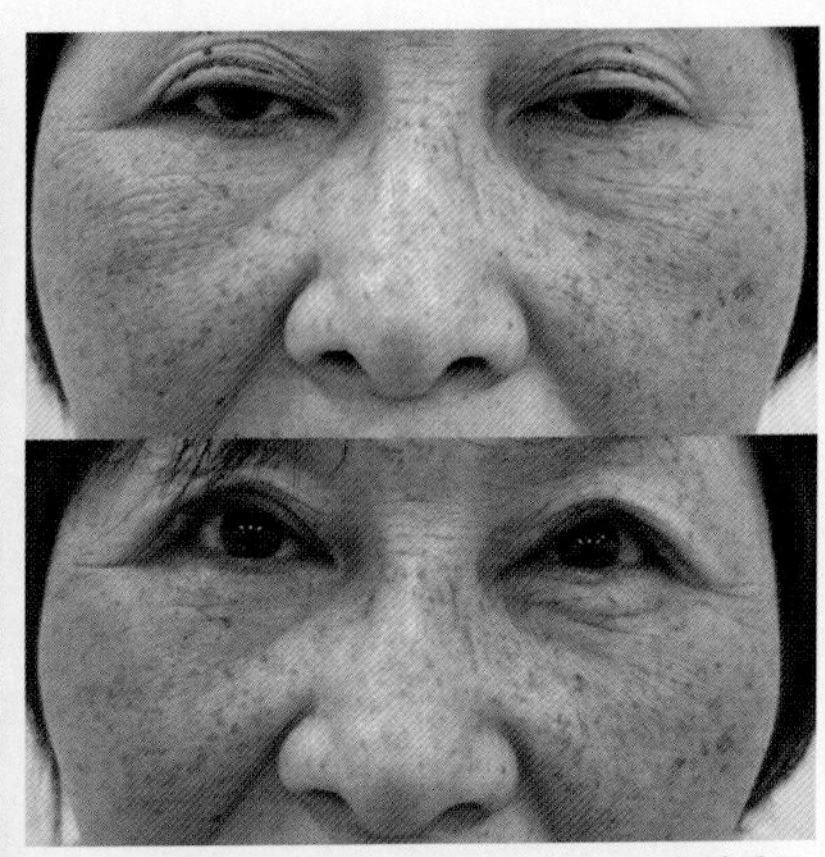

眼瞼垂下

公開講座

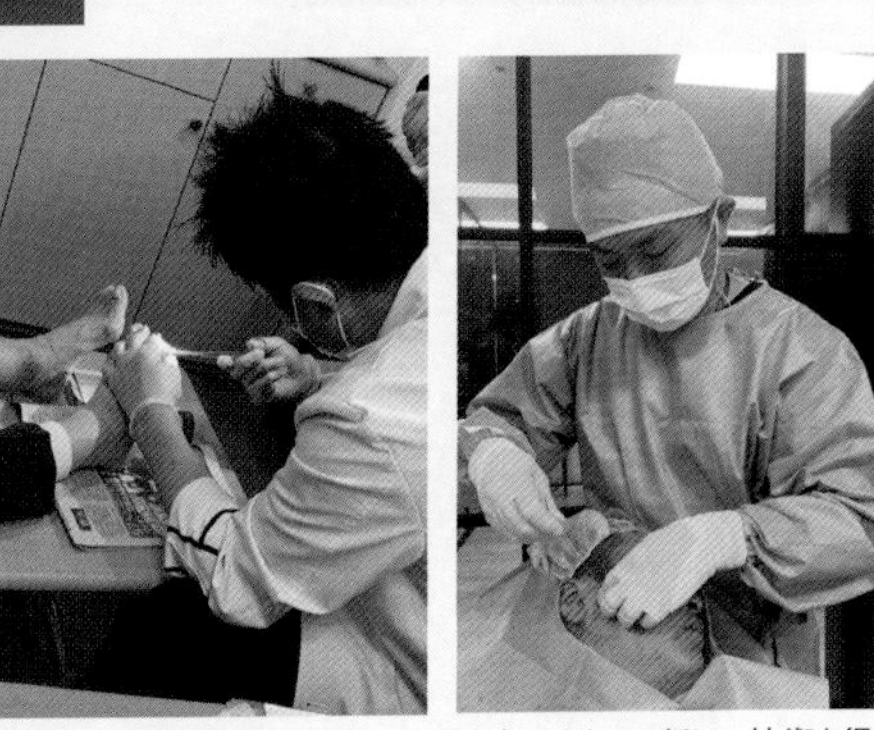

形成外科出身だけでなく、自己研鑽も欠かさない。新しい技術を得るため韓国研修も行っている。

りが見えない介護や看護で家族も必死になっているため、家族へのサポートを欠かさずに行っている。在宅医療を希望される患者さんは、人生の最後に安穏を求めている。在宅医療を通して心地よさと安らぎを感じて貰えるよう努めている。「発症リスク検査」では、認知症や心筋梗塞、脳卒中、ガンなどの将来発症する可能性のある病気を予測し、将来について考えたり見通しを立てるきっかけになればと考えている。発症を遅らせるように生活習慣の見直しもできるため、自分自身の負担を軽減するだけでなく、家族やパートナーへの負担軽減にもつながる。「オンライン診療」では、オンラインによる診療や医療相談などを行う。エステサロンや鍼灸院とも医療連携しており、医学知識のアップデートなどに取り組めるようにセミナーなどを開催。また、事故予防への取り組みはもちろん、万が一施術による事故が発生したときの迅速な初期対応の相談や医療介入なども行う。健康なくして笑顔は生まれない。

四つの部門から一人ひとりが笑顔で居られるよう、過去・現在・未来にしっかりと寄り添う健康総合クリニックだ。

（ライター／彩未）

院長
**吉兼誠** さん

福岡大学医学部卒。1996年「福岡大学病院消化器内科」入局。「福岡大学病院救命救急センター」、「福岡赤十字病院」を経て、2014年開院。日本肝臓学会認定肝臓専門医、日本内科学会認定医。東日本大震災の救護活動に従事。

# 重要な役割を担う肝臓の疾患に注意喚起 検査で病変を早期発見し最適方法で治療

## 痛みを感じない沈黙の臓器 ダメージの蓄積で機能低下

「健康診断で肝臓の数値に少しでも異常があれば、放置せず、すぐに専門医に詳しく診てもらって下さい」

こう警鐘を鳴らすのは、大学病院などで末期の肝臓疾患の症例を数多く見てきた日本肝臓学会認定肝臓専門医である『吉兼内科クリニック』院長の吉兼誠さんだ。肝臓は再生能力が高い臓器だが、ダメージが繰り返されるうちに再生が追い付かなくなり、肝炎や肝硬変、肝がんへと悪化してくリスクが高まるといい、早期の病変の発見と治療が重要と指摘する。

「肝臓は数ある臓器の中で最もサイズが大きい臓器で、痛みを感じる神経がなく、沈黙の臓器と呼ばれています。一発のダメージに強く、壊れても再生しますが、毎日少しずつダメージを受けることがとても苦手で、破壊と再生が繰り返されるうちに傷だらけになり、肝臓の機能は低下していきます。自覚症状が出るのは病気が一定程度進行してからで、異変が出てから検査を受けても、すでに悪化しているということも少なくなく、完治まで時間を要したり、最悪の場合、手遅れになったりします」

## 吉兼内科クリニック
よしかねないかクリニック

092-554-3500
㊟ 福岡県福岡市南区塩原1-4-21
http://yoshikane-cl.com/

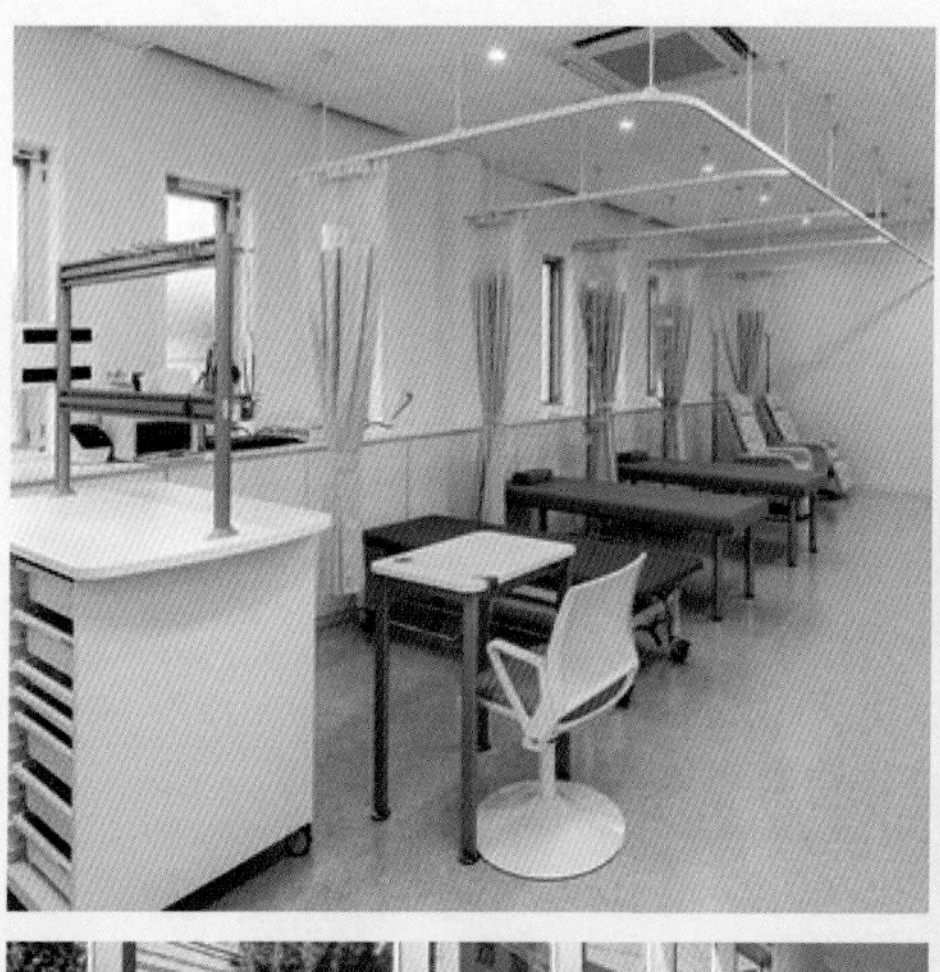

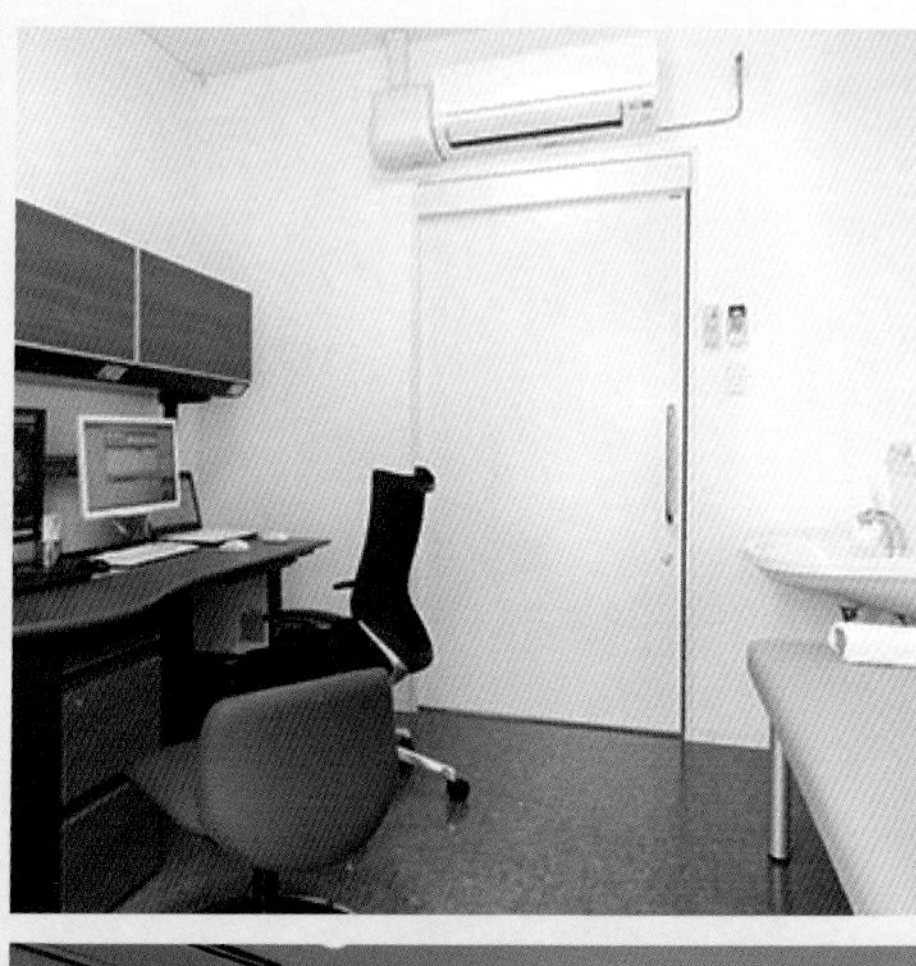

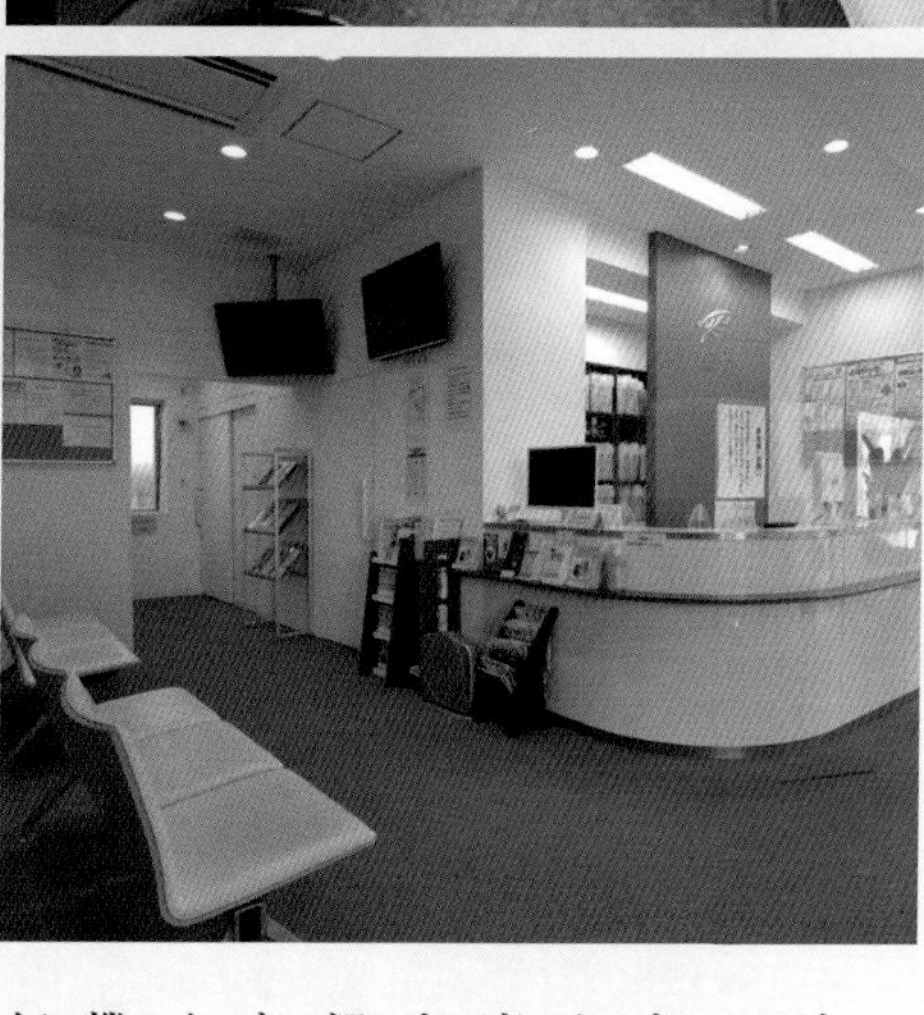

吉兼さんが、肝臓の疾患の治療に力を入れるのは、その役割の大きさからだ。

「肝臓は、臓器の母と称されるほど、大変重要な部分を担っています。貢献分野は500以上にも上りますが、中でも重要なのが、摂取した栄養素が体内に吸収できるように合成、貯蔵、供給する『代謝』、薬や有害物質、アルコールを分解、解毒する『分解・解毒』、腸の消化、吸収に必要な消化液である胆汁をつくる『胆汁の合成』、ウイルスやばい菌、老化した細胞を処理する『免疫機能』の四つの働きで、健康に生きていくうえで、何一つ欠かせない働きをしています」

肝臓の初期段階の疾患である肝炎の原因は、ウイルス性、アルコール性、脂肪性、自己免疫性、薬物性、遺伝性など様々あるが、遺伝性を除いては、生活習慣の改善や近年の医療環境で完治できる病気になっているという。クリニックで吉兼さんは、B型肝炎、C型肝炎、脂肪肝、アルコール性肝障害、肝硬変、自己免疫性肝炎、原発性胆汁性肝硬変、肝臓がんなどの検査、治療に対応するが、症状によっては総合病院などあらゆる医療機関と連携して最善最適の検査や治療方法を提案する。

（ライター／斎藤紘）

院長
**坂本裕明** さん

国際医療福祉大学保健学部放射線・情報科学科卒。診療放射線技師の国家資格取得。救急病院などで勤務。上咽頭がんを克服、2012年『健裕館宇都宮療術院』開業。提携先クリニックで非常勤の診療放射線技師としても勤務。

# 整体修行を通じて修得した施術技法活用
# 効果がしっかり感じられる施術姿勢貫く

## 体心魂を調整する技法など自然治癒力高める効果追求

「師匠を訪ね歩き、たくさんのセミナーや勉強会に参加し、技術の幅を広げていきました」

医療機関の診療放射線技師から転じて2012年に開院した『宇都宮クリニカル整体健裕館』院長の坂本裕明さんは、柔道整復師や医師、整体師などが生み出した整体技法を学んだプロセスを「整体修行」と振り返り、その中で修得した技法を生かす独自の施術スタイルを確立した療術家だ。「BHS療法」を中心に「モルフォセラピー」「操体法」「REX式整体術」などの技法を症状を見極めながら選択し、首コリや肩こり、頭痛、腰痛などの関節痛、四十肩、五十肩、ギックリ腰、疲労、骨盤のゆがみなどを改善に導く。

「BHS療法」は、千葉県我孫子市のエルボ・整骨院の肘井博行院長が考案した療法。

「BHS療法は、自然法則に則り、Body（体）、Heart（心）、Spiritual & Soul（魂）を調整する技術です。身体は哲学であり、心と体と魂は切り離せない三位一体という理論に基づいています。脳に変化を起こすので、筋肉や血流、組織、細胞が変わり始めます。そして自然治癒力が働くように仕向けることができます。わずかな力で


**宇都宮クリニカル整体 健裕館**
うつのみやクリニカルせいたい けんゆうかん

☎ 028-612-2836
✉ kenyukan.u@gmail.com
㊟ 栃木県宇都宮市中戸祭1-14-9 石塚コーポ1F
https://kenyukan-utsunomiya.com/


こちらからも検索できます。

皆様に健康で裕(ゆたか)な人生を提供する
宇都宮クリニカル整体 健裕館
(旧：健裕館宇都宮療術院)

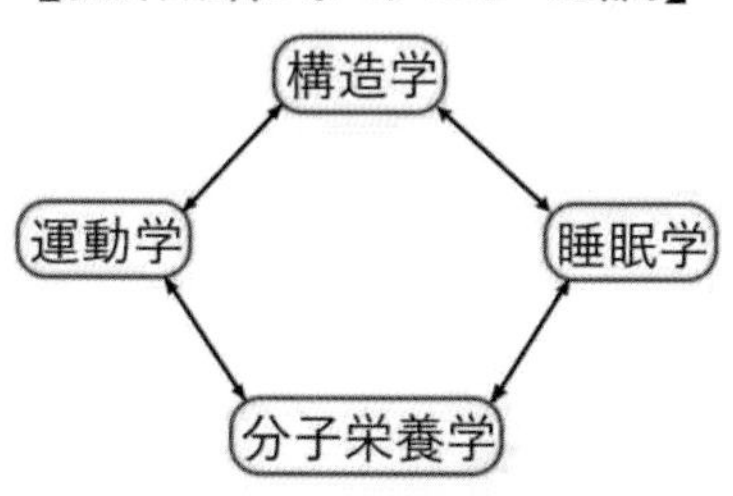


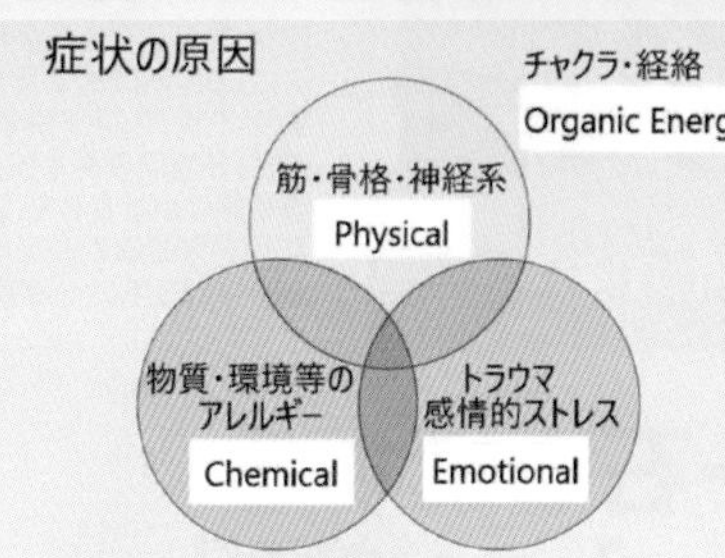

三位一体の完成版

「BHSエネルギー療法二段」

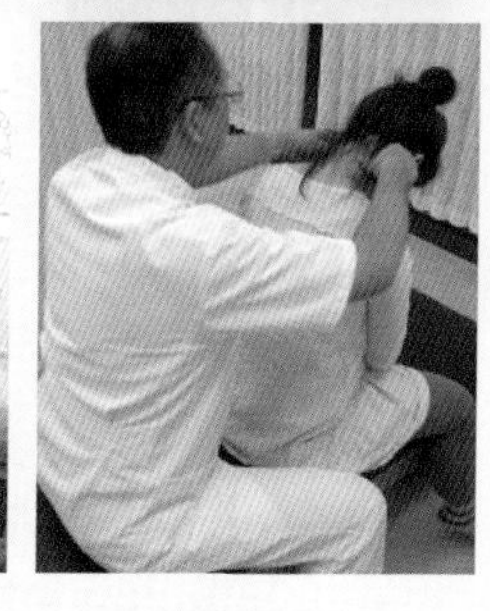

効果が出る方法です」

「モルフォセラピー」は、人体の形態が本来あるべき正常な位置からズレていることが様々な疾患を引き起こす原因という理論に基づき、軽い刺激を与え、体が反応する性質を利用したソフトな技術。「操体法」は、仙台市の橋本敬三医師が昭和初期に考案した治療法で、身体を痛くない方向やつっぱらない方向へと動かし、緊張状態から脱力をすることによって歪みを解消する運動療法。「REX式整体術」は、全身のバランスを保つ機能がある手足のメカノレセプターと呼ばれる部位を刺激して、この機能を活性化させることによって体を良好な状態に保つ方法という。

坂本さんはこれらのほか、カイロプラクティックやJRC関節可動回復矯正法なども使うが、すべての施術で重視している考えがある。

「仮に最適な施術でこりや痛みが大元から改善へと向かっていても、成果を顕在意識で認識できないと、自然治癒力の活性化は半減してしまいます。当院では、毎回、施術の前後で体の変化を感じていただくことで潜在意識に働きかけ、治癒力を引き出します」

（ライター／斎藤紘）

https://www.ohga-ph.com/ohga-man/

代表取締役社長
**大賀崇浩** さん

東京理科大学経営学部卒。商社、医薬品総合卸会社を経て、2008年に「大賀薬局」へ入社。ドラッグストア事業本部長、調剤薬局事業本部長、代表取締役副社長経て、2017年代表取締役社長に就任。2019年10月には「薬剤戦師オーガマン」としてデビュー。

# 膨張する医療費問題に一石を投ずる 薬剤戦師オーガマンのミッション鮮明

## 仮面ライダーをヒントに変身 残薬問題テーマに啓発活動

「薬剤戦師オーガマン」

1902年（明治35年）に薬や食品などを扱う「大賀商店」として創業してから122年、福岡を拠点に九州、沖縄で調剤薬局やドラッグストア、化粧品専門店など115店舗を展開するまで成長した『株式会社大賀薬局』の五代目代表取締役社長大賀崇浩さんのもう一つの顔だ。仮面ライダーが好きだったことから「薬剤師のヒーローを作りたい」と考えられ、「無駄な薬を減らす事」がミッション。保育園や幼稚園を訪問したり、イベントでの薬育ショー開催、SNS配信やテレビ放映等を通して、啓発活動を行っている。ユーモラスだが、薬剤費が医療費膨張の一因になっている現状に一石を投じる極めて意義のある活動だ。

「薬飲んで、寝ろ。」が「オーガマン」の決め台詞。これには明確な理由とねらいがある。

「薬剤師という職ができたのは何のためか。薬の飲み合わせのチェックにより患者さんの安全を守るためなのは当然ですが、私は薬漬け医療による医療費の高騰を抑制する役割を担うために、医者と役割を切り離して産まれたのが薬剤師だと認識しています。だから薬剤師のヒーローの戦う大

株式会社 **大賀薬局**
おおがやっきょく

092-483-8777
㊟ 福岡県福岡市博多区博多駅前3-9-1 大賀博多駅前ビル3F
https://www.ohga-ph.com/

多くの人が病気が治ったと勝手に判断したり
飲み残しや飲み忘れにより、処方された薬を
最後まで飲まない事を「残薬問題」と呼ぶ。
局薬賀大 社會式株
オーガマンはその「残薬問題」に立ち向かい、
処方された薬を最後まで飲むことの大切さを
「薬育手帳」を駆使し子供から大人まで幅広く伝え、

オーガマンの
やくいく
プロジェクト
やくいくショーの実施
やくいく手帳の配布
保育園・幼稚園での
手洗い・うがい教室

義は、『無駄な薬を減らすこと』だと決めました。患者さんが飲まずに捨てたり放置したりしている残薬は、少なくとも年間約1000億円以上にものぼるといわれています。この残薬問題をテーマに啓発していくことを薬育と定義し、大人たちにも伝えていければと考えました。『薬飲んで、寝ろ。』という言葉には、薬を減らす事が薬剤師の使命であり、薬を減らす薬局であることが国のためになり、地域のためになり、患者さんのためになるという私の信念が込められているのです」

〝薬剤戦師〟と称して生まれた「オーガマン」は、Xアカウント(当時はTwitter)でバズり、初ポストは2時間で2万リポストを記録した。これをきっかけに、福岡県ご当地ヒーローが集結した「ドゲンジャーズ」が結成され、リアルイベントなどでファンを獲得する結果となっている。また最近では、新入社員の配属式でも「オーガマン」に変身してサプライズ登場するエンタメ性あふれる代表取締役社長に新入社員たちも喜んでいた。同社で新規事業の開発や地域連携をを担当する「未来投資部」は、大賀さんの直轄組織だという。

「うまくいかない可能性があるとしても、一歩踏み出してチャレンジする。それが『大賀薬局』のDNAだと思っています」

(ライター／斎藤紘)

新任教育

会社モットー「人が全て」

代表取締役社長
**井川勝利** さん
自動車販売会社に40年勤務。2024年4月『葵交通株式会社』の代表取締役社長に就任。親会社の経営理念や前任の社長が築いた功績、人財育成、ネットワークなどを重視し、経営を牽引。

『葵交通』乗務車両

VIP対応エルグランド

# 人を大切にする経営理念を継承し前進 優良タクシー会社のトップ就任で決意

## 三ツ星の働きやすい職場 23年連続優良事業者表彰

「お客様を笑顔に、働く仲間も笑顔に。この企業理念を深く心に刻み、社員一丸となってチャレンジしていきます」

1951年創業のタクシー会社、『葵交通株式会社』の2024年4月の人事で新しい代表取締役社長に就任した井川勝利さんの決意だ。国交省の働きやすい職場認証制度で最上位の「三ツ星」を取得したほか、公益財団法人東京タクシーセンターの優良事業者表彰で特別優良表彰を受賞するなど前任の社長で取締役会長に就任した田中秀和さんが築いた職場環境、事業推進体制を継承しながら、さらなる向上を目指して前進していく。

井川さんは、自動車販売会社に40年勤務し、タクシー業界で働くのは初めての経験という。移転した新社屋が職場になる。

「自動車販売業界に在籍中も、店舗ビジネスは人が命、人が財産と思いながら勤めてきました。『葵交通』も社員の幸福を一番大切に考えている会社です。今後も、すべての社員が健康で働きやすく、自分の未来に大きな夢や希望を持てる会社を目指していきますが、一つ付け加えるなら、

**葵交通** 株式会社
あおいこうつう
03-5941-5321
住 東京都杉並区宮前4-30-1
https://www.aoi-kotsu.com/

帰庫風景

新社屋入口

お風呂場

明番研修会

入社式

野球部

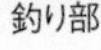

釣り部

ボーリング部

ゴルフ部

社員を常に支えていただいているご家族やパートナーの方々も笑顔になれる会社でありたいと思っています」

同社は、日産東京販売ホールディングスのグループ会社で従業員162人を擁し、東京23区と武蔵野市、三鷹市を中心に、電気自動車など環境に優しい車種36台を含む64台のタクシーで営業している。

働きやすい職場環境の象徴が、翌月の日程を組む際に事前に休日希望を全員に聞き、一人ひとりに最適な出勤計画を立てることができるワークライフバランスを取りやすい勤務体制。乗務未経験者を優先的に採用し、2カ月の研修に始まり、二種免許取得、同乗講習にいたるまで初期の段階で丁寧に指導するのも特長だ。

働きやすい職場認証制度で最上位の「三ツ星」を取得したのは2024年2月。法令遵守、労働時間・休日、心身の健康、安心・安定、多様な人材の確保・育成、自主性・先進性の6分野で要件を満たしたと評価されたもので、「三ツ星」認証は全国で6千数百社中7社だけという輝かしい成果だ。また、接客・サービス、安全・運行管理、経営姿勢の3面から審査する優良事業者表彰も23年連続しての表彰だ。

（ライター／斎藤紘）

私達だから守れる「安全」がある。
お客様のお悩みに対し、専門担当がサポートいたします

代表
**岩渕直樹** さん

セキュリティ関連企業で20年、SP歴10年の警備・警護のスペシャリスト。数多くの身辺警備を行った経験を生かし、2018年『株式会社レジデンスターミナル』設立。警備業、探偵業、不動産業、DV被害専門カウンセリングなどの事業展開。

# DVに苦しむ女性を対象にカウンセリング ボディーガードが女性を守る警護も実施

## 増え続けるDV被害防止 有資格者などが的確に対応

「カウンセリングは心の特効薬」『株式会社レジデンスターミナル』代表の岩渕直樹さんが警備業界で初の「女性専門警護サービス」と共に始めた「DV（ドメスティックヴァイオレンス）被害専門カウンセリング」の効果を示す言葉だ。

DV防止法が施行されたのは２００１年、その後の改正で配偶者だけでなく交際相手も対象になったものの被害は一向に減らず、２０２３年にはDVに関する全国の警察への相談件数が９千件を突破して過去最高になる状況の中、DVに苦しむ女性に救いの手を差し伸べる事業だ。

「DVは、殴る蹴るなどのなどの身体的暴力だけではありません。暴言をはく、脅かす、無視するといった精神的暴力、生活費を渡さない、働くことを妨げる、借金を重ねるといった経済的暴力、性行為を強要する、避妊にしないといった性的暴力、外出を妨げる、付き合いを制限するといった社会的隔離もDVと言えます。当社の『DV被害専門カウンセリング』は、女性専用のカウンセリングルームで守秘義務徹底、匿名可能という条件の下、相談する人がいない、信頼できる人に相談したいといった思いを抱えた女性に、メンタル心理

株式会社 レジデンスターミナル

0120-198-881
office@t-busters.com
㊟ 千葉県千葉市中央区末広3-3-7
https://www.re-terminal.com/

こちらからも
検索できます。

DV
身体的暴力
経済的暴力
精神的暴力
性的暴力
ひとりで
悩んでませんか?

# 経験豊富な警備のプロが対応

# 警備119番が選ばれ続ける理由

**弁護士事務所多数連携**

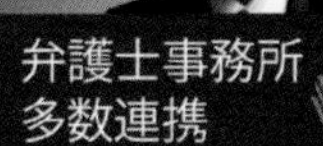

各方面に強い弁護士事務所と多数連携。
ご紹介も可能でございます。

**警視庁・千葉県警警察OB在籍**

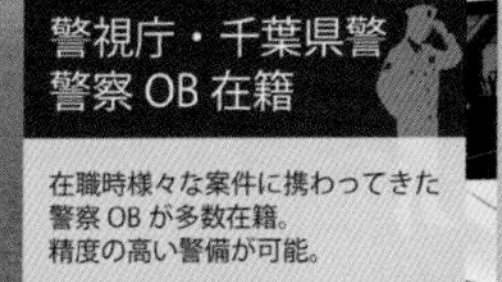

在職時様々な案件に携わってきた警察OBが多数在籍。
精度の高い警備が可能。

**安心の24時間・即日対応**

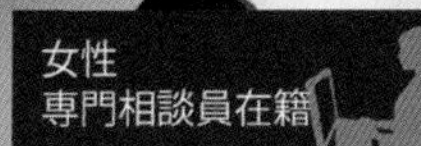

24時間365日
いつでも対応！
一人で抱え込まないでくださいね。

**女性専門相談員在籍**

専門女性相談員多数在籍
女性ならではのプランニングとアフターケアにまで力を入れております。

カウンセラーやメンタルケア心理士などの資格を持つ経験豊富な女性カウンセラーが親身に対応し、連携する弁護士や在籍する警察OBの協力を得て、状況を改善させていきます」

現在、無料カウンセリングダイヤルを設け、初回に限り、30分のカウンセリング無料キャンペーンを実施中で、「一歩踏み出す勇気」を出すよう促している。

酒を飲むと暴れる暴力団関係者の彼氏を持つ東京都新宿区の23歳女性が、カウンセリングでの助言に従い、警察に被害届けを出し、裁判所から接近禁止令を出してもらったほか、夜逃げサポートで家を探す支援までしてもらったのは、その成果の典型例だ。

「女性専門警護サービス」は、郵便物を勝手に開けられたり、ストーカーされたり、痴漢被害を受けたりといった女性を対象に、時間単位の低料金で、警備員指導教育責任者や暴力団による不当要求防止責任者、メンタル心理カウンセラーなどの有資格者、警察OBの武道の熟練者を中心に訓練を積み重ねたボディーガードをつけるサービスだ。

（ライター／斎藤紘）

代表取締役
岸田拓也 さん

幼少期からパイロットに憧れたが、業修了後は大手配送会社に就職、最終的に管理職へと昇り詰める。30代後半、「パイロットは無理でも、何か飛行機に関わる仕事がしたい」と2013年、『株式会社LUXURY FLIGHT』開業。

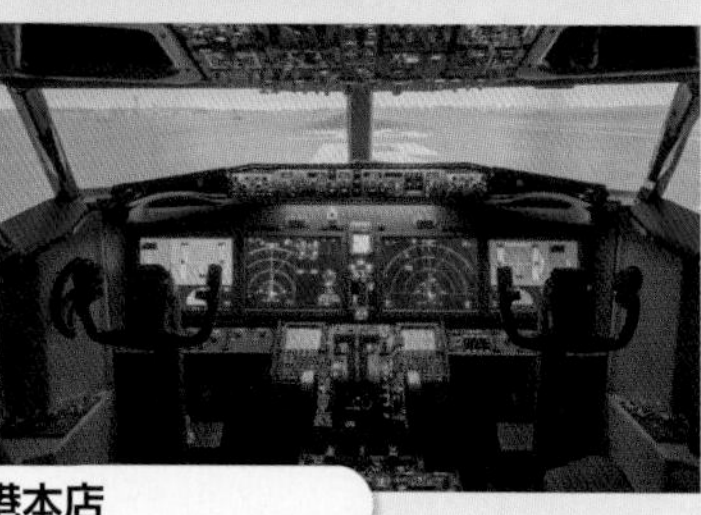

羽田空港本店

# 航空機のコックピットを疑似体験できる本格的なフライトシミュレーターが人気

## 様々なコースプランを用意 初心者からプロのパイロットまで利用

本物の航空機とほぼ同じ構成のコックピットで操縦桿を握って、大空を舞う疑似体験ができる『株式会社 LUXURY FLIGHT』のフライトシミュレーター体験施設が人気だ。子どものころに抱いたパイロットになる夢が叶わなかったという代表取締役の岸田拓也さんが「何か飛行機に関わる仕事がしたい」との思いを募らせ、運送業界から転じて2013年に始めた事業。現在、「羽田空港本店」、羽田イノベーションシティ内の「ファイター店」、「大阪国際空港店」、中部国際空港FLIGHT OF DREAMS内の「セントレア店」の4店舗を展開、飛行機好きからパイロットを目指す人、現役のパイロットまで利用者は増える一方だ。

「当店のフライトシミュレーターは、B737、A320、G58、B787-8、B747Dreamlifter、F/A-18、F-35、F-16など様々な航空機のパイロットしか入室できない空間を極力忠実に再現したもので、無数のスイッチは本物と同じ役割を果たし、全世界の空港から離発着の操縦体験ができます。プロの方にも自主トレーニングの一環でご活用いただいていますが、フライトシ

株式会社 LUXURY FLIGHT
ラグジュアリー フライト

080-7560-1817
info@737flight.com
㊟ 東京都大田区羽田空港3-3-2第1旅客ターミナルビル5F
https://737flight.com/

大阪国際空港店

ファイター店

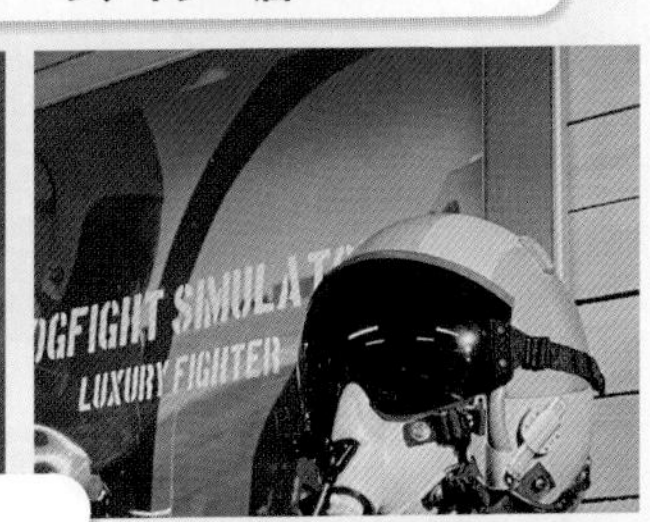


ファイター店

セントレア店

『LUXURY FLIGHT』は全国4店舗にて元気に営業中。(大阪国際空港店は物販のみ)

ミュレーターの経験がない方でも当店のアドザイザーがサポートしますので、どなたでも操縦することが可能です。大型パノラマスクリーンが広大な景色を映し出し、フライト時の機体の動きに合わせて変化する景色に、きっとご満足いただけます」

各施設の利用プランは、お子様向けから一般向け、パイロット向け、会員専用まで、時間も15分から180分まで様々なコースがある。副操縦士資格試験の受験準備ができるエアラインパイロット総合擬似訓練プランなどもある。「羽田空港本店」には。スクリーンの映像に合わせ、シミュレーター本体が上下左右に動き、離陸時の加速のG（重力加速度）や着陸後の減速のG、フライト時の振動を再現することで現実のフライトに近い体験ができるモーションプランもある。

岸田さんは、埼玉の土地に建てたプレハブを事務所に開業、中部国際空港を手始めに羽田空港、大阪国際空港へと出店してきた。今では、アメリカのフライトスクールと提携してパイロットライセンスの取得支援も行っている。「航空機への憧れや夢を実現する」事業は人気を追い風に進んでいく。

（ライター／斎藤紘）

代表取締役
**夏目将之** さん

16歳で建設業界に入り、数年間従事したのちに不動産会社に転職。2011年に不動産仲介業「株式会社メディア不動産愛知」を設立。2019年にコメダ珈琲店のフランチャイズに加盟、『株式会社NATSUNA』を設立。

# コロナ禍から成長を続ける確かな経営戦略 全国的に珍しい犬同伴可のコメダ珈琲店

## 若き社長の新たな取り組み ビジネスチャンスを掴む

愛知県内でコメダ珈琲店を展開する『株式会社NATSUNA』が、フランチャイズに加盟店として2024年4月17日に全国でも珍しい犬同伴可のコメダ珈琲店をオープンした。代表取締役の夏目将之さんは、2019年に発生したコロナ禍でコメダ珈琲店にビジネスチャンスを見出し、フランチャイズに加盟。『NATSUNA』が展開するのは、これで4店舗目となる。

「企業選びで真っ先に浮かんだのがコメダ珈琲店でした。広告を打たなくても話題になるくらい勢いがあるのは本当に素晴らしく、地域ごとに愛されるコメダ珈琲店は、事業として失敗する可能性が低いと判断しました」

コロナ禍は、コメダ珈琲店のネームバリューがあっても苦しい売上げの日々が続いた。しかし、コロナ禍が明けたときをイメージしたときにコメダ珈琲店という看板が成功する道しるべのように思えたという。コロナが明けたときを信じ、店舗の展開を続けた。

「時代が変われば客層も変わります。新しい取り組みを行うコメダ珈琲店があってもいいのではと考え、ワンちゃんも一緒にみんなで楽しめるコメダ

株式会社 **NATSUNA**
ナツナ

0568-65-3100
㊟ 愛知県犬山市五郎丸上前田23

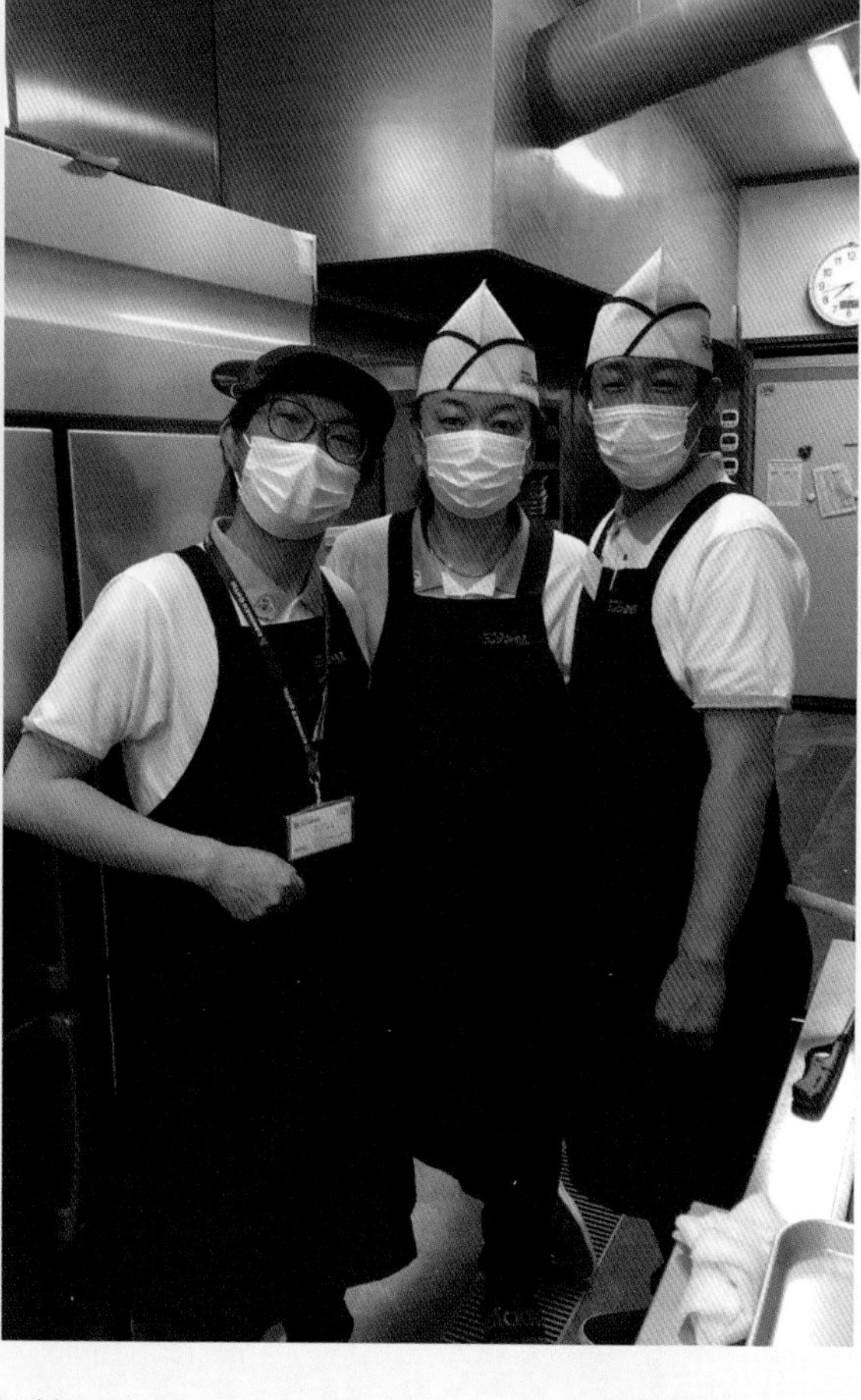

珈琲店をオープンしました」

犬同伴のお客様はガーデンテラスに案内し、屋外で犬と一緒に楽しむことができ、犬を連れていないお客様は2mほどの大きな水槽が設置された店内でゆっくりとくつろげる。お散歩中にも気軽に立ち寄ることができ、愛犬とともに憩いの一時を楽しむことができる空間だ。

「新しい取り組みを取り入れた店舗ですが、従業員がとても頑張ってくれています。本部の教育もしっかりしており、従業員にも恵まれました。いつ見てもテキパキと仕事をこなし、お客様に親切に対応する従業員の姿に関心しています」

コロナ禍から成長を続け、現在は100名の社員を抱える企業へ。夏目さんの人柄と従業員の頑張りで、今後もさらなる飛躍が期待される。

「コメダ珈琲店の看板を借りて私たちがやることは、一生懸命やることにつきます。本部にも目をかけて頂いていますし、評価して頂いているからこそ店舗展開ができます。コメダ珈琲はオーナーさんたちがご高齢になって引退するときに、私のような若造にもキレイに引き継いでくれる方が多いのも印象的です。前のオーナーさんが守ってきたものを引き継ぐ時に快く激励してくれることを心強く感じています」

（ライター／彩未）

19世紀ローマ時代のアンティークのブローチを高須加さんなりにアレンジした逸品。

シェルカメオとゴールドのアンティークなデザイン。白蝶貝で周りを取り囲んでいる。

非情に珍しい女性の顔が2つ彫刻されたカメオの絵柄とマッチした葉っぱのデザイン。

代表
**高須加洋一** さん

約20年間ジュエリー会社でキャリアを積み、直接オファーが入るようになり1998年に独立。宝石や金など貴金属の特長を理解し、一番美しく見えるよう試行錯誤しながら創作していく。最近はジュエリーのリフォームにも力を入れる。

# 完全オーダーメイドのジュエリー 身につける人を輝かせる唯一無二の逸品

## あなたの理想を形に 形見の品のリフォームも

オリジナルジュエリーのデザイン・制作を行う『ジュエリーコーヨー』。手持ちのアイテムを現代風にアレンジするリフォームやサイズ直し、金具の交換などのリペアも手掛けている。1998年の創業以来、代表の高須加洋一さんの豊かな感性と発想力、高い技術で生み出される指輪やブローチ、ペンダントなどのジュエリーは、長年の実績を頼りにしているメーカーだけではなく、個人からも評価が高く、依頼が絶えない。デザイン、素材選び、制作をすべて。高須加さんが一から行っている。

「1点1点丹精込めてジュエリーをお作りしています。出来上がった品を見たお客様にイメージ通りでうれしいといっていただくことが達成感ややりがいにつながっています」

「お花をモチーフに」「リボンのようなかわいい雰囲気で」など希望をヒアリングした後、何点かのデザインを用意。どんな色味で、どこを強調するかなど依頼者の理想に近づけるため何度も打ち合わせをすることもあるという。

デザインと方向性が決まると素材探し。期待にかなう石を求めて海外に行くこともあるというほどのこだわりよう。リングなどの土台に使う地

ジュエリー **コーヨー**

090-8375-7989
& FAX 078-621-1266
jewelry.koyo@gmail.com
㊟ 兵庫県神戸市長田区堀切町15-1

『アンティークなデザインのブルートパーズのペンダント』

『ブルートパーズとダイヤのペンダント』

『タイ産のサファイヤとダイヤのペンダント』

『淡水パールのネックレス』ルビーがアクセントに。

『アコヤパールにダイヤ取り巻きのピアス』

『アコヤパールとダイヤのイヤリング』センターのパールもスイングする。

『ダイヤ、アクアマリンのピアス』

英国ダイアナ妃愛用のブルーサファイアと同じ色目の石を使ったシンプルなデザインのピアス。

『タンザナイトにダイヤ取り巻きのデザインリング』

『インド産のエメラルドとダイヤのリング』

金をバーナーで溶かし、たたいて伸ばし削る工程も自らの手で行い、石の大きさやカッティングに合わせて配置。留めの作業、は0・1㎜単位という緻密さ。取り掛かると朝から夜まで没頭してしまう時もあり、緻密な作業も集中して約1週間で完成させる。

最近では、大事な人の形見の品を自分好みのデザインに作り直すリフォームの依頼も増えているという。預かったジュエリーは一、度すべてバラして石を取り外し、枠は再利用する。母親や祖母から代々受け継いできた宝石を日常使いできるモダンなデザインに作り直すことで、大切な人を毎日感じられると評判を呼んでいる。

「ジュエリーには、それに見合う振る舞いをしようと思わせる力があり、良い物を身につけると自然と背筋が伸びます。自分のためにあつらえた世界に一つだけの逸品であれば、なおさらのこと特別な幸福感があります。女性を輝かせるジュエリーづくりを通じて、みなさんの人生をすてきに彩ることができればと願っています」

世界に一つ、自分を最も輝かせるパワージュエリーが欲しい、忘れられない思い出を形にしたいなど、それぞれの要望に応えられるのが高須加さんのオーダーメードの魅力だ。

（ライター／播磨杏）

理事長
**鈴木あかね** さん

幼児から高校生までを対象に英語を教える鹿鳴館アカデミー英語塾の主任講師。2023年6月「一般社団法人橋花会」を設立し、理事長に就任、『複合型児童館FLOWER CHILDREN』を運営。心理カウンセラー、行動心理士。

# 子育て世代のwell-beingを考えた みんなが輝く複合型児童館運営

## 子育て中の苦労を考え 思いをそのまま具体化

「実家に預けるような温かさと安心感のある保育、教育の場を提供する」

千葉県匝瑳市で、2023年6月から小規模保育園、病児・病後児保育、放課後学童教室から成る『複合型児童館 FLOWER CHILDREN』を運営する「一般社団法人橋花会」理事長の鈴木あかねさんが大事にしているスタンスだ。0歳児から小学生までを預かり、働く保護者を支え、成長した子どもたちの第二の家となれるような環境の構築も目指す。鈴木さんは、もともとは幼児から高校生までを対象に英語を教える英語塾の主任講師で、心理カウンセラーと行動心理士の資格も持つ。子育て中に子どもに熱が出ても預けられず苦労するなどの経験から「こういうところがあったらいいな」と思ったそのままの姿で始めたのが『FLOWER CHILDREN』という。看護師や教員免許保持者、児童心理カウンセラー、こども発達障がい支援アドバイザー、放課後児童支援員、調理師などの資格保有者や事務員が世話役だ。「小規模保育園」は0歳児～2歳児が対象で、定員は0歳児2人、1歳児～2歳児4人、一時利用5人。きめ細やかな保育、目の行き

一般社団法人 橋花会 複合型児童館 **FLOWER CHILDREN**
フラワー チルドレン

0479-75-4401
flower.children.heart@gmaill.com
㊟ 千葉県匝瑳市今泉485
https://www.flower-children.com/

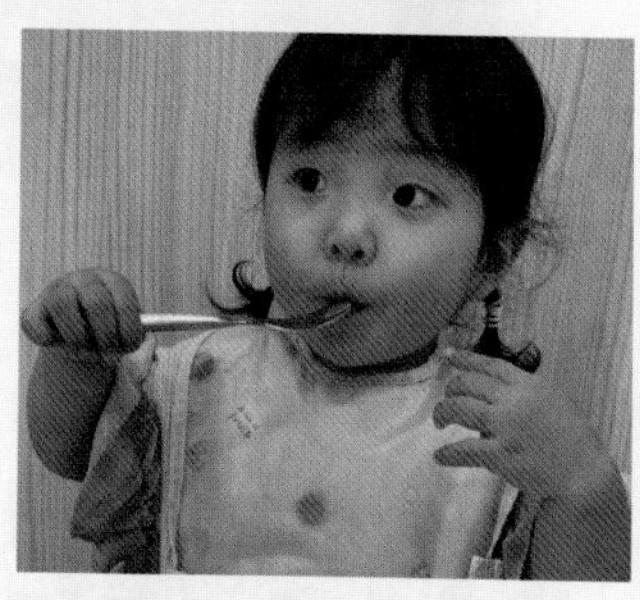

届く保育が特長。「病児・病後児保育」は、子どもが病気にかかった場合に、家庭での保育が困難な保護者の方に代わって保育士や看護師が保育室と隔離室で一人ひとりの病状に合わせた保育、看護を行う。「放課後児童教室」は、保護者が労働などで昼間家庭にいない小学生に対し、適切な遊びと生活の場を与え、健全な育成を図るための教室で、定員20人。アート、音楽、英語、クラフトなどが体験でき、長期休暇も利用でき、工作や書初めなどの宿題の手伝いもする。

「この複合型児童館は地域を問わない広域型で、一時預かりは理由も聞きません。お母さんにも息抜きが必要で、お母さんを助けるのが使命。お子さんの発達で不安なことや生活面、健康面、学習面などの心配事に寄り添い、カウンセリングを含めた育児相談を気軽にできる環境づくりを行っています。また、子育て中の有資格者が助け合って働く仕組みも作りました。畑も借りて、子どもたちと無農薬の野菜を作り、それを給食にするなど良いサイクルを作っています」

鈴木さんは、子どもたちの卒業時は卒業アルバムを作る計画で、「社会につまづいたときに1回戻っておいでといえるような施設にしたい」という。

（ライター／斎藤紘）

自重で筋トレ
呼吸×音楽×ヨガ
筋力アップ体幹強化！ヨガで肉体改造！

代表
**Haru さん**

ヨガは、継続学習が重要と感じ、スタジオオープンより900時間以上学び続ける。多数の流派の中から、2022年ヴィンヤサフローヨガ専門店『sonus yoga studio』開業。現代的な音楽を通して常にアップデートされるレッスンが好評。

# 呼吸×音楽×ヨガの融合を楽しむ ダイナミックに動く『ヴィンヤサフローヨガ』

## 60分間の激しい動きで肉体改造に最適

呼吸を整えながらポーズをキープする一般的なヨガではなく、音楽のビートに合わせて一呼吸一動作で流れるようにヨガのポーズを繋げる『自重筋トレヨガ』で心身を鍛えられると好評の『sonus yoga studio』。呼吸とともにダイナミックに動く『ヴィンヤサフローヨガ』をベースに、60分間激しく動き続けるため、一般的なヨガでは物足りないと感じる方や身体を動かすのが好きな方、本気でダイエットや肉体改造に取り組みたい方にオススメ。レッスンは少人数制。一人ひとりの顔や身体の使い方の癖、筋力、柔軟性などを考慮した的確できめ細やかなアドバイスを受けられるので、初めての方でも安心だ。

「誰一人置いていかないレッスン」で滝汗をかきながら自然と笑顔になり、伸び伸びとヨガを楽しむことができる。レッスン後には爽快感や達成感を感じることができ、日々のストレスを解消。日常生活で歪んでしまった骨や筋肉をヨガで正しい位置に戻し、筋力アップや体幹強化、デトックスや美肌、むくみ解消や基礎代謝アップなどダイエット効果など様々な嬉しい効果が期待できる。『ヴィンヤサヨガ』初心者でも無理なく参加できる「パワーヨ

**sonus yoga studio**
ソヌス ヨガ スタジオ

080-7472-4185
sonus.yoga-studio@hotmail.com
㊟ 埼玉県越谷市越ヶ谷1-14-21 道のビル3F
https://lit.link/sonusyogastudio/

オフィシャルサイト

予約

ガ」は、音楽に合わせて一呼吸一動作で身体の使い方やポーズを丁寧に深めていく。「パワーフローヴィンヤサ」では、音楽に合わせてヴィンヤサの基礎と太陽礼拝からスタートし、呼吸と動きに集中することができる。この他、ヴィンヤサフロー上級者向けの「エンジョイフロー」、周りを気にせず自分のペースでヨガを楽しめる「パーソナルレッスン」などから自分のレベルや目的に合わせてコースを選ぶことができる。

「呼吸と音楽に集中したら1時間あっという間だった」「レッスンが終わった後は毎回心も身体もスッキリします」「斬新な動きと音楽と先生の誘導に終始ワクワク、滝汗の時間でした!」など実際に『ヴィンヤサフローヨガ』のレッスンを体験した生徒さんからの声が続々届いている。

レッスンを楽しんだあとには、薪のエネルギーでじっくりと焙煎されたオーガニックハーブティーを飲みながら、Haru先生や他の生徒さんと楽しむ憩いの一時も。『呼吸と音楽とヨガ』の融合を楽しめる『ヴィンヤサフローヨガ』で楽しみながら心身を鍛え、よりしなやかで美しいカラダづくりをはじめてみては。

(ライター/彩未)

お相手探しの相談もLINE、電話、オンラインで受けられ、ファッションサポートも行ってくれる。

認定証

IBJ

日本結婚相談所連盟

貴社を日本結婚相談所連盟の
正規加盟店として認定致します

相談所 No.16642
婚活サポート　入縁

株式会社 IBJ
代表取締役　石坂茂

代表
**入江学** さん

大手新聞社に就職し、IT系の部長、DX推進の責任者を歴任。ベンチャー企業にてDXコンサル及びSXコンサルを経験しながら、人生のコンサルとして「人を幸せにする仕事がしたい」と思い、2023年に『婚活サポート入縁』を開業。

# 「理想の結婚」に巡り合うために 想いに向き合う丁寧なカウンセリング

## 幸せと思える結婚を目指して 不安や問題点に向き合う

出会えたことが最大の幸せと思えるパートナーとの成婚を目指す『婚活サポート入縁』。代表カウンセラーの入江学さんは、昔から友人の恋愛相談に乗る機会が多かった。友人の悩みを解消し、感謝されたときに生きがいを感じたという。「人に喜ばれる仕事をしたい」と大手新聞社からITコンサルタントに転職すると同時に結婚相談所を開始した。

「近年はコンプライアンスが厳しく、真面目な人ほど会社で異性に声をかけることが難しい状態です。コロナ禍以降はリモートワークをする方も多く、出会いのきっかけ自体がないという方が増えています」

結婚をしたくても出会いの場がないことが日本の少子化問題の根底にあるという。結婚率の低下という日本が抱える問題に対して、結婚相談所としての活動を通して取り組んでいる。会員数日本一のIBJ加盟店のため、約8万人の登録者の中から理想のお相手を探せる。『入縁』の会員は20代が一番多いが、30代や40代まで幅広く登録している。入会すると明らかに出会いの幅が広がり、日常生活では出会えないような縁に恵まれ

## 婚活サポート 入縁

こんかつサポート いりえん

070-9117-0911
info@irien.jp
㊟ 京都府乙訓郡大山崎町
https://www.irien.jp/
@konkatsu-irie

婚活サポート 入縁

こちらからも
検索できます。

JLCA認定
婚活カウンセラー

一人一人の会員さまに
# とことん寄り添ったサポート

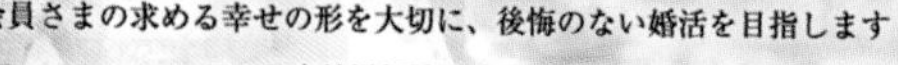

会員さまの求める幸せの形を大切に、後悔のない婚活を目指します！


IBJ(日本結婚相談所連盟)正規加盟店

<通常プラン> 入会金 55,000円(税込) 登録料 33,000円(税込)
月会費 11,000円(税込) 成婚料 220,000円(税込)

ご成婚事例

る方も多い。

「何度かお見合いをするとお見合いに疲れてしまったり、様々な悩みや不安を抱えることがあります。カウンセラーとして相談者の話を丁寧に聞き、自分の中で出した結論に向かって進めるようにアドバイスをしています。恋愛に慣れていない方も多いので、恥ずかしかったり、かっこ悪いと本音を隠してしまうこともあります。話をしっかりと聞いて本音を引き出し、自分で結論を出して前に進めるように導いています」

入江学さんによるファッションやコーディネートなどのアドバイスは、魅力を最大限に引き出してくれると男性だけでなく女性にも好評だ。

「ファッションは、女性目線と男性目線で見え方が違います。自分の好きなものと似合うものが違うことがあるので、服の選び方、色や柄、ヘアスタイルなどをアドバイスしています」

会員からの連絡や相談にはできるだけ素早く対応。個人経営ならではのきめ細やかな対応する。個人経営ならではのきめ細やか な対応が強みだ。「理想の結婚」は人それぞれ異なる。一人ひとりの想いや状況にとことん 寄り添った丁寧なカウンセリングを行い、幸せな成婚ができるようにサポートする。

（ライター／彩未）

オンライン『プライベートレッスン』

代表
**井口幸子** さん

看護師の勤務歴16年、総合病院や産婦人科クリニックの看護師経験あり。ヨガ講師歴12年、『Ma.makana』起業して6年。起業様とのコラボ多数。現在7件と契約中。産前、産後ヨガ。妊婦さん関係のオンラインレッスン8割。『マタニティ安産ヨガトレ』創始者。

# 陣痛8割カットを叶える安産メソッド 妊娠中から陣痛、出産が楽しみになる魔法

## 妊娠、出産、産後までサポート 看護師が追求した安産の技

「陣痛の感じ方を、確実に楽にしたい！」「赤ちゃんと自分の心と身体の生命を大切にしたい！」そんなプレママさんにご紹介したいのが『Ma.makana』。産婦人科に勤務し、多くの出産現場に参加しながら、自身も四人のママである看護師が、妊娠中から安産を作り上げることに力を注ぎ、10年以上かけて仕上げた『井口式満たされ安産メソッド』をレクチャー。妊娠〜出産〜産後まで、赤ちゃんとママが心も体も「満たされるお産」へ導く美活・幸活・安産・YOGA教室だ。『安産講座』では、妊娠中から陣痛、出産がワクワクに変わる安産メソッドを伝授。自分で安産を作り上げる心体、知識、マインドなどを学び、全ての水準を引き上げる事で、陣痛を8割以上カットしながら、赤ちゃんとの繋がりを深く感じられるお産方法を身につけていく。また、受講者からの要望に応えて開講された『安産に強いインストラクター養成講座』も大人気。2024年から初級、中級、上級に分類され、初級では「マタニティ安産ヨガトレ」を中心に妊娠中に陣痛を優しくできる身体作りができ、赤ちゃんの居心地を良くしていく内容となっている。中級では、「安産講座」で安産になる知識をつけていける内容となり、上級では個々に対応し、確実に一人ひとりの安産に対応できる講師となるシークレット内容を準備している。妊

美活・幸活・安産 YOGA教室 **Ma.makana**
マ・マカナ

080-5336-5484
ma.makana.yoga@gmail.com
㊟ 富山県南砺市宗守575-13
https://mamakanayoga.wixsite.com/sachiko/
@sachiko__anzan　@869jpbux

産後直後。

『安産に強いインストラクター養成講座』（Zoom、ビデオ）初級～ 12,000円（税込）～
『井口式 満たされ 安産メソッド』（安産講座、マタニティ安産ヨガレッスン）90分～ 7,000円（税込）～
『マタニティ安産ヨガインストラクター養成講座』12,000円（税込）～　など。

婦さんをより理解し、安産に詳しく、妊婦さんや赤ちゃんに寄り添い、生命と大切に向き合っていただき、本来の能力を開花させられる講師を育てている。今まで以上に安産を実現するために、出産現場で陣痛を激変させてスルッと産ませる指名助産師や元劇団四季メンバーで1ミリの動きすら見抜いて整える体に詳しいトレーナーさんの身体のスペシャリストたちと協同開発し、8月よりリニューアル講座開始予定。現在、受講者募集中で、無料相談も受け付けている。広く細かな知識を早く身につけられるようディスカッション多めのZoom講座で丁寧に指導。実践でスピーディーに独り立ちできるようサポートしてもらえる。

代表で講師の井口幸子（いのくちさちこ）さんは、自身の出産や他の出産に多く立ち会う中で、陣痛の痛みは薬を使わなくても、自分で楽にすることができると知り、その方法を伝えたいと、『Ma.makana』を立ち上げた。妊娠中を自分らしく楽しめる日常、愛おしい貴重な時間にすることで、お産中も赤ちゃんを愛おしく想える時間が増えることも伝えたいという思いで活動している。「世界中の妊婦さんが心身共に健やかなマタニティライフを送ることで笑顔が溢れる日々を送ってほしい。そして、人生の岐路となる出産時には、心身共に「安産」となり、赤ちゃんやママ、パパが生涯、幸せ豊かな時間が続く事を強く願っています」

（ライター／播磨杏）

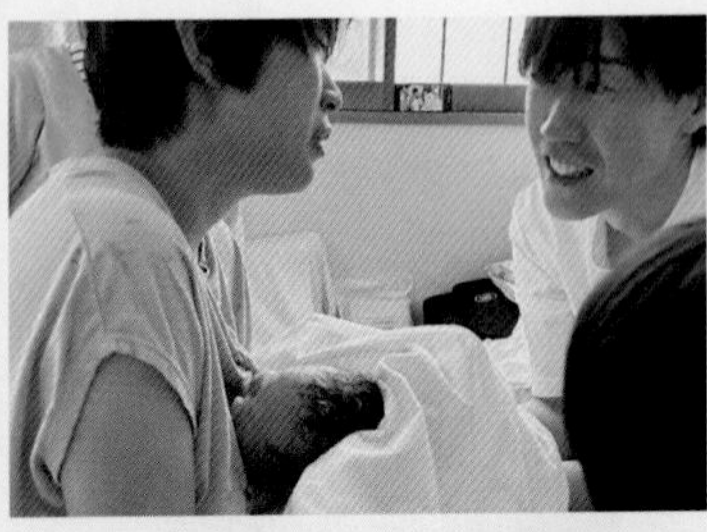

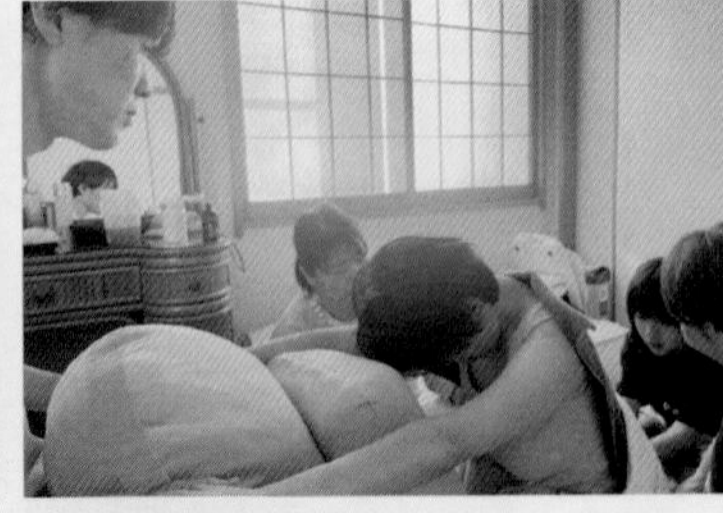

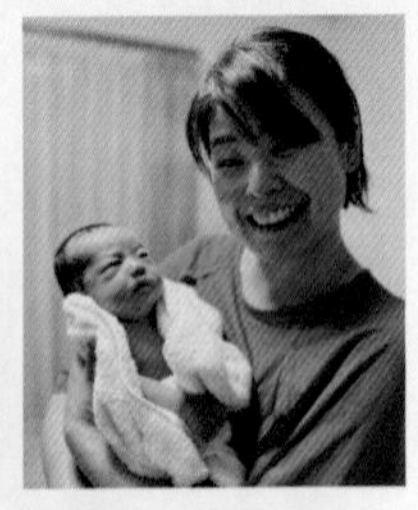

代表
**織田涼子** さん

大学病院や助産院で助産師として勤務。自身の自然なお産を通じて幸せなお産が未来を変えると実感し自然出産の極みである自宅出産サポートを2021年に開業。5児のママとしての経験を活かし、ママと赤ちゃんが笑顔で過ごせるようにお手伝いする。

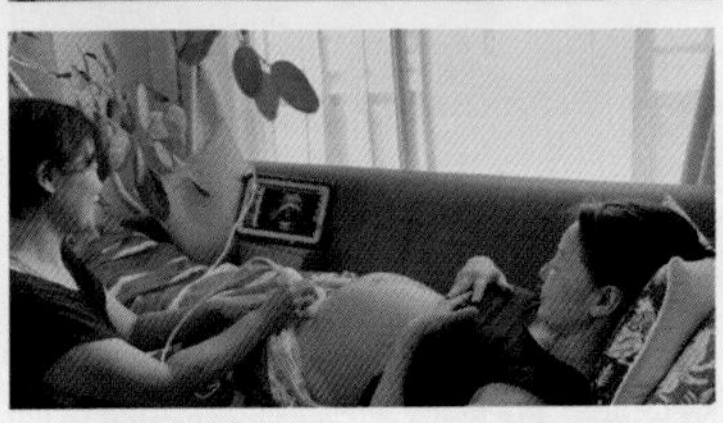

『自宅出産』650,000円（税込）前後
『個別相談』（妊娠、妊娠中の心と体のオーダーメイド相談）12,000円（税込）〜

# 「家族愛」が深まる世界一幸せな出産 安心できる自宅で新たな命を迎えたい方へ

## 経験豊富な助産師が 女性の産む力を引き出す

『Natural Birth Support Smile』の織田涼子さんは、女性の産む力を最大限引き出し、女性が一番安心できる自宅で安全なお産ができるようにサポートしている。

「健康な女性には、元々産む力が備わっています。出産の時にオキシトシンやエンドルフィンなどの幸せを感じるホルモンが正常に分泌されるには、リラックスしたり、出産に備えて身体のバランスを整えておくことが大切です」

自然なお産では、赤ちゃんは自分のペースを守って生まれてくるのでストレスが少なく、精神的に安定していてとても穏やかな顔をしている。ママの身体への負担も少なく、産後も母子ともに安定した生活を過ごしている姿を産後訪問の際に多く見かけるという。ママも赤ちゃんも家族みんながハッピーなお産になる。

「最近は、無痛分娩を選択する方が増えています。私自身も5人の子どもを産んだ経験がある身として、無痛分娩という言葉に惹かれる気持ちはよくわかります。しかし、一時の陣痛の痛みをとる選択をされた方のほうが産後に長く痛みを感じていたり、育児がスムーズにいかないと悩ん

## Natural Barth Support Smile

ナチュラル バース サポート スマイル

✉ ryoko5mama@gmail.com
㊟ 東京都杉並区
https://naturalbirthsupportsmile.hp.peraichi.com/
@natural_birth_support_smile

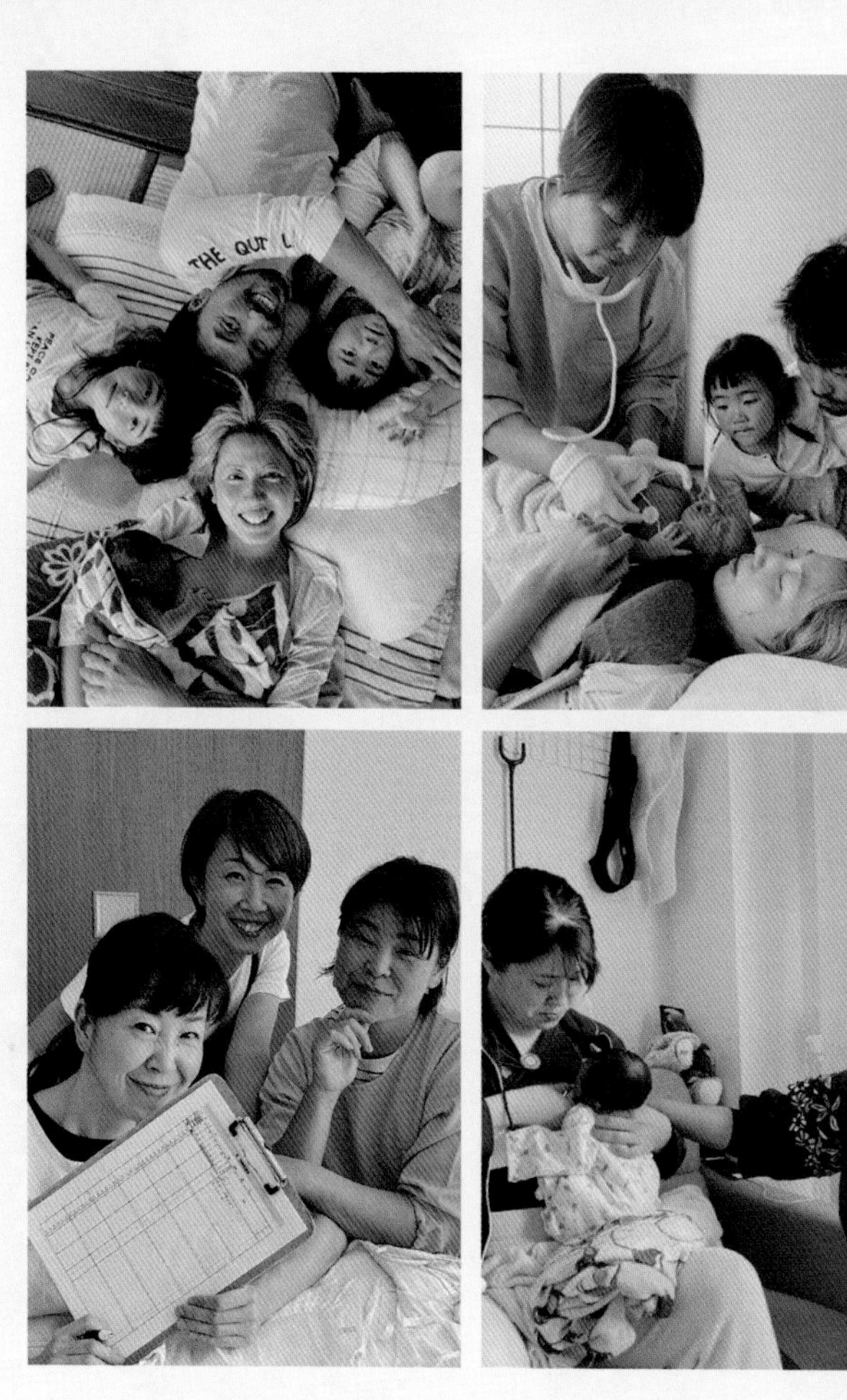

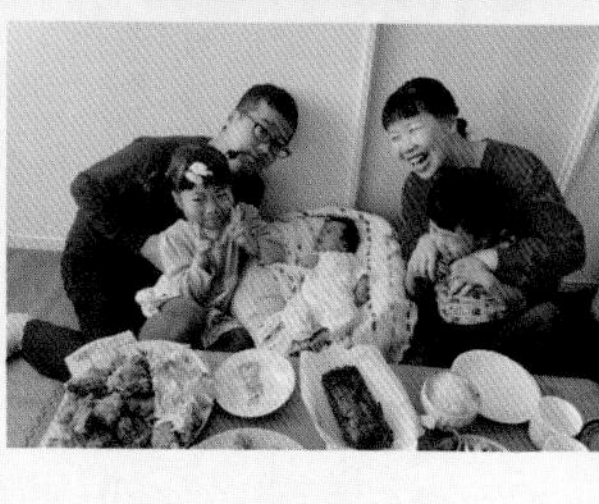

でいる傾向があるように思います」

出産が素晴らしい経験だと思えた時に「また産みたい」と思う女性は多い。出産の経験が家族の未来に繋がっていることを織田さん自身も自分の経験を通じて感じており、自分がどういうお産だったかを振り返るのは重要なことだという。結婚式を挙げる際にたくさんの情報を集めたり、身体づくりを行うのと同じように出産に向けて準備をすることが大切だ。母親としての自己肯定感があがり、家族愛が深まる。また産みたいと思えるハッピーな出産となる。

「安心・安全に出産をするためには、病院との連携はマストですし、どこで出産するにしてもその人が一番安心できる場所を選んでいただきたいです。出産を怖いと思うのではなく、情報を集めて真剣に考える女性が増えてほしいと思います」

また、今後の活動としては、働く助産師の仕事と生活の充実を目指している。志が同じ助産師が集まり、信頼できる技術と知識を共有しながら協力し合うことで助産師自身の仕事もプライベートも健康も大切にできる。より良い職場づくりをしていきたいと考えている。

（ライター／彩未）

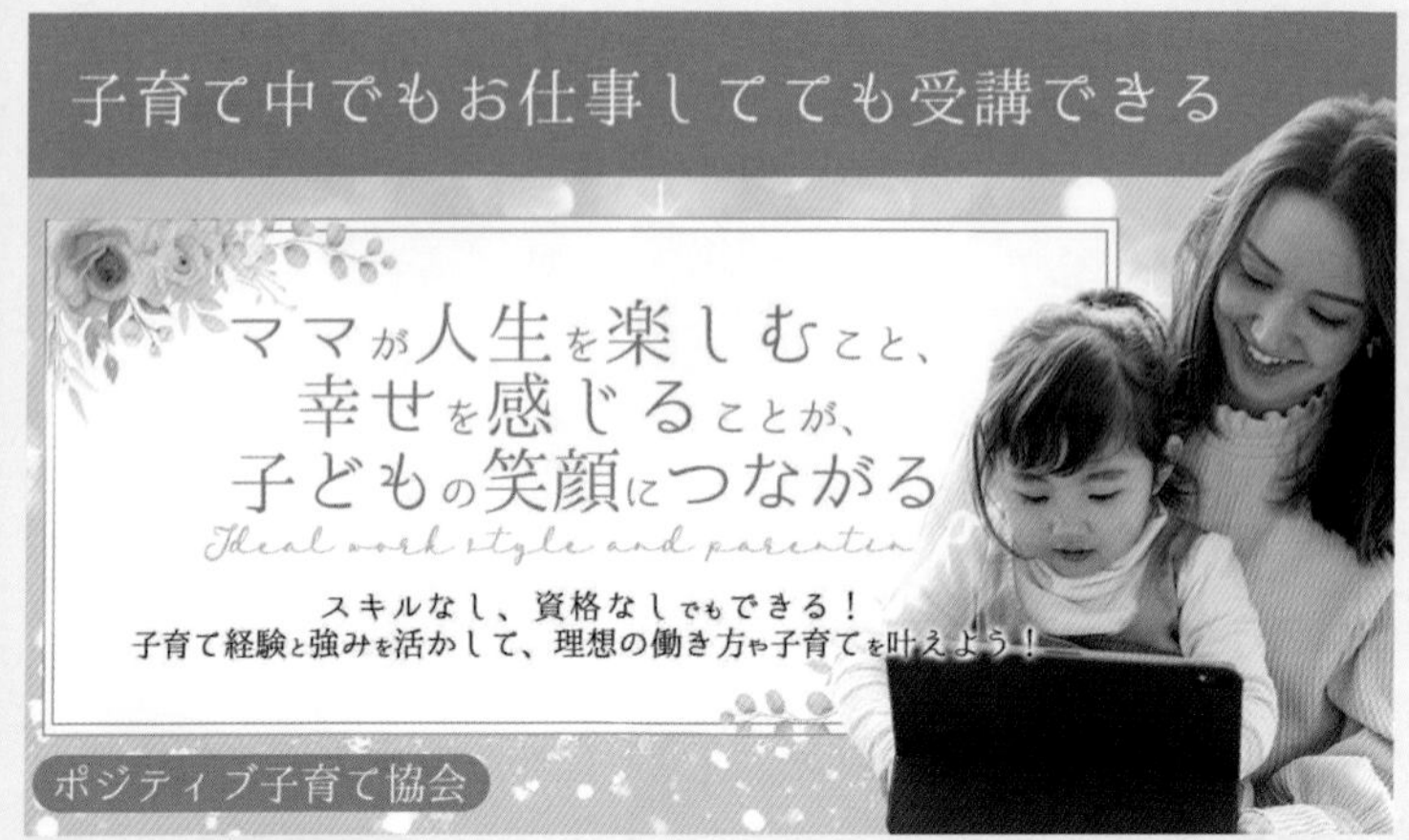

子育て中でもお仕事してでも受講できる
ママが人生を楽しむこと、
幸せを感じることが、
子どもの笑顔につながる
スキルなし、資格なしでもできる！
子育て経験と強みを活かして、理想の働き方や子育てを叶えよう！
ポジティブ子育て協会


ポジティブ子育て協会認定のママ向け起業講座『ポジママ・カレッジ』では、全国のママさんが多数参加中。子育ての悩み相談だけでなく、起業に関する情報交換、交流を深めて一生ものの仲間を作ることができます！受講生も多数実績。ママ向け起業講座『ポジママ・カレッジ』では、全国のママさんが多数参加中。

代表理事
**和田リエ** さん

子育て中の母でもあり、『ポジティブ子育て』、『ポジティブ心理学』を通して、女性向けの働き方や起業サポート、SNS集客コンサルを行っている。4ヵ月で仕組みを構築し、法人設立。自らの営業経験、東南アジアでの経験を通して、自立した女性たちを増やすためにオンラインで、子育てを仕事にできる仕組みを構築。

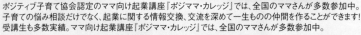

# 子育てもお仕事も自分らしくを選択する ママ向け起業講座

## 「子育てはスキル」と捉えた新しい発想

保育園の待機児童が大きな問題となっていたが、近年は保育園と小学校のギャップの激しさにより、子育てと仕事の両立が一気に難しくなる小1の壁によって仕事のキャリアを諦めざるを得ないママさんが増えているという。

「ママが人生を楽しむこと、幸せを感じることが、子どもの笑顔と成長につながる」「ママが笑顔だと子どもも笑顔に」を理念に、様々な事情で仕事を諦めるという選択をしたママさんが子育てとビジネスを両立できるよう支援する『一般社団法人ポジティブ子育て協会』。代表理事の和田リエさんは、「子育てはスキル」と捉えた新たな発想で、子育て経験をビジネスへ活かし、思ったように生きられないと葛藤するママさんが自立できるようサポートしている。

ママ向け起業講座『ポジママカレッジ』では、アメリカの心理学者マーティン・セリグマン提唱の人間の長所や強みにフォーカスした「ポジティブ心理学」をベースにした「ポジティブ子育て」とWeb集客によるビジネスの両方を学ぶ。勉強会やグループコンサル、個別のマンツーマンコンサルなどを中心にした6ヵ月間の講座修了で「ポジティブ子育て

一般社団法人 **ポジティブ子育て協会** ポジティブビジネスアカデミー ハピネス
ポジティブこそだてきょうかい

info@positive88.com　㊟ 東京都港区南青山2-2-15
https://pojikosodate.com/
https://www.reservestock.jp/page/index/44376
https://happiness-positive.com/smile/lp01/
@happiness.riepojimama

LINE

ポジママ全体勉強会

オンラインレッスン（認定講師勉強会）

リアルイベント風景

アドバイザー®」の認定資格を取得することができ、育児に奮闘中のママさんに自身の子育て経験を活かしたアドバイスを行う。講座はもちろん、集客も仕事もすべて完全オンラインで行うため、子育て中のママが一歩も家から出ることなく仕事をすることができる。

　また、アドバイザーの他に、筆文字アート、英会話、占い、ストレッチレッスンなどのオンライン教室の開催で自立を目指すママさんも。自身の趣味や特技を活かし、在宅で無理なく稼げるようになる。国内、海外問わず双子ママや障害児を抱えるママ、専業主婦、パート、会社員、保育士などたくさんのママさんが在籍中。他のママさんと雑談を交えながら情報交換をすることができるので、孤独を感じず楽しく活動することが可能。同じ目標や悩みを持つ仲間と一緒に切磋琢磨しながら成長できると好評だ。精神的、経済的に余裕ができるとママの笑顔が増え、子どもの笑顔に繋がる。

「子育て中のママが理想の生き方を叶え、自分の人生を楽しめるようになってほしい」との想いで活動を続ける和田さんを中心にした『ポジママの輪』は、どんどん広がり続けている。今後の新たなプロジェクトにも注目が集まる。

（ライター／彩未）

「海外の恵まれない子どもたちに学校を」継続支援を行う。

代表
**青山伸一** さん

家電量販店や不動産業界、保険業界などに携わった経験と資格を活かし、「お客様第一主義」で生活に関わるあらゆる相談に対応。「お客様のトータルで寄り添いたい」と事業の多角化で企業成長を目指す。

# 海外の恵まれない子どもたちに学校をつくって終わりでは意味がない、継続が命

## 学校を建てる夢を目指し多様な悩みを解決

生命保険や損害保険の保険代理店事業、新車・中古車販売やオートリース、中古車輸出サイト運営などの自動車事業、海外ファンド事業、リゾート事業など生きていくために必要な幅広いサービスを手掛ける『株式会社ユリスコ』。代表の青山伸一さんは、保険代理店業や自動車事業、不動産業に携わりながら、健康経営アドバイザーやクレジットカードアドバイザーなどの資格を活かして資産運用や相続対策、税金対策などの相談にも対応する。生活に関わるあらゆる悩みにワンストップで対応し、「困ったときは青山さんに」とお客様から絶大な信頼を得ている。

青山さんには、「海外の恵まれない子どもたちのために学校をつくる」という長年掲げている夢がある。日本では、ほとんどの子どもたちが学校に通って義務教育を受けているが、世界では1億人以上の子どもたちが紛争や貧困、学校が近くにないなど様々な理由で学校に通うことができていないといわれている。青山さんは、フィリピンで土管の中でネズミと暮らしているストリートチルドレンやスモーキーマウンテンで再利用可能なゴミを換金して生計を立てる子どもたちの姿を目の当


株式会社 **ユリスコ**

03-5761-9548
yurisuko.inc@nifty.com
㊟ 東京都狛江市西野川2-5-1
https://yurisukoinc.com/

保険・ファンド
03-5761-9548
自動車・電力・防災
03-5761-9553
リゾート
03-5761-9548

たりにしたという。海外の恵まれない子どもたちのために学校を建てる活動を行う著名人や団体もあるが、実は学校を建てることよりも継続して経営を行うことの方が難しい。ただ学校を建てるだけの一時的な支援では意味がないため、事業で得た資金をつくった学校の経営資金に回して、子どもたちへの継続的な支援を行いたいと考えている。

青山さんは、長年掲げた学校建設の夢を実現し、学校長として海外の学校を飛び回りながら子どもたちと触れ合いたいという。国の許可を得た学校をつくり、無国籍の子どもたちが国籍を所得し、パスポートを持てるように取り計らいたいとの展望も持つ。青山さんが建てた学校に井戸を掘りたいと学校づくりの夢に共感してくれるライオンズクラブもある。

「学校をつくり、学校に通えない子どもたちの教育と生活を継続して支援する」という夢を叶えるため、本気で事業成功を目指して取り組んでいる。

（ライター／彩未）

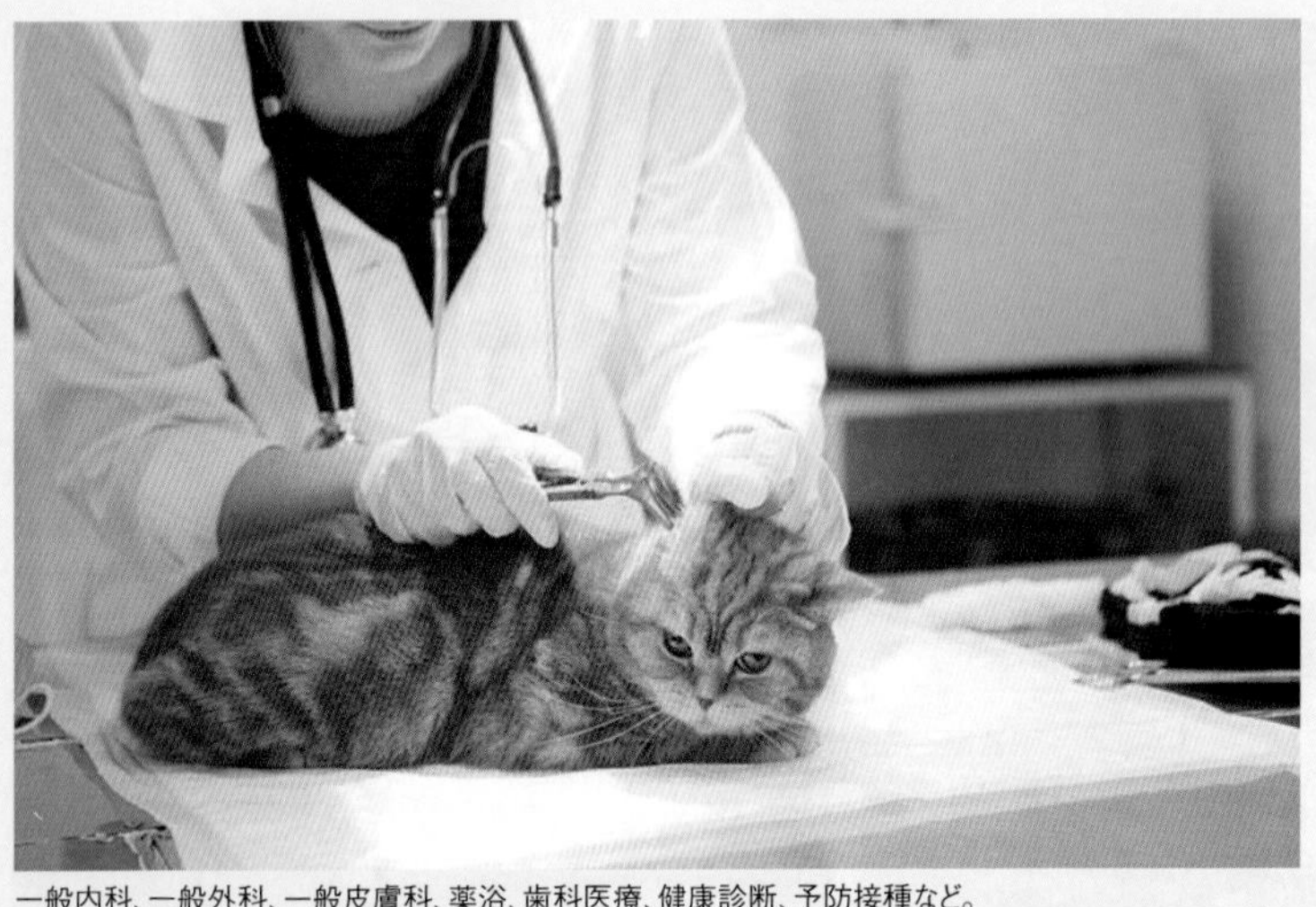

一般内科、一般外科、一般皮膚科、薬浴、歯科医療、健康診断、予防接種など。

代表
**佐々本弘明** さん

酪農学園大学獣医学部卒。獣医師。中の道動物病院で勤務を経て独立。2023年9月に現在の『サンペ動物病院』開業。内科疾患や外科疾患、皮膚疾患、歯科医療など幅広い診療に対応できる。日本獣医循環器学会所属。

# 病気から怪我まで不安や悩みを相談<br>大切なペットといつまでも幸せに暮らす

## 苦手な子も来院しやすいよう配慮

大切な家族の一員である愛犬や愛猫がいつまでも健康で幸せな日々を送れるように、犬や猫の体調に関する悩みや不安などを気軽に相談できる『サンペ動物病院』。内科、外科の診療を中心に皮膚科、歯科、去勢や避妊、定期検診、予防接種、各種相談など幅広い医療を提供している。佐々本弘明院長は、これまでに培ってきた経験と豊富な知識により、病気や怪我全般の診療が可能で、他院で治療が難しいといわれた症例や原因がわからないといわれた症状の相談にも対応できる。

その中でも得意とするのは、循環器疾患。心臓疾患は、初期には症状が現れにくいこともあり、様子の変化に気づいたときにはすでに進行しているケースも多い。普段の様子や気になる症状などを丁寧に聞き取り、触診や血圧、血液検査、レントゲンなど循環器に特化した検査を行う。心臓エコーには、臓器を鮮明に写せるハイエンドモデルのエコーが導入されており、病気の早期発見に努めている。最新の知見と循環器に特化した検査に基づいた専門性の高い治療を受けられる。また、心臓病以外にも様子の変化に気づいたときには進行している病気も多いため、定期的な健康

## サンペ動物病院

サンペどうぶつびょういん

011-769-2500
㊓ 北海道札幌市北区新琴似7条9-5-8
https://sanpe-ah.jp/
@sanpe.animal.hospital

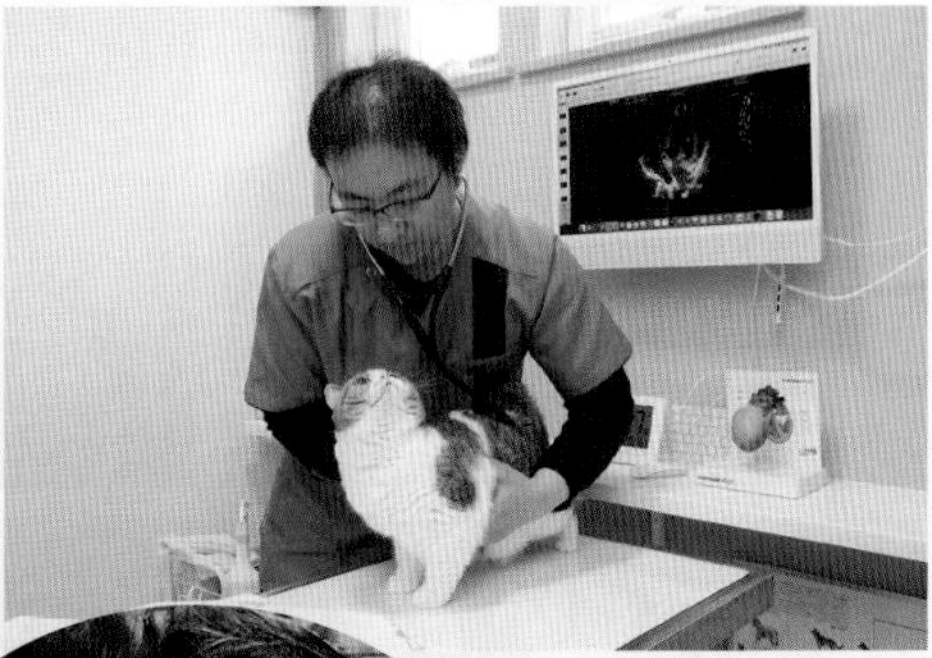

動物とその家族の幸せを守る。

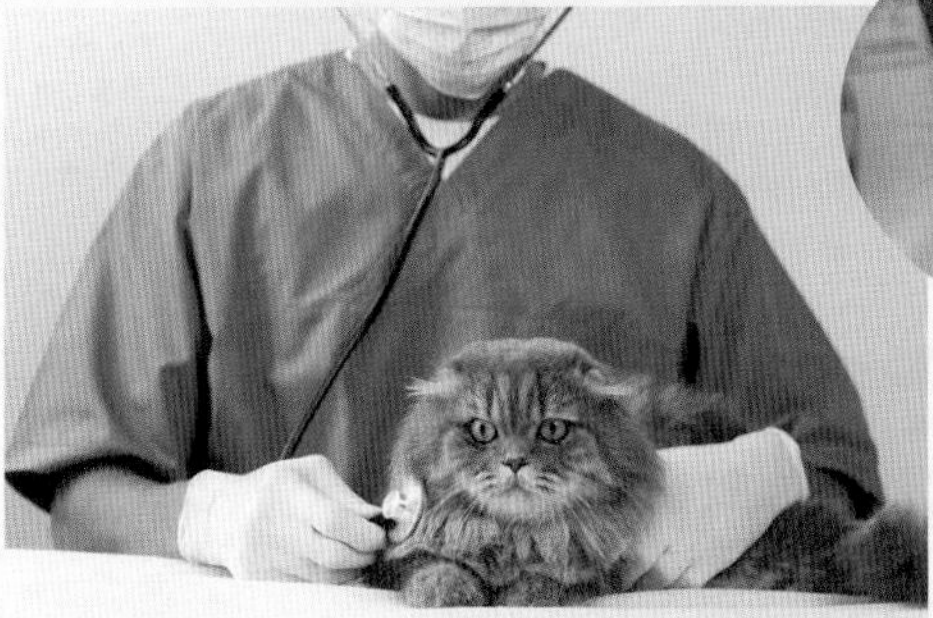

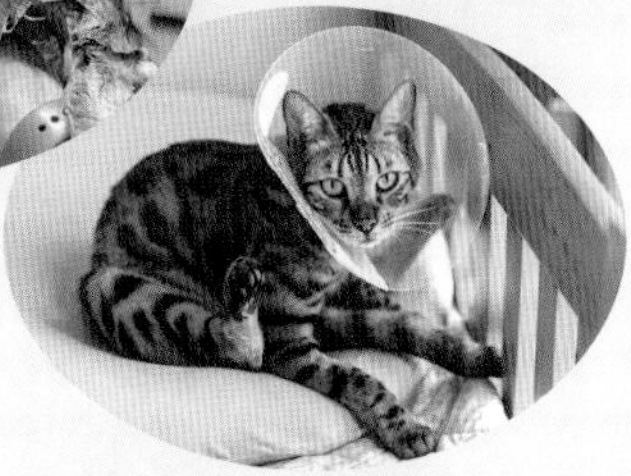

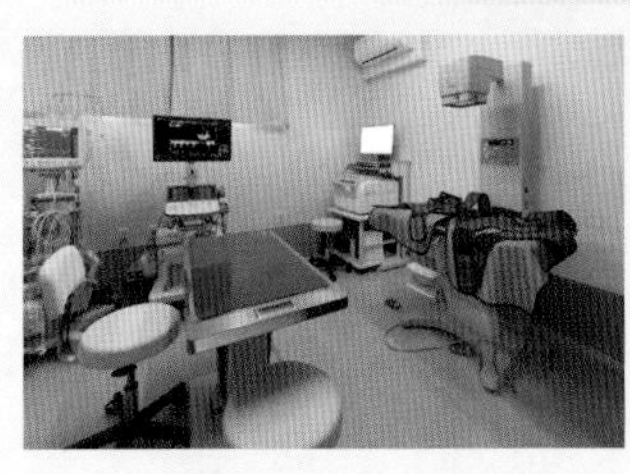

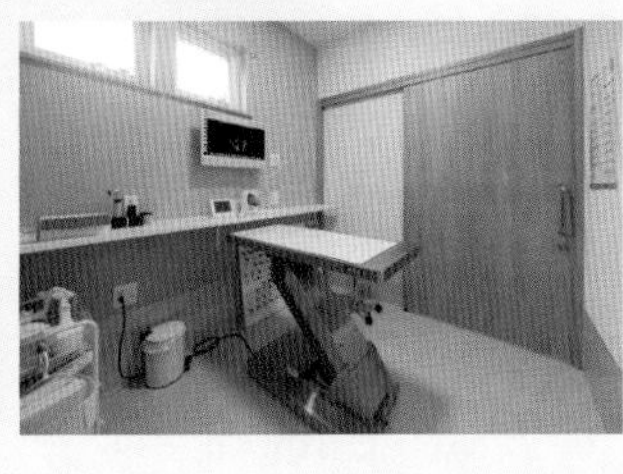

診断による病気の早期発見・早期治療に努めている。

予防接種、ノミやダニ、寄生虫予防、自宅でできるデンタルケアのアドバイスなど予防医学にも積極的だ。性格、生活習慣や飼育環境を考慮し、かかりやすい病気や予防法、毎日のホームケアのアドバイスなどを受けることもできる。動物を飼っているときに生じた不安や疑問などをわかりやすく丁寧に説明して貰えるので、動物を飼うのが初めての方もすでに経験がある方も安心して相談可能だ。貴重な経験、豊富な専門知識をもつ獣医師とスタッフが動物の些細な体調の変化や不安、悩みなどに親身になって寄り添ってくれる。

院内は、待合室と診察室が犬と猫で分かれており、怖がりで別の動物が苦手な子がストレスを感じないよう配慮されている。動物たちがいつもと違う環境の中で不安を感じたり、嫌がったり、緊張せずに院内にいられるよう、明るく優しいスタッフと和やかな雰囲気作りを心がけている。

大切な家族でもある愛犬や愛猫の健康と幸せを守ってくれる頼れる地域のペットドクターだ。

（ライター／彩未）

代表
**山口明美 さん**

家庭犬のように愛情を注いだブリーディングを行う。犬を家族として迎えてくれる方に譲渡 しており、犬と飼い主が幸せになれるようアフターフォローも大切にする。ドッグショーで数多くの入賞。小動物飼養販売管理士。

# 愛情と情熱で子犬を育てるブリーダー 飼い主に託すプロセスにも心遣いと工夫

## 獣医師と連携し健康を管理 質問や要望にも丁寧に対応

「愛情と情熱をもって大切に育てた子犬を愛情あふれる飼い主様に託し、絆を築くお手伝いをしたい」

岐阜県安八町で子犬のブリーディングを手がける『BULLD』代表の山口明美さんの事業にかける思いだ。フレンチブルドッグ、ゴールデンレトリバー、ビションフリーゼ、ブルドッグ、パグ。犬舎に併設した運動場で元気いっぱいに遊び回る子犬たちに注ぐ温かな眼差しから愛情と情熱が伝わる。

山口さんは、幼い頃から犬がいる環境で育ち、愛犬が亡くなってペットロスに陥り、一週間も学校に行くことができなかったというほどの犬好き。その思いが高じてブリーダーになり、動物の適正な取扱いや飼主責任、動物取扱業の規則、周辺の生活環境の保全に係る措置などの知識が求められる小動物飼養販売管理士の資格も取得した。

「当犬舎は、営利目的で大量に繁殖させるパピーミルと呼ばれる子犬工場とは異なり、家庭犬のように愛情を注いで品質と健康に優れた子犬を育て、社会化とトレーニングを通じて魅力的な家庭犬としての特性を育むことに情熱を傾けてい

ブリーダーサイト **BULLD**
ブルド

080-3286-9196
akemiyamaguchi0510@gmail.com
㊓ 岐阜県安八郡安八町西結631-1
https://bulld.jp/

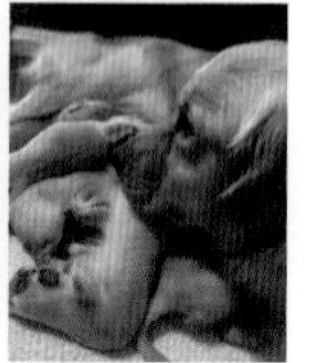

ます。動物の愛護及び管理に関する法律でメスの生涯出産回数は6回までと定められましたが、当犬舎ではだいたい3回までとし、母犬に無理をさせないように徹底して配慮しています。仔犬は、獣医師による健康診断や予防接種を受けますので、健康状態を維持できるようになります」

山口さんは、新しい飼い主に子犬を託すプロセスも大事にする。

「家族の大切な一員として子犬をお迎えしていただくために、飼い主様の理想に合う子犬を見つけに見学にお越しいただき、ご相談を通してご質問や要望にお答えします。写真やビデオを通じて子犬の容姿や性格を確認することもできますし、遺伝的な特性を理解いただけるよう親犬についての情報も提供します。お迎え当日は、健康診断とワクチン接種済みで子犬をお渡しし、子犬の世話やトレーニングに関するアドバイスと情報を提供することで子犬に慣れていただけるようにサポートします」

山口さんはまた、大切な子犬たちを愛情と責任をもって育ててくれる里親も募集し、適切なケアや健康管理の方法なども伝授する。

（ライター／斎藤紘）

『幸せな人が、幸せな馬を育てる』をモットーに日々、人馬の育成に邁進している。

代表
**清水健一** さん

1990年の第35回有馬記念を観戦してジョッキーに憧れ、中学卒業後試験を受けるも狭き門に阻まれ、競走馬育成の道を選択。茨城や北海道で腕を磨き、2023年廃業した牧場を借りて『競走馬育成牧場H.S.K』開業。

# サラブレッドの将来の活躍に夢を託す 長年の経験を生かす競走馬育成牧場経営

## ジョッキーに憧れた少年期 廃業した牧場を借りて経営

「将来、重賞レースで活躍できるように成長してくれれば」

競走馬の約80パーセントを生産する北海道の中でも競走馬育成が盛んな日高町で2023年9月から『競走馬育成牧場H.S.K』を経営する代表の清水健一さんがサラブレッドの若駒に託す夢だ。4、5歳だった1990年12月、中山競馬場で開催された第35回有馬記念を両親と観戦、武豊騎乗のオグリキャップがラストランで優勝した姿に感動、ジョッキーを目指して叶わなかったものの、馬と生きる夢を捨て切れず、18歳で競走馬育成の道に進み、茨城や北海道で経験を重ねて約18年、廃業した牧場を借りて叶えた牧場経営だ。

ホース・ステーブル（厩舎）と名前の頭文字Kを組み合わせて命名した『H.S.K』は、14頭が入る厩舎と3頭用の厩舎、金網で囲った直径8mの放牧場サンシャインパドックから成る。預かるのは馬主から直接か調教師経由で育成を依頼されたサラブレッドの一歳馬。多い時で17頭いたが、次のステップ進んだりして今は11頭。

「競走馬育成牧場の役割は、サラブレッドの一歳馬を競走馬となるために訓練し、成長させるこ

**競走馬育成牧場 H.S.K**
エイチ.エス.ケイ

080-5599-366
shimikensan@icloud.com
㊟ 北海道沙流郡日高町清畠245
@h_s_k_race_horse

Instagram

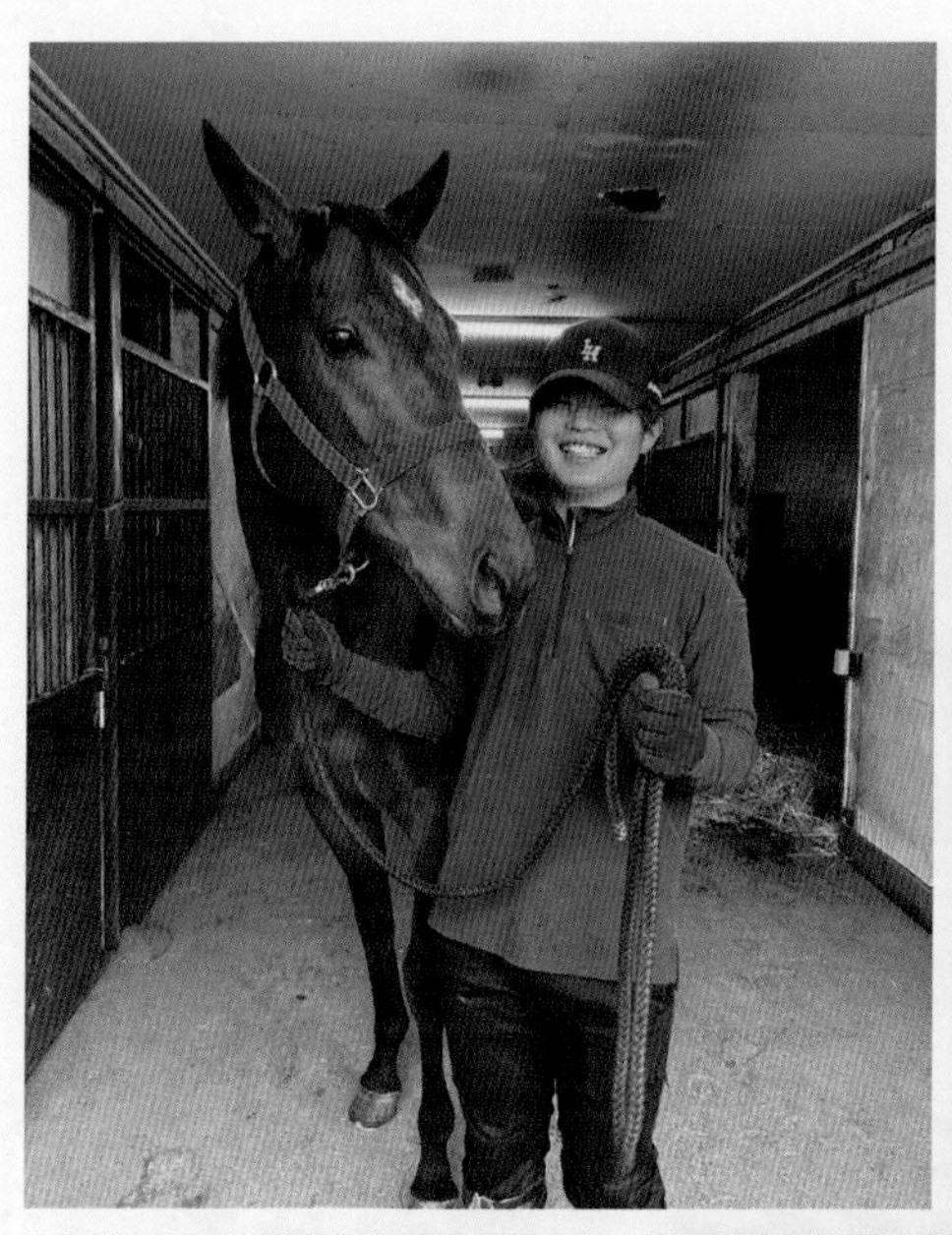
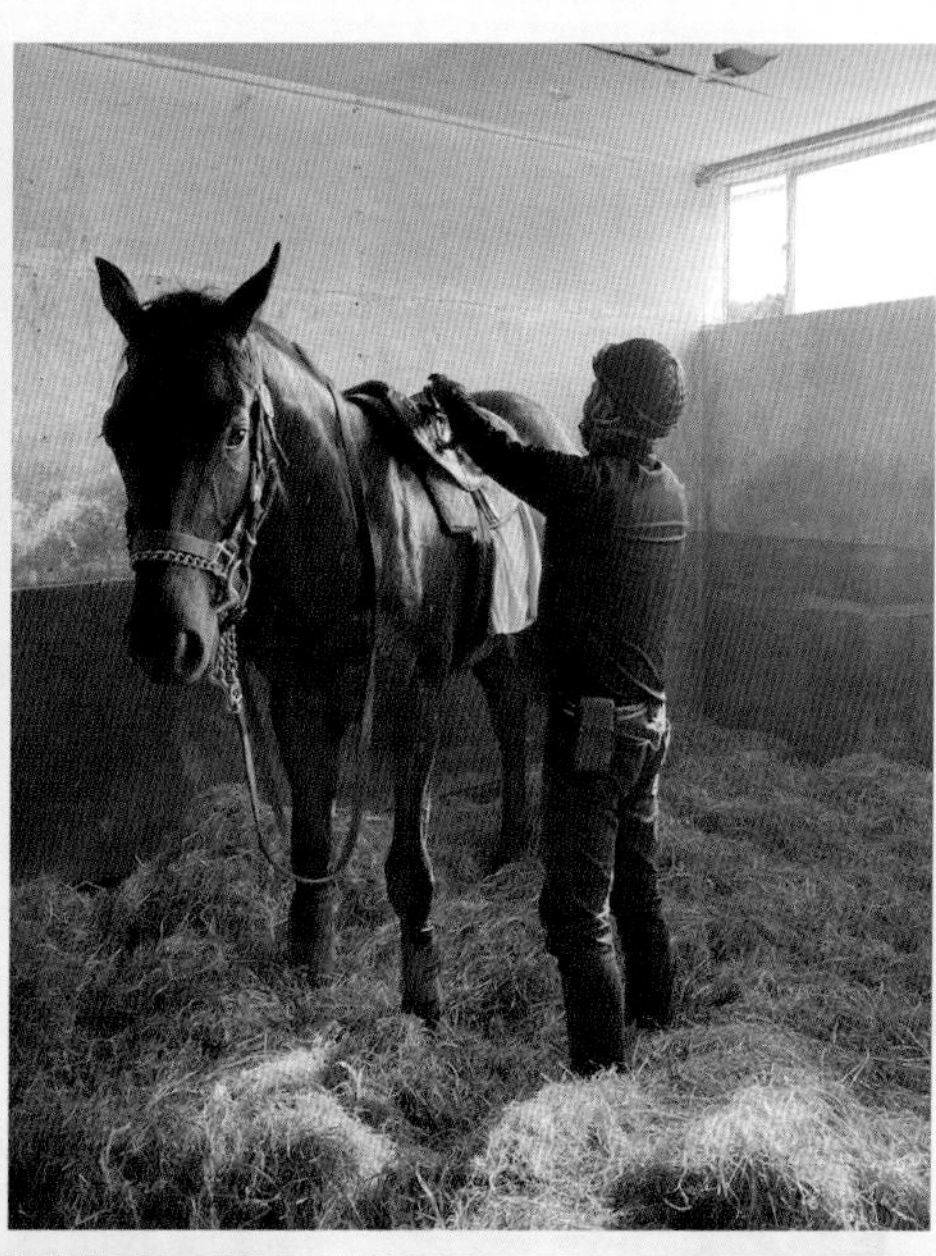

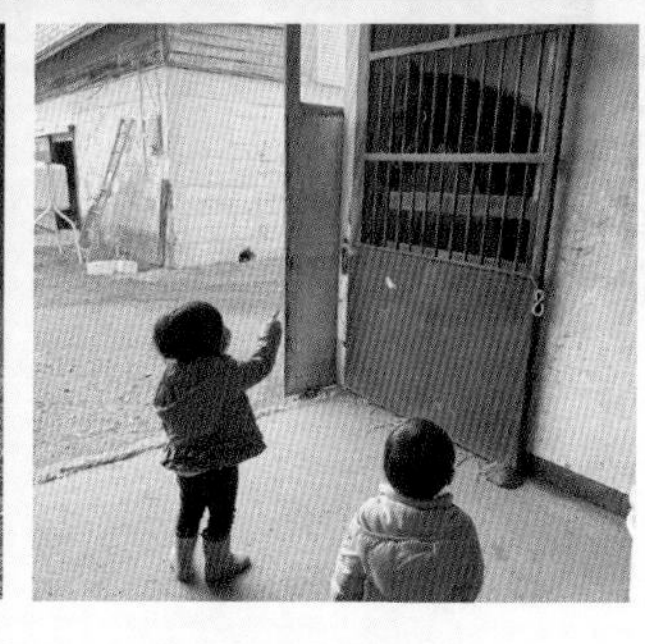

とです。サラブレッドといっても、すぐに人を乗せて走れるわけではありません。鞍を着け、人を乗せるという基本に慣れさせることから始め、競走馬として速く走るというところまで段階を追って訓練します。牧場では1頭ごとに2、30分の訓練を反復して行います。馬運車で2、3分で行けるところに、800mのダートコースと400mのウッドチップコース、坂路を備え、中央競馬の競走馬を中心に育成しています。そのコースをお借りして走る訓練を行っています」

ここで訓練を受けた馬は、最終的には日本中競馬会（JRA）が運営する茨城県の美浦トレーニング・センターか滋賀県の栗東トレーニング・センターに入厩してトレーニングを受け、地方競馬に登録されている馬は、各地の登録されている地方競馬の調教師の元を経て、レースに向かうことになる。清水さんは、牧場では二人のスタッフと共に、訓練のほか、馬の体調管理、馬房の掃除、水と乾牧草などの給餌、馬体の手入れ、寝床の整えなどに勤しむ毎日。

「ジョッキーにはなれませんでしたが、競走馬育成に携われて幸せだと思っています。若駒が日々成長していく姿を見れるのが、この仕事の醍醐味です」

（ライター／斎藤紘）

主宰
**ホタル** さん

タロットカード・オラクルカード・ルノルマンカードを使いこなす占い師。愛に溢れた温かな人柄で、巷では「尽くしすぎる占い師」とも呼ばれる。決して嘘はつかず、カードが伝えてきたことを真摯に伝えるスタイルが人気。鑑定の他、スピリチュアルやタロットの講座も開講。

『鑑定』電話/オンライン鑑定 1時間 5,000円（税込）　チャット鑑定 15分 1,500円（税込）
質問1件 2,000円（税込）
『講座』<レムリアン> 4回 40,000円（税込）　<エッセンス> 月1開催 5回 50,000円（税込）
<ホタル式 自分で認めるタロット講座> 3回 30,000円（税込）　10回 85,000円（税込）

# あなたの心に小さなヒカリを 尽くしすぎる占い師があなたを輝かせる

## 全国どこからでも相談可能 カードで導く明るい未来

「あなたの心に小さなヒカリを」をコンセプトに、占いを行うスピリチャルカウンセラーのホタルさん。自身のサロン『ホタルの部屋』では、スピリチュアルタロット鑑定士のホタルさんが、タロットカード・オラクルカード・ルノルマンカードを駆使して相談者の悩みに寄り添いながら愛で包み込む。巷では『尽くしすぎる占い師』とも呼ばれているホタルさんの愛に溢れた親切で温かい人柄と言葉が、評判を呼んでいる。

占いは、電話またはオンラインで可能。タロットカードに質問内容を聞いた携帯をおいて、悩みを刻印した後に占う新しいスタイル。全国どこからでも気軽に相談できる。

人間関係や恋愛、家族のこと、夫婦関係、転職や仕事のことなど。様々なお悩みの他、「これからどうなるのかな」「私はどうしたらいいのだろう」「本当の私が分からない」などといった相談も可能。カードが伝えてきたことを、ホタルさんがが愛をもってわかりやすく言葉で伝えてくれる。辛い結果がでても隠さず、ポジティブな言葉に変えながらきちんと伝えてくれる、正直で真摯なスタンスも人気の秘密。

また、公式ラインもしくはInstagramもDMで気軽にやり取りが出来るチャット鑑定やピンポイントで悩

## ホタルの部屋

ホタルのへや

080-9102-4739
hotaru.tarot@gmail.com
㊟ 鹿児島県鹿児島市
https://ehiro002.stores.jp/
@hotaru.tarot

Instagram

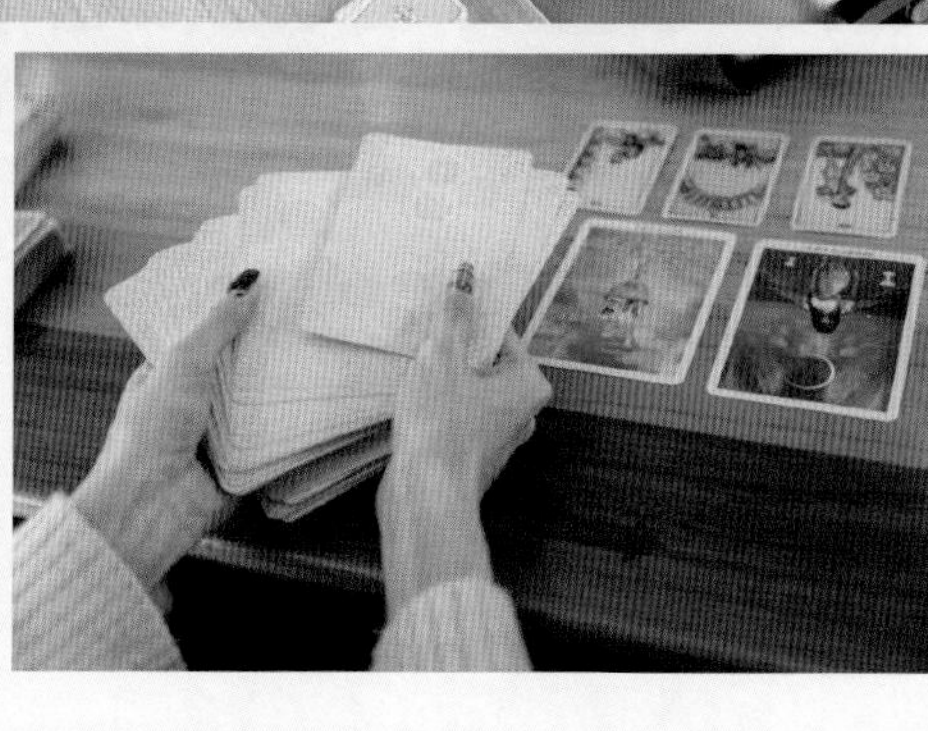

み解決に繋がる質問1件のコースもある。好みのスタイル、内容、予算によって選べる。

さらに、様々なスピリチュアル講座も開講。スピリチュアルに興味があるけれど、何から始めたらいいのかわからない方は、初心者向け講座「レムリアン」を。スピリチュアルなことをお仕事にしたい、本格的に学びたい方は、月に1回開催されるビジネス講座「エッセンス」がオススメ。

また、タロットに興味がある方は「ホタル式自分で読めるタロット講座」。スキルや目標に合わせて2コースから選べる。22枚のカードだけを使用する3回の講座は、覚えることが少ないので、気軽に始めてみたい方にオススメ。読めるようになる。10回の講座では、フルデッキのカードが解説書を見なくても読めるようになる。

自分の持っているたくさんのカードに触れた時、天使を感じた時、これまでのことを思い出した時、スピリチュアルに出会えて本当に良かったと感じているというホタルさん。スピリチュアルのおかげで、自分のことをそのまま受け入れ、楽天的になれた「今」を幸せだと心から感じることができるようになったという。

「みんなそれぞれのヒカリがある。それを思い出して欲しい。誰かと比べる必要はない。あなたはそのままでとっても素敵です。どんなこともありのままのお言葉でお話下さいね」

（ライター／播磨杏）

著書
「愛と魅力を引き寄せる
波動百花」好評発売中。

『個人カウンセリング
(Zoomオンライン)』
初回90分35,000円(税込)

アーティスト
**ShyShy さんこと 春原靖子 さん**

波動百花的ホリスティックカウンセラー、シンガーソングライター。YouTubeチャンネルでは、波動の魅力を届けている。LIVE配信で視聴者の疑問にお答えする企画が人気。各音楽配信サイトでオリジナル曲も配信中。

# 波動を上げて五感を取り戻すメソッド 内面と外見、共に磨いて幸せなあなたへ

## 悩みに寄り添う総合診療所 自分で自分を癒す方法を伝授

『美と暮らしの ShyShy Style』は、「波動百花的ホリスティック」(栄養・水・睡眠・環境・スピリチュアル)と花療法(アロマとバッチ・フラワーレメディ)を組み合わせた独自のアプローチで注目を集めるサロン。カウンセラーであり、シンガーソングライターでもある ShyShy さんこと春原(すのはら)靖子さんが、悩める女性を力強くサポートしている。

国立音楽大学ピアノ科に在学中、たくさんの人から恋愛相談を受け、〝波動百花〟ホリスティックカウンセラーとしてデビュー後、30年間、「紹介・口コミのみ」で3000以上の人々に影響力を与え続けている ShyShy さん。人気の秘密は、内面だけではなく、ヘアメイクやファッション、振る舞いや言葉遣いなど、具体的な内容で外見も磨いていけること。

身体やこころの不調を改善させるには、病院や薬など直接的なアプローチとは違う多種多様な方法がある。それを導くのが ShyShy さんの『波動百花ホリスティック』。アロマ、バッチフラワーレメディ、ヘルシーな食材、新鮮な水、ヘアメイクや色、洋服、眠りや音楽、アクセサリーに至るまでその時のその人の状況に合わせた取り入れ方で、気分＝波動の上がった状態を作り出していく。波動が上がった状態では、あらゆる問題に対応できるゆとりが生まれ、判断が明断になり、自分が幸せになるための方法を選択できる。上手にこれらを取り入れながら、本来の「五感」を取り戻し、本当の「しあわせなあなた」に戻していくメソッドだ。

実際のカウンセリングでは、相談者の癖を知り、ものごとの仕組み

美と暮らしの **ShyShy Style** 春原靖子
シャイシャイ スタイル

contact@shyshy-style.com
㊟ 東京都杉並区
https://shyshy-style.com/
@557ehgpc

こちらからも
検索できます。

を整理しながら、必要であれば精油（アロマ）やキャリアオイルの香りの作用を最大限に借りて、ヘアメイクやビジュアルを整え、自分の自己治癒力を高めて状況を打開していくというスタイル。相談内容は、恋愛、結婚、人間関係、仕事、裁判などどのようなことでもOK。悩みを確認しながらセッションを開始し、一つずつ会話しながら、ShyShyさんがスピリチュアルな力も使いながら、全体像やこじれている考えや状況を浮かびあがらせていく。相談者が無意識に抱えている考え方を「なぜ？」「〜とおもっているのですね」という形で問い返していきながら、具体的な解決策へと導いていく。

２回目のセッションでは、カラーコーディネーターが使用するカラー布やスキンケア&ヘアケア、メイクパレット、香水、アロマなどが準備されていて、一緒に鏡を見ながら明日の自分を作り出していく作業を行う。ShyShyさんは、「外見はあなたを映し出す鏡」として捉え、大切にポイントを押さえていくことで、「自分のことを一番好きになれる、霧が晴れた自分」へ導いていく。まさに、絡み合った悩み事を紐解き、自分で自分を癒す方法を伝授してくれる、「総合診療所」のようなサロンだ。

また、著書の出版や、波動の魅力を分かりやすく届けるYouTube配信活動も行うShyShyさん。ケーススタディを紐解きながら、視聴者の疑問にお答えしている。

さらに、音楽制作活動では、ShyShyさんとしてライブだけではなく、全世界の音楽配信サイトから配信中。暖かく純真な心へ導かれる音楽性が魅力で、幅広い世代のファンに愛されている。

（ライター／播磨杏）

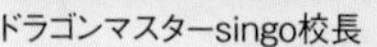
ドラゴンマスターsingo校長

主宰
**天龍女ローズ** さん

言霊ボイストレーニング講師、九性気学講師、易経、家相鑑定、風水鑑定、レイキマントラ、ドラゴンクリスタルチャネングカード、ドラゴンアクティベーションなど数多くの技法を使いこなすヒーラー。ピアノ講師としても活躍中。

『龍神パワーからの波動言霊ボイストレーニング』(タッチワーク) 90分 10,000円(税込)
『ドラゴンクリスタルチャネリングカードセッション』 60分 44,000円(税込)
『ドラゴンアクティベーション』 60分 88,000円(税込)

# 龍を呼び、宇宙と一体となる女性ヒーラー 龍神言霊風水士があなたを開運へ導く

## 天地創造の龍神パワー 幸福感に包まれた毎日へ

北海道札幌市で、スピリチュアル歴30年以上のスピリチュアル・カウンセラー天龍女ローズさん。龍を呼び、宇宙と一体となって、関わりを持ったすべての人を覚醒させるカウンセラーだ。九性気学講師、気学鑑定士、風水鑑定士、家相鑑定士、言霊ボイストレーナーなどの顔も持つ多彩なヒーラーで、人との関わりの中でエネルギーを交換し、増幅させるカリスマとして注目されている。

セッションでは、龍が住み着く家相、風水・吉方位からの開運、龍を降ろすことによる開運術、言霊からの開運術など、訪れる方のライイフスタイルや状況、悩みに合わせてアドバイス。セッションを受けた方々は、自己肯定感や意識の深さ、立ち振る舞い方が変わり、明るく前向きになっていくという。そして自分、人、モノ、事象すべてを愛する意味を理解することで、おのずと周りに人が集まり、さらに幸福感が増していくという。

さらにローズさんはドラゴンクリスタルチャネリングカードの使い手。オラクルカードやタロットカードカードではなく、龍神のカードで悩める依頼主の状態やより良くなる方法を見出していく。例えば、「ガーネットの龍」が出たら、意味は「共同

## 天龍女ローズ
てんりゅうじょローズ

✆ 090-2876-3758
✉ ors0203ors@gmail.com
㊟ 北海道札幌市
https://profile.ameba.jp/ameba/ryu36941023mk
LINE @681vtbce 天龍女ローズ 検索

※本誌「今の大ヒットはこれだ!!」をご覧の方に割引あり。

Instagram

Facebook

『言霊龍ヒーリング』60分 22,000円（税込）
ボイスヒーリング 住吉大社の神様の氣と繋がるセッションや話しが上手くなりたい方には、必要な氣 住吉さんは白龍さんが来ていただき、話しが上手くなるあなたの話しか周りに高波動が広がる。

**2024年8月11日12日に幕張メッセで「スピリチュアルイベント」で出展。ぜひご来場下さい!**

『お財布龍ヒーリング』33,000円（税込）
ヒーリング龍は、巳にも化身して 現実界により近くなり皆様の愛の循環を加速させる。滋賀県竹生島広島県厳島神社、神奈川県江ノ島神社であなたにあった巳の神様（蛇）に繋げて金運龍如爆上へ。
『龍を呼び込む家相風水 鑑定』
「あなたの家は？ 龍を呼び込んで、爆上がりしましょう。 家相は人の基本になります。家をよくすれば、人生上手く行きます」
『家相』44,000円（税込）企業などは別途。

創造」をしたがっているということ。龍が「創造は人類の一番の凄いこと。心の奥にしまい込んでた夢や希望をかなえましょう！」と伝えてくれているのだ。そのようなメッセージから、ローズさんは「心の奥の希望、自分がしたいことは何ですか。それに今気がついて、勇気を出して叶えましょう」という前向きで明るい言葉で伝えていく。

また、ホームページでは「言霊で開運チャンネル」というライブ配信も人気。日の出と同時にスタートする配信では、「ついてる、感謝してます、幸せ、ありがとう、愛してます、許します」などの言霊で、自分の言葉で自分を癒し、無理なく開運する方法を発信。言葉は自分の脳、細胞が聞いているもの。朝から良い言葉を一緒にいうことで、脳波が変わり、一日がより快適で幸せに。ピアノ講師としても活躍するローズさんの美しいピアノの音色を聴くこともできる。無料で配信されているので、気軽に体験できるのも魅力だ。

「本来の自分に戻る」「楽しい自分に戻る」ためには、住まいや行動、言葉、習慣を変えていくことが大切だと語る。ステージがぐんと上昇する開運術で、今見ている世界が変容し、より素晴らしい人生になりたい方は、一度ローズさんの力を借りてみてはどうだろうか。

（ライター／播磨杏）

代表
**田中理香** さん

「精神分析の専門家が組織にいるのが普通」というイギリスで6年間学び、国際ユング派認定分析家に。組織の心理的安全性の向上を目指し、『イエローテイル研究所』発足。精神分析の専門家の視点を、チームビルディングに活かす活動を行っている。

# マイナス感情を解放してプラスに変える『陰性感情トレーニング』で精神が安定

## 陰性感情を認識して解消 心穏やかな毎日へ導く

日常生活、職場の中で、様々なストレスに直面している現代。そんな時、ストレスと共に現れるのが「陰性感情」。負の悪循環を引き起こす「陰性感情」を認識し、健康的な方法で解消するのが『陰性感情トレーニング』。『イエローテイル研究所』では、専門のトレーナーが、心のマイナスをリセットする効果的な方法をしっかりとレクチャー。マイナスな感情をどのように自分の中から開放して自由になるかということを分かりやすく指導している。

また、その『陰性感情トレーニング』を組織のチームビルディングなどにも活かしていけるようなプログラムも提供。人間関係がうまく機能していない組織でも、そのマイナスの感情をプラスに変えることで、組織を成長させることは実現可能だという。実際の教育プログラムでは、年に3回程度の講習会や、講座などのイベントを開催。組織観察をメインに仮説を立てて学び、組織の問題点を見出し、改善へのアドバイスができるよう、指導していく。具体的で効率的な講座は高く評価され、生徒がすぐに埋まってしまう状況となり、待望のオンライン活動もスタートさせた。

### イエローテイル研究所

イエローテイルけんきゅうしょ


092-926-8812
cs@yellowtail.gr.jp
㊟ 福岡県筑紫野市原田6-11-1
https://www.facebook.com/rika.tanaka.520900
https://www.rikaclinic.jp/yellowtail/

「Nカフェ」
Facebook

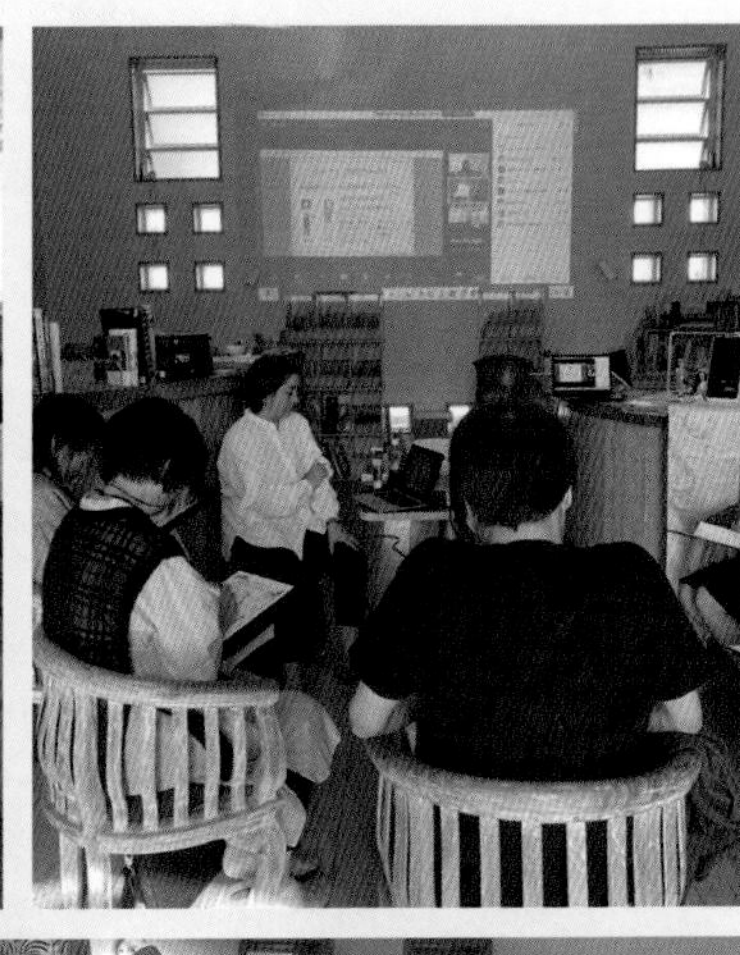

『イエローテイル研究所』を率いるのは、精神科として37年間の実績を持ち、イギリスで6年間学び、国際ユング派認定分析家である精神科専門医の田中理香さん。JR鹿児島本線原田駅より徒歩約1分の場所にある自身の精神科医院『スタジオリカクリニック』では、再発させない、治すための治療を提供。うつ病をはじめ、適応障害、発達障害などに、西洋の薬だけではなく漢方も取り入れながら診療を行っている。心身の不調に対し、「薬を出す前に、まず何ができそうか」を探る丁寧で親身なカウンセリングが評判で、多くの人々が喜びの声をあげている。医療機関のクリニックというより、安らぎの場所のような院内の雰囲気も好評だ。

高校生の頃から精神科を目指していたという、そんな筋金入りのプロ精神科専門医が編み出したのが『陰性感情トレーニング』。日々の記録や生活について心温まるような文章で綴った「Nカフェ」というFacebook上でサロンを始め、読んでいるだけでカウンセリングを受けたかのような穏やかな気持ちになるのでぜひ気軽に参加してみては。また、2024年3月にはYoutubeチャンネルもスタートし、活動の幅を広げている。

（ライター／播磨杏）

思い出の品は、お客様と相談の上で製作。思いでの家を解体し、その木材でつくった品々。新しく生まれかわった世界に一つだけの思い出の品に。(当時の思い出品例)

みんなと暮らし始めたのは何年前?
あの頃は若かった(苦笑)
はじめて子どもが歩いたこの廊下
定番だけど柱には子どもの成長記録も
思春期で話しかけても素通りだったこの階段
それぞれの人生がここに詰まってる

代表
磯部謙 さん

英語の十字路を社名にした「CROSSROAD」の代表。解体業者の営業職として長年経験を積んだ後、より顧客第一のサービスを追求するために家の解体工事で独立、起業。

# 家に刻まれた数々思い出を形にして残す 解体業初の思い出を残す3プランを提案

## 依頼主の切なさを汲み取る 写真撮影やリメイクを提案

「あなたやご家族と建物が共に歩んだ歴史の一部を切り取り、思い出として後世に残しませんか」

建て替えや土地活用のために家屋の解体を担う全国の数多くの解体業者の中で、独創的なサービスを考案して異彩を放つのが『CROSSROAD』代表の磯部謙さんだ。「思い出解体」と銘打ち、解体に当たって「思い出を残す3つのプラン」を提案、前例のない「思い出を大切に考えてくれる解体屋さん」として評判が広がり、住んでいた人たちに笑顔をもたらしている。

子どもたちの背比べのキズ跡が残る柱、はじめて子どもが歩いた廊下、家をしっかり支えてくれた梁、おじいちゃんやおばあちゃんが日向ぼっこした縁側、お洒落なガラスをはめ込んだドア、家族団らんが楽しかった居間、思春期で話しかけても素通りだったこの階段。

「解体業を始めて7年以上経ちますが、解体のたびに切なそうに作業を見守るお客様を見てきました。そんなお客様に、建物と最後の思い出を作っていただいとの思いから始めたの『思い出を残す3つのプラン』のご提案です。人の歴史と同じように一緒に歩んだ建物にもたくさんの歴史が刻

CROSSROAD
クロスロード

090-9127-9815
info@omoidekaitai-crossroad.com
㊟ 愛知県尾張旭市旭台2-4-29
https://omoidekaitai-crossroad.com/

CROSSROAD
Always try what now to the people

プラン① 写真撮影 る

プラン②の柱や梁の一部をリメイクして新居に取り入れます。

プラン① 写真撮影 部分を残す

思い出のある柱や梁の一部を、解体前に確認し、そのまま残します。

プラン① 写真撮影

思い出のある場所や家族写真をプロのカメラマンが素敵に撮影いたします。

お客様の声

壊すとはいえ、今までたくさんの思い出がある家を壊すのは心が痛かったです。思い出を大切にと考えてくれる解体屋さんなら、感謝の気持ちも「家」に伝わるかなと思いました。

実家の老朽化と2世帯を視野に入れて考えていました。解体業者はよくわからないし、父はそもそも反対しており不安だなと思っていたんです。話し方や現地調査の様子のてきぱきした作業姿を見て、まっとうなやり方で工事もしてくれるんじゃないかって思えたんです。見積りも予算内でいけそうでしたし、それで工事をお願いすることにしたんです。

まれています。その思い出をお望みの形に残して、新しい人生の門出を迎えていただきたいと私たちは考えています」

『思い出を残す3つのプラン』は、家の内外の思い出のある場所や家族の写真をプロのカメラマンが撮影する「写真撮影プラン」、思い出のある柱や梁の一部を解体前に確認し、そのまま残す「思い出の部分を残すプラン」、柱や梁の一部を家具などにリメイクして建て替えた家に取り入れる「リメイクプラン」。「思い出の部分を残すプラン」や「リメイクプラン」では、どんなものをどんな風に残したいのか、依頼主が納得のいくまで事前に打ち合わせして残し方を決めるという。

「実家の老朽化と2世帯を視野に入れて建て替えを考えていました。解体業者はよくわからないし、父はそもそも反対しており不安だなと思っていたのですが、ネットで愛知県に思い出を大切にしてくれる解体屋さんがあることを発見し、見積りも予算内でいけそうだったので工事をお願いしました」

「思い出を残すプラン」が顧客の心つかむことを示す一例だ。

（ライター／斎藤紘）

1300年の歴史を越えて現代に甦る修験道の世界

金峯山修験本宗

本当の人生とは！ ‘宿命を生きる’

～７０才からでも遅くない～

住職
**中島龍真** さん

1983年、得度受戒。1998年「修行道場竹韻精舎」を開闢。金峯山修験本宗護摩加行、四国八十八ヶ所徒歩巡拝、金峯山修験本宗本山奥駆修行、1万遍尺八吹禅千日行など修行を重ねる。2020年『竹韻精舎薬王山龍王寺』に改名。

# 人々の心に変化をもたらす法話や著書 修行で達した境地から示す物事の真理

## 修験道究極の修行7回遂行 心を育てる呼吸法など教示

奈良県吉野山にある修験道の総本山「金峯山寺」の末寺、北海道札幌市の『竹韻精舎薬王山龍王寺』住職の中島龍真さんは、想像を絶する厳しい修行の末に得た、物事の真理、真髄の考え方を月始めに行う法話や著書で示し、心豊かに生きる道を説いてきた僧侶だ。2024年1月には、3冊目の著書「心を育てる呼吸法 心身の健康は呼吸が創る」を刊行した。

中島さんは、1983年に僧侶になり、1998年に蔵王権現をご本尊として「修行道場竹韻精舎」を開き、2020年に現在の寺院名に改めた。この間、吉野山の蔵王堂から和歌山県の熊野本宮・那智大社までの約180㎞の山々を縦走する修験道究極の修行である金峯山修験本宗本山奥駆修行を7回遂行し、徳の非常に高い僧を指す開壇灌頂・大阿闍梨位となった。その後も尺八吹禅千日行を続けている。

こうした修行で到達した境地から発する言葉が聞く者の心に変化をもたらす。例えば、人生の進路の選択について語った法話。

「進学や就職、結婚など長い人生の中で歩むべき道を常に自分で選で来たと思ってしまいますが、

竹韻精舎 薬王山 **龍王寺**
りゅうおうじ

✆ 011-764-2328
㊟ 北海道札幌市北区新川西1条6-2-17
https://tikuinshoja.com/

『十大神竜王』

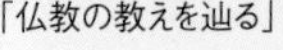
「仏教の教えを辿る」

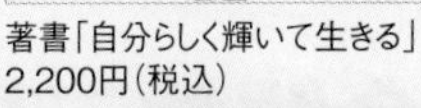
著書「自分らしく輝いて生きる」2,200円（税込）

著書「心を育てる呼吸法」1,650円（税込）

『修行』

『祈祷』

果たしてそうでしょうか。道を選ばせてくれるのも縁であれば、道を選んだことで体験させられる人との別れや新たな出会いも縁です。お釈迦様は、縁起の法則を唱えられました。この世の人生は縁で成り立っていると言っても過言ではありません。縁によって、私には私に取って最もふさわしい道が授けられているのです。授けられた道を大切に歩むことで新たな人生の展開が生まれ、心豊かな日々を送ることができるのではないでしょうか」

著書「心を育てる呼吸法　心身の健康は呼吸が創る」では、生きるために最も大切な呼吸について、体や心との関係を始め、仏教における呼吸法の扱いなどを解説。２０２３年の著書「自分らしく輝いて生きる　本当の人生は70歳からでも遅くない」は、信者を教え導く話にしなければならないものの、自身が教え導かれ、あたかも自分自身に言い聞かせ、誓願を立てるような気持ちで書いたものをまとめたものだ。２０２２年の著書「仏教の教えを辿る　初期仏教から大乗仏教まで」では、仏教の誕生や経典、戒律などを時代の流れに従って解説している。

（ライター／斎藤紘）

店内にたくさんのアガベ。

家族のような従業員と安心・安全な解体工事を目指す。

代表取締役
**今井達也** さん

19歳から解体、斫りの経験を積み、25歳で個人事業主として独立し、2017年建造物総合解体・斫り・毀し・改修工事一式を手がける『株式会社IS』を設立。2ヵ所の防災会に所属。国民民主党を支援。

アガベショップ兼カフェ「ONE-K PLANTS」オープン。

# 建築構造物の総合解体工事に光る経験
# 観葉植物アガベを配したカフェも経営

## 臨機応変な工事対応に評価
## 作業の質高める従業員重視

茨城県かすみがうら市で2017年に創業した『株式会社IS』代表取締役の今井達也さんは、19歳で解体工事業界に進み、13年の実績を持つ解体工事のエキスパートだ。内装造作から木造、鉄骨造、RC造、SRC造まで各種建築構造物の総合解体業を標榜、コンクリートで作られた壁や土間などを壊した後、形を整えるために表面を鑿で削ったりする斫り(はつり)や重機を使えないような特定部位を解体する毀し(こわし)などで発注元からの要望に臨機応変に対応し、従業員を大切にすることで作業の質を高める姿勢で信頼を集めてきた。

今井さんはまた、同市内のJR神立駅から徒歩約10分の場所に2023年4月、アガベショップ兼カフェ「ONE-K PLANTS」をオープン。メキシコを中心とした中南米などに分布するリュウゼツラン属の常緑多肉植物で、テキーラの原料としても知られているアガベを店内の随所に配置し、それを見ながら過ごせるのが大きな魅力だ。

「今後も、会社の成長に合わせてできることを増やしていきたいと思っています」

(ライター/斎藤紘)


**株式会社 IS**
アイエス

0298-32-3661
imaisougyou@icloud.com
㊟ 茨城県かすみがうら市稲吉東3-15-46

カフェ・喫茶「ONE-K PLANTS」
@one_k_plants_chillax_2_life

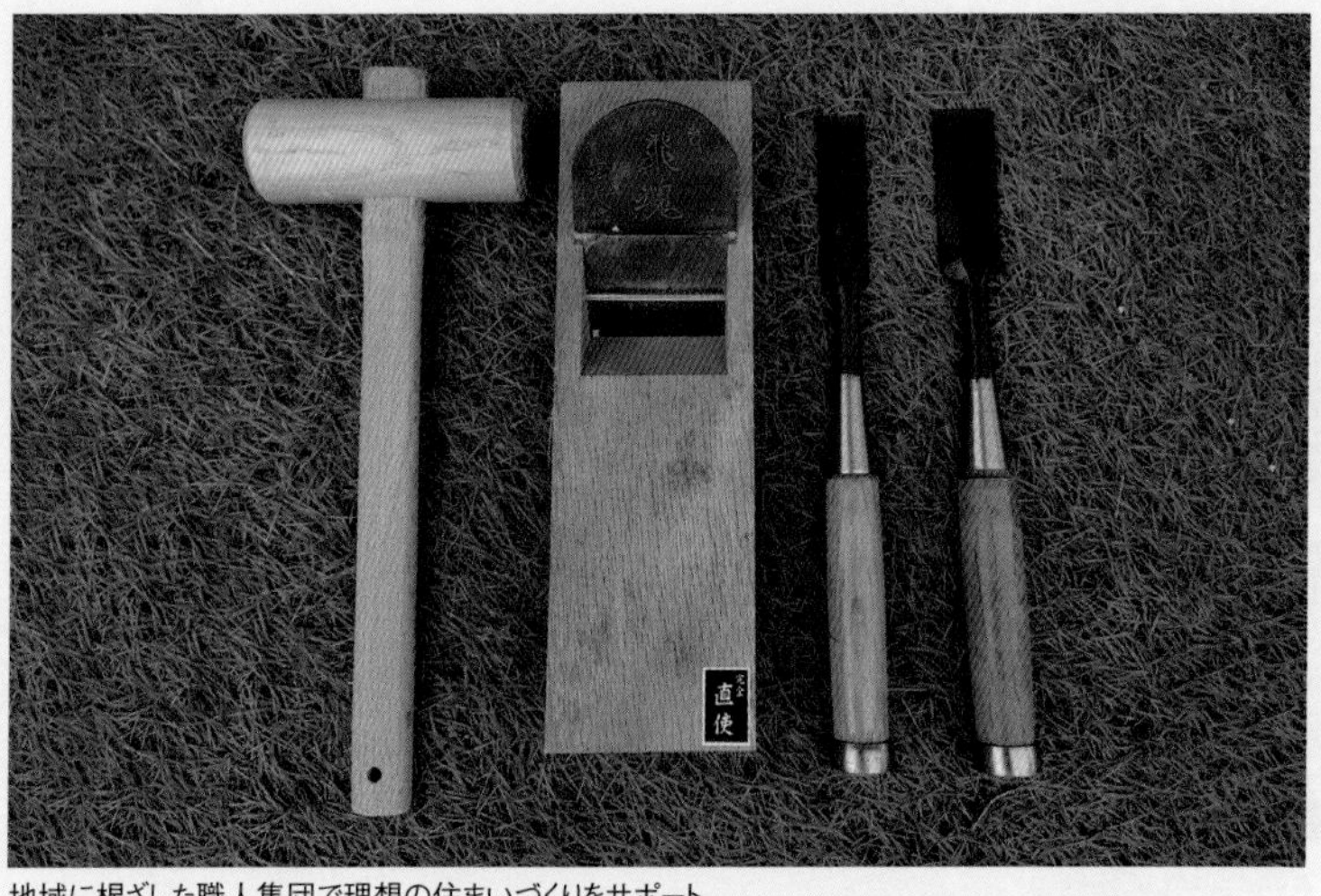

地域に根ざした職人集団で理想の住まいづくりをサポート。

代表取締役
**斎藤翼** さん

大工職人として厳しい棟梁の下で弟子修行を6年経験し、仕事に対する厳しさを学ぶ。現場で経験を重ねた後、独立し、「斎藤建築」を設立。経営基盤が固まったの受けて法人化し『株式会社大日本翼工芸会』設立。

# 理想の住環境を生み出す24年の大工歴
# 工事の大小を問わず施主の希望に即対応

## リフォームで水回り一新 先端の建築技術を生かす

宮城県仙台市の地域密着型工務店『大日本翼工芸会株式会社』代表取締役の斎藤翼さんは、厳しい棟梁の下での修行も含め約23年の建築経験を持つ大工職人。水回りや内装のリフォーム、リノベーション、新築工事などに培った高度の職人技が生かされ、多くの施主の期待に応えてきた。

「これまでの建築現場での経験から、仕事に対する真摯な気持ちと高い技術があって初めて、安心できる住まいや価値のある住まいが生まれると思っています。リフォームでは、理想的なキッチン環境を整える水回りのリフォームのほか、床のリペア、外壁塗装、タイルコーティング、白木コーティング、ハウスクリーニング、塗り壁なども対応可能です。お風呂に入った小さなヒビや巾木の修繕、手すりの取り付けなど小さな工事も行います。内装のリフォームでは、畳の質感などは残しながら、最新の内装技術と素材で和室を一新いたします」

和室の間仕切りを撤去し、洋室へと変貌させるリノベーションや最先端の建築技術とデザインを生かした新築工事でも実績を重ねる。

（ライター／斎藤紘）

## 大日本翼工芸会 株式会社
だいにっぽんつばさこうげいかい

☎ 080-3198-7963
✉ saitoukenchiku.sendai@gmail.com
㊟ 宮城県仙台市太白区羽黒台27-18
https://saitoukenchiku-tasuku.com/

代表取締役
**佐藤忠司** さん

17歳のときに電気工事をしていた伯父の手伝いを始めたことがきっかけで電気工事業界に入る。伯父の体調不良後、15年ほど他社で仕事を続け、2014年に独立、2019年48歳のときに『上藤電設株式会社』を設立。

「30年先まで続く灯りを」。電気のことなら『上藤電設』へ。

# 電気工事に光る約35年の経験と技術力 家庭に小さな工事でも頼りにされる存在

## 高圧受電設備工事にも対応 父子のタッグで的確に施工

『上藤電設株式会社』代表取締役の佐藤忠司さんは、電気工事一筋に約35年歩み続けてきた技術者。現在は息子の和希さんとタッグを組む父子鷹経営で、主要取引先の大手ハウスメーカーや工務店の仕事をこなすだけでなく、地域の家庭などの小さな工事でも頼りにされる存在だ。

「当社は、住宅やマンション、店舗、医院、商業施設などの電気工事を行っています。動力工事、配線工事、コンセントの設置、移設、照明器具の交換、増設、撤去、LAN配線工事　分電盤の交換などの一般電気工事、変圧器の更新や絶縁油の交換も含めた受変電設備の新設、改修工事、電柱から電力を施設内に引き込む引込設備工事などの高圧受電設備工事を請け負い、設計から施工、アフターフォローまで対応し、品質にこだわった電気設備環境を実現します。電力の増加にともなう容量増設工事や引込線の指示点変更などの依頼にも対応可能です」

確かな仕事ぶりから工事依頼は後を絶たず、竣工、継続施工、新規着工合わせ33棟という2024年某月の施工状況から多忙さが伝わる。

（ライター／斎藤紘）


**上藤電設** 株式会社
じょうとうでんせつ

080-8534-5652
jd_sato0531@bb.ne.jp
㊟ 大阪府守口市大久保町2-29-15-210
https://jd-0501.com/

大理石のカウンターのトイレ、壁紙を新しくエレガントなコーディネート。

お気に入りの間取りのマンションを購入し、中古のキッチンも新しくカラーコーディネート。

代表
**長束真司** さん

開業時は尼崎を中心に大阪から神戸を営業エリアに年間約30件施工。その後神戸を拠点にデザインに特化したリフォームを実施。二級建築施工管理技士、インテリアコーディネーター、二級福祉住環境コーディネーター。

バリアフリー改修時、狭い廊下にニッチの収納を設け、移動もスムーズに。

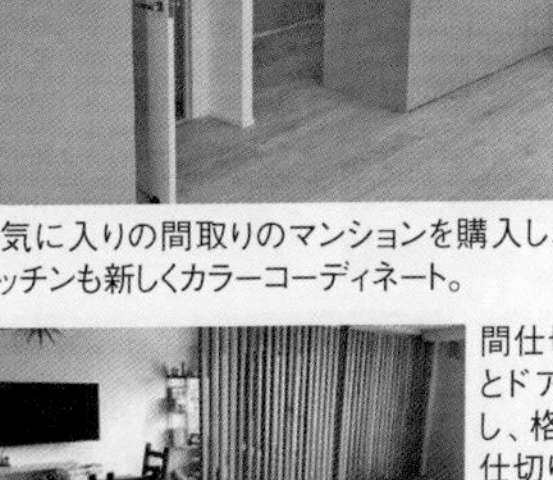

間仕切りの壁とドアを撤去し、格子戸で仕切り通気性を確保しながらリビングとダイニングを別々の空間に。

# デザインから施工まで一貫したリフォームが定評
# 費用対効果やライフスタイルの変化重視

## ドア・水廻りの修理などの小さな工事から リノベーションまでの幅広い知識

兵庫県神戸市の『みずき工務店』は、トレードネーム『DESIGN ROOM N』の通り、インテリアコーディネーターである代表の長束真司さんが一貫してデザインから施工まで行うリフォームが評判だ。加えて費用対効果やライフスタイルに合わせた空間構成に各専門資格の知見を生かすのも特長だ。

「生活空間が古くなったり、生活スタイルが変わったりするタイミングのリフォームは、そこから始まる新生活を彩る大きな価値があります。お客様との対話を大切に、ライフスタイルや理想の空間のイメージに合い、より過ごしやすい空間へのリフォームをご提案します」

長束さんは、日本の家は長く使えば使うほど味が出て、日本の気候やライフサイクルの変化に対応できるようにリフォームやリノベーションは必要であるという。例えば、ドアの修理、壁の貼り替え、水回りのトラブルなど十人十色のコーディネートをしてくれるので住まいの悩みがある方は、クライアントの要望に応える専門家の長束さんに、ぜひ相談してみてはいかがだろう。

（ライター／斎藤紘）

**DESIGN ROOM N** みずき工務店
デザイン ルーム エヌ


✆ 080-3486-4998
✉ mizuki.rehome@gmail.com
㊟ 兵庫県神戸市中央区元町通4-1-20 KRCビル5F
https://www.kobe-designroom-n.com/

代表
**秋元稔** さん

不動産関係の仕事に20年ほど従事してきた経験とノウハウを活かし、2005年に『有限会社ワールドクリーン』を設立。「Meets Your Needs!」をモットーに不動産業やハウスクリーニングを手掛ける。

敷金・礼金・仲介手数料オール無料物件、新築物件など、何でもご相談下さい。

# お部屋探しも不動産取引も まるごとお任せ

## あなたのNeedsに応える

神奈川県・JR横浜線中山駅から徒歩3分の場所にある『有限会社ワールドクリーン』は、賃貸のお部屋探しから不動産取引まで不動産に関する幅広いお悩みに対応する地域密着型の不動産屋だ。独自の『Needsプラン』は、賃貸物件の仲介手数料、敷金、礼金がすべて無料。初期費用を限りなく安く抑えて引っ越すことができると好評だ。家族であるペットと一緒に暮らせる物件や駅近物件、ファミリー向け、新築物件など様々な賃貸物件が揃っており、希望に沿ったお部屋を紹介してもらうことができる。また、不動産取引のスペシャリストである宅地建物取引士が在籍しているため、宅地や建物の売買や交換、貸借の取引などの不動産取引も安心してお任せ可能だ。必要に応じて修繕リフォームや内装・外装工事、ハウスクリーニング、売却時期の相談など、不動産取引を有利に進めるためのアドバイスなども行っている。

「Meets Your Needs!」をモットーに一人ひとりのお部屋に関する悩みや不安、要望を丁寧に聞き取り、より快適な日常生活を送ることができるようにサポートする。

（ライター／彩未）

有限会社 **ワールドクリーン**

045-309-1210
info@worldclean.jp
㊟ 神奈川県横浜市緑区中山1-7-21 インペリアルアーク103
http://worldclean00zero.com/

こちらからも検索できます。

「太陽光防犯街灯」

代表取締役会長
**上野政芳** さん

学業終了後、ゼネコンに入社し修業を積む。当時から独立心があり、1985年、30歳で建設業を立ち上げる。バブル崩壊後で先行きが不透明になり、1996年警備会社『株式会社ASP警備』設立。2024年『伊勢崎第一ハウス株式会社』設立。

# 商用電力に依らず照明防犯の二役こなす 太陽光防犯街灯を考案し全国展開を目指す

## 安全な社会に貢献と事業化 荒川の沿道への設置を受注

群馬、新潟、福島、宮城で展開する警備事業の統括会社「株式会社ASP警備」代表取締役会長の上野政芳さんが2024年2月『伊勢崎第一ハウス株式会社』を設立、商用電力がない場所で照明と防犯の二役を果たす「太陽光防犯街灯」の販売・設置事業を開始した。太陽光発電が始まったころから防犯に応用できないか考えてきたという、街頭での犯罪が絶えない現状を視野に入れ、「安全な社会に貢献できれば」と事業化した。

「太陽光防犯街灯」は、太陽光パネル、蓄電池、LED照明、録画装置内蔵の全方位防犯カメラ、ポールから成るセットで、道路や公園などの公共スペース、電力が失われた災害被災地、山間部の観光地など場所を問わず、ポール無しでビルや民家にも設置できるのが特長。自社で作るポール以外は、太陽光パネルメーカーでセット化して量産する。

最初の仕事として、東京都葛飾区の依頼で、荒川の河川敷をかさ上げして造成した公園の沿道約6㎞に300本の「太陽光防犯街灯」を立てる工事を受注した。今後、代理店を募り、全国展開していく計画だ。

（ライター／斎藤紘）

**伊勢崎第一ハウス** 株式会社
いせざきだいいちハウス

☎ 0270-27-7800
✉ masayoshi-msa-103@outlook.jp
㊟ 群馬県伊勢崎市堀下町1691

株式会社 ASP警備
☎ 027-329-7233
✉ u1955e5480@outlook.jp
㊟ 群馬県高崎市上大類町17
https://asp-group.jp/

代表
**横田敬幸** さん

2021年『合同会社TANK』設立、代表社員に就任。クロス職人。富山県各地を営業エリアにスピーディでリーズナブルな価格で内装工事、リフォーム事業を展開。

# 良質なデザインの家を実現する職人の技
# 内装工事やリフォームで室内空間を一新

## 施主の意向に沿う最適施工 豊富な施工実績が示す実力

クロスの張り替えを中心とした内装工事やリフォームで良質なデザインの家を実現してきたのが『合同会社TANK』代表でクロス職人の横田敬幸さんだ。富山県内各地の戸建て住宅やマンション、オフィス、店舗、各種施設などで数多く施工した実績が実力を裏付ける。

「壁一面の張り替えからお部屋全体の張り替えまで工事の大小に関わらず、お客様目線で丁寧に施工する事を心がけています。事前に決めた日時に下見にお伺いしたうえで、現場を調査し、お客様のご要望やご予算などをお伺いして、空間の印象を一新する最適案を考えます」

リフォームは、洋風、和風を問わず、家屋全体が対象で、フローリングから畳、障子、襖、ドア、窓、戸、扉など室内建具も高品質の素材で美しく仕上げる。水回りでは「見た目はすっきり、機能はしっかり」がコンセプトのキッチン、リラックスを追求した先進機能を堪能できるバスが好評だ。その技術力と美的センス、素材の良質さから、富山市内のホテルからスイートルームの内装工事の依頼がくるほどだ。

（ライター／斎藤紘）

合同会社 **TANK**
タンク

090-8704-9264
info@tankro.net
㈡ 富山県滑川市北野29-31
https://tankro.net/

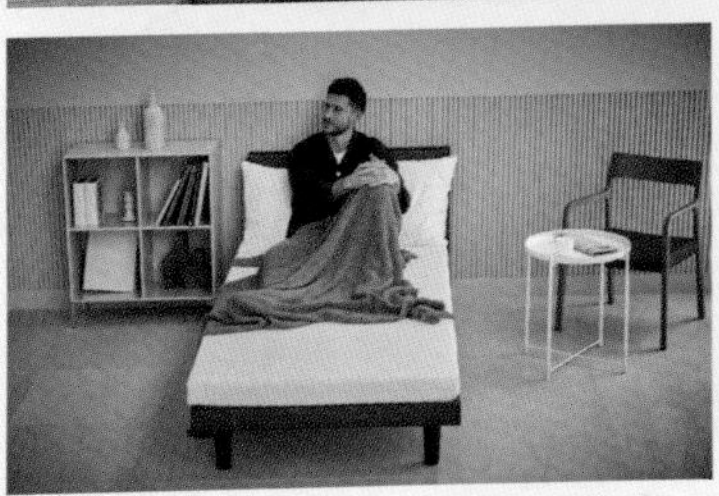

代表
**杉野大輔** さん

趣味のサッカーでの怪我をきっかけに睡眠環境を整える大切さと睡眠の質を上げると人生をイキイキと過ごせると知る。これまでの経験、分析力の高さと商品知識を活かし、事業のグローバル化にも力をいれる。

『phitenマットレスFOREST』想定販売価格 24,900円（税込）

# 良質な睡眠は人生を変える 未体験のリラックスタイムを叶える寝具

## 森林の中にいるような未体験のマットレス

創業約70年の老舗『株式会社スリープ愛ランド』は、人々に良質な眠りを提供する高品質な寝具を手掛ける寝具専門店だ。代表の杉野大輔さんは、分析力の高さを活かしてマネジメントしてきた事業の多くを好転させてきた。睡眠の質を上げると人生が変わることを知って欲しいと国内だけでなく海外にも高品質な寝具を発信していく。マットレス側生地にナノメタックスコーティングを施したコラボで初めての寝具『phiten マットレスFOREST』は、森林にいるような癒しの時間を実現するマットレスだ。忙しい現代人は睡眠時間が4～6時間の方も多い。睡眠不足になると仕事のパフォーマンスが落ちてしまうが、少ない睡眠時間でも寝具を整えて心身を癒すことでパフォーマンスが上がる。phiten ナノメタックスコーティングで筋肉のコリ・張りをほぐす※。8年間で1・3%しかへたらない高耐久性、優れた体圧分散、湿気対策など機能性も抜群。癒しの黒文字スプレーが心身をサポートする睡眠環境を整える。睡眠だけでなく、読書やストレッチ、動画視聴の時間を未体験のリラックスタイムへと導く。

（ライター／彩未）

株式会社 **スリープ愛ランド**
スリープあいランド

048-598-6098
info@sleepisland.jp
㊟ 埼玉県北本市東間1-108 OPUS-C
楽天市場
https://www.rakuten.co.jp/auc-nemurinokamisama/

こちらからも
検索できます。

※脳梗塞リハビリセンターとの共同検証で、『筋緊張の緩和、疲労回復、集中力を高める効果』が示唆されました。

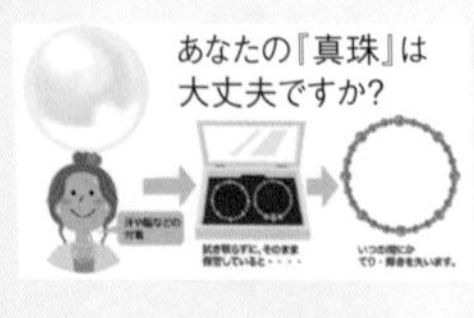

あなたの『真珠』は
大丈夫ですか?

でも安心して下さい!

真珠科学研究所が開発した
世界初の特許技術
真珠クリーニング
全国で25社「真珠科学研究所」公認代理店
として許可を得た店舗にだけが使える技術です

代表
**谷殿剛** さん

創業88年の老舗呉服店の3代目店主。成人式の振袖、着物の販売やお手入れ、シューズの販売事業で躍進。30年前より真珠の養殖所や真珠メーカーより直接仕入れを行い、良い品をお値打ちに提供。5年前より真珠のメンテナンスに注力。

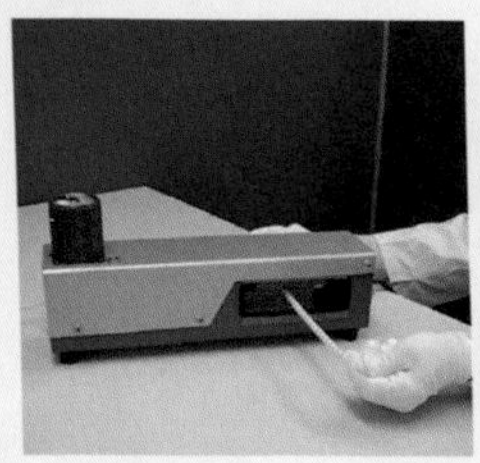

**真珠クリーニング**

一般価格 8,000円のところ

当店だけの特別価格 **4,180円(税込)**

# 劣化した真珠をピカピカに蘇らせる新技術による真珠クリーニングが好評

## 真珠科学研究所公認代理店 専用機械を用いて表面研磨

汗などで表面が劣化した真珠のてりや輝きを取り戻す『真珠のクリーニング』で真珠愛好家から支持されているのが『みつる屋』代表の谷殿剛さんだ。真珠の品質維持技術の研究で知られる真珠科学研究所認定のパールインストラクターと真珠C(クリーニング)&E(エステ)マスターの資格に裏付けられた高度の技術が支持される理由だ。

「真珠は、千数百層もの炭酸カルシウムの結晶層が積み重なってできています。この結晶層に当たった光が反射することで真珠独特の輝きを放つのですが、炭酸カルシウムは酸に弱く、装着した時についた汗や油をそのままにしておくと真珠の表面が劣化しててりや輝きが失われます。この劣化した真珠の表面を真珠科学研究所が開発したパールリフレッシャーという専用機械を用いて0.001ミリ程度研磨し、真珠本来の美しさを蘇らすことができるのが『真珠クリーニング』です」

真珠科学研究所公認代理店として許可を得た店舗が使える技術といい、同店では無料で真珠の状態チェックするサービスも行っている。

(ライター/斎藤紘)

絹美館 **みつる屋**
みつるや

☎ 0120-39-5295 ✆ 0597-47-0221
✉ HPのお問い合わせフォームより
㊟ 三重県北牟婁郡紀北町東長島3507
https://www.kimono-mituruya.com/

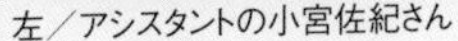

左／アシスタントの小宮佐紀さん

代表
**稲生滋** さん

慶應義塾大学理工学部卒。NECなどを経て、2013年社会保険労務士資格を取得、2015年行政書士資格も取得し、同年に独立開業。東京都雇用労働相談センター相談員を開業当初から勤め、現在も継続中。2019年ハラスメント防止コンサルタントの資格取得。IT業界を中心に数十社の中小企業と顧問契約を締結中。

# 労務管理のような否定形業務で示す実力 ソリューション営業の経験豊かな異色の社労士

## 働き方改革の課題にも対応 労使間トラブルも早期解決

『稲生労務・行政コンサルティング』代表の稲生滋さんは、NEC在籍時代第一種情報処理技術者の国家資格を取得し、主に金融機関を対象に1案件で数億～数十億円の売上規模になるソリューション営業の経験を持つ異色の社労士。ただ、現在の業務においてはその後の中小企業での経験の方が活きているという。ベンチャーやスタートアップを含めた中小企業を中心に、経営者や人事労務担当者に対する的確なアドバイスが好評で、働き方改革に伴う労務管理の様々な課題にも柔軟に対応する。人に代わってAIが情報処理を行う時代でも社労士ならではの使命を全うしていく決意だ。

「労働社会保険諸法令に基づく各種の手続き業務がAIなどで自動化されていく時代に、社労士が存在する価値は何か。それは、心の通う人間を相手にする労務管理のようにマニュアル化が難しく、理屈だけでは解決できない非定型業務への臨機応変で柔軟な対応力だと思っています。募集から入社そして退職までのあらゆるフェーズにおける労務管理全般、就業・人事制度などの仕組みづくりや各種社内規程の作成で企業を支えていきます」

稲生さんは、紛争解決手続き代理業務を行うことができる特定社会保険労務士の資格も持ち、労使間トラブルの早期解決にも積極的に対応している。これまでに円滑にかつ早期に解決した労使トラブルの事例も数多い。

（ライター／斎藤紘）

## 稲生労務・行政コンサルティング

いなおろうむ・ぎょうせいコンサルティング

03-6868-7370
s.inao@sr-inao.com
㊟ 東京都港区北青山2-12-8 BIZ SMART青山327
http://www.sr-inao.com/

代表取締役
**吉田明弘** さん

証券会社や銀行、生命保険会社、不動産ベンチャー企業を経験し、2023年に現在の事業を開始。ポートフォリオの発想でお客様の人生に寄り添った資産設計コンサルティングを行う。

一人ひとりが描く理想の未来を叶える。『資産設計コンサルティング』1回 60分〜

# 人生設計や目標に寄り添う資産形成 将来の不安を安心に変える運用を実現

## 複数組み合わせた資産形成 お客様目線で最適な運用

一人ひとりの人生設計や目標に合わせ、中立な目で投資対象を見極めて適切な資産配分を提案する『F．D．コンサルタント株式会社』。代表取締役の吉田明弘さんは、個人の人生設計や会社経営者の事業展望を聞き取り、資産状況や財務内容について考慮しながら思い描く未来を実現するためのポートフォリオを一緒に考える。

「私の仕事は、将来の不安を安心に変えることです。金融機関などへ相談に行くとその会社の得意分野での全額投資を勧められることも多いですが、私は目的に応じた金融商品の組み合わせを考えるのが大切だと考えています。運用をしていても将来の不安が解消されていない方もいるのでバランスよく配分を行い、不安なく生きていけるようにサポートします」

学生から社会人10年目くらいまでの若い方に向けた金融教育も行っている。学校での金融教育や動画サイトで中途半端な知識を得て、投資詐欺に合うケースが増えているという。正しい金融知識を学ぶためのスクールの立ち上げを計画中だ。

「情報が氾濫していますが、お金が自分の人生にどのような効果をもたらすかが重要です。資産運用だけでなくお金の使い方も含め、どのような人生を送りたいかを一緒に考えていきます」

（ライター／彩未）

**F.D.コンサルタント** 株式会社
エフ．ディ．コンサルタント

044-982-0544
㊟ 神奈川県川崎市中原区井田1-3-12
https://fdconsul.co.jp/

左/代表取締役
吉田明弘さん
右/コンサルタント
山田紀之さん

## 事業内容

**情報処理システム　基幹業務・WebAP開発**

・社会保険システムの開発、保守

**情報処理システム　基盤設計、構築保守**

・労災関連システム基盤の保守運用
・官業事務共通システムの保守運用

**プロジェクトマネジメント支援**

・損害保険システムPMO

**システム運用設計、保守**

・ポイント管理システムの設計、保守
・クラウド関連サポートセンタの運用

代表取締役
**向中野雅経** さん

フリーのエンジニアとして活躍後、2009年『株式会社エモーショナル』の代表取締役に就任。情報処理システムの基盤設計、構築、運用、保守、プロジェクトマネジメント支援、クラウドサポートセンター運用などを実施。

# 情報サービスの提供で社会の発展に貢献
# 業務効率化の最適解追求しシステム開発

## 一騎当千のITエンジニア　タスク遂行の選択肢を検討

社会保険システム、情報処理システム、労災関連システム、官業事務共通システム、損害保険システム、ポイント管理システム。ITサービスの総合商社『株式会社エモーショナル』が開発した数々のシステムは、「情報サービスの提供を通じて社会の発展に貢献する」という代表取締役の向中野雅経さんの経営理念に忠実に業務を推進している証だ。

「当社は、情報システムの企画、構築、運用などの業務を請け負う大手システムインテグレーターや大手企業、官公庁などを主な取引先にシステム開発やITコンサルティングなどを行う会社ですが、一つひとつのタスクを担うのは一騎当千のITエンジニアたちです。受注した業務について、各自が考えうる選択肢を出し、互いに意見をぶつけ合いながら、業務効率化の最適解を追求するスタンスを貫いています」

向中野さんは、「仕事だけではなく、遊びも全力で取り組むことによって人は幸せになることができる」という信念を持ち、スタッフの結束を深める社外レクリエーションにも力を入れている。

（ライター／斎藤紘）

**株式会社 エモーショナル**

03-6436-5863
otoiawase@emo-r.co.jp
㊟ 東京都港区三田3-4-18 二葉ビル401
https://emo-r.co.jp/

まいど！
池田哲男商店
ヨセヤ

そこが 関空降りたら
夢の大阪アニメランド王国！

池田哲男商店では、大阪ビッグプロジェクト設置を提案しております

代表
池田徳治 さん

父親が創業した骨董、古物商時代から約百年続く『池田哲男商店』の三代目代表。非鉄金属を扱っていた二代目代表の長兄の他界後、経営を担い、業容を各種金属スクラップの直接買取に転じ、得意先を開拓し、業績を伸ばす。

# 世界のアニメファンの子どもに夢と未来を与える アニメランドを起爆剤に万博の再構築を

## 憂国の思いから発する提言 根底に万博の成功を願う心

「本来、万博は国民が一体となって推進すべきもの。だが、その先頭に立つべき政治家たちは今や政治屋になりさがり、裏金問題で国民から怒りを買う有様。万博自体もパビリオンの建設遅れが顕在化し、国民の関心は薄れる一方だ。延期を決断し、再構築すべきだ」

こう指摘し、立て直し策として、自身が描いた『夢の大阪アニメランド王国』構想の実現を訴えているのが、大阪で金属買取業を始めて約百年の歴史を刻む『池田哲男商店』代表の池田徳治さんだ。

『夢の大阪アニメランド王国』構想は、「大阪を元気にしたい」との思いから描いたもので、海外で人気のアニメを基調に今から13年ほど前に提案した。誰でもが楽しめるエリアを展開するものだ。

「アニメファンは世界中にいる。世界全体の子どもたちに夢を与えるためにアニメランドを実現してもらいたい。アニメの主人公のコスプレで参加するイベントを開けば盛り上がるはずです」

アニメランドを起爆剤に大阪・関西万博を成功させたいとの思いがここにはある。

（ライター／斎藤紘）

**池田哲男商店**
いけだてつおしょうてん


☎ 06-6681-3311
✉ 大阪府大阪市住之江区御崎7-8-26
https://ikedatetsuo.com/

こちらからも
検索できます。

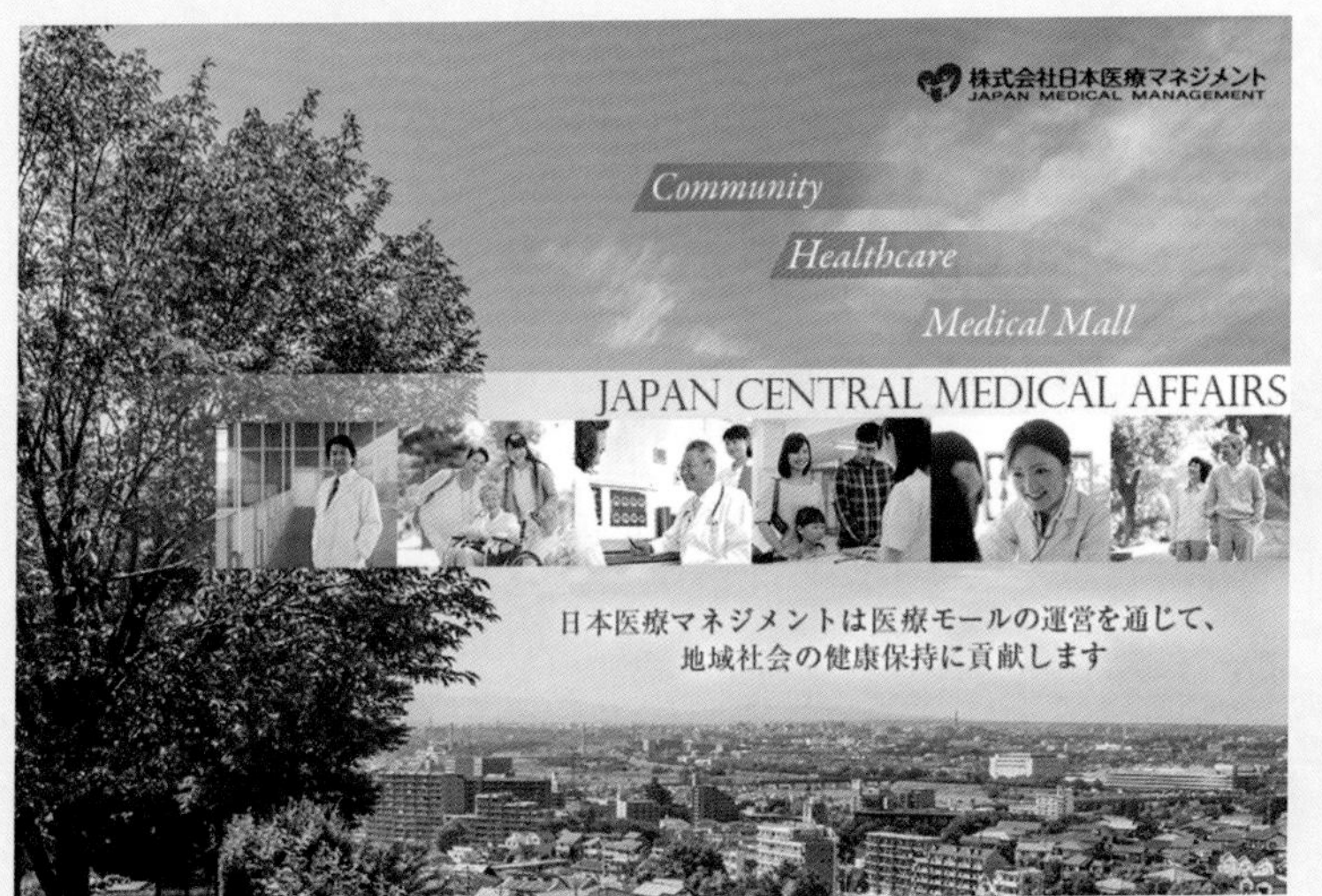

株式会社日本医療マネジメント
JAPAN MEDICAL MANAGEMENT
Community
Healthcare
Medical Mall
JAPAN CENTRAL MEDICAL AFFAIRS
日本医療マネジメントは医療モールの運営を通じて、
地域社会の健康保持に貢献します

代表
**椋本雅文** さん

宝飾関係の会社を経て整体院に勤務。2014年に独立して「世界貿易センタービル整体院」設立。2015年、祖父で医学博士の山崎文男氏が創業した「日本中央医事有限会社」の代表を経て、『株式会社日本医療マネジメント』設立。

# ビジネス街などのビルに医療モール形成 医師と患者双方に利点のある事業形態構築

## 単独開業より初期投資抑制 建築士紹介や資金調達支援

東京都心のビジネス街や繁華街のビルに医療クリニックや整骨院、薬局などから成る医療モールを形成するビジネスモデルで注目度を高めているのが『株式会社日本医療マネジメント』代表の椋本雅文さんだ。これまでの実績は、建て替えのため解体された世界貿易センタービルをはじめ、有楽町ビルや丸の内オアゾ、東京海上日動ビル本館などのビルでモールを形成、地域医療の充実化に貢献してきた。

「医療モールは、複数の医師が集まり、診療科目の専門性を生かすことで質の高い医療を提供することができる開業方法で、医師には単独開業に比べて初期投資を抑えることができ、地域への認知度が高まる利点がありますし、患者様にとっても複数の診療科目の受診がしやすくなったり、買い物ついでに受診できたりする利点があります」

椋本さんは、賃料5％によるビル一棟の管理とソーシングビジネスまたはビルのオーナーからフロアを借り、医療関係者に転貸して同社が運営、管理を行う事業形態を構築、建築士の紹介や資金調達支援、医療機器の購入先の紹介などの支援も行う。

（ライター／斎藤紘）

株式会社 **日本医療マネジメント**
にほんいりょうマネジメント

03-6435-8178
mukumoto@nihon-iryou.jp
㊟ 東京都港区赤坂1-1-17 細川ビル805
http://nihon-iryou.jp/

医療モール運営実績

●Think Park Tower

●丸の内オアゾ

●日本生命浜松町クレアタワー

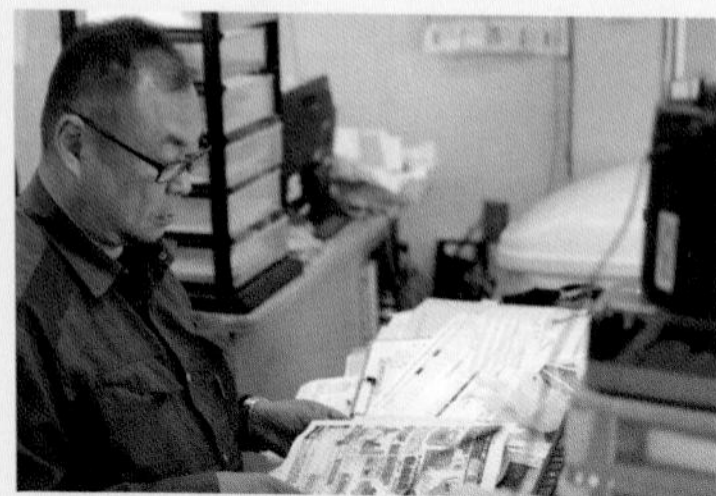

代表
**大野俊次** さん

関東運輸局認証の自動車整備工を運営する『ウィルコーポレーション』代表。自動車整備士。車検、法定点検、車検、整備、修理、板金、塗装、パーツ・カー用品販売取付、輸入車・国産車新車販売、中古車販売買取など実施。

# 車に関するあれこれすべて任せられる豊富な実績に裏打ちされた信頼

## 豊富な経験と熟練で車のことならお任せ

国産車に外国車、新車から中古車まであらゆるマイカーの販売に買取、さらには修理や板金塗装、カスタマイズまで、充実したカーライフを送るのに大切なパートナーとしてきっと役に立ってくれるのが、栃木県足利市の『ウィルコーポレーション』。

同社の強みは豊富な経験と熟練のスタッフによる現場力、そして国内外の各メーカー、ディーラーとの緊密なネットワークが構築されているから、素早く確実な対応が可能なことだ。たとえば、悩ましいボディの傷やへこみは、職人の手作業により徹底した下地づくりで新車並みの塗装面を回復。また、カスタムや修理に使用したいけれど手に入りにくい、特に外国車の部品なども、豊富なネットワークを駆使して入手。カーマニアこだわりの持ち込み部品にも対応してくれる。

もちろん、納車して終わりではなく、販売、修理ともにメンテナンスなどアフターフォローもバッチリ。ずっと長く付き合っている顧客が多いのも、その信頼を証明している。

（ライター／今井淳二）

## ウィルコーポレーション

☎ 0284-70-0668
✉ tohno@k4.dion.ne.jp
㊟ 栃木県足利市借宿町1-1-18
https://www.will-car.com/

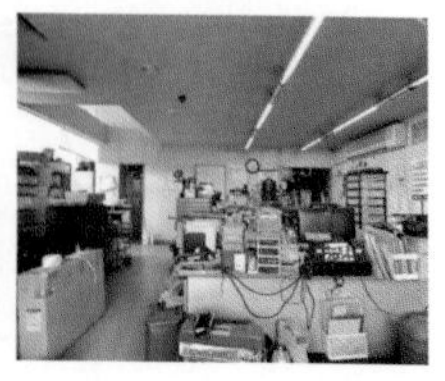

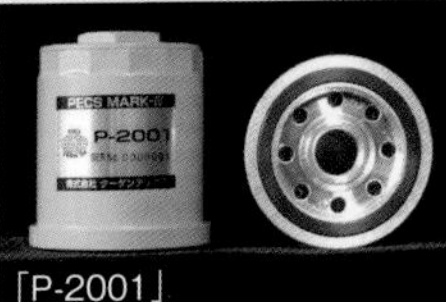

「P-1001」

「P-2001」

「P-2002」

SDGs12（持続可能な無消費と生産）
SDGs13（気候変動）　SDGs15（陸上資源）
CO、HC、NOxとPM2.5の大幅な削減により、Euro6をクリア!
SDGs13
長期にわたる良好なエンジンコンディションの維持!
SDGs12
20万kmごとに一度のメンテナンスで継続使用可能
SDGs12
オイル寿命が延命!
SDGs12
ろ紙不使用
SDGs15
ユーザーメリット大! 環境負荷の大きな軽減!
SDGs12

『PECS MARK-IV』
下記写真は SPIN ON タイプのカット写真、その他種類は、濾紙だけを交換するインナータイプ（カートリッジタイプ）、センターボルト方式など各種あります。ガソリン・軽油・プロパン他燃料の種類は問いません。
※用途：自動車・産業車両・発電機その他。
『PECS MARK-IV DIESEL』
適合機種：各種ディーゼル車、船舶、産業車両、産業機械などその他。
『PECS 3P-N for BIKE』　適合機種：各種バイク、マリンスポーツエンジンなど（カートリッジ式タイプに装着可能）。
オイルフィルターと互換性があるうえ、一部の車両を除き、走行距離20万kmごとのメンテナンスで継続使用が可能。

代表取締役
**中村幸司** さん

日本大学工学部機械工学科卒。大手自動車関連会社で技術課にて知識を習得。独立して、1991年『株式会社ターゲンテックス』設立。磁性粉体の除去法を発明し、西独などで特許取得。ブラジル地球サミット国際環境機器展に招待参加。2005年度には日本大学大学院工学研究科非常勤講師。

# 大気汚染に悩むタイに日本発の技術移転 CTCNの助成で普及を図るプロジェクト

## 最終燃費テストを経て量産 ミャンマーへの輸出も浮上

先進的な環境技術の途上国への移転の典型例として注目を集めるプロジェクトが2024年に始動する。『株式会社ターゲンテックス』代表取締役の中村幸司さんが発明した無交換式オイル劣化予防装置『PECS MARK-IV（ペックスマークIV ディーゼル）』を国連の気候技術センター・ネットワーク（CTCN）の助成の下で大気汚染が深刻なタイ王国で普及を図るもので、販売を担う日本の大手商社による最終的な燃費テストを経て量産体制に入る。『PECS』は、永久磁石の独自の配列から強力な反発し合う磁力線を構成し、オイルが通過すると、金属摩耗粉を吸着、微小粒子状物質PM2・5の原因になるカーボンの析出を抑制し、温室効果ガスを大幅に削減する次世代オイルフィルター。JICAの支援の下で進められたテストで排ガス低減が確認され、CTCNの助成の対象に認定された。

プロジェクトは、『PECS』のコア技術である永久磁石を日本で製造し、タイの工場で組み立てた後、中古の公共バスやトラック向けに普及を図るスキーム。タイの隣国、ミャンマーに輸出する計画も浮上した。

（ライター／斎藤紘）

株式会社 **ターゲンテックス**

03-3326-7081
ttpecs@tagen-tecs.co.jp
㊟ 東京都世田谷区南烏山5-1-13
http://www.tagen-tecs.co.jp/

PECS MARK-IV 種類　（乗用車）

| 型式 | ネジ径 | ガスケット径 |
|---|---|---|
| P-1001 | UNF3/4-16 | 71×61 |
| P-2001 | UNF3/4-16 | 62×52 |
| P-2002 | M20P1.5 | 62×52 |

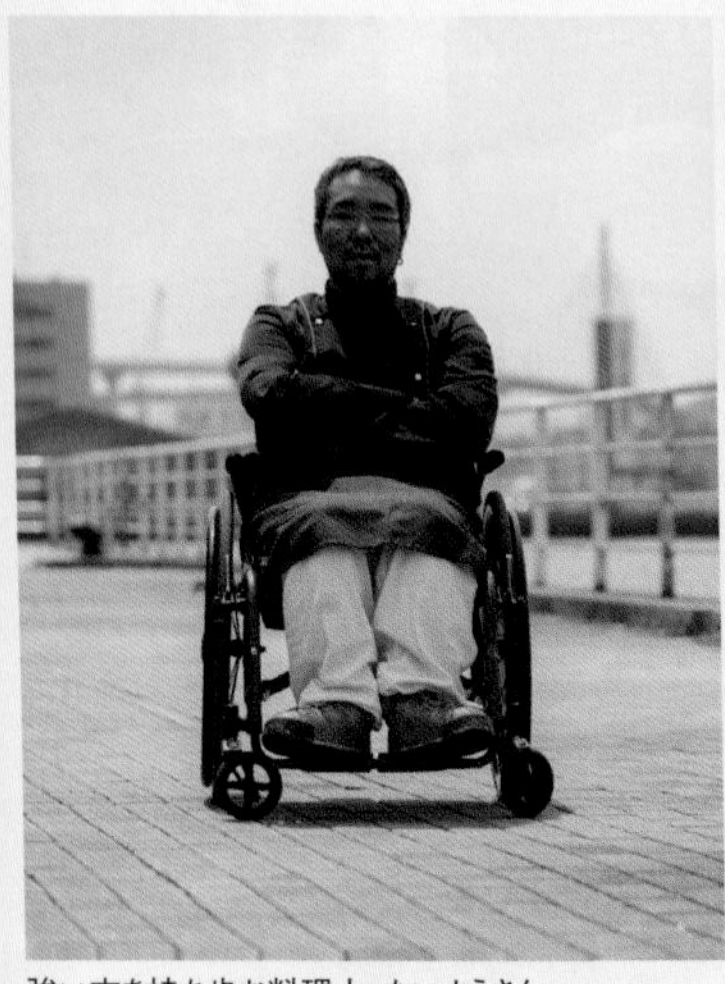

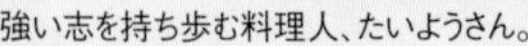
強い志を持ち歩む料理人、たいようさん。

主宰
**たいよう** さん

二分脊椎症を抱えて生まれる。少年期に「料理の鉄人」で料理に関心を持ち、師匠と仰ぐ坂井宏行氏の勧めでフードコーディネーターの資格取得、調理師免許も得て料理がテーマの様々なシーンで活躍、メディアの注目集める。

# 受援力を高め障がい児者の可能性広げる料理教室で自立を支援する車椅子料理人

## できないことは人に頼って作った後の達成感を重視

「できないことは人に頼ってできれば、できると同じと思っていい」

障がい児者に料理を教える国内ただ一人の障がい者、車椅子の料理人たいようさんが料理教室で繰り返す言葉だ。人の助けを受け入れる受援力が高まれば、障がい者ができることが広がると考えてのことだ。

「料理の鉄人にも助手がいるように、互いに支え合って生きているのがこの社会。できないことは助けてもらい、物事を成し遂げることで苦手を克服する意志が強まっていくと思っています」

先天性の脊椎障害を抱えながらでフードコーディネーターや調理師として活躍する『たいよう』さんが料理教室を開く理由も明白だ。

「美味しいものを食べたときの満足感以上に、食べたいものを自分で作る満足感や達成感は大きく、自立の動機付けになるからです」

『たいよう』さんは、在宅の要介護者にホームヘルパーを派遣して支援するヘルパーステーションの管理者も務めているが、正業、副業の区別をつけず、自立支援活動のバリエーションとの位置づけだ。

（ライター／斎藤紘）

車椅子の料理人 **たいよう**


080-3220-3240
cofeetaiyonoshizuku@gmal1.com
福岡県福岡市博多区美野島4-1-10-208
https://www.facebook.com/foodcoodinatortaiyo/
wheelchaircook_taiyo_san

Instagram

新鮮でシャキシャキな『潮風レタス』。

代表
**森田俊幸** さん

古くからレタス栽培が盛んな苓北町で、代々レタス農家を営んできた『森田農園』の4代目。農業を継ぐことは決めていたため、大学では農学部ではなく、経済学部に進学し農業の新しい可能性を模索する。

# 天草の自然と生産者の熱意が作る 安心・安全・新鮮・美味なレタス

## 心地よい潮風を浴びた シャキシャキなレタス

熊本県・天草地方は、九州本土より西の海へ張り出した島々で、日本の中でも有数の日照量を誇る地域。一年を通して比較的温暖で、四季の変化が穏やかなのが特徴。そのため葉物野菜などの成長に適しており、特に天草産のレタスは、農業県熊本の県内生産量の約40%を占めている。

この地で豊かな日差しと天然の潮風をたっぷり浴びた天草産レタス『潮風レタス』を作っているのが『森田農園』。みずみずしく新鮮、シャキシャキとした食感で噛めば噛むほど感じる程よい甘みと爽やかな風味は、サラダはもちろん調理しても美味しいと評判のレタスだ。

代表の森田俊幸さんは、環境への配慮、そして何より食べもらう人たちのことを考え、農薬や除草剤の使用を最低限ギリギリに抑えた減農薬栽培とそれを可能にする土壌づくりにこだわっている。また、収穫後は即座に冷蔵し、冷凍状態にて発送することで新鮮な状態を維持。他のレタスより日持ちすると好評。出荷時には詳細な栽培履歴も公開している。

（ライター／今井淳二）

**森田農園**
もりたのうえん

✆ 070-2374-2682
✉ dh000703575@gmail.com
㊟ 熊本県天草郡苓北町富岡3332-1
https://moritanouen.net/

代表
**岡野早苗** さん

食育インストラクター、幼児食インストラクター、家事代行アドバイザー一級、家事代行管理士など多くの資格を持つ2人の母。野菜料理の素晴らしさに感銘を受け、自身の専門である家事代行と調理を組み合わせたサービスをスタートさせた。

『おそうじコース』

『ベビー・キッズシッター』『シルバーシッター』『ペットシッター』などあり。詳しくはホームページを。

『その日のごはんコース』

『つくりおきコース』『子どもクッキングコース』など。各種コースに定期コースもあり。

# 料理代行と家事代行でハッピーをお届け 食を通して輪を繋ぐお手伝い

## 「食べることは生きること」食でつながる笑顔の輪

「人は生きている間、食べ続ける。であれば、食べることを大切にするお手伝いがしたい」という想いで設立された『住まいるCooK株式会社』。お掃除を担当する「すまいるさん」、お料理を担当する「くっくさん」が自宅に訪れ、お手伝いをしてくれる。一番の人気は、「子どもたちの食人生を豊かにするお手伝いがしたい」という願いが込められた『子どもとクッキングコース』。くっくさんが自宅にやってきて、子どものやりたい作りたいを全力でサポートしてくれる。

「子どもは、作ること食べることが大好き。自宅の食材調理環境で行う料理体験は学習能力、体力、社会力の向上が期待でき、自己肯定感が上がる最高の食育なのです。苦手な食材を克服する子どももたくさんいます」

できあがったご飯が食べたい方は『その日のご飯コース』や数日分まとめて作る『つくりおきコース』。大切な記念日などのおもてなしには、『パーティーおもてなしコース』。掃除は苦手、自分の時間を作りたい方は『おそうじコース』を。『ベビーシッターコース』では、ベビー（0～3歳）&キッズ、シルバー、ペットすべて対応可能。買い物代行サービスもある。全コース英語での対応も可能なので、日本に駐在している海外の方に紹介してあげるのも良い。

（ライター／播磨杏）


## 住まいるCooK 株式会社
スマイルクック

03-6674-4114
smile90099009smile@gmail.com
㊟ 東京都港区北青山1-3-1 アールキューブ青山3F
https://smile9009.com/

パーティーコースもあり。

代表
**藤本悦子** さん

脳育トレーナーの第一人者。長年の脳科学研究に基づいたカリキュラムや学習法で子どもそれぞれを取り巻く環境や抱えている課題に合わせた個別指導を行う。心の英才教育学校代表。自己肯定感アカデミー認定教室講師。

これまで1000人以上のお子様をトレーニングしてきた実績のあるオーダーメイドのトレーニングは、上本町の教室やオンライン講座で受講することが可能。

<子ども向け
『脳育個別指導B.E.L』>
入会金 10,000円(税込)
年会費 10,000円(税込)
月謝 29,000円(税込)
教育費 1,500円(税込)など。
<大人向け>
ママ向け講座・パパ向け講座
全6回(毎月1時間30分)
10,000円/月(税込)
別途、教材費が必要。

# 子どもたちの無限の可能性を広げる 脳科学に基づいた脳育指導で柔軟な学び

## 一人ひとりが抱える課題 脳育指導で問題を解決

子どもの学びの扉を開ける「脳育指導」を軸に、知識を詰め込むのではなく、子どもの発達段階や特性、抱えている問題などに合わせたオーダーメイドの指導で子どもたちの無限の可能性を引き出す『脳育個別指導B.E.L』。代表の藤本悦子さんは、不登校や引きこもり、発達障害、学力低下、コミュニケーションが苦手など、問題が異なるこどもたちを同じカリキュラムで指導しても根本的な解決ができないと危機感を抱き、「子どもたちを笑顔にしたい」と脳科学に基づいた独自メソッドと心理面からのアプローチによる一人ひとりに合わせた柔軟な指導で、これまでに1720人の子どもが抱える問題を解決してきた。算数や国語、グループ教育・探究教育、自己肯定感トレーニングで子どもの思考力や空間認知能力、全体構成把握能力、判断力、注意力などを育む。個性を尊重しながら、柔軟な学びを提供することでこどもの好奇心や自己肯定感がアップし、壁にぶつかっても自分の力で乗り越えていける力が身をつけられる。すべての子どもたちが笑顔に溢れ、輝く未来に向かって歩んでいけるようサポートしている。

(ライター/彩未)

## 脳育個別指導B.E.L
のういくこべつしどうベル

080-5787-7727
info@nouiku-bel.jp
住 大阪府大阪市天王寺区上汐3-8-4 プラスビル411B
https://nouiku-bel.com/
@braineducationlab

長く続けられる環境を
整えています!


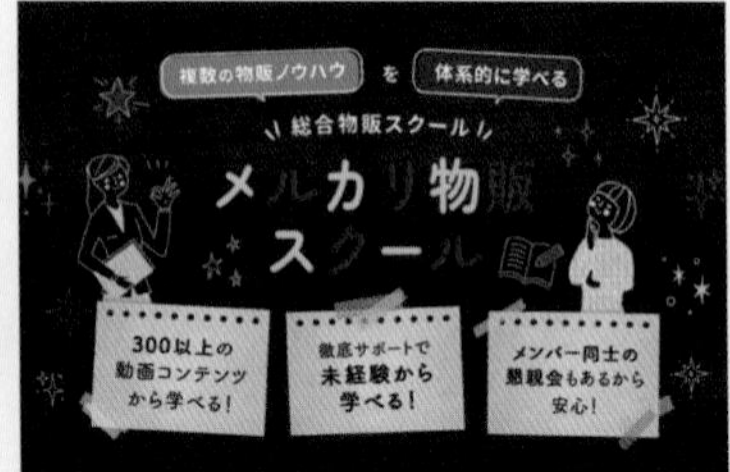

主宰
**瀬戸山エリカ** さん
集中治療室看護師歴12年の元看護師。双子を育てるシングルマザー。全国から3000人以上が在籍する『メルカリ物販スクール』にて自分の力でお金と時間を手に入れ、自分の望む未来を掴むための支援を行う。

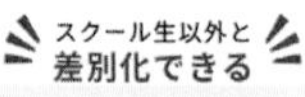


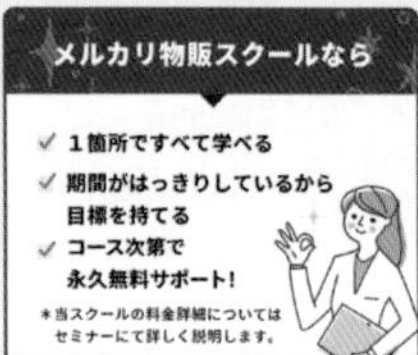


# 自分が望む未来を掴むために物販ノウハウを学ぶオンラインスクール

## ライフスタイルに合わせて効率よく稼ぐ

メルカリなどのフリマアプリを使用した不用品の処分や物販ビジネスは、スマホで手軽に始められると今人気の副業だ。元看護師の瀬戸山エリカさんが主宰する『メルカリ物販スクール』は、オンラインでの教材提供と安心のサポート体制で、自分のペースで無理なく物販ノウハウを学べると好評だ。

繰り返し見られる300以上の動画コンテンツでは、ビジネスの基礎やビジネスマインド、物販に関する法律、各物販ノウハウ、効率化ツール、メルカリ基礎、外注化などの様々なノウハウを学べる。

物販講師とサポートメンバーによる一人ひとりの状況に合わせた個別サポートで、中には月利100万円を突破する方も。コスパよく商品を仕入れることができる独自の卸先との連携と無制限受講＋目標金額に応じた二人三脚のサポートで確実に実力をつけ、充実した毎日を過ごす方が続出中。また、定期的に行われている交流会は、同じ目標を持つメンバーから刺激を受けられると好評だ。自分のペースで学んで確実に実力をつけ、時間と経済の豊かさを手に入れられるように支援する。

（ライター／彩未）

**メルカリ物販スクール**
メルカリぶっぱんスクール

03-6823-4847
info@redineith.com
㊟ 東京都中央区月島2-1-1-412
https://www.mercari-jobschool.com/
@erika.setoyama.official

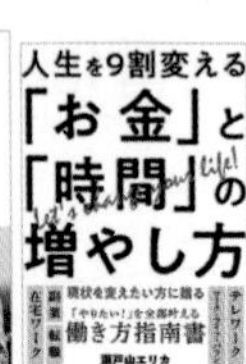

医は仁術なり。病ではなく、その人に寄り添う、心ある鍼灸医療の実施。

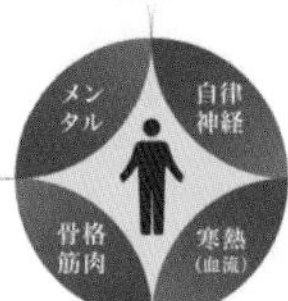

自律神経、メンタル、筋肉骨格、寒熱（血流）の調整を通してバランスとリズムの安定を図る。

院長
**山元大樹** さん

2009年、はり師、きゅう師免許取得。2011年、厚生労働大臣認定鍼灸養成校教員資格取得。東京都内の鍼灸院で延べ8万人、20万以上の症例に携わる。20年、都内鍼灸専門学校で非常勤講師担当　2022年『鍼灸院ひなた』開業。

# 生体に刺激を加え自己治癒能力を向上 20万人超の臨床経験を生かす鍼灸師

## 気持ちに寄り添う施術重視 認知症に効果の治療法修得

「病を予防して一人ひとりが心身両面、健康に過ごす未来を迎えに行きたい」

東洋医学の一分野として中国に起源をもつ我が国の伝統的医療、鍼灸。その施術ができるはり師、きゅう師の国家資格を持つ『鍼灸院ひなた』院長の山元大樹さんが仕事に情熱を注ぐ思いだ。

「鍼灸は、疾患や症状に適した経穴に細い針を刺入したり、もぐさを置いて燃焼させたり、生体に刺激を加えることで自己治癒能力を高める治療法です。心の不調や婦人科系疾患など様々な症状を改善させたり、病気になってしまうのを未然に防いだりする効果が期待できます。単に施術をするだけではなく、心と身体は繋がっているという観点から、お気持ちに寄り添って施術することを大切にしています」

山元さんは、20万人を超える様々な症例の臨床経験を持つが、中国の天津中医薬大学教授が認知症患者に対して開発し、臨床研究および基礎実験研究で脳老化と骨老化に対して確かな効果が認められているという「三焦鍼法」という特殊な技術も修得、施術法に加えた。

（ライター／河村ももよ）

鍼灸院 **ひなた**

03-6823-4230
hinata.shinq@gmail.com
㊟ 東京都江東区清澄3-9-13
https://hinata-shinq.com/
鍼灸院 ひなた　検索

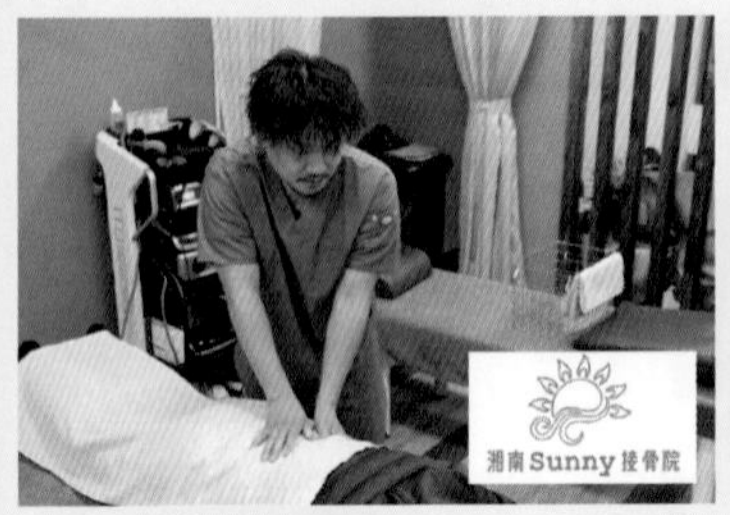

代表
**島野裕史** さん

2013年3月、アルファ医療福祉専門学校柔道整復師学科卒業。横浜の方面の接骨院で学生時代から下積み。2015年院長として施術を行う。2022年12月『湘南Sunny整骨院』開院。

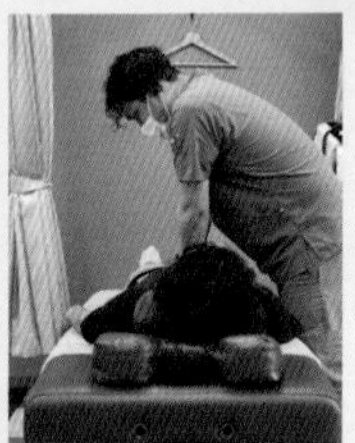
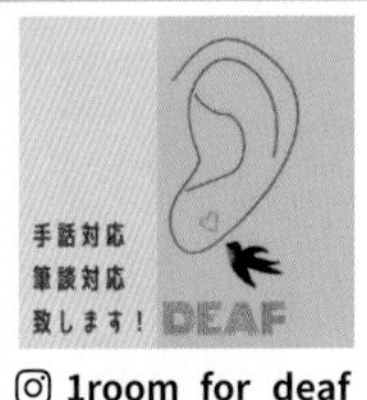


手話もできるので、お気軽に連絡を。

1room_for_deaf

なかなか良くならない痛み・悩みを一度ご相談を。早期回復にを心がけ施術。

# 聴覚障がいがある人も健常者と同じ施術を

## 通訳不要だからいいにくい体の悩みもしっかり話せる

病院でレントゲンを撮っても症状がないなど、はっきりとした原因がわからない肩や腰の痛みやむち打ちなど交通事故の後遺症、スポーツによるケガなど手技やマッサージにより改善が期待できる整骨院・接骨院は、地域とそこに住む人たちに喜ばれている。

開院よりわずか数年、たちまち口コミなどによりその評判が地元の人たちの間で広まっている神奈川県藤沢市の『湘南Sunny接骨院』もそんな接骨院の一つ。代表で柔道整復師の島野裕史さんは、患者さん一人ひとり時間をかけてしっかりと丁寧に問診。熟練の手技、そして最新の治療機器も駆使して、症状に合わせたオーダーメイドの治療で早期回復、根本改善を心がけている。

同院が支持されている大きな理由の一つが手話。島野さん自身は健常者だが、手話環境で長く暮らしていたため、日常のささいな会話レベルで細かな症状や悩みもしっかりと聞き取ることができる。他にも駐車場完備、平日20時まで診療、24時間予約受付なのも、利用者にとってはうれしい。

（ライター／今井淳二）

## 湘南Sunny接骨院

しょうなんサニーせっこついん

0466-61-5658
Shonan.sunny@gmail.com
㊟ 神奈川県藤沢市石川3-30-8 コスモヒルズ壱番館C
https://www.shonan-sunny.com/

LINE

Instagram

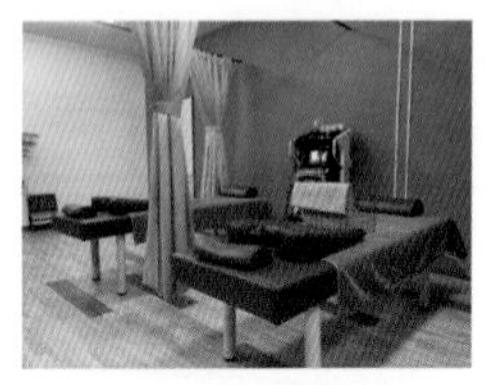

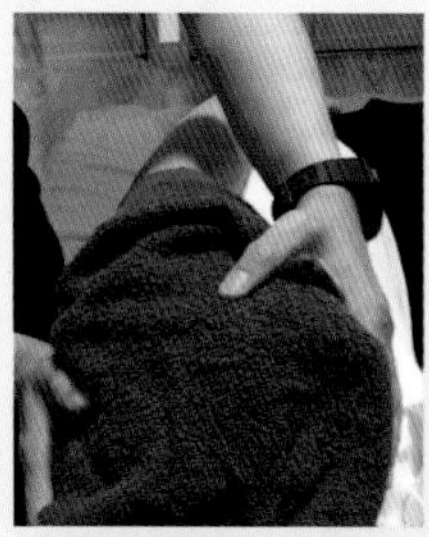
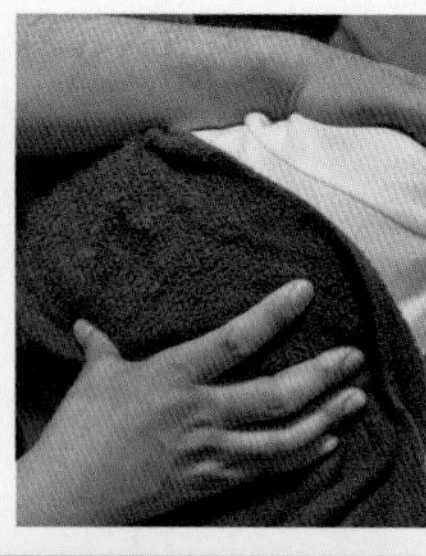
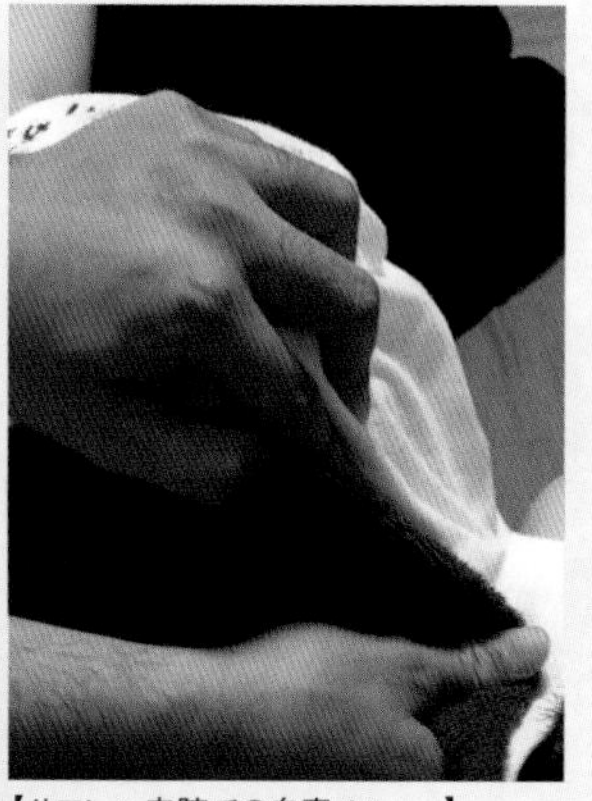

代表
**石橋優輝** さん

通院・外出困難な方にも健康保険を活用したマッサージで、笑顔と元気を届けたい、という思いで『マッサージ治療院みつばち』を開院。広島県福山市、尾道市、府中市・岡山県笠岡市、井原市に訪問して施術。日本マッサージ師支援協会 中国・四国支部代表。

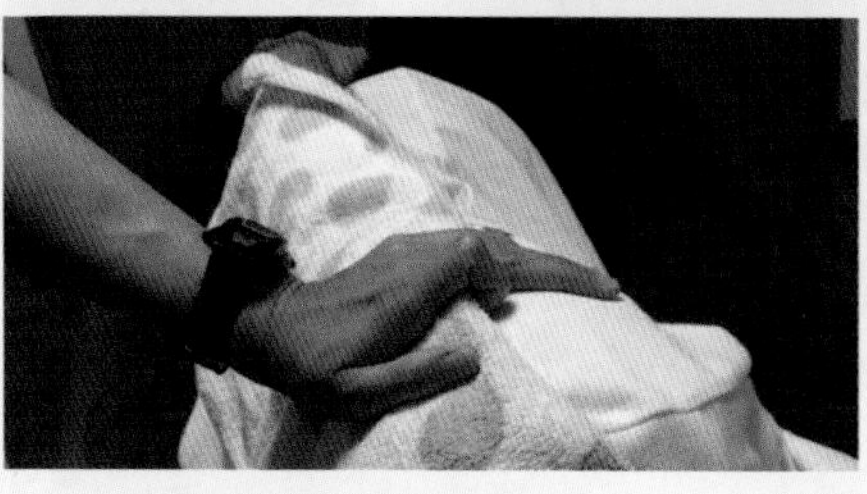

【サロンへ来院での自責メニュー】
どの組み合わせもOK
（マッサージ、アロマ、マッサージ、オステオパシー、整体、足つぼなど）
100分 5,000円（税込）

# 広島県の訪問マッサージ治療院
# 医療保険適応で介護保険と併用可能

## その日の症状に対応できる施術が魅力
## 健康寿命を延ばしたい方へ

広島県福山市と尾道市を拠点に活躍する『マッサージ治療院みつばち』は、高齢者や障害を持つ方、その他様々な理由で通院・外出困難な方へ、健康保険が活用できる訪問医療マッサージを提供するマッサージ院。訪問施術の魅力は、利用者との距離が心身ともに近いということ。信頼感が重要となるので、最初の訪問は必ず代表の石橋優輝さん自身が訪れ、利用者全員に寄り添い、状況を把握するように努めている。訪問マッサージ治療は、介護保険ではなく医療保険を使い、介護保険の訪問リハビリとも併用できるので介護保険を圧迫することなく治療を受けられる。特別養護老人ホームやグループホーム、有料老人ホームなどでの施術も可能だ。『みつばち』が行う医療マッサージは、疾病や関連症など筋肉や関節を主に全身へアプローチする。脳梗塞や脳疾患後遺症、関節リュウマチや変形性脊椎症、脊髄損傷など様々な症状の改善、悪化防止、維持に対応。運動機能向上を目指し施術も行う。身体の痛みや辛さが和らぎ、改善させることで生活の質を向上させることや介護にかかるご負担の軽減なども目指す。

（ライター／播磨杏）

マッサージ治療院 **みつばち**

084-919-0744
㊟ 広島県福山市野上町2-6-6 SATOビル12-810
＜尾道事務所＞ 広島県尾道市向東町2187-8
https://mitsubachi-328.jp/

皆様の健康寿命をのばしたい！
マッサージで笑顔と元気を！
身体のお悩みなど何なりとご相談ください
084-919-0744
〜訪問可能地域〜 福山市全域、笠岡市、井原市

Color Therapy
Jewera
ジュエラ カラーセラピー

代表
Kunie Suzuki さん

SNSで『オルゴナイト』を見た際、無性に惹かれ『オルゴナイト』作りをスタート。ワークショップが大人気となり毎回満席。認定講師を育てるため協会を設立。日本での『オルゴナイト』の普及に努めている。

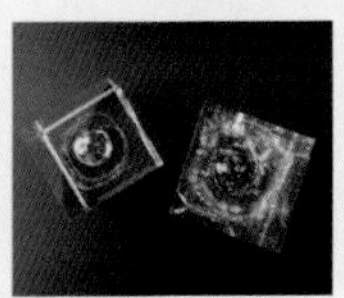

『ぷにっとマジカルレジン』

『ジュエラカラーセラピー』

『オルゴリウム®』

認定講師になると作品を販売するだけではなく、すぐに自分でワークショップを開くことも可能。

『オルゴナイトリングピロー』

置くだけでパワースポットになる、身につけていると様々な変化が起こるなどという声も。誰でもオリジナル作品を作ることができることも魅力。

# 美しくて神秘的な『オルゴナイト』の魅力
# 世界に一つだけの人生を彩る作品作り

## 講座を受けて認定講師に流れが変わる新しい一歩を

近年、日本でも広がりを見せているパワーアイテムが『オルゴナイト』。美しい色とりどりの天然石と金属を樹脂で固めて作る『オルゴナイト』は、ネガティブエネルギーをポジティブエネルギーに変換し、「流れ」を運んでくれるといわれている。『日本オルゴナイト協会®』代表のKunie Suzukiさんは、『オルゴナイト』の持つ「無限の可能性」「神秘性」を研究し続け、協会を設立。Kunieさん自身が『オルゴナイト』がきっかけでパートナーと出会い、結婚するという奇跡も。テキストと動画で『オルゴナイト』についてや作品作りを学ぶ通信講座を用意している。レジン(樹脂)、金属やインクなど『オルゴナイト』を作るための材料もセットで送られてくるので、すぐに実習可能。また、新講座の『ジュエラカラーセラピー』は、今の心の状態や必要なメッセージが受け取れる全く新しいセラピーシステム。眺めているだけで癒される12色の『オルゴナイト』を使う。

Kunieさんよりメッセージで「好きな色・形で自由に『オルゴナイト』を作って飾るととっても癒されます。やってみたい！を応援します」

趣味で始めたい方も手に職をつけたい方も美しく神秘的な世界に踏み出してみてはいかがだろうか。

(ライター／播磨杏)


## 日本オルゴナイト協会®
にほんオルゴナイトきょうかい

050-3390-2080
mail@orgonite-japan.com
https://orgonite-japan.com/

国内外で活躍する「花セラピスト」

花心理グラフ ガーベラ（黄）

理事長
**青山克子** さん

2011年3月10日東日本大震災前日に『一般財団法人 国際花と緑のセラピー協議会』設立。宮城県石巻市仮設住宅集会所にて花セラピー支援実施（25回）国内外に花と心の専門家「花セラピスト」を育成。花の実用書「あなたを輝かせる花セラピー」著者として新聞、雑誌、TVで取り上げられる。

# 国内外で多くの女性が大活躍 花で自分を癒しながら人をも癒す講師へ

## 花と緑の心理学で輝く毎日 認定講師として活躍しよう

「花セラピー」とは、花の癒し効果を感じ、生花にふれることで心の安定を図るスキル。花の組み合わせによって心に変化をもたらすとして女性に大人気。「花セラピスト」は、その人に合う花を選ぶことで傷ついた心に寄り添い、選んだ花や生けた花作品から深層心理を読み解き、「本当のあなたらしさ」へ導く花と心の専門家だ。『国際花と緑のセラピー協議会』では、理事長の青山克子さんが長年の生け花と心理カウンセラーの経験をもとに「花セラピー」を考案し、認定講師を育成する『花セラピストインストラクターコース』を開発。受講生は約600名で、うち約200名がインストラクターへと進み活躍している。

同協会でしか学べない『花心理グラフ』は、現代人が花から受ける心理効果を科学的に調査し、データ化したもの。目に見えない花の力がグラフ化されており、花が心に与える影響を分かりやすく学べる。色とりどりの花を自由に選んで花生けを楽しみ、その後に今の自分に必要なメッセージを読み解くという実践的な授業に定評がある。「自分が癒されたいと思って学び始めたが、今は花セラピーを伝えたくて講師をしています」など「花セラピー」で人生を変えた受講生も多数いるという。

（ライター／播磨杏）

## 国際花と緑のセラピー協議会

こくさいはなとみどりのセラピーきょうぎかい

090-8878-8118
hanasera@jcom.zaq.ne.jp
㊟ 東京都千代田区大手町1-7-2 東京サンケイビル27F
https://flower.or.jp/

こちらからも検索できます。

一般財団法人
国際花と緑のセラピー協議会
あなたを輝かせる花セラピー

花心理グラフ バラ（ピンク）

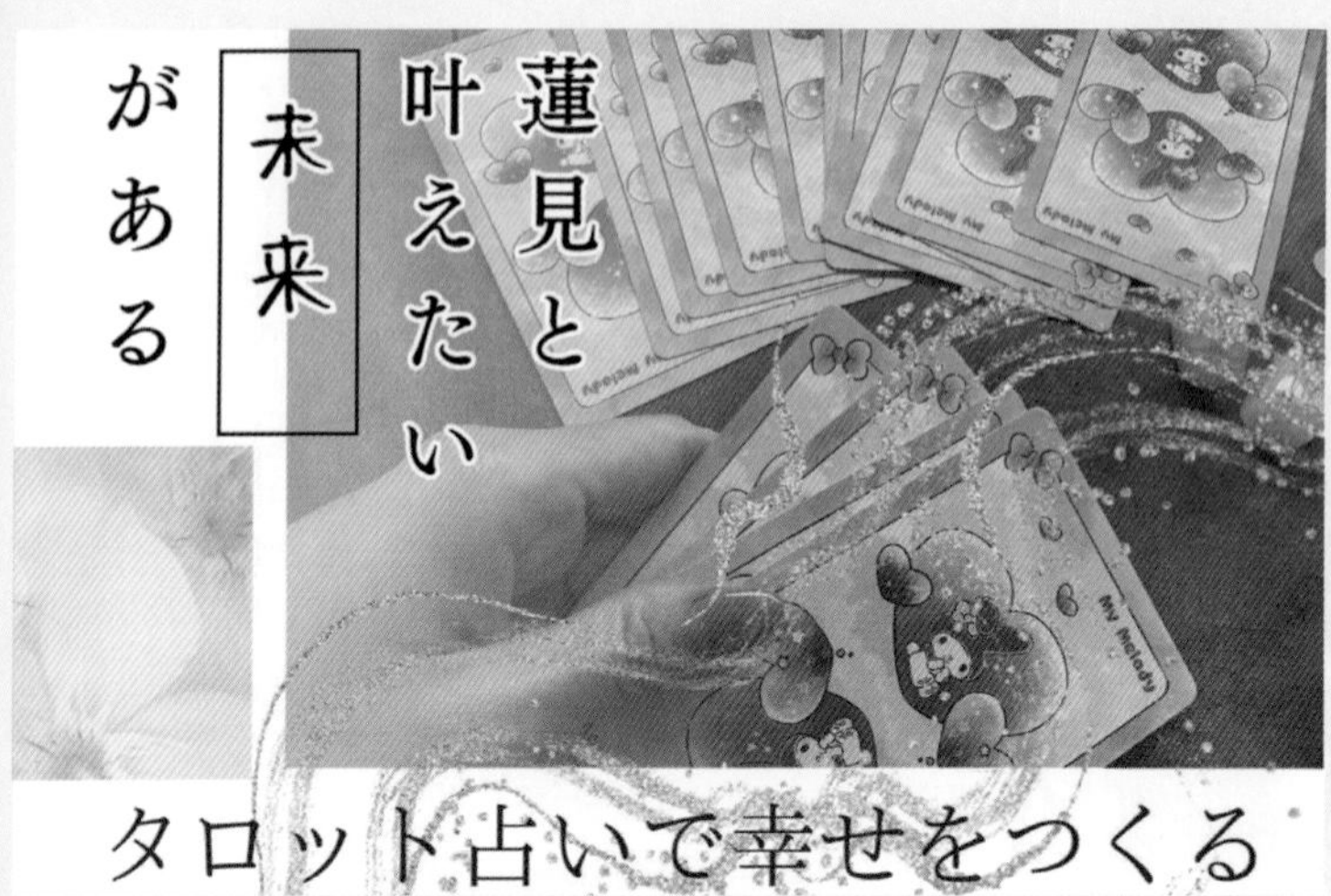

蓮見と叶えたい未来がある
タロット占いで幸せをつくる


キラキラな毎日にタロットを。診断1回 1,000円（税込）

主宰
**蓮見lilyholi さん**

占いの学問に触れ、タロットに恋をして占い師の道へ。何でも相談しやすい優しい人柄と的確な鑑定・アドバイスが人気。タロットカードインストラクター。スピリチュアルタロットアドバイザー。メンタルヘルスカウンセラー。

# キラキラしたエネルギーを届けて悩みも解決

## 7万人以上の悩める方を鑑定 幸せを自分の力で引き寄せる

「三度の飯よりタロットさんが好き」と語るほど誰よりも深くタロットを愛する蓮見 lilyholic さんは、ハッピーでキラキラした幸せな人生を引き寄せるための『蓮見マインド』を伝えている人気占い師だ。タロットを相棒に、これまでに7万人以上を鑑定。恋愛や仕事、人生の選択、人間関係のトラブルなどに悩む方を鑑定し、不安な心に親身に寄り添ってきた。

鑑定結果は、相談者が望む結果とタロットが教えてくれる結果に違いがあることもある。たとえ悪い結果が出たとしても、どう改善していくのかなどの対応も含めて、相談者に誠実に伝える。常に変化する状況に柔軟に対応し、今何が必要なのかを考えてより良い未来に向かって行動できるように処方箋を示し、迷える相談者の背中をそっと押してくれる。見るだけで癒されるキュートなタロットの写真と直筆のメッセージが描かれた鑑定結果を受け取れるのも好評。

相棒のタロットさんとともに、相談者が困難を乗り越えて幸せになるためのキラキラしたエネルギーをお届けしている。

（ライター／彩未）

**蓮見lilyholic**
はすみリリイホリック

080-3752-7449
iris.cristate@gmail.com
https://iriscristate0514.com/
@e_hasumi

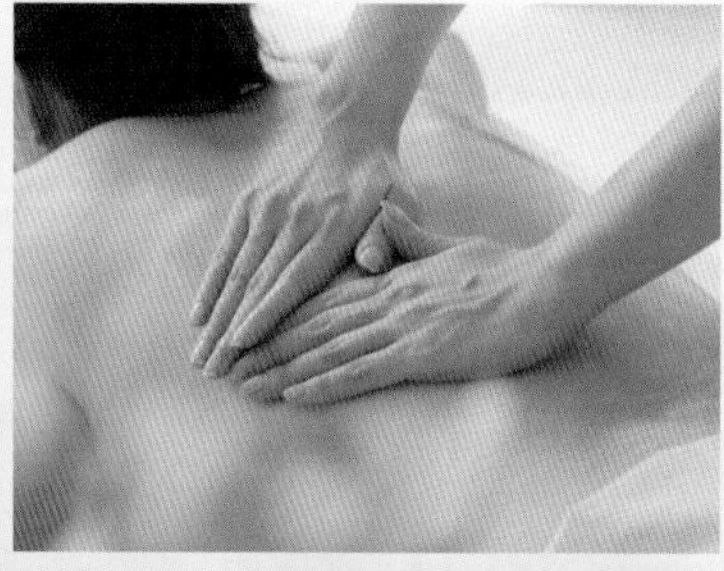

代表
土屋絵夢 さん

常に生きづらさを感じる人生を送っていた時にヒーリングと出会う。同じように生きづらさを抱える方の力になりたいとサロンを経営。「アストロ&スターライトヒーリング®」認定ヒーラー。マヤンレメディスト。

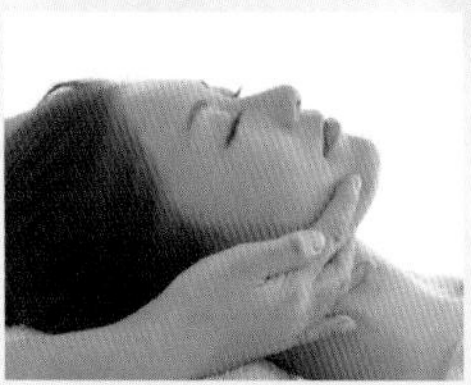

『レインドロップトリートメント』11,000円(税込) 『マヤ歴診断』60分 10,000円(税込)など。

# 本当の自分に還るヒーリング 心身を調和し、自分らしく幸せに生きる

**アロマやマヤ暦を利用したヒーリング オーダーメイドの施術で本来の自分に還る**

本来の自分に還り、その人がもつ純粋な生命力で幸せに生きていけるようにサポートする数あるヒーリングエネルギーワークで心に様々な悩みや不安を抱える方の潜在能力に働きかけ、心身のバランスを整える『ヒーリングサロン starplants』。丁寧なカウンセリングとオーダーメイドのアロマ・ヒーリングセッションで潜在意識に働きかけ、問題の原因となっている過去のトラウマや制約から解放されるプロセスをサポート。エッセンシャルオイルを使用し、リラクゼーションを促してストレスや疲労を軽減、その人本来のエネルギーで幸せに生きられるようになる。9種類のオイルを使用して体内の老廃物や毒素を排出し、ネガティブな感情をリセットする『レインドロップトリートメント』や睡眠の質を上げる『本格的ドライヘッドスパ』、本当の自分を理解してエネルギーを味方にした過ごし方ができるようになる『マヤ歴診断』など様々な ヒーリングメニューを用意。また、マヤ暦の叡智をわかりやすく学ぶ『マヤ暦講座』も随時開講中。今の自分に本当に必要なオーダーメイドの施術で心身に癒しを与え、潜在能力に眠る本来の自己を目覚めさせ、新たな可能性を引き出す。

(ライター/彩未)

## ヒーリングサロン starplants
スタープランツ

☎ 090-7199-4633
✉ starplants88@gmail.com
㊟ 神奈川県藤沢市用田618
https://starplants-118.com/
@starplants_emu

『初めてのアサーティブ講座』
1回 90分 全5回 33,000円(税込)〜
『アサーティブ ステップアップ講座』
1回 90分 全7回 53,900円(税込)〜

代表理事
**大西紀公子** さん

『一般社団法人Beアサーティブ・ensemble協会』代表理事。アサーティブヒューマンセンターのトレーナーを経て独立し、数々のアサーティブ講座を担当。子育て中の母親、人間関係に悩む方に向けたアサーティブ講座や、起業を目指す方へオンラインセミナーを開講する。認定心理士。キャリアコンサルタント。

# もう人間関係に悩まない! 相手と対等に接するアサーティブコミュニケーションの技術を学ぶ

## 18年間で3000人以上のお悩みを解決 相手の顔色を伺わず自分軸で生きる

相手と対等な関係を保ち、お互いの違いを認めて相手を尊重しながら意見を交わすアサーティブコミュニケーションを学ぶことができる『Beアサーティブ・ensemble 協会』。代表理事の大西紀公子さんは、ストレスで自律神経失調症を患ったことをきっかけに大学で心理学を学び、在学中にアサーティブコミュニケーションに出会った。その後、講師資格を取得しアサーティブ講師として18年間で3000人以上の悩みを解決。アサーティブの啓蒙活動を行うとともに経済的な自立を目指す女性を応援している。アサーティブな考え方やコミュニケーションを学ぶと自己肯定感が高まり、自分らしくイキイキとした生活を送ることができるようになる。大西さんは、母親をはじめ、私たち大人のアサーティブで活力に満ちる姿は、次世代へと引き継がれ、日本の子どもたちを元気にすることにつながっていくと考えている。相手を尊重しつつも自分の意見を上手に伝えられるアサーティブコミュニケーションは、人間関係に悩んでいる方やコミュニケーションが苦手な方はもちろん、自分の人生をもっと楽しみたいと考えている方にぜひ学んでほしいスキルだ。

(ライター/彩未)

一般社団法人 **Beアサーティブ・ensemble協会**
ビーアサーティブ・アンサンブルきょうかい

090-3450-2652
biz.kiku@gmail.com
㊟ 神奈川県横浜市青葉区
https://comiup.com/ensemble/
YouTube　ensemble kikko で検索

「最強の脳覚醒メソッド」
1,650円（税込）
大和出版刊

代表取締役
**山田梨加** さん

ドクターの秘書、医療従事者として16年で153,600人以上の患者様をサポート。その後、いじめ・裏切り・病気・離婚・借金などのドン底経験から『心の良い人が、安心して心の良いまま時代の主役になる時代を作る!心優しい人の救世主になる!』と考え、設立。

# 最強の『ヒプノティックパワー®』で脳を覚醒 オーダーメイドのメンタル研修で脳を再構築

## お客様の紹介のみで5280名以上の実績 あらゆる人間関係を楽にする独自メソッド

日本の未来に不安を感じ、勤める会社の将来を心配する方が増えている。人間関係の悩みや、すぐに怒ってしまうなどのビジネスパーソンたちの職場に関する悩みを解消できる『メンタルビジネススクール™』。代表取締役の山田梨加さんは、12年間現役メンタルビジネスコーチとしてお客様の紹介のみで5280名以上の社長・管理職に実践心理学・脳科学・運命学・帝王学を総動員したオーダーメイドの研修でリアルな現場の環境と人間関係に寄り添ってきた。

あらゆる人間関係を気楽にする『ヒプノティックパワー®』では、自己理解・他者理解を促す「神気学™ 脳の技カード」職場の対人関係を円満にする「ビジネス脳会話®」相手の感情を気持ち良く上昇させる営業セールスプレゼンスキル「ビジネス催眠力®」の三つのスキルを楽しみながら学ぶ。仕事の成果を上げる脳と心、思考を再構築し、その日から心がスッキリして人生の最幸の豊かさに繋げられる。

「また受講したい」「学んだスキルが転職・独立・起業の大きな力となった」と喜びの声が届く最強の脳覚醒 コーチングメソッドを7日で学ぶ「集中力・生産性が劇的UP! 最強の脳覚醒メソッド」も好評発売中だ。

（ライター／彩未）

**メンタルビジネススクール™** 株式会社 ホワイトスターラボ

03-6403-3889
coach@white-star-lab.com
㊟ 東京都渋谷区恵比寿1-15-9 シルク恵比寿403
https://white-star-lab.com/ @white_star_lab_rika
YouTube 【最強の脳覚醒】著者が教える口癖開運塾™ 神気学™ 山田梨加 検索

※初回はメールのみ対応。
本誌、『"今の大ヒットはこれだ"の記事をみたよ!』とお気軽にお問い合わせください。通常3万～11万円で提供している体験会&説明会【無料】でご招待! 事務局より3営業日以内にご返信いたします。

こちらからも
検索できます。

「あなたの思いや悩みに寄り添い、サポートします」笑顔を届ける田中美智枝さん。

主宰
**田中美智枝** さん

家業の手伝いと雑貨屋の経営をしながら、障がいを持つ娘、脳梗塞で半身麻痺の母親、肺気腫でパーキンソン病の父親の三人を同時にみるトリプル介護を経験。現在は娘と一緒に、介護疲れに寄り添うメンタルコーチとして、活動中。

# 介護疲れに寄り添うメンタルコーチ 同じ悩みの仲間もできて心整う毎日に

## 癒しのオンラインサロン 一人で我慢せずに踏み出して

愛する家族の介護であっても疲れてしまったり、いつまで続くのかなど不安はいっぱい。そんな介護疲れに寄り添う『ほほえくぼ』主宰でメンタルコーチの田中美智枝さん。両親、娘、三人を同時にみるトリプル介護を経験する中で毎日楽しく過ごす方法を見出し、それを共有すべく『ほほえみ夢叶サロン』、『Happyケア倶楽部』の運営をスタートさせた。オンラインサロンでは、メンタルヘルス、心の整え方、言葉集め、ノート術などを伝授。特別オプションとして、24時間個別相談も受けられる。また、LINEでの相談も24時間可能。「先生と生徒という間柄ではなく、友人のような関係性を」というのが田中さんの思い。親しみやすい人柄で受講者一人ひとりのストーリーに共感し、目標達成や課題克服のためにサポートしてくれる。専門的で複雑な内容も丁寧にかみ砕き、わかりやすく伝えてくれるので理解しやすく、すぐに実践できる。サロンの会員同士のコミュニティもあり、同じ悩みや情報の共有をすることもできる。同じ苦しみを共有できる心のよりどころができることで、気持ちが和らぎ、自分の心も整って、家族に対しても優しくなれる。

（ライター／播磨杏）

## ほほえくぼ　メンタルコーチ　田中美智枝

090-6417-2941
yumekana@hohoekubo.jp
㊟ 広島県広島市安佐南区西原7
https://hohoekubo.jp/
@michie_mentalcoach

著書
『人生の住所教えて
―私は幸せ通り
一丁目三番地!?』
幻冬舎刊
ラクテンブック サービス
✆ 0120-29-9625

エンディング・ノートの前に
やることがある
-福祉界の鬼才 沈黙破り発信-

謎めいたタイトルは、「個人の福祉は社会福祉の基礎」との考えから、自己評価して歳年の幸せ度の住所番地を作り、地理上の現住所に重ねていくとき、進む方向が鮮明になることを示したものだ。

所長
荻野源吾 さん

約60年、ソーシャルワーカーとして活躍。秋田県立コロニーや大阪府立金剛コロニーで実践。佛教大や大分大、広島文教女子大などで教育研究。福祉analyst。福祉団体の改革やボランティアグループのsupervisor。

# 福祉社会に貢献するための視点を提示 旅や読書、出会いの経験基に著書刊行

## 福祉マインドの感性を育成 個人福祉は社会福祉の基礎

「Mastery for service」

奉仕のための鍛錬を意味する出身校のスクールモットーを羅針盤に、福祉の世界でソーシャルワーカーとして活動し、複数の大学で福祉マインドの総合力を持つ教員の養成に力を注いできた元大分大学大学院教授で『大阪ソーシャルワーク研究所』所長の荻野源吾さんが2023年に刊行した著書「人生の住所教えて―私は幸せ通り一丁目三番地!?」は、自身の経験を基に、今後の福祉社会に貢献したいと願う人たちが福祉とは何かと考える時の視点を提供する好著だ。

また、荻野さんは、「我が国での本格的な『ソーシャルワーク学』への試み」を提唱する。「ソーシャルワーク」は「社会福祉」の単なる添え物か? 否である。従来の「社会福祉学」から「ソーシャルワーク学」への独立と新しい科学理論の開拓を目指す。著者の80歳過ぎての晩年に行き着いた研究者の視点から、ミード社会舘の大阪地域福祉サービス研究所や日本ソーシャルワーカー協会(JASW)大阪ソーシャルワーカー協会(OASW)と提携しての日本における福祉社会科学の最先端を開かんとする試み。

(ライター/斎藤紘)

## 大阪ソーシャルワーク研究所
おおさかソーシャルワークけんきゅうしょ

✆ 090-5978-3844
✉ kogino@skyblue.onc.ne.jp
㊟ 大阪府南河内郡河南町上河内831
記忘庵・水越ホーム（大阪側葛城山麓・青崩天狗谷ルート）

「ソーシャルワーク」の科学的研究の拠点。牧野恭典所長補佐(神戸医療未来大学教授・みのり学園参与)をはじめ、若い世代の福祉社会科学への情熱を活かし我が国初の「ソーシャルワーク学」試論を目指す。同時に子ども・家庭相談のソーシャルワーク実践の窓口でもある。

# 多様な産業を支える高度の溶接技術

大阪・泉佐野市　株式会社エステック

## 日本が誇るモノづくりの原点

日本が世界に誇るモノづくり。その原点といわれる技術、溶接技術の高さで存在感を高めているのが、溶接のプロ集団、大阪・泉佐野市の『株式会社エステック』だ。職人の誇りをかけて、溶接の品質の良さと美しさを徹底追求する仕事ぶりが評価され、全国から加工依頼が舞い込む。

溶接は、金属同士の接合部に熱を加えて溶かし、その後、冷却することで接合が完成する加工技術。アーク、ガス、電子ビーム、レーザーの4種類の方法があり、様々な産業分野の製品製造、構造物構築に使われるが、同社の実力

## 様々な溶接技術を駆使

が光るのが不活性ガス溶接のTIG(ティグ／Tungsten Inert Gas)溶接。アーク放電を利用した接合法であり、鉄やステンレス、マグネシウム合金など導電性を持つ金属であれば、ほとんどの素材に対して利用できる。

また、不活性ガスシールドによる融接のため、不純物の混入が極めて少なく、仕上がりの美しさや耐久性といった品質面で信頼性が高いのが特長だ。同社では、使用するシールドガスについての知識、選定、品質管理にも磨きをかけ、お客様の期待を超える仕上がりを実現できるよう努力している。

## プロ集団の誇りと高精度の技術力

このほか、TIGと並ぶ不活性ガス溶接で金属電極棒が溶加材溶接のための材料として送給ローラーで自動的に母材に送り込まれ、美しい仕上がりと早い溶接スピードが特長のMIG（ミグ／Metal Inert Gas）溶接やトーチで加熱して溶かすワイヤーが自動で供給される半自動溶接、溶接したい2片の金属母材を上下から電極で挟み込み接触部を電極で加圧して発熱、溶融させて接合するスポット溶接などの技術を持ち、製品や構造物に応じて使い分ける。

　これまで同社は、品質やコスト、納期を重視し、溶接対象物のサイ

大阪府泉佐野市日根野3246-8　https://s-teck.jp/

# 仕上がりの美しさ
# 精密さに高評価

## 発注元の要望に的確対応

ズや数量を問わず、ミリ単位まで設計図や要望に応えてきたが、危険な化学物質や可燃物の漏れが絶対許されない石油精製や石油化学のプラントを構成する構造物や貯蔵設備、配管、ポンプなどの装置、圧力容器、フランジ、建設機材、機械、重機、自動車部品など人命に関わる重要な製品が多いのも技術への信頼度の高さを示す。

「現状に満足することなく、進歩する技術に追随しながら多様な溶接ニーズに応えていく」

溶接のプロ集団を牽引する代表取締役、田中清太さんの決意だ。

株式会社 エステック　072-467-3477　info@s-teck.jp

船橋市消防局にて行われた寄付受入式。
左から、船橋市消防局長 石森昌明さん、船橋市長 松戸徹さん、
東日本都市開発株式会社 代表取締役会長 山岡幸夫さん、代表取締役社長 伊能博さん。

「そらまめこども園船橋駅前」

「シエルタウン船橋海神」

土地・住宅の有効活用、観光ホテルやビジネスホテルの建築・賃貸、保育園の建築・賃貸、航空機リース、太陽光発電、道路舗装や水道管埋設、砂防ネット設置などの公共工事。2024年6月に創業60周年を迎えた『東日本都市開発株式会社』が展開する事業だ。土木建設からスタートし、建築、不動産開発、ストックビジネスへと業容のウイングを広げ、今や「住みよい街づくり」に貢献するデベロッパーとしての地歩を築くまで成長。その推進力となったのが、「国策と時代の変化を迅速に察知して事業化する」という経営理念。保育園や太陽光発電事業は、「日本SDGs協会」から「SDGs」事業と認定された。トルコ・シリア地震や能登半島地震の被災地に各500万円の義援金を寄付するなど奉仕活動にも力を入れる。

　また、60周年を迎えることを記念し、これまでの感謝の気持ちを込めて、船橋市へ高規格救急自動車一台を寄贈した。次なる目標は、百年企業。時代のニーズに応えながら新たな歴史を刻んでいく。

旧軽井沢「ホテル音羽ノ森」

美味しいものや楽しめるスポットは、
人々を幸せにしてくれる。
幸せを求めて美味しいものや
オススメのスポットを探そう。

庭園

郭松門

# 五感で愉しむ、極上の宿
# 「ヤマハ」が手がける和リゾート

「五感で愉しむ非日常空間」を感じる、ワンランク上の旅を好む方にご紹介したい『葛城北の丸』。日本の歴史と文化が交差する、静岡・遠州の奥座敷に佇む極上の和リゾートだ。主体は音楽で有名な「ヤマハグループ」。歴史ある古民家に、「ヤマハ」が音・音楽で培った「感性」と「文化」を宿らせ作り上げた『北の丸』は、今までにない「極上の日本」を体感させてくれる。

周囲を山に囲まれ、静寂に包まれた『北の丸』は、日本の伝統美を現代の感性で進化させて作り上げた、「匠の技」が息づく贅沢な空間。建物はやわらかな曲線を描く古木に支えられ、棟内は遠州瓦の甍屋根や花梨の木レンガを敷いた贅沢な回廊。壁面には、厳選された工芸やアート、デザイン家具など、新旧のエッセンスが散りばめられ、懐かしくも新しい和の空間が広がっている。ロビー正面からは北の丸庭園が望め、名画のように訪れる人々の心に安らぎをもたらしてくれる。また、特にこだわっているのは「木」という建材。客室はもちろん、手すり、床、天井など至る所に良質の原木を宛がっている。

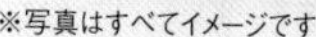
※写真はすべてイメージです

6〜8月限定『北の丸』名物メロンスープ

ただそこに佇むだけで、ゆったりとした時の流れと穏やかな空気を漂わせてくれる「木」。『北の丸』に滞在すると、なぜか心がふっと落ち着くのは、時と共に輝きと味わいを増す「木の優しさ」のせいだともいえるだろう。

旅の一番のお楽しみともいえるのがお食事。『北の丸』のお食事の真髄は「和魂洋才」。「海の幸、山の幸、時の幸を、同時に味わう楽しみ」をコンセプトに、その時期にそこでしか食べられない旬の素材を最高の状態で味わえるよう、料理人が「ひと皿の物語」へと紡ぎ出す。会席料理とはいいながらも純粋な日本料理だけではなく、仕込みや調味に和の技を用いた洋のお皿もあれば、その逆もまた然り。既成概念にとらわれず、和と洋のエスプリを取り込んだ遠州の一皿は、今までにない食体験を楽しませてくれる。使用する食材は、遠州灘や駿河湾、浜名湖の新鮮な魚貝、年々評価を高めている静岡産のブランド牛、地元の野菜や果物など。時には筍、山菜、果実など、『北の丸』の敷地内で収穫した旬の素材を取り入れることも。地産地消に努め、料理人が近隣農家や市場に定期的に運んで常に最高の食材を吟味している。そのこだわり食材を細やかに、時に大胆に調理するのが『北の丸』の「美味馳走」なのだ。

ゆったりとくつろぐ
夢見心地

2名1室1名あたり 1泊2食付 スタンダード 36,850円(税込)～ チェックイン15:00 チェックアウト11:00

グランドピアノ「YAMAHA C3 Centennial」

YAMAHAオーディオ機材「スピーカーNS-5000」「プリアンプC-5000」「パワーアンプM-5000」など。

オーディオ鑑賞ラウンジ棟
「梅殿」

<ご利用対象者> 『葛城北の丸』ご宿泊のお客様(事前予約制) 10:00～21:00 ※1回の利用時間は2時間程度。

料理を引き立て、その世界をより多層的な表現へ高めるのがお酒。「地産の食と響き合う地産のお酒を」をテーマに、山田錦100%の大吟醸「北の丸」、地元袋井の「国香」、藤枝の「喜久酔」など極上の日本酒を用意。酒蔵(ワインセラー)には、ソムリエが世界各国から取り寄せた、豊富なバリエーションのワインがラインナップ。料理法や彩り、味付けに合わせ、特別なマリアージュを奏でる逸品をセレクトしてくれる。グラスワインも多数あり、少しずつ味わうことも可能。お食事処の窓からは、庭園の風景が満喫でき、美景が織りなす贅沢空間でグラスを傾ける至福のひとときを体感できる。

お食事と共に旅の醍醐味の一つが「湯処」。『北の丸』では、贅沢の極みを味わえる三つの湯処をご用意。「湯蔵(男性用)」では、柔と剛の心地良い調和を演出。「湯殿(女性用)」では、美しい景観とくつろぎを満喫。「湯屋(日替わり男女入浴)」は、木目の美しさが目を引く癒し空間。じんわりと体を温めるミストサウナも完備している。ゆったりと湯けむりに巻かれながら、極上の癒しにどっぷり浸かって、夢見心地の世界へ。

音楽の「ヤマハ」だからこそ注目なのが、離れの『梅殿』に設けられた宿泊者限定の「オーディオ鑑賞ラウンジ」。「ヤマハ」の最高級オーディオセットやピア

山名コース17番ホール

胸弾む伝統の
ゴルフコース
山名コース12番ホール

宇刈コース17番ホール

花の名のスタイルに
合わせた客室
「藤殿」庭側14室/山側6室

「葵殿」スタンダードツイン8室/ダブル12室

「桜殿」和室4室

「萩殿」和室5室

## ヤマハリゾート 葛城北の丸

かつらぎきたのまる

☎ 0120-211-489 FAX 0538-48-6159
住 静岡県袋井市宇刈2505-2
https://www.yamaharesort.co.jp/katsuragi-kitanomaru/

ノ製造100周年を記念した限定モデルのグランドピアノを設置。お気に入りの曲を普段はお目にかかれないようなオーディオ器機を使って最高の音で愉しむことができる。天井が高く、重厚感のある梁や柱、無垢板の床張りなど古民家をそのまま移転した『梅殿』は、そこにいるだけで高貴な気分になれる異世界。最高の空間で最高の音、まさに「五感で感じるリゾート」だ。

また、併設するゴルフ場「葛城ゴルフ倶楽部」は、山名コースと宇刈コースの計36コースからなるトーナメントコース。名匠・井上誠一氏の「晩年の傑作」ともいわれている設計は、初心者から上級者まで幅広いゴルファーを満足させてくれる。山名コースは、JLPGAツアー「ヤマハレディースオープン葛城」の舞台にもなっている。『北の丸』宿泊者に限り、「葛城ゴルフ倶楽部」の会員同伴なしでビジターとしてプレーが可能。胸弾む伝統のゴルフコースと、心静かなひとときを心ゆくまで愉しむのもいいだろう。

都会の喧噪も届かない『北の丸』。おもてなしはすべて、ゆったりと心と身体を解き放つ非日常に、心ゆくまで浸ってもらうために磨き込まれたもの。懐かしくも新しい「美しい日本」で極上のリゾート体験を。

（ライター／播磨杏）

お米から手作り！無添加の

# もちもち五平餅をいつでもどこでも！！

## 老舗こだわりの絶品『五平餅』オリジナルソーセージも

くるみのコクと甘じょっぱさ、もちもちとした食感と香ばしさに虜になる『五平餅』。一般的に、炊き立てのうるち米を米の食感が残る程度につき、それを太めの平たい木串に練りつけ、味噌や醤油ベースのタレをつけて焼き上げたもので、愛知県をはじめ、岐阜県、長野県など中部地方の山間部を中心に伝わる人気郷土料理だ。幅広い世代から支持される素朴な味わいと片手で食べられる手軽さから、全国にファンが多い。形や味はその地域によって様々だが、特に愛知県内には独自に工夫を凝らした専門店も多く、その代表格の一つが『五平餅のつぐや』だ。

冷涼な空気ときれいな水に恵まれた愛知県設楽町津具は、標高1000mの山々に囲まれた高原で米の栽培が盛ん。『つぐや』では、自社でお米を栽培、所持する田んぼで栽培から収穫まで家族で丁寧に育てる自家栽培米「ミネアサヒ」は幻のお米とも呼ばれ、栽培されているのは愛知県の山間部のみ。香り豊かで甘く、冷めてもおいしいのが特長のお米を、職人技で水加減に注意しながら炊き上げ、ほどよ

『くるみだれ五平餅
3本セット』
750円(税込)

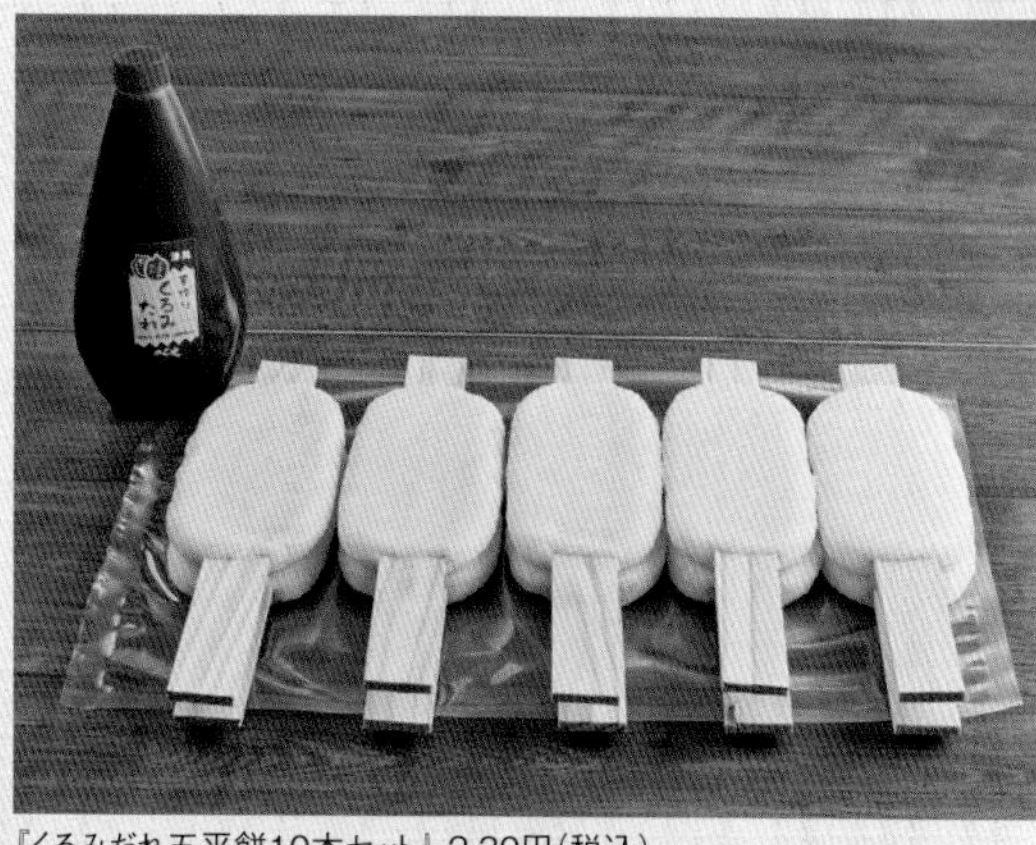
『くるみだれ五平餅10本セット』2,30円(税込)

『ギフト くるみだれ五平餅 6本セット』2,500円(税込)

く粒感を残しつつ、丁寧に潰して1本1本手作りで『五平餅』へと仕上げていく。手間もコストもかかる作業だが、「独特のもちもち感と柔らかで美味しい『五平餅』を完成させるために一番大切なのは手作り」、というのが『つぐや』のポリシーだ。

また、『五平餅』の味わいの決め手の一つといっても過言ではないのがタレ。秘伝の『特製くるみだれ』は、醤油と味噌をベースに、ゴマやくるみをたっぷりと加えた手作りのオリジナル。くるみのコクと甘じょっぱさと食感がアクセントとなり、子どもから大人まで幅広い層を虜にしている。そのタレをたっぷり塗って、炭火で香ばしく焼き上げた『五平餅』は、お米と特製くるみだれだけの無添加食品なので、育ち盛りのお子様のおやつ、シニア世代のお茶請けとしても安心して食べられる。

現在『つぐや』では、県内に2店舗を展開しているほか、全国の家庭でもこだわりの味を楽しめるよう、通信販売も行っている。商品ラインナップは①長期保存可能で気軽に楽しめる真空パック、②家庭で本格的な『五平餅』を作りたい方に、工場直送(冷蔵)のできたて『五平餅』、③電子レンジで温めるだけで『炭火焼き五平餅』が食べられる店舗直送の『冷凍五平餅』の3種類だ。お客様自身が様々なシーンに合わせてご注文いただけるのでオススメだ。

『超あらびきフランク 5本入り』1,080円(税込)

『奥三河鹿フランク 3本入り』850円(税込)

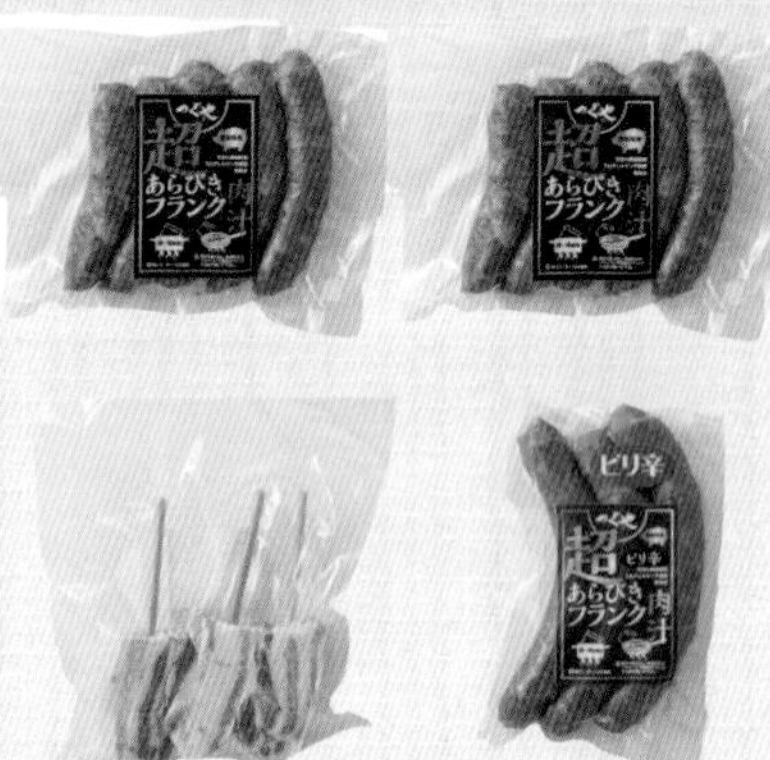


『フランク・ベーコン詰め合わせセット』3,900円(税込)

また、『特製くるみだれ』単品でも販売中。家庭で『五平餅』に挑戦する場合はもちろん、野菜炒めや和え物など料理に使ったり、そのまま野菜にディップしたり田楽にしたりなど、様々な使い方でアレンジできる。くるみとゴマの香ばしさと独特の甘じょっぱさは、パンに塗って焼いても美味しい。

他にも数々の人気商品を販売しており、リピーターが多いという。

国産豚肉を100%使用した『つぐや』オリジナルのフランクフルト『超あらびきフランク』は、粗挽き肉の限界「16㎜挽き」まで荒く挽いた肉肉しい食感が特長。加水一切なしの、肉汁100%で、飛び出る脂のジューシーさに驚くほどの逸品だ。食べ盛りの男性でも1本で満足できるほど食べ応え抜群。辛党の方には、『超あらびきピリ辛フランク』も。肉肉しさにスパイシーさが加わり、ビールが止まらなくなる美味しさだ。

地元、奥三河で獲れた鹿を使用したオリジナルのジビエフランク『奥三河鹿フランク』は、極限までの粗挽きで、肉肉しい食感。ほのかに香る野生感、あふれ出る旨みに、ジビエが初めてでも、「鹿肉ってこんなに美味しいんだ」と思わせてくれる逸品だ。

つぐや もっくる新城店
㊟ 愛知県新城市八束穂五反田329-7
㊖ 9:00～18:00 ㊡ 無休

つぐや 道の駅したら店
㊟ 愛知県北設楽郡設楽町清崎字中田17-7
㊖ 10:00 ～ 17:00 ㊡ 火曜日

『原木しいたけ贅沢だし』
600ml 1,150円(税込)

## 五平餅の つぐや

☎ 0536-62-1021 ✉ muramatsu.koki@tsuguya.com
㊟ 愛知県北設楽郡設楽町津具字用留61
https://tsuguya.com/ )

通販サイトはこちら。

代表
村松憲治さん

また、隠れ人気商品ともなっているのが『ブロックベーコン』。通常のベーコンよりも添加物を抑え、素材本来の味を引き出している。そのまま焼いて食べるのはもちろん、カットしてチャーハンやスープ、ポトフ、炒め物にしても、脂の旨みをしっかり感じられる。いずれもWEBサイトで購入可能なので、全国各地で楽しめる。

地元・設楽町津具産の原木しいたけを贅沢にたっぷりと使用した和風白だし『原木しいたけ贅沢出汁』。原木しいたけの香り高く味わい深い風味がしっかりと感じられ、うどんの出汁や茶碗蒸し、煮物、炊き込みご飯など様々な料理を料亭の味のようにランクアップしてくれる。

販売元の『つぐや』は元々農家。代表取締役の村松憲治さんが、加速する地元の過疎化、少子高齢化、人口減少を背景に、「田舎を盛り上げたい」と思ったのが事業立ち上げのきっかけだったという。

「『五平餅』事業は、稲作による耕作放棄地の抑制、製造事業での雇用拡大の二つを軸に地域社会に貢献できると考えております。まだまだ小さな事業ですが、地元を盛り上げるべく一つひとつ取り組んで参ります」

『つぐや』の製品には、熱い想いが込められている。

(ライター/播磨杏)

『京のミルクとごろっと鶏肉のバターチキンカレー』

『とうもろこしの
まろやかカカオカレー』

『とろとろ野菜と白味噌の
京風仕立てグリーンカレー』

『スパイス&ハーブでおからが絶品
薬膳スパイスカレー』

## 身体に優しく美味しい隠し味にカカオのカレー

『GOOD NATURE MARKET』の『GOOD CACAO』シリーズは、「カカオのぜんぶ、まるごとおいしく」をコンセプトに、カカオの心癒される香りや味わいを存分に活かしたコーヒーやカレーなど新しいおいしいを生み出している。オススメの『たっぷりトマトとゴルゴンゾーラの濃厚ビーフカレー』は、辛さ控えめで女性にもオススメのスパイスたっぷり欧風カレー。隠し味にコスタリカ産の上質なカカオを使用し、奥深い味わい。トマトをベースにゴルゴンゾーラのコクが加わったクリーミーな本格ビーフカレーだ。芳醇で濃厚なカレーに、ごろごろ入った国産黒毛和牛のすね肉がうれしい贅沢な味わい。厳選したスパイスとゴルゴンゾーラの豊かな香りが食欲を掻き立てる。

他にも同シリーズには、他にはあまりみないオリジナリティー溢れるカレーがラインナップ。『京のミルクとごろっと鶏肉のバターチキンカレー』は、バターと京都産美山牛乳のまろやかなミルク感に、隠し味のカカオがコク深く絡み合うバターチキンカレーだ。ごろごろ入った国産鶏肉のうまみを芳醇なスパイスが引き立て、薫り高いオリジナルカカオのコクが鼻に抜ける。『ス

あなたの毎日に、
5GOODなおいしさを。

カカオのアップサイクルや安心・安全な
自然食材にこだわった、体・心・地域・社会・地球に
GOODなおいしさを、毎日の食卓へお届けします。

『たっぷりトマトとゴルゴンゾーラの濃厚ビーフカレー』

『GOOD CACAO』シリーズ

## GOOD NATURE MARKET

グッド ネイチャー マーケット

☎ 0120-055-505 ✉ hello@goodnaturestation.com
㊟ 京都府京都市下京区河原町通四条下ル富永町338 京阪四条河原町ビル5F
https://goodnaturestation.com/

パイス&ハーブでおからが絶品 薬膳スパイスカレー』は、京都のおからをふんだんに使用し、厳選したスパイスやハーブを加え、ヘルシーな薬膳カレー。身体を内側から整え、巡りを良くする食材をたっぷり使用している。『とろとろ野菜と白味噌の京風仕立てグリーンカレー』は、白味噌に茄子や九条ねぎなど和の具材が加わったグリーンカレー。あっさりした口当たりで、京風を感じるまろやかな味わいだ。『とうもろこしのまろやかカカオカレー』は、甘み際立つたっぷりのとうもろこしを使った、辛さ控え目のスパイスカレー。どれも薫り高いオリジナルカカオのコクと、野菜のうまみが楽しめる。

『GOOD CACAO』シリーズは、全9種類。『GOOD CACAO カカオカレー食べ比べ8種セット』や『カカオカレー6点ギフトセット』『カカオカレー4点ギフトセット』などもあるので、いろいろ試してみたい方にはオススメだ。味比べをしながら食べるのも楽しい。その日の気分でパスタに絡めたり、オムライスのソースとして使用するのもオススメだ。

顔の見える生産者から直接仕入れた上質なカカオのおいしさとその魅力を余すことなく引き出している。

（ライター／河村ももよ）

『こまめはん 小箱』
※内容は変更になる場合あり。

# 豆菓子で彩る旅の思い出 京都の老舗のお豆

明治41年創業、100年以上にわたって豆菓子一筋で歩んできた京都の老舗「株式会社豆富本舗」による新お土産ブランド『KYOTO KOMAMEHAN』が、日本の伝統的な文化や和菓子に興味がある外国人観光客や若い世代の女性を中心に京土産の新定番として注目を集めている。

お豆サイズの舞妓さんが描かれたカラフルな紙製のスタンドパッケージが可愛い『こまめはん小箱』は、サクサクとした軽やかな食感と上品な味わいがやみつきになる食べきりサイズの豆菓子だ。厳選した素材の味が引き立つよう伝統的な製法でひと粒ひと粒丁寧に作られている豆菓子は、スナック菓子のような感覚で気軽に楽しむことができる。

熟成した醤油の香ばしさとマイルドなコクが美味しい人気No．1の「カシュー醤油」やソフトな食感とほんのり効いたシンプルな塩味の「グリーンピスタチオ」、マイルドなカシューナッツにサクサクした衣と塩味が効いた「カシューナゲット」、ピリッとしたわさびの辛味が効いた「わさびピスタチオ」からお好みに合わせて選べるのも嬉しい。

『おちょぼ飴』

『スティックキャンディ』

KYOTO
KOMAMEHAN
こまめはん

「京都こまめはん新京極」や京都経済センター「SUINA室町（大垣書店内）」、「お土産街道JR京都駅中央口店」にてお求め可能。

『こまめはん 椿』

# KYOTO KOMAMEHAN

キョウト コマメハン


075-222-2255 ✉ komamehankyoto@gmail.com
㊟ 京都府京都市中京区新京極通り四条上る中之町550
https://komamehan.jp/ @kyoto_komamehan


時間が経っても美味しく食べることができる豆菓子は、ヘルシーなのに栄養価が高く、身体にも良い。小腹が空いたときのおやつやお茶請け、お酒のおつまみにピッタリだ。思わずパケ買いしてしまうほどの可愛いパッケージの『こまめはん小箱』は、若い女性はもちろん、年配の方やお子様まで幅広い層に愛されている。また、無理なく食べ切れるちょうどいいサイズなので、自宅用はもちろん、日頃からお世話になっている家族や友人、仕事先の方へのお土産や贈り物にもオススメ。

『こまめはん小箱』には、可愛らしいこまめはんが描かれた「切り抜いて遊べるオリジナルこまめはんカード」が封入されており、カードを集めて並べたり、写真を撮ってSNSにアップしたり、お部屋に飾ってインテリアとして楽しむのも人気。見た目に可愛い『こまめはん』が、心に癒やしを運んできてくれると好評だ。

『こまめはん小箱』の購入可能な主要場所は、「京都こまめはん新京極」や京都経済センター「SUINA室町（大垣書店内）」、「お土産街道JR京都駅中央口店」。心がほっこりするキュートな『こまめはん』と丸くてコロコロとした豆菓子が京都の旅の思い出を可愛く彩ってくれる。

（ライター／彩未）

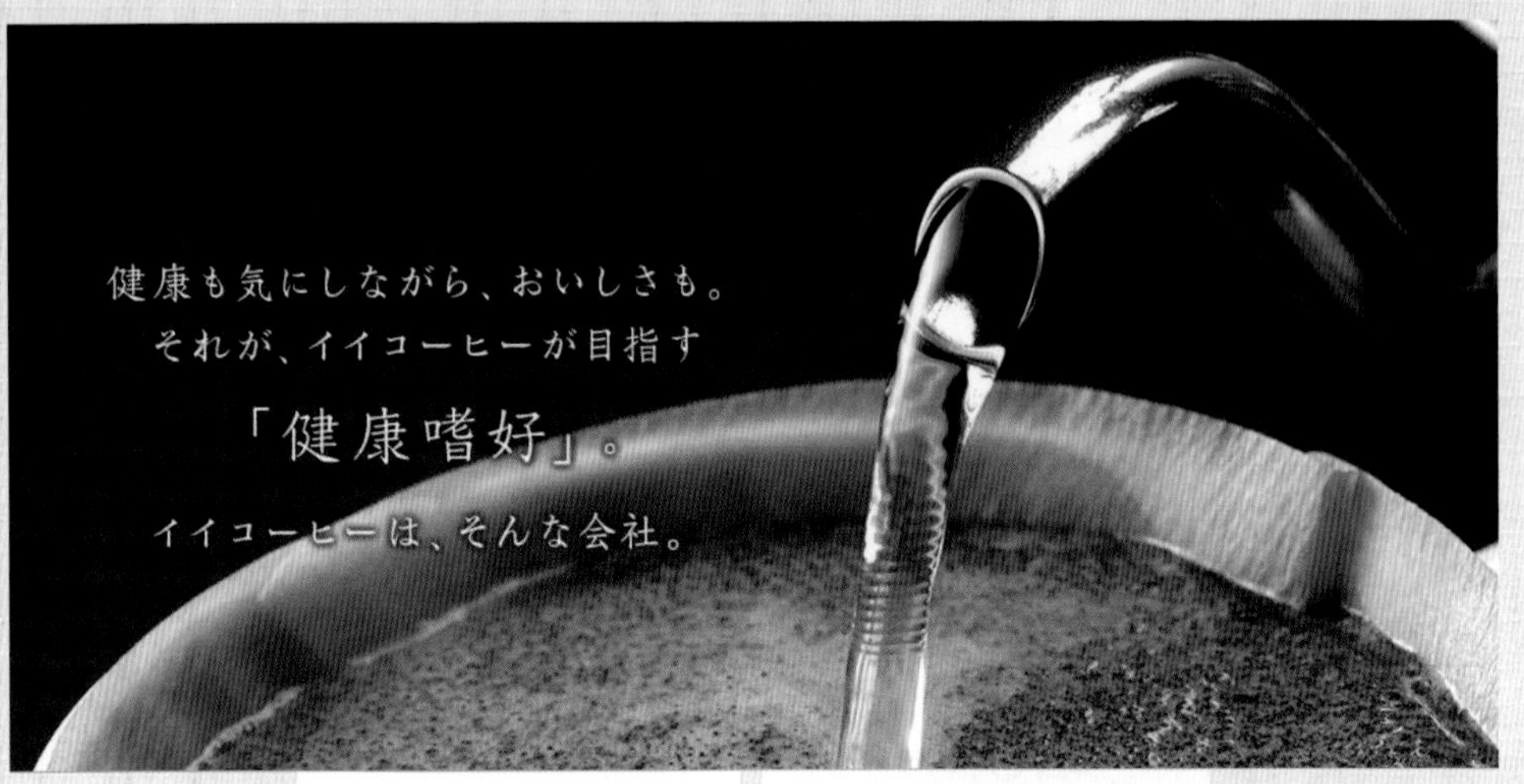

健康も気にしながら、おいしさも。
それが、イイコーヒーが目指す
「健康嗜好」。
イイコーヒーは、そんな会社。

『ラグジュアリーコーヒー』
20杯 3,240円(税込)

『グルメコーヒー』
20杯 1,728円(税込)

## 心と身体のやすらぎを最高の一杯で世界からお届け

日本のコーヒー業界に長く携わってきた元取締役の利川賢一さんと現取締役の宮坂悟さんが、健康を気にしながら美味しさを味わえる「健康嗜好」を謳い、世界中から取り寄せた優れたコーヒーや食品を取り扱っているのが『株式会社イイコーヒー』。

オススメは、利川さん自ら豆を厳選してブレンドし、手軽な一杯立てのパックに仕上げた、毎日のコーヒータイムにぴったりの『グルメコーヒー』。また、普通のドリップバッグコーヒーでは使用しない高級豆を通常の1.5倍も充填したドリップバッグコーヒーの最高峰、ギフトとしても人気の『ラグジュアリーコーヒー』も人気。そして生豆抽出成分をブレンドして抗酸化力を高めた低カフェインの健康コーヒー『グリーンコーヒー』などいずれもここでなければ味わえない品々だ。

日本ではあまりメジャーではないが、ココアにチョコレートの原料となるココアバターを再添加した『チョコレートドリンク』も好評。ヨーロッパではメジャーな飲み物で、本場オランダの老舗チョコレートドリンクメーカーより原料を輸入し、日本人の味

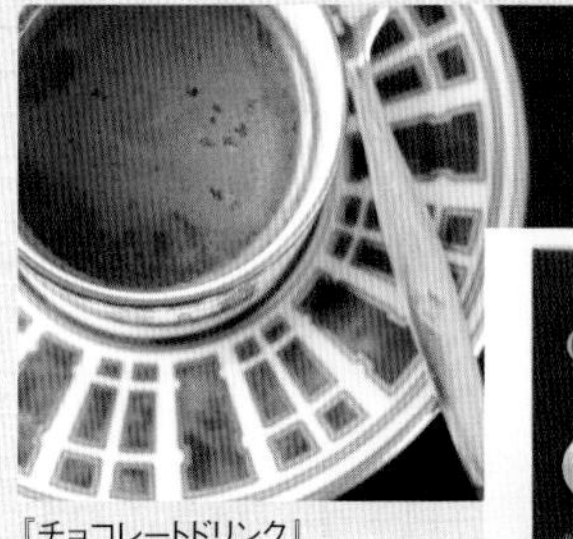

『チョコレートドリンク』
アンバサダーシール付
25杯 2,700円（税込）

『グリーンコーヒー』
20g 3,240円（税込）

『緑茶カプチーノ』
3.5g×40個 2,160円（税込）

『Premiumパンプキンシードオイル』
100ml 2,160円（税込）

## 株式会社 イイコーヒー

045-201-2550 ✉ info@iicoffee.co.jp
㊟ 神奈川県横浜市青葉区荏田西5-16-13
https://www.iicoffee.co.jp/

覚に合わせて同社で独自配合。適度な甘さと深い香りとコクを楽しみながら、しっかりカカオポリフェノールの健康効果も摂取できる逸品に仕上がっている。

そして今、美容と健康に敏感な人たちの間で健康オイルとして注目されているのが『パンプキンシードオイル』。文字通りカボチャの種から搾取するオイルで、優れた栄養価と抗酸化力により古くからヨーロッパでは健康食として愛されている。『イイコーヒー』が選んだのは、クロアチア・グルビッチ社の『Premium パンプキンシードオイル』。使用されているクロアチア産のかぼちゃ種は、殻が無く栄養素を丸ごと搾油できることが大きな特長。低温搾油なのでビタミン・ミネラルと不飽和脂肪酸が壊れにくく自然なバランスで含まれ、豊かな風味もそのまま。ドレッシングにしてサラダにかけたり、スープや味噌汁に加えればコクと栄養価をアップ。アイスクリームにトッピングしてナッツのような香ばしさを楽しむのもアリだ。

（ライター／今井淳二）

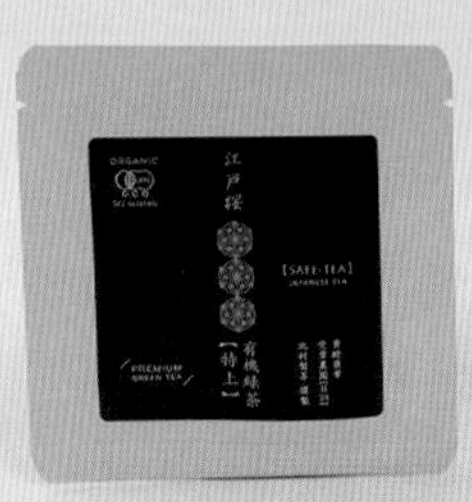

『江戸桜』個包装（2g×1包）350円（税込）　パウチ袋入り（2g×10包）2,000円（税込）
選べるなつめ缶入り（9種／2g×10包）2,800円（税込）

『秋桜』
個包装（2g×1包）240円（税込）
パウチ袋入り（2g×10包）1,300円（税込）
選べるなつめ缶入り（9種／2g×10包）2,100円（税込）

『BABY'S BREATH』
個包装（2g×1包）300円（税込）
パウチ袋入り（2g×10包）1,800円（税込）
選べるなつめ缶入り（9種／2g×10包）2,600円（税込）

# 国産オーガニックの日本茶
# 妊婦さんが飲めるお茶も

国産オーガニックの日本茶専門店として、農薬や化学肥料を一切使わないお茶を販売している『SAFE-TEA』。使用するのは、「孫の代まで安心して飲めるお茶を」との思いで、農薬をまったく使わない栽培手法を築いてきた『北村製茶』の茶葉のみ。国内では、有機JAS認証、世界トップレベルの検査機関「SGS」においても各農薬の基準をクリアし、「黄綬褒章」をはじめ数々の賞を受賞している茶園の茶葉は、味も香りも最高級。

オススメの『江戸桜』は、貴重な品種「おくみどり」100％で作られた市場には出されていない希少価値の高い特上有機緑茶。被覆を1週間以上行うことで苦みや渋みが抑えられ、玉露のような旨みを感じられる。手間ひまかけて作られたお茶だからこそ感じる、濃厚な味わいはプレミアム。至福のひとときにぜひ。

人気なのは、カフェインが含まれないデカフェ緑茶。緑茶本来の甘味や旨みはそのまま、カフェインをすべて取り除いた有機デカフェ緑茶『BABY'S BREATH』は、農薬や化学肥料を使わずに栽培された茶葉の先端から3枚目までの一番茶を摘み取り、カフェインを取り除く全工程を手作業で行うという手間暇かけた自信作。カフェインフリーの緑茶は少なく、数量限定の希少な逸品だ。

また、カフェインの少ない有機和紅茶が『秋桜（こすもす）』。

乾燥、真空化、低温倉庫で保管し、徹底した管理で最高状態の茶葉をお届け。「次世代、孫の代まで安心して飲めるお茶」を。農薬を使わない栽培。

『桜らんまん』
個包装（3g×1包）
230円（税込）
パウチ袋入り（3g×15包）
1,450円（税込）
選べるなつめ缶入り
（9種／3g×10包）
1,800円（税込）

9種類から選べるなつめ缶。

各種ギフトセットも取り揃えている。

# SAFE-TEA

セーフティー

株式会社 ステップフォワード

03-6661-2822 info@safe-tea.jp
㊟ 東京都中央区日本橋小舟町1-3-3F
https://stepfwd.co.jp/ @safetea_0424

ほうじ茶と同程度のカフェインで熱中症対策などの就寝前やカフェイン摂取を控えている方も安心して楽しめる。茶葉は、北村製茶の一番茶のみを贅沢に使用。紅茶独特の渋みやえぐみが少なく、アイスティーにするのもオススメだ。

風邪の症状やアレルギー症状の対策にもオススメなのがべにふうき茶『桜らんまん』。カテキンの一種「メチル化カテキン」が豊富に含まれる「べにふうき」は、花粉症の鼻水や鼻詰まりを緩和してくれる他、抗アレルギー作用があることが実験でも明らかになっている幻のお茶。アッサム系とダージリン系の交配で生まれたべにふうきは、緑茶の香りが少ないので、子どもでも飲みやすい。「鼻詰まりの子どもが、寝る前にべにふうきを飲むようになって鼻詰まりが解消し、鼻呼吸でよく眠れるようになった」「鼻炎薬を飲むと眠くなるので代わりに水筒にべにふうき茶を学校へ持って行っている」などの声も多数上がっている。

『SAFE-TEA』には、製造工程後、乾燥→真空化→低温倉庫での保管という徹底した品質管理によって、最高の状態の茶葉をお届けできる個包装もある。オフィスや自宅で気軽に楽しめるよう、ティーバッグ提供しているのも嬉しいポイント。また、すべてのお茶は、9種類から選べるなつめ缶入りでも販売。高級感あふれるデザインで、インテリアの一部にはもちろん、贈答用にもぴったり。ギフトセットもラインナップ。

封を開けた時に思わず深呼吸したくなるような香り、甘くまろやかな口当たり。最高級のお茶体験をぜひ。

（ライター／播磨杏）

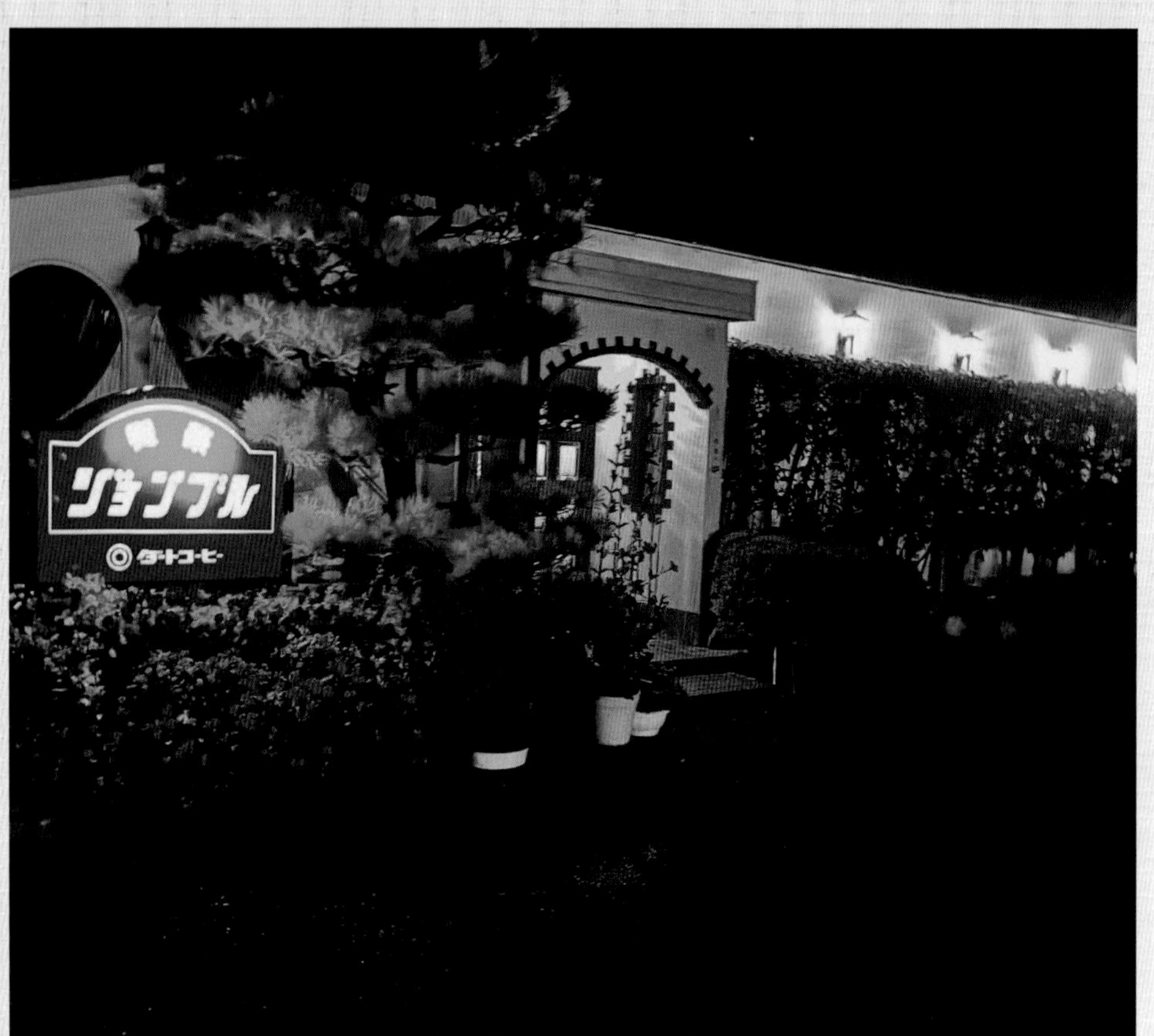


# 懐かしくも新しい「スナック」でのひとときを

今では遠く過ぎ去ったかつての昭和の大衆文化の象徴ともいえる「スナック」という業態。それぞれのお店を象徴する個性的な店主(ママ)などが迎える店内で飲み物や軽食を提供し、店主とあるいはお客同士、会話やカラオケを楽しむことができる小規模なバーだ。

そんな日本の「スナック」文化が今、見直されはじめ、若者から高齢者はおろか観光で訪れる外国人の間でもその人気が再燃し始めていることはご存知だろうか。比較的低価格で楽しめ、気軽に人と交流できることや個性的な内装やメニュー、店主の人柄なども含めてSNSなどで広く発信されるようになったことも要因といわれている。

北陸、石川県中部のちょうど能登半島の付け根にあたる日本海沿いののどかな町宝達志水町。自動車で海岸が走れる「千里浜なぎさドライブウェイ」が通ることでも知られている。同町にあるスナックバー『ジョンブル』は、アットホームな懐かしい昭和の雰囲気も漂うスナック。連日、若い人からお年寄りまで幅広い世代のお客さんが、おしゃべりとお

㊢ 19:00〜24:00 ㊡ 火・水曜日

地域の社交場として愛される『Bar ジョンブル』。

## Bar ジョンブル

080-4255-0841 xgrg.08@gmail.com
㊟ 石川県羽咋郡宝達志水町北川尻メ2
Bar ジョンブル 石川県 検索 @shinnosuke08

酒、カラオケにと思い思いに楽しんでいるのが印象的だ。子ども連れや食事だけでもOKなので、家族連れを見かけることも多い。

オーナーでもあるマスターの寺谷親乃佑さんは、昼は精肉業に携わるなど多忙にも関わらず、一人でも多くのお客さんに楽しんでもらいたいと、一年を通してイベントなどを開催したりグッズを作ったり、人懐っこい人柄で先頭に立って盛り上げ、開店よりわずか3年だが今や『ジョンブル』は町民のコミュニケーションとコミュニティの場ともなっている。

「地域の人々に支えられ、地域の人に愛されたお陰で今があります」

寺谷さんは、宝達志水町のイベントに関わったり地元消防団応援活動も積極的に関わり、消防団員とその同伴者を対象にファーストドリンクをサービスしてくれるなんてことも。そんなマスターに会ってお酒と気の置けないおしゃべりを楽しんでみては。

（ライター／今井淳二）

全室個室。

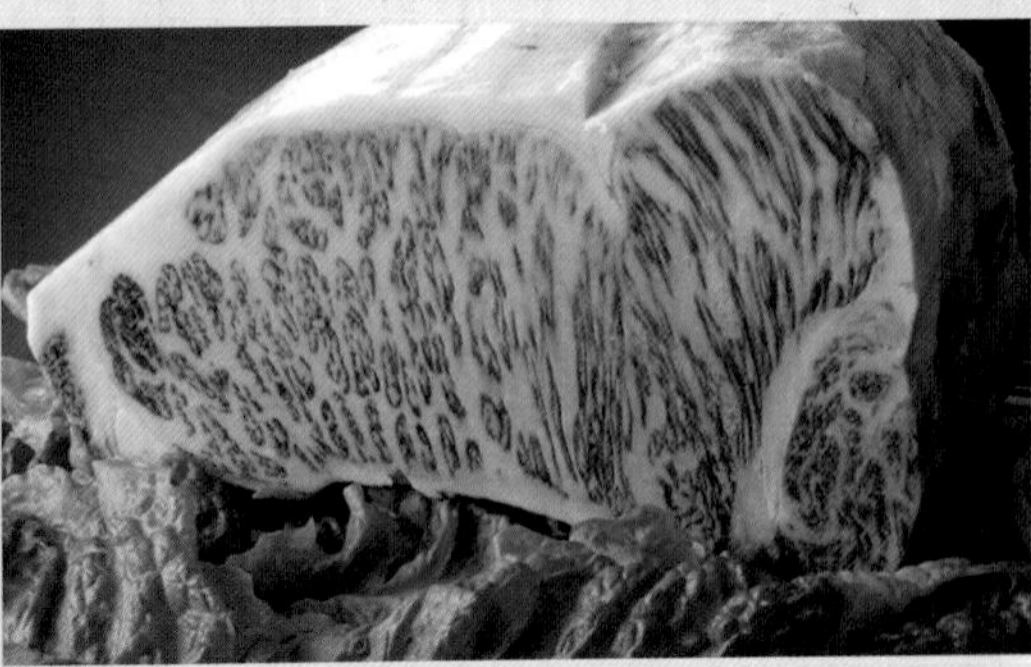

㊎ ランチ11:00～15:00（LO14:30）
ディナー17:00～22:30（LO22:00）
㊡ 木曜日

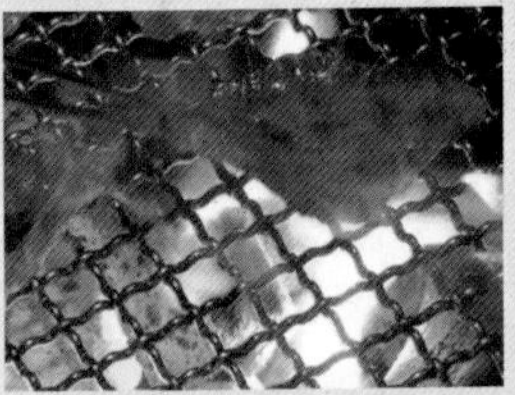

『霜降りセット』（特選カルビ、特選ロースなど5～6人前）10,800円（税込）

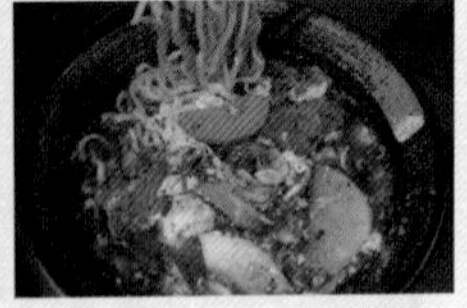
『カルビラーメン』950円（税込）

『ファミリーセット』（上カルビ、ロース、タンなど5～6人前）5,480円（税込）
『ヘルシーセット』（ホルモン、レバー、ミノ、ハツ）1,920円（税込）など

## 焼肉 おおつか 鹿沼店

☎ 0289-60-7530
㊟ 栃木県鹿沼市西茂呂3-52-13
https://www.yakiniku-ootuka.com/

# 絶品和牛をリーズナブルに卸直営だからできる焼肉店

全国規模で毎年行われる和牛肉の品評会において常に上位、最高位の成績を収めていることで知られている「とちぎ和牛」。美しくきめ細やかなサシが入った柔らかい肉質、とろける口当たりと旨味と脂の甘味。そんな「とちぎ和牛」など厳選した有名銘柄牛がリーズナブルに食べられると評判のお店が、栃木県にある『焼肉おおつか鹿沼店』だ。

都内で精肉の卸売業を営む「丸金おおつか」が経営母体。長年に渡る実績に裏打ちされた確かな目利きで選びぬかれたお肉を卸から直送で仕入れており、上質な黒毛和牛肉もお得にいただける。

ランチタイムは、お店オリジナルの『カルビラーメン』や和牛の切り落とし部分をぜいたくに使った『ハンバーグ』も好評。そしてディナータイムでは、個室で落ち着いた雰囲気の中、品質の高い「とちぎ和牛」を堪能していただきたい。

地元・鹿沼の伝統工芸である「鹿沼組子」によるインテリア、木工製品を随所にあしらった落ち着いた店内。家族連れやお友人同士など、また大切なおもてなしにもぴったり。

（ライター／今井淳二）

『昆布締め牛タン食べ比べセット』12,260円（税込）

『昆布締め牛タン』 250g 3,980円（税込）

昆布〆牛タン専門店

味重

㊎ 11:00〜14:00（LO13:30）
金・土曜18:00〜
仕込みがなくなり次第終了。
（店舗営業が休みでも、仕出し弁当の配達は可能）

※現在は仕出し弁当のみで店舗は休業中。

## 昆布〆牛タン専門店 味重

みじゅう

070-9318-2953　FAX 022-291-6860　info@mijyuu.com
㊟ 宮城県仙台市宮城野区幸町5-12-7 三井会館1F
https://www.mijyuu.com/

こちらからも検索できます。

**厳選した部位を提供！**

| タン先 | タン中 | タン元 |
|---|---|---|
| かたい | やわらかくて美味しい | |

牛タン焼きに適したやわらかく美味しいタン中・タン元を使用しています。

# 本場の牛タンを家庭で堪能 旨味たっぷり熟成した牛タン

宮城県仙台市内の『昆布〆牛タン専門店味重』の『昆布〆牛タン』は、伝統ある昆布〆の技法を牛タンに応用し、昆布の旨味成分グルタミン酸やアスパラギン酸を食材に移して香りを立たせ、水分を抜き、食材の旨味を凝縮させたもので、牛タンを4日間漬け込み、漬け込むことで食感もアップされ、噛めば噛むほど牛タン本来の旨味が出てくる。5種類の調味料を使用しているので奥深い味わい。10㎜の厚切りなので特別感もある。

牛タンの本場・仙台での通販で『昆布〆牛タン』を購入できるのは『味重』のみ。一つひとつを真空パック冷凍し、劣化を極力抑えているので賞味期限も長い。食べ比べも楽しい『3種類の味付け牛タンのセット』がオススメだ。テイクアウトでお弁当なども楽しめる。

いつも頑張っている自分へのご褒美や特別な方への贈り物、仲間とのBBQにも大活躍だ。

（ライター／河村ももよ）

イナホヤの物語
数えきれない ご縁と愛
かけがえのない宝物
未だ見ぬ未来の『カタチ』

2018年ミシュランガイドブックにて“価格以上の満足感が得られる料理”として『ビブグルマン』を獲得。南熊本唯一のランク店舗となった。

㊪ ランチ&カフェ11:00〜（ディナーは予約制）
㊡ 不定休

## inahoya-tutiya31spot-

イナホヤ - ツチヤサンジュウイチスポット -

080-3992-1748　inahoya369@gmail.com
㊟ 熊本県球磨郡錦町一武563-1
https://inahoya369.com/　@inahoya369

# 熊本県球磨郡で味わう予約必須の『玉手箱ランチ』

山々に囲まれ、神様のいる地だとも言われる美しいパワースポット、熊本県球磨郡にあるのが『inahoya-tutiya31spot-』。２０２０年７月に豪雨にて、前店舗は全壊となり、「新しいカタチ」というテーマで、２０２２年に錦町に移転しオープンしたカフェレストランだ。静かな音楽が流れ、木の温もりを感じる開放的な店内は、小京都にいるような落ち着きのある雰囲気。提供しているのは、旬にこだわり、朝どれ野菜を使った季節感溢れる料理。大人気の『玉手箱ランチ』。毎回売り切れてしまうほどの人気なので、予約が必須だ。ディナーは、昼と違った特別な空間で、こだわりのフルコースを。また、『女性が幸せになる空間』というテーマで、『よもぎ蒸しプラン』、『冠婚葬祭を全般的に扱うプラン』、『バースデーや記念日など大切なシーンをお祝いする記念日、サプライズプラン』など、こだわりの空間を活かしたおもてなしを行っているのも特長的。今後、カフェや宿泊プラン、様々なイベントなども展開していくので、SNSを要チェック。

（ライター／播磨杏）

『酒・人・語らい』コース品数7品
2～16名／お一人様6,000円（税込）

『和食日和会席』コース品数9品
2～16名／お一人様10,00円（税込）

営 ランチ11:30～14:00（LO13:30）
ディナー17:00～22:00（LO21:30）
金曜日17:00～23:00（LO22:30）
土曜日17:00～21:30（LO21:00）
休 日曜日・祝日・年末年始

こちらからも
検索できます。

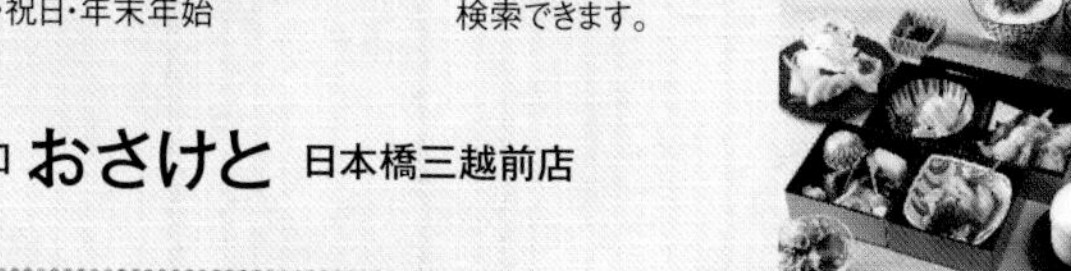

ランチ『四季の旬菜「薫り箱」』
コース品数5品　4名様以上／
お一人様4,500円（税込）

ランチ『名物! 宇和島流鯛めし膳』
1,800円（税込）

## 和食日和 おさけと 日本橋三越前店

☎ 03-3335-0288
住 東京都中央区日本橋室町2-4-3 日本橋室町野村ビル（YUITO）3F
https://www.osaketo-washoku.jp/

# 珠玉のお酒とお料理で大切な人と過ごす上質の時間

忙しく働く大人たちが仕事終わりにホッと一息、美味しいお酒と旬の料理を楽しめるのが『和食日和おさけと』だ。洗練され落ち着いた中にも程よい活気があり、お酒と料理、会話を存分に楽しめる空間として、おもてなしの席としても好評だ。

まず注目したいのが、全国の蔵元より厳選した日本酒の品揃え。有名銘柄、希少銘柄、地元にしか出回らない知る人ぞ知る銘柄まで、季節ごとに常時50種以上を用意。ガラスや陶器、塗り物など、意匠を凝らした日本が誇る伝統工芸品の酒器でいただけるのもうれしい。

そしてお料理は何よりも日本酒に合うことを第一に、熟練の和食料理人が居酒屋料理に一工夫凝らした逸品揃い。料理長が旬の食材で手掛ける渾身の月替りコースは、毎月いただきたくなる。

都心部に7店舗を展開している同店では、先ごろ8店目となる「日本橋三越前店」をオープンさせた。「寛ぎの別邸」をコンセプトに和モダンな空間が広がる憩いの場だ。

（ライター／今井淳二）

『豚バラのしょうが焼き定食』750円（税込）

大阪府、兵庫県、京都府、滋賀県、愛知県で23店舗を展開。

『コク旨味噌スープの豚菜麺』
790円（税込）

店舗一覧は
こちら。

『自家製タルタルのチキン南蛮定食』チキン4個 890円（税込）

### 定食屋 宮本むなし　M&Sフードサービス 株式会社

みやもとむなし

☎ 06-7663-0071　✉ m-jimu@m-s-food.com
㊟ 大阪府大阪市中央区安土町2-3-13 大阪国際ビルディング30F
https://m-munashi.com/

## 熱いぞ！ ひとりめし
## おひとり様にうれしい定食店

「ごはんおかわり自由」という親切なサービスの定食で、おなか一杯の幸せを提供してくれるチェーン定食店『宮本むなし』では、明るい笑顔の接客と真心込めた料理で、一人でもまるで我が家のように自分だけの食事を楽しめる空間を提供している。しっかりとした時間管理で炊飯された美味しいお米をバラエティ豊かな定食メニューと共に心行くまで堪能できるとは、一人暮らしにはたまらなく嬉しいもの。それもそのはず、『宮本むなし』のコンセプトが「熱いぞ！ひとりめし！」だからだ。看板メニューは、『自家製タルタルの南蛮定食』。あつあつ揚げたての鶏もも肉に甘酸っぱい南蛮酢を絡め、唐揚げの衣にしっかりと旨味を染み込ませている。決め手の自家製タルタルソースは、玉ねぎを刻み、たっぷりの卵にマヨネーズをまぜ、毎日お店で丹念に手作り。ほかにも、しょうが焼きや野菜炒め、ハンバーグ、焼き魚などの定食に丼、麺、カレーメニューも豊富。ワンコインで楽しめる朝食メニューも人気だ。「普通においしい」それでいて「熱い！」、そんな家庭的な食事が楽しめる定食屋だ。

（ライター／播磨杏）

椅子掛けの和室・洋室のテーブル席、お座敷、カウンター席まであり。

井戸水で磨きをかけた国産うなぎ。

㊮ 11:00〜15:00　17:00〜21:00(LO20:00)
㊡ 月曜日(祝日の場合、その翌日)

『上うな重』
3,800円(税込)

『ひつまぶし』3,400円(税込)

『う巻き』1,200円(税込)

## 梓清流 うなぎ百福

うなぎももふく

0263-88-3629
㊟ 長野県松本市波田鍋割5459-1
https://unagi-momofuku.com/

# 雪解け水が流れ込む井戸水で磨いた国産うなぎ

全世界で捕獲あるいは養殖されているウナギのざっと7割を消費し、世界一のうなぎ好きともいわれる日本人。長野県松本市の『梓清流 うなぎ百福』は、国産うなぎを備長炭で焼き上げた極上の蒲焼をいただけると本物の食を嗜む大人たちに評判のお店。昭和の建屋を改修した趣のある店内は、注文ごとに一本づつ丹念に焼き上げるうなぎを待つ時間もゆったりと過ごせる。

うなぎは、国内随一の生産地である三河一色より取り寄せ、店内にある百年前に掘られた井戸より汲み上げる清流・梓川の伏流水にて最低2日間鍛えてから朝〆めし、氷温熟成にて身を整える。

そして熟練の職人の手により、蒸しを入れずに100％備長炭による炭火でじっくりと地焼き。外はパリッと中はふくっら仕上がったうなぎは、定番の「うな丼」、蒲焼の美味しさを存分味わえる「うな重」、そして薬味や出汁による味変が楽しい「ひつまぶし」と好みの食べ方を季節の小鉢や茶碗蒸しと共に楽しめる。

(ライター／今井淳二)

『菜の花のわさびあえ』

『唐揚げ定食』

㊮ 11:00〜14:30
17:30〜22:00
㊡ 日曜日・祝日

『豚の角煮』

ご飯の大盛りもOK。

大人気の『豚汁』。

## 家庭料理 ニコイチ食堂

ニコイチしょくどう

☎ 070-9210-0251
㊟ 岐阜県羽島市竹鼻町飯柄102-1
家庭料理 ニコイチ食堂 検索
nicoichi_dining

# 昼も夜もホッとできる雰囲気 人気の家庭料理食堂

日々、仕事や家事を一生懸命にこなしている中、ランチは午後への活力を生み出すのに大切な存在。外食ならではの食事もいいけれど、近年ではお弁当人口が増えているように馴染んだ家庭の味を求める人も多い。

岐阜県羽島市で料理の得意な主婦が温かな家庭料理でお客様と、そしてお客様同士も仲良く笑顔になってほしいとオープンさせたのが『家庭料理ニコイチ食堂』だ。心尽くしの手料理がいただけるランチはメインとサラダ、小鉢2品に汁ものと満足いく内容。人気の揚げたてジューシーにいただける『唐揚げ定食』。ご飯大盛り無料というのもうれしい。

そして夜には手作り料理をおつまみにお酒が楽しめる営業も。オススメは、具だくさんの『豚汁』。『豚汁』のみで来店するほどの大人気だ。また、旬の野菜を取り入れた期間限定もあり。

アットホームな店内で仲間とワイワイ、お店に立つ若いオーナーママさんとのおしゃべりを楽しんだりと、昼も夜も地元の人々の憩いの場となっている。

（ライター／今井淳二）

絶賛の『だし巻き玉子』。

㊤ 4:00〜　㊡ 火曜日

## ヨッシャ食堂

ヨッシャしょくどう

☎ 072-477-7213
㊟ 大阪府泉佐野市大西1-13-14

ヨッシャ食堂　検索

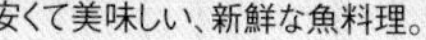

安くて美味しい、新鮮な魚料理。

## 朝4時から営業 魚料理が自慢の食堂

大阪府南海泉佐野にある『ヨッシャ食堂』は、魚関係の仕事に携わって約30年の職人が朝4時から営業する町の食堂。泉州の魚料理や旬物がとても美味しく、さらに大変リーズナブルと評判だ。メニューは80種類以上もあり、魚も豊富。お刺身の種類が15種類とは驚きだ。お客様一人ひとりが楽しみながらメニューを選んでほしいという思いから品揃えを豊富にしているという。

名物の『だし巻き玉子』は、存在感たっぷりのビッグサイズで常連客からも人気の逸品。他にも、こだわりぬいて作られた数多くの絶品料理は、仕入れから盛り付けまで店主自身が行い、たれや酢なども自家製。料理を引き立たせるために、より美味しいと感じてもらうため、毎日作っているという。

和食の朝食やランチも人気で、老若男女問わず愛されている。美味しい魚料理を早朝から食べれば幸せな一日を過ごせると、他府県から訪れるお客様も多い。

（ライター／河村ももよ）

おつまみは、110円（税込）から高くて440円（税込）。

大阪府大阪市大正区といえば、沖縄県・鹿児島県の人が多いのだという。

オーナー 徳丸浩樹さん

席数はカウンターを含め、15名から立ち飲みで20名位可能。

㊟ 17:00～23:00（延長、日曜日の予約可能）
㊡ 日曜日・祝日

常連さんのギター弾き語りもみれるかも。

## 酔っぱらいスタンド ぴぃーちゃん!!

✆ 06-4977-7455
㊟ 大阪府大阪市大正区小林西1-2-11

# 懐に優しい立ち飲み屋人気 焼酎や絶品一品料理が売り

全国各地の焼酎や日本酒、絶品の一品料理やおつまみが懐に優しい価格で楽しめると、リピーターを増やし続けているのが、大阪市大正区の『酔っ払いスタンド ぴぃーちゃん!!』だ。ダイヤモンド工具を使った建設工事の全国各地の出張先で仕事後に一杯やってきたという「株式会社DAI企画」代表の徳丸浩樹さんが「お酒の好きな人がちょっと立ち寄れるように」と開いたお店。仕事帰りに訪れる人たちも多い。

徳丸さんオススメの焼酎は、ブランドものから珍しいものまで揃い、いずれも450円、日本酒は400円。揚げ物からスピードメニューまである一品料理やおつまみも100円から400円代とリーズナブル。一品料理で好評なのが、ボリューム満点のチキン南蛮、たっぷりのタルタルソースで食べる太めのエビフライ、鮮度抜群のささみ湯引きで、いずれも440円という安さだ。椅子付きのカウンターのほか、ドラム缶を利用した三人用のテーブル席がある庶民感覚のお店だ。

（ライター／斎藤紘）

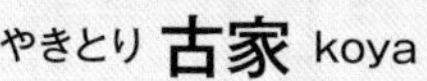

営 17:00〜23:45
休 水曜日

## やきとり 古家 koya

こや

『おまかせコース』
3,850円(税込)〜
『女子会コース』
3,850円(税込)〜
『2時間飲み放題』
2,200円(税込)〜

0897-37-2627　yakitori.koya.koo@gmail.com
住 愛媛県新居浜市庄内町4-2-14
https://yakitori-koya.com/

# レトロな古民家風の空間で香ばしい炭火焼鳥と郷土料理

愛媛県新居浜市の居酒屋『やきとり古家』は、築70年の古民家を再生した平家造りで、落ち着いた雰囲気の店内は広々としている。本格的な炭火焼鳥や様々な旬の食材を使った料理などお酒をゆったりと楽しめる。店内には、古い箪笥なども置かれてあり、雰囲気たっぷり。

メニューは豊富で、焼き鳥はもちろん、愛媛名物の『じゃこ天』や『じゃこカツ』など、一つひとつが大きく食べ応えがある。焼き物のほか、創作料理なども酒落ていて美味しいと評判が高く、注文するリピーターが多い逸品が揃っている。地元・新居浜の蔵元のお酒「華姫桜」も置いてあり、愛媛の味が楽しめる。

お得感の高いメニューコースも人気で、これを目当てにやってくる人もいるという。

地元民や出張、旅行で訪れた方々に古民家のほっこりした雰囲気の中で、ゆっくりと愛媛の味を満喫してほしい。

（ライター／河村ももよ）

営 8:00～24:00
（LO23:30）
※8:00～10:00
モーニングメニュー
休 無休

『カルボナーラ』
ベーシック S 825円（税込）　M 1,210円（税込）　L 1,485円（税込）
セットメニューもあり。

**ピザ**

| 品名 | 税込 | 本体価格 |
|---|---|---|
| チーズピザ | ¥1,728 | ¥1,600 |
| マルゲリータ | ¥1,350 | ¥1,250 |
| スピナーチョピザ | ¥1,566 | ¥1,450 |
| ねぎとんピザ | ¥1,836 | ¥1,700 |
| イカピザ | ¥1,728 | ¥1,600 |

**ハーフ&ハーフ**

| 品名 | 税込 | 本体価格 |
|---|---|---|
| A マルゲリータ&イカピザ | ¥1,620 | ¥1,500 |
| B マルゲリータ&チーズピザ | ¥1,620 | ¥1,500 |
| C イカピザ&チーズピザ | ¥1,728 | ¥1,600 |

**パスタソース** ソースのみのお持ち帰り

| 品名 | 税込 | 本体価格 |
|---|---|---|
| 鷹の爪使用 岩のりクリームソース | ¥540 | ¥500 |
| ミートソース<br>アサリのバジルバターソース<br>トマトとバジルのオイルソース | 各¥540 | ¥500 |
| 1人前分1.6mm乾麺 | ¥108 | ¥100 |

**その他**

| 品名 | 税込 | 本体価格 |
|---|---|---|
| フレッシュモッツァレラ | ¥324 | ¥300 |
| 焼きたてフォカッチャ 4個 | ¥264 | ¥240 |

洋麺茶屋 **牧家** 伊達店
ぼっか

0142-21-4040
住 北海道伊達市梅本町57-1
https://www.bocca.co.jp/

# 良質なミルクや乳製品を味わうカジュアルイタリアン

広大な敷地を利用した自然のままの放牧飼育による乳牛による乳製品づくりを行っている北海道伊達市の牧場『牧家』。脂肪分とタンパク質が豊富で生乳の味わいに深みがあることで定評のある乳牛アングラー種を日本で唯一飼育している。伊達市近郊の酪農家とも連携し、ミルクはもちろん、チーズやプリンなど高品質な乳製品を地域ぐるみで日々送り出している。

そんな『牧家』自慢のチーズやミルクを使ったパスタ・ピザ・デザートが評判のレストランが『洋麺茶屋牧家伊達店』。一番のオススメは、生乳の良さがストレートに出るモッツァレラを使ったパスタ『トマトとモッツァレラ』に『マルゲリータ』ピザ。シンプルだからこそ素材の美味しさが光る。また、デザートでは、濃厚だがすっきりとした味わいの『ソフトクリーム』に、ホイップクリームの美味しさが生きる『ミルクレープ』も人気。店内や通販サイトでは、『牧家』の商品も販売しいてる。

（ライター／今井淳二）

ディナーのみ、ビールやワイン、カクテルにぴったりのお店手作りおつまみも提供。

『BOX BURGER』

『ポテトフライ』

『照り焼きバーガー』

『VEGETABLE BURGER』

テラス席でペットと一緒に。

㊖ ランチ11:00〜15:30（LO15:00）
ディナー17:00〜19:30（LO19:00） ㊡ 木曜日

## BOX BURGER

ボックス バーガー

📞 0460-83-8528
㊟ 神奈川県足柄下郡箱根町宮城野637-1
https://www.boxburger.jp/

# 旅の忘れられない思い出になる最高のハンバーガー

世界中から、観光客が絶えない神奈川県・箱根で行列の絶えないハンバーガーとSNSやメディアでも話題なのが『BOX BURGER』。人気の各種ハンバーガーの他にも、目の前で作る季節ごとの手作りシェイク、最高級G1クラスの豆を使った香り高いコーヒー、選び抜いた国産クラフトビールやウイスキーなどのお酒、魅力的なアペタイザーがいただける。

看板のハンバーガーは、幻の牛といわれるかながわブランド「相州牛」を贅沢に使用した肉厚パティに、無添加で焼き上げたバンズ、さらに新鮮な国産野菜を使用し、本場アメリカ・カリフォルニアの名シェフが監修。美味しさを極限まで追求した逸品だ。ビーガンやベジタリアンの人向けには、専用メニューや対応アレンジをしてくれるのもうれしい。

また、箱根湯本の2号店は、築70年の日本家屋をイノベーション。「ハンバーガー×和」をテーマにしたアートな空間では、お座敷でハンバーガーがいただける。2階は「はこの和」という温泉宿になっており、「泊まれるハンバーガー屋」と話題になっている。

（ライター／今井淳二）

5kg（特別栽培米コシヒカリ） 4,413円（税・送料込）
10kg（特別栽培米コシヒカリ） 8,599円（税・送料込）
発送当日に精米、全国発送。

代表 金崎隆さん

皇室新嘗祭献穀米
金崎さんちのお米は、
平成13年に皇室献上されました

米・食味分析
鑑定コンクール
多数受賞

# 金崎さんちのお米

かなざきさんちのおこめ

✉ info@kanazaki-okome.com
㊟ 長野県飯山市大字豊田803
https://www.kanazaki-okome.com/

## ブランドだけにとらわれない顔の見える安心・安全なお米

食味に優れた良質なお米の代名詞とも呼べる「魚沼産ブランド」。その理由として産地である新潟県魚沼地方は、清らかで豊富な雪解け水と一年を通して大きな昼夜の寒暖差、恵まれた日照など美味しいお米ができる条件を兼ね備えていることが挙げられる。そんな中、「隠れ魚沼」と呼ばれるほど同様の環境で米づくりが行われているのが、お隣の長野県飯山市一帯だ。魚沼産と同レベルの素晴らしいお米にも関わらず知名度は低く、また出荷量も限られているため全国的には見かけることも少ないが、大変に食味に優れていることから、かつては皇室献上米の名誉も賜ったことも。

そんなお米を作っているのが『金崎さんちのお米』の金崎隆さんだ。ミネラル豊富な甲殻類の殻や貝殻などを配合したオリジナルの有機肥料を、それも極力使用量を抑えてお米が持つ本来の旨味・甘味をさらに引き出すのが、特別栽培米「金崎さんちのお米」。「コシヒカリ」はもちろん近年人気の「キヌヒカリ」と、お米ソムリエたちを唸らせたお米をぜひ一度味わってみては。

（ライター／今井淳二）

『美濃ハツシモ』5kg 3,240円（税込）
厳格な栽培基準をクリアした岐阜を代表する「幻の米」。

代表取締役 森淳一さん

『美濃ハツシモ』のほかにも発売中。
『にこまる』（もっちりした少々粘りけのある大粒のお米）
『てんこもり』（しっかりした歯ごたえのあるお米）
『コシヒカリ』（一般的になじみのあるお米）
すべて 5kg 2,430円（税込）

こちらからも
検索できます。

## 農業生産法人 株式会社 森ライス

もりライス

058-243-5377　gifunokome@moririce.co.jp
㊟ 岐阜県岐阜市芥見大船1-26-2
https://moririce.co.jp/

# 食べる人を思う優しさが育てた美味しいお米

粘り気が比較的少なく、またコメの粒が大きめで歯ごたえがあり、冷めても美味しいことから東海地方や関西地域では寿司米やおにぎり、お弁当としてよく使われているお米「ハツシモ」。全国的知名度はまだそれほどではないが、食味が良いことから人気が高まってきている銘柄だ。

この「ハツシモ」をはじめ「コシヒカリ」「にこまる」といった良質な銘柄米、さらに近年夏の異常な暑さや台風にも強く食味も良い「てんこもり」などのお米を、収穫から乾燥・籾摺り・精米まで一貫して行い、自社通販やふるさと納税の返礼品として全国へ届けてくれるのが、『岐阜市の農業生産法人 森ライス』。

代表の森淳一さんが提唱する「食べる人を考え、そして地球環境を考える」という「考える農業」で、緑肥を使うことによって環境と健康に配慮した減農薬・低化学肥料栽培の米づくりで実践している同農園では、他にもサトイモや大豆に小麦、ソバなども生産。安心して子どもにも。

（ライター／今井淳二）

㊖ 7:15〜15:00（無くなり次第終了）
㊡ 土・日曜日・祝日

「おかか、梅、鮭、昆布おかか、ツナマヨ、岩のり」130円（税込）
「おかか梅、明太子、あさりしぐれ」170円（税込）

## おにぎり恵比寿

おにぎりえびす

080-9485-1240
㊟ 愛知県名古屋市中区丸の内1-12-2
おにぎり恵比寿 名古屋 検索 @onigiri_ebisu

# お米と海苔と具材のバランスが絶妙の「おにぎり」

愛知県名古屋市中区の堀川沿いの円頓寺商店街五条橋近くにあるおにぎりのテイクアウト専門店『おにぎり恵比寿』。店の前には「おにぎり」と書かれたのぼりがはためく。

お米が立った「おにぎり」は、海苔の口溶けもよく具だくさんで厚さもあってボリューム満点。一つひとつが大きめで種類も豊富だ。おかか、梅、鮭、昆布おかか、ツナマヨ、岩のりなどの王道メニューは130円、おかか梅、明太子、あさりしぐれは170円、チーズメニューの明太チーズ、おかかチーズは210円、人気のちりめん山椒は250円とかなりお値打ち価格になっている。新メニューの唐マヨは、おにぎりの中にマヨネーズとお醤油で味付けした唐揚げがたっぷり入って210円とこちらも大人気だ。

また、サイドメニューとして豚汁、唐揚げ、コロッケがあり、「おにぎり」との相性も抜群だ。新商品の発売も準備万端で、これからいろいろな「おにぎり」がショーウィンドウに並んでいくという。

（ライター／河村ももよ）

おかゆの
極
OKAYU NO
KIWAMI
一杯で一汁三菜の満足感
お粥DELI
食でつながる笑顔を未来へ
おくさま印


『お粥DELI
-鯛と蕪の柚子粥-』

『お粥DELI
-貝柱と筍のあおさ粥-』

『お粥DELI
-鶏ときくらげの白湯粥-』

## 幸南食糧 株式会社

こうなんしょくりょう

072-332-2041　kouiki01@kohnan.co.jp
㊟ 大阪府松原市三宅西5-751
https://kohnan.co.jp/

## 専門店並みの美味しさ レンチンで本格お粥が完成

消化がよく、カロリーも低いお粥。その健康効果とヘルシーさから、近年その価値が見直されてきている。そんなお粥をもっと日常的に、手軽に味わって欲しいと開発されたのが『幸南食糧株式会社』の『お粥DELI』。レンジでチンするだけですぐに食べられ、1つ100キロカロリーほどなのに1杯で満足できる逸品だ。出汁や満足の具材感にもこだわり、体に優しい味付けで、専門店顔負けの味わいも魅力。「貝柱と筍のあおさ粥」は、ほたて・あさり・しじみの3種類の貝の旨味と香り高く新鮮なあおさで海の香りを感じる味わい。筍のシャキシャキとした食感がアクセントだ。「鶏ときくらげの白湯粥」は、日本3大地鶏の「名古屋コーチン」と北海道のブランド鶏「知床どり」のスープを使用。濃厚かつすっきりとしたスープに生姜と唐辛子がアクセント。きくらげのコリコリとした食感も楽しい。「鯛と蕪の柚子粥」は、宗田節・いわし節・まぐろ節・さば節の4種類の出汁を掛け合わせた奥行きのある旨み。そこに柚子が加わり、爽やかな味わいに。蕪の甘くて柔らかな風味が全体を調和させている。（ライター／播磨杏）

ようこそ笑顔の食卓へ。
素材を味わう
「笑顔の食卓シリーズ」は、
おいしい・あんしん・
カラダにやさしい!

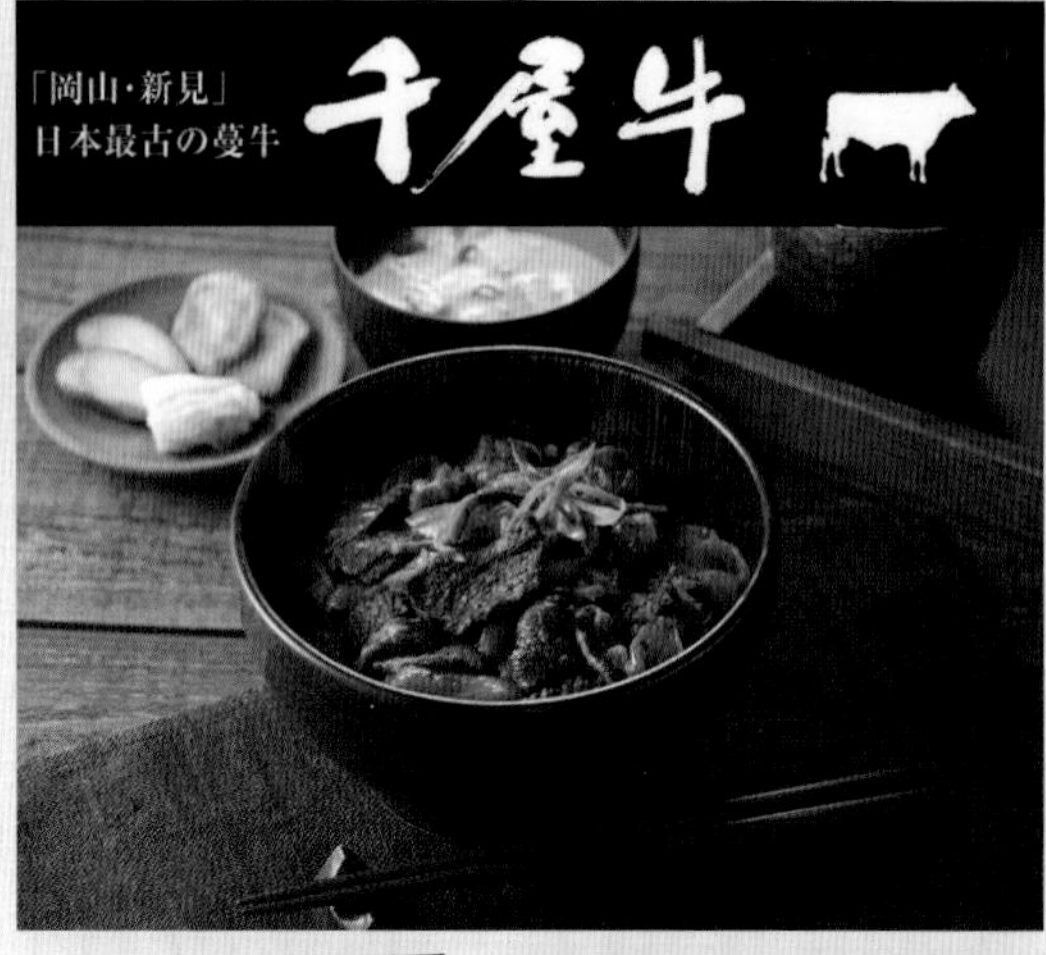

『添加物不使用和牛丼』
1人前 160g
参考価格 734円(税込)

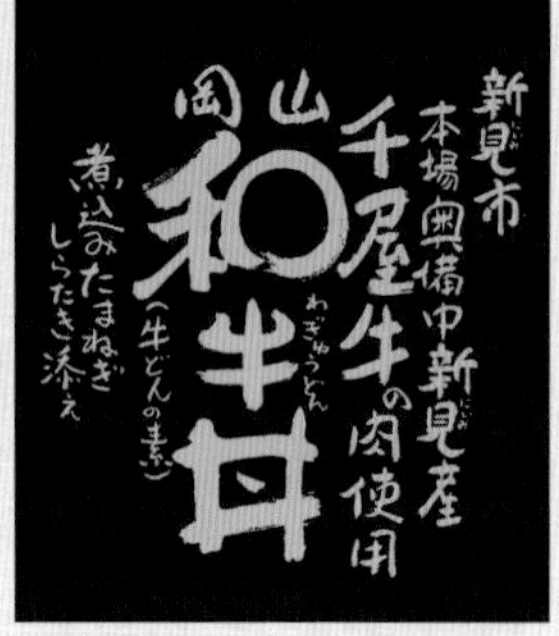


『岡山和牛丼』1人前 150g
参考価格 648円(税込)

## 株式会社 哲多すずらん食品加工

てったすずらんしょくひんかこう

0867-96-2862 info@t-suzuran.com
㊟ 岡山県新見市哲多町花木161-1
https://www.t-suzuran.com/

## 岡山県の希少な銘牛肉を使ったこだわり牛丼

岡山県産、新見産の食材にこだわり、ふるさとの味わいを一人でも多くの人々へ届けたいとの思いから商品開発・製造・販売を行う『株式会社哲多すずらん食品加工』。県の名産である白桃・ピオーネを使った『岡山白桃ピオーネカレー』やパスタソース『岡山マッシュルームのクリームソース』などのレトルト食品は、「進化系レトルト」と銘打ち、素材の良さが味わえる逸品が豊富に揃う。

中でも特にこだわっている食材が、新見で育つ「千屋牛」。県外にはあまり出回らない岡山県産の希少な黒毛和牛で、甘く柔らかな肉質が特長だ。この「千屋牛」と国産のタマネギ、ゴボウ、しらたき、乾燥シイタケを大釜にて人の手でじっくり煮込み、地醤油をベースに味付けしたのが『岡山和牛丼』。素材の力を引き出し、柔らかく仕上げたこだわりの汁だく牛丼は、県内の人はもちろん、観光客やお取り寄せでも評判。化学調味料・香料・着色料など不使用、お湯で温めるだけで手軽にいただけるレトルトタイプなのがうれしい。

(ライター/今井淳二)

一番人気は『おおみやジャンボ餃子』1粒35g、1つ1つ丁寧に手包み。

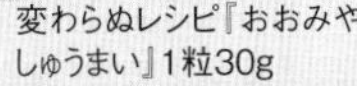

変わらぬレシピ『おおみやしゅうまい』1粒30g



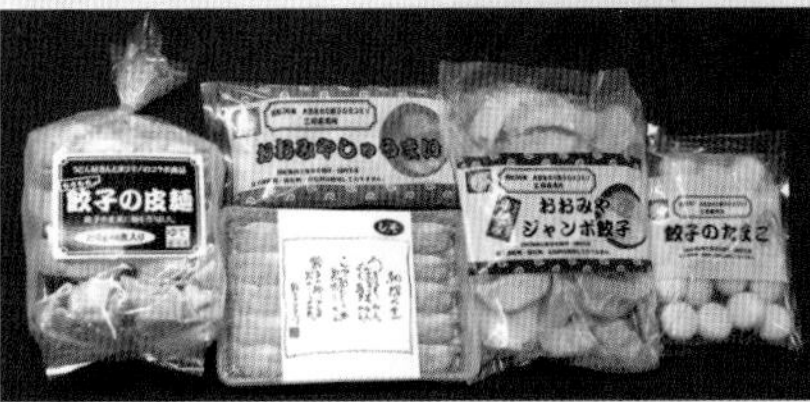

上小町店
㊟ 埼玉県さいたま市大宮区上小町876

三条町店
㊟ 埼玉県さいたま市西区三条町75

## 餃子のヨコミゾ 工場直売所

ぎょうざのヨコミゾ

0120-593-534（平日9:00~17:00）　info@gyouza-yokomizo.com
㊟ 埼玉県さいたま市西区三条町75
https://gyouza-yokomizo.com/

## 良質な素材の味が そのまま伝わる餃子

各都道府県や都市で年間消費量を争う話題でたびたび各メディアを賑わせ、今や国民食といっても過言ではない「餃子」。全国の中華料理店のみならず、各メーカー、商店がその味にしのぎを削っている。

埼玉県で「美味しく安心で健康な食べ物を提供する」の理念を元に、ギョーザやシューマイなどを製造・販売している『株式会社ヨコミゾ』もその一つ。材料の豚肉・野菜は安心・安全な国産を厳選して使用。まるで家庭でお母さんが作る手作り餃子のように優しく滋味深い味わいと評判だ。

主に業務用商品を手掛けている『ヨコミゾ』だが、『おおみやジャンボ餃子』『おおみやしゅうまい』など、通販ならびに県内2ヵ所の直売店で小売も行っている。人件費削減から無人販売の餃子小売店舗が増えている昨今だが、まごころ込めて作る餃子を食べてくれる人たちに直接感謝の気持ちを伝えたいと、直売店では細心の注意を払い、コロナ禍でも従業員による有人店舗を貫き、地元のみならず遠方からのお客様も多いという。

（ライター／今井淳二）

『天元豚ソーセージ ノンスモーク』
6本入 350円(税別)

他にも好評を博している自慢の味わい深い加工品シリーズがある。

『天元豚ソーセージ スモーク』
6本入 350円(税別)

## 株式会社 米沢食肉公社

よねざわしょくにくこうしゃ

0238-22-0025　info@yonesyoku.com
山形県米沢市万世町片子5379-15
https://www.yonesyoku.com/

## こだわりのブランド豚で作る本格ソーセージ

日本を代表する和牛肉として名高い「米沢牛」の流通拠点として米沢牛枝肉セリ市場を開催、自らも高いレベルでの精肉・食肉加工、及びを販売を行っているのが山形県の『株式会社米沢食肉公社』。同社が「米沢牛」と同時に広く県内外に発信しているのが、ブランド豚「天元豚(とん)」。エサには安心・安全な指定配合飼料を使用し、減投薬生産により医薬品残留の心配もない。餌の配合にもこだわり、肉感が強く甘みがあると評判だ。

『天元豚ソーセージ』は、スモークとノンスモークの2種類が楽しめる逸品。IFFA(食肉加工の国際見本市)で金賞も受賞したスモークは、原料本来の旨味を活すため、量産品でよく使われるくん液を使わず、桜のチップを使用することで強すぎない自然な燻製の香りをまとわせる。また、ノンスモークは、燻製をかけないことで柔らかな食感となり、子どもやお年寄りにも食べやすいと好評。どちらも手軽にボイルするだけでこだわりの味に。グリルなら皮がパリッとした歯ざわりの良い食感が楽しめる。

(ライター/今井淳二)

『長崎鯨めんたい』100g 1,300円(税込)

『くじらのユッケ』
77g 1,080円(税込)

『鯨ベーコンスライス』
70g 1,980円(税込)

『ゆで鯨(すえひろ)スライス』
70g 1,980円(税込)

有限会社 **井上海産物**
いのうえかいさんぶつ

☎ 095-825-8567 ✉ info@e-isana.com
㊟ 長崎県長崎市西坂町6-12
https://isana6075.base.shop/

鯨と海の幸「勇魚」
https://www.e-isana.com/

直営店『勇魚』
◎ JR長崎駅 かもめ市場
取扱店
◎ 長崎空港2F 長崎県物産館
(県営バスターミナル2F)

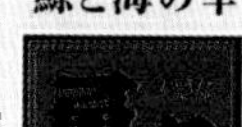

®

# 鯨消費量日本一を誇る 本場長崎の鯨を家庭でも

長崎名物と聞いて真っ先に思い出すのは、ちゃんぽんやカステラ。しかし、鯨料理も長崎の郷土料理であることをご存知だろうか。長崎は江戸時代に、古式捕鯨が栄えた国内有数の地で、鯨肉の年間個人消費量は全国一位を誇る。

近年では高タンパク・低カロリー・栄養価の高さから海のスーパーフードとしても注目されている。

長崎市の『有限会社井上海産物』では、市場で売られていない鯨肉を真空パックで長期保存可能にし、長崎の特産品・土産品として直営の「勇魚」、オンラインショップのほか、取扱店で販売している。

第36回長崎県特産品新作展最優秀賞の『長崎鯨めんたい』は、鯨のコリッとした食感と明太子のほどよい辛さが醸しだす伝統の味とハーモニーが絶妙。『鯨ベーコンスライス』は、上質部位の畝須のみで加工してあり、うす塩加工なので、ハム感覚でそのままでも、酢醤油やマヨネーズをつけたり、オニオンスライスや貝割れを巻いても美味しくいただける。ぜひ長崎の特産品を味わってみては。

(ライター/三逵真智子)

手作業で鯖をおろす伝統の技。

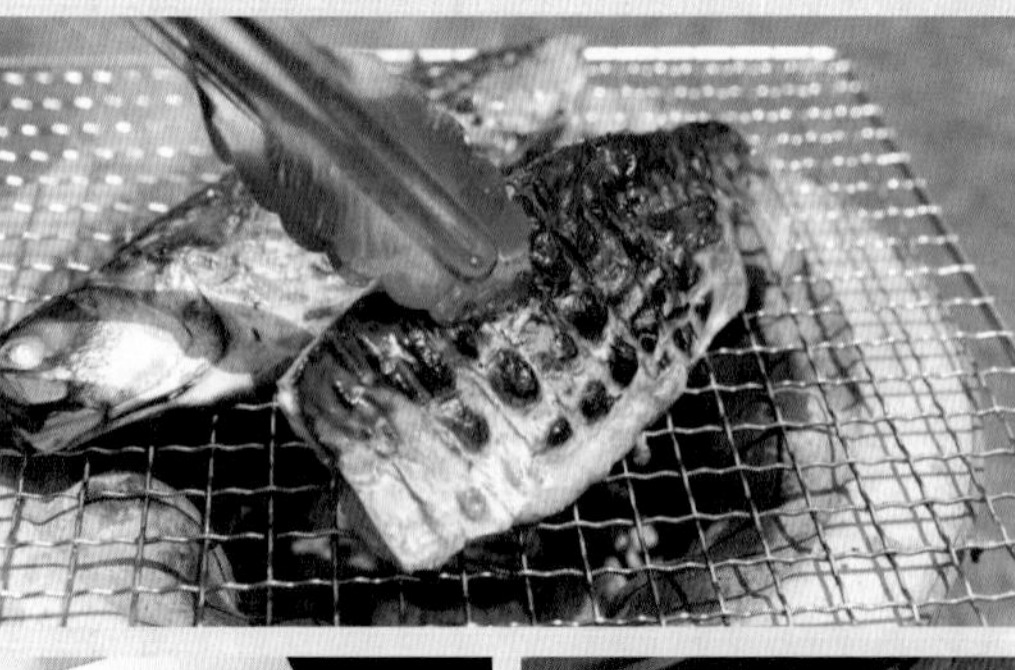

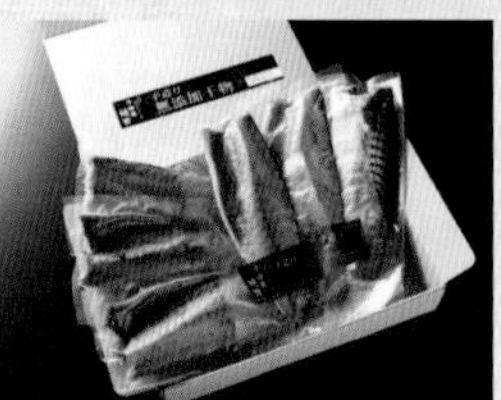

オンラインショップ
https://koshidasyouten.raku-uru.jp/

## 株式会社 越田水産

こしだすいさん

0479-44-0473　kosidasuisan@yahoo.jp
㊟ 茨城県神栖市波崎8233-9
http://kosidasyouten.com/

# 半世紀の時が育む唯一無二の鯖文化干し

ご飯のお供に、お酒のつまみとして愛されている干物。アジを筆頭に様々な魚を使った製品があるが、中でも鯖はボリュームがあって脂のりも良いことから人気だ。そんな中、全国の鯖好きから「ものすごい鯖」と評されているのが、茨城県神栖市『株式会社越田水産』の鯖の干物『越田の鯖』だ。

脂がのった時期にしか獲られないノルウェー産の鯖を使用し、一枚一枚、機械を使わずすべて手作業で丁寧に三枚におろすため、骨周りに身が残ることもないという。おろされた身は、創業以来一度も変えず継ぎ足してきた塩と水だけの熟成つけ汁へ。このつけ汁が『越田の鯖』の秘密。長年鯖をつけてきたことにより、鯖のエキスや身にわずかに残った骨髄が汁の中に溶け出し、独特の香りと旨み、甘みすら感じる、程よい塩加減を生み出し、極上な味わいに仕上げる。

そして、絶妙なつけ時間と冷風乾燥を経たできたてを冷凍にしてお届け。特大サイズで食べごたえ抜群の鯖を一度楽しんでみてほしい。

（ライター／今井淳二）

味のふれあい やまか 株式会社やまか

「やまかオンラインストア」https://yamaka-ymk.stores.jp/

『海鮮松前漬・いくらの贅沢盛り』600g（150g×4個入り）
5,400円（税・送料込）※価格は市場により変動あり。

## 株式会社 やまか

0164-42-0108 yamaka-order@ymk.co.jp
㊟ 北海道留萌市沖見町1-44
https://www.yamaka-ymk.co.jp/

## スルメイカ、昆布、数の子の松前漬にいくらがたっぷり入った贅沢盛り

松前漬は、乾燥させたスルメイカと昆布を細切りにし、醤油、酒、みりん、砂糖などで漬け込んだ保存食で北海道の郷土料理、冬の保存食としても親しまれており、お正月料理として出されることも多い。お酒のおつまみやごはんのお供として、また酢飯で手巻き寿司など様々なレシピで楽しめる。

数の子の主生産地である北海道留萌にて、塩数の子、味付数の子、たらこなどを製造している水産食料品製造メーカーの『株式会社やまか』。オススメ商品の『海鮮松前漬・いくらの贅沢盛り』は、いくらとの贅沢な組み合わせで、とにかく美味しいと評判だ。数の子に自信があるので、具材はシンプル。昆布の出汁が効いた上品な塩味で、昆布の香りと旨味が広がり、数の子の歯ごたえも良く、五感が喜ぶ商品だ。

保存に便利な150gの小分けタイプで、「親戚や友人にもお裾分けできて嬉しい！」「食べたい分だけ解凍できるのがありがたい」と喜びの声も多い。

（ライター／河村ももよ）

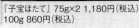

『かきしぐれ煮』150g 1,180円（税込）

『子宝ほたて』75g×2 1,180円（税込）
100g 860円（税込）

『伊勢ちりめん山椒煮』
60g 650円（税込）

## 福屋

ふくや

0599-32-5106 info@hukuya.com
㊟ 三重県鳥羽市浦村町416-18
https://www.hukuya.com/

## 受け継がれた伝統の味と技 伊勢の豊かな海の恵み

今の三重県桑名市付近が発祥といわれ、同地の名産であるハマグリがその代表的な材料として知られる時雨（しぐれ）煮。味わい深く、ご飯のお供として食卓に上がることも多い。

その桑名市と同じ伊勢湾に面した三重県鳥羽市の『福屋』では、先人たちが代々培ってきた時雨煮の伝統を守りつつ、様々な時雨煮をはじめ、厳選された海の幸を使い、時代に合った新しい製品を続々と送り出している。

人気の『かきしぐれ煮』は、品質の高さで定評のある伊勢のブランドかき「浦村牡蠣」を天然醸造醤油で煮上げた逸品。口の中に入れると崩れるほどの柔らかさと、まろやかな味わいが広がる。また、特選珍味『子宝ほたて』は、新鮮な厳選素材の帆立、魚卵、昆布を独自の製法で味付け。伝統のタレに熟成したオススメの一品。新商品の『伊勢ちりめん山椒煮』は、地元鳥羽市答志島で穫れた栄養豊かなちりめんじゃこに、山椒を効かせて香り高く炊き上げた最高のご飯のお供だ。

（ライター／今井淳二）

ビール、日本酒、焼酎、サワーなど豊富に取り揃えている。

『広島名物 お好み焼き』そば・うどん
いろいろトッピングあり。

㊟ 17:00～22:00
日曜日14:00～19:00
㊡ 月曜日

Instagram

広島人では知らない人はいない「いその」の麺。お好み焼きで味が活かされ、カリカリに表面を焼く。

塩コショウ、魚粉は多めに、そして隠してあるうまみの中にはとろろ昆布。

"肉汁溢れるお肉たちの鉄板焼"
『牛ハラミ焼き』『長州鶏のもも焼』『広島名物 豚ガリ』などをはじめ、海鮮の鉄板焼、一品ものも多数。

## 鉄板焼 ただいま

082-262-5650
㊟ 広島県広島市南区的場町1-2-2
https://tadaima-mtb.com/ @tadaima_mtb

# 広島をとことん味わえる広島名物が勢ぞろい

広島駅南口から徒歩約7分のところにある『鉄板焼ただいま』は、広島名物が勢ぞろいのアットホームな雰囲気の鉄板焼き屋さん。近所のビジネスマンなどの地元民や、観光客から人気のお店だ。お好み焼きのほか、コウネ（牛肉の肩バラ肉）や、すり身に玉ねぎ、とうがらしを入れてフライにした広島市草津発祥の名物の広島がんす、カキの醤油バター焼など、広島名物を一気に楽しめる。

広島お好み焼きので大切なことは、麺へのこだわりだ。広島人では知らない人はいない、「いその」の麺を使用し、表面をカリカリに焼き、麺の部分を食べるとパリパリッとしたあと、もちっとした食感がたまらない。カウンター席は目の前で焼いてくれるので、目にも楽しく、ライブ感で会話などでも盛り上がりながらできたて熱々が味わえる。

また、鉄板焼きに合うお酒として店主がこだわり厳選している広島県、山口県、高知県などの中国地方の地酒やオススメの焼酎も用意。ぜひ訪れて美味しい鉄板焼きを堪能してほしい。

（ライター／河村ももよ）

たっぷりのミートソース
大満足の食べ応えです。

「瀬戸焼白角皿」

『特製ラザニア』
瀬戸焼きの白角皿
6〜8人前
7,000円(税込)
3〜4人前
3,780円(税込)

※レンジ用は紙パックになります。

『特製ラザニア』
アルミパック
(オーブン用)
2〜3人前
1,620円(税込)
1〜2人前
1,080円(税込)

## ラザニアの宅配便 キキ

ラザニアのたくはいびん キキ

0561-86-7035 ✉info@lasagna.jp
㊟ 愛知県瀬戸市品野町5-27
https://kiki.lasagna.jp/

### 癖になる濃厚な味わいの手作りラザニアをお届け

自家製濃厚ソースとチーズが絡む手作りラザニアを自宅までお届けしてくれる『ラザニア宅配便キキ』。完全オリジナルレシピで手作りされた絶品『特製ラザニア』は、たっぷりのミートソースで大満足の食べ応えだ。自家製ミートソースには、国産黒毛和牛と愛知県産の豚を贅沢に使用し、肉の旨みたっぷり。ラザニア生地は、国産小麦を100%使用。本場のラザニアより分厚く、もっちもちした食感で噛み締めるたびに小麦の味をしっかり感じられる。チーズは、厳選した最高級品質のものを贅沢にたっぷり使用。温めるととろ〜りととろけ、濃厚なチーズの旨みを楽しめる。赤ワインと合わせたくなること間違いなしの味わいだ。

冷凍状態で届くのでオーブンかレンジで温めるだけで、できたて熱々ラザニアの完成。一人前から注文可能で、3〜4人サイズは瀬戸焼の器で届き、洗い物も無し。日持ちがするのもポイント。

ちょっぴり贅沢気分の1人ディナー、記念日やパーティーなどに本格的なラザニアを楽しんでみてはいかがだろうか。

(ライター/播磨杏)

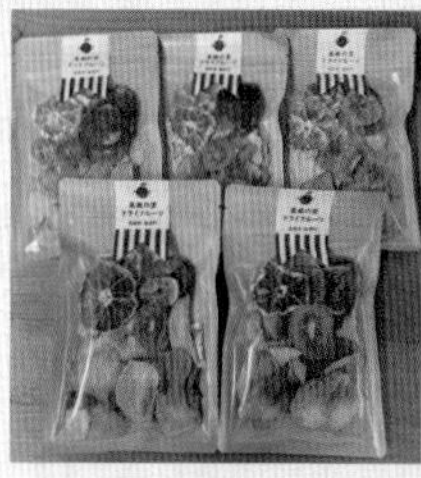

『ドライフルーツ』
500円（税込）
通販サイト『ノームキッチン』では『フルーツハルヴァ』の他にも鳥取県南部町のフルーツ数種が入っている『ドライフルーツ』も大人気。こちらも48℃以下で低温乾燥させているので色の美しさが特長。ネットでもすぐに売れ切れるほどの人気商品。

『フルーツハルヴァ』ギフトセット　5,000円（税込）　各756円（税込）

『フルーツスムージー』
青パパイヤなど
各756円（税込）

『ローピザ』
1枚
4,200円（税込）

『無添加フルーツグラノーラ（食べきりサイズ）』
（柿、梨、いちじく）
各43g 各520円（税込）

『無添加フルーツグラノーラ』
（柿、梨、いちじく）
各200g 各2,300円（税込）

ナッツやオートミールをイチジク、梨、柿それぞれの果肉を絡めて48℃以下で低温乾燥させたヘルシーな『グラノーラ』も販売。本来は砂糖と油脂で焼き固めるところを果肉だけでまとめ乾燥させるオリジナルのグラノーラはダイエット中や健康志向の方にぴったりだ。

## ノームの糸車　特定非営利活動法人 ノーム

☎ 0859-64-3404　✉ gnome@sea.chukai.ne.jp
㊟ 鳥取県西伯郡南部町鶴田425-13
https://gnome-sweets.com/　https://gnome88.stores.jp/

## 「ヴィーガン&アウトドアカフェ」カラダとこころが喜ぶ癒しスポット

鳥取県南部町は柿、梨、イチジクなどのフルーツが豊かに実る果樹の里。自然豊かなその地でフルーツをつかったスイーツの製造販売やヴィーガンカフェ、ブッシュクラフトなどのアウトドア体験が楽しめる癒しスポットが『ノームの糸車』。２０２４年６月より、『ノームの糸車』のスイーツ&カフェ部門『ノームキッチン』から乳成分不使用、プラントベースの冷たいスイーツ『フルーツハルヴァ』として新たに販売開始した。地元の新鮮な柿、梨、イチジク、ブルーベリー、キウイ、みかんを使用し、乳製品、小麦粉を一切使わずカシューナッツやクルミ、甜菜糖、メープルシロップでなめらかなアイス状にした新しいスイーツだ。「ハルヴァ」とは、イランなどの中東でお祝いやお祭りの際に作られる穀物、ゴマ、野菜、果物に油脂や砂糖を加えて作られるスイーツであるが『ノームキッチン』ではよりヘルシーに全く新しいアイススイーツ『フルーツハルヴァ』として誕生させた。一般的なアイスよりフレッシュでありながらクリーミー。ロースイーツの手法で作られているので酵素を壊さない48℃以下で製造されているのが特長。カラダとこころが喜ぶヘルシーなスイーツとしてギフト製品としても展開中。

（ライター／播磨杏）

女子会にオススメドリンク2杯付『ベリーコココース』4,235円（税込）

『フルーツパンケーキ』1,650円（税込）

『誕生日や記念日などのサプライズ演出をお手伝いするメッセージプレート』1,100円（税込）

『イチボグリルステーキ』1,188円（税込）

『チキンとオレンジのオーブングリル』968円（税込）

『Berry cocoオリジナル季節パフェ』お問い合わせ下さい。

営 月・火・日曜日
11:00～20:00
（LO19:00）
水～土曜日・祝日・祝前日
11:00～22:00
（LO21:00）
休 無休

『ベリーココLUNCHセット』1,210円（税込）

『各種季節フレール』850円（税込）～

## 吉祥寺 Berry coco

ベリー ココ

0422-26-9354
住 東京都武蔵野市吉祥寺南町2-6-2
https://berrycoco.owst.jp/

## フレッシュなフルーツと美味しい料理の魅力を同時に

週末ともなると近隣の町や首都圏各地からショッピングやレジャーを楽しみにたくさんの人が訪れる東京・吉祥寺。おしゃれな店やカフェ・レストランなど多くの店が立ち並び激しい競争を繰り広げている中、駅周辺に3店舗を展開していずれも大盛況・高評価を得ているのがフルーツと料理の融合をコンセプトとしたカフェレストラン『吉祥寺 Berry coco』だ。

パフェやフルーツのケーキなどデザートやドリンクはもちろん、食事メニューにも色とりどりのフルーツがふんだんにあしらわれているのが印象的だ。フルーツサンドなどテイクアウトできるフルーツメニューも豊富。近くの井の頭公園散策のお供にする人も。

もともとオーナーの実家が山梨県でフルーツ農園を営んでおり、季節の新鮮なフルーツが入手しやすく、また自身も料理長としてオリンピックにも帯同するなど、和洋食の豊富な料理人としての経験がこうしたフュージョンを可能にしている。

（ライター／今井淳二）

『肉球マドレーヌ』

『四角いシュークリーム』
プレーン、嬉野緑茶、ショコラ、黒ゴマきなこ、カフェオレ、苺の6種類。

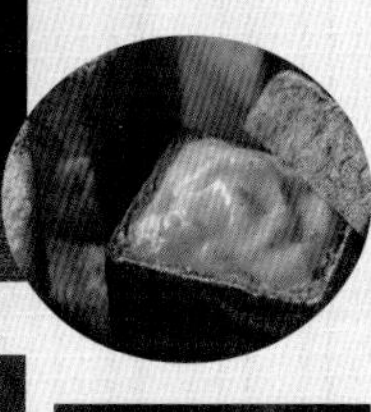

㊔ 11:00〜18:00 ㊡ 水曜日・第3日曜日

## atelierCORO 神園店

アトリエコロ

誕生日ケーキなどセミオーダーで作れる。

『純生ロールケーキ』

070-8540−0568 coro.atelier@gmail.com
㊟ 佐賀市神園4-7-16
atelierCORO 検索 @atelierCORO

## 見た目も可愛らしいケーキや焼き菓子

『atelierCORO』神園店は、マルシェやイベント、水ケ江店で人気の焼き菓子やケーキなどを販売するスイーツショップとしてオープン。レンガ調の建物に入ると小窓からお菓子作りの様子が垣間見ることができる。ショーケースには、シュークリームをはじめケーキ類などがズラリ並ぶ。看板商品のフォルムが可愛い『四角いシュークリーム』は、プレーン、嬉野緑茶、ショコラ、黒ゴマきなこ、カフェオレ、苺の6種類の味が楽しめる。そのままでも美味しいが、軽く焼くと、ふわふわ生地からサクサク生地になり、香ばしさがプラスされて、これもまた美味。たっぷり詰められたクリームは、火を通すことでより滑らかになり旨味も増す。早くも人気なので前日20時までの予約がオススメ。

また、天山酒造の日本酒や酒粕を使った『丸いチーズケーキ』も人気。焼き菓子も並び、形がまさに猫ちゃんの肉球のような『肉球マドレーヌ』やシュークリームの生地を使ったラスクなども目を引く。プレゼントにしたくなるようなお菓子がずらりとあるので、ぜひお立ち寄り頂きたい。（ライター／河村ももよ）

『ごま豆腐』

GOLD AWARD
GOLD AWARD
高野山で修行僧の滋養食として大切に育まれてきた伝統食

『こうやとうふクッキー』ミックス 594円(税込)
シュガー 594円(税込) プレーン 594円(税込)

## 株式会社 大覚総本舗

だいかくそうほんぽ

0736-22-6613 info@daikaku-sohonpo.net
㊟ 和歌山県伊都郡かつらぎ町丁ノ町2357
https://www.daikaku-sohonpo.net/

# 低糖質、低カロリー、高たんぱく質の高野豆腐クッキー

高野山で修行僧の滋養食として珍重され大切に育まれてきた伝統食、高野豆腐を用いた『大覚総本舗』の『こうやとうふクッキー』は、高野山から発売される初めてのクッキーだ。「高野豆腐」は、豆腐を凍結、低温熟成させた後に乾燥させた保存食品。そのため、低エネルギーで、植物性のたんぱく質が摂取できる優れもの。従来のクッキーとは一線を画す健康的なおやつだ。

厳選された高野とうふを贅沢に使用し、しっとりとした食感と豊かな風味を実現。低糖質・低カロリーながらもたんぱく質や食物繊維を豊富に含んでおり、美味しさと栄養を兼ね備えている。また、朝食の一品として、おやつとして、さらにはヘルシーなデザートとしても最適。子どもからお年寄りまで幅広い世代に喜ばれている。

味はプレーン、シュガー、ミックスの3種。高野山で記念の品として、家族の幸せを願う商品として、裏面にはメッセージが書けるようになっているのも嬉しい。美味しく食べて、健やかに、家族や友だちと一緒にぜひ楽しんでほしい。

(ライター／河村ももよ)

『水なす』486円（税込）

お出かけにも人気。おにぎりと一緒に漬物を。

『しば漬風味
おらがむら漬』
394円（税込）

『ニシダやの定番
お漬物セットF』
3,562円（税込）

『クリームチーズの
西京味噌漬』
648円（税込）

京つけもの
ニシダや

## 京つけもの　ニシダや

075-561-4740　info@nishidaya.com
㊟ 京都府京都市東山区今熊野池田町6
https://nishidaya.com/

# 創業89年の老舗がつくる
# みんなが愛するお漬物

京都府京都市東山区の『京つけものニシダや』は、昭和11年創業、89年の歴史を誇る京漬け物店。創業者の辻村安右衛門が漬物の研究を重ね、完成させたオリジナル商品『しば漬風味おらがむら漬』は、大原名産のしば漬にヒントを得て、本来茄子が主であったものを胡瓜にチェンジさせたもので、今では『ニシダや』を代表する商品となっている。パリパリとした歯応えと程よい酸味がクセになると古くから愛され続け、年間40万個も売れているロングヒット商品だ。京都の人気料理店でも使われており、地元ではお馴染みの味になっている。近年は、『クリームチーズの西京味噌漬』も人気。コクのあるフランス産のクリーミーなチーズと西京味噌の芳醇な香りが濃厚で深みのある味わいだ。夏季限定商品『水なす』は、普通の茄子よりも皮が薄く、水分が多く甘みもある。本来の味を生かし、さっぱりとした味付けに仕上げており、ジューシーな食感が楽しめる美味しさだ。「昔、おばあちゃん家で食べた」「お父さんが大好きだった」という心に刻まれた思い出は、どこか懐かしく、忘れることができない大切な味わいだ。

（ライター／河村ももよ）

枝豆生育状況

枝豆の若芽

『さわやかえだまめ』5袋 2,000円（税込）

「ホテルの
枝豆料理」

和ハッカの枝葉

BASEショップ
ご注文は
こちらから。

ふるさと納税

## 片岡農園

かたおかのうえん

☎ 090-6211-6685
㊟ 北海道紋別郡滝上町字上渚滑原野55線北1

# 北海道産枝豆とハッカが生み出す世界に一つだけ未体験の味わい

かつては海外から輸入や合成品が主流であった精油などのミント製品。しかし、近年では食品や香料、医薬品としても安心・安全に使える国産の薄荷（ハッカ）が見直され専門店も登場している。中でも北海道滝上町は薄荷の生産量日本一の町と知られ、その生産量は国内産薄荷の95％を占めている。

滝上町の『片岡農園』では、無農薬で栽培した枝豆に町特産のハッカオイルを噴霧して蒸し上げて商品化。『さわやかえだまめ』と名付けられ、道内で加工・製造された食品のみに認められる「道産食品登録マーク」も取得した唯一無二の商品。茹でるのではなく、蒸すことで旨味が流れ出さず味が凝縮。健康に配慮した無塩製造により、和ハッカの爽やかな香りとともに、ふっくら甘い枝豆の食感がたまらない逸品となっている。

解凍するだけで手軽に食べることができ、ビールのおつまみにはもちろん、子どものおやつにもぴったり。サラダに入れても風味がアップ。

（ライター／今井淳二）

『旨味調味料X』瓶入・袋入 各50g 650円（税込・送料別）

『しいたけスナック』
30g 864円（税込）


株式会社 **北研**
ほっけん

0282-82-1100
㊟ 栃木県下都賀郡壬生町中央町13-1
https://www.hokken.co.jp/

HOKKEN

ホームページはこちら。

楽天市場はこちら。

## きのこ一筋60年の老舗が考案 ヘルシースナックと調味料

「新鮮は美味しい」をモットーにきのこ一筋で60年を超える『株式会社北研』。きのこの品種改良や栽培技術の開発など、常にきのこのことを考え、生産現場と真摯に向き合ってきた老舗企業が開発したのが『しいたけスナック』。きのこのプロ集団が思考を凝らして完成させた、シンプルでヘルシーなスナックだ。純国産しいたけを国内製造。しいたけの風味が引き立つよう、ほんのり甘味に仕上げてあるので、小さなお子様にもオススメ。お湯につけておくと普通のしいたけに戻るほどのシンプルさ。お酒のおつまみにもぴったりで、しいたけ好きにぜひ食べてもらいたい逸品だ。『旨味調味料X』は、焼きしいたけ専用に開発された特別なスパイス。美味しさの秘密は、３大うま味成分の一つであり、キノコ類に含まれる旨味成分グアニル酸と昆布由来のグルタミン酸。和風テイストのスパイスで素材の旨さをグッと引き立てる。焼きしいたけをはじめ、昆布締め風カルパッチョ、ステーキや魚のグリル、卵かけご飯など様々な料理に使える。味噌汁や煮物などの隠し味として入れるのもオススメ。

（ライター／播磨杏）

『ほぼ玉ねぎな焼き肉のたれ』
6本セット 4,520円（税込）

『ほぼ玉ねぎなドレッシング&ほぼ玉ねぎな焼き肉のたれ』各3本セット
4,200円（税込）

「五つ星ひょうご選定商品」

神戸元町店、武庫川店、兵庫キャナルタウン店の3店舗あり。

『ほぼ玉ねぎなドレッシング』
6本セット 3,870円（税込）

## 196Marche
イクローマルシェ

0799-38-6114　196marche@maruyama-komuten.co.jp
㊟ 兵庫県南あわじ市中条中筋132
https://196marche.jp/

# 原材料から手間をかけた旨みたっぷりのドレッシング

『196Marche』の『ほぼ玉ねぎなドレッシング』は、令和6年「五つ星ひょうご選定商品」に選ばれたこだわりのドレッシングだ。土づくりからこだわった自社農園の淡路島玉ねぎ「いくたま」を100%使用し、玉ねぎが63%も入っている。保存料、着色料、増粘剤無添加で、余分な物は加えず、淡路島玉ねぎの旨み、甘み、みずみずしさを活かした、シンプルな味わいが人気の秘訣だ。油の量は極力少なめで、しっかり乳化させることで油っぽさがなく、口いっぱいに玉ねぎの旨みが広がる。砂糖もキビ砂糖を使用することで酸味を抑えている。野菜はもちろん、お肉や魚料理のソース、唐揚げの下味としても使えるので、料理の幅もぐんと広がる。

シリーズで『ほぼ玉ねぎな焼き肉のたれ』もあり、ドレッシング同様に「いくたま」100%使用、国産りんごを贅沢に使用した、果実由来の自然な甘みでコクと旨み、程良い辛みが広がり、万能調味料としても活用できる。

（ライター／河村ももよ）

〜信州産ごま×京都匠の技〜
ごま油を通じてのご縁このつながりを大切に
とざ和農商
「sesame oil」
〜Premium Black〜


お求めは　https://sesameoil-tozawa2022.raku-uru.jp/

『sesame oil　Premium Black』
50g入×1本 3,780円（税込）
2本 7,128円（税込）

150g入×1本 6,480円（税込）
150g入×2本 12,960円（税込）

## とざ和農商

とざわのうしょう

090-8329-3258　noaitoakiki@yahoo.co.jp
㊟ 長野県駒ヶ根市中沢6510-2
https://tozawanosyo.jp/

# 極めて希少かつ驚きのうまさ 純国産黒胡麻油

長野県駒ヶ根市で、10年以上前から希少な国産の黒ごまの生産に取組んでいる『とざ和農商』。100a以上の面積でごまを栽培しており、豊かな自然環境によって良質なごまが育つ。安心・安全の信州産、農薬を使わずに育った黒ごまを国内でも有数の搾油技術を持つ京都の老舗企業と協力し、『sesame oil Premium Black』は生まれた。

古都京都で90年以上にわたり守られてきたごま油屋の丁寧な職人技により、香り高くサラッとした口当たりのオイルは、一口食べたら虜になる美味しさだ。ごまの成分の約半分である脂質は、主にリノール酸とオレイン酸で構成され、免疫力を高め、善玉コレステロールを減らさず、コレステロール値を下げる働きがあり、腸が活性化され便秘予防の作用もある。美味しく食べつつ、さらには健康にもなれる『sesame oil Premium Black』は、サラダやアイス、ピザなどにサッとかけたり、ごま油+塩のつけダレとしても喜ばれている。芳醇な香りのリッチな黒胡麻オイルをぜひ楽しんでほしい。

（ライター／河村ももよ）

『オリジナル
三層ジューススチマキ』
マンゴー、グアバ、バナナで作ったスペシャルジュース。

『マンゴーかき氷』
夏に大人気のかき氷。自家製シロップの優しい甘さとマンゴーの風味がクセになる。

収穫時期には赤いコーヒーチェリーが園内を美しく彩り、気持ちも高鳴る。

沖縄の土地で育ったコーヒー果実の収穫から生豆の加工、焙煎、抽出まですべての過程を体験することができる。

「デラックスルーム」と「スタンダードルーム」の2タイプから選択。

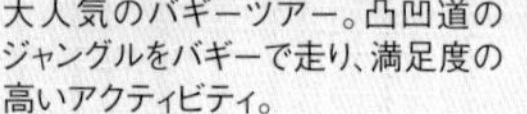

こちらからも
検索できます。

㊟ 10:00～17:00　土・日曜日・祝日9:30～17:00
㊡ 不定休

大人気のバギーツアー。凸凹道のジャングルをバギーで走り、満足度の高いアクティビティ。

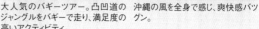

沖縄の風を全身で感じ、爽快感バツグン。

## 又吉コーヒー園

またよしコーヒーえん

☎ 0980-43-2838　✉ info@matayoshicoffee.jp
㊟ 沖縄県国頭郡東村慶佐次718-28
https://www.matayoshicoffee.jp/

### 日本で唯一の観光農園 コーヒー×〇〇がある農園

2014年からコーヒー栽培を始めるも、コーヒー農園だけでは厳しい現実を突きつけらたことがきっかけで、徐々に観光農園化が始った『又吉コーヒー園』。東京ドーム2個分の広大な敷地には、コーヒー、マンゴー、バナナ、グアバなどの熱帯の果物を栽培。園内を巡るツアーにバギーライドツアーとジップラインツアーがあり、ハラハラドキドキな体験は観光客だけでなく、地元の人にも人気のツアーだ。11月から4月は、コーヒー収穫時期になっており、収穫・焙煎体験を開催。果物のコーヒーの実が液体のコーヒーになるまで、すべての工程が分かり、生産地ではどのようにして出荷されるのか学ぶことができる。大人の体験学習として、業界の関係者や各種企業、団体からも好評だ。また、園内で生産されたコーヒーは、併設のカフェでしか飲むことができないが、売り切れになるほど人気かつ希少なコーヒーとなっている。その他、カフェでは生産者ならではのドリンクやかき氷があり、子どもたちに人気だ。また、コテージ宿泊は、キャンプとホテルの良いとこどりで、ママと子どもが喜ぶ仕様になっている。（ライター／今井淳二）

天から降り注ぐ太陽光、海からの反射光、石垣からの反射光の“三つの太陽”をたっぷり浴びたみかんから作られている。

『プレミアム・紅まどんなジュース』
720ml 10,800円（税込）

『プレミアム・甘平ジュース』
720ml　10,800円（税込）

『プレミアム・せとかジュース』
720ml 10,800円（税込）

人気の商品
『きわみジュース』
780ml 1,404円（税込）

**株式会社 濱田農園**
はまだのうえん
HAMADA FARM

0894-22-5083　info@kiwami-mikan.net
㊟ 愛媛県八幡浜市向灘1938
http://www.kiwami-mikan.net/　濱田農園　きわみ　検索

# 八幡市のみかんをそのまま 100%果汁のみかんジュース

みかんよりもみかんの味がするみかんジュース『きわみ』。日本でも有数なみかん産地である愛媛県八幡浜市向灘地区でみかん栽培を行う『濱田農園』の究極の自信作だ。みかんづくりにこだわること80余年。先代から引き継いだ土地と木、最高の環境のもとで4代目濱田善純さんと直人さんが心を込めて育てたみかんに、水・砂糖を一滴も加えず、「みかんをまるごと搾った果汁」と「果肉だけを搾った果汁」をブレンド。本物のみかんだけの100%ストレートジュースだ。果物業界において毎年「日本最高峰」の評価を得る「日の丸みかん」本来の甘さと酸味のバランスをそのままに、ごくごくと味わえる。

『プレミアム紅まどんなジュース』は、愛媛県南予地方の中でも産地・農家によりこだわった紅まどんなを使用した100%ストレートジュース。薄い果皮、高糖度でジューシーな果肉のフレッシュな旨味がそのまま味わえ、まるでゼリーのような食感を楽しむことができる。高級感溢れる桐箱に入って届くので、大切な方への贈り物などにも最適だ。

他にも『プレミアム・甘平ジュース』『プレミアム・せとかジュース』など、それぞれの味わいの違いを飲み比べるのもオススメ。

（ライター／播磨杏）

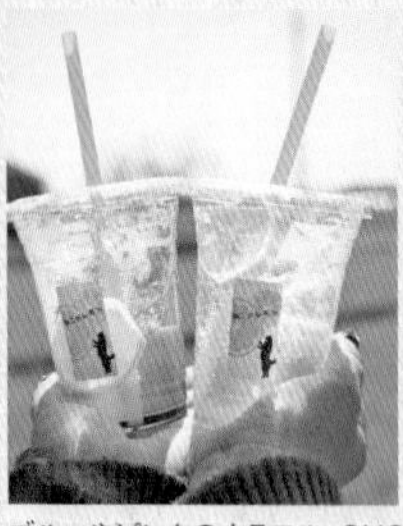

ブルーやピンクのカラフル。SNS映えもバッチリのレモネード。

今人気の『パッションフルーツレモネード』。

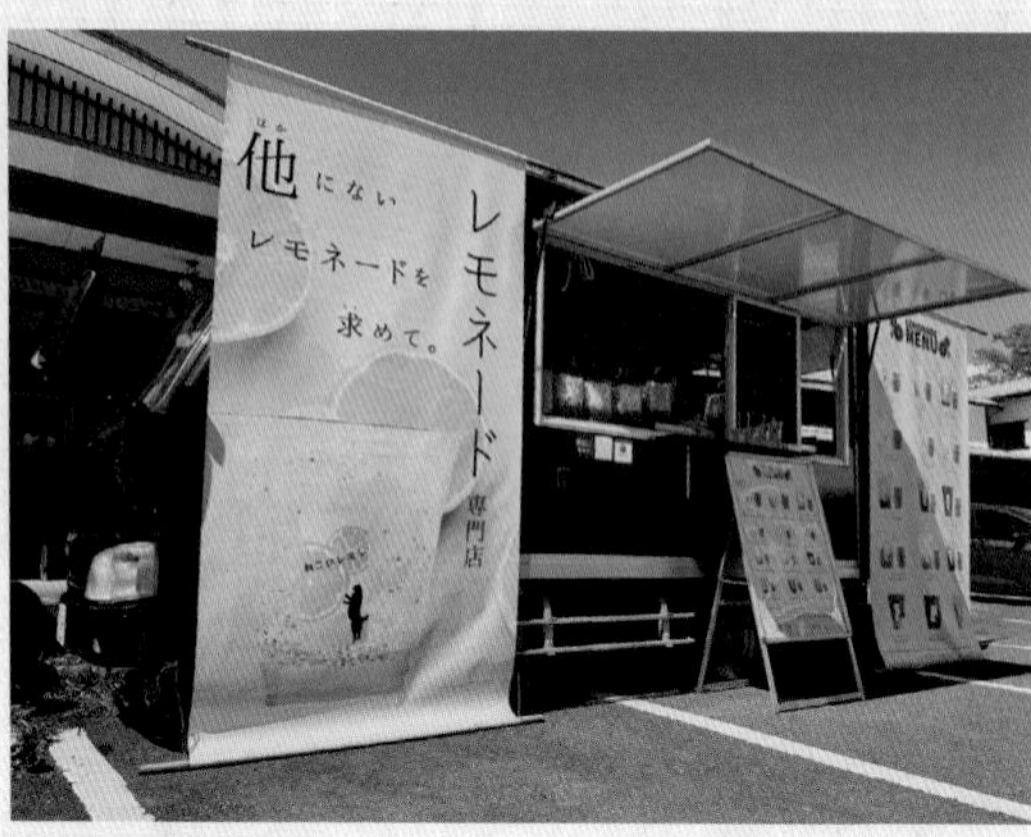

オリジナルフレーバーのレモネードは15種類以上。
1杯 500円（税込）～

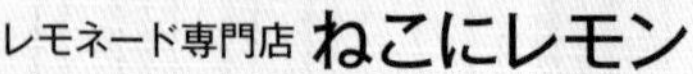

## レモネード専門店 ねこにレモン

080-3387-7518
㊟ 栃木県足利市朝倉町244-2
@neko_ni_lemon ねこにレモン 検索

# キッチンカーでやってくる美味しいレモネード屋さん

栃木県内足利市を拠点にレモネードをキッチンカーで販売しているレモネード専門店『ねこにレモン』。のぼりには、黒猫とレモンのイラストが描かれ、パッと目を引く可愛さだ。

暑くなるこれからの時期、自然由来で体に優しい素材を使ったオリジナルのレモネードは、レモンの程よい甘みと酸味、炭酸の爽やかさが喉を潤し、気分もリフレッシュ。水または炭酸を選ぶことができ、様々な種類があるのでいつでも新鮮な気分で楽しめる。

また、『ねこにレモン』では、よそではあまり見かけないオリジナルのレモネードが豊富。季節限定いちごの「とちあいか」を使ったレモネードやその時期の旬なフルーツを使ったレモネードなどが15種類以上。名前を見ただけでも美味しそうで試してみたくなる。カラフルな見た目は、SNS映えもバッチリ。いろいろ試してみて。土・日曜日は、イベント出店が多いのでInstagramなどでチェックを。

（ライター／河村もも）

鹿島市参加酒蔵:幸姫酒造、富久千代酒造、矢野酒造、馬場酒造場、光武酒造場

嬉野市参加酒蔵:五町田酒造、瀬頭酒造、井手酒造

『鹿島酒蔵ツーリズム®』
「酒蔵ツーリズム」は、佐賀県鹿島市の登録商標です。

●鹿島市役所 商工観光課 0954-63-3412
㊟ 佐賀県鹿島市大字納富分2643-1
●一般社団法人 鹿島市観光協会 0954-62-3942
㊟ 佐賀県鹿島市古枝甲1494-1

## 鹿島酒蔵ツーリズム推進協議会

かしまさかぐらツーリズムすいしんきょうぎかい

rousei@city.saga-kashima.lg.jp
https://sakagura-tourism.com/

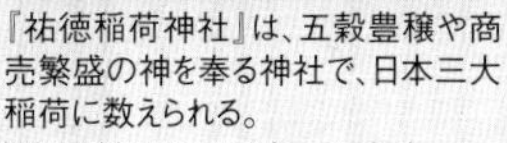

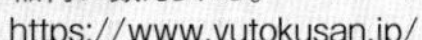

『祐徳稲荷神社』は、五穀豊穣や商売繁盛の神を奉る神社で、日本三大稲荷に数えられる。
https://www.yutokusan.jp/

## 今注目のガストロノミーツーリズム

佐賀県南部の有明海に面した『鹿島市』。多良岳や有明海の豊かな自然に恵まれ、温暖な気候を生かしたミカン栽培や遠浅の海での海苔の養殖など農漁業が盛んだ。雅な織物である鹿島錦や江戸時代より続く酒造りなど昔ながらのものづくりの町でもある。その酒造りの伝統をもっと広く知ってもらおうと五つの酒蔵と近隣の嬉野市の酒蔵と『鹿島市』がタッグを組み、『鹿島酒蔵ツーリズム®』を推進している。酒蔵を巡って生産者である蔵人と触れ合い、酒を味わいながら、酒が生まれた土地を散策して食や文化を体験する旅だ。毎年春には、嬉野市の蔵とも合同で蔵開きイベントを開催するなど、精力的に鹿島の酒の魅力を発信している。その中心ともなる「肥前浜宿 酒蔵通り」は、国の重要伝統的建造物群保存地区にも指定され、白壁土蔵造りの町屋や酒蔵、武家屋敷などが立ち並ぶなど、江戸から昭和の古い町並みが残る。また、市内にある日本三大稲荷の一つ、陽明門を模した楼門がきらびやかな「祐徳稲荷神社」も見どころの一つだ。

（ライター／今井淳二）

## プリンセスのように育てられた旨味旨味たっぷりのお米

新潟県柏崎市で美味しいお米や野菜を丹精込めて栽培している『徳永農園』。中でも人気なのがまるでプリンセスのように丁寧に育てられた『米山プリンセス・シスター』。柏崎市認証米で、柏崎市が定めた品質・美味しさ・栽培方法などの基準をクリアしたコシヒカリだ。豊かな甘みともっちり感、冷めても美味しく和食との相性も抜群で白米やおにぎりで味わうのがオススメ。お米の旨味をじっくり楽しんでみてほしい。

（ライター／河村ももよ）

『米山プリンセス・シスター』
2kg 1,400円（税込）
3kg 2,100円（税込）

柏崎の豊かな自然の恵みを象徴する「米山」「八石山」「刈羽黒姫山」の「刈羽三山」から名付けられた。

### 徳永農園

とくながのうえん

0257-47-3648 info@tokunaga-f.co.jp
㊟ 新潟県柏崎市西山町浜忠2988
https://www.tokunaga-f.co.jp/

## 食べるだけで健康になれる酵素玄米

『長岡式酵素玄米ストア』からお届けしている『長岡式酵素玄米』は、厳選して育てられた材料を使い、長岡式専用圧力鍋で炊き上げ、3日間発酵・熟成した玄米ご飯。柔らかくモチモチで食べても胃にもたれず、その美味しさに驚く人も。食べるだけで体が喜び、心身ともに健康になり、パワーを体感できるエネルギーに溢れたごはんだという。一般的な玄米より消化が良く、年配の方から子どもさんにもオススメ。白米の6倍の食物繊維が含まれているので、体質改善にも効果が期待できる。

（ライター／河村ももよ）

栽培期間
農薬不使用の
玄米を使用
商品は真空パックに
梱包されてお届けします。
おにぎり1個が80gです。


『長岡式酵素玄米』80g 1食 259円（税込）
初回限定『みそ玉アソート付長岡式酵素玄米お試しセット』4,800円（税込）

### 長岡式酵素玄米ストア　めぐみの里

ながおかしきこうそげんまいストア

080-4919-1271 megumi2352@yahoo.co.jp
㊟ 福岡県北九州市若松区山ノ堂町13-34
https://megumi-kousogenmai.stores.jp/

# 不足しがちな栄養を補えるレトルトカレー

豊富な栄養素を含む「クロレラ」の研究と製品化のパイオニア企業である『クロレラ工業株式会社』から100%植物性『クロレラベジカレー』が発売。南雲吉則博士監修のもと、緑黄色野菜の母と呼ばれるクロレラに、野菜とフルーツの旨味にひよこ豆などを合わせ、食べごたえ十分。美容と健康に欠かせないビタミンB12やビタミンK、タンパク質、鉄分を豊富に含む美味しくて栄養と素材にこだわったカレーだ。無理なく週一回の新しい習慣としてぜひ。

（ライター／今井淳二）

『クロレラベジカレー』
180g 972円（税込）

こちらからも検索できます。

## クロレラ工業 株式会社

クロレラこうぎょう

03-3437-0901
住 東京都港区浜松町1-18-16 住友浜松町ビル7F
https://www.chlorella.co.jp/

# 北海道の日高昆布を食べて育った黒毛和牛

『株式会社 Loving Cows』は、北海道日高郡新ひだか町にある精肉卸・牛肉加工品製造販売・直営焼肉店を営む会社。日高特産の昆布を食べて育った黒毛和牛に昆布（こぶ）と黒毛（くろ）を合わせ「こぶ黒」という名前をつけた。『こぶ黒サーロインステーキ』は、とろけるほど柔らかく、噛みしめるほど旨みが引き立つジューシーなサーロインステーキ。牛肉が本来もっている味の濃さをしっかりと感じることができる。天然の旨み成分をたっぷり蓄えた安心・安全で上質な国産黒毛和牛をぜひ。

（ライター／河村ももよ）

『こぶ黒サーロインステーキ』
200g 5,280円（税込）

まつもと牧場直営
焼肉レストラン
『黒毛和牛のドン』
0146-37-1129
㊟ 北海道日高郡新ひだか町
三石本町57-1
㋎ 11:00〜13:45　17:00〜21:30（LO）
㊡ 日・月曜日
https://www.kurogewagyu-don.net/

## 株式会社 Loving Cows
ラヴィング カウズ

0146-35-3253　info@kobu-kuro.com
https://kobu-kuro.com/
@wagyu.no.don

# 伝統とこだわりが詰まったローストチキン

宮崎県高千穂町で50年以上愛され続けてきた味を再現。至極のチキンがいただけるのが『ローストチキン コオロギ』。厳選した鹿児島産のハーブチキンを使用し、フレッシュな丸鶏をお店でハネ身やモモ、手羽先、そして希少部位であるネックにカット。秘伝の調味料・スパイスで一日かけてじっくり味付けして丁寧に焼き上げた鶏の旨味あふれるジューシーな逸品だ。通販で全国どこでも冷蔵でお届けするほか、キッチンカーで各地でも展開中。

（ライター／今井淳二）

『ほね身（真空冷蔵）』
1本（220g）782円（税込）

『もも身（真空冷蔵）』
1本（140g）782円（税込）

『ネック（真空冷蔵）』
5本（43g×5）780円（税込）

『手羽先（真空冷蔵）』
10本（30g×10）1,520円（税込）

## ローストチキン コオロギ

048-881-5077
㊟ 埼玉県さいたま市浦和区東仲町8-3 プレミア浦和1F
https://roastchicken-korogi.com/

# 豊かな食生活に お肉のような大豆ミート

『伊藤ハム株式会社』では、将来的な食肉価格の高騰と供給不足の問題や多様化するライフスタイルに向け、肉・魚に次ぐたんぱく質の選択肢として大豆ミートを使った食品を販売している。たんぱく質をバランスよく楽しむ豊かな食生活を実現した『まるでお肉！』シリーズは、食感がお肉のようだと評判になっている。『植物生まれの豆乳クリームソース入りメンチカツ』をはじめ、バラエティ豊かな全7種類が楽しめる。

（ライター／河村ももよ）

『植物生まれの豆乳クリームソース入りメンチカツ』

『メンチカツ』

『ハムカツ』

『ナゲット』

『からあげ』

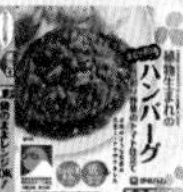

『ハンバーグ』

『肉だんご』

## 伊藤ハム 株式会社

いとうハム

伊藤ハムお客様相談室 0120-01-1186
（日曜日を除く9:00～17:00）
https://www.itoham.co.jp/

## 広島生まれ広島育ち新感覚の広島餃子

広島の美味しいものを全国へと『株式会社パブリック』代表の谷本譲さんが考案した新広島グルメが広島風お好み焼きの具材を包んだ『広島お好み焼餃子』。キャベツのほか、国産野菜に豚肉、そば、そして広島生まれのオタフクソースで作った餡が決め手。焼いてそのままはもちろん、追いソースもオススメ。同じく広島産の青唐辛子を入れ込んだ旨辛の『広島青唐辛子餃子』は、フレッシュな青唐辛子が香るひと味違う味わいだ。

（ライター／今井淳二）

『広島お好み焼餃子』
2袋 10個入 2,160円（税込）

『青唐辛子餃子』
2袋 15個入 2,360円（税込）

『広島お好み焼餃子+青唐辛子餃子』2袋セット 1,800円（税込）

### 株式会社 パブリック

☎ 082-542-6223 ✉ hiroshimagyoza0205@gmail.com
㊟ 広島県広島市中区昭和町3-26 森ビル1F
https://www.hiroshimagyoza.jp/

## 自然と人のチカラがつくる素朴で体がよろこぶ野菜

2008年より神奈川県藤沢市にて「農薬や化学肥料に頼らない野菜作り」を信念とし、取り組んでいる『にこにこ農園』。動物性有機物の肥料をこの3年間は使わず、畑の循環を更に意識した「不耕起栽培」にも挑戦中。採れた野菜は、直接お届けし農園と食卓が持ちつ持たれつの関係で繋がっている。積極的にイベントなども行い、農に興味ある方、土に触れたい方が気軽に訪れ、様々な方が活躍し合える農園を目指している。2024年よりNPO法人となる。

（ライター／今井淳二）

### にこにこ農園

にこにこのうえん

☎ 090-1059-4849 ✉ info@nikoniko-nouen.com
㊟ 神奈川県藤沢市城南1-19-14
https://www.nikoniko-nouen.com/

# 急速冷凍で自宅に届く青森県の新鮮な食材

青森県は恵まれた風土から新鮮な魚介、農産物の恩恵を受けている。『Native × Frozen』は、美味しく新鮮な青森の食材を急速冷凍技術を活用し、「地産地消」ではなく、「地産全消」していただくため全国にお届けしている。ホヤの炊き込みご飯をホヤ殻に詰めたあおもり食命人『ほや壺ごはん（殻付き）』は、温めるだけでホヤの弾力と磯の風味を堪能できる逸品。塩少々と海苔を入れて磯茶漬けにしても。また、殻に日本酒を入れて楽しむのもオススメ。

（ライター／河村ももよ）

『ほや壺ごはん』1,500円（税込）

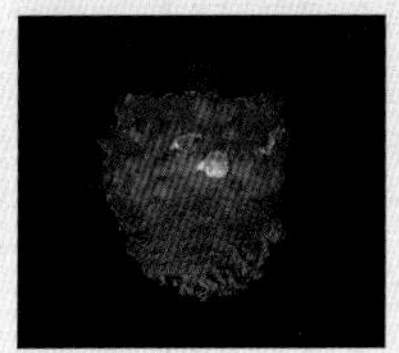

食べ終えた後、殻の中を洗い、底に穴を開けて電球をともせば「SDGsホヤランタン」に!

青森の美味しい食を-60℃で瞬間冷凍。

## Native×Frozen

ネイティブ フローズン

0176-58-0069 ativefrozen@aiandforestry.co.jp
住 青森県十和田市稲生町20-18
https://native-frozen.com/ @nativexfrozen

# 創業の100年余りの歴史あるたたみいわし

1921年創業の『しらす屋カネナカ商店』は、静岡市用宗港で水揚げされるしらす製品を販売、創業以来、伝統製法にこだわって、本物の味を届け続けている。生しらす・釜揚げしらすの他にも伝統のたたみいわしなどの珍味が充実。オススメの『炙りたたみいわし小判2枚』は、たたみいわしを炙ってあるので食前の加熱の手間がいらず、そのまま食べることができる。太いしらすを選んで使用しているので、しらすの味が特に濃厚だ。

（ライター／河村ももよ）

『炙りたたみいわし 小判2枚』480円（税込）
スナック感覚でお子様のおやつやサラダや麺類などへのトッピングにもオススメ。

## しらす屋 カネナカ商店

カネナカしょうてん

054-259-2625 kanenakasirasu@gmail.com
住 静岡県静岡市駿河区石部4
https://kanenakasirasu.stores.jp/

## 試行錯誤の末に生まれたもちもちクレープ生地

『Riyan crepe and cafe』は、宮城県登米市の店舗で、また日曜日にはキッチンカー販売も行うクレープと軽食のお店。クレープやガレット、カフェ、オムライスや豚の唐揚げ定食などが楽しめる。こだわりのクレープ生地は、もちっとした食感とほどよい甘さとで後を引く旨さ。『チョコバナナアーモンド』は、リピーター続出の人気メニュー。甘すぎないホイップクリームとチョコ&バナナ、アーモンドのザクザクした食感が美味しい。キッチンカー情報はInstagramをチェック。（ライター／河村ももよ）

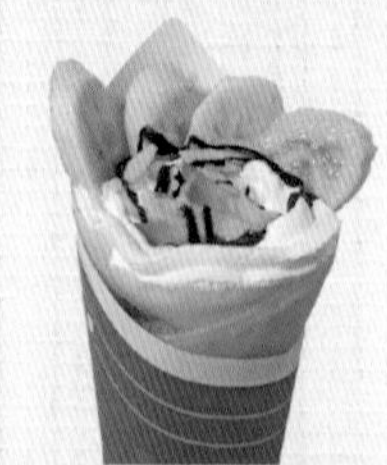
『チョコバナナアーモンド』

『トルネードクレープ』

『練乳チョコバナナアイスクリーム付き』

『高級オムライス』

### Riyan crepe and cafe
リヤン

☎ 070-4060-0920
㊟ 宮城県登米市南方町田中浦24-11
Riyan 登米市 検索　@riyancrepe

## もちもちの食感の『バブルワッフル』

福島県郡山市では初の『バブルワッフル』のキッチンカー『Elise.』。海外でも話題の見た目も可愛い『バブルワッフル』は、丸い形がたくさん付いたモチモチのワッフルと一緒に、アイスやフルーツなどのトッピングを載せて食べるスイーツ。米粉とタピオカ粉を使ったグルテンフリーのオリジナルの生地で、手作業で一つひとつ丁寧に焼き上げている。くるくるとクレープのように包んだ、ボリュームたっぷりで、カラフルな見た目は、SNS映え間違いなし。（ライター／河村ももよ）

『バブルワッフル』15種類

### バブルワッフルキッチンカー Elise.
エリーゼ

☎ 080-6045-8406
㊟ 福島県郡山市
Elise. 郡山市 検索　@bubblewaffle.elise

## ふわふわでしっとりのシフォンケーキを自宅で

『こいしや菓子店』は、新潟県小千谷市にある小さなお菓子屋さん。伝統的な和洋菓子を中心に製造しており、長年、地元で愛されてきた。このたび、10数年前から力を入れてきた『シフォンケーキ』を『白雪しふぉん』と改名。しっとりふわっふわで、食べると口どけがたまらなく、多幸感が溢れでる。たまご、ココアマーブル、紅茶などレギュラーの他に、四季に合わせて旬の味を楽しめる季節限定の品も人気。お取り寄せも可能。「白雪」は、先代が作っていた飴の名を後世に残すべく承継、登録商標となっている。

（ライター／河村ももよ）

シフォンケーキ
5種セット
※種類はお選びいただけます
こいしや
菓子店

『白雪しふぉん5種セット』1,750円（税込）
購入は楽天市場から。https://www.rakuten.co.jp/koishiyakashiten/

### こいしや菓子店
こいしやかしてん

0258-82-2805　5148kashiten@gmail.com
㊟ 新潟県小千谷市船岡2-3-2
@koishiya.ojiya　こいしや菓子店　検索

## 罪悪感なく食べられる極厚米粉チーズケーキ

岡山県津山市にある『PANLIFE工房』は、米粉チーズケーキ専門店。チーズが苦手な方でも、ダイエットやスポーツをしている方も罪悪感なく食べられるケーキを作りたいとの思いでオープンした。極厚のチーズケーキは、津山産米粉、甜菜糖からできたグラニュー糖を使用し、生クリームも植物性なのでしつこくなく、軽い口あたり。甘さもスッキリで体にも優しいと訪れるお客様が後を絶たない。「こんなチーズケーキ食べたことない」と評判だ。

（ライター／河村ももよ）

『極厚チーズケーキ 18㎝』
3,300円（税込）

### PANLIFE工房
パンライフこうぼう

090-1331-4376
㊟ 岡山県津山市高野本郷1415-2
https://panlifekobo.base.shop/　panlife

## 洗練されたカフェで楽しむフランスの古典菓子

東京・品川区大井町駅から約2分の『PRALINE RENARD』は、焙煎したナッツと熱いシロップを加えてカラメル化させたプラリネを使った伝統的なフランスの古典菓子を堪能できるカフェ&ケーキショップだ。素材選びにもこだわり、豆乳バターやきび砂糖などを使用。低糖質な体に優しいお菓子も提供している。中でも『パリブレスト』は、人気で、こだわりの珈琲豆を使用した2種類のコーヒーや選りすぐりの紅茶と共にぜひ味わっていただきたい。

（ライター／河村ももよ）

『フレジエ』
700円（税込）
ピスタチオのバタークリームにイチゴをサンドしたフランス式ショートケーキ。

『オペラ』
650円（税込）
コーヒーのバタークリームにアーモンドプラリネを加えた古典菓子。

㊌ 11:00〜20:00
㊡ 火曜日

### PRALINE RENARD
プラリネ ルナール

090-5522-2921
㊟ 東京都品川区東大井5-2-2
PRALINE RENARD 検索
@sweets_aoki

## ぜひ一度食べて欲しい専門店の干し芋と焼き芋

日本有数の産地、茨城県が誇るさつまいも「紅はるか」。県内でも一番の産地、ひたちなか市の『株式会社ニチノウ飛田』は、代々干し芋を作り続けてきた老舗。『紅はるかの干し芋』は、ねっとりとした歯ざわりと素朴な甘さがクセになる郷土が誇る逸品。『紅はるかの冷凍焼き芋』は、絶妙に追熟させた紅はるかを一番美味しい製法で焼き上げてそのまま急速冷凍。レンジなどで解凍するだけで焼きたての美味しさをいつでも楽しむことができる。

（ライター／今井淳二）

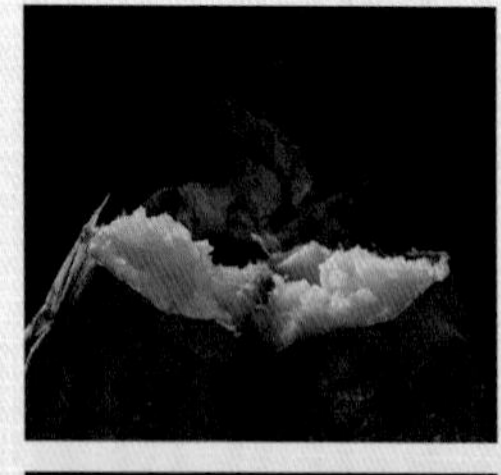

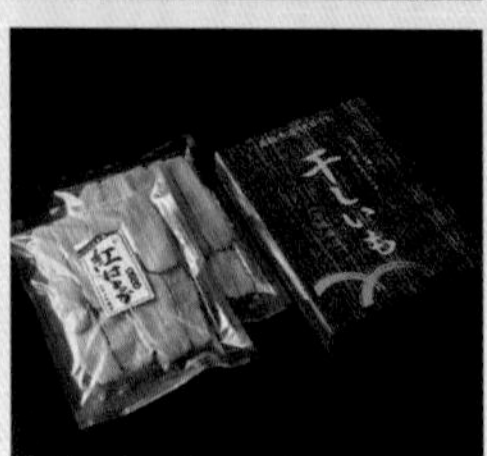


『紅はるかの干し芋』
400g 2袋箱入 2,900円（税込）

ニチノウ飛田

こちらからも検索できます。

### 株式会社 ニチノウ飛田
ニチノウとびた

029-272-5905 nichinoutobita2006@gmail.com
㊟ 茨城県ひたちなか市馬渡3250-2
https://nichinoutobita.amebaownd.com/

# 大切に育てる北の大地の贈り物

北海道の中心部、雄大な自然に恵まれた富良野で、本当に美味しいものを皆様に届けたいという思いで日々農業と向き合っているのが『守田農園』。盆地という土地柄、昼夜季節の大きな寒暖差を生かし、安心・安全にこだわった濃厚な味わいの野菜や果物を育てている。旨味の強いアスパラガスやホクホクのカボチャ、そして人気の『富良野産メロン』。メロンは、糖度が15～18度と甘くジューシーな赤い果肉が特長。中でも選りすぐった特秀品は、贈答品にも最適だ。美味しい北の恵みをこの機会にぜひ。

（ライター／今井淳二）

『富良野産メロン』2kg 2,700円（税込）

『富良野産カボチャ』

『富良野産アスパラガス』
1kg 4,320円（税込）

## 守田農園
もりたのうえん

090-2031-5777　moritanouen.furano@gmail.com
住 北海道富良野市山部西13線2
https://www.moritanouen2020.com/

# 大粒で甘くて美味しい桃やさくらんぼ

山梨県南アルプス市の果物農家『Koizumifarm381』は、美しい自然に囲まれた地域で桃とさくらんぼを生産している。南アルプス市は、盆地特有の内陸性気候で寒暖差が大きく雨が少ないため、おいしい桃やさくらんぼを育てる好条件が揃っている。丹精込めて育てた桃は、大玉で果肉は柔らかく、甘くてジューシーな食感。さくらんぼは1粒が大きく、とびきり甘い。桃やさくらんぼを取り立てそのまま、フレッシュな味をお取り寄せで堪能してほしい。

（ライター／河村ももよ）

『さくらんぼ 500g（約3～4人分）』
3,850円（税込）

『桃 サイズミックス（13玉前後）』
7,700円（税込）

『高級すもも 貴陽（5玉前後）』
5,500円（税込）

こちらからも
検索できます。

## Koizumifarm381
コイズミファームさんはちいち

koizumifame381@gmail.com
住 山梨県南アルプス市上今井381
https://koizumifarm381.stores.jp/　Koizumifarm381

# 大粒で甘くジューシー 食べ応えがあるいちご

滋賀県草津市の『しづうのファーム』では、甘くジューシーで食べ応えがある大粒ないちごを栽培。摘みたての新鮮ないちごを直売店のほか、手軽に購入できるよう自販機でも販売している。栽培方法にこだわり、ビニールハウス内の温度調節には、暖房を一切使用しない。また、紫外線のランプ（UVB）を当てることで抗体を強くし、いちごの病気を発生しにくくすることで化学農薬の使用を抑えている。地方発送もあるので、ぜひ堪能して欲しい。贈り物にもオススメだ。

（ライター／河村ももよ）

いちごの自動販売機を設置。

オーナー 宇野達哉さん

## しづうのファーム

070-8305-1152
㊟ 滋賀県草津市青地町538-2
https://shizuunofarm.com/

# つかのまのひとときに リラクゼーションドリンク

アジア各国をはじめとする世界のお酒を扱う『株式会社池光エンタープライズ』から、「気が休まればそれでいい」というのんびりとしたコンセプトの微炭酸ドリンク『kiyasume（きやすめ）』が登場。ゆずの爽やかな香りに、アロエ、乳酸菌、グリシンの優しい味わいをプラス。音楽を聴いてひと息つくようにリラックスしてほしいという思いから、一時停止ボタンで休む時間を表現したミュージックプレイヤーをイメージ。目印のナマケモノが気休め程度のリラックスをお届けする。

（ライター／今井淳二）

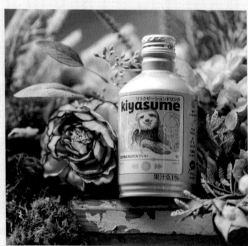

『kiyasume』280ml 参考上代 196円（税込）

## 株式会社 池光エンタープライズ

いけみつエンタープライズ

03-6459-0480 kiyasume@ikemitsu.co.jp
㊟ 東京都港区虎ノ門3-18-19 UD神谷町ビル5F
https://kiyasume.jp/ @kiyasume_ikemitsu

『コーストインシャローム
つるやアネックス』
029-262-5111
㊟ 茨城県ひたちなか市
平磯町1245

チェックイン15:00　チェックアウト10:00

大浴場から壮大な太平洋が望む絶景のロケーション。

お部屋全室からも太平洋が望める。

わんちゃんも一緒に泊まれる。

お一人様1泊2食付
『旬の海鮮グレードアッププラン』
16,500円（税込）など、その他のプランもあり。お問い合わせを。

# つるやホテル

029-265-8322　info@tsuruyahotel.com
㊟ 茨城県ひたちなか市阿字ヶ浦2229-20
https://www.tsuruyahotel.com/

## 全室が海を見渡せる絶好のロケーション

茨城でも人気のビーチ阿字ヶ浦海岸の波打ち際に建つ『つるやホテル』は、全室がオーシャンビュー。最高のロケーションが堪能できる温泉ホテル。部屋やロビー、食事処の大きな窓から視界いっぱいに大きく広がる太平洋をゆったり眺めることができる。大浴場もオーシャンビューで、どこにいてに手が届きそうな程近くに海の絶景が広がる。目を閉じると、全身がヒーリングされているように波の音が優しく心地よい。人の少ない時期にのんびり静かに海を眺めるのもオススメだ。夏の時期は、部屋の窓から日の出が拝めるのもまた格別な時間だ。郷土色豊かな活魚料理を心ゆくまで味わえる人気の『旬の海鮮グレードアッププラン』をはじめ、様々なプランがあるので、家族やご友人と訪れて海やレジャーを楽しんでみてほしい。国営ひたち海浜公園をはじめ、茨城を代表する人気レジャースポットへのアクセスも大変便利。また、姉妹店の『コーストインシャロームつるやアネックス』も全室オーシャンビューでこちらも人気。二つの『つるやホテル』で、ぜひ休日をゆっくり過ごしてみては。

（ライター／河村ももよ）

「こもれびサイト」
1泊 2,800円(税込)〜
日帰り 1,400円(税込)〜

「ケビン棟」定員5名
平日 18,000円(税込)〜
土・日曜日・祝日の前日を含む
24,000円(税込)〜

「オートキャンプサイト」
1泊 5,800円(税込)〜
日帰り 2,900円(税込)〜

「フリーサイト」
1泊 2,800円(税込)〜
日帰り 1,400円(税込)〜

「管理棟」多目的室(10:00〜16:30)
2時間 3,000円(税込)〜
受付、売店、コインロッカーなどあり。

「バーベキューサイト」1炉3時間 1,500円(税込)〜

## 石岡市つくばねオートキャンプ場

いしおかしつくばねオートキャンプじょう

0299-42-2922　camp-tsukubane@bh.wakwak.com
住 茨城県石岡市小幡2132-14
https://tsukubane-camp.com/

### 思い立ったらすぐに行ける手軽さが人気のキャンプ場

近年、新しいキャンプ場も各地にオープンしたり、既存施設の設備も充実の一途をたどり、ひと昔前より未経験の人もずいぶん始めやすくなっている。

そんな初心者キャンパーはもちろん、ベテランキャンパーからも評判なのが茨城県の『石岡市つくばねオートキャンプ場』だ。首都圏から2時間程度、筑波山の麓に広がるキャンプ場は、四季を通して豊かな自然に囲まれ、近隣にはやさと温泉「ゆりの郷」や「いばらきフラワーパーク」などの観光施設も点在する絶好のロケーション。週末になると若者や家族連れが楽しくキャンプにバーベキューに楽しんでいる。

芝生でのんびり「フリーサイト」、ソロキャンプ向けの林間サイト「こもれび」、別荘感覚のバンガロータイプ「ケビン」、電源完備、車も乗入れできる「オートキャンプサイト」と各キャンプサイトを人数規模や過ごし方に合わせて選べる。テントやBBQ道具のほか、一式レンタルもできるので、手ぶらでも気軽に訪れられる。

（ライター／今井淳二）

㊊ 大人 1,900円（税込） 小人 1,100円（税込）
㊇ 9:30〜17:00（最終16:30） ㊡ 無休

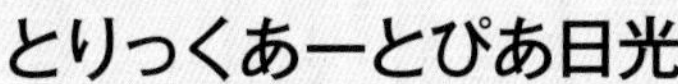

## とりっくあーとぴあ日光

とりっくあーとぴあにっこう

☎ 0288-77-3565 ✉ info@trickart-pia.com
㊟ 栃木県日光市小佐越1-4
http://trickart-pia.com/

# どんな天気でも遊べる不思議ワールド

『とりっくあーとぴあ日光』は、世界の名画、彫刻を題材にしたユニークなトリックアート美術館で、現実と描画との違いがわからなくなるほどのアートが満載だ。子どもも大人も、一目見ただけでハマってしまうこの美術館は、見る角度によって印象が変わる作品や間違い探しなど館内の作品のあちこちにいろいろなトリックが仕掛けられている。ピラミッドの内部のようなコーナーがあったり、まるで空中に浮いているかのような立体的な魚の絵などたくさんのアートを楽しめ、思わず近付いて触ってみたくなる作品ばかりだ。美術館では触れたり写真撮影など厳禁だが、ここでなら触ったり一緒に写真を撮ることができる。

予約なしでの利用が可能で、屋外のオブジェを除き施設はすべて屋内。どんな時期に訪れてもお天気を気にせず思いっきり楽しめるのが嬉しい。ぜひトリックアートで休日を満喫してほしい。

（ライター／河村ももよ）

キャンプ場の横を流れる「清流秋神川」で川遊びもでき、散歩もできる。

ベーシックプラン 1サイトあたり 3,000円（税込）～
チェックイン12:00チェックアウト11:00

釣り堀で釣った岩魚やマスを塩焼きにして食べられる。

「セグウェイ」1台あり。

『バンガロウ』ロフト付2棟あり。

新くるみランド
EVオートキャンプ場

## 新くるみランド

しんくるみランド

090-6585-7587　kurumiland@outlook.jp
㊓ 岐阜県高山市朝日町胡桃島122
https://www.kurumiralwith.com/　https://shinkurumiland.com/

こちらからも
検索できます。

# 飛騨の大自然を満喫できるキャンプ場

ファミリー層にも人気の高いキャンプ。全国各地のキャンプ場はより便利に、設備・サービスは充実の一途をたどっているが、豊かな自然に恵まれた岐阜県には70以上ものキャンプ場があり、その数は全国第3位。自動車で乗り入れることのできるオートキャンプ場から、本格的なキャンプが楽しめる林間エリアなど、初級者から上級者まで楽しめる施設が豊富に揃っているのが特長だ。そんなキャンプ場の一つ『新くるみランド』は、御嶽山から流れる清流・木曽川上流秋神川沿いの自然環境に優しいEVオートキャンプ場。背景に御岳山がそびえる標高1000mの広大な敷地、夜はまるで降ってくるような満天の星空といったロケーションと、充実した設備が人気で、中でも夜空を見ながらのサウナは絶景と好評。EV車やキャンピングカーが5台まで充電可能な広々としたキャンプサイトや薪ストーブも設置されたバンガロー。それに手ぶらで行っても楽しめるよう、キャンプ用品、BBQ用品などレンタルも充実。水風呂やベッドチェアも設置された個室サウナも貸し切りで楽しめる。

（ライター／今井淳二）

## 立山信仰など文化・民俗 自然について体験

『富山県立山博物館』は、立山の自然と人間のかかわりがテーマの博物館だ。立山の自然、信仰・文化が学べる「展示館」、立山の自然や立山信仰の世界に関する映像を臨場感ある3面大型スクリーンで観る「遙望館」、立山曼荼羅の世界を五感で体感できる「まんだら遊苑」などが楽しめる。国の特別天然記念物ニホンカモシカを見学できる「かもしか園」などの施設も。博物館周辺にある遺構も含め、立山を巡る人々の営みや歴史を体感しに訪れてみて欲しい。（ライター／河村ももよ）

『展示館』

『まんだら遊苑（地界）』

『遙望館』

『かもしか園』

㊔ 9:30〜17:00（入館は16:30まで）㊡ 月曜日・祝日の翌日・年末年始
「まんだら遊苑」12月1日から3月31日まで冬季休苑。

### 富山県立山博物館

とやまけんたてやまはくぶつかん

076-481-1216
㊟ 富山県中新川郡立山町芦峅寺93-1
https://tatehaku.jp/

## 自然、文化、食と 魅力いっぱい「みなみ阿波」

〝四国の右下〟に位置する「みなみ阿波」エリア（徳島県南部）。その魅力を存分に味わえるのが、土地の気候風土や食材、伝統や習慣によって育まれた食を学び、味わい、地域の人々と交流しながら、「室戸阿南海岸国定公園」の清々しい海岸線のウォーキングを楽しむ『ONSENガストロノミーツアー』。徳島名産の上質な黒毛和牛肉「阿波牛」や沿岸の港に揚がる豊富な魚介類、阿波の水、米が育んだ地酒も堪能できる。他にも、サスティナブルツアーや話題のDMV体験ツアーも随時募集中。（ライター／今井淳二）

開催日やツアー内容などについては、主催者にお問い合わせ下さい。

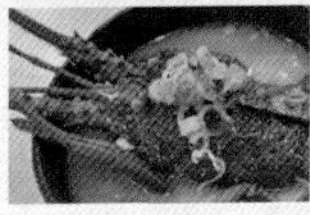

### 一般社団法人 四国の右下観光局

しこくのみぎしたかんこうきょく

0884-70-5880 ✉ migishita@shikokunomigishita.jp
㊟ 徳島県海部郡美波町奥河内字弁才天17-1
https://shikokunomigishita.jp/

『大歩危峡』

『剣山』

『祖谷渓・小便小僧・ひの字渓谷』

『祖谷のかずら橋』通行料/大人 550円(税込)　小人 350円(税込)

## 三好市観光案内所

みよししかんこうあんないじょ

☎ 0883-76-0877　✉ info@miyoshi-tourism.jp
㊟ 徳島県三好市池田町サラダ1810-18
https://miyoshi-tourism.jp/

### 自然と歴史、世界からも注目される先人の知恵

四国4県の市町村の中でもっとも広い面積を占めながら、その4分の3以上に丘陵や山地が広がる徳島県の『三好市』。歴史と伝統、独特の文化、さらに四季折々様々な表情を見せる豊かな自然に恵まれた魅力的な場所だ。

『三好市』の中でも一番見逃せないスポットが『祖谷(いや)のかずら橋』。平家の落人伝説が残る山深い秘境・祖谷地域にかかる長さ45mの吊り橋で、かつてはこの地域への唯一の通行手段だった。森に生えるシラクチカズラ(サルナシ)という植物のつるを強固に編み重ねて作られており、日本三奇橋にも数えられている。約14mという高さ、下を流れる祖谷川の清流を足元から見渡せるスリルに日本のみならず、世界中から観光客が訪れる名勝地だ。

四国を代表する河川・吉野川の流れが作り出した『大歩危(ぼけ)・小歩危』では、遊覧船で渓谷の景色を眺めたり、急流でラフティングを楽しむことも。また、登山やハイキングが人気、四国第二の高峰『剣山(つるぎさん)』の山頂からは、四国の山々を一望できる。

(ライター/今井淳二)

日本庭園が望める露天風呂と大浴場。

『ラビスタツイン』

全室天然温泉露天風呂付き。

洋食

和食

鹿児島の山の幸・海の幸をぜひ。

宿泊のご予約は公式HPが一番お得☆

チェックイン15:00　チェックアウト11:00

## ラビスタ霧島ヒルズ

ラビスタきりしまヒルズ

0995-64-4321　kirishima@dormy-hotels.com
住 鹿児島県霧島市牧園町高千穂3812-6
https://dormy-hotels.com/resort/hotels/la_kirishima/

夏期7/25～9/23限定の南国リゾートのような全長25mプール。

## 南国の空と桜島が織りなす極上の温泉タイム

錦江湾と桜島を望む霧島温泉郷の一等地に佇む南欧調の館『ラビスタ霧島ヒルズ』は、全室天然温泉露天風呂付き。桜島を一望しながら癒しの休日をゆったりとくつろげるプレミアム・リゾートだ。テラスに設えたビューバスや檜風呂を満たす湯も霧島温泉郷の名湯。九州屈指の雄大な自然を望みながら、湯浴みを愉しむ至福のひとときを過ごせる。

『ラビスタ霧島ヒルズ』は、洋館でありながら大浴場と貸切風呂は和風の設え。貸切風呂は、檜、岩、樽の趣の異なる3種があり、すべてが天然温泉を楽しめる露天風呂となっている。趣きの異なる三つの貸切風呂は、共立リゾート屈指の贅沢さを誇り、空いていれば無料で何度でも入ることができる。楽しみな夕食には、鹿児島の豊かな旬菜をイタリアンテイストに仕立てた洋食コース料理を。朝食はバイキングで、南欧リゾートの薫り漂うレストランで彩り豊かな和洋の旬菜を味わえる。館内には、ペットと泊まれる「ルシアンルーム」も併設、ペット連れのお客様にも喜ばれている。

（ライター／河村ももよ）

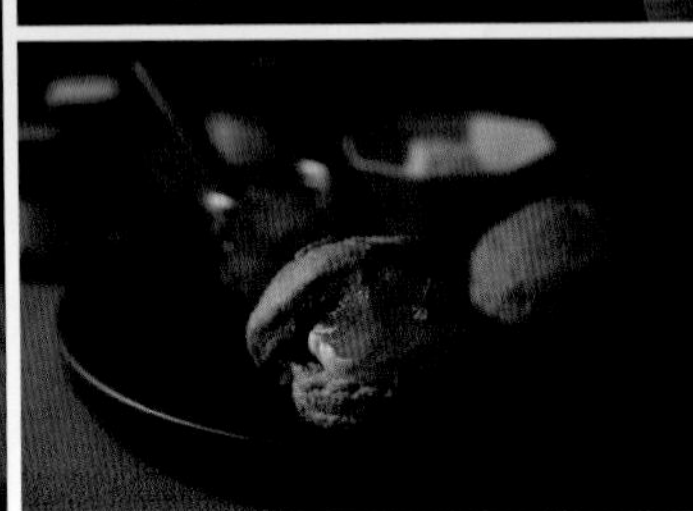

# その日その時の気分を彩る、こだわりジャム。

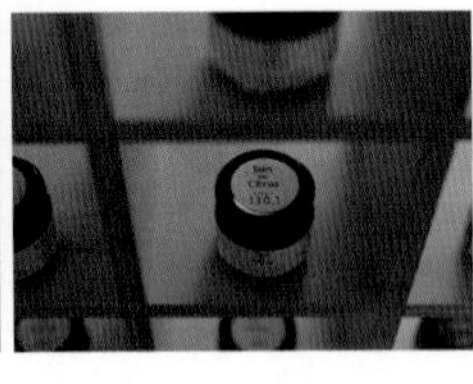

店員によるジャムの説明や試食もできる。

常時、約100種類を展示。

## 果実をまるごと味わえる無添加ジャム

全国の農家から直接取り寄せた四季折々の新鮮な旬の果実だけを使用して作る無添加ジャム『Jam the』は、とことん国産の果物にこだわったジャムブランド。柑橘類、りんご、トロピカルフルーツ、ベリー類、ももなどの果物全般、野菜を使い、農家や農園にもこだわったラインナップは、200種類以上にも及ぶ。無添加にもこだわり、製造過程で加えるのはとてんさい糖のみ。厳選された果実の味わいと香りを引き出すため、ジャム職人がそれぞれ柑橘毎に切り方や配合を調整。同じ柑橘でも産地や収穫時期で変わる味の違いも楽しめる。また、果皮や果肉を噛んでつぶつぶ感を味わえるようにも仕上げており、視覚・嗅覚・味覚・そして噛んだときの触覚も含めて最大限に味わえる果実感を活かした唯一無二のジャム。とっておきのひとときや大切な人への贈り物にも。

新潟県 佐渡島で
JAの
就農研修!
美しい島で
農業を始めよう
Here

日本海で最も大きな島「佐渡島」。トキも生息する自然豊かなこの地で農業を始めたい方のために、『JA佐渡』が行っている「就農研修制度」。3年間 JAの職員として働きながら農業の知識や技術を身につけ、自身の新規就農に備えることができる。「1年で種蒔きから刈り取りまで水稲に関する様々な作業を体験し、難しさや大変さを実感するとともに、その面白さ・楽しさを味わうことができました。研修終了後はのれん分けや継承といった形で水稲・柿を軸に佐渡の農業を担っていければと考えています」など、実際に活動している研修生は発見と学び、希望に満ちた毎日を送っている。住居サポートも行っている。

佐渡で農業
始めてみませんか?
JA佐渡の就農研修制度
U・Iターン大歓迎!!
自然豊かな佐渡島で「新しい就農のカタチ」
JA佐渡

## 研修生の声

農業に携わり始めてまだ2か月ほどですが、何かを一から育てる ということの大変さを痛感しています。しかし、同時に楽しさや素晴 らしさも感じ、とてもやりがいのある仕事だと思っています。就農して何をしたいのか、何ができるのかを見つけられるよう頑張ります。

1年で種蒔きから刈り取りまで水稲に関する様々な作業を体験し、難しさや大変さを実感するとともに、その面白さ・楽しさを味わうことができました。研修終了後はのれん分けや継承といった形で水稲・柿を軸に佐渡の農業を担っていければと考えています。

茨城県の農業法人で梨の栽培に5年ほど従事していましたが、独立を意識するようになり、新・農業人フェアに足を運んだところ、こちらの制度を見つけました。果樹栽培の種類が豊富な佐渡で、新たなチャレンジをしたいと思っています。

農業は初めてですが、佐渡の大自然の中で農作業をするのはとても気持ちがいいし、楽しいです。農作業を通して自然と体力もついてきたと思います。これから就農に向けてたくさん学んでいきたいです。

就農研修制度のパンフレットはこちらから

CHECK

JA佐渡ホームページ 就農研修制度

お問い合わせ先 **JA佐渡 営農振興課**

〒952-1208／新潟県佐渡市金井新保44-1

0259-63-3106　FAX 0259-67-7061

営 9:30〜17:00　休 土·日曜日·祝日

einoukikakukacyo@ja-sado-niigata.or.jp

島の産物をお届けするオンラインショップ

佐渡産直ネット

さどまるしぇ

https://sado-sanchoku.net/

さどまるしぇ

『佐渡農業協同組合』『佐渡市』『ヤマト運輸株式会社』との三者連携によるECプラットフォーム。少量から業務用単位まで、『佐渡農業協同組合』が取り扱う『佐渡米』『おけさ柿』『乳製品』『直売野菜』のほか海産物、加工品も取り揃えている。

# 4

## 美容と健康を手に入れる スポット&アイテム

**美容や健康になるために
いろいろな知識や技術は
大いに発達している。
そんな今、注目の最新の美容や
健康の情報をご紹介。**

# 楊貴妃が愛したアナツバメの巣の恵み
# 美の鍵を握る基礎化粧品

世界三大美女の一人
楊貴妃も愛した
“アナツバメの巣”の
エキス配合

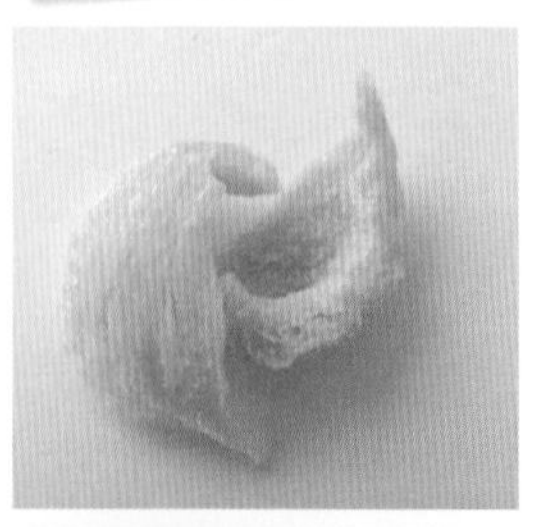

東南アジアのごく限られた地域の断崖絶壁の場所にしか作らないアナツバメの巣は、高い美容効果や感染予防効果、滋養強壮効果があると2000年以上も前から中国の貴族に珍重されてきた高級食材だ。世界三大美女の楊貴妃も愛したといわれる貴重なアナツバメの巣から、世界最先端の特許技術によって抽出したNANA型シアル酸を含むシアロオリゴ糖（SAO®）を贅沢に配合した基礎化粧品『MYSAO®シリーズ』が国内外問わず大きな注目を集めている。

アナツバメの巣は、糖鎖栄養素、遊離アミノ酸、食物繊維、ビタミン、ミネラルなどが豊富に含まれる非常に栄養価の高い食材だ。母乳や脳の神経細胞、生殖器官などに多く含まれ、美容成分の宝庫といわれるシアル酸がローヤルゼリーの200倍も含まれている。アメリカ・日本・中国・香港・マカオで特許を取得した世界最先端技術によって抽出したシアロオリゴ糖（SAO®）には、IGF-1、FGF-$\beta$、

株式会社 **雅嘉貿易** 日本ツバメの巣研究センター®
まさよしぼうえき
03-6905-7808
㊟ 東京都板橋区大山金井町25-8 ビバントマサヨシ
https://www.masayoshi-trading.com/

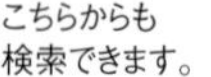

こちらからも
検索できます。

株式会社雅嘉貿易

## MY SAO® シリーズ

『高保湿化粧水』
6,050円（税込）

『ソフト洗顔ジェル』 3,300円（税込）

『ミスト美容液』3,850円（税込）

ＥＧＦ、ＨＧＦなどの身体に重要なホルモンの産生を増加させる働きがある。特に成長ホルモンの一種であるＩＧＦ-1は、全身の機能維持・改善に関わることがわかっている。また、肌細胞に働きかけてコラーゲンなどの産生を誘導させる効果も認められている。肌の潤い成分の産生を促し、肌の乾燥やハリ不足、気になるシミやシワ、くすみ改善などのアンチエイジング効果も期待できる優秀なＩＧＦ-1だが、実は加齢と共に減少し、60代では20代の2分の1程度になるといわれている。加齢による肌トラブルの引き金となるだけでなく脳梗塞や心筋梗塞などの加齢性疾患のトリガーにもなっており、できるだけ積極的にシアロオリゴ糖を取り入れることが美容と健康の鍵を握る。

希少なアナツバメの巣の恵みであるＳＡＯ®を贅沢に配合した『基礎化粧品ＭＹＳＡＯ®シリーズ』は、肌の乾燥やハリ不足が気になる方にオススメの『高保湿化粧水』や目元や口元など

## MY SAO® シリーズ

『美容液Y』
6,600円（税込）

『美容液M』
6,600円（税込）

『高保湿美容液』
6,600円（税込）

気になる部分の集中ケアに適した『高保湿美容液』は、包み込むような優しいフローラルな香りで使いやすいと好評だ。また、手軽に小じわの集中ケアしたい方にオススメの『つやだし美容液M』、爽やかな森の香りでメンズでも使いやすい『つやだし美容液Y』、化粧水の後に使用することで肌をしっかりと保湿し、潤いのあるぷるぷるの肌へと導く『高保湿クリーム』など豊富なラインナップが揃う。基礎化粧品で肌を整える前には、同シリーズの『リフト洗顔ジェル』での洗顔がオススメ。オレンジ油とローズマリー葉エキスなどの爽やかな香りでリフレッシュできる。朝晩の洗顔後に化粧水、美容液、クリームの順でライン使いすることで、乾燥しがちでハリ不足のお肌をしっかりと整え、潤いバリアで外的な刺激からお肌をしっかりと守ってくれる。希少なアナツバメの巣の恵みをたっぷりと詰め込んだ『MYSAO®シリーズ』が年齢に負けない透明感のあるふっくらしたクリアな素肌へと導いてくれる。

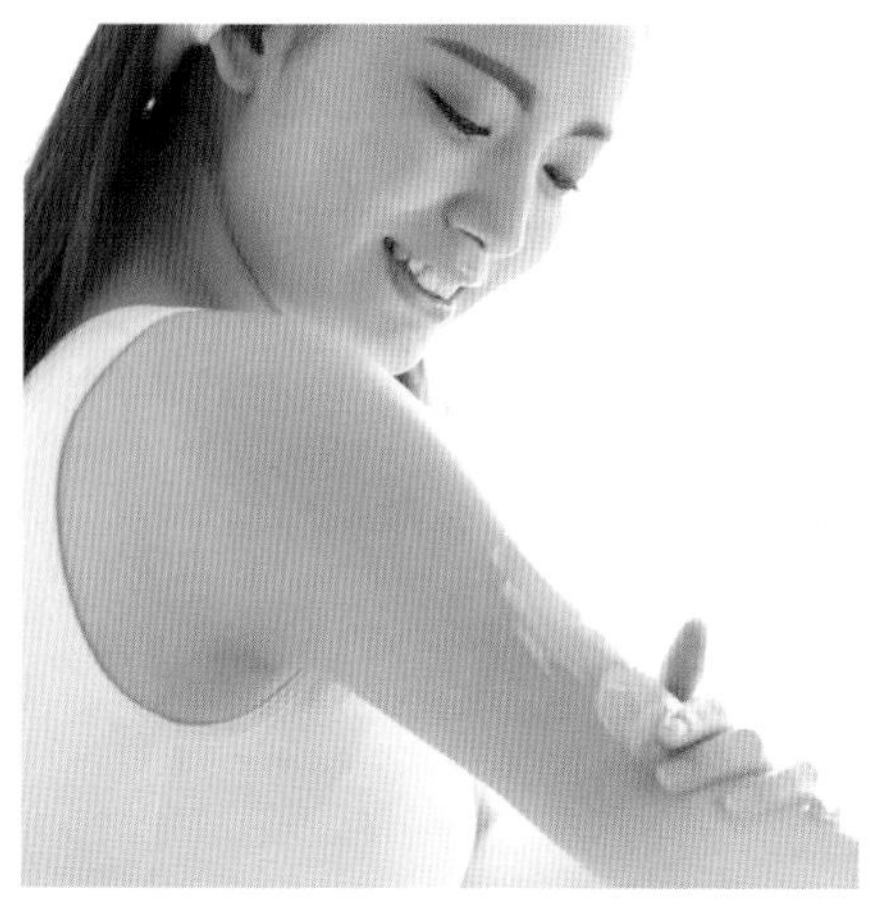

『ボディクリーム』5,500円(税込)

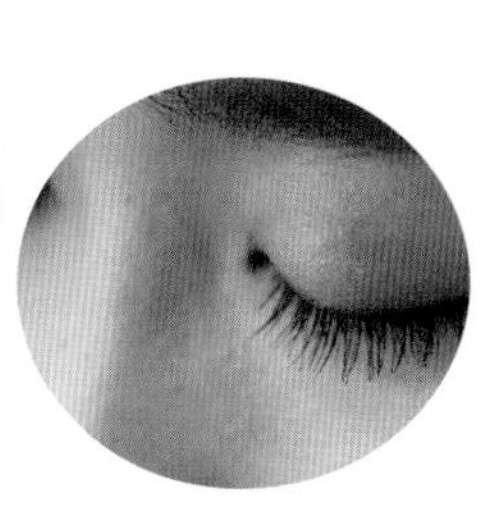

『まつ毛
美容液』
3,080円(税込)

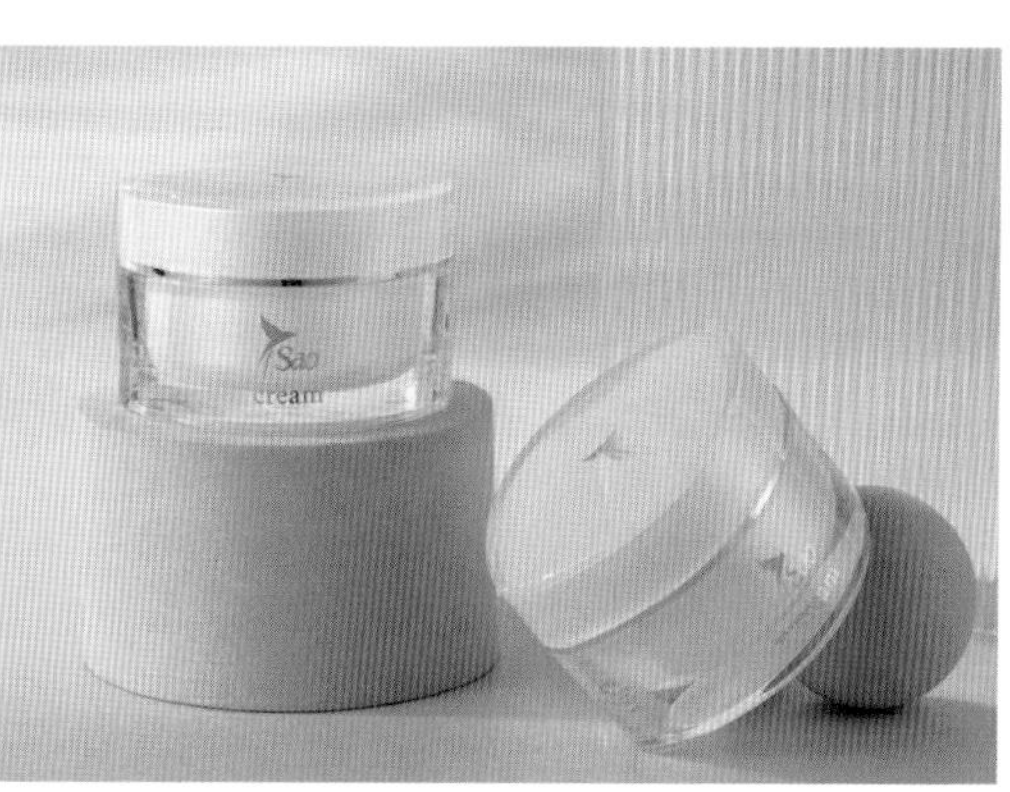

『高保湿クリーム』 8,800円(税込)

楊貴妃にも愛されるほど中華圏では古くから食されてきた高級食材であるアナツバメの巣だが、日本ではまだまだ馴染みが薄い。『雅嘉貿易』の「日本ツバメの巣研究センター®」では、バイオメディカル研究開発や健康食品研究開発・生産、健康生活の推進などにも力をいれている。2024年6月、研究センターの1階にカフェをオープン。美容と健康に高い効果があるアナツバメの巣を使用したメニューを食べることができる。世界的に大きな注目を集めるアナツバメの巣の素晴らしさの情報発信を行いながら、今後も科学的根拠に基づいた自己治癒力の向上、ウイルスなどの外敵の侵入の阻止、ホルモン合成、神経伝達、抗酸化作用、アンチエイジングなど身ともに美しく健康的な毎日を過ごせる商品の開発を進めていく。(ライター/彩未)

# バストUP＆フェイスに使える万能美容液
## 幹細胞が美肌と美髪、育毛効果も発揮

バストケアとフェイスケア、どちらも叶えたい女性にご紹介したいのが『株式会社ｍｉｃｏ』の『ＰＵＱ（プック）』。美容サロン経営や国際コンペで審査員を務める美容の専門家である代表の岡市貴美子さんが医療関係者と解剖学の観点からバストアップセルフマッサージを考案し、開発した万能美容液だ。

脂肪細胞活性化と保湿効果で、バストアップや下垂したバストをリフトアップへと導く。これからの薄着、水着の季節に向けて、早く取り入れたいアイテムだ。さらに顔に塗るとフェイスラインがリフトアップ、シワ、たるみ、ほうれい線を改善へと導く。抜群の美容液効果で、しっとりもちもち、輝くような美肌にも導いてくれる。

『neeGenkiヒト幹細胞ミスト』は、頭皮、顔、全身に使えるマルチ美容ミスト。幹細胞とは、細胞を作り出す能力があり、肌のターンオーバーのスピードを回復させる。それによってシミや肌荒れ改善へ導き、肌に弾力

株式会社 mico
ミコ
✉ mico0630puq@gmail.com
㊟ 神奈川県相模原市緑区橋本1-21-6 イルソーレ1F
https://pace-mico.com/　@pace_mico

Instagram

PACE MICO

『PUQ』13,200円（税込）

『neeGenkiヒト幹細胞ミスト』
200ml 3,300円（税込）

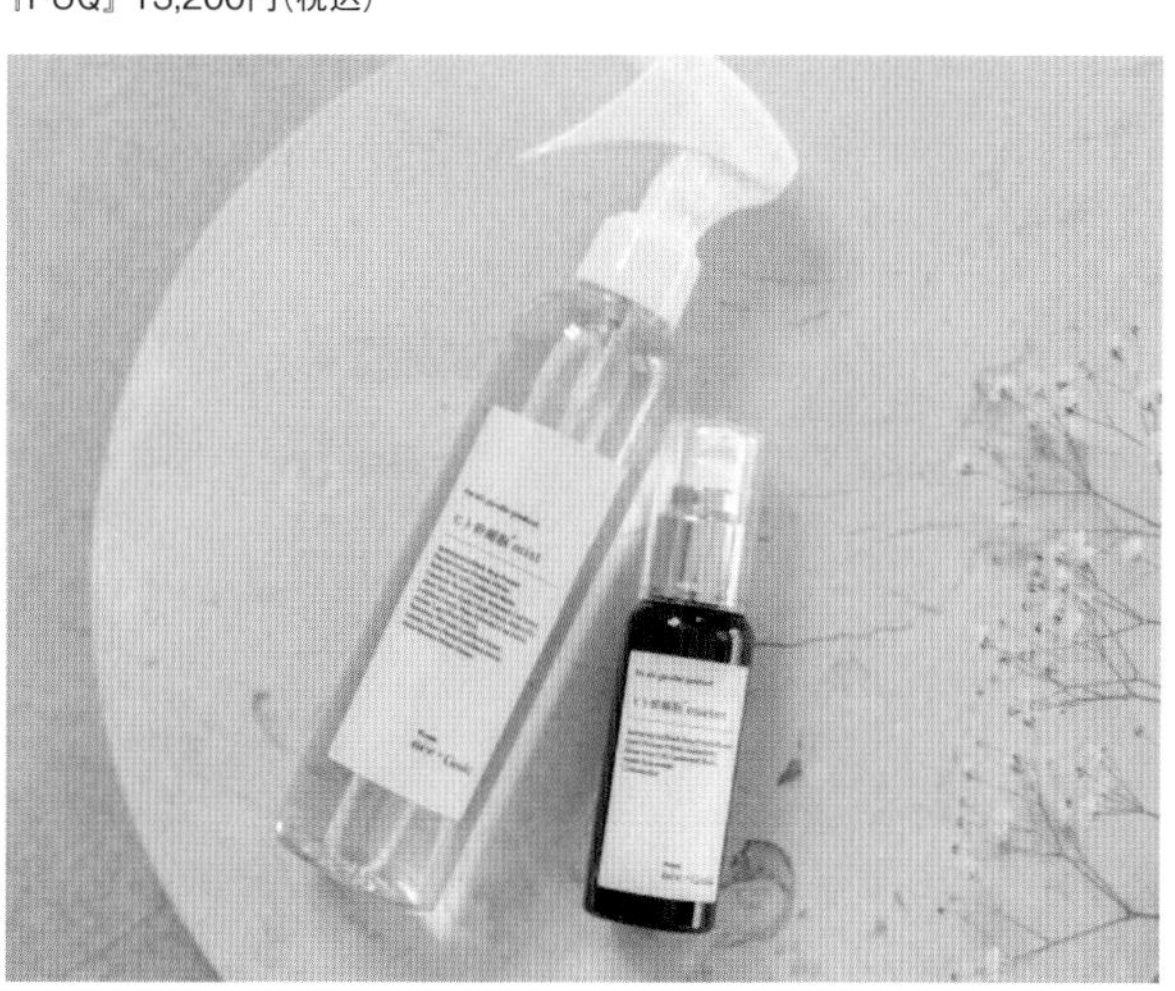

感を持たせる効果があるといわれている。無数にある無属性の細胞に、ヒト幹細胞ミストをすることで、細胞にエサが与えられ自分の細胞をコピーして増えていく。ミストした場所の細胞は活性化されるので、血流も良くなる。化粧水や美容液の前にミストすることで、普段使っている化粧品のポテンシャルをあげることができる。

また、頭皮にミストすることで薄毛や白髪予防にも効果を発揮。育毛剤に頼らなくても、自分自身の細胞を増やすことで生き生きとした毛髪へと導く。育毛の必要がなくても、毎日洗髪後タオルドライした頭皮にミストすることで乱れたヘアサイクルを正常化し、健やかな頭皮環境を整え、美しく潤った髪へと導いてくれる。

（ライター／播磨杏）

# 髪のくせ・うねりにお悩みの方へ 憧れのストン髪を叶えるヘアケア

ストレートメモライズ成分配合

ツヤ・コシを与える
**ヘアケア**

×

髪の形状を記憶※1
**スタイルキープ**

ドライヤーなどの熱に反応してストン髪を体験！ 使い続けるとツヤ・コシが出てストン髪がより長く続く。

※1 本品による一時的効果

ヘアセットしたのに気づけば髪がうねっている、寝ぐせが気になるなど髪に悩む女性は多い。サロンクオリティのヘアケアを自宅で手軽に体験できると話題のヘアケアブランド『NIJI RHYTHMIC』から新たに誕生した『NONERI』シリーズは、くせ・うねりケアとスタイルキープが一度に叶う新感覚のヘアケアアイテムだ。『NONERI』シリーズに配合されているストレートメモライズ成分のアミノエチルチオコハク酸ジアンモニウム（保湿成分）が熱に反応し、自由自在に髪の形状を記憶する（※1）。ドライヤーやヘアアイロンなどで熱を加えることで、成分が髪の内部のタンパク質同士の距離を整え、くせやうねりを抑えることができ、キューティクルを引き締め、ツヤやコシを髪に与える。縮毛矯正やヘアカラーを繰り返している方、毎日ヘアアイロンを当ててヘアセットをしている方はこの新感覚を試してみてほしい。毎晩のバスタイムにシャンプー、トリートメントを使用し、ドライヤーで乾かすだけで憧れのストン髪が手に入ると好評だ。シャンプー

**NIJI RHYTHMIC** 株式会社 リードヘルスケア
ニジ リズミック
092-292-4582 info@reed-hc-p.com
㊟ 福岡県福岡市博多区東比恵3-1-2 東比恵ビジネスセンター8F
https://www.reed-hc.co.jp/original/brand/noneri/

Instagram
noneri_straight_jp

手強いくせ毛も
こんなに**まっすぐ**に！

**男性**にも大好評！

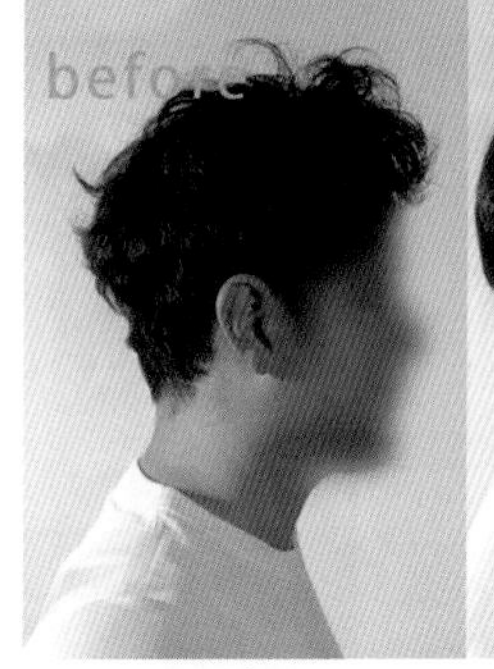


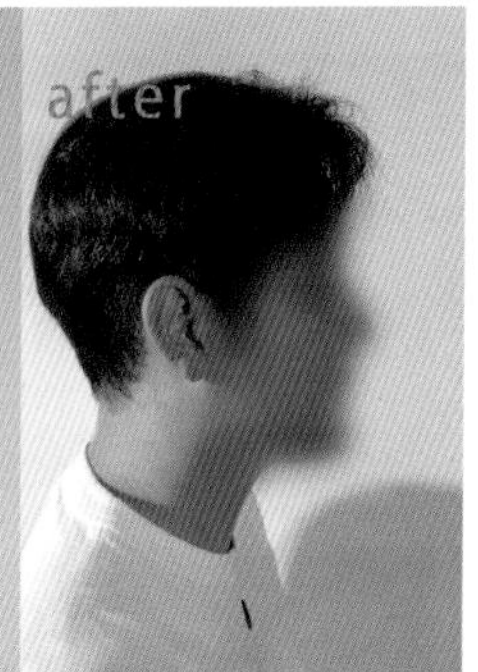


※『NONERI』シリーズを使用したあとにドライヤーやヘアアイロンなどで熱を加え、仕上げたイメージ。

『NONERI』
「ストレートシャンプー・トリートメント」300mL 2,640円（税込） 「ストレートスタイリングフォーム」150mL 2,420円（税込）
全国のドラッグストア、webでも好評販売中。

は、サロンシャンプーにも使用されるラウレス－4カルボン酸Na（洗浄成分）を中心に配合、泡立ちがよく髪に優しいすっきりとした洗い上がりを実現。アルコール、シリコン、硫酸系洗浄成分、鉱物油、合成色素、紫外線吸収剤の六つのフリー処方。トリートメントと併用することでストレートメモライズ成分（※2）がさらに浸透し、思いどおりの髪に。まとまりのあるサラッとしたストン髪をつくるコツは、ドライヤーの風を毛先に向かって当て、髪を伸ばすように手ぐしなどでとかしながら乾かすことだ。毎朝の寝ぐせ直しやお出かけ前には、スタイリングフォームが髪を支える。濃密泡を髪に浸透させ熱を加えるとスタイリング直後のようなまとまりが一日中持続する（※1）。汗や湿気にも強く、崩れにくいと好評だ。ほのかに甘いフローラルを感じる青りんごのような香りで気分もアップ。虹がかりストン髪を手に入れたい方にオススメ。

（ライター／彩未）

※1 本品によるヘアスタイリング時の一時的効果
※2 アミノエチルチオコハク酸ジアンモニウム（保湿成分）

# 年間2000人以上の更年期女性を支援
# “痩せづらいあなたでも美しく10キロ痩せる”

ダイエットコーチ育成講師
石沢尚之 トレーナー

代表 谷口一樹さん

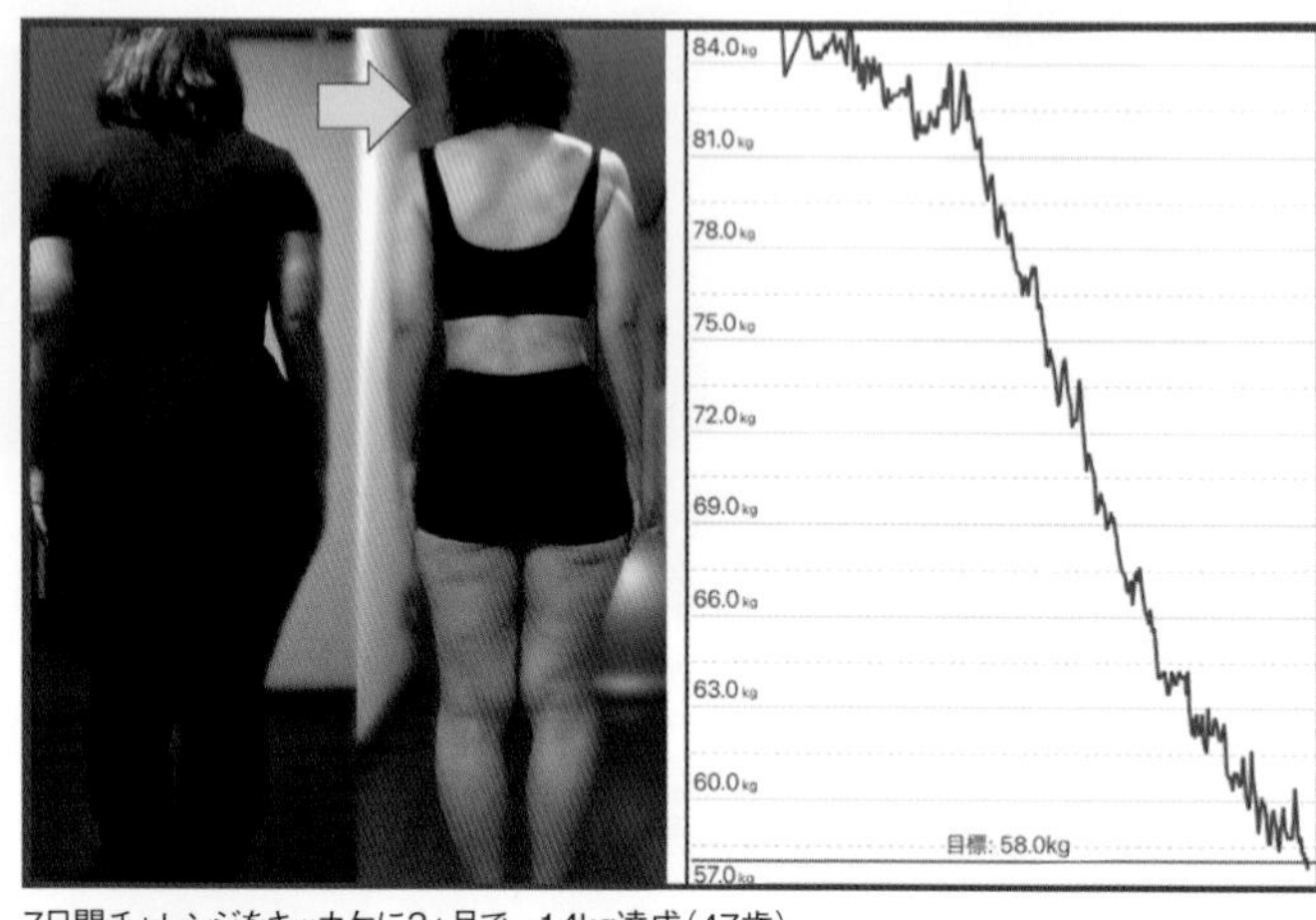


7日間チャレンジをキッカケに3ヵ月で−14kg達成（47歳）

特典の受け取りはこちら。

【特典】『7日間ダイエットチャレンジ』
11,000円（税込）→ 読者限定で無料。

「年々太りやすくなってきた」「ダイエットが続かない」「水を飲んでも太る」など、美しい身体になりたいと悩む女性は多い。特に40〜60代の更年期の女性は、ホルモンバランスが崩れて代謝が低下しているため、若者と同じ方法で痩せるのは難しい。「女性が幸せで笑顔でいれば、まわりも笑顔になれる！」をモットーに、年間2000人のダイエット指導を行う『ダイエットプラス』は、今の自分の身体を理解した上で無理のないダイエットを行い、美しく健康的に痩せるようお手伝いしている。ダイエットの基本は、食生活の改善と運動習慣だ。無理なダイエットは、関節を壊したり病気になってしまうこともある。40〜60代女性のダイエットサポートに特化したオンラインセッションで、一人ひとりに合わせたオーダーメイドのダイエット指導を受け、無理なく痩せられると好評だ。また、『ダイエットプラス』で培った専門知識と経験を元に、更年期世代の想いにしっかり寄り添えるダイエッ

## ダイエットプラス　合同会社 TunagarU


✉ b0ukenjqqqq@gmail.com
㊟ 東京都中央区銀座1-12-4
https://note.com/b0ukenjqqqq/　@sake.zuki.diet

更年期ダイエットコーチ
公式Instagram
アカウント

15年の病院勤務で培った経験と国家資格者としての知識を活かし、体の不調から大幅なダイエットまで40代以降の方を理想の体に導いている。

得意分野である痩せるマインド作りを伝授する「オフ会セミナー」。

「リアルオフ会」

「ウーマンズレギンス2024」の出場時。
40代で早期更年期に悩まされ、ダイエットを行い、10キロ減に成功。その体験を活かし、お客様のサポートし様々なチャレンジを行っている。

トコーチを養成する「更年期ダイエットコーチ養成講座」も開講している。栄養の基礎などのダイエットの専門知識をしっかりと学ぶことで、痩せづらい更年期の女性でも無理なく痩せられるようにサポートできるスキルが身につく。事前学習からセミナーまですべてオンラインで受講可能。1～2日で資格を取得でき、カリキュラム終了後には資格取得を証明するディプロマを発行する。ダイエット簡易シートやマニュアルを用いることで、初心者でも自信を持って、ダイエットコーチとして活躍することができると好評。アフターフォローもしっかりしており、SNSの運用方法や栄養コンサルティングのコツなどを学べるセミナーの開催や勉強会、LINE質問箱などで資格取得後も支援する。学んだことを実践するだけで、いつまでも美しく健康的な身体が手に入る。痩せにくいと悩む更年期世代に正しいダイエットの知識が広まり、豊かな人生を送れるように支援している。

（ライター／彩未）

# 誰でも簡単に実践できる
# 手を揉むだけの体調改善&病気予防

代表 音琶麗菜さん

手のひらは、触れることで自然治癒力を引き出す。心身の緊張をほぐし、自律神経を整える。
『手もみ教室』3ヵ月 54,780円(税込)

手のひらや甲をたった7秒ぎゅーっと押して離すだけの『手もみセラピー』。子どもからおじいちゃん、おばあちゃんまで誰でも簡単に実践して体調改善と病気予防ができる『手もみ教室』代表で手もみセラピストとして活躍する音琶麗菜さんが、2024年3月に出版した初の著書「手もみ大全」が好評だ。絵と端的な文章でわかりやすく説明されているのが特長で、付属の「反射区ゴールデンマップ」がついており、身体の悩みを解決する反射区をすぐに探すことができる。

『手もみセラピー』とは、手のひらや手の甲にある反射区を7秒間ぎゅっと押して離し、各器官を活性化させて心身の体調改善を行うもの。手のひらには、片方だけで30箇所以上の反射区があり、それぞれの反射区は肩や首、消化器や呼吸器、脳など身体の各器官や内蔵と末梢神経が繋がっている。親指の腹や角、人差し指の角など押しやすい指で反射区周辺の「痛気持ちいい」と感じる場所をぎゅーっ

**手もみ教室** 株式会社 ベストバースデー
てもみきょうしつ
050-8890-8874 ✉ 3110.hitomi.1209@gmail.com
㊟ 群馬県前橋市東金丸町31-6
https://best-birthday-2021.com/ @hitomi_saito.1209

こちらからも
検索できます。

TikTok
https://www.tiktok.com/@tenohira_hitomi
YouTube
https://www.youtube.com/@tenohira-saito.hitomi

『たった7秒!
もむだけであらゆる不調が解消する手もみ大全』

と押すだけで手軽にセルフケアができる。身体がSOSを発していると手のひらが白い、硬い、シワが深いなどの症状が現れるので、手のひらを見て不調の兆しを見つけて改善することが可能だ。

すでに症状が出ている場合には、対応する反射区を押すことで押した瞬間から対応する器官や内蔵が動き始め、身体を整えることができる。便秘や頻尿、胃痛、老眼、ドライアイ、肩こり、首こりなどのありがちな悩みはすぐ効果が期待でき、その他にも疲労回復や腰痛、片頭痛、イライラ改善や自律神経の改善など加齢によるシニアのお悩みも改善が期待できる。また、脂肪を落としたり、顔のむくみ改善、デトックスなどのアンチエイジング効果も期待できるのでキレイになりたい女性にもオススメ。通勤途中やテレビを見ながらなどの隙間時間やお風呂や寝る前のリラックスタイムに手もみを続けるだけで健康的で美しい身体が目指せる。

（ライター／彩未）

# 発芽玄米と天然水のみの美味しい玄米ドリンク

山梨県北杜市白州の天然水を使用。

太陽と大地の恵みが凝縮した飲む『発芽玄米ライスミルク』。

玄米に特化したモノ・コト作りを行う『SOLARISO』は、「地球に人に動物に未来へ想いを米る」をコンセプトに、発芽玄米100%のドリンクや食品を開発・販売を行っている。

発芽玄米は、消化が早いだけでなく、栄養価の高いビタミンやミネラル、葉酸、ギャバ、食物繊維などの豊富な栄養素も、身体に吸収されやすいのが特長。抗酸化作用があり、体内の活性酸素を抑制し、老化や生活習慣病の予防に役立つほか、腸内環境の改善、血糖値改善、γアミノ酪酸(ギャバ)によって安眠、リラックス、疲労回復にも役立つとされている。

イチオシ商品『Brown Rice Drink 発芽玄米ライスミルク』は、発芽玄米由来の心地よい香りと滑らかな舌触り、豊かな味わいと自然の甘味。千葉県館山市産、自然栽培米の発芽玄米100%と山梨県にある尾白川の伏流水のみで仕込んだ純植物性ドリンクだ。植物酵素の働きで液化、糖化させる特殊製法で、おいしさと健康を両

SOLARISO
ソラリーゾ
050-1070-7308　info@solariso.jp
㊟ 千葉県南房総市白子2698-106 フラワーコースト南総丸山302
https://solariso.official.ec/

『Brown Rice Drink 発芽玄米ライスミルク』150g 12本入 3,576円(税込)

立させた逸品に仕上がっている。香味料・安定剤・甘味料不使用の無添加で、特定アレルギー物質28品目も一切含まれていないので、アレルギーをお持ちの方や、妊婦さん、お子様、ヴィーガンの方も安心して飲むことができる。日本の名水100選にも挙げられる天然水を仕込み水として利用、まろやかで口当たりが良く、冷やしても温めても美味しい。そのままはもちろん、コーヒーや紅茶に混ぜたり、スムージー、お菓子作り、料理にもオススメ。食欲がなくても豊富な栄養素を手軽に摂取できるとして、「日本マタニティフード協会」認定のヘルシードリンクにもなっている。病み上がりやアスリート、ダイエット中の方、離乳食や流動食としても活用できるという声も多数上がっている。

　その他、『発芽玄米粉とライスミルクのチョコフィナンシェ』、『発芽玄米粉のベジピッツァ』などヘルシーで美味しいフードもラインナップ。

(ライター／播磨杏)

# 技術力で勝負する美容家だけが登録可能 トップ技術者専門予約サイト

やりたいコトから仕事を探す求人サイト

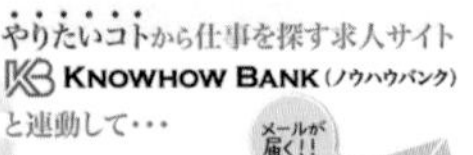


と連動して・・・

メールが届く!!

- ヘッドハンティング
- 講師依頼やコンサル依頼
- 人財採用サポート

トップ技術者専門予約サイト
Takumi-匠-なら
ぜ〜〜んぶ大丈夫!!

- レンタルサロンでの施術提供もOK!
- トップ技術者しか登録できないから最強のブランディングになる!
- 口コミ・拡散のためのシェア機能あり!

２０２４年夏、『株式会社 ISACC』が新たにサービスを開始するトップ技術者専門予約サイト『TAKUMI』は、サロンのオーナーやリピート率１位、口コミ１位などのトップに輝いた実績がある技術者のみが登録できる検索サイトだ。顧客側はサイト内で検索をかけ、希望のトップ技術者に直接施術の依頼をすることができる。現在、場所や時間に囚われずにレンタルサロンで出張施術を提供する美容家が増えている。全国展開中の「LMSレンタルサロン」との連動により施術場所の指定ができる特許取得済みの「レンタルサロン予約システム」が搭載されているので、顧客の予約とレンタルサロンの予約を一度に完結することが可能だ。サロン側は登録ページに必要事項を記入するだけで簡単に登録でき、初期費用や月掲載料、集客課金は一切不要。トップ技術者しか登録できない新システムにより、実力のあるトップ技術者たちの活躍の幅がさらに広がるようにお手伝いする。（ライター／彩未）

株式会社 ISACC
アイサック
03-6907-0538
住 東京都豊島区南池袋2-29-16-304
https://www.isacc.jp/　https://takumi.salon/

詳細はこちらから。

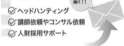

# どんな方にも安心して訪れてほしい リラクゼーション・エステサロン

『脊椎セラピー』
初回体験 60分 2,000円（税込）
60分 1回券 3,500円（税込）など。

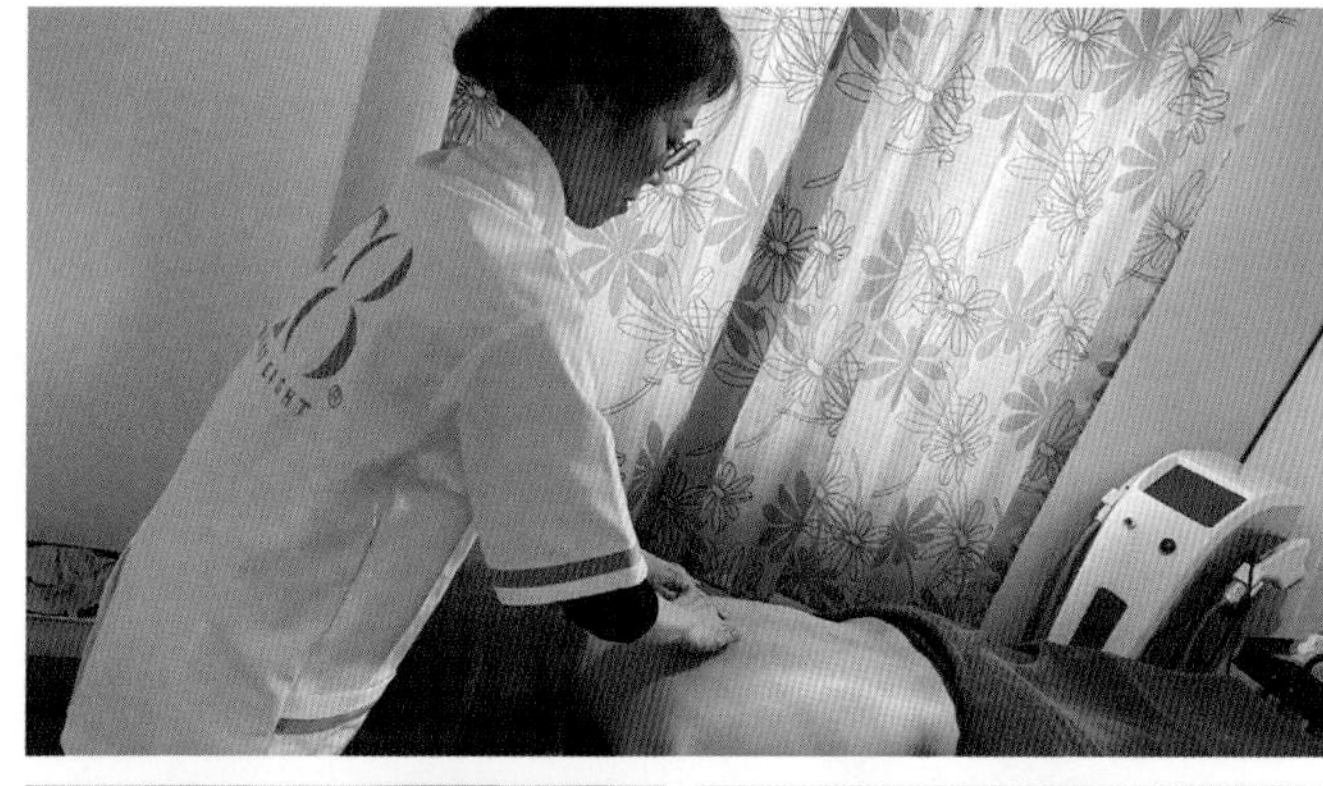

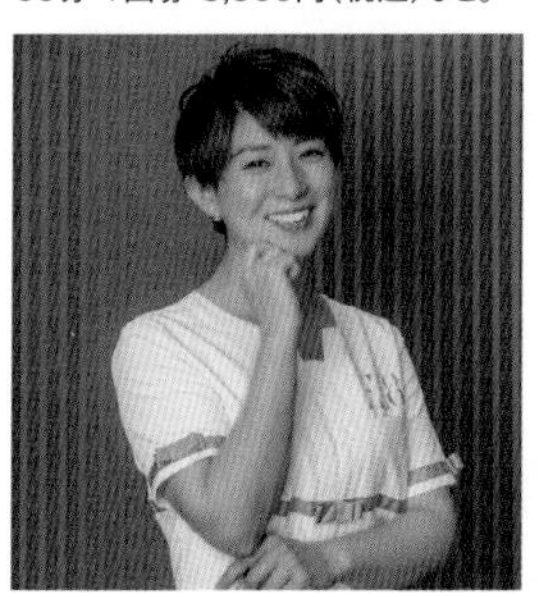

オーナー／セラピスト 阪口麻沙美さん

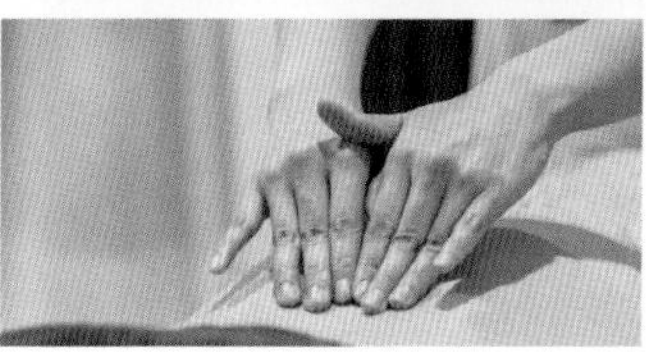

『リラクゼーションエナジーコース』
初回体験 60分 4,950円（税込）
60分 1回券 8,250円（税込）など。

北海道札幌市手稲区の閑静な住宅地に付む『edge kewotne home』は、隠れ家的なリラクゼーション・エステサロン。生体電流に着目し、身体本来の自然治癒力を引き出す「生体電流エナジーコース」や素肌本来の美しさを目指す「脱毛」、「フォトフェイシャル」などを施術。一人ひとりが目指す「こんな自分でありたい」を叶えるべく、日々お客様を癒している。老若男女を問わず、どんな方にも安心して訪れていただきたいとの想いから、育児や仕事への負担が大きいシングルマザーの方に、なるべく少ない負担で心と身体を癒していただけるよう「応援制度」を導入。男性もマッサージ感覚で来店でき、タトゥー・アトピーの方も施術を受けられる場を提供している。

口コミでは、「ほかの治療院で施術を受けていたが、今ではedge kewotne homeさんのみに通っている。自分に合ったサロンをようやく見つけられた！」など喜びの声が多数届いている。

（ライター／河村ももよ）

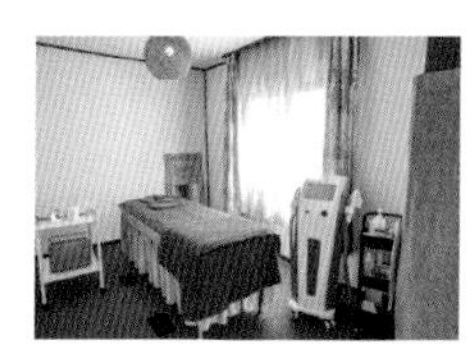

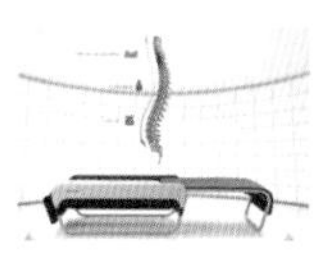


**edge kewotne home**
エッジ ケウォンネ ホーム
011-685-8585 wingmoderately@gmail.com
㊟ 北海道札幌市手稲区前田五条14-1-7 コーポ栄12
https://edgekewotnehome.com/

# 神の手業の美顔術
# オールハンドのエステ

健康的な素肌美を叶える
『アーバンシリーズ』。

オーナー・ビューティアドバイザー
髙橋早苗さん
「2024年で21周年を迎える『セレンナチュレ美顔ルーム』は、より一層みなさんを美肌へと導いていきます」

ツボを刺激されることで血行が良くなり、ハリのある肌に。

オールハンドの美顔エステで人気の美容サロンが『セレンナチュレ美顔ルーム』。神奈川県横浜市保土ヶ谷区の静かな場所にある女性の隠れ家的サロンだ。極上のエステを行うオーナーの髙橋早苗さんは、器具はいっさい愛用せず、神の手業で施術する。東洋医学で用いられる経絡・経穴（ツボ）のマッサージを取り入れたオールハンドの美顔エステは、波が寄せては返すような心鎮まるリズム。絶妙なハンドの感触はα波の眠りに誘う。ツボを刺激することで、肌本来の持つハリのある健やかな肌がよみがえり、透明感と潤いのある美肌へ導く。使用するのは飲んでも塗っても体に良いスクラワン配合の自然化粧品。敏感肌やアトピーの方も安心だ。丁寧なカウンセリングで、シミ・しわ・くすみ・たるみなどそれぞれの悩みに合わせた施術は、即効性が高く、驚きと喜びの声が多数。さらに、身体機能の向上にもつながるので、施術後は身体全身が軽くなる。

（ライター／播磨杏）


## セレンナチュレ 美顔ルーム
セレンナチュレ びがんルーム
090-4817-2174　045-334-0358　info@selen-nature.com
㊟ 神奈川県横浜市保土ヶ谷区帷子町2-67-1ストークマンション保土ヶ谷・石田108
http://www.selen-nature.com/


㊢ 10:00～17:00
㊡ 不定休

# 一人ひとりに合わせた施術が評判の隠れ家サロン

㊔ 10:00〜19:00
（営業時間外でも相談受付）
㊡ 木曜日・不定休

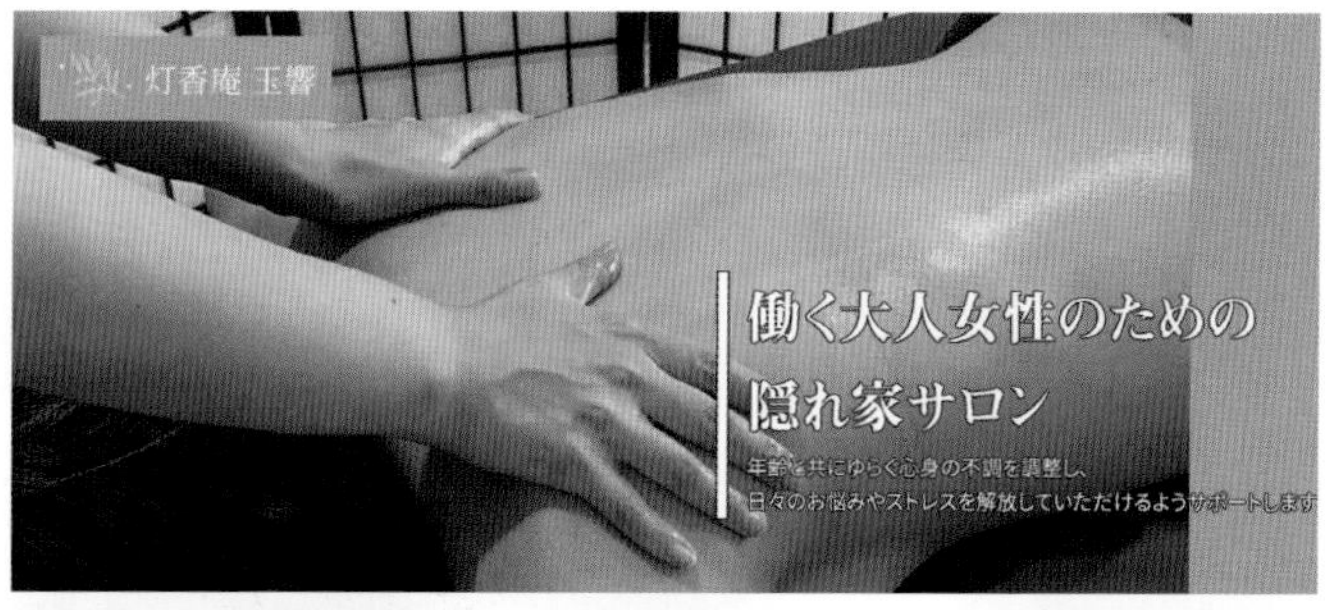

オーナー・セラピスト 高橋由希さん

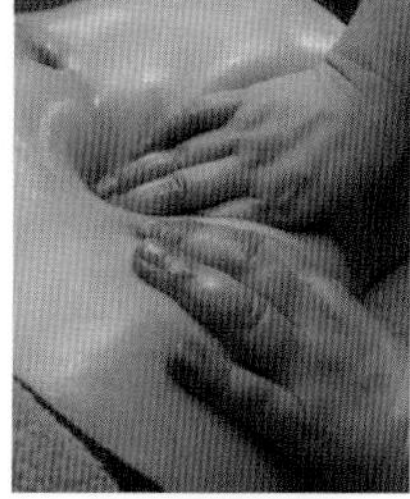

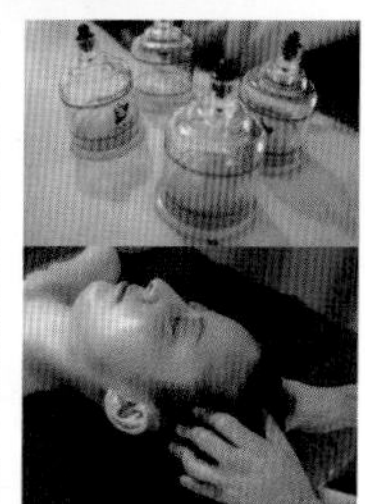

『リラクゼーション』20分（半身）2,750円（税込） 40分（全身）4,400円（税込）など。
『漢本草アロマ経絡トリートメント』60分 11,000円（税込） 90分 13,200円（税込）
『アロマリンパマッサージ 』60分 7,700円（税込）など。

新潟県新潟市のアロマ・リラクゼーションサロン『灯香庵 玉響』。年齢と共にゆらぐ心身の不調を調整し、日々のお悩みやストレスを解放してくれる、働く大人女性のための隠れ家的サロンだ。陰陽五行論とボディケアに関する確かな知識と技術を持ったセラピストが対応し、その方に合わせた施術が評判で、多くのリピーターがいる。全身のトリートメントをはじめ、リフレクソロジーやヘッドマッサージといった部位毎のお悩みに対応するなど、豊富な施術メニューが用意されている。『玉響』では、30〜40代の働く女性の味方になりたいという想いから、忙しい日々の中でも自分の心と身体に向き合う時間を一つのテーマに、東洋医学と陰陽五行論を活用した五行体質診断から漢方アロマと経絡トリートメントを中心に心身の不調や日々の疲労ともなる肩こりや腰痛、冷えやむくみ・ダイエットなど女性特有のお悩みに焦点をあてて一人ひとりがもっている自然治癒力を高めてくれる。「根本的な体質を整えるケアからダイエットまで本当の健康美・綺麗とは何か」に丁寧に応え、日々女性たちを癒すお手伝いをしている。（ライター／河村ももよ）

## 灯香庵 玉響

とうこうあん たまゆら

070-3353-4437　y.est0213@hotmail.com
㊟ 新潟県新潟市中央区下大川前通
https://tamayura13.com/

詳細はこちらから。

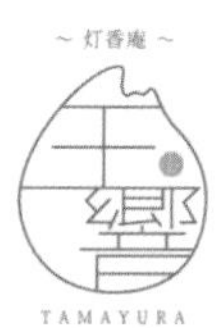

# 翌3時まで営業の完全個室
# 心も体もリラックス

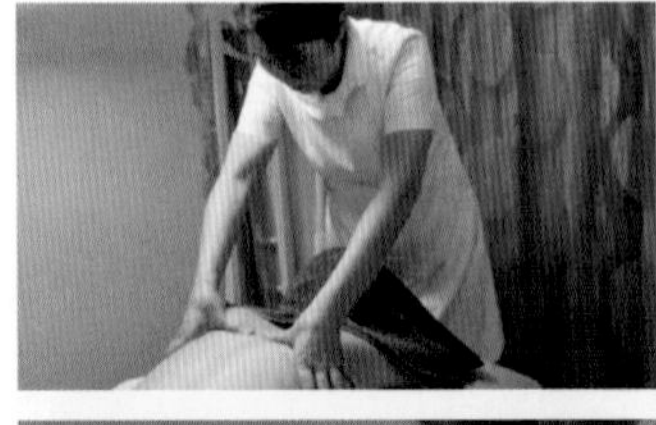

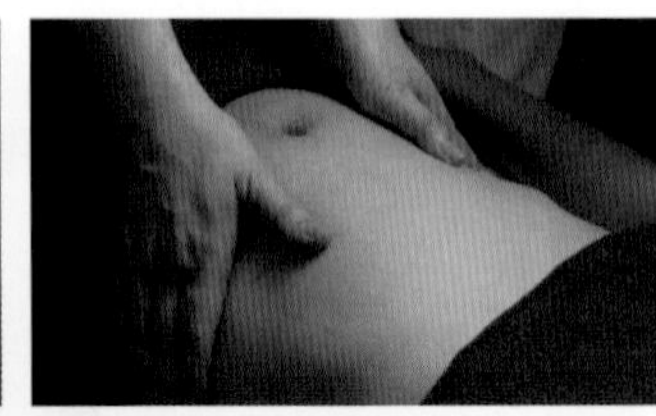

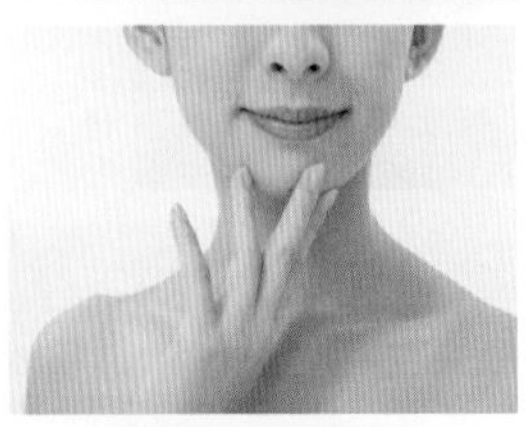

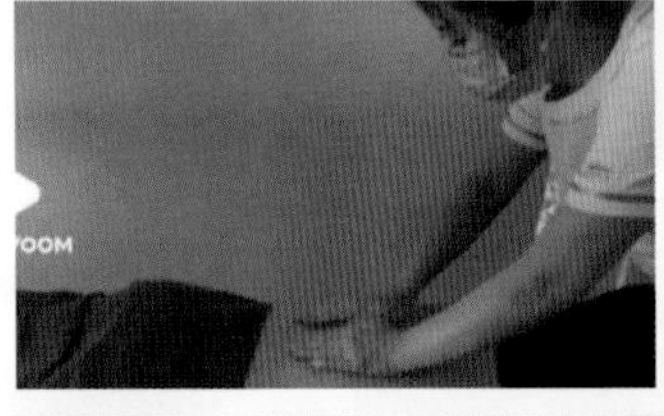

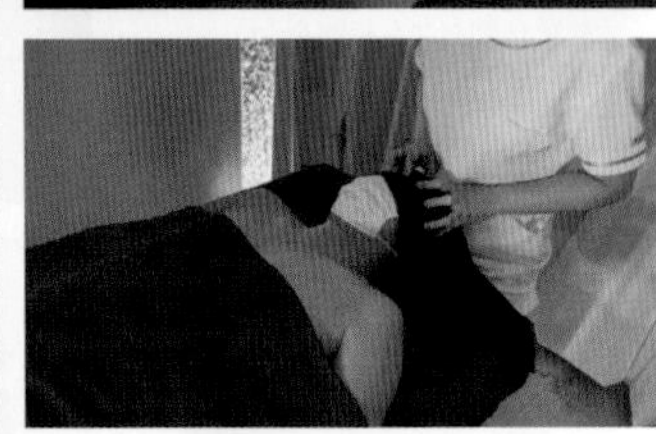

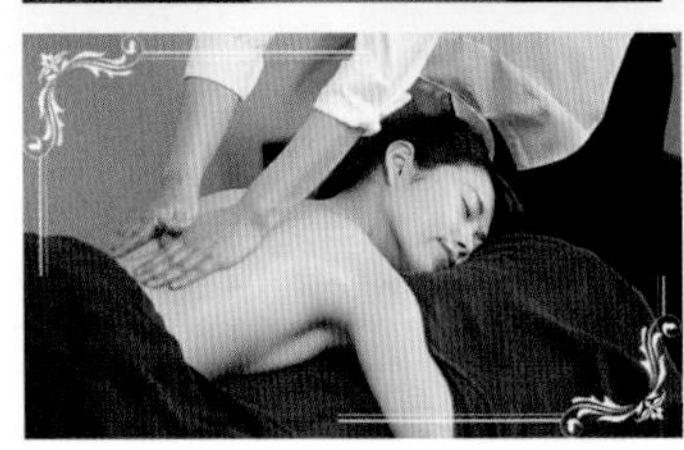

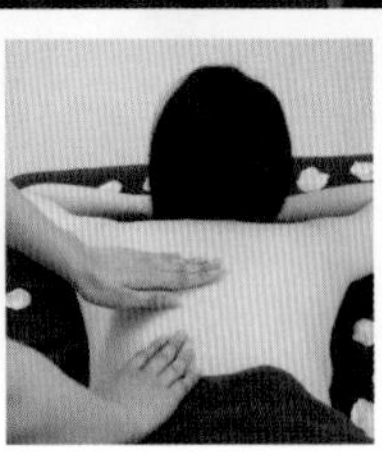

『全身デトックス』
30分
3,720円（税込）
60分
6,430円（税込）
90分
9,800円（税込）
など。

広島市中区にあるエステティックサロン『イチイ～yew tree～』は、男性もOKの完全個室の隠れ家サロン。翌3時まで営業している駆け込みサロンだ。オーナーの上野照美さんは、「広島で一人でも多く、心身ともに美しい方たちが輩出できれば」との思いで同店をオープンした。オールハンドのリンパマッサージは、溜まった疲れや老廃物の排出を促進し、血行促進に繋がり、むくみやだるさを徹底改善。ボディーだけでなく、ドライヘッドマッサージも施術。ツボが集中する頭を絶妙な手技でもみほぐされ、寝落ち確実の至福の時間が過ごせる。リラクゼーション効果もあるので、施術後は身体が軽く、翌朝の目覚めもすっきり爽快で身体が癒されているのを実感できるという。完全予約制のプライベートサロンなので、誰にも邪魔されない空間で高い充実感が獲られると好評だ。

健康と安らぎ、そして美しさを手に入れて、毎日が輝く時間を過ごして欲しい。

（ライター／河村もも）

## イチイ ~yew tree~

080-3885-9683　abc.liking.888@gmail.com
㈰ 広島県広島市中区鉄砲町2-14原田ビル402
http://yewtree8888.com/

営 9:00～27:00
休 不定休

# ”超敏感肌の私が作った”「一生もの」の無添加化粧品

メイク落としジェル洗顔
『マイリークレンジング ウォーター』
150ml 6,600円(税込)

オールインワン化粧水『マイリーエナジーローション』
150ml 11,000円(税込)

手作り固形せっけん『マイリーソープ』
120g 2,970円(税込)

泡洗顔『マイリークレンジングフォーム』
150ml 6,600円(税込)

多機能美容水『マイリーベースローション』
200ml 5,170円(税込)

２０２０年秋に誕生した『株式会社MyLee化粧品』は、誰よりも肌にこだわり続けている会社。弱酸性の肌に整えるブランドのラインナップは、アトピー性皮膚炎で悩んでいた過去がある敏感肌の代表取締役社長の細江ゆかさんが、自らテスターとなり作り上げたオリジナルのスキンケア商品だ。肌に必要な脂は自分の肌に作らせ、油・クリーム・乳液などを塗らないスキンケアを目指し、肌に優しいマイナスイオン水ベースの無添加化粧品を誕生させた。肌を弱酸性に整える自然派コスメは、石けん素地だけで職人が作り上げた固形石鹸をはじめとする洗顔系3種類と洗顔後はこれ一本でお手入れ完了のオールインワン化粧水。成分は水のみでマイナスイオン水１００％の多機能美容水などを提供し、敏感肌のお客様から喜びの声が多数届いている。今後、日本全国に代理店を置く予定で、敏感肌向けではなく、敏感肌の方から、そして老若男女多くのお客様に使っていただきたい化粧品だ。（ライター／河村ももよ）

**株式会社 MyLee化粧品**
マイリーけしょうひん
080-8515-8849　info@mylee.jp
㊟ 岐阜県下呂市火打1851-1
https://www.mylee.jp/

マイリー
MyLee化粧品
無添加自然派コスメ


まずは試していただきたい
『3DAYSトライアルセット』

# 美容成分たっぷりの『クレンジングオイル』美肌ケアが揃ったスキンケアブランド

『ヒト幹細胞美容液』
4,180円(税込)

『北海道シカローション』
2,780円(税込)

『クレンジングオイル』
190ml 2,180円(税込)

『ウォーターピーリング』
3,475円(税込)

『北海道シカクリーム』
3,280円(税込)

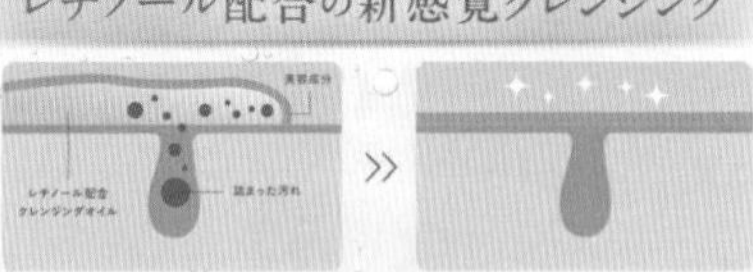


お肌を輝かせる最新情報はHPを要チェック!
今よりもっと輝く自分に近づこう。

「株式会社 ファインダーワークス」の自社ブランド化粧品『idio』は、北海道の自然の恵みを配合した「北海道シカ」や皮膚科学から生まれた「ヒト幹細胞培養液」を配合した基礎化粧品で、国産にこだわり、敏感肌の方にも使用できる無添加にもこだわったスキンケアブランド。新商品の『クレンジングオイル』は、CICA・ヒト幹細胞培養液・レチノールの三つの注目成分が贅沢に配合されており、メイクをしっかり落としながら、お肌にうるおいをたっぷりあたえてくれる優れもの。肌に必要な皮脂や水分は残したまま、クレンジングオイルが毛穴に詰まった汚れに絡まり、吸着除去してくれる。また、肌荒れの強い味方、肌荒れケアとして『北海道シカローション』『北海道シカクリーム』などシカシリーズも様々あるのでどれも使ってみたくなる。美容成分や保湿成分が肌全体をカバーし、透き通った肌へ導いてくれる。他にも、『マイクロカレント美顔ローラー』をはじめ『フェイススチーマー』、『ウォーターピーリング』、『リラクシングシャンプーブラシ』などの美容器具も取り揃えている。(ライター/河村ももよ)

**idio** 株式会社 ファインダーワークス
イディオ
050-5437-5101 info@finder-works.com
㊟ 東京都渋谷区道玄坂1-16-6 二葉ビル8Fb
https://idio-official.com/

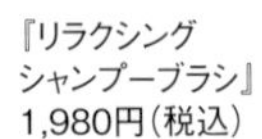

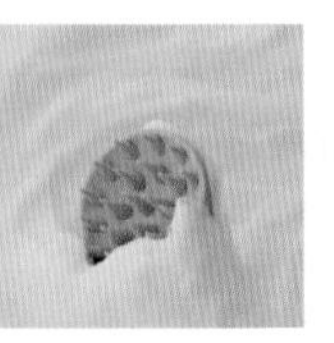

『リラクシングシャンプーブラシ』
1,980円(税込)

『フェイススチーマー』
5,980円
(税込)

# 人を想い、肌を想い、重ねたのは“おもいやり”
# こだわりのつまったフェイスパウダー

マイカフレーク

鉱山

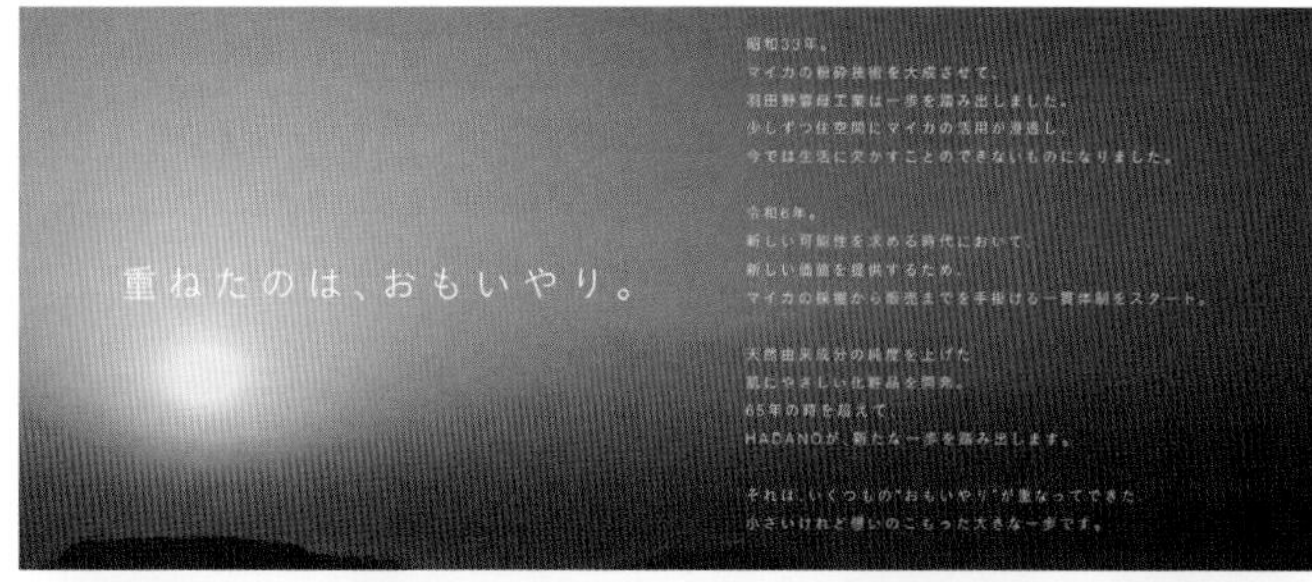

『美KIRA フェイスパウダー 02 BEIGE』
4,510円（税込）

『美KIRA フェイスパウダー 01 PEARL』
4,510円（税込）

「素材の出発点から自社工場、原材料、作り手、すべてを公開して透明性のあるコスメを届けたい」と化粧品の原材料として使用される天然素材「マイカ」の発掘から企画、販売までを一貫して行う『羽田野雲母工業株式会社』。自然派コスメシリーズの『美ＫＩＲＡフェイスパウダー』は、使用する天然ミネラル成分の発掘を同社自らが行い、たった7成分の原材料で構成されるこだわりのフェイスパウダーだ。天然の鉱物「マイカ」は、パウダー化するとツヤ感が強く、肌なじみが良い素材。『美ＫＩＲＡフェイスパウダー』は、超微粒子に仕上げた天然マイカ90％以上配合で、皮脂やクリームによるベトベトのテカリ肌からサラサラの触れたくなる肌へ導いてくれる。添加物が圧倒的に少なく、敏感肌や肌荒れ、ノーファンデ派の方にもぴったりだ。「パール」は、ナチュラルに輝くツヤ肌へ、デコルテ周りにもオススメ。「ベージュ」は、ナチュラルにカバー。『美ＫＩＲＡフェイスパウダー』で〝自然な私〟をメイクする。（ライター／播磨杏）

**羽田野雲母工業** 株式会社
はだのうんもこうぎょう
☎ 0120-421-653 ✉ support@bikira-mica.com
㊟ 愛知県豊川市伊奈町茶屋76
https://bikira-mica.com/

Instagram

お買い求めは
こちらから。

# 発売から約2ヵ月で1万本売り上げた プロも納得のシャンプー&トリートメント

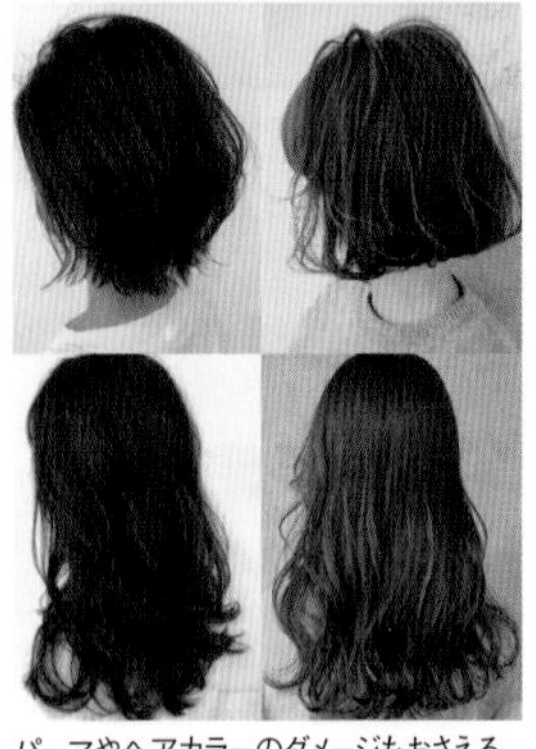

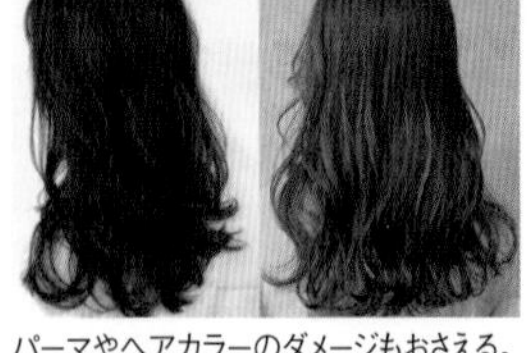

パーマやヘアカラーのダメージもおさえる。

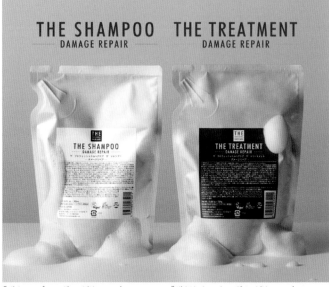

THE SHAMPOO DAMAGE REPAIR　THE TREATMENT DAMAGE REPAIR

『ザ シャンプー ーダメージリペアー』
300ml 990円（税込）

『ザ トリートメント ーダメージリペアー』
300g 990円（税込）

全国でヘアサロン、アイラッシュサロンなど160店舗以上を展開する株式会社ヘッドライトが手掛ける新ヘアケアブランド『THE PROFESSIONAL HAIR CARE』は、発売から約2ヵ月で1万本を売り上げた評判のシャンプー&トリートメント。「プロ仕様のサロン専売品を毎日使える値段で提供したい」という想いから限界の価格設定で成分には徹底的にこだわり、お客様の髪について一番考えている800人の美容師とともに開発。ヘアサロンがお客様に向き合い、真剣に作り出した自信作だ。毛髪補修成分のヴィーガンケラチンや注目の美容成分フラーレン、4種類のヒアルロン酸など豊富な6つの美容成分を配合。美容液レベルで、使うほどにうるおい、ダメージを補修し、なめらかでツヤのある髪にしてくれる。また、高機能でも髪、人、環境への負担を考慮した成分を使用し、ヴィーガン認証も取得したエシカルな商品になっている。

（ライター／河村ももよ）


THE PROFESSIONAL HAIR CARE
ザ プロフェッショナル ヘア ケア
✉ customer@theprofessionalhaircare.com
https://theprofessionalhaircare.com/
@theprofessionalhaircare

株式会社 ヘッドライト
✉ info@headlight-inc.com
㊟ 東京都港区南青山1-15-18 リーラ乃木坂7F
https://headlight-inc.com/

ブランド／EC サイトはこちら

# 開業までサポート！遠くても通いたい 埼玉のネイルスクール自宅サロンを実現！

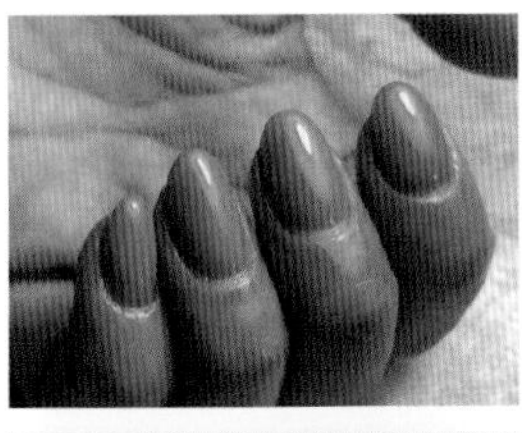

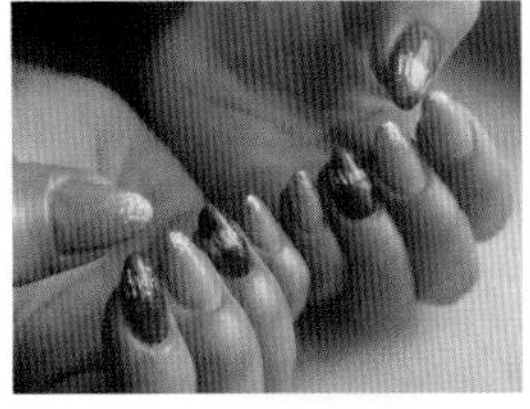

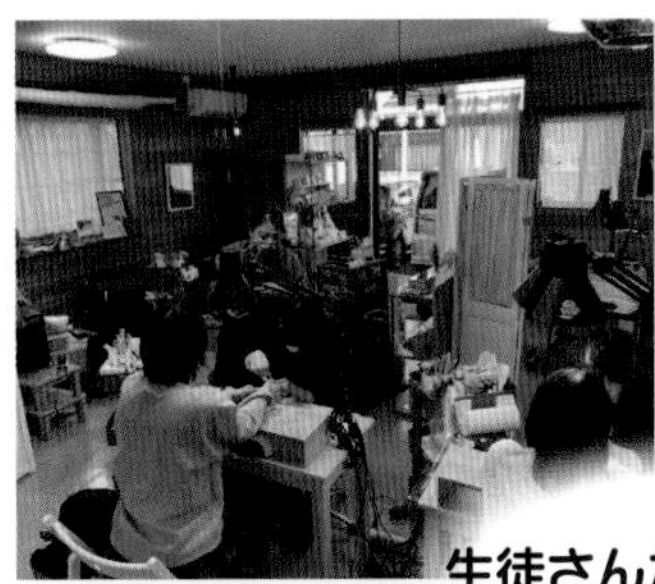

生徒さんたちによる施術

代表
前田弓子さん

開業を目指し、ジェルネイルの技術と起業のための知識を身につける『開業コース』20回（9:30〜16:00）616,000円（税込）など。

埼玉県入間市のネイルスクール『YSfactory』は、「遠くからでも通う価値あり！」と評判だ。人気の秘密はネイルの技術だけではなく、開業に向けてトータルにサポートしてもらえるから。自宅ネイルサロンを開くには、ネイル技術だけではなく経営の知識も必要となる。『YSfactory』では、個人事業主や経営者としての開業届、確定申告についてなど自営業に必須の煩雑な知識も伝授。講師はファイナンシャルプランナーの有資格者でもあり、お金の管理や仕組みなどもしっかり教えてもらえ、卒業後も経営の悩みに寄り添ってもらえる。また、同店のサロンは「ネイルが剥がれない、浮かない、長持ち」「美しい形と極上の艶」という口コミで予約が取れないほど。そのサロンの技術を学べるのは大きなポイントだ。授業内容は多岐に渡り、ジェルネイル技術全般からマシンワーク、フィルイン（ネイルオフ）まで。初心者でも半年から1年で自宅を開業した卒業生も多数。

（ライター／播磨杏）

**nailsalon & nailschool YSfactory**
ワイズファクトリー
✉ nailsalon.ysfactory@gmail.com
㊟ 埼玉県入間市南峯278-2 トゥインクルヒルマ101
https://ysfactory84.com/schooltotal/

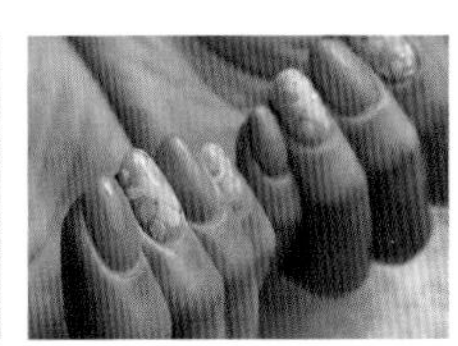

# 爪やすり&LEDライトで
# ネイルをもっと楽しく

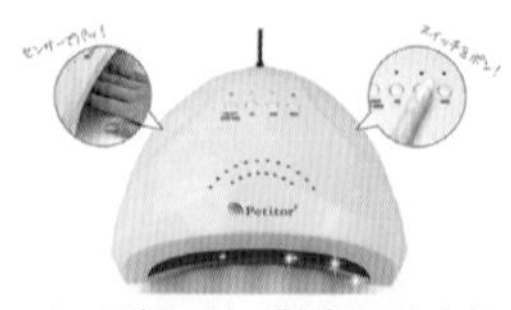

スイッチを押しても、手を入れても点灯。

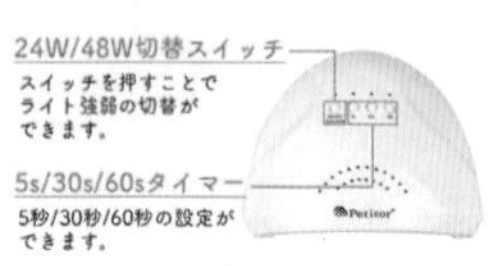


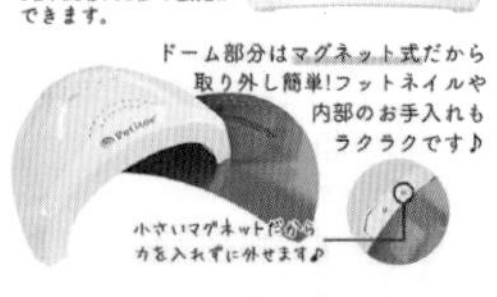

ドーム部分はマグネット式だから
取り外し簡単!フットネイルや
内部のお手入れも
ラクラクです♪
小さいマグネットだから
力を入れずに外せます♪


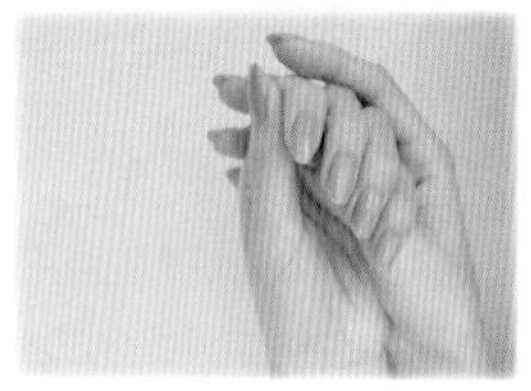

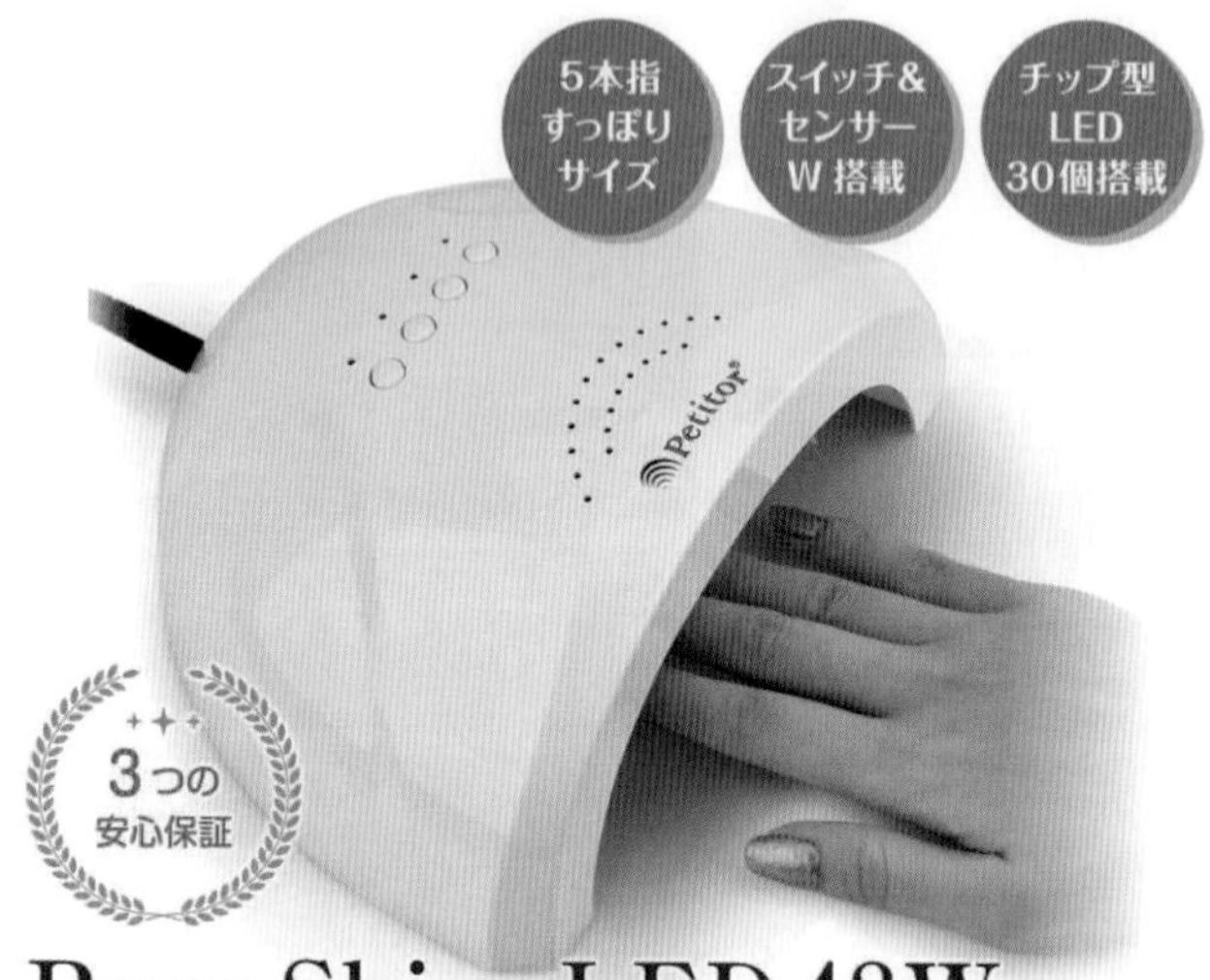

5本指
すっぽり
サイズ
スイッチ&
センサー
W搭載
チップ型
LED
30個搭載
3つの
安心保証
Petitor
Pure Shine LED 48W
ジェルネイル用 UV/LED ライト


ジェルネイル用UV/LEDライト『ピュアシャイン』5,500円(税込)

美容機器開発やビューティーサロンを手掛ける「株式会社ビューティーエンジェル」から15年もの経験を元に生まれた『Petitor®』は、プロから初心者まで幅広いネイリストに愛されているマシンブランドだ。小型で軽量なのにパワフルさも兼ね備えたネイルマシンは、用途に合わせて回転スピードや回転の向きを自由に調節可能。左右どちらでも使え、ジェルネイルのオフやデザイン替えの際にアート層だけ削ったり、爪の表面を磨いて整える、ルースキューティクルの処理など使い方は様々。自宅でセルフネイルやジェルネイルを楽しみたい人にオススメ。また、スイッチとオートセンサーがW搭載されたジェルネイル用UV／LEDライト『ピュアシャイン』は、手を入れただけでライトが点灯するストレスフリーな設計が好評。ハイパワーなうえ、5本指がすっぽり入るので作業効率も大幅UP。ネイルの時間がさらに楽しくなること間違いなしのマストアイテムだ。

(ライター／彩未)

Petitor® 株式会社 ビューティフルエンジェル
プチトル
050-4560-1423 info@petitor.jp
㊟ 神奈川県横浜市神奈川区神大寺2-29-25
https://petitor.jp/ @petitor_official

あなたの笑顔をもっと美しく輝かしく
Beautiful Angel, Inc.


株式会社ビューティフルエンジェル
https://www.beautiful-angel.co.jp/

# メンズ美容の新常識
# 男性「こそ」まつ毛・眉毛に美容液ケアを

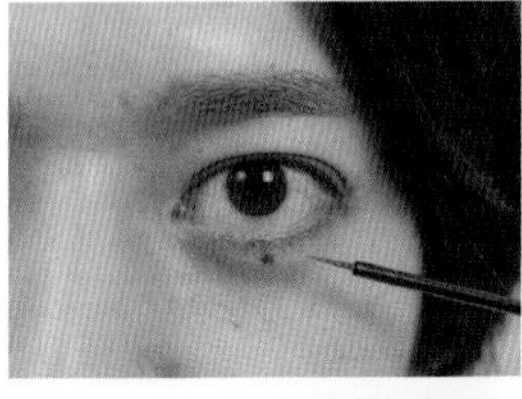
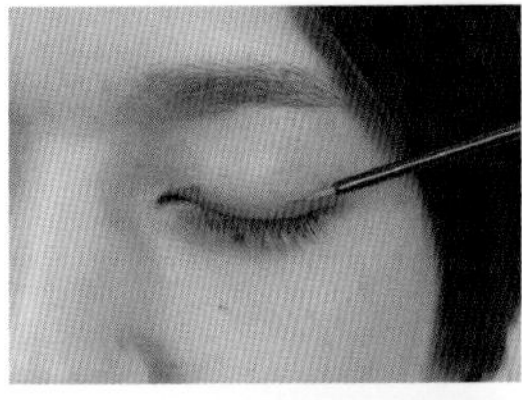
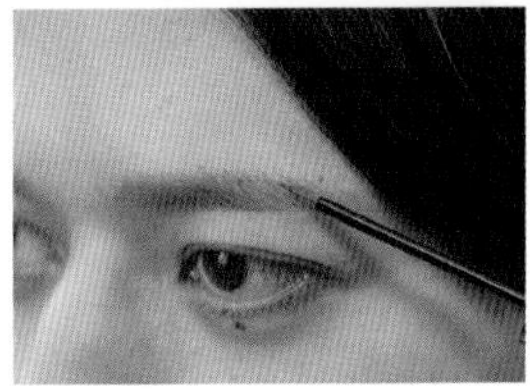

まつ毛にも眉毛にも使用可能。

『ZO-MO』5ml 7,480円（税込）

Z世代と呼ばれる若い世代を中心に、男性メイク市場規模は2017年から2022年の5年間でもおよそ1・5倍、376億円にまで成長しているという統計もある。強い目ヂカラが印象的な韓流ドラマに登場する俳優やアイドルの影響もあり、目元のおしゃれに気を使う人も増えてきた。「メイクには抵抗がある」という男性でも、「素」の目元をケアすることで印象を変えることができる。

スッと塗るだけでまつ毛・眉毛にハリとコシ、そして艶やかなうるおいを与えてくれるのが、『株式会社 Hette』男性向けまつ毛美容液『ZO-MO（ズーモ）』。毛根の血行促進や毛母細胞の活性化を促すパンテノールを始めこだわりの美容成分をぜいたくに配合。また九つの特定成分を含まないフリー処方だから目元にも安心・安全に使用できる。スキンケアや脱毛は当たり前の時代。目元にも気を使って「素」の自分をアップグレードしてみては。

（ライター／今井淳二）

株式会社 Hette
ヘッテ
0940-25-7479　hette@kne.biglobe.ne.jp
住 福岡県福津市西福間5-6-19
男性まつげ美容液ズーモ　検索

こちらからも検索できます。

Instagram

# 魚（痛み）のいる所に釣り針（鍼）を落とし釣果（効果）を挙げる鍼灸院

鍼治療古書

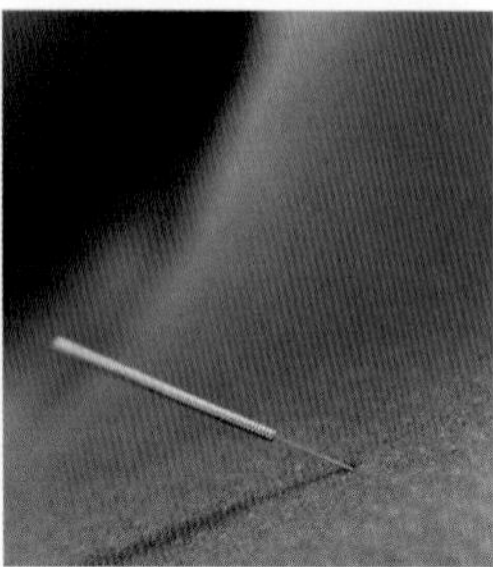
『釣魚式』使用する鍼は1本。

4コマ漫画。第1話～第10話まであり。ホームページで確認を。

院長 巽源一さん

初診料 1,000円（税込）
1時間 7,000円（税込）　2時間 10,000円（税込）
※出張費用がエリアによってかかります。

使うのはたった一本の針、患部に的確に刺激を与えることで即座に症状を改善してくれる鍼治療を行っているのが『タツミ釣魚堂』。院長の巽源一さんが独自に編み出した『釣魚式鍼治療』という治療法で、悩んでいたしつこいコリや痛みから開放されたと喜びの声が多く寄せられている。

釣り人が狙ったポイントに釣り針を落として魚を釣るように、痛みのポイントに鍼を入れて痛みを抜き取る。それが魚釣りを連想させることから『釣魚式』と命名したとという。

「『釣魚式』は、鍼が身体に与える刺激と効能について十分に理解すれば、驚くほど簡単に、かつ、信じられないほどの劇的効果が得られます」

同院は、首都圏エリアの出張専門。自宅で施術できるから高齢者や外出の難しい人にも好評だ。頼ってみたいけど、身体に針がいくつも刺さっている様子を想像すると怖くなって二の足を踏んでいる人にぜひ。

（ライター／今井淳二）


## タツミ釣魚堂
タツミちょうぎょどう

080-4329-5790　chougyodou@gmail.com
㊟ 埼玉県川口市安行原1082-7
https://chougyodou.wixsite.com/chougyodou

「はりの極意」に沿ったやり方で治療を受けると、
整形外科的な痛み等は１００％解消します。
その場合、はりの効果は劇的です。
その場で即効で現れ、例外なくどんな人にも顕著な
効果が現れます。

# しっかりと原因を究明した適切な整体施術と生活習慣のアドバイス

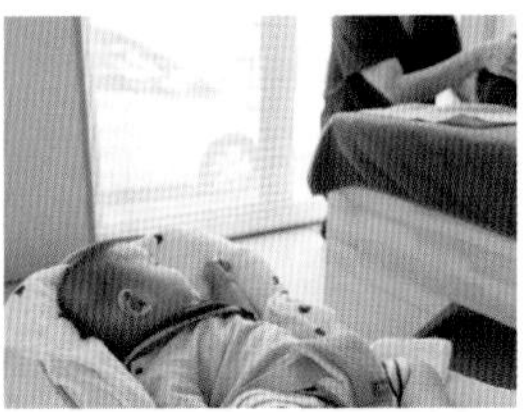
産後のママさんでも子連れで安心して来院できる。

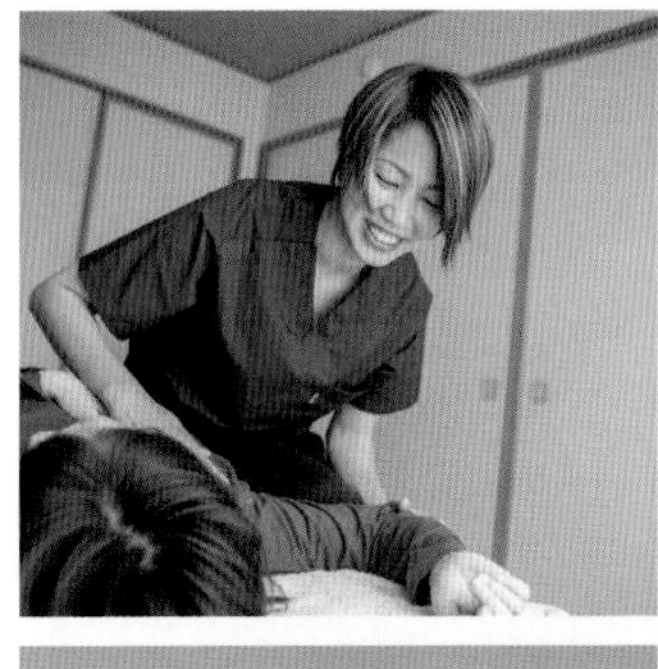

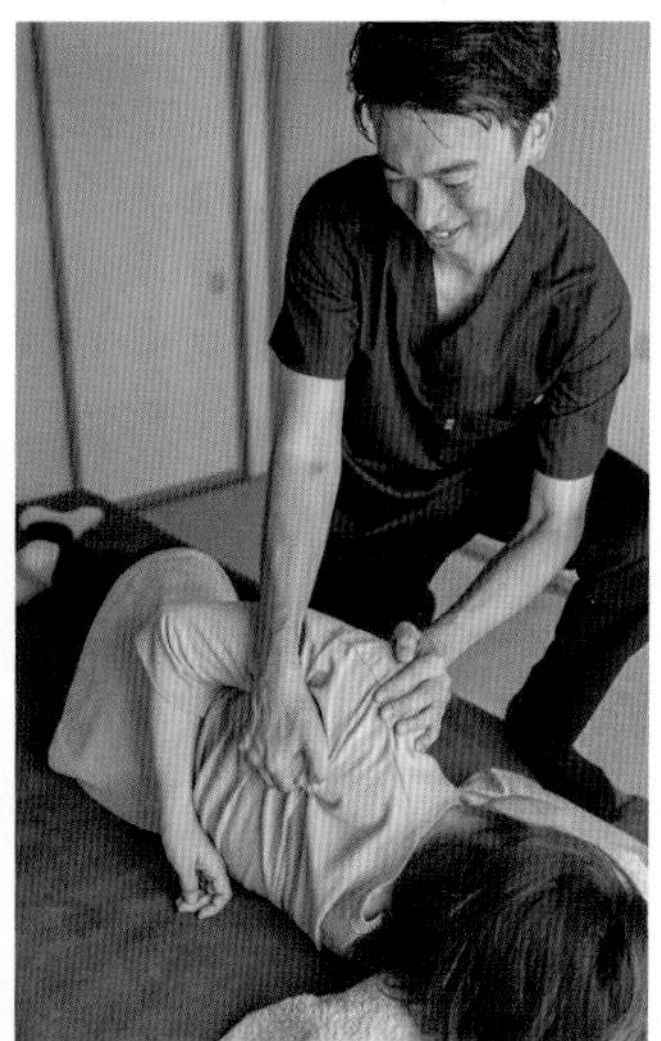
『カイロプラクティック』
初回 5,500円（税込）
2回目以降 5,000円（税込）
プラスオプションで「小顔調整」「ヘッドスパ」などあり。

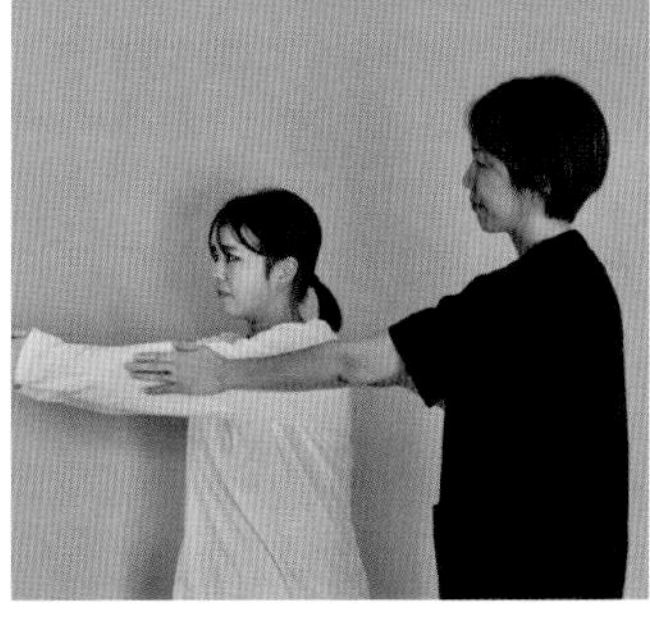

夫婦でカイロプラクティックを行っている代表の山崎絵里加さんと山崎和也さん。

人の数だけ存在する身体の悩み。カイロプラクティックは、身体の歪みをつくる根本原因を探して背骨や骨盤を矯正し、身体全体のバランスを整えることにより改善を図るものだ。

富山県黒部市の『カイロプラクティックSAN-SAN』は、働く人のつらい身体の痛みを適切に改善・ケアしてくれると評判の治療院。患者さん一人ひとりに合わせ、丁寧なカウンセリングとボキボキしない安心のオールハンド施術を心がけている。ほかにも、オプションとして小顔調整やヘッドスパ、エステメニューとして、ボディやフェイシャルエステも提供している。

また、予防医学大国アメリカ生まれのカイロプラクティックは、病気予防の観点から、施術と共に患者さんの生活習慣にも着目。普段の生活の中に身体の痛みや不調の要因があるとし、セルフケアができるようにしっかりとアドバイスやサポートも行う。

（ライター／今井淳二）

カイロプラクティック SAN-SAN
サン - サン
080-1157-6555
㊟ 富山県黒部市植木5-10
https://chiropractic-sansan1.com/

SAN-SAN
カイロプラクティック

# 慢性の痛み、スポーツによるケガなど
# カウンセリングと分析で寄り添う整体

完全個室で徹底したカウンセリング。

年間延べ施術実績70000人超の『やわら鍼灸整骨院／整体院グループ』。

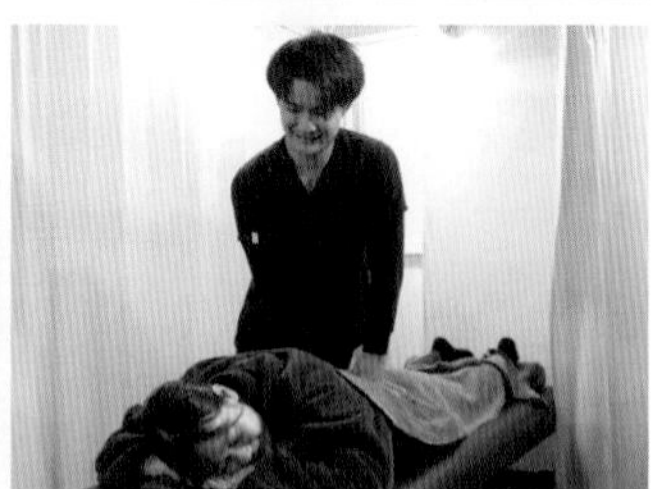

長与やわら鍼灸整骨院／整体院・時津やわら鍼灸整骨院／整体院・住吉やわら鍼灸整骨院／整体院・浜町やわら鍼灸整骨院／整体院・松山やわら鍼灸整骨院／整体院・諫早やわら鍼灸整骨院／整体院・骨盤トレーニングジムyawara・骨盤ダイエット専門サロンyawara長与店など8店舗。

厄介な痛みやコリ、しびれの原因を徹底的に追求。患者さん一人ひとりに合わせたパーソナルな施術で、他の整骨院ではなかなか完治しない不調も根本から回復すると評判の整骨院が、長崎県内で8店舗を展開している『やわら鍼灸整骨院／整体院グループ』。年間延べ7万人という多くの施術実績を誇る信頼の秘密は、検査力とカウンセリング力、そしてそれに基づいて的確に行う施術力だ。患部へ直接アプローチする手技・矯正はもちろん、鍼灸治療やカイロプラクティック、生活習慣を見据えたトレーニングや食事指導まで、治療だけでなく、「痛みの起こりにくい身体作り」を目指している。また、忙しくてなかなか治療に通えないという声に応えて全店土・日曜・祝日も営業。小さなこどもがいる人でも安心の保育士が対応するキッズルームも完備、女性施術者も多数在籍しているので若い女性やお母さんたちも安心して通える。さらに、全店駅近または駐車場完備というのもうれしい。

（ライター／今井淳二）

「骨盤専門のセミパーソナルジム」

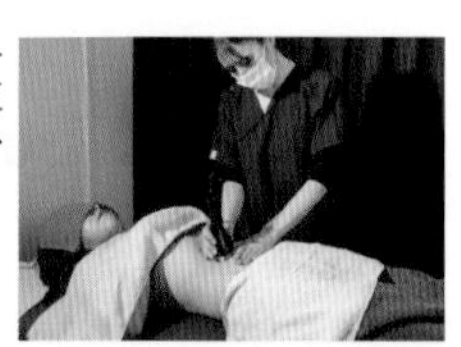

併設の「ハイパーナイフ×骨盤矯正専門のダイエットサロン」。

**株式会社 てわざ**

☎ 0120-072-344
㊟ 長崎県西彼杵郡長与町高田郷2155-1
http://yawara-seikotsuin.net/

# ひねって、伸ばして、もみほぐして 気持ちの良いタイの伝統奥義マッサージ

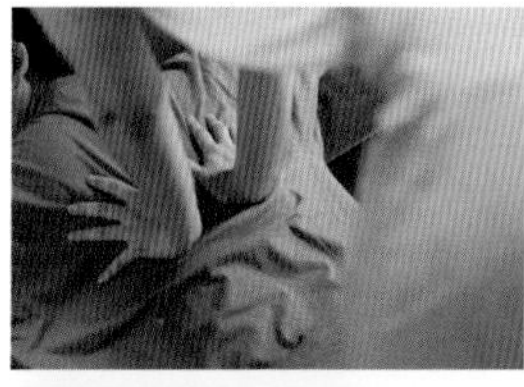

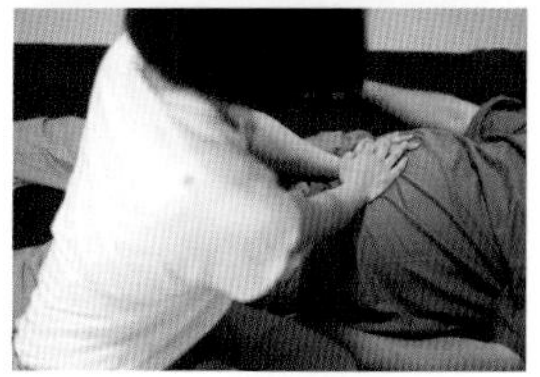

男性限定『ジャップカサイ』
120分 30,000円（税込）など。

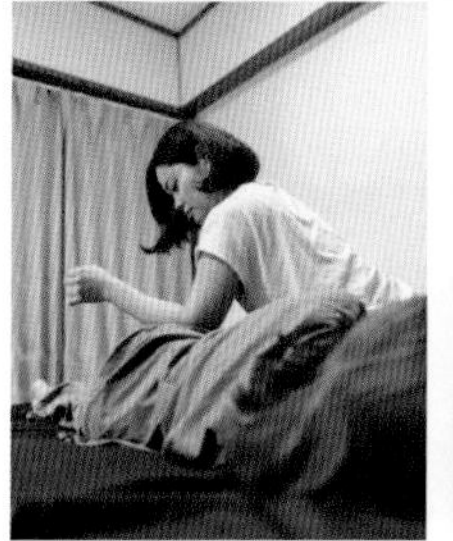
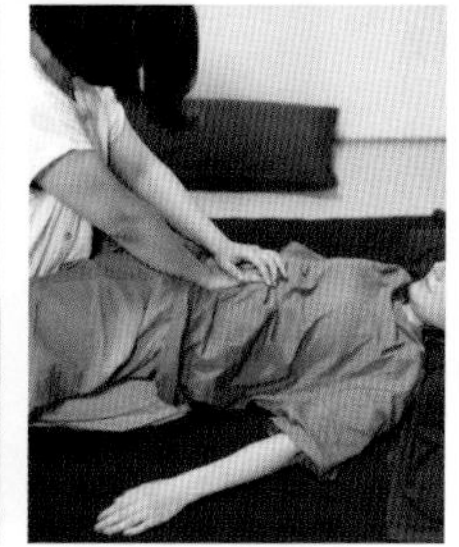
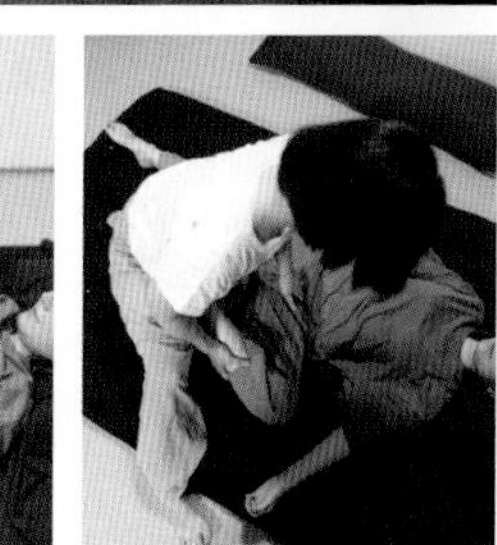

『タイ古式マッサージ』90分 10,000円（税込） 150分（チネイザン込）15,000円（税込）
女性限定『ヨクトーン』120分 20,000円（税込）など。

タイの伝統医学に基づいたボディケアで、セラピストが全身を使って気になる所や身体全体をほぐしていくのが特長の「タイ古式マッサージ」。日本でも施術者や愛好者の増えている。

沖縄県南風原町の『RUHEタイ伝統医学マッサージ』は、『タイ古式マッサージ』の知識を活かし、肩こりや腰痛、疲労や不眠などから不定愁訴、身体のリズムなどが気になる人をサポートしている。基本的なもみほぐしは、痛気持ちいい力加減も心がけ、ストレッチも取り入れた心地よい施術が特長。スッキリした気分で帰れると好評だ。お客様それぞれの悩みに応じて行う伝統的な施術も人気の秘密。下腹部周辺を重点的にもみほぐす『ジャップカサイ』という施術は、男性機能改善や腰の痛み、お腹の調子が気になる男性の方に。毎月のリズムが気になる女性には、お腹やお尻、鼠径部などをしっかりともみほぐす『ヨクトーン』がオススメ。

（ライター／今井淳二）

**RUHE** タイ伝統医学マッサージ
ルーエ
090-7585-7932
㊟ 沖縄県島尻郡南風原町津嘉山1129-1 メゾン東203
https://ruhe.pwa.1cs.jp/　https://ruhe-massage.jp/

予約は
こちらから。

# 七つのチャクラに着目し、ヨガの観点で開発
# 膣トレ・膣ケアにフェムケアアイテム

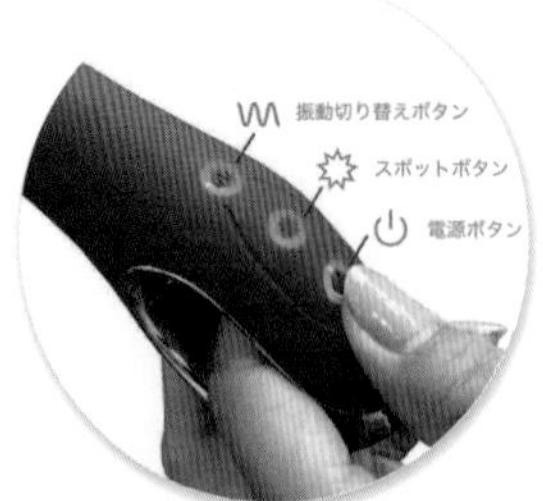


◎HEAT（温熱）機能搭載

◎振動パターン10種類

◎角度をつけ様々な方向へアプローチ

◎常に清潔

『Muladhara』16,280円（税込）

フェムケアと七つのチャクラに着目し、女性本来の健康的で自然な美しさを惹き出すアイテムを展開するブランド『GETSUUN（月暈）』。フェムケアアイテム『Muladhara（ムーラダーラ）』は、「根を支える」という意味を持ち、人の土台となる第一チャクラ。生殖器と肛門の間「会陰部」にあると考えられていて性欲などの本能的な感覚や生殖機能と繋がりがある。ここが安定すると余裕ができ、根気強さが増すといわれている。優しい曲線を描く『Muladhara』は、先端の角度にもこだわり、様々な方向で外側の骨盤底筋から膣内までダブルでアプローチ。10段階に調節できる振動機能を使うと骨盤底筋により強いアプローチが可能。冷え性の方、下半身のコリを感じている方などは温熱機能がオススメ。人肌温度（約33度）に温まり、身体の芯からじんわりと温めてくれる。膣トレ・膣ケアの中の一つであり、精神的にもリラックス。セルフプレジャーアイテムとしても使え、ストレス解消にも効果的だ。（ライター／播磨杏）

**GETSUUN** I-sonat 株式会社
ゲツウン
☎ 03-6657-1520 ✉ info@i-sonat.jp
㊟ 東京都墨田区東向島4-4-1
https://www.getsuun.net/

# 自宅で自分でできる画期的なおりもの検査

面倒な検体送付は不要。

本ツールの結果欄には、症状の可能性と併せて予防法も記載。

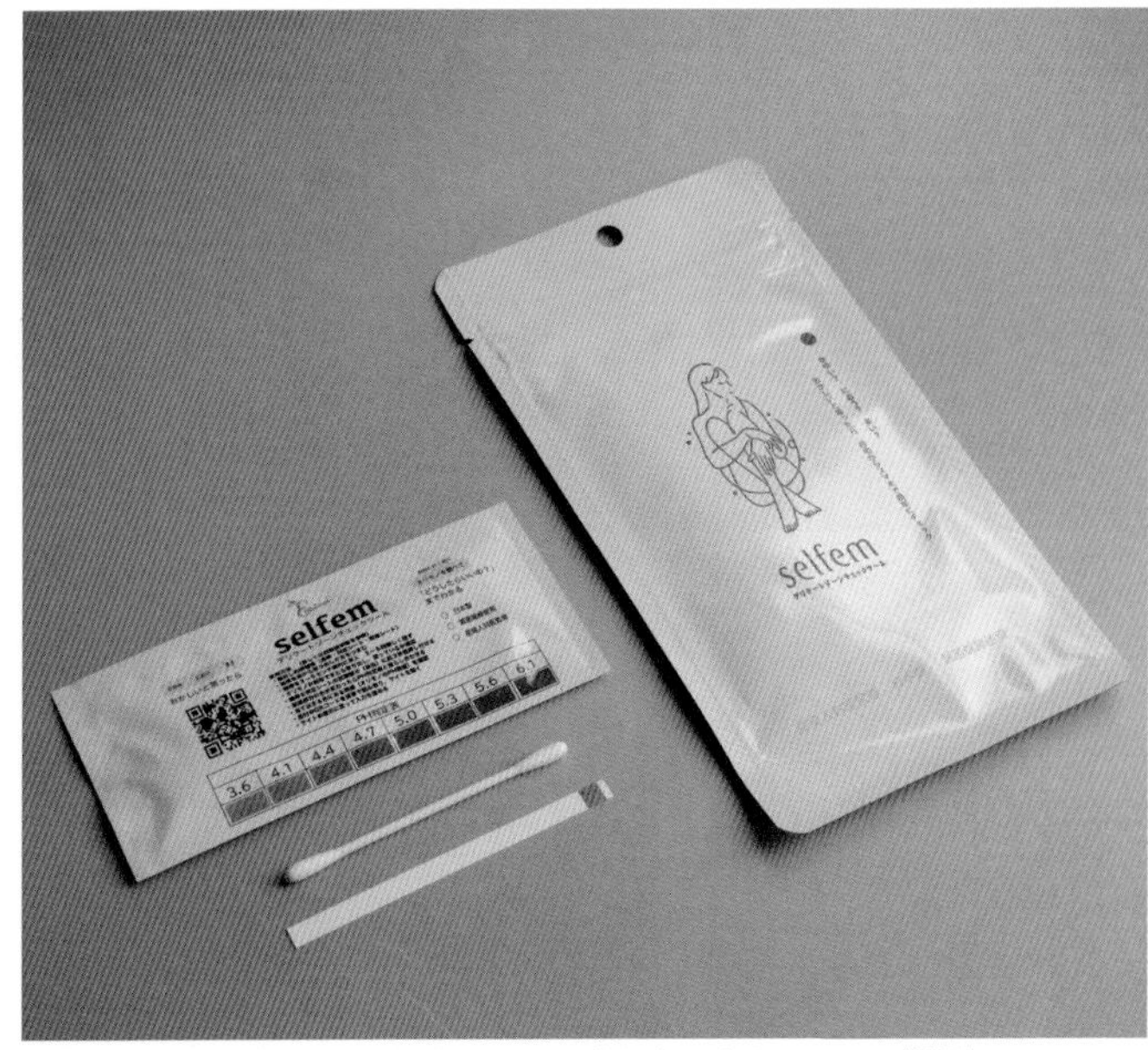

『selfemデリケートゾーンツール』1個入 660円(税込)　3個入 1,880円(税込)

女性のおりものは、身体の状態を知る大切なバロメーターだが自己判断は難しいため、異常に気づきにくい。かゆみなどの異常があっても、診察を受けることに抵抗がある女性も少なくない。『株式会社エオストレ』は、女性特有の健康課題に向き合い、「検査」「ケア」「予防」の観点からアプローチするサービスを提供。女性が自分でおりものを検査し、判定結果をウェブサイトで確認できる、女性のデリケートゾーンケア専門ブランドで、女性用おりものセルフ検査キット『selfem デリケートゾーンツール』を発売している。

『selfem』は、場所を問わず自分で検査でき、膣内の状態が5分で分かるという優れもの。結果が分かった後は、オンラインストアから自分の症状に合ったケア商品を購入することもできる。セルフチェックすることで、日々のお手入れから健康状態に気づくことができ、予防法や受診の必要性が分かり、適切な処置を行うことが可能になる。

(ライター／河村ももよ)

株式会社 エオストレ

06-6940-7066　info@eostreco.com
㊟ 大阪府大阪市北区梅田1-1-3 大阪駅前第3ビル2307
https://eostreco.com/

# 人の健康を助ける初心を忘れずに活動
# 医療機関と連携し地域包括ケアに寄与

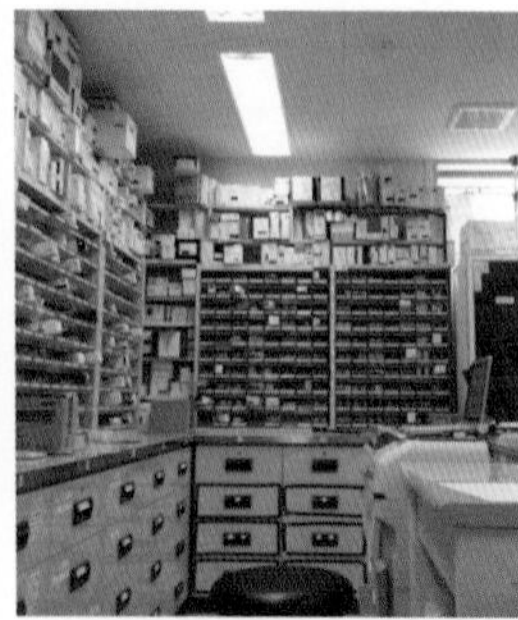

代表取締役 永田哲彦さん

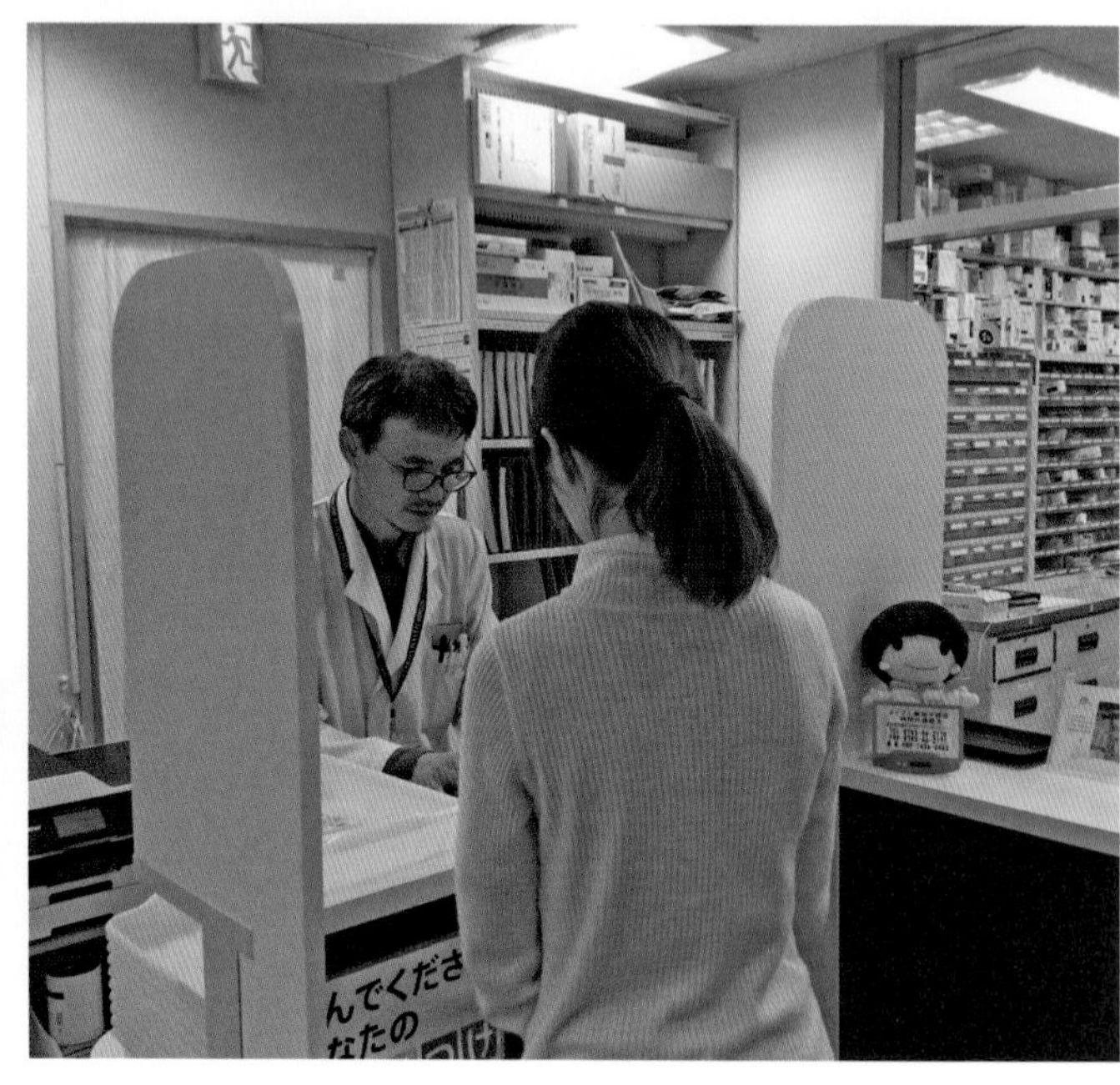

『メイプル薬局平群（へぐり）店』を営む『有限会社スリースターズ』代表取締役の永田哲彦さんは、「人の健康を助けられれば」と九州の第一薬科大学で学び、卒業後に薬剤師の国家資格を取得、実務でも初心を忘れずに、地域医療に貢献する使命感を持って取り組んでいる経営者だ。

薬局で医師の処方箋に従って薬を取りそろえる通常業務だけでなく、在宅で療養する高齢者を地域の医療関係機関が協力して支える地域包括ケア活動に力を注いでいるのはその象徴。整形外科や耳鼻咽喉科、消化器内科、歯科の医院と連携して高齢者を見守る体制を取り、昼休みに車で高齢者の居宅を回って薬を届けたりするほか、2週間に一度は介護施設に出向いて高齢者に服薬指導、定休日にも休日応急診療所で調剤に当たっている。また、来店時に待たなくて済むようスマホから送れる処方箋を受け付ける体制も準備中だ。

（ライター／斎藤紘）

**メイプル薬局** 平群店　有限会社 スリースターズ

メイプルやっきょく

0745-46-2170

㊟ 奈良県生駒郡平群町大字三里384-1

https://maple-ph-heguri.com/

# りんご成分で腸内環境改善&ダイエット
# 美と健康を目指す機能性食品シリーズ

【純天然・無添加】
善玉菌の餌に!!

『Appleゼリー』1包で林檎6個分。

『Apple Eight』1箱で林檎エキス660個分。

『APPLE PLIGO PECTIN ドリンク』

『美楽』

優れた効能と安全性はお墨付き、医学博士との共同研究で誕生した製品。

腸内環境の改善やダイエットに効果的だといわれるアップルペクチン。国立富山医科薬科大学医学部名誉教授医学博士田澤賢次氏と共同開発し、青森県産りんごから特殊製法で抽出したのが「低分子アップルオリゴペクチン」。食物繊維だけではなく、カリウム、ペクチンオリゴ糖、ポリフェノールも豊富で、筋力低下、消化器系の機能不全、動脈硬化予防、うつ病や認知症の予防、便秘の改善、美肌効果、アレルギーの改善など様々な効果が期待できる。『アップルペクチン研究所』の「低分子アップルオリゴペクチン」シリーズは、青森県産りんごの有効成分をそのまま抽出しており、安心・安全な機能性食品。『アップルオリゴペクチンドリンク』は、低分子アップルオリゴペクチンたっぷりのドリンク。まろやかな味わいで、後味スッキリ。『アップルゼリー』は、スティック状で外出先などでも気軽に食べられる。顆粒加工された『アップルエイト』は、有効成分をよりダイレクトに摂取することができる。（ライター／播磨杏）

## アップルペクチン研究所
アップルペクチンけんきゅうしょ

https://apple-pectin-oligo.com/
「林檎1個で30年間研究してきました!!」

成田製薬株式会社
☎ 03-5830-3489
✉ info@naritapharm.com
㊟ 東京都台東区西浅草2-8-2
https://www.naritapharm.com/

QWCホールディングス株式会社
☎ 03-6271-0719
㊟ 東京都中央区東日本橋2-28-4
https://www.qwchd.com/

# 3粒で乳酸菌1兆個ヨーグルト100個分
# レモン味で美味しい乳酸菌タブレット

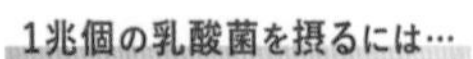

100mlの乳酸菌飲料 ×1000本

100gのカップヨーグルト ×1000個

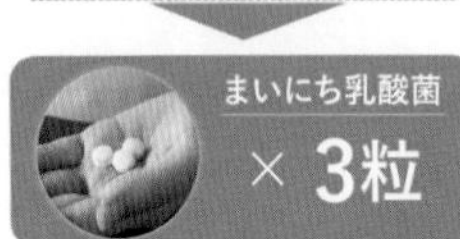

『まいにち乳酸菌』（1袋452mg×90粒）6,912円（税込）

『くらしいきいき』の管理栄養士が考案した乳酸菌サプリメント。水なしで飴のように舐めて手軽に乳酸菌を補給できる。

「第二の脳」とも呼ばれ、体内の免疫力の6割以上が集まっている腸の働きを担う腸内フローラを整える乳酸菌。最近の研究では、毎日1兆個以上の乳酸菌を摂ることが推奨されているが、食べ物で摂取しようとするとカップヨーグルト100個分。そこで取り入れたいのが『くらしいきいき株式会社』の管理栄養士が考案した乳酸菌サプリメント『まいにち乳酸菌』。一日3粒で目標の1兆個を摂取できるという。生きた乳酸菌よりも届きやすい死菌21種類と5種のビフィズス菌を配合することで、少ない量でもたくさんの乳酸菌が取れ、体内に吸収されやすい。クエン酸も配合されているので、体の疲れや疲労をサポートする効果も。水なしで噛んで食べられるタブレットチュアブルタイプで、外出先や職場でもいつでも食べられる。佐賀県産のマイヤーレモンを使ったスッキリレモン味。食後のデザートがわりや仕事中の気分転換にもオススメ。

（ライター／播磨杏）

**くらしいきいき 株式会社**

092-739-2320 siawase@shopfucoidan.com
㊟ 福岡県福岡市中央区笹丘1-23-2 友泉中央ビル1F
https://www.kyusyu-honmono.com/ https://www.kurashiikiiki.com/

**こんな方におすすめのサプリメント**

- ☑ スッキリ
- ☑ 栄養バランス
- ☑ 季節の変わり目
- ☑ 生活習慣
- ☑ 健康
- ☑ 美容

# 発酵のパワーから生まれた"奇跡の恵み"
# さらにおいしく手軽に「新しくて美しい酒粕習慣」を

『酒粕×糀甘酒』
500ml 1,550円(税込)

『酒粕グラノーラ』
200g 1,480円(税込)
『酒粕グラノーラ ココアベリー』
200g 1,620円(税込)

日本古来の健康食材「酒粕」。発酵の力で生まれる、美と健康に役立つ豊富な栄養素を含むが、リユースの難しさから充分に活かされていないケースも多い。そんな酒粕をもっと美味しく、もっと手軽に続けられる、現代のライフスタイルに合わせたプロダクトにして提案しているのが『KIKKA』。酒蔵直送のフレッシュな酒粕を40時間以上かけて丁寧にパウダー化することで、癖がなく、ノンアルコールで毎日続けやすい商品にして提案している。米糀甘酒と酒粕のいいとこどりを実現した『酒粕×糀甘酒』は、酒粕の華やかな香りと奥深い味わい、砂糖不使用のスッキリした甘味が特徴の、毎日飲みたいおいしさ。『酒粕グラノーラ』は、酒粕パウダーをつなぎにして有機オーツ麦を焼き上げた大人のためのグラノーラ。ナッツや無添加ドライフルーツを贅沢に使用し、ザクザク食感と酒粕の華やかな香りが特長の、こだわりが詰まった一品だ。

(ライター/今井淳二)

**KIKKA**
キッカ
0570-550-552 info@kikka-japan.com
㊟ 東京都目黒区中目黒4-3-1-301
https://kikka-japan.com/

KIKKA

# 100%植物性原材料で作られた安心の自然派サプリメント

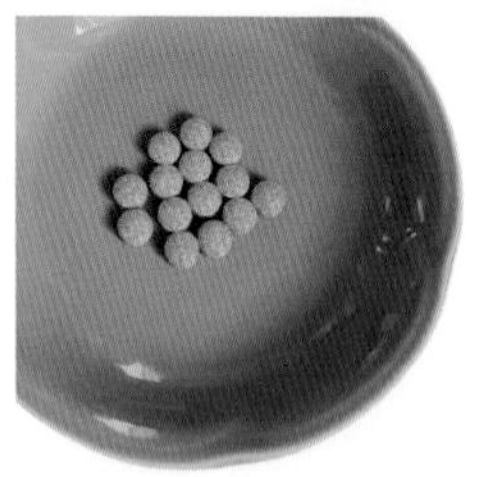

『SHARP and SLIM』
3,240円(税込)

サラシア

難消化性デキストリン

『DIGIFIT株式会社』の『SHAPE and SLIM』は、体重や体型を気にする方の食生活を支えるサプリメント。有効成分として、サラシアエキス末、および難消化性デキストリンが配合されたダイエット補助食品だ。一日6粒飲むだけで、一日摂取カロリーの約20%をカットする働きがあるという。原材料は100%植物性のため、ヴィーガンやハラールの方にもに対応しており、誰でも安心して摂取することができる。錠剤は小さく嫌な臭いもないので飲みやすい。製造は、国内のGMP認定工場で行われている。

成分のサラシアは、炭水化物の吸収を抑え、難消化性デキストリンは、炭水化物や脂肪の吸収を穏やかにして抑える。また、大腸内で善玉菌の栄養源となり、腸内環境の改善に良いといわれている。

近頃、体重が増えてきて悩んでいる方、食事制限はしたくない方にはぴったりのサプリメントだ。

（ライター／河村ももよ）

**DIGIFIT** 株式会社
デジフィット
0797-24-9118 contact@shapeandslimdietjapan.com
㊟ 大阪府茨木市上中条 1-6-29
https://www.shapeandslimdietjapan.com/

# 丁寧な施術と接客で“あなたを輝かせてくれる”トータルビューティーサロン

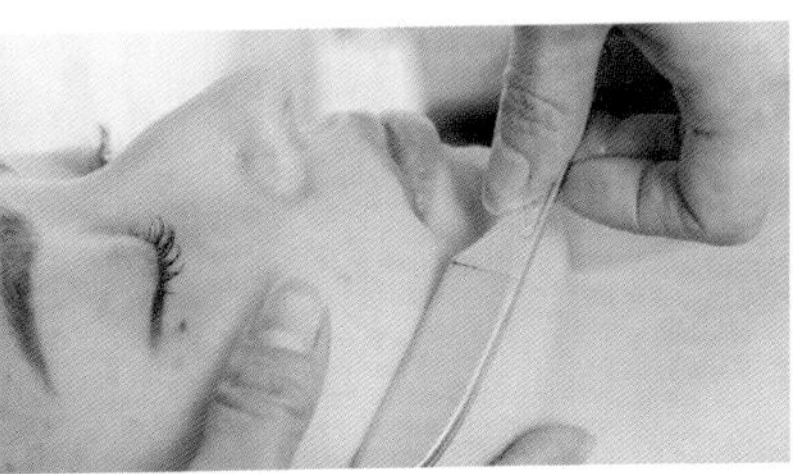
『シェービング』「顔そり」4,950円(税込)

『まつげパーマ』
6,600円(税込)

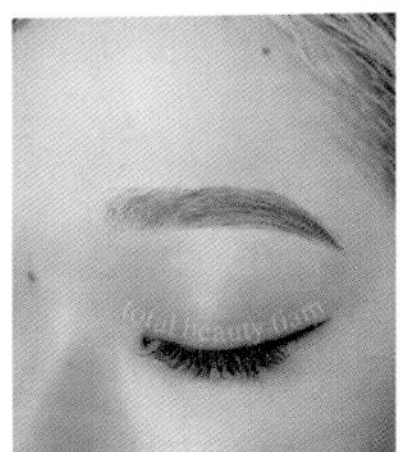
『眉毛スタイリング』
5,500円(税込)など。

## total beauty Tiam

トータル ビューティ ティアム
090-6598-3739
住 愛知県名古屋市中区丸の内3-23-6 丸の内セントラルハイツ701
https://www.tiam-beauty373.com/

愛知県名古屋市、丸の内駅の最寄り出口から徒歩約5分の『total beauty Tiam』は、ラグジュアリーな空間で贅沢な気分になれる完全個室のプライベートサロン。お肌の触り心地が変わるシェービングメニューやオールハンドでリンパにアプローチするエステ、顔の印象を変える眉毛メニューやまつ毛パーマも得意なので、理想の目元を叶える豊富なメニューを1カ所で受けることができる。心と体が癒される、そんな贅沢な時間をゆっくり過ごしてほしい。

(ライター／河村ももよ)

# どこでもワンプッシュするだけ ミストで効率的な栄養補給をサポート

『ClearWhite Lemon』
2,980円(税込)

『Goodnight HerbTea』
2,980円(税込)

『Vitamin Maintenance』
2,980円(税込)

## IN MIST

株式会社 ゼロワンブースター
イン ミスト
03-6435-5360 inmist@01booster.com
住 東京都千代田区丸の内3-3-1 新東京ビル1F
https://shop.inmist.jp/

『IN MIST』より、ワンプッシュで効率的に栄養補給ができる、栄養成分をミスト化したサプリメント3種類が発売。『ClearWhite Lemon』は、ビタミンCと美容に大切なビタミンB群で、美味しい美容ルーティーン。『VitaminMaintenance』は、8種のビタミンを凝縮、手軽なビタミン習慣を。『Goodnight HerbTea』は、ハーブティーでベッドタイムを快適に。口内からすぐに栄養吸収が始まるため、忙しい現代人にピッタリだ。

(ライター／河村ももよ)

# 日頃体を支えてくれる足に特化したフットケア専門サロン

『カウンセリング』
30分 3,850円（税込）
60分 7,000円（税込）
『爪切りコース』7,000円（税込）
『たこ・ウオノメのケア』
7,000円（税込）

## ぷりてぃふっとHANA

ぷりてぃふっとハナ

090-2830-3558　prettyfoothana@gmail.com
㊟ 福井県福井市飯塚町30-13 コーポTH302
https://prettyfoothana.jp/

福井県福井市の『ぷりてぃふっとＨＡＮＡ』は、フットケア専門サロン。来店する年齢層は３歳～92歳と幅広く、爪切り、トリートメント、魚の目、たこのケア、かかとの角質除去、巻き爪など対応している。一人でも多くの方の力になりたいと専門の靴屋さんや整骨院、病院と連携しながら、健康な足作りのお手伝いをしている。中医学、アロマセラピーも行っており、資格取得を目指したスクールも開講している。

（ライター／河村ももよ）

# 人生は待ったなし!! 大病から復活を果たし人生にミラクルを起こすきっかけを与えたい！

耳つぼダイエットにぞっこん！

ストレスなくダイエット出来たので、6ヶ月頑張れました。
上手く行きすぎかなと思うくらい嬉しい成功です。
耳つぼダイエットで人生が変わりました！

50代 女性
6ヶ月 −14.0kg

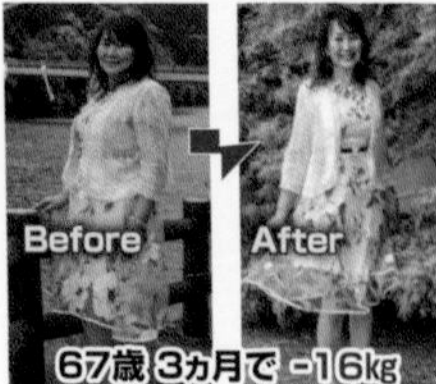


あなたの悩みに
寄り添います!
カウンセリングは無料。

代表 木村洋子さん

※効果は個人差があります。すべての方の効果を保証するものではありません。

㊕ 10:00～19:00（完全予約制）※時間応相談

## 耳ツボ健康ダイエットサロン ミラクルミミー

070-5547-8989
㊟ 東京都東村山市秋津町5-15-1-2F
https://mimitsubo-hakusyo.com/miracle-mimy/

全身のツボが集まっているといわれる耳。その耳ツボを刺激することでダイエットをサポートしてくれるのが今、人気急上昇の『耳ツボ健康ダイエットサロンミラクルミミー』。

耳つぼ刺激による痛みもなく、食欲を司るセットポイントやからだのバランスを整え、食べ過ぎをコントロール。自然にからだが軽くなっていき、医師も検証している耳つぼダイエット。出張対応も行っている。

（ライター／今井淳二）

# オーストラリアの雄大な自然から生まれたマヌカハニー

株式会社 Big Picture International
ビッグ ピクチャー インターナショナル
03-3487-3227
住 東京都世田谷区駒沢4-15-20

『マヌカハニーMGO
レベル263+』

こちらからも
検索できます。

『株式会社ビッグピクチャーインターナショナル』が発売する『マヌカハニーMGOレベル263+』は、ニュージーランドやオーストラリアに自生するマヌカの花から採れるハチミツ。高い抗菌活性と抗炎症作用などを有する。喉の炎症のために直接なめるのはもちろんのこと、砂糖がわりに生活に取り入れるだけで健康維持に効果が期待できる。美容に役立つビタミン類やポリフェノールが多く含まれているのも嬉しい。

（ライター／河村ももよ）

# グズグズ敏感さんを助ける優れたサプリ



## 発酵黒じゃばらの『アレルピタ』

季節の変わり目やハウスダストなどに敏感でグズグズ、ズルズルなどの悩みを感じる方のためのケアサプリメントが『アレルピタ』。アレルサポートサプリ7年連続1位のすごいパワーの秘密は、和歌山県の北山村でしか自生しない貴重な柑橘発酵黒じゃばら。そこに乳酸菌「KT-11」や甜茶エキス、シソエキスなどのサポート成分を配合。日本古来の植物の力で開放感に溢れたスッキリな毎日が実現する。

『アレルピタ』15.72g　メーカー小売希望価格 3,780円（税込）　アレルピタ　検索

# 我慢しないスタイルケアを叶えるサプリ

Yakushou Medic

## 和漢発想の『満福スマート』

スタイルケアを気にする女性に大人気のダイエットサポートサプリが、『満福スマート』。漢方製薬メーカーと共同開発し、セントジョーンズワートやサフランエキス、イヌリンなど和漢発想成分で満足サポート＆充足サポートのWのスタイルケアを実現。しっかり栄養を取れるうえ、お腹でプクプク膨らむので、我慢しなくても食事量が減る。置き換えに断念した方、食欲が抑えられないという方も楽にスタイルケアができる。運動が苦手な方にもオススメ。

毎日続けるものだから
自然発想の成分にとことん
こだわりました

スレンデスタ
サフランエキス
セントジョーンズワート
イヌリン
難消化性デキストリン

※画像はイメージです

スタイルケアが続かない…
満足感のあるセーブをしたい…
どうしてもガマンができない…

食べたい人に満足サポート
DIET SUPPORT
満福スマート

スタイルケアサプリメント『満福スマート』15g
メーカー小売希望価格 3,280円（税込）

満福スマート　検索

『まるごと次郎柿 のむ酢』
200ml 1,300円(税・送料込)

## のむお酢は、健康促進、美容に。

メルカリ shop

**いなさトレンド 株式会社**
TEL 050-7112-3542
E-mail 173trend@gmail.com
静岡県浜松市浜名区引佐町伊平418-1

まるごと次郎柿 検索

と次郎柿』本来の旨味をダイレクトに味わえる。「次郎柿」のお酢に、カリウム・カルシウムなどミネラルが含まれるきび砂糖を加えた「のむ酢」は、「次郎柿」の風味が口いっぱいに広がりつつ、すっきりとした甘さで、美味しくゴクゴク飲める。野菜、果物嫌いのお子様や食欲のない方、高齢者の方にもオススメだ。健康食品として古くから注目されているお酢は、血糖値の上昇規制、体脂肪・内臓脂肪の減少、血圧低下作用、疲労回復などに効果的。さらに柿は、ビタミンC・カロテン・食物繊維・カリウム・ペクチンなどが多く含まれ、昔から「医者いらず」ともいわれるほど栄養価が高い。風邪予防、老化予防、美肌効果、むくみ防止に効果を発揮するほか、血圧を下げるタンニンや便通を促して腸を整える食物繊維なども豊富。『まるごと次郎柿』を毎日接種すれば、美味しく健康促進、美肌、ダイエットなどの効果が期待できる。

『まるごと次郎柿 お酢』
200ml 1,200円(税・送料込)

静岡県・引佐町の地元農家から仕入れた、完全甘柿「次郎柿」を贅沢に使用した果実酢が『まるごと次郎柿』。日本3大柿とも呼ばれる「次郎柿」は四角い形で、糖度は約16～約18度と高く、熟度が増すとトロリとした食感に変わるのが特長。その甘柿の旨味がしっかり閉じ込められて、穀物酢に比べてツンとせず、クセのないさっぱりとした味わいの酢に仕上がっている。開発したのは、地元浜松市出身、引佐町で活躍する地域おこし協力隊「浜松山里いきいき応援隊員」の杉村剛さん。規格外品の「次郎柿」を有効活用してフードロスを削減するとともに名産品化を目指すため、心を込めて考案したという。料理用の「お酢」は、「次郎柿」のみを発酵させて抽出させたお酢。料理に使うのはもちろん、シンプルにオリーブオイル、砂糖、塩胡椒を加えてドレッシングにしたり、砂糖、塩を加えて寿司酢にすると、『まるご

## 地域の人々の健康を守るため、献身的な治療を提供しているクリニック。これからも多くの人の健康に寄与していく。

# タイの世界医療会議に招かれ基調講演 2ヵ国の会頭から表彰され タイとの協力も協議

中尾達也 院長
広島大学医学部卒。2014年『新東京病院』副院長兼心臓血管外科主任部長。三学会構成心臓血管外科専門医。三学会構成心臓血管外科専門医認定機構修練指導医。日本冠疾患学会評議員。腹部、胸部ステントグラフト実施医。2023年6月『新東京病院』院長就任。

## 中国医師の研修修了 医療発表会でも挨拶

胸部大動脈瘤の治療精度を飛躍的に高めたといわれる日本発の医療技術『オープンステントグラフト手術法』の指導医として海外普及に力を注いできた『新東京病院』の中尾達也院長兼心臓血管外科主任部長が2024年5月9、10の両日、タイのバンコクで開かれた第2回世界心臓・循環器系疾患会議に招かれ、同手術法をテーマに基調講演を行った。席上、この優れた治療法の海外普及への貢献度とその長所を分かりやすく解説したプレゼンテーション力が高く評価され、アイルランド、パキスタン両国の医師会頭に表彰される異例の一幕があり、国境を越えた医療技術の普及を進める決意を新たにしたという。

胸部大動脈瘤は心臓から全身に血液を送る大動脈にこぶができ、破裂すれば命の危機につながる病気。オープンステントグラフト手術法は胸を開けて患部の血管に日本ライフライン製のステントグラフト(商品名FROZENIX)という金属製の骨組みに支えられた人工血管を挿入して治療する手術法。中尾院長は個人として国内トップの施行実績を持ち、手術精度の高さ、手術時間の短さ、低侵襲性などの長所を

『オープンステントグラフト』図

Elephant Trunk

Open Stent Graft (Frozen Elephant Trunk)

2024年5月9～10日　タイのバンコクで開かれた第2回「世界心臓、循環器系疾患会議」での基調講演で当院のステントグラフト手術法を発表し、アイルランドとパキスタンの会頭に表彰された。

アイルランド医師会頭と。

パキスタン医師会頭と。

医療法人社団 誠馨会　新東京病院
しんとうきょうびょういん
047-711-8700
㊟ 千葉県松戸市和名ヶ谷1271
http://www.shin-tokyohospital.or.jp/

指摘し、台湾の医師に実地指導したり、アジア・パシフィック大動脈外科学会研究会などで紹介したりしてきたほか、この術式を解説したイタリアでのプレゼンテーションが最優秀賞に選ばれ、価値のある学術資料としてオンラインで世界に配信された。

バンコクでの国際会議への招聘はこうした功績が評価されたためで、会議の合間には、バンコクのSiriraj病院、Army病院、Chest institute病院の三つの中心的心臓センターの部長四人の要請に応じて対談し、ステントグラフト手術法のタイへの導入や講演会開催など将来的な協力関係について約束を交わしたのは、基調講演の成果だ。

中尾院長は、心臓血管外科では、3ヵ月の短期留学で中国山西省から来た山西省心血管病医院のYijun Xu（小徐 イジェン シュー）医師にステントグラフト手術法を実地指導してきたが、無事研修プログラムを終え、中尾院長から修了書と中尾院長の出身地広島の名物宮島彫りの記念品が贈呈された。

心臓血管外科医の活動に加え、病院組織運営のトップとして医療体制を支える外部機関との関係も重視する中尾院長は、同病院の運営を支援する「セコム医療システム株式会社」が主催して6月に東京・新宿で開かれた第18回セコム医療グループ関東地区合同研究会発表会の大会委員長に任命され、挨拶で、超高齢化社会や国主導での医療DXに対する対応などの壁を知恵を出し合って乗り越えていくよう促した。

（ライター／斎藤紘）

「世界心臓、循環器系疾患会議」スタッフ医師全員と。

バンコクの三つの中心的心臓センター（Siriraj病院、Army病院、Chest institute 病院）の部長4人と今後と同院の『ステントグラフト手術法』のタイでの導入に関して、講演及び将来展望に関してdiscussionした。

中国から3月～5月の3か月間当院へ短期留学していたDr小徐が無事プログラムを終え新心会総会でDr中尾から修了書と宮島彫り（Dr中尾が広島出身）の記念品が贈呈された。（Dr.小徐とDr.中尾、宮島彫り贈答）

第18回セコム医療グループ関東地区合同研究会発表会
大会委員長　挨拶

医療法人社団誠馨会
新東京病院　院長
中尾　達也

今年も6月恒例のセコム医療グループ関東地区合同発表会を迎える季節となりました。第18回となる今回の大会テーマはセコムグループの創業精神を反映して「新時代の波頭へ挑み続けよう～知の集積から、日本一の安全・安心を～」としています。医師の働き方改革が今年4月からスタートしましたが、このことは単なる医師の長時間労働（医師の使命感や自己犠牲に基ずく）の問題だけではなく、日本医療の効率化や生産性の向上を、患者さんに医療サービスの面において負担を強いることなく図るという変革です。はっきりと

2024年6月15日に新宿NSビルで開かれる第18回セコム医療、介護グループ関東地区、合同研究発表会の大会委員長に任命された。

# 豊富な臨床経験と高精度の検査法で治療<br>通院の負担軽減を図るデジスマ診療導入

北村秀綱 院長
神戸大学医学部卒。同大医学部大学院修了。2017年12月、開院。医学博士。日本内科学会認定内科医、日本循環器学会循環器専門医、日本抗加齢医学会および高濃度ビタミンC点滴療法学会の正会員でもあり、美容医療にも詳しい。

## 医博の知見を活用<br>最新鋭機器を導入

兵庫県加古川市で開業して7年目になる『北村内科クリニック』の北村秀綱院長は、診療内容の広さと深さで幅広い世代の受診者から信頼を集める気鋭の医師だ。心室性不整脈の発生機序に関する研究で取得した医学博士の学位と日本循環器学会循環器専門医などの資格に加え、民間病院での20年超の臨床経験が診療の信頼性を支える。

「豊富な経験と徹底した検査を組み合わせて、できる限り正確に症状の根本原因を特定したうえで治療を施す」

このスタンスを貫く北村院長は、内科を通して日常よく遭遇する病気や健康問題の解決、予防、健康増進の指導などまで対応するプライマリ・ケアから、心臓と血管の疾患が対象の循環器内科、気管支や肺などの疾患を診る肺呼吸器内科の専門性の高い診療、女性の関心が高いアンチエイジング治療やダイエット外来、美容内科までカバーする。

こうした診療の精度を支えるのが検査だ。一般的な血液検査や尿検査からレントゲン検査に加え、心電計、心エコーや頸動脈エコー、下肢動脈エコー、下肢静脈エコーなどの超音波診断装置、さらには一酸化窒素呼気分析測定装置や

診察室

㊡ 9:00～12:00　15:00～18:00
㊡ 日曜日・祝日・木、土曜日午後

医療法人社団 佳祥会 **北村内科クリニック**
きたむらないかクリニック
☎ 079-423-8000
㊟ 兵庫県加古川市尾上町池田745-3
https://kitamura-med.com/

処置室

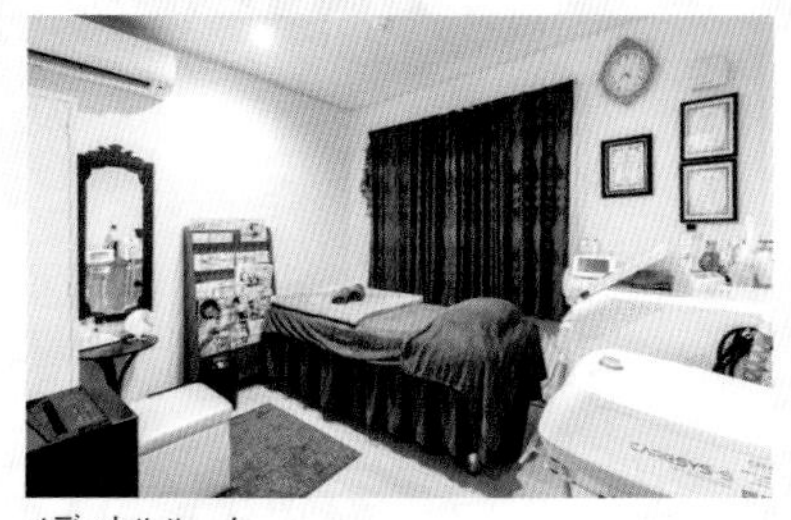
メディカルルーム

キッズルーム

待合室

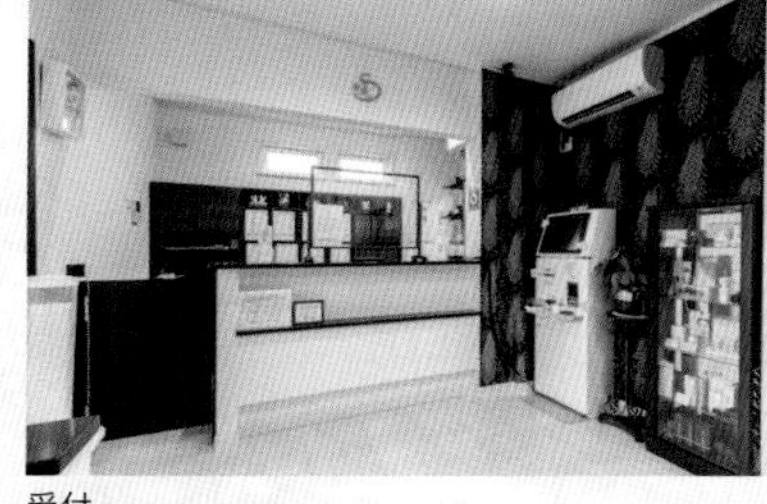
受付

モストグラフ（総合呼吸抵抗測定装置）など特殊な機器など最新鋭機器による検査で疾患の根本原因を探る。

「症状の原因となる病気を特定できないまま治療をするのは、目的地を知らないまま歩き始めるようなものです。回り道をせずに最短距離で治療をするためには、検査による客観的な分析をもとに原因を絞り込むことが非常に重要です。その象徴が一酸化窒素呼気分析装置による検査です。喘息の診断に非常に有効で、呼気中の一酸化窒素濃度を測定することで気道のアレルギーによる炎症の程度を評価し、より精密な診断と治療計画を立てることが可能になります。また、モストグラフは、気道の通りにくさを測定する機器で、慢性閉塞性肺疾患や気管支喘息の診断、さらには治療効果の確認に非常に役立ちます」

北村院長は、受診者の通院時の負担を軽減することにも意を用い、電子カルテルシステムと連動した「デジスマ診療」を導入した。デジスマ診察券アプリを利用することで24時間どこからでもウェブ予約ができ、診察当日は予約した時間の10分前に来院し、クリニック内のQRコードにスマートフォンなどをかざせば受付が完了。支払いも後払いでアプリに登録したクレジットカードで決済でき、次回の予約もアプリを使ってできるため、診療が終わればそのまま帰宅することができる。処方箋があり、薬を受け取る必要がある場合も会計はクレジットカードで後払いできる便利なシステムだ。

（ライター／斎藤紘）

# 2万人の糖尿病患者を診てきた専門医が忙しい世代向け著書で実用的治療法紹介

松本和隆 院長
藤田保健衛生大医学部卒。三重大大学院博士課程修了。桑名市民病院、三重県立総合医療センター、三重大医学部附属病院病棟医長、花の丘病院副院長を経て、2016年『松本クリニック』開院。医学博士。日本糖尿病学会専門医。

## 重層的な指導治療 糖尿病教室も開催

日本糖尿病学会専門医である『松本クリニック』の松本和隆院長が糖尿病患者に警鐘を鳴らすのがキノコをもじった「しめじ」「えのき」だ。しは糖尿病性神経障害、めは眼の合併症、じは糖尿病性腎症、えは足の壊疽、のは脳卒中、きは心筋梗塞を意味し、放置して悪化した糖尿病が引き起こす合併症だ。こうした糖尿病の怖さを知ってもらい、無理せず続けやすく、高い効果が期待できる糖尿病の治療法を解説したのが松本院長が2023年に刊行した「忙しい30代・40代のための糖尿病治療のトリセツ」。悩める働き盛り世代の糖尿病患者にとって「こうすればいいんだ」と目の前がぱっと開ける希望の一冊だ。

「糖尿病は、放置していて自然に治る病気ではありません。それどころか、知らず知らずのうちに進行し、目や手足、内臓、脳など全身をむしばんでいきます。糖尿病専門医として延べ2万人にのぼる患者さんを診てきましたが、通院や生活改善を怠った結果失明した、足が壊死して切断することになった、週に何回も長い時間透析を続けなければならなくなったなど、合併症を発症して不幸な状況に陥った

診察室

糖尿病内科・内分泌内科・内科
㊟ 9:00～12:00　15:00～19:00
㊡ 日曜日・祝日・木、土曜日午後

医療法人 松徳会 松本クリニック


医療法人 松徳会 **松本クリニック**
まつもとクリニック
0598-26-3555　matsumotoclinic1240@gmail.com
㊟ 三重県松阪市駅部田町1619-2
http://www.matumoto-clinic.jp/

患者も少なくありません。本書では仕事もプライベートも忙しいためになかなか自身の体質改善と向き合えず、食事制限や運動もおろそかになっていることが多い30代、40代の患者さんを念頭に、普段の生活でも取り組める血糖値コントロールのヒントやワザも紹介するなど、実用的な内容になるよう構成しました」

著書で紹介した治療法などは、松本院長が20年超の診療の中で実践してきたものだ。

「血液検査や検尿、ブドウ糖負荷試験、超音波による頸動脈検査、血液脈波検査、糖尿病神経障害検査などで患者さんの状態を把握し、個別の生活サイクルに合わせた治療法を選択します。管理栄養士による食事療法の指導、糖尿病療養指導士資格を持つ理学療法士による運動療法の指導で糖尿病の自己管理能力を高めていきます。食事療法や運動療法で血糖コントロールが改善しない場合は、経口糖尿病治療薬の投与を行い、それでも不十分な場合にはインスリン療法や新しい注射剤であるインクレチン製剤のGLP-1受容体作動薬による治療で対応します」

ユニークなのは、「糖尿病治療は一生続く治療ですから、楽しみながら生き生きと取り組んでいただけたら」との思いで採用した糖尿病教室。医院2階のオープンキッチンで、管理栄養士や高校生レストランを開催している先生が食事やおやつを作りながら指導し、糖尿病コントロールに必要な栄養学の理解を深めてもらう取り組みだ。

（ライター／斎藤紘）

「オンライン診療」
オンライン診療は予約から受診、支払いまでをインターネットを通して行うことができる新しい通院のかたち。

「糖尿病教室」
医院二階のオープンキッチンで調理指導も行っている。

キッズコーナー

ギター博物館のような待合室。

# 眼精疲労改善に周波数でアプローチ心身をケアするメディカルサロン

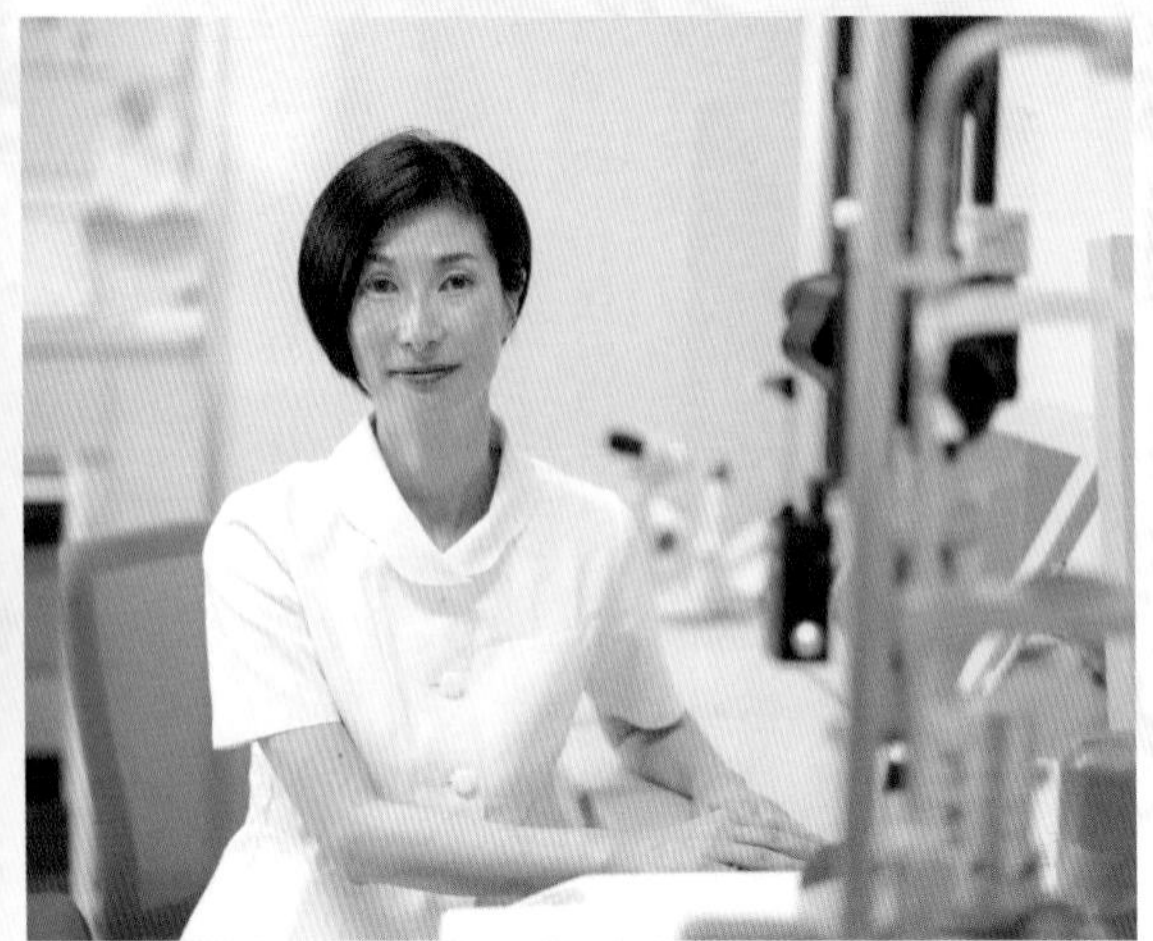

黒木明子 院長
長崎大学医学部卒業。長崎大学眼科入局、同大学付属病院および関連病院勤務、ペンシルベニア大学への留学を経て、2008年開業。最新医療機器を用いた確実で誠実な診療と分かりやすい説明が好評。医学博士。

## 15年周年の実績 頼れる目の専門医

『医療法人くろき眼科』は、最新医療機器を用いた的確な診断・治療と丁寧な説明で、白内障、緑内障、視力低下、ドライアイなどの症状に悩む患者さんの不安に寄り添った治療を提供している頼れる地域の専門医だ。黒木明子院長は、開業以来15年以上にわたって、子どもから高齢者まで幅広い年代の方の目の健康を守ってきた。

一般眼科として薬剤治療や手術による治療を行っているが、日帰り手術にも力を入れている。白内障や緑内障手術の名医も執刀を担当するようになり、手術件数が増加。難症例でもより安全に負担の少ない手術を受けられるようになった。

2023年8月には、眼科に併設された眼精疲労専門メディカルサロン「Aki5」をオープン。医療とは異なった形で眼精疲労からくる肩こりや頭痛、不眠などの解消にアプローチする。

「眼精疲労によって自律神経が滞って乱れると頭痛や吐き気、肩こり、不眠やめまいなどの症状が一気にでることがあります。どの診療科で診てもらっても異常はないといわれてしまい、症状が出ているのに病気ではないといわれて困っ

診 9:00～17:30
木・土曜日9:00～12:00
休 日曜日・祝日

医療法人 **くろき眼科**
くろきがんか
095-814-1515
住 長崎県長崎市畝刈町1613-33 サクセスカバーヒルズ
https://kuroki.main.jp/

ている患者さんが多く、何かお力になれたらと思いメディカルサロンをオープンしました」

中高年の方を中心に、不眠や不登校に悩んで通っている子どもさんやスマホの見すぎやストレスが原因で肩こりや頭痛、気分の不調などに悩む学生の方の利用も増えている。ヘッドケアやデトックスなど豊富なメニューがあるが、新しく導入されたサイマケアがオススメだ。

「細胞の周波数が乱れると不調和を引き起こして病気につながってしまうと考えられています。そこで、専用の機械を使って優しい音や振動を与えながら乱れた周波数を整えてエネルギーを調整し、心身をケアして症状回復を目指します」

一人ひとりの身体の状態に合わせて、ヒマラヤンオイルを使いながら必要な周波数を充てるオーダーメイドのサイマケアが可能。心身にトータルでアプローチすることが症状改善への近道だ。施術を受けて表情が明るくなり、「身体が楽になった」「前向きになれた」と多くの方に喜ばれている。

「サイマケアによる周波数の改善は、将来的に眼科の患者さんの治療にも応用できるのではと考えています。白内障は手術をすれば治りますが、緑内障などの目の神経が傷んでしまう疾患は、今の医療では完全に回復させることは難しいのです。手術や薬では治らないといわれるような疾患の患者さんに周波数を用いて神経組織の修復などにアプローチができないかと模索しています。将来的に第3の治療の選択肢になればと思っています」

（ライター／彩末）

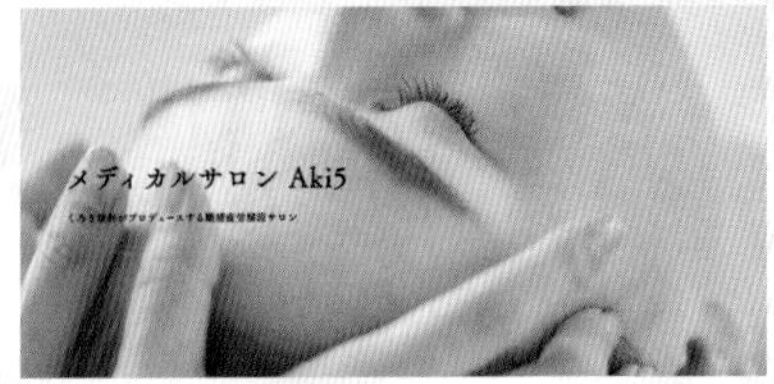

「メディカルサロン Aki5」
https://aki5.hp.peraichi.com/

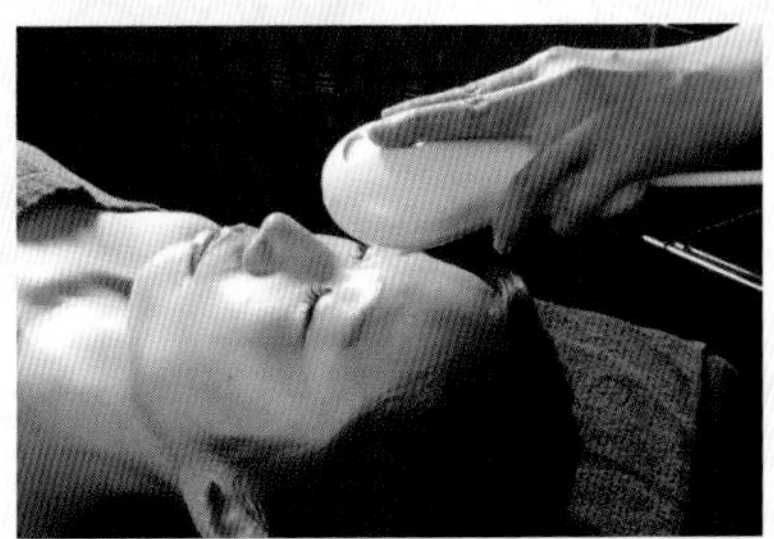
『サイマケア+各部位』90分 13,200円（税込）など。

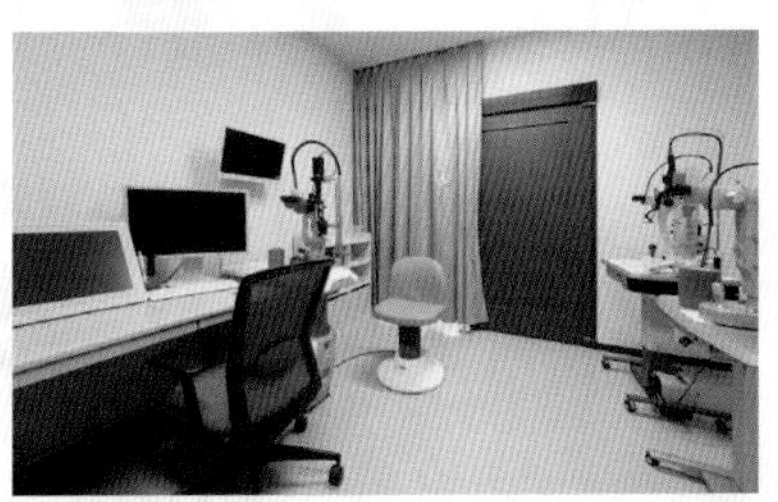
診察室

受付&待合室

# 『老化は治る』時代
# 再生医療と老化治療
# 世界初の臨床研究を
# 実施

乾雅人 院長
東京大学医学部卒。父、兄と同じ胸部外科を専攻するも、医療の社会問題化に関心が強く、手段としての独立開業を選択。老化治療薬を普及させることで、医療費の削減を目指している。

## 『老化は治る』という新常識

『老化は治る』と聞くと、ワクワクする反面、にわかに信じがたいという印象を持つ方は多いだろう。しかしながら、最先端医療に携わる医者や研究者たちの間では、『老化は治る』ことは常識だという。現在は、その様な前提のもと、各種の老化治療薬が研究、開発、検証されている段階だそうだ。本当に『老化が治る』のだとしたら、医療の常識は大きく変わることになる。実際の日常診療で老化治療薬を検証している、『銀座アイグラッドクリニック』の乾雅人院長は語る。

「『美養と老化を科学する。』のキャッチコピーのもと、日常診療で、様々な薬液の検証を行っています。老化治療薬の一種である「5デアザフラビン(TND1128)」もそうです。実際に「老化が治った」と解釈できる患者診察を経験して、『老化は治る』ということが机上の空論ではないと感じています」

「5デアザフラビン(TND1128)」とは聞きなれない物質だが、ビタミンB2(=リボフラビン)を改良したものだそう。他の老化治療薬と比べても安価であり、この物質を世界で初めて臨床研究したのが乾院長だ。老化治療薬としてはNM

美養と老化を科学する。

施術室

待合室

診 11:00～20:00　休 日・月曜日

銀座アイグラッドクリニック
GINZA I GLAD CLINIC

**銀座アイグラッドクリニック**
ぎんざアイグラッドクリニック
03-6264-7550　info@ginza-iglad.com
住 東京都中央区銀座3-11-16 VORT銀座イースト3F
https://ginza-iglad.com/

Nが有名だが、「5デアザフラビン(TND1128)」は、エネルギー生成機関であるミトコンドリアの活性がNMNの数十倍、長寿遺伝子であるサーチュインの活性がNMNの数倍、強力だという。

それほど素晴らしいものだが、薬剤になることは考えにくい。物質が薬剤の承認を得るには、その行政手続きに数十億円かかるのが一般的だ。それゆえ、5デアザフラビンのような特許切れの物質を扱う際には、社会問題が生じる。ある製薬会社が先行投資をして販売を開始した直後に、ライバル企業が、先行投資なしでジェネリック販売が予想される。この様な状況で、先行投資をする製薬会社はいないだろう。

製薬会社が動かないなら、医師が動くしかない。この決意のもと、『銀座アイグラッドクリニック』では、倫理審査委員会の審査を経て、各種の老化治療薬の検証を開始している。何ともすごいのは、美容領域で肌再生医療や、アンチエイジング領域で再生医療を行う傍ら、各種の生活習慣病や認知症から、コロナ後遺症、指定難病や末期がんまで、本当に幅広い層の患者さんが受診していることだろう。

「私は、医療の本質を追求しているだけです。薬液の検証で得られた知見を、一人でも多くの患者さんの方に対して有効活用したいのです。再生医療と老化治療は、これからの医療の本命です。この領域でのリーディングクリニックになることを目指しています」

乾院長の挑戦は続く。

（ライター／三遠真智子）

「良き医者であることと、良き社会人であること」
老化治療薬の普及は、医療費削減を通じて、この両立が可能な”幸せ”な領域と語る。

認定証
Certificate of Accreditation
銀座アイグラッドクリニック　殿
GINZA I GLAD CLINIC

貴院が、一般社団法人 日本臨床研究安全評価機構における、医療安全評価の適合医療機関であることを認定します。

This is to certify GINZA I GLAD CLINIC as a Medical Institution that has met the Standards for Evaluation of Medical Safety as set by The Japanese Organization for Safety Assessment of Clinical Research.

倫理審査委員会開催日：2024年2月28日
認定期間：2024年3月1日～2025年2月28日

SACRI
一般社団法人
日本臨床研究安全評価機構
Japanese Organization for Safety Assessment of Clinical Research

「倫理審査委員会の認定証」
先進的な医療に取り組む際には、高い倫理感が必要となる。情熱的な一方で、冷静さも併せ持つ。

学術集会での発表を終えて医師との連帯を訴えている。

出版した書籍もランキングで1位を獲得するなど好評。

上利理代 院長
高知医科大(現高知大) 医学部卒。びわこ成蹊スポーツ大学スポーツ学科地域スポーツコース主任教授、医療法人の在宅医療部部長などを経て、2022年開院。再生医療医、統合医療医、放射線治療専門医、日本スポーツ協会スポーツドクター。

# 老化で衰えた細胞の回復に再生医療活用 幹細胞で免疫機能高め がん細胞も排除制御

## 細胞を培養し投与 安全性を厳密確保

「寿命が延びていく中で、重要なことは健康に生きるということ。老化を予防し治療できる病態としてとらえ、積極的な医療を提供する」

2022年に大阪・梅田で開院した『R・iyoメディカルクリニック』の上利理代院長がこの医療理念の下で力を入れているのが「再生医療」だ。厚生労働省第二種再生医療の公認医療機関として実施する先進的かつ高度な医療で、特にがん細胞を排除したり、制御したりするための免疫機能を高めることも大きな目標だ。

「人の体を構成する約37兆個の細胞の中で、組織や臓器など特定の機能を持つ細胞に分化したり、欠損した組織を修復したりする能力を持つ幹細胞の再生する力を利用するのが再生医療です。がんは、細胞の老化やストレスによるダメージが重なることで発がんの段階まで到達します。人の体内では、毎日数千個の細胞ががんに向かうといわれており、免疫機能によって排除されています。再生医療はこの機能を正常化し向上させる効果も期待できます」

上利院長によると、再生医療に使える幹細胞の代表的なものとしてES細胞、iPS細胞、体性幹細胞の3種類が

明るい雰囲気の待合室。

㊗ 10:00〜18:00
㊡ 月・木曜日・祝日・第2、4日曜日

**凰仁会 Riyoメディカルクリニック**
リヨメディカルクリニック
06-6347-5177 info@riyo-medical.clinic
㊟ 大阪府大阪市北区梅田1-2-2-200 大阪駅前第二ビル2F19-1-1
https://www.riyo-medical-clinic.com/

あり、臨床現場への応用が最も進んでいるのが体性幹細胞という。

「幹細胞は、骨髄由来、脂肪由来、歯髄由来、臍帯由来など採取する場所によって異なる特徴を持ち、期待する効果への目的に応じて、選択して治療に利用します。患者さんから採取した幹細胞を院内培養センターで培養し、安全性や性能を厳密にチェックしたうで点滴などで投与します。投与された幹細胞は様々な臓器や組織に分化し、活性化を促す効果が期待できます」

同クリニックでは、損傷部位の炎症を抑えることによって症状の悪化を防ぎ、症状を抑制する効果が期待できる「脂肪由来自己幹細胞治療による慢性疼痛再生医療」、幹細胞から分泌され、成長因子や神経保護因子、血管新生因子といわれるサイトカインの働きで体内の老化などで衰えた細胞や傷ついた細胞の回復を促す「幹細胞培養上清液による再生医療」を実施。

また、上利院長は、幹細胞による免疫力向上ではなく、がん細胞をターゲットにした「再生医療によるがん治療、がん予防治療」として、白血球の一種で、細菌やウイルスなどの病原菌やがん細胞などの異常な細胞を発見すると極めて強い殺傷能力で攻撃するNK(natural killer)細胞を使った「NK細胞療法」も行う。受診者から採取したNK細胞を培養して増殖、活性化させ、点滴で体内に戻す方法で、直接的、間接的ながん細胞の殺傷に伴い、がんを小さくしたり、大きくなるのを遅くしたりする効果が期待できるという。

（ライター／斎藤紘）

個室でリラックスしながら施術が受けられる。

細胞ダメージがゼロに近い状態で培養ができる院内細胞加工施設。

こちらからも
検索できます。

RL
Reason to Live
生きる理由
がんや再発の「告知」「余命宣言」などを受け
自分や大切な人の人生の残り時間を
考えさせられているあなたへ


# がん患者や家族の悩みや思いに寄り添い希望を実現するために多角的にサポート

## がん看護経験基に初のサービス開始

年間100万人以上が新たにがんと診断され、今や国民の二人に一人ががんになると言われる時代にあって、上級看護師資格であるがん化学療法看護認定看護師免許と附属の大学病院初のがん看護外来を開設した経験を持つ『史人(fumito)』代表の柳澤史乃さんが2024年2月に始めたサービス『Reason To Live(生きる理由)』が注目を集めている。がんや再発の告知、余命宣告を受けた人やその家族が治療過程で抱える悩みや思いに寄り添い、希望を実現するためにサポートするもので、末期がん患者の苦痛をケアするホスピスとは異なり、その前段で患者や家族に伴走する前例のないサービスだ。

柳澤さんは、大学病院に開設したがん看護外来で累計約2000人のがん告知後サポートとその後の治療や病院選びなどの支援を行い、さらにがん専門医療機関や生命保険会社、ITベンチャーなどの研究や効率的ながん治療の制度設計などのプロジェクトで活躍した後、独立起業して始めたのが『Reason To Live』だ。

「残念ながら現在においても、約半数のがん患者は死亡する状況にあり、がんは人々に死の

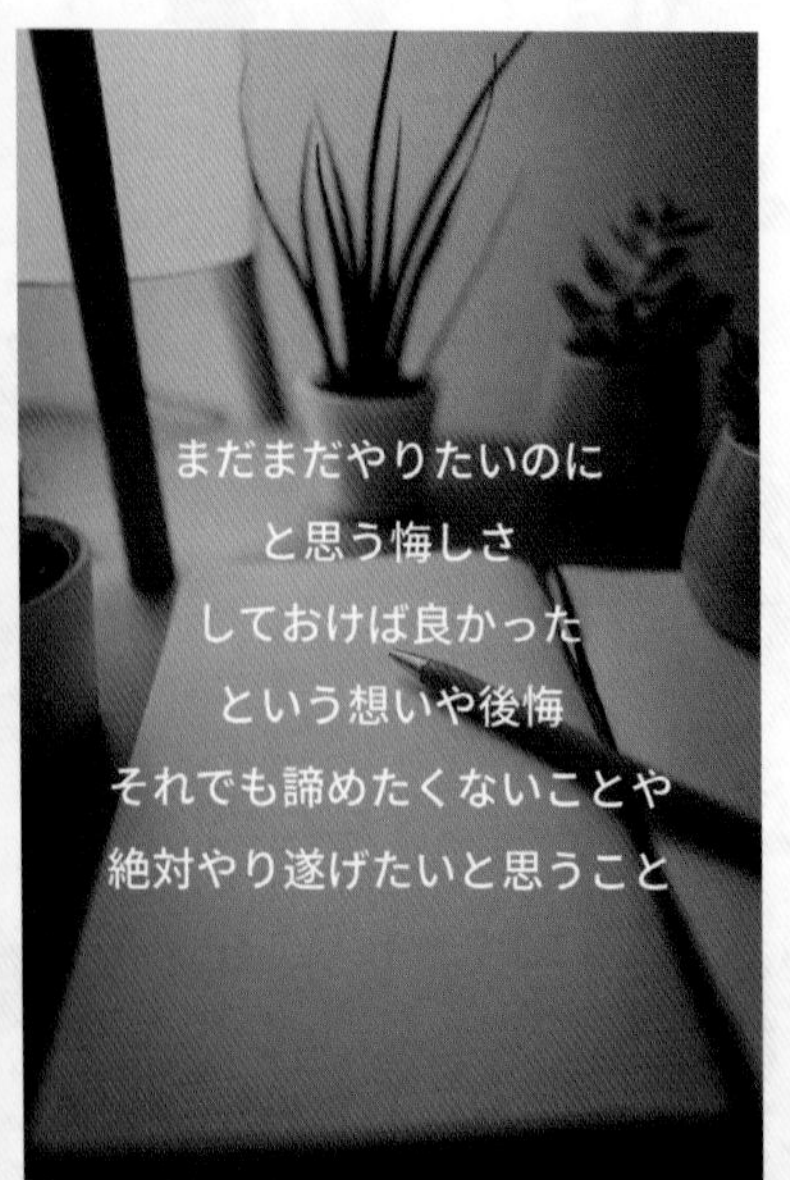

まだまだやりたいのに
と思う悔しさ
しておけば良かった
という想いや後悔
それでも諦めたくないことや
絶対やり遂げたいと思うこと


聴かせてください、その想い。

Reason to Live　史人（fumito）
リーズン トゥ リヴ
080-8911-4714
reasontolive2310@gmail.com
https://www.reason-to-live.org/

恐怖を突き付け、大切な人の命を奪ってしまう病気といえます。故に、がん患者は約半数に何らかの精神症状がみられることが知られており、その種類や病期に関わらず15～40％の人がうつ病や適応障害を発症します。また、家族も例外ではなく、死別後、長きにわたって深い悲しみが続く場合もあります。けれど、力を貸し、どこまでも共に伴走してくれる人が居てくれたらどうでしょうか。このサービスは、がんと宣告された人やそれを支える人々の『それでも生きる理由』を見つけるお手伝いと伴走をし、より自分らしく自由に生き続けていけるようにとの想いで立ち上げました」

具体的なサービス内容は、誰にも言えない不安や恐怖の心を整理したり、医師の説明を解説したりする「気持ちや思いの整理サポート」、最善の治療法を見つけたり、治療自体を止めることやタイミングについて助言したり、セカンドオピニオンや医師との面談に同席したりする「治療に関す意思決めや実現サポート」、今何ができるか一緒に考えたりする「ご本人の希望や願いを知るサポート」、無理なく仕事を続けるために一緒に職場に行って話をしたり、自分史作りや生まれ故郷への帰郷を手伝ったりする「やりたいことの実現サポート」、家族に手紙やビデオメッセージを残す手伝いをしたりする「残したい思いを形にサポート」の五つがあり、いずれも柳澤さんががん患者や家族と向き合った中で聞いた思いを参考に考えたものだ。

（ライター／斎藤紘）

代表取締役 柳澤史乃さん
東海大学医療技術短期大学卒。看護師国家資格を取得し、以降約 23年間、同大医学部付属系病院で看護と管理職を経験。2022年独立起業。セントケア・ホールディング社本社医療支援部ホスピス課部長を経て、新規事業立ち上げた。

牧香代子さん
ヨーロッパで世界基準を学んだ栄養代謝と緩和医療の専門家。

戸田美那さん
「化粧のちから」で寄り添う化粧セラピスト。

協力企業

東京都の民間救急・介護福祉タクシー
T-Care Bridge
GRAND CABIN
ティーケアブリッジ

こちらからも
検索できます。

# 高解像度超音波検査で甲状腺がんの種類特定適切な治療を可能にする病変の早期発見

『医療法人社団生全会 池袋病院』は東京都指定2次救急医療機関として24時間救急医療体制をとる一般病床を36床有し、機能的・社会的リハビリテーションなどの療養を主体とした療養型病床群60床を併せ持ち、急性期医療から社会復帰までの一貫した医療の行える、総病床数96床のケアミックス型の救急指定病院。

## 診断の基準を開発 病状に即して治療

「結節性甲状腺腫は日本超音波医学会の診断基準を参考にすれば高い正診率が得られる」

こう指摘するのは、昭和大学外科時代にこの診断基準を開発した『池袋病院』の川内章裕院長だ。「乳腺・甲状腺外科」では、その基準に即した診断で病変の早期発見、治療につなげている。

「甲状腺にしこりができるのを結節性甲状腺腫といい、良性と悪性に分けられます。悪性は乳頭がん、濾胞がん、髄様がん、未分化がんの4種類の甲状腺がんと悪性リンパ腫に分けられます。中でも未分化がんは、1年以上の生存が20%以下の危険な病気です。悪性の場合にどの種類のがんかを診断することは、治療方針を決める上で重要です」

診察では高解像度超音波装置による検査や穿刺吸引細胞診などで良性か悪性かを判断し、がんの種類を特定し、核医学検査やCTスキャンなどで隣接臓器などへの転移の有無も調べるが、画像診断の進歩で微小な病変も発見できるという。治療では、手術のほかアイソトープ治療、放射線外照射療法、化学療法など症状に見合った方法で進める。

（ライター／斎藤紘）

川内章裕 院長
医学博士。日本甲状腺学会認定専門医、日本超音波医学会指導医、日本外科学会指導医。昭和大学講師。著書「乳腺・甲状腺超音波診断アトラス」。

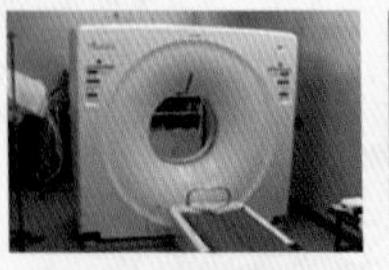

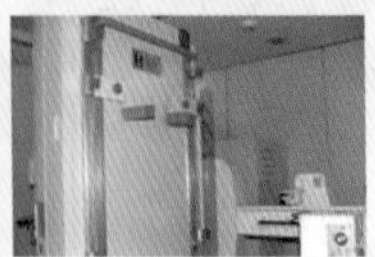

各種診療検査機器、手術・治療用機器などを取り揃えている。


診 9:00〜12:30　13:30〜17:00
土曜日9:00〜12:30
休 日曜日・祝日

医療法人社団 生全会 **池袋病院**
いけぶくろびょういん
03-3987-2431　ikebukuro2clinic@gmail.com
住 東京都豊島区東池袋3-5-4
http://www.ikebukuro-hp.com/

# 肝炎の放置による肝がんへの進行に警鐘 がんのリスク予測で健康習慣の実践促す

## 肝胆膵疾患の専門医 『mRNA』を使い検査

福沢嘉孝 愛知医学大学理事・名誉教授
愛知医科大学病院先制・統合医療包括センター（AMPIMEC）兼肝胆膵内科所属。日本内科学会指導医・総合内科専門医、日本消化器病学会指導医・専門医、日本肝臓学会指導医・専門医など。臨床ゲノム医療学会理事長、ゲノムドクター。日本先制臨床医学会理事長。米国内科学会上級会員（FACP）。

『愛知医科大学病院先制・統合医療包括センター』の福沢嘉孝名誉教授は、各種肝疾患における細胞毒性物質の排出機能を持つ膜タンパク質の研究で医学博士の学位を取得した肝胆膵疾患の専門医。血液採取によるがん関連遺伝子と長寿遺伝子の『mRNA（メッセンジャーリボ核酸）』の測定・解析で早期にがんのリスク診断し、日常生活での行動変容につなげる「mRNA（マーナ）健康外来」にも力を入れている。

「有害物質の解毒、排出など重要な役割を担う肝臓の疾患でまず挙げられるのは肝炎。一過性の急性肝炎と半年以上続く慢性肝炎に大別され、放置しておくと肝硬変や肝がんなどへ進行する場合もあります。がんは、生活習慣に大きく関わっており、『mRNA健康外来』で検査を受け、がんのリスクがあると診断された場合は、1980年にブレスロー博士が発表した、喫煙をしない、定期的に運動をする、飲酒は適量を守るなどの七つの健康習慣を実践すれば数値は正常に近づく例が多く認められます」

肝硬変や肝がんに対する治療は、その原因、肝障害の程度、腫瘍の状況（含、ステージ）などを総合的に評価・判断後、患者さんに充分な説明と同意を取得してから実施することが望ましい。（ライター／斎藤紘）

**愛知医科大学病院先制・統合医療包括センター**
あいちいかだいがくびょういんせんせい・とうごういりょうほうかつセンター
0561-62-3311　ampimec@aichi-med-u.ac.jp
㊟ 愛知県長久手市岩作雁又1-1
https://www.aichi-med-u.ac.jp/hospital/pages/senseitougou.html

# 早い段階で病変の芽を摘み取る診療
# 経鼻内視鏡検査で胃がんを早期発見

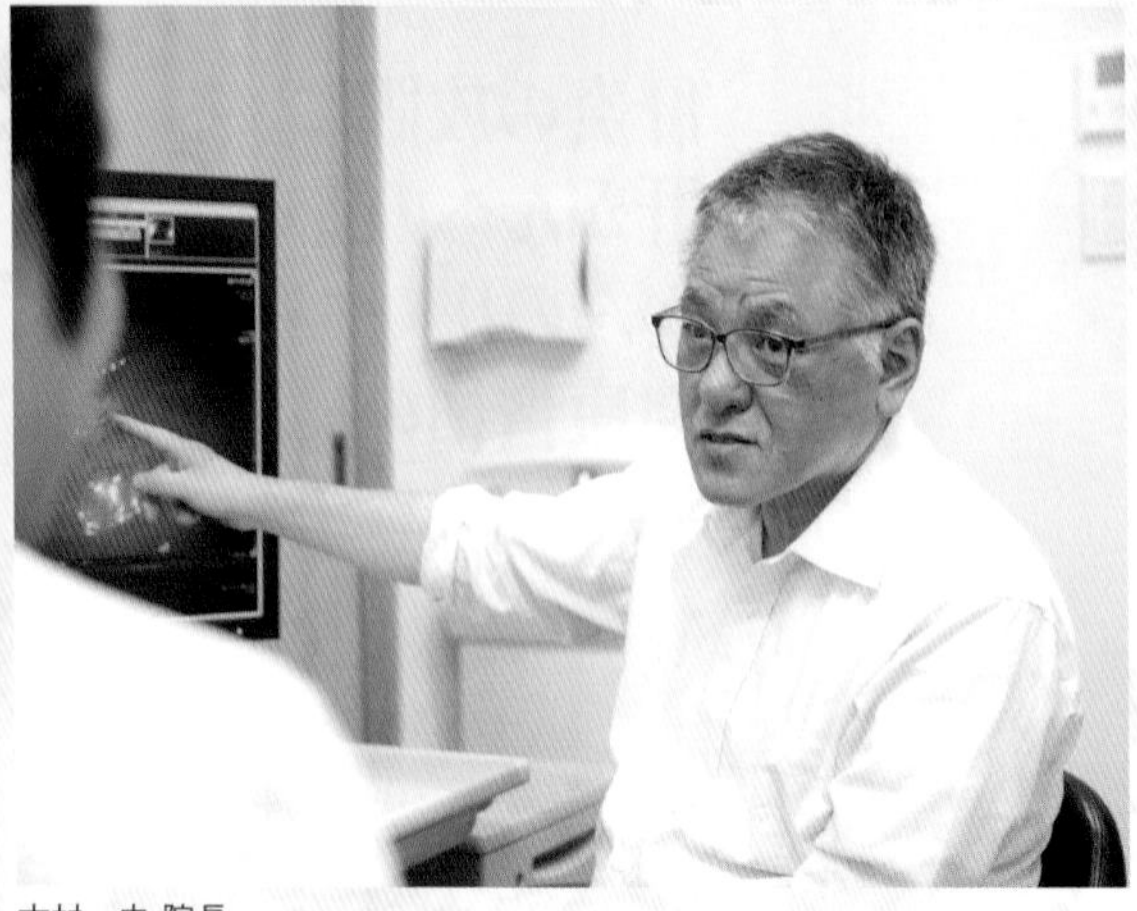

木村一史 院長
早稲田大学教育学部卒。教師、青年海外協力隊員を経て福島県立医科大学卒。ピロリ菌を発見した豪州のバリー・マーシャル博士のもとでピロリ菌の研究を行う。複数の病院勤務を経て、2016年『ヴィナシス金町内科クリニック』開院。2020年6月に『医療法人社団 ヴィナシス金町内科クリニック』として法人化。医学博士。

## 検査の負担最小化
## 生活習慣病も治療

「早い段階で病変の芽を摘み取る」「悪化を防ぐ」。

これまで2万件超の経鼻内視鏡検査を手がけ、初期がんを発見してきた『ヴィナシス金町内科クリニック』の木村一史院長の診療方針だ。

胃がんの原因になるピロリ菌の発見でノーベル賞を受賞した豪州の博士のもとでピロリ菌を研究した経験を生かし、上部消化管内視鏡検査によるピロリ菌の発見と除菌、定期検診による胃がんの早期発見、治療に力を注ぐ。

「潰瘍などがきっかけでその存在に気づくことが多いピロリ菌は、除菌治療を行うことで胃がんの予防につなげていくことが可能ですし、内視鏡検査で早期がんが見つかれば治療の選択肢の幅も広いのです。内視鏡検査では、嘔吐反応を軽減するために口径5・9㎜と口径4・9㎜のごく細い管を鼻腔から挿入する経鼻内視鏡を採用しています」

診療は、消化器系疾患を中心に感染症治療、生活習慣病など内科全般に幅広く対応。自覚症状が出にくい高血圧や高脂血症、軽い糖尿病も検査をして適切な治療を行えば、大きな病気を防ぐことができるという。

（ライター／斎藤紘）

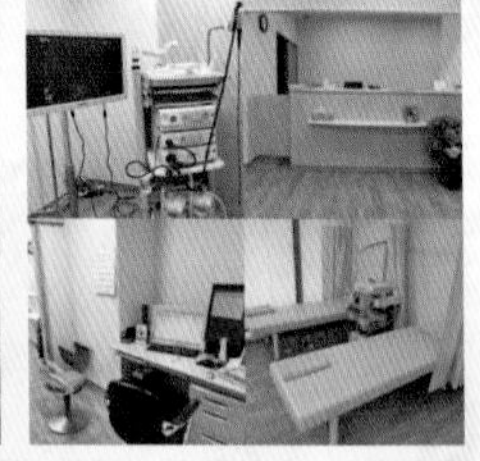

ピロリ菌の発見で、ノーベル賞受賞したオーストラリアのマーシャル博士と木村一史院長。

NTT東日本関東病院と連携し、大腸検査と早期胃癌の治療をお願いしている。

こちらからも検索できます。

医療法人社団 **ヴィナシス 金町内科クリニック**
ヴィナシス かなまちないかクリニック
03-5876-9416
㊟ 東京都葛飾区金町6-2-1 ヴィナシス金町ブライトコート2F
https://www.clinic-kanamachi.com/

# 「都会の町医者」すべての人に安心のパーソナル医療を提供

石川透 院長
東京女子医科大学医学研究科大学院修了。80代になっても「患者さんのため」と診療を続ける祖父の姿勢や医療への情熱に触れ、患者さんに信頼される医師になりたいと決意。認定内科医。内分泌専門医。

## 幅広い症状にチーム医療で対応

「都会の町医者」をコンセプトに、すべての人が安心して暮らしていくためのパーソナル医療を提供する『KIYAN MEDICAL CLINIC 虎ノ門』は、30年に亘って虎ノ門駅前で診療をしてきた「虎ノ門診療所」を受け継ぎ、２０２４年に開院した。内分泌内科専門医、抗加齢学会専門医、産業医、小児科専門医によるチーム医療を行っており、高血圧や糖尿病、脂質異常症、内分泌疾患、甲状腺疾患、脳梗塞末病治療などの専門的な治療の他、呼吸器疾患や消化器疾患、アレルギー、頭痛、不眠など幅広い症状に対応が可能。また、お母さんのほんの少しの血液から胎児の染色体異常を調べるＮＩＰＴ（新型出生前診断）にも力を入れている。陽性時には、検査後に連携する小児科医との相談の場をセッティング。胎児の健康状態やリスクをいち早く把握し、最適な環境で迎えるための準備を行う。身体の不調を感じた時に無理をする前に診療して欲しいと夜間のオンライン診療にも対応。仕事や家事、育児に忙しくても、無理なく安心して医療を受けられるよう一人ひとりのニーズに合わせた治療と継続的なサポートを行う。

（ライター／彩未）

佐光一也 副院長
札幌医科大学卒。専門分野は臨床神経学。日本神経学会認定神経内科専門医、日本内科学会認定内科医。

# パーキンソン病の治療で実績を重ねる症状改善に有効な脳深部刺激術が可能

## 高齢化に伴い増加 医療費助成の対象

『中村記念病院』の脳神経内科は、神経変性疾患で運動が遅くなったり、手足の震えや強張りが出たりする指定難病のパーキンソン病の治療で実績を重ねている診療科。日本神経学会認定神経内科専門医の佐光一也副院長を中心に、多様な治療法を駆使して治療に当たるが、脳深部刺激術（DBS）も適用が可能となっている。

「65歳以上の100人に1人が発症し、高齢化に伴って増加しているパーキンソン病の原因は未だ不明ですが、パーキンソン病の人は中脳の黒質という所のドパミン神経が減っていることが判明しています。治療としては、ドパミンの元になるL-ドーパ剤はじめ、数種類の薬内服、運動リハビリを行いますが、内服調整でも症状変動の強い方には外科的に脳深部刺激術で治療します。脳の特定の部位に細い電極を挿入し、目標とする神経核の細胞活動を抑制して症状を改善させる方法です」

神経核を破壊する従来の凝固手術とは異なり、脳に損傷を与えない治療法という。指定難病は、医療費助成の対象となる難病を指す。

（ライター／斎藤紘）

1F アトリウム

外来待合室

エントランス

㊡ 8:40〜16:30
土曜日8:40〜11:30
㊡ 日曜日・祝日

社会医療法人 医仁会 **中村記念病院**
なかむらきねんびょういん
✆ 011-231-8555
㊟ 北海道札幌市中央区南1条西14-291
https://www.nmh.or.jp/

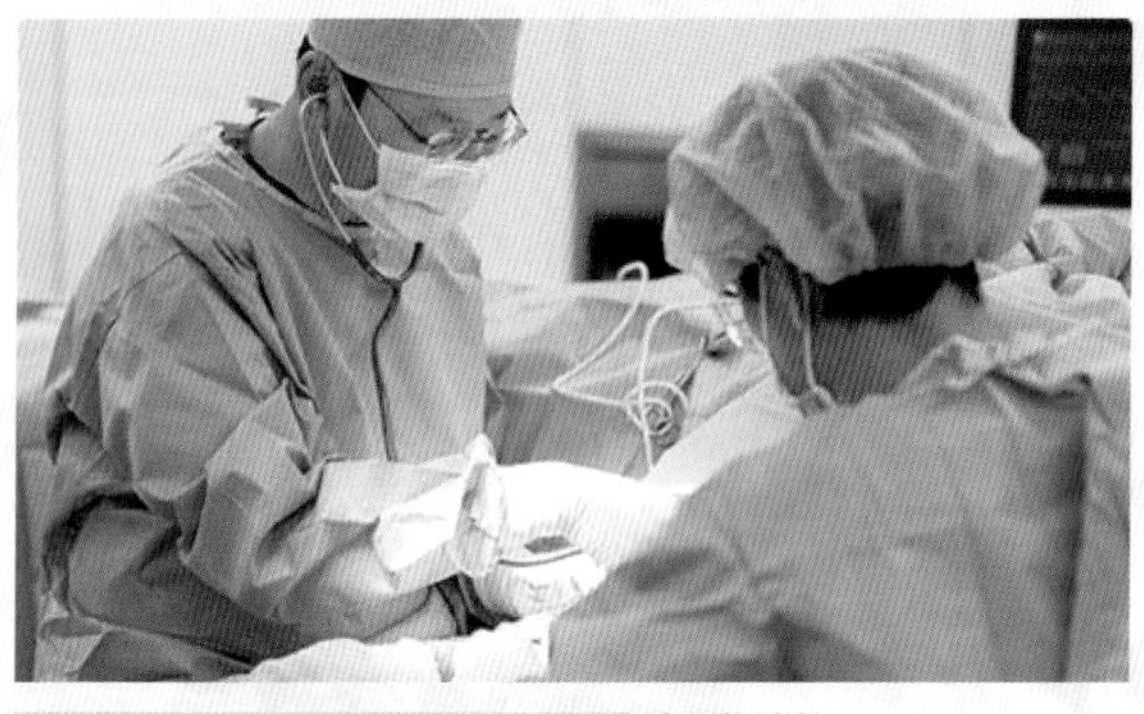

# 人工透析の先進的な取り組みがモデルに エコー下穿刺でシャントトラブル回避

## 他院にも導入推奨 修復手術で高実績

池田潔 院長
大分大学医学部卒。日本透析医学会評議員。日本内科学会認定内科医、日本透析医学会透析専門医・指導医。

『池田バスキュラーアクセス・透析・内科』は、腎臓病治療と腎機能を補うための人工透析、人工透析のために必要な『バスキュラーアクセス（シャント）治療』までを一貫して行う医院。赤十字病院で腎臓病や人工透析医療の経験を重ね、2010年に開院した池田潔院長は地域の医院のモデルとなる先進的な取り組みで存在感を高めている医師だ。

「血液透析で血液を出入りさせる仕組みであるバスキュラーアクセスのトラブルで閉塞や狭窄が起こる原因の多くは、血管に針を刺す際のミスによる血栓形成です。免疫が低い患者さんは感染症を引き起こしやすく、医療スタッフには精密で安全重視の穿刺が求められます。当院では開院当初からエコーを見ながら針を刺すエコー下穿刺を行い、ミスを減らすことに努めてきました。他院にも導入を推奨したことで、現在は地域の多くのクリニックでエコー下穿刺が可能となりました」

池田院長は、『バスキュラーアクセス』のガイドラインの改訂に携わったほか、トラブル修復などの手術は約3500例超という実績を残す。

（ライター／斎藤紘）

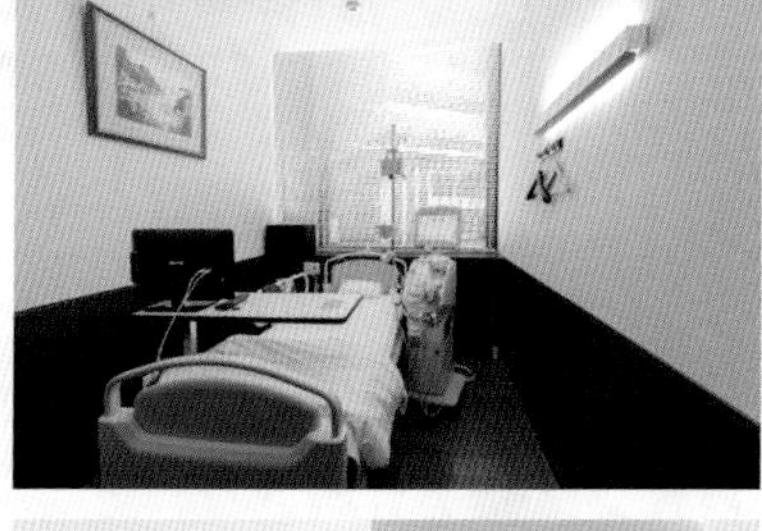

診 月水金10:00～16:00　火木土10:00～13:00
休 日曜日・祝日

医療法人 心信会 **池田バスキュラーアクセス・透析・内科**
いけだバスキュラーアクセス・とうせき・ないか
092-526-4810　fukuoka-access@fukuoka-vaccess.jp
住 福岡県福岡市中央区白金1-20-3 紙与薬院ビル1F/2F
https://www.fukuoka-vaccess.jp/

谷村雄志 院長
金沢医科大学医学部卒。関西医科大学大学院医学研究科修了。病院勤務を経て、2020年4月開院。医学博士。日本内科学会認定医、日本消化器病学会専門医、日本消化器内視鏡学会専門医、日本ヘリコバクター学会認定医。

# 丁寧な診療支える豊富な臨床経験と知見 充実の検査体制で病変の早期発見に注力

## 消化器疾患を研究 生活習慣病を治療

「親切で優しく丁寧な医療」がモットーの地域のかかりつけ医、『谷村内科クリニック』の谷村雄志院長は、関西医科大学大学院で大腸がんを研究し、医学博士の学位を取得した日本消化器病学会専門医。勤務医時代には多くの内視鏡検査や内視鏡下手術、救急医療に携わり、その経験と深い医学知識が幅広い診療の信頼性を支える。

谷村院長が特に力を入れているのが、病変を早期に発見する検査。胃カメラや大腸カメラによる検査、肝臓、胆のう、膵臓、腎臓などの腫瘍、結石、炎症の異常を確認する腹部超音波検査、動脈硬化の進行度合を調べる頸動脈超音波検査、心臓、肺の異常を調べる心電図検査、胸部レントゲン検査、肺の換気能力を調べる呼吸機能検査、喘息の有無を診断する呼気NO検査、骨粗しょう症の有無を調べる骨密度検査が可能だ。

専門の消化器内科では、大腸ポリープ切除術や潰瘍性大腸炎治療など専門性の高い治療にも対応。一般内科では高血圧や糖尿病、脂質異常症などの生活習慣病から喘息や肺気腫、花粉症などのアレルギー疾患まで対応する。

（ライター／斎藤紘）

診察室

㊗ 9:00〜12:30
予約診14:00〜17:00
夜診17:00〜19:30
㊡ 日曜日・祝日・火、土曜日午後

**谷村内科クリニック**
たにむらないかクリニック
075-392-6644　doctor@ tanimura-naika.jp
㊟ 京都府京都市西京区桂野里町41-75-1F
https://tanimura-naika.jp/

# 一般企業就職後に
# 憧れの医学の道に転進
# 専門医の資格を生かし
# 多様な疾患に対応

小寺秀樹 院長
大阪大学工学部産業機械工学科卒。同大大学院工学研究科修了。三重大学医学部卒。日本整形外科学会認定整形外科専門医、スポーツ医、リハビリテーション医、リウマチ医。

## 痛みの治療を重視
## 受診しやすい環境

『花の道こてら整形外科クリニック』の小寺秀樹院長は、工学部の大学生時代に良い医師に恵まれてアトピーが改善したことから医師に憧れ、工学系大学院を出て一般企業に就職した後もその思いを断ち切れず、医学の道に進んだ異色の経歴を持つ。医院では整形外科専門医やスポーツ医、リハビリ医、リウマチ医などの資格を生かし、脊椎や四肢、体幹の骨、筋肉、関節、神経などの疾患から関節リウマチ、痛風、骨粗鬆症など全身性疾患までカバーし、治療実績を重ねている。

「前職の総合病院時代に海辺や山間部、農村地帯での勤務を経験し、様々な患者様とお話しするなかで、わかりやすい説明、痛みをとる治療が大切だということを実感してまいりました。患者様お一人おひとりに寄り添い、健康をサポートさせて頂きたいと思っています」

治療方針からスタッフの対応、待合室の設備、予約システムまで安心快適な診療体制を追求する院長の信念が伝わるクリニックだ。山々を望む景色を眺めながら運動療法、物理療法を受けられるのも特長だ。

（ライター／斎藤紘）

MRIによって詳しい画像検査や骨密度、骨粗鬆症マーカーの計測もできる。

季節に応じてレイアウトしているリハビリ室の中庭。

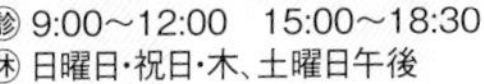

㊡ 9:00～12:00　15:00～18:30
㊡ 日曜日・祝日・木、土曜日午後

こちらからも検索できます。

**花の道こてら整形外科クリニック**
はなのみちこてらせいけいげかクリニック
059-271-8739
㊟ 三重県津市高野尾町1897-74
https://kotera-seikei.com/

# 東北では数少ないリウマチ治療専門医的確な診断&治療早期寛解を目指す

**経験豊富な専門医による治療で不自由のない生活に**

一般的な内科疾患の治療に対応しながら、東北では数少ないリウマチ専門医として関節リウマチの治療に力をいれる『一番町内科リウマチ科クリニック』。

関節リウマチとは、細菌やウイルスなどから身体を守る「免疫」に異常が起こる自己免疫性疾患の一つで、異常になった「免疫」が関節の滑膜や骨などを攻撃して炎症を起こす病気だ。関節の痛みや腫れなどの症状が続き、進行すると関節の骨や軟骨が破壊され変形してしまう。以前は、痛みや腫れの症状を抑えるだけの対症療法しかなく関節の破壊や変形は抑えられずに最終的には寝たきりになる人もいた。しかし、現在は医学薬学の進歩により多くの治療薬が開発され、寛解に導くことが可能となった。関節リウマチはいまだ治る病気ではないが、リウマチ専門医から一人ひとりの病態に合わせた的確な治療を受けることで健常の方と同様に不自由のない日常生活を送ることが可能だ。

経験豊富なリウマチ専門医の診断・治療が受けられる同クリニックには、東北6県から多くの関節リウマチの患者さんが集まる。

（ライター／彩未）

鴨川由起子 院長
東北大学医学部卒業。東北では数少ない膠原病とリウマチの専門医としてリウマチの治療に力を入れる。医学博士。日本内科学会認定内科医。日本リウマチ学会リウマチ専門医。日本リウマチ学会リウマチ指導医。

㊗ 9:30〜13:00（12:30受付終了）
14:30〜18:30（18:00受付終了）
水・土曜日9:30〜13:00（12:30受付終了）
㊡ 日曜日・祝日

**一番町内科リウマチ科クリニック**
いちばんちょうないかリウマチかクリニック
✆ 022-397-7820
㊟ 宮城県仙台市青葉区一番町3-5-16 アクアビル3F
https://ichibancho-ra.jp/

# バランスのとれた美しさは口元から美しき院長による審美歯科治療

田村絵里 院長
顔のたるみやシワなどが歯が関係していることを知り、歯科医師の道へ。美しさの秘訣は歯にあると歯の治療から心身の美しさや健康にアプローチ。歯科衛生士免許。歯科医師免許。厚生労働省認定臨床研修指導医。

## 心身の美しさと健康 男女問わず好評

歯の健康だけではなく、口元の美しさを考え、より美しく輝けるようにサポートする『essential DENTAL CLINIC EBISU』。口元や頬、顎などのたるみやしわ、ほうれい線などが気になり、美容外科を受診する方が増えているが、実は歯並びや噛み合わせが大きく関与している場合もあるという。アラフィフとは思えない美しさを保つ院長が丁寧にカウンセリングして悩みなどを聞き取り、顔全体のバランスを考え、歯を土台とした美しさを引き出す治療を行う。噛み合わせや歯並び、歯の色や形などを整えたり、筋肉の使い方のクセなどを把握して改善に導くといったそれぞれの口腔内の状態や悩みにあわせたオーダーメイドの審美歯科治療でより美しく輝けるようにサポート。高級感がありながらもゆったりとくつろげる雰囲気の院内で緊張せずに治療を受けられると。治療後には、美しさを保つための定期的なメンテナンスにも力をいれる。女性だけでなく男性のお客様も多い。歯の治療をするだけではなく、美しさも考慮した審美歯科治療で、心身の美しさと健康にアプローチする。

（ライター／彩未）

㊟ 10:30〜12:30　14:00〜19:00
火曜日10:30〜14:00
土曜日11:00〜13:00　14:00〜17:00
㊡ 日曜日・祝日・不定休

**essential DENTAL CLINIC EBISU**
エッセンシャルデンタルクリニックエビス
03-5708-5357
㊓ 東京都渋谷区恵比寿南2-1-4 ジョワレ恵比寿4F
https://essential-dc.com/

# 悪い噛み合わせは
# 全身の健康に影響
# 科学的診断に基づき
# 最適な方法で治療

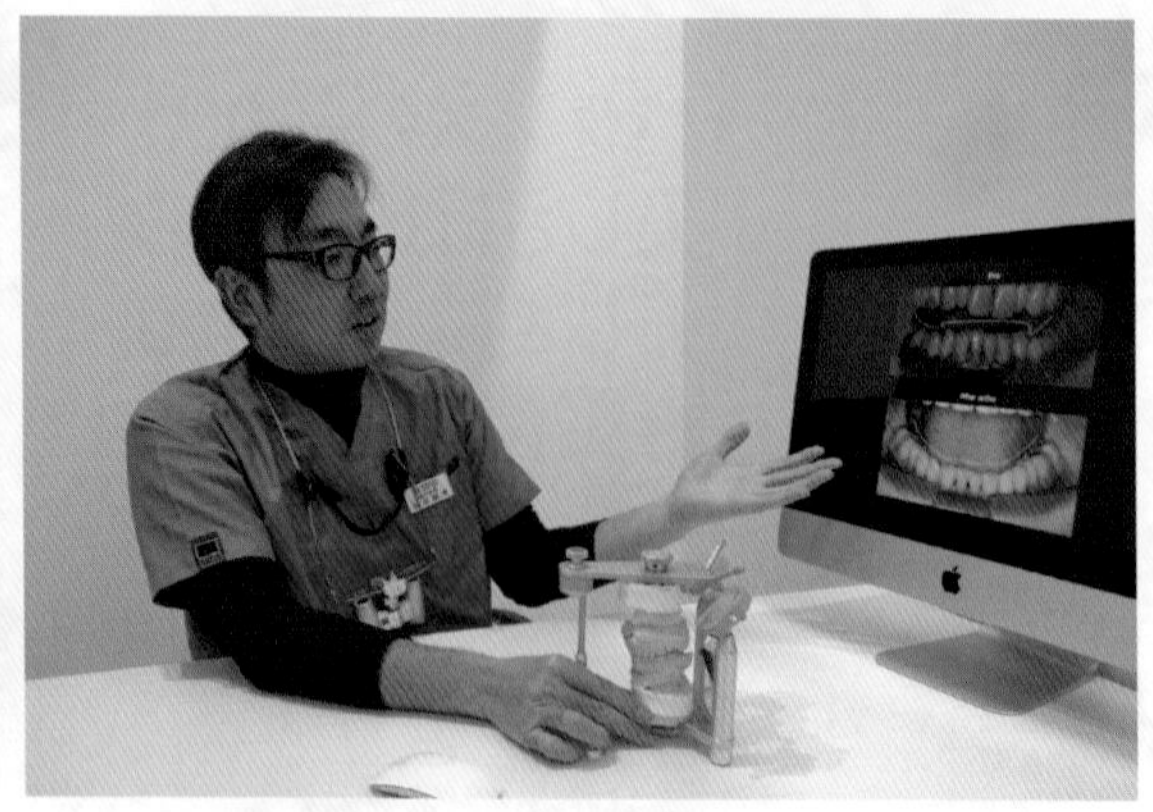

## 最新鋭機器で検査
## 口の機能面を改善

「すべての歯科治療は良い噛み合わせをつくるための治療だと考えています」

睡眠時歯ぎしりの咬合接触状態に関する研究で博士（臨床歯学）の学位を取得した『TAGOデンタルクリニック』の多胡親孝院長が噛み合わせを重視した治療に力を入れる理由だ。精緻な検査による科学的データをもとに理想的な噛み合わせになるよう治療する。

「お口は、歯や歯ぐき、あごなどが互いに支え合うようにして機能しています。噛み合わせが悪いと、虫歯や歯周病の発症リスクを高めるだけでなく、肩こり、頭痛、自律神経失調症、血圧異常、不整脈など全身に悪影響が及ぶ恐れがあります。健やかな生活を送っていただくためにも、悪い噛み合わせは早期に治療することが大事です」

ＣＴコンピュータ断層撮影やレントゲン撮影などで口が止まっている状態と口が動いている状態の両方の診断で、骨格の形態や歯根、神経の状態、噛み合わせの悪い部分などを特定、歯の形態修正、マウスピースを使うスプリント療法、顎位修正などの方法で治療する。

（ライター／斎藤紘）

多胡親孝 院長
北海道医療大学歯学部卒。東京歯科大学水道橋病院臨床研修を経て神奈川歯科大学大学院卒。歯学博士（臨床歯学）。山王グランドビル歯科を経て青木歯科で噛み合わせ治療の経験を重ね、2018年『TAGOデンタルクリニック』開院。


㊟ 9:30〜13:00
14:30〜19:00
（土曜日
15:00まで）
㊡ 水・日曜日・祝日

こちらからも
検索できます。

こちらからも
検索できます。

**TAGOデンタルクリニック**
タゴデンタルクリニック
☎ 048-430-6480
㊟ 埼玉県戸田市喜沢1-33-10
https://www.tago-dental.com/

# 悪い歯並びを透明な装置で少しずつ矯正 デジタル画像で作るマウスピースを使用

## 着脱や歯磨きも可能 軽度歯列不正に推奨

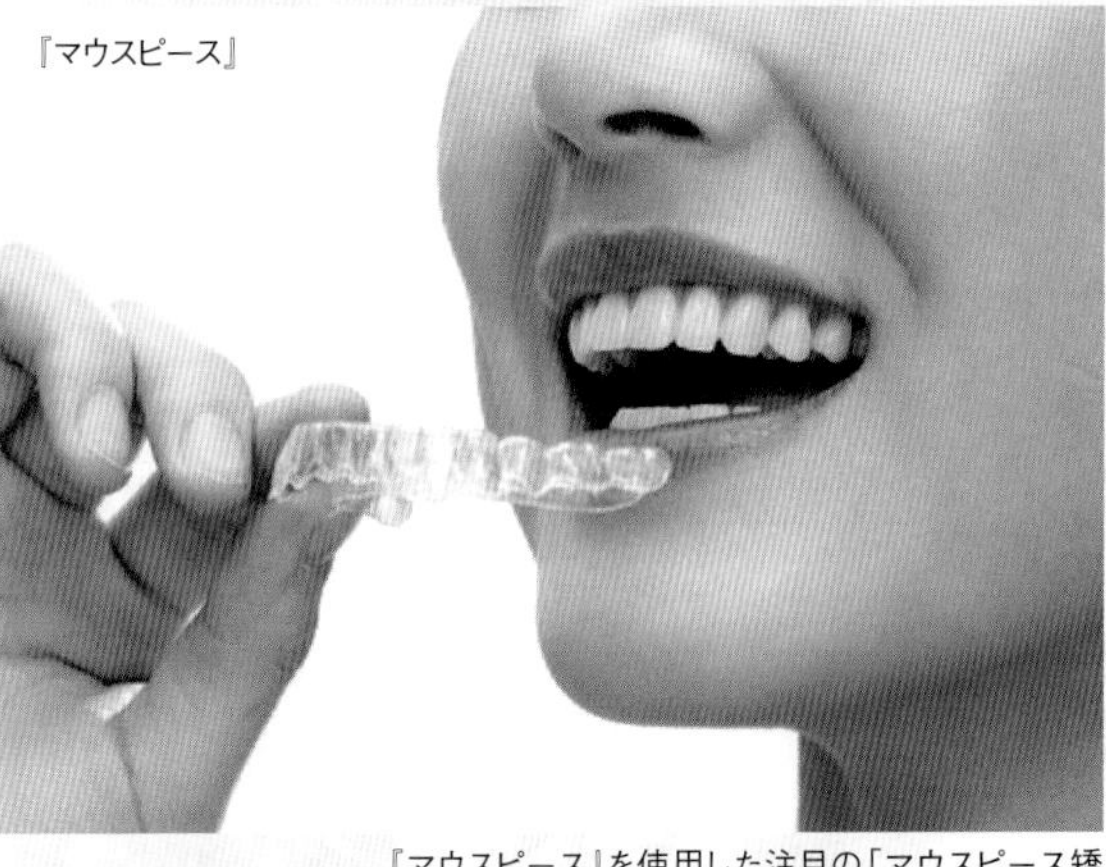


『マウスピース』を使用した注目の「マウスピース矯正」。矯正していることを気がつかれにくく、外して洗えるので清潔で、歯磨きも普段通りできる。

不自然な位置にある歯やあごを整え、健康な噛み合わせや美しい歯並びを作り出す矯正治療で実績を重ねる『田中歯科医院』の田中譲治院長が、軽度の歯列不正の矯正で推奨するのが『アイライナー』という矯正装置を使ったマウスピース矯正だ。ワイヤー矯正に比べて見た目がよく、着脱が可能なので歯みがきも普段通り行なえるのが特長だ。

「歯並びの悪さを放置すると食べかすがたまりやすく、虫歯や歯ぐきの病気になりやすい、心理的な影響があるなどといった弊害があります。『アイライナー（マウスピース）』は、弾力性のある薄い透明なプラスチックでできた装置で、口腔内スキャナーによるデジタル画像などを基に、マウスピースを複数作成し、それを決められた順番に従って約1～2週間ごとに装着することで少しずつ矯正していきます」

治療期間は、軽度の歯列矯正の場合は、半年程度で終わることもあり、全体に凹凸な歯並びの場合でも通常、1年半程度で終わる。治療中は歯の状態を調べるため、約1～2ヵ月ごとに通院するだけで済むので、仕事が忙しい方でも安心して通院できる。

（ライター／斎藤紘）

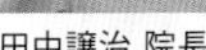

田中譲治 院長

1989年、地元柏市にて『田中歯科医院』開院。2008年、日本大学松戸歯学部臨床教授。日本口腔インプラント学会指導医、日本歯科審美学会理事。日本アンチエイジング歯科学会理事。

笑顔がつくれるよう、患者さんに寄り添った矯正治療。マウスピース矯正にも力を入れている。

診 9:00～12:30
14:00～20:00
（土 17:00まで）
休 日曜日・祝日

**田中歯科医院**
たなかしかいいん
04-7164-3000（代）
住 千葉県柏市千代田3-15-1 エクセレントビル2F
https://www.shinbi-implant.com/ 柏市 田中歯科医院 検索

# バラエティ豊かな キッチンカー

KITCHEN CAR

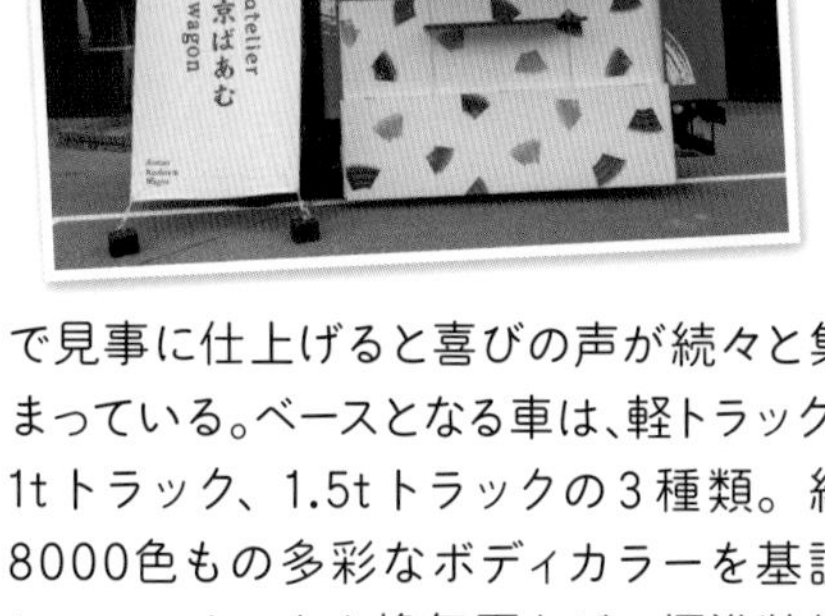

オフィス街やイベント会場など飲食店や食料品店の少ない場所で活躍しているのが多彩なキッチンカーや移動販売車。京都府の『Alanbox』は、主に近畿地方とその周辺を中心に、キッチンカーや移動販売車の製作（改造）＆企画を専門に手掛けている。顧客の業態や個性に合わせた唯一無二、世界に一台だけの車を匠の技で見事に仕上げると喜びの声が続々と集まっている。ベースとなる車は、軽トラック、1tトラック、1.5tトラックの3種類。約8000色もの多彩なボディカラーを基調に、コンセントや換気扇などの標準装備に加え、車内仕込みのできる200Lタンクなども搭載してオーダーメイドで製作。また、これから事業を始める人には嬉しい保健所営業許可や8ナンバーへの申請などもサポート。車検や修理などのアフターサービスも万全だ。

修理・改造・カスタムもOK。

# 試行錯誤を重ねながら、知恵と工夫で暮らしや生活に役立つアイテムを開発し販売している。

# つまづき・転倒予防
# 腰痛・肩こり
# 緩和改善
# 疲労や関節痛にも

EVERNURSE®

介護用品専門会社として100年以上の歴史を持つ『エバナース株式会社』。2020年12月に重心安定、2023年11月に血流促進・リラクゼーション・運動能力向上、この二つの特許取得の技術を用いた『テラオール・ケアオール・ヘルスオール』は、温泉鉱石類とオーガニックの籾殻炭を独自ブレンドしたパウダーから発する微弱電磁波を用いて、加齢やストレス及び体調不良等で乱れた神経を整える技術。神経系と血流に作用し、体のコンディションを整えることで、つまづきや転倒予防、関節痛、腰痛、冷え性、不眠症の改善など心身の様々なパフォーマンスが向上する。ケアオールパウダーを素材に加圧熱転写した『アームスリーブ』は、全方向に伸びる伸縮性で、ゴルフなどスポーツにも最適。微弱電磁波が疲労を軽減させるとともに体幹や重心を安定させてくれる。『ショルダースリーブ』は、肩こり・四十肩・五十肩などにお悩みの方に。血流を促進して、関節痛の緩和や冷え性を改善する。夏場の冷房対策に

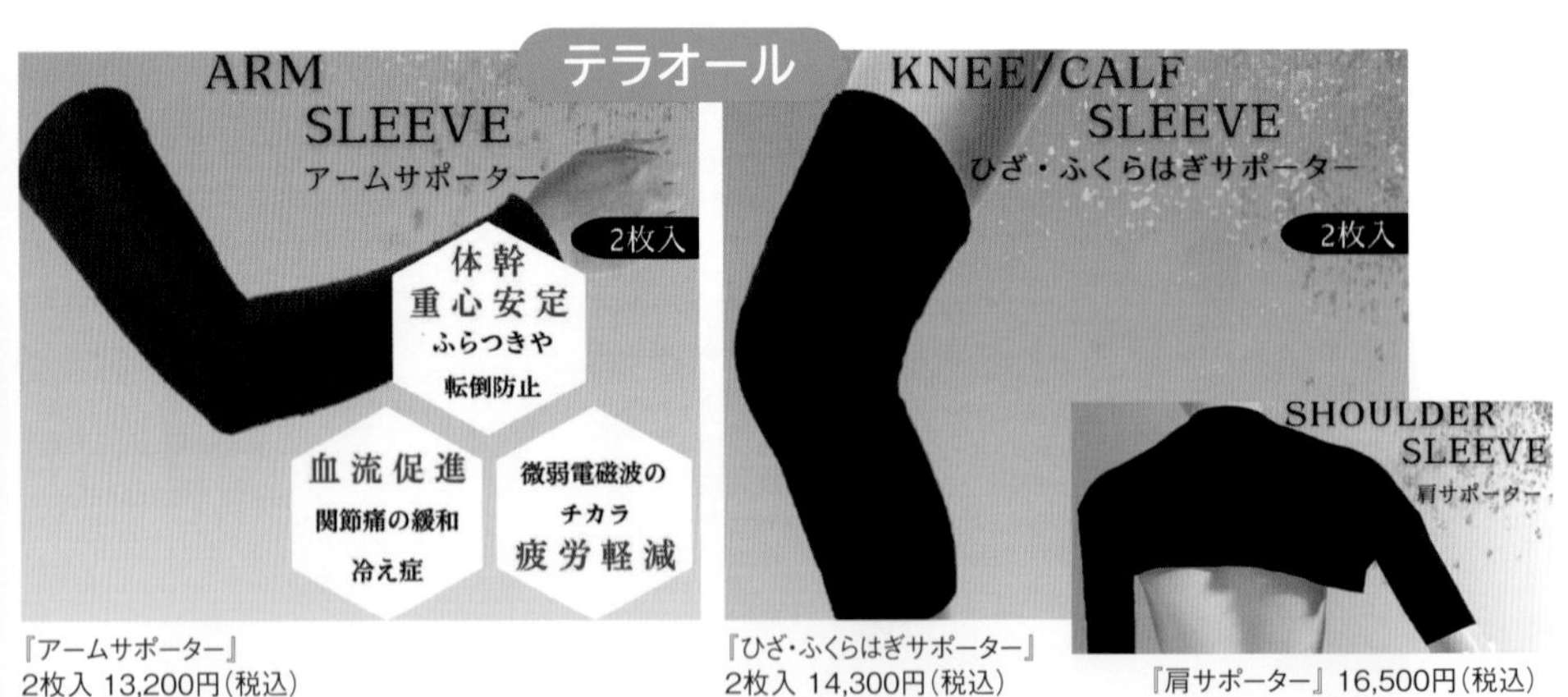


『アームサポーター』
2枚入 13,200円（税込）

『ひざ・ふくらはぎサポーター』
2枚入 14,300円（税込）

『肩サポーター』16,500円（税込）

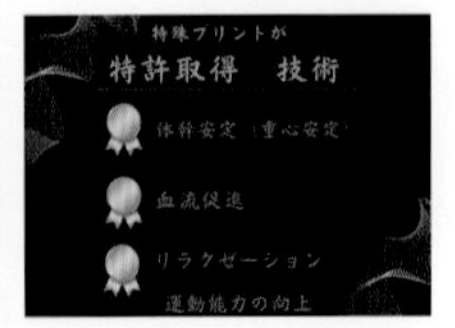


全方向に伸びる素材の伸縮性
シームレス(無縫製) 縫い目のなく、肌当たりのよい着用感

## ケアオール

『VITALITY リストバンド』
2枚入
7,59円（税込）

## ヘルスオール

天然鉱石類とオーガニック籾殻炭のパワー
手首サポーター
大地からのおくりもの
転倒予防・血流促進の素材を加工 2枚入

『手首サポーター』
2枚入 2,750円（税込）

『ひざサポーター』左右兼用
1枚入 3,630円（税込）

『ふくらはぎサポーター』左右兼用
1枚入 3,630円（税込）

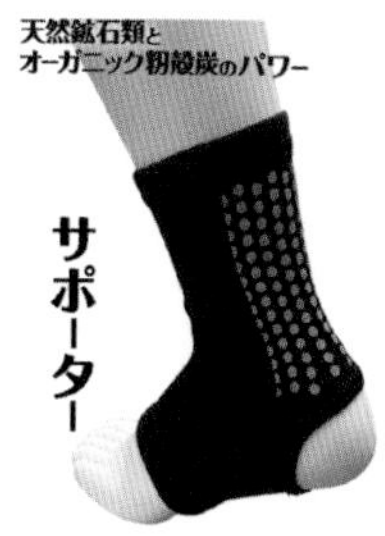


『足首サポーター』左右兼用
1枚入 2,750円（税込）

もオススメだ。UPF50+で接触冷感機能もあるので、これからの季節にぴったり。軽量、薄手で着膨れしにくくでアウターにもひびかない。シームレスで素肌感覚で身につけられる着心地だ。『ヘルスオール』サポーターシリーズは、特殊な遠赤外線効果で血行改善。冷え、筋肉痛の緩和などに効果的。階段の上り下りが不安、冷えや関節痛が辛いなどでお困りの方にオススメ。手首、膝、ふくらはぎ、足首、それぞれあるので、悩みに合わせて使い分けられる。また、ペット用腹巻きは、高齢などで歩行困難になった愛犬や愛猫に劇的な変化が出たという結果も。『ケアオール』シリーズの『VITALITY リストバンド』は、日常的に使うゆったりとしたリストバンドとは異なり、しっかりフィットし動いてズレにくいタイプ。アスリート、介護士など力仕事の方のパフォーマンスを向上させるアイテムだ。筋肉疲労の軽減などにも優れ、プレー後の手首の筋肉疲労を軽減するリカバリーアイテムとしても好評だ。（ライター／播磨杏）

**エバナース** 株式会社

0120-213-283
evernurse@able.ocn.ne.jp
㊟ 大阪府豊中市小曽根4-9-7 エバナース本社ビル2F
https://www.evernurse.co.jp/

こちらからも
検索できます。

# 軽量でコンパクト
# 組み立ても簡単
# 内装施工プロの自信作
# 画期的カプセルベッド

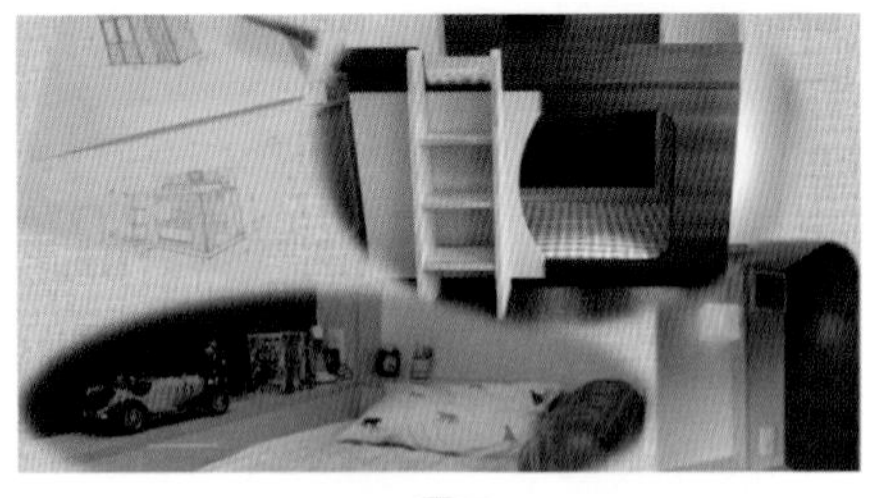

部屋の増築からリフォーム、オリジナル家具・什器の制作など総合的な内装改装を手がけている施工会社『株式会社エクセレント』では、一貫したサービス提供によって一般住宅から店舗、オフィス、クリニック、アミューズメントパークなどの大型施設まで幅広い建物の内装改装企画・デザイン・施工実績を持つ。

長年の製作ノウハウを活かし、コンパクトながらも快適な休息を実現するカプセルベッドとして開発されたオリジナル商品が『SRIPPLE（スリプル）』は、カプセルホテルにあるようなカプセルベッドと家庭用2段ベッド、それぞれが持つ良い部分を抽出して設計。コンパクトで軽量ながら、短時間でも深い眠りをサポート、快適な休息を実現する眠り心地を実現した。シングルベッド1台分のスペースで2床分を確保できるので、シェアハウスや民泊、社員寮や学生寮にもぴったり。パネル式の取り付け加工で、組み立ても簡単。カプセルベッド自体の連結も6角ドライ

『SRIPPLE HALF』
1.5段ベッド

『SRIPPLE』2段ベッド
<ベーシック>

『ネコハウス』
https://www.ex-room.shop/

9,200円（税込）

9,200円（税込）

10,800円（税込）

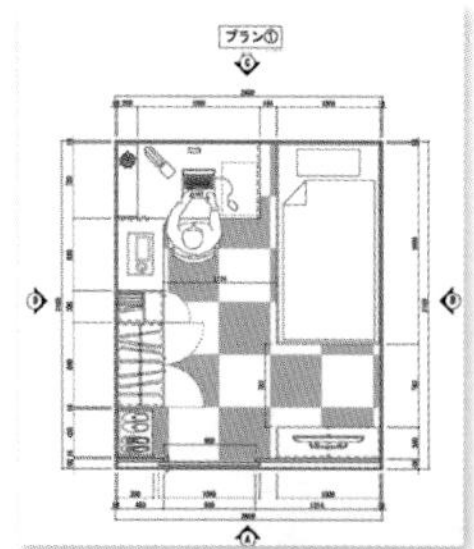

プラン①

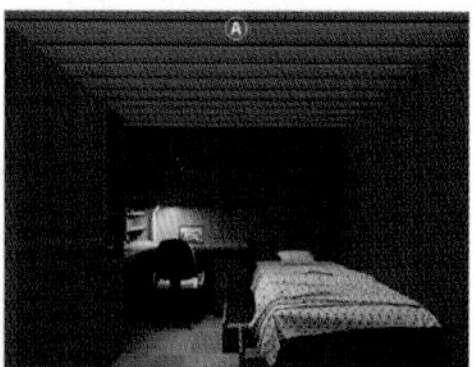

施設用カプセル

プラン②

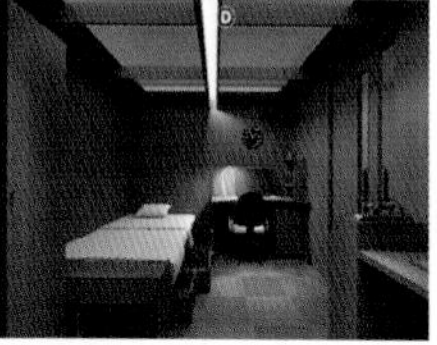

クロゼット、机、ベッドなどすべて六角レンチ1本で組み立てられる。

『エックボックス』

バー1本とプラスドライバー1本のみで可能だ。また、災害時の避難所などでの利用を考慮して開発されたベッドが『エックボックス』は、ブース一つひとつに遮光カーテンと鍵付きクローゼットが備えられ、プライベート空間と安全性を確保できる。備蓄時にはコンパクトに収納できる作りで、場所を取らない。6角レンチだけでスムーズに組み立てられるところも魅力だ。一般家庭内にも設置可能で、災害時だけでなく「集中して作業や勉強がしたい」「一人になりたい」など、日常的に個室空間を作り出すこともできる。リユースも容易で、環境負荷の軽減や資源の節約、経済的なメリットも併せ持つ。

同社では、フルオーダーメイド、規制アイテムのデザイン変更なども可能。使用場所や用途、空間の雰囲気に合わせてサイズやデザイン、材料だけではなく、形や色、仕様も指定して、唯一無二のオリジナルアイテムを制作してもらうこともできる。

（ライター／播磨杏）


株式会社 エクセレント

049-255-2520

sp@ex-nt.co.jp

㊟ 埼玉県富士見市下南畑3767-6

https://ex-nt.co.jp/

こちらからも
検索できます。

お客様の
イメージを形に。

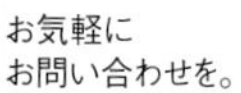

お気軽に
お問い合わせを。

# 一鉢という空間の中に広がり移ろう自然「侘び」と「寂び」が心にある毎日を

山水には得失なし
得失は人の心にあり
夢窓疎石
WabiSabi.jp

『侘水景(わびすけ)』は、デザイン性と機能性、さらには買い手の個性が活かせ、初心者でもできる限り失敗しないようにと改善と試行錯誤を繰り返し、３年の期間を要して『Wabisabi.jp』より発売。植物と観賞魚の飼育が一緒に楽しめ、錦鯉が泳ぐ日本庭園のミニチュア版をイメージして開発されている。盆栽と錦鯉は海外での人気が高いものの、高価であるため超富裕層しか手にすることができず、世界中の広く一般の方々にも日本の風景と文化を楽しんでいただきたいと考えた。素晴らしい趣味、あるいは芸術とも呼べる盆栽は、海外での人気とは裏腹に母国日本では衰退してきており、その入り口をより広く、敷居をより低く、誰でもより気軽に楽しむきっかけになって欲しいという思いを形にしたのが『侘水景』だ。

「私たち『Wabisabi.jp』は、日本の衰退している文化の再興をミッションとしています。侘び寂びという感性から真の多様性が芽生え、優しい世界に少しでも変わることを願いながら、この『侘水景』を四季の移ろいを感じることができる唯一無二の作品に仕上げていただき、長く楽しんでもらいたいという思いを込めた商品です」

『侘水景』は機能的にも優れており、配置したまま水やりができる。また、余った水が下に流れて溜まる受け部があることで、鉢底の間に空間ができ、通気性も良くなるように設計。付属の専用盆栽鉢(波佐見焼)

侘水景

侘水景

『侘水景(わびすけ)』
12,980円(税込)

『めだか』

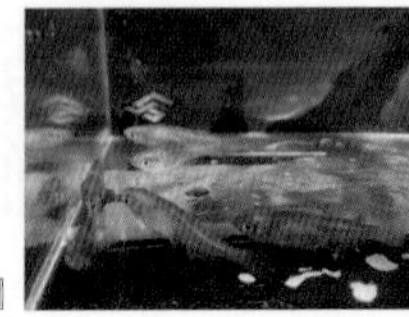

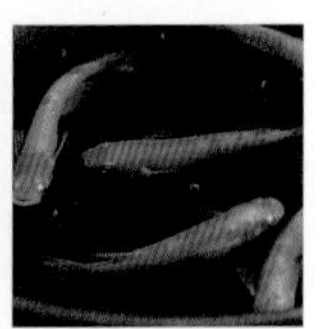

## 盆栽

五葉松

旭山桜

## 寂州景

ブランド商品
『筆ペン
（もみじ）』

は、取り外しが可能で日光に当てたい時は、簡単に鉢だけを屋外に移動できる。さらに、フンや食べ残しで発生するバクテリア（アンモニアを分解する役割）が多孔質のろ過材に定着・繁殖し、同時に付属のエアレーションでできる水流によって、生物ろ過と酸素供給が可能となっている。この他にもエアーポンプはUSB電源なので海外でも対応可能で、モバイルバッテリーなどを使用することでプラグのない場所でも可動できる。陸の植物による物陰と付属の底砂（大磯砂利）により飼育魚が落ち着ける環境となるよう細かく設計されている。デザインにもこだわり、付属のつや消し黒の盆栽鉢は単体でもミニ盆栽『寂州景（さびすけ）』として楽しめ、複数育てることで、春は桜の花を楽しみ、夏は新緑の松を、秋は紅葉したモミジなど、自分好みに入れ替えて、屋内でも四季の風景を楽しめる。また、付属の天然石と灯篭フィギュアを配置して日本庭園の景観を作れる。木板の橋に見立てた部分の下からエアレーションによる水流と気泡が出てくる様は、小川から池への流れ込みを連想させ、付属の天然石を水中の好きな場所に置くことで池の景観を作れる。

日々刻々と流れる時間の中で、一日として同じ姿のない小さな景色と共に、忘れかけている「侘び」「寂び」を愛でる心を〝育てる〟喜びも味わってほしい。

（ライター／今井淳二）

Wabisabi.jp　株式会社 YBB
ワビサビドットジェイピー
0820-23-6838
contactus@ ybb-wabisabi.jp
㊟ 山口県柳井市新市南3-1
https://ybb-wabisabi.jp/

こちらからも
検索できます。

# ものづくり精神が生み出す優れた技術が笑顔あふれる食卓を支える

様々な金属加工業を中心に、国内外にものづくりの町として知られる新潟県燕市。その歴史は江戸時代のはじめ、この地を流れる信濃川の氾濫に苦しむ農民の副業として始まった和釘づくりに由来するといわれ、以来400年間、金属と向き合ってきた歴史でもある。

戦後、食生活の変化やステンレス加工技術の発達により、金属洋食器や調理具の生産が盛んになってきた中、1957年創業したのが『株式会社フジノス』。洋食器の製造から始まり、現在は家庭用、業務用のステンレス鍋を中心に製造している。1983年に異なる金属が重なった多層鋼鍋を国産として初めて開発し、1985年には世界で初めてIHクッキングヒーター対応の業務用鍋を開発したIH鍋のパイオニアだ。

そんなプロの調理人やメーカーも絶賛、推奨する同社のIH用多層鋼鍋。その加工技術を家庭用のフライパンにフィードバックしたのが『アルミクラッ

大好評シリーズに新商品
[アルミクラッド三層フライパン]

『アルミクラッド三層フライパン』
22㎝ 12,100円(税込)　24㎝ 13,200円(税込)　26㎝ 14,300円(税込)

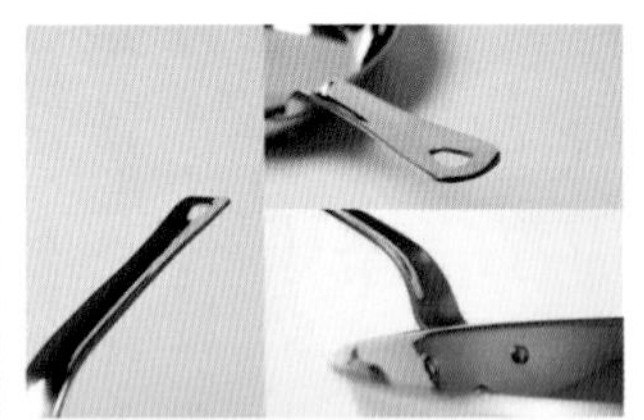

『9w.(クオウ)モジュラーグリルプレートベーシックセット』
9,000円(税込)　※2024年8月より 11,700円(税込)

『コンプリートセット』
18,800円(税込)
※2024年8月より
24,000円(税込)
『スペシャルセット』
14,900円(税込)
※2024年8月より
18,000円(税込)

『アルミクラッド三層中華鍋27㎝(ガラス蓋付)』　18,480円(税込)

ド三層フライパン』だ。ステンレスの保温力とアルミの熱伝導性を合わせ持つ「アルミクラッド三層鋼」を採用。IHクッキングヒーターに接する外側は有磁性に優れたステンレスで効率良く熱を発生し、その熱を内部のアルミが素早く全体へ。IH調理器の苦手な側面の立ち上がりにも効率よく熱が伝わるので、スピーディーに美味しく調理できる。少ない油でも焼ムラなく仕上がるヘルシー調理が可能。内側表面は、鏡面仕上げで食材がくっつきにくく、お手入れも簡単。

他にもガラス蓋もセットされて茹でる・煮る・炊く・蒸すなど中華料理だけに留まらない幅広い調理が可能な「アルミクラッド三層中華鍋」やキャンプでも屋内でも気軽に調理。ガスや焚き火などの直火はもちろん、IH調理器にも対応し、シーンに応じて簡単にハンドルを組み替えることができる「モジュラーグリルプレート」にも同社の「アルミクラッド三層鋼」が採用され好評だ。

(ライター／今井淳二)

株式会社 **フジノス**

0256-93-3211
info@fujinos.co.jp
㊟ 新潟県燕市吉田下中野1583-1
https://www.fujinos.co.jp/

こちらからも
検索できます。

# いつもの快適さ＋もしもの時にも楽しみながら備えるキャンプツール

アウトドアグッズ等を主に取り扱っている『ETRC合同会社』が販売する『eco tech ROOFCAMPER』シリーズは、比較的軽量で設営・撤収ともに簡単、居住性も高いことから、多くのオートキャンパー達からも好評だ。

大人2名子ども1名収容が可能、ソフトカバータイプの最軽量38kgである「T-10」、広々定員4名の「TX」、軽自動車にも搭載できる「T-7」と、所有する自動車のサイズやキャンプの楽しみ方によって各種サイズを選ぶことができる。さらに自動車横に張って収容人数を増やせる「アネックス」や「ポータブルタープ」もオプションとして用意されているのもうれしい。

また、普段の日常時と地震や台風など災害による非常時のフェーズ(社会の状態)をフリーにしてQOLを向上させようという防災に関わる新しい概念「フェーズフリー」に賛同。いつも使っているモノやサービスを、もしもの時にも役立つようにデザインしようという考え方に則り、『eco tech ROOF

『T-7』187,000円(税込)

『シェラカップ360』

『ETRCチェア』

『ポータブル・タープ』

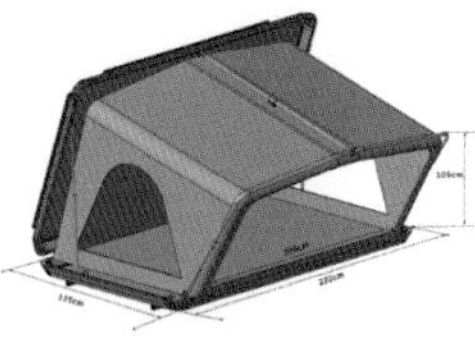
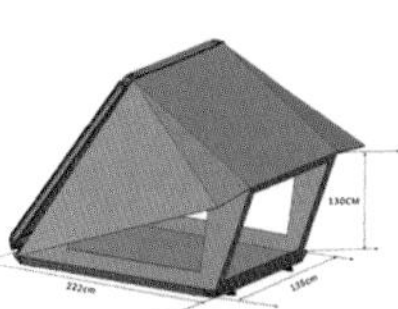

**T-10**
ティーテン

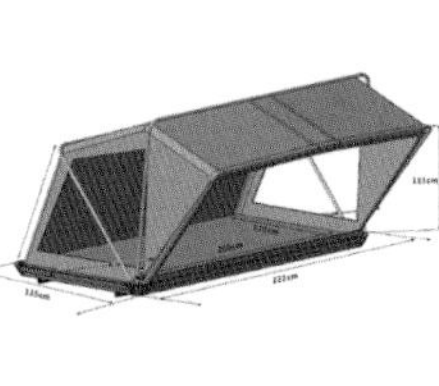
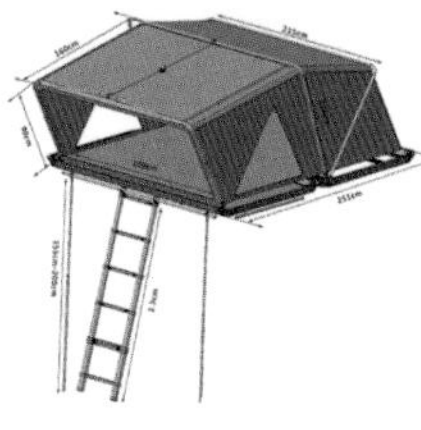
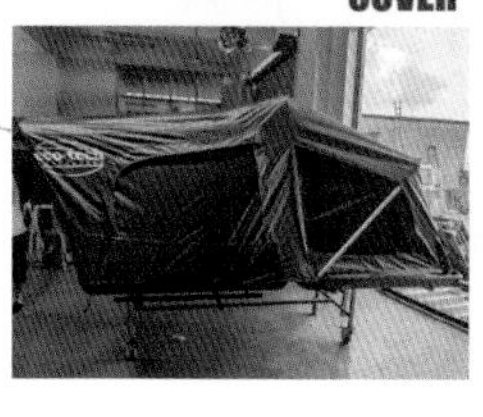

CAMPER』をそのためのギアとして提案している。災害時にたびたび問題となる避難所の数や定員、人の密集度。先の東日本大震災や能登半島地震では、避難滞在先として自家用車を選ぶ人もあった。より安全に少しでも快適に車中泊避難が行えるよう、エコノミー症候群のような健康被害を防ぐ観点からも『eco tech ROOFCAMPER』を活用してほしいというのだ。

同社では、過去にルーフトップテントを使用した「ROOF TOP CAMPING」というイベントも開催していたが、より一層防災に特化したイベントとして、防災用品とキャンプ用品の親和性から、より良いモノづくりへのコミュニケーションの場、「フェーズフリー」をより認知してもらうため、新たに「一時避難訓練CAMP」と名称を変更して開催するなど、その啓蒙活動にも努めている。

（ライター／今井淳二）

**ETRC** 合同会社
イーティーアールシー
090-6721-9894
info@lac-grip.com
㊟ 東京都足立区西新井4-37-8
https://eco-tech-roofcamper.com/

ルーフトップテントの
設計から生産販売まで。

# 良好な視界確保に優れた効果発揮自動車窓ガラス用撥水コート

「雨の日でも、良好な視界を確保し、安全で快適なドライブができるように」とのコンセプトで『クリンビュー®』が開発、販売する自動車窓ガラス用撥水コート『クリンビュー®Gコート』シリーズが好評だ。驚愕の滑落撥水を実現した『ウルトラタフドロップ』を筆頭に多彩なラインナップを誇る。ライフスタイルの変化に伴い、自動車サイズやデザインの多様化、運転志向の変化によって顧客ニーズも細分化される。変化に伴い、様々な商品が販売される一方で、あまりの種類の多さにどの商品を選べばよいか迷うユーザーの声が寄せられているという。同社は、高い性能を維持しながらも紙パッケージを採用し地球環境に配慮した形での商品へフルリニューアルを実施。さらにユーザーがより商品を選びやすく使いやすいように改良を行った。初めて使うユーザーやコストパフォーマンスを重視する方にオススメするのは、『超BIG』。近年の自動車は、フロントガラスが大きくなってきていることを考慮

『Gコートストロングアーマー』

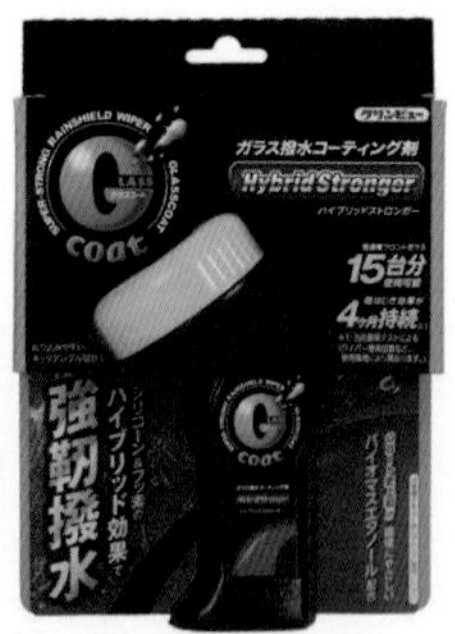

『Gコートハイブリッドストロンガー』

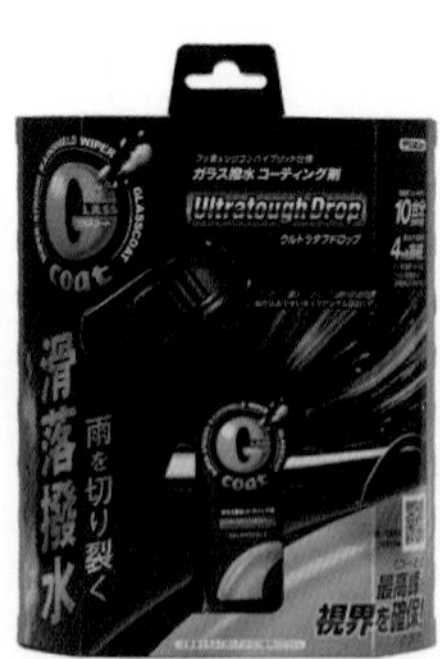

『Gコートウルトラタフドロップ』

『Gコート超ビッグ』

選べるGコートシリーズ

貴方が求める撥水コートがここにある

進化のその先へ

Beyond

Glass Coat Evolution!

『Gコート撥水ウォッシャーα』

『コンパウンドスピーディー』

『Gコートクイックスナイプ』

し、普通車フロントガラス20台分に相当する150㎖の大容量とたっぷり使用できるのが魅力だ。このほか撥水性能を追求したモデルの『ウルトラタフドロップ』は、シリーズ最高峰の視界確保をユーザーに提供し、その撥水力は驚くほど。撥水性能と耐久性能のバランスを重視するユーザーには『ハイブリッドストロンガー』がオススメだ。同製品は、シリーズに初めてバイオマスエタノールを配合し環境配慮にも大きく貢献している。簡単施工で長期間撥水性を保ちたいニーズには、フッ素の強固な被膜を形成する『ストロングアーマー』が応える。急な雨に見舞われてもパワフル噴射によるコーティングで即時撥水効果を発揮する『クイックスナイプ』も人気。コート前の下地処理として使用する『コンパウンドスピーディー』、ウォッシャー液として使用するだけで雨弾き効果が得られる『撥水ウォッシャーα』と合わせ、シリーズを通して安全・快適なドライブを提供する。

（ライター／斉藤紘）


株式会社 イチネンケミカルズ

☎ 03-6414-5602
㊟ 東京都港区芝浦4-2-8 住友不動産三田ツインビル東館8F
https://www.ichinen-chem.co.jp/

# 16インチ折り畳み式
# 原動機付自転車好評
# 安定性と登坂能力に優れ
# 疲れず長距離走行可能

「有限会社上山商会」が企画、開発、製造を手がける電動モビリティに新たな製品が加わった。日本初の折り畳み式特定小型原動機付自転車（TKG）『MySmart16（マイスマート16）』。免許不要で、自転車走行可能なら一方通行や歩道も走行可能なうえ、安定したドライビングポジションで疲れ知らずの長距離走行ができることなどが評価され、愛用者を増やしている。

『MySmart16』は、フロントサスペンション付き車両本体、サドル、フットステップ、バッテリー、専用充電器、簡易工具、予備ヒューズがセットになっている。タイヤサイズは今までに無い16インチ。14インチだと小さすぎて不安定、20インチだと大きすぎると言う不満を解消できるちょうど良いサイズ。モーターは優れた登坂能力の高トルクタイプで、定格出力350W、Maxで600W、登坂性能14度。定格600Wのキックボード以上の登坂能力、加速力だ。

『mySmart16』
138,600円（税込）

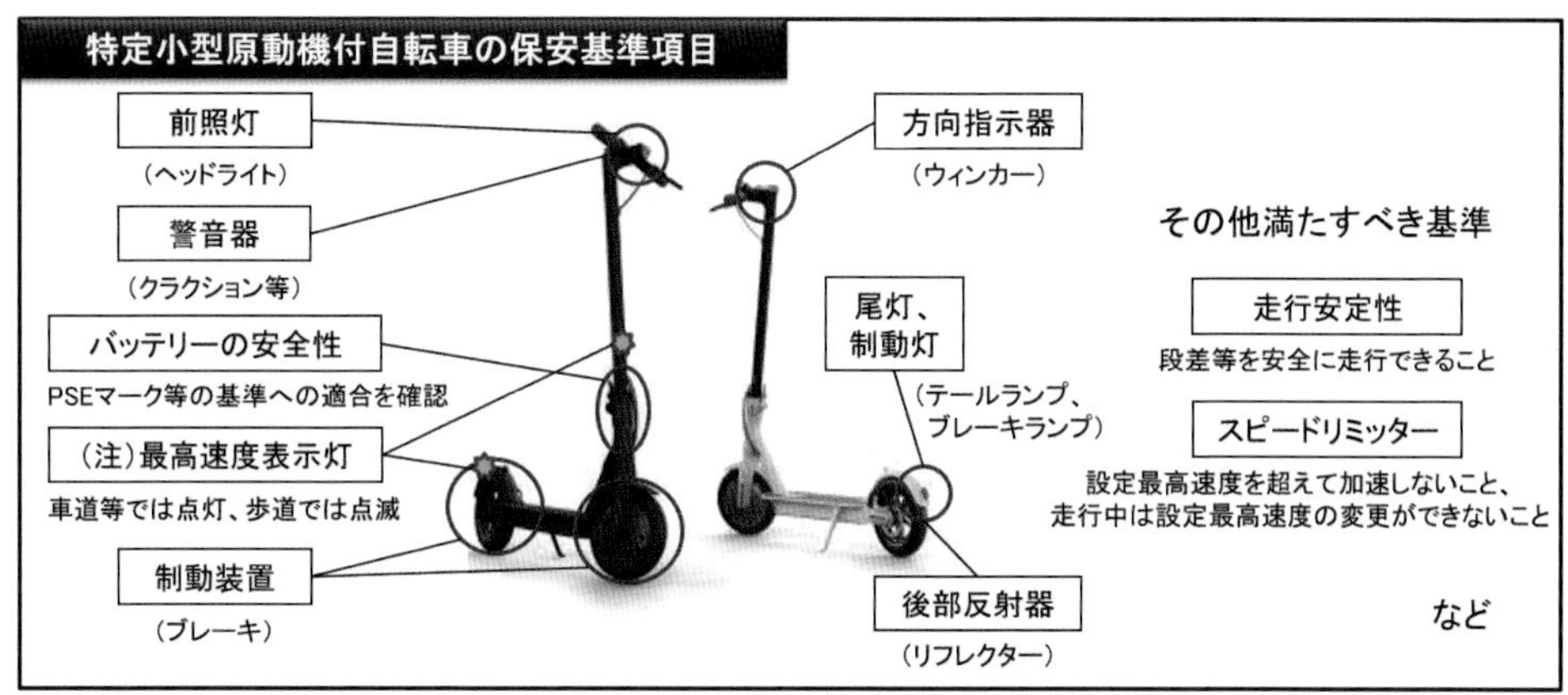


（注）歩道を6km/h以下で走行するモードを有しないものについては、点滅機能は不要

バッテリーは脱着可能で、2～5時間程度で充電でき、電気代は一回の充電で約15円。バッテリーは単体でも販売している。最高速度には制限があり、車道走行時は20㎞／h、歩道走行時は6㎞／h。一回の充電の最大航続距離は約18㎞。ブレーキは前後フローティングキャリパー式ディスクブレーキを採用している。

車体全体のサイズは長さ1330㎜幅580㎜高さ980㎜だが、折りた畳むと長さ800㎜幅430㎜高さ580㎜になる。重量は18・5㎏。フレームカラーはマッドブラック、ツートン（イタリアンレッド&ブラック）から選べる。

道路運送車両の特例特定原動機付自転車の保安基準に従って製造され、満16歳以上から乗れる。耐体重135㎏、適応身長140㎝～200㎝。2人乗りや子供乗せはできない。

同梱内容には、標識交付申請書や販売証明書、フレームナンバー石刷り、保安基準対応証明書などの登録用書類が含まれる。

（ライター／今井淳二）

Sun Sun® 有限会社 上山商会
サンサン
050-5532-8861
shop@sunsun.cc
㊓ 東京都台東区北上野1-1-11
https://sunsun.cc/

こちらからも
検索できます。

# 積み木やブロックとはまるで違う!おしゃれな木のおもちゃで子どもも大人も笑顔に

「SDGs」の流れを背景に、子どもたちのための遊具として注目されているのが木製おもちゃ。優しく温かい手触りと、想像力や豊かな情操を育むツールとしても見直され始めている。

そんな中、ちょっとおしゃれで大人も子どもも一緒になって遊べると評判の木製おもちゃを提供しているのが大阪府の『株式会社 Kukkia』。子どもたちが安心して遊べることを第一に考え、おもちゃはどれも世界の厳しい玩具安全基準をクリア。また小さな子どもが舐めてしまっても体に害のない安全な塗料を使用し、日本の食品検査もパスしている。そんな『Kukkia』では、現在『kiko+（キコ）』と『gg*（ジジ）』の二つのブランドにて製品を展開中。従来は、プラスチック製が当たり前だったお絵描きボードをおしゃれな木製にしたり、様々なものを木で表現してきた同社が、技術を集結して作り上げた注目の2商品を紹介。

『kiko+』の新作『ラーメンセット』は、木目が美しい木のうつわに、子どもの

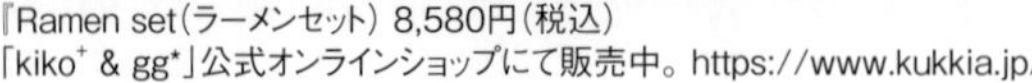
『Ramen set（ラーメンセット） 8,580円（税込）
「kiko+ & gg*」公式オンラインショップにて販売中。https://www.kukkia.jp/

木製でおしゃれなお絵描きボードが人気。
『oekaki house』8,500円（税込）

木製の円盤型バランスゲーム
『UFO』5,500円（税込）

実際に録音できる木製レコーダー。
『tape recorder』16,500円（税込）

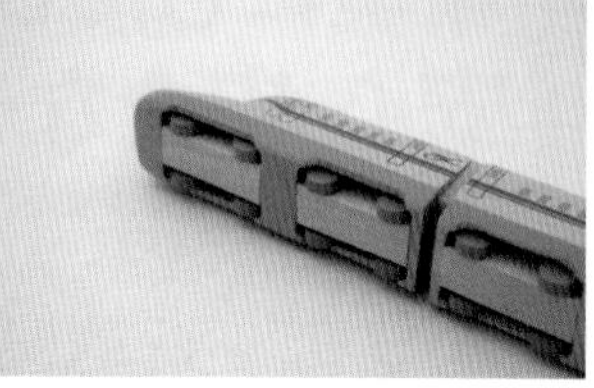

『東海道新幹線N700S 木のおもちゃ』
3,800円(税込)
本商品は、JR東海のオンラインショップ『いいもの探訪』にて好評販売中。
https://e-mono.jr-central.co.jp

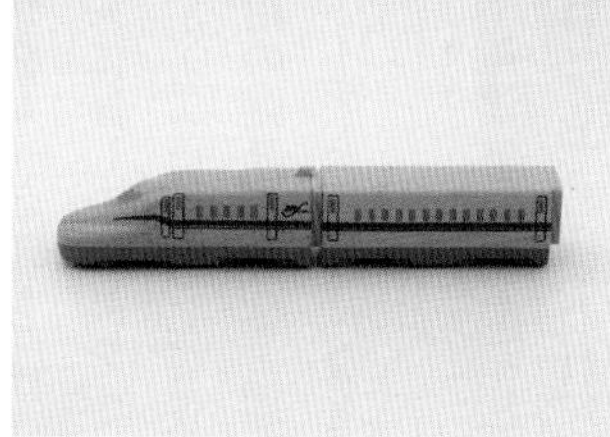

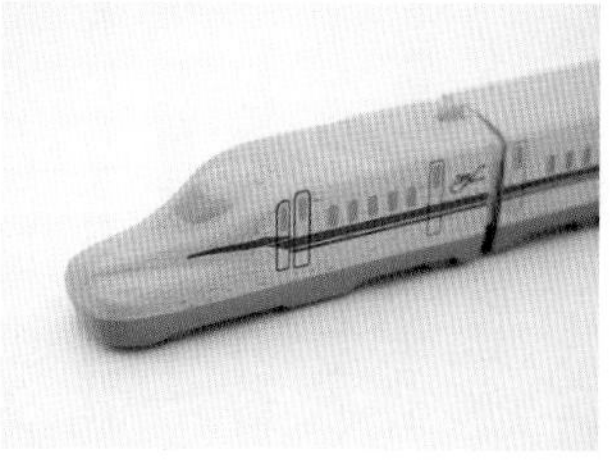

大人から子どもまで幅広い年齢層が一緒に楽しめるコミュニケーションツールでもある。

小さな手にぴったりのサイズのお箸、そして天然ゴムでできた麺とナルトにタマゴ、ホウレン草が乗った逸品だ。水を使って遊べるままごとセットは珍しい。麺や具材を器に入れ、水を注げばまるでスープのようでラーメンそのものの再現度。子どもとラーメン屋さんごっこはいかがだろうか。

『kiko+』と『JR東海』とのコラボで出来上がった『東海道新幹線 N700S 木のおもちゃ』は、子どもたちに大人気の新幹線。職人が一つひとつブナ材を削り出し、新幹線のリアルな形状を再現した。先頭車と2両目は、マグネットで連結したり離したりでき、車輪をコロコロ転がして走らせることもできる。

同社は、自社の2ブランド展開のほか、こうした様々な会社のオリジナルの木製玩具を作る事業にも力を入れている。木を使って何を表現できるのか、夢が広がる製品に今後も注目だ。

(ライター/今井淳二)

**株式会社 Kukkia**
クキア
06-6447-0202
otayori@kukkia.co.jp
㊟ 大阪府大阪市西区京町堀1-14-24 タツト・靭公園ビル901
https://kukkia.co.jp/

直営店「kiko+ & gg*」
㊟ 大阪府大阪市西区京町堀1-14-24 タツト・靭公園ビル1F
㋇ 12:00〜17:00 ㊡ 不定休

# 自分のそして何より家族の健康が大事環境にも優しく安心・安全なモノを

家族の
健康をまもる
身体や環境に無害な
衛生アイテムを取り扱っています


科学や技術の発展により、便利になっていく生活。食品や衣服、住環境を整える製品など、より良いものをと新しいものが生まれている。近年では、健康志向、環境保全の観点から、長い地球の歴史が育む自然由来のものが選択されることが増えてきた。

『ココロン株式会社』では、「おうちに〝自然〟のチカラを…」を理念に、植物由来で使う人に優しい製品を中心に、幅広い世代の方々に安心して使える添加物不使用の食品や身体・環境に無害な衛生アイテム、コスメなどを提供している。

日本最古の木造建築物である法隆寺の頃より建材としても使われ、日本人にとって馴染みの深い樹木であるヒノキ。その香りに含まれる揮発成分には、高い抗菌・殺菌性があることで知られている。そんなヒノキから抽出した精油のパワーを最大限に生かしたのがスプレー型除菌消臭剤『森のチカラ』と据え置きタイプ除菌消臭剤『森のゲル』だ。国産ヒノキをはじめとす

『Nano Dr』1kgボトルナノバブル洗浄・除菌（ウイルス対応）。環境保全、自然成分、安心・安全、自然のチカラと現代技術で生み出された次世代型洗浄剤。詳しくはお問い合せ下さい。

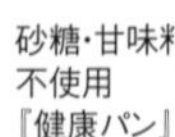
砂糖・甘味料不使用『健康パン』

『無農薬栽ジュース100%』

『健康食品酵素』

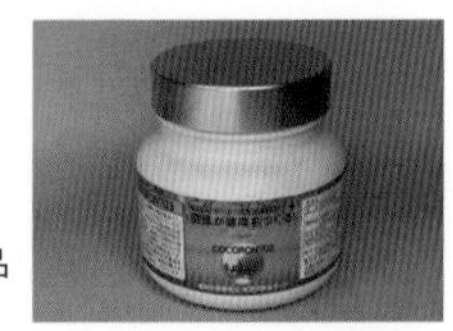

『森のチカラ』スプレー式 19ml 550円（税込） 5本セット 2,200円（税込） 10本セット 3,850円（税込）

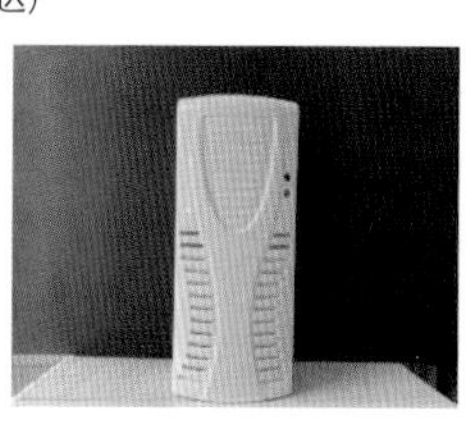

る35種類以上の天然樹木・植物精油を配合。自然由来の安全な薬効成分が芳しい樹草木の香りと共に部屋中に行き渡ると、ウイルス・細菌を瞬時に除菌。また副交感神経を刺激して自然治癒力や集中力の高まりも期待でき、まるで森林浴のように気持ち良さ。

また、森の自然成分で作られた台所洗剤『森の泡洗剤』は、石油系化学物質、着色料、香料、保存料は一切不使用。手肌に優しいのはもちろん、およそ28日でバクテリアにより自然分解する環境にも優しい洗剤。さらに消臭効果と汚れの再付着防止効果で、使うたびに排水で家の配管まできれいになる。コスメからは、自然から生まれたポリフェノールなど10種類以上の天然成分配合。高い抗酸化能力でシミの元になる酵素の働きを抑え、シワやむくみの解消、セルライトの除去などの効果が期待できる『プレミアムナイトクリームC104』も好評。

（ライター／今井淳二）

**ココロン** 株式会社

0948-55-1786
cocoron2019@outlook.jp
㊟ 福岡県飯塚市小正135-7
https://cocoron5560.com/

ホームページ

BASEショップ

# 様々な業界を支える包む技術を暮らしの身近なパートナーに

食品や医薬品や工業製品など包装用の多種多様なフィルムを開発・製造してきた『クリロン化成株式会社』は、その培ってきた技術を一般消費者向けの製品にフィードバック。高品質な製品をより使いやすい形にして提供している。医療の分野で出る便を収容・回収するため、強力な防臭効果を持つ処理袋として開発された素材を応用したのが『防臭袋ＢＯＳ（ボス）』。「うんちを入れて鼻を近づけてもほとんど臭いを感じない」「中が見えにくいので助かる」という声で好評だ。

生ゴミやペットのうんち、ベビーや大人のおむつ処理など、日常の様々なシーンで大活躍。どれも同じ防臭力なので、好みの袋色やサイズやパッケージデザインで選べるのも嬉しいポイント。持ち歩きに便利なポケットティッシュサイズの『どこでも臭わない袋』もおすすめだ。

また、災害時などに配備の進む非常用トイレ。すぐに処理できればいいが、それが難しいことも多い。一週間

有名書家とコラボしたファッショナブルな箱など色も模様もカラフルに揃い、選ぶのも楽しくなる。

## 臭いトラブル解決！

使用済みおむつ　ペットのうんち　生ゴミ　その他の悪臭物

01 臭う物を袋に入れる

02 袋の口を数回ねじる

03 しっかり結ぶ

04 そのまま捨てる

BOS 公式 WEB SHOP では、様々なデザインや袋サイズを取り揃えています。

高機能素材のお料理袋

おいしい袋モフ

臭わない袋BOSでトイレの臭い問題を解決

BOS 非常用臭わないトイレセット

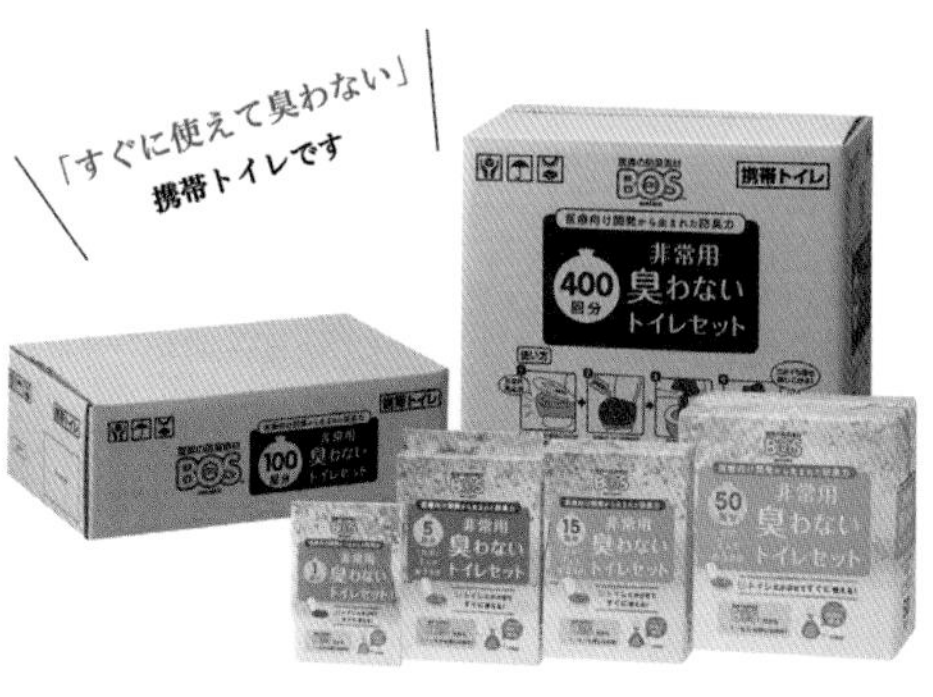


一般的なポリ袋※より強度・耐熱性・防臭性が
圧倒的に優れている高機能素材のお料理袋です。
※0.01mm厚の高密度ポリエチレン袋

商品情報や
使い方はコチラ

でもニオイを閉じ込めておける『非常用臭わないトイレセット』も『防臭袋BOS』の技術。『便器カバー・汚物袋・凝固剤・防臭袋BOS』のセットで、携帯できる1回分から備蓄用の400回分までを用意。設置も後処理も簡単で、一人ですぐに使える。もしもの時に深刻となるトイレ問題も安心だ。

そして、強度・耐熱性・防臭性に優れたキッチン袋も誕生。『まいにちおいしい袋』は、一枚で食材の下ごしらえから冷凍保存、湯煎・レンジ加熱まで幅広く対応。食材を入れて揉んだり叩いたりしても破れにくく、手や食器を汚さずに調理ができるので時短に繋がる。ニオイ移りもしないので、作り置きの保存や調理後のゴミ袋としても利用可能。

「まいにちの料理をもっとおいしく、簡単に。」可愛いナマケモノのイラストパッケージで、登場以来早くも人気になっている。

（ライター／今井淳二）

クリロン化成 株式会社
クリロンかせい
06-6327-8188
bos-bos@kurilon.co.jp
㊟ 大阪府大阪市東淀川区南江口1-3-20
https://bos-bos.com/　https://mainichioishiifukuro.com/

KURILON

モフ HPはコチラ↓

BOS HPはコチラ↓

# 日本の美しさと現代デザインを融合した和のチェア

意匠権が切れたおしゃれなデザインのイスを復刻、リプロダクトし、リーズナブルな価格で提供する『株式会社インクコーポレーションジェネリックチェア事業部』の『和モダンちぇあー』が好評だ。

伝統的な和の美しさや素材感に現代的なデザインを融合させた、シンプルで落ち着いた色調と独自の形状が光るハイセンスなチェアだ。自然のぬくもりと滑らかな曲線美がエレガントさを演出する「エレガントチェア」や「クレセントチェア」、和の桜、鶯、笹花菱などの縁起の良いモチーフを贅沢に座面に取り入れた「ロビーチェア」や「アルクチェア」などバリエーションも豊富。座り心地抜群なので、自宅のインテリアはもちろん、店舗やオフィスなどにもオススメ。

ハイセンスな『和モダンちぇあー』を取り入れ、ワンランク上のおしゃれで心地よい空間づくりにチャレンジしてみては。

（ライター／彩未）

『CRESCENT CHAIR』
29,400円（税込）

『ROUND CHAIR』
20,000円（税込）

『ARCCHAIR』
カラー7種類
26,800円（税込）

『CUBE』
カラー10種類
8,500円（税込）

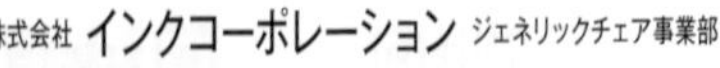

株式会社 インクコーポレーション ジェネリックチェア事業部
03-3697-9889
genericchair@yahoo.co.jp
(住) 東京都葛飾区立石8-39-6
https://www.inkc.jp/　https://genericchair.com/

『おしゃれな輸入建材リノベ活用』
1,980円（税込）
（著者／株式会社インクコーポレーション
代表 入江尚之）

# 日本初上陸
# 持ち運べる
# おしゃれな
# 超小型食洗機

フランス製家電を手掛ける『DaanTech Japan 株式会社』では、コンパクト、最速、最先端の小型食洗機『Bob.ル・プチ』を販売している。エコ仕様で、カラーやデザインもフランス発ならではのポップでオシャレな仕上がりでコロンとしたフォルム。アパートの小さなキッチンなど狭いスペースでも設置が可能だ。見た目は小さいがパワーは間違いなし。最大16個のグラスを15分、一～三人分の日常食器を最短20分で洗浄。五つの洗浄コースに加え、食器に合わせて洗浄コースをお好みにカスタマイズでき、静かで高速。また、節水と節電もしっかり行ってくれる。工事が不要で、簡単に設置できるのも嬉しい。タンク付きなので水道接続の有無にかかわらず使用でき、キャンプなどのアウトドアにも持ち運び利用が可能。コーヒーメーカーのように簡単に水を入れるので、シンク下などに設置することもでき、キッチン周りをすっきり見せることもできる。

（ライター／河村ももよ）

『Bob.ル・プチ』（マットホワイト、マットブラック、アイスブルー、パステルピンク、アーモンドグリーン）99,000円（税込）

**Daan Tech Japan 株式会社**
ダーンテック ジャパン
070-9208-0547
bonjour@daantech.jp
㊟ 東京都港区虎ノ門17-1
https://www.daantech.jp/　@daan_tech_jp

(o) daan tech

# 洗濯機の振動と騒音を最大70%削減する洗濯機専用置台

住宅を購入後、間取りや構造自体から思いもよらぬ洗濯機の振動や騒音に出くわし、仕様や構造体の組合せによってはとても我慢できない程のレベルになることもある。また、人生一度と思い購入した物件でまさかの出来事となった時、住宅を買い替えることも構造を途中から変更する事も事実上不可能で、洗濯機を買い替えるといってもとても現実的ではない。

『株式会社 produce・D』の特許商品『tome-rukun®（トメールクン）』は、コロナ禍、在宅時間の増加に伴う生活環境ストレスが不健康の基になったことに注目し、住環境ストレスを解消してもらいたいと開発した、洗濯機脱水振動と騒音を最大70％削減（特許取得）できる商品だ。

集合住宅にお住まいの方や二階に洗濯機を設置されている方、夜に洗濯機を回す方など騒音対策にピッタリ。『tome-rukun®』を使用して穏やかな毎日を過ごしてほしい。

（ライター／河村ももよ）

おうち時間を快適に
家事に仕事に育児に忙しい毎日。
その中のひとつのお洗濯も周りに気を使いながら洗濯機を使う日々。
だからこそ、洗濯機も好きな時間に好きなだけ、
ストレスゼロで使いたい。
洗濯機の振動や騒音による
お悩み事・我慢を
tome-rukunで解決
家族の不満
隣人とのトラブル
利用時間の制限
tome-rukun


『tome-rukun®』https://www.tome-rukun.com/

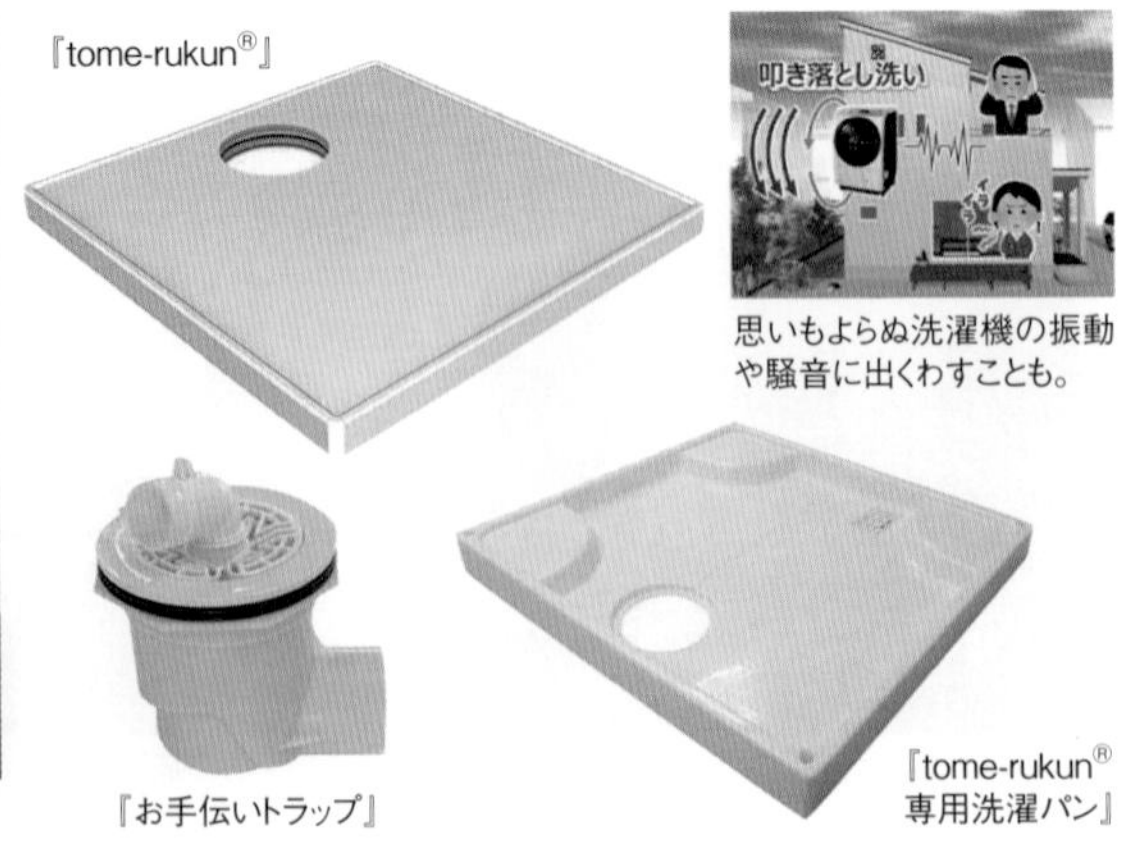


『tome-rukun®』

思いもよらぬ洗濯機の振動や騒音に出くわすことも。

『お手伝いトラップ』

『tome-rukun®専用洗濯パン』

株式会社 produce・D
プロデュース・ディー
050-1807-0137
info@tome-rukun.com
㊟ 宮城県多賀城市町前2-7-6
https://www.produce-d.com/

produce・D
株式会社プロデュース・ディー

YouTube
性能確認の動画を視聴できます。

L'ange de lumière

# ～強運を引き寄せる～生年月日から導くオーダーメイドのパワーストーン

リピーター率97%『ハイパーブレス＜天授＞』

石と波動のプロフェッショナル『ランジュドゥ ルミエール』は、成長を促し成功へ向かうための気力を充実させ、強靱な意思で目標を達成できるようオールラウンドにサポート、人生を好転させるアイテムを製作している。大切な人を見送る際に必須の『御念珠』は、洗練された輝きと力強さ、バランスを兼ね備えた自信作。生年月日を基に、一人ひとりに合わせた石を選び、配置や組み方をアレンジ。女性用は清めの水晶、男性用は魔除けの黒水晶を基調として5種の石を加え、強力な魔除け、別世界との架け橋、本人の護り、場の浄化など最適な一点ものをお届けする。人気商品『天授』は、運を操る新時代のハイパーブレス。氏名・生年月日から願いに必要な石だけを組み合わせてオリジナル秘法で製作するフルオーダー。美も健康もお金も仕事も人間関係もあなたが望むように飛躍する。その他、水の波動×香りの特徴を組み合わせて作るアロマウォーターなど人生を守りバックアップしてくれるアイテムが目白押しだ。（ライター／播磨杏）

『念珠』女性用 55,000円（税込）
男性用 66,000円（税込）

ハイパーブレス

＜天授＞
女性用
23,000円（税込）～
男性用
25,000円（税込）～

スタンダードブレス

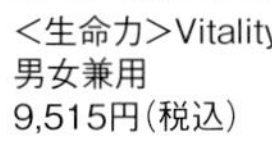
＜生命力＞Vitality
男女兼用
9,515円（税込）

＜底力＞Active
男性用
8,690円（税込）

＜魅惑＞Charm
女性用
6,820円（税込）

## ランジュ ドゥ ルミエール

✉ lange.d.lumiere@gmail.com
㊟ 静岡県
https://lange5.com/
@lange_de_lumiere

『アロマウォーター』
（全11種類）
毎月1日受注販売
各8,580円
（税込）

# 通勤に遊び心を POP&高級感を 併せ持つ女性の ための革製品

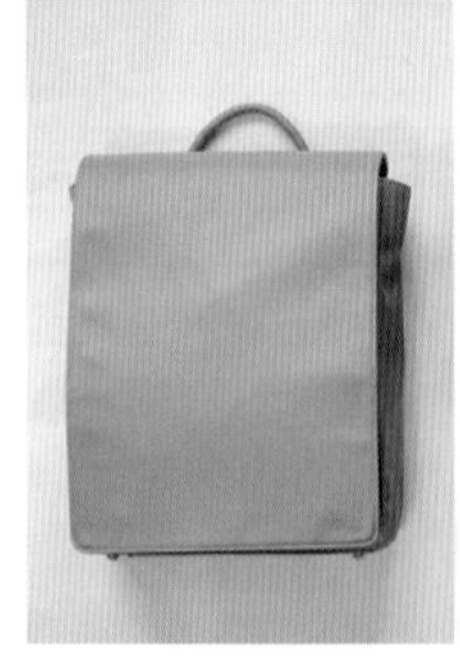

「大人の女性の格好よさと、可愛らしさ・楽しさを両立したポップ&高級感」をコンセプトに、製品制作に取り組む『VUI VÈ』。『macaron』は経年劣化に強い本革を使い、余計な装飾を極限まで減らしたシンプルなコインケース。女性の手のひらにちょうど収まるサイズで、バッグの中でも場所を取らず、スーツのポケットにも楽に入れることができる。風水から着想を得て厳選した3種のカラーバリエーションは、遊び心もあって華やかなルックス。

『Shotte』は、通勤スタイルにもカジュアルなファッションにも似合うスマートでオシャレなリュック。美しいフォルムでありながら大容量で、13インチのPCもすんなり収納。小物ポケットも充実している。肩に当たる部分は少し太く、腰のほうに伸びる部分は細くするなど、上品な印象で、かつ肩が凝りにくい肩紐の幅はどれくらいなのかにこだわったデザイン。オシャレさと機能性を携えた大人可愛いビジネスバッグに仕上がっている。

（ライター／播磨杏）

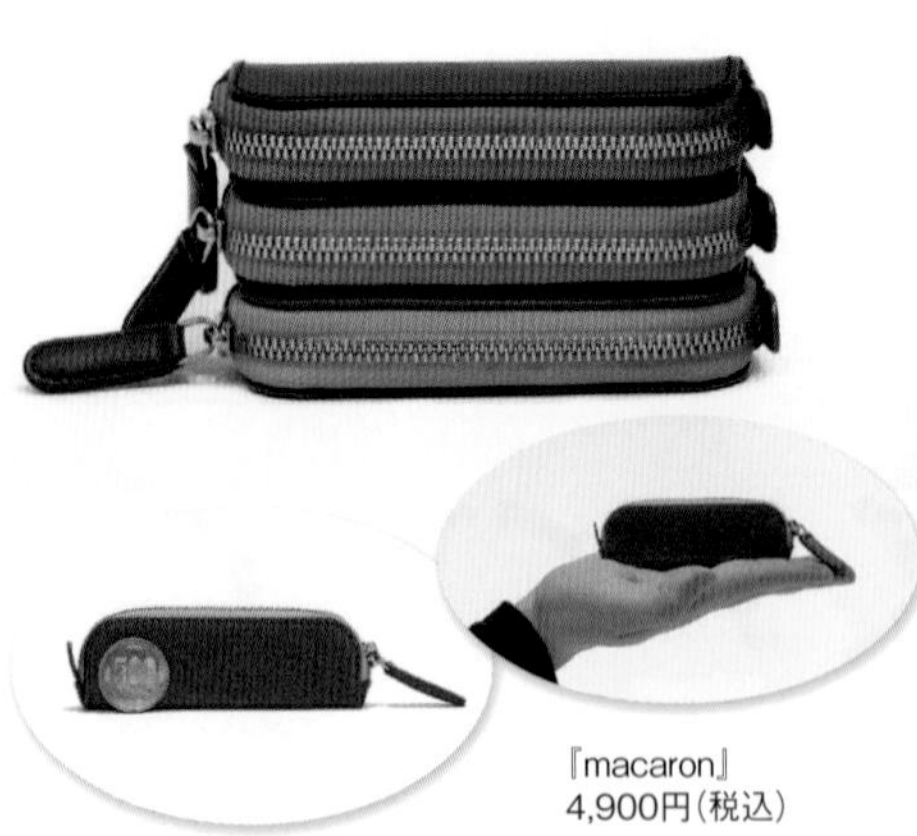

『macaron』
4,900円（税込）

『Shotte』（13インチPC可）
14,850円（税込）


VUI VÈ
ヴィ ヴェア
090-6015-3373
vui-ve.japan190111@tk9.so-net.ne.jp
㊟ 神奈川県川崎市川崎区日進町2-5
https://vui-ve.com/


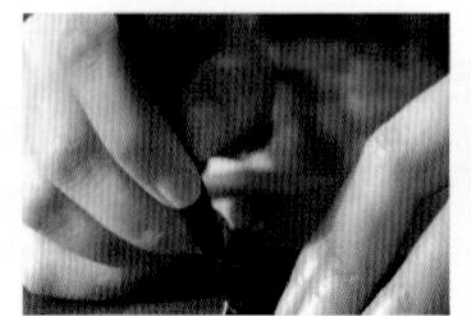

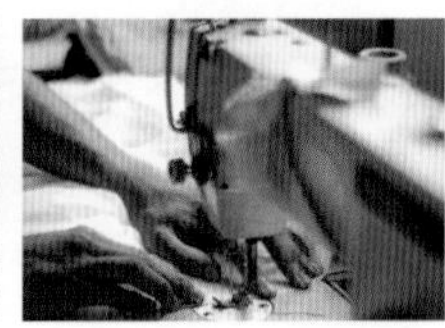

# ヒトにも地球にも優しく
# 旅をもっと快適に
# 旅のあらゆる"運ぶ"を
# プロデュースする

あらゆる旅のシーンで使用できるデザイン・品質・機能にこだわったトラベルブランド『LEGEND WALKER』から、天然コルクを使ったトラベルグッズシリーズ『tabitabi（タビタビ）』が登場。素材には、ポルトガル産のコルク素材を使用。軽くて摩擦や水濡れにも強く、木を伐採することなく製造できるので、ヒトにも地球にもとても優しい使い心地の理想的な天然素材だ。『tabitabi（タビタビ）トラベルオーガナイザー』は、パスポート、メモ、ペン、カード類や紙幣、硬貨などの小物を収納ポケットに入れて一つにまとめられる、頼もしいオーガナイザー。三つ折りタイプで荷物が多いときでもかさばらず、必要な時にすぐに取り出せる。他にも充電器やケーブル、SDカードなどの細かなガジェット類をコンパクトに整理して持ち運べる『テックポーチ』、洗面小物を収納できる便利な『トイレタリーポーチ』もラインナップ。

（ライター／今井淳二）

※写真は使用イメージです
※小物は付属しません

『9124-01 tabitabi
トラベルオーガナイザー』
3,608円（税込）
本体サイズ 19×12×3㎝

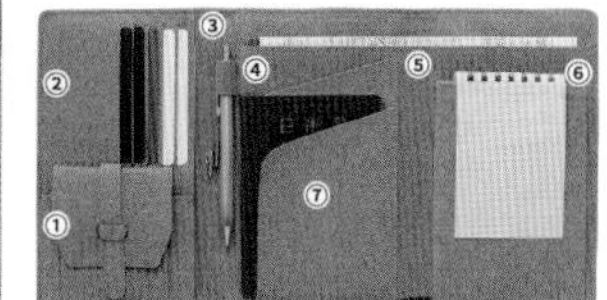


①蓋付きポケット
②カードポケット ×5
③サイドポケット　④ペンホルダー
⑤フリーポケット大　⑥フリーポケット小
⑦スリットポケット ×5

## LEGEND WALKER

レジェンド ウォーカー
048-969-8688
info@legend-walker.com
㊟ 埼玉県越谷市弥生町1-12
https://legend-walker.com/

ポルトガル産
コルク素材

# 天然素材に包まれ人にも自分にも優しく 幸せを運ぶ麻紐の雑貨

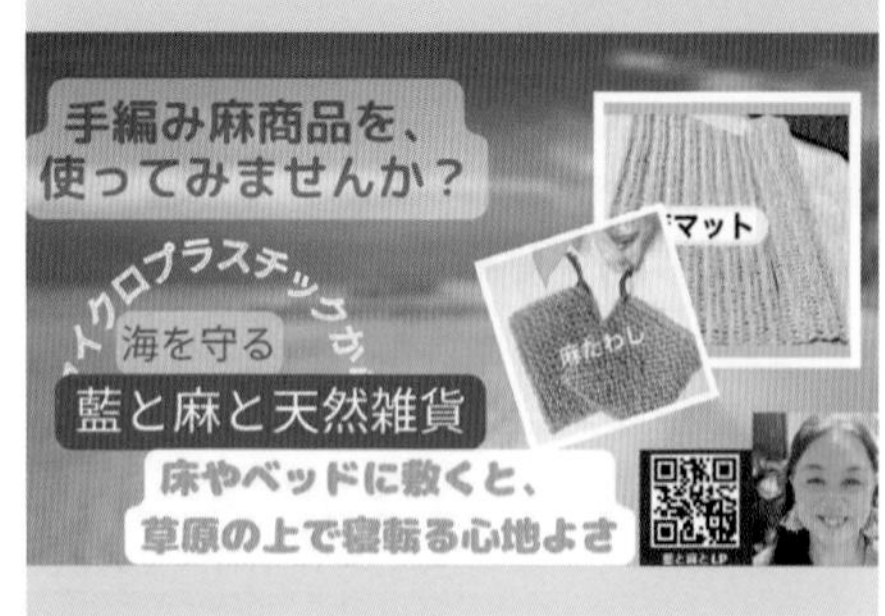

手編み麻商品を、使ってみませんか？
海を守る
藍と麻と天然雑貨
床やベッドに敷くと、草原の上で寝転る心地よさ


麻は吸湿性に優れ、汗をかいても肌に張り付かないため、夏でも快適に過ごすことができる。保温性があり、体を冷やさずに過ごせる『アスブレ（アームウォーマー）』は夏のエアコンの冷え対策に重宝する。天然素材が身近にある暮らしは、心身が安定して自分にも人にも地球にも優しくなれる。心に癒しを与えて、心地よい暮らしと幸せを運んできてくれる天然素材の麻紐を使い、一目ずつ丁寧に手編みした天然雑貨を販売している『藍と麻と天然雑貨』。オススメは、「麻たわし」を堤状に編んだ、手を入れて使う『手を入れて洗う布のようなたわし』。大地を切り取ったような『ヨガ麻マット』や『おふとんセット』は、柔らかい肌触りが心地よく、ふんわりとした麻の匂いに包まれて眠ると心身がリラックスして睡眠の質が向上するという。寝苦しい夏でも体調が整う。自然物に直接触れ、体内のエネルギーバランスを整えるアーシング効果も期待できる。また、自然の力で身体の中から優しく労わる漢方ハーブティーも美味しいと好評だ。

（ライター／彩未）

『手を入れて洗う布のようなたわし』 1,400円（税込）
『麻たわしミニ』600円（税込）
『麻たわし親子セット』1,500円（税込）

『ヨガ麻マット』
180㎝ 33,000円（税込）

『お布団用敷パッド』
55,000円（税込）～
シングル・ダブルあり。

『アスブレ』
10㎝ 3,600円（税込）
13㎝ 4,100円（税込）

天然素材のお店 **藍と麻と天然雑貨**
あいとあさとてんねんざっか
080-8083-4248
hotomidia37@gmail.com
https://4pgkq.hp.peraichi.com/
@hitomi_ai_01

こちらからも
検索できます。

Instagram

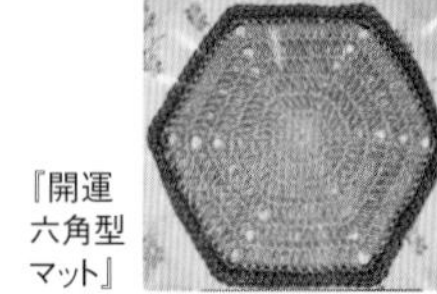

『開運
六角型
マット』

# 日本のハンドクラフトを牽引する老舗から環境、使い勝手にも配慮したカッターマットが登場

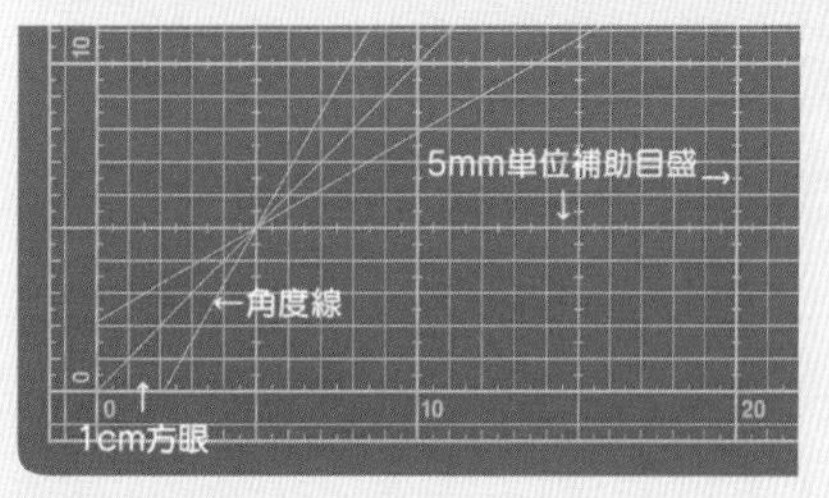


創業より約1世紀、「縫い針」から始まる服飾・手芸を支える数々の製品を世に送り出し、日本のものづくりの基盤を支えてきた『クロバー株式会社』。今回紹介するのは、本格的なソーイングから小物づくりまで、幅広く重宝するのが手芸用カッターマット『カッティングマットe』。

グレー×ミントグリーンの落ち着いた使いやすい色味に、ロータリーカッターで布地や型紙のカットするときに便利な1㎝方眼に5㎜単位補助目盛、角度線付き。軽くて曲がりにくく、焼却しても有害な塩化水素ガスが発生しないオレフィン樹脂製。

用途や使い勝手に合わせて選べる全5サイズ。その中でも広々使いたいA1、A3w、コンパクトに持ち運びたいB5サイズには折り畳み式を採用。特殊な波型の折り目は開いた時に消えたかのように目立たなくなり、折り目を気にせずカッティングができる。また普段はデスクマットとして使用しても便利。

（ライター／今井淳二）

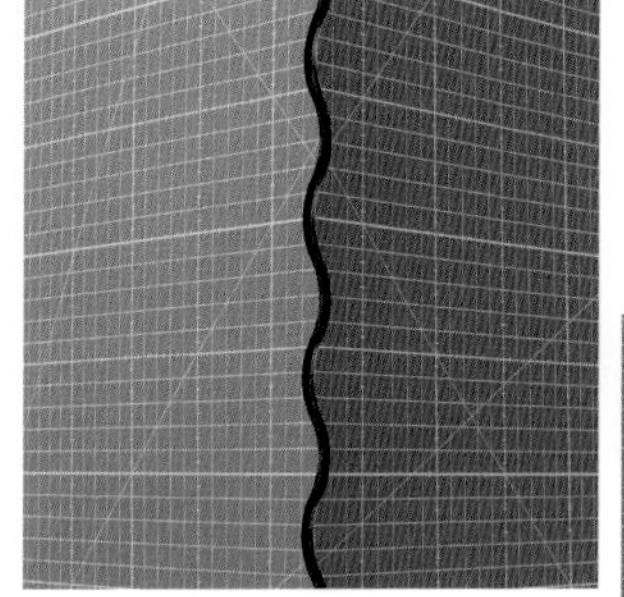

『カッティングマットe』
「A2ノビ」2,750円（税込）「A3」1,870円（税込）
「B5折りたたみ・定規付き」2,090円（税込）
「A3W折りたたみ」4,070円（税込）
「A1折りたたみ」8,800円（税込）

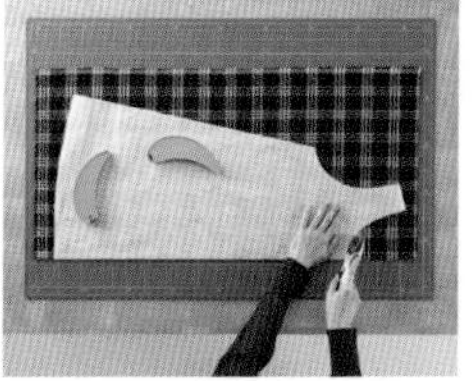

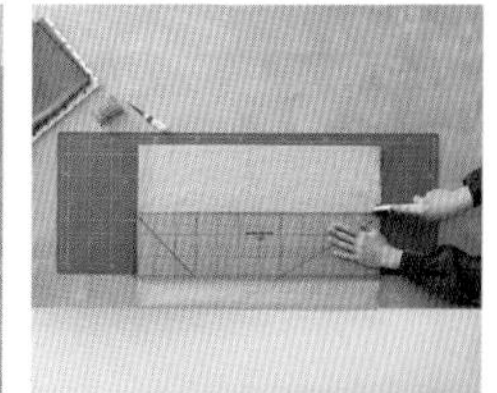

**クロバー** 株式会社

06-6978-2277（お客様係）
㊟ 大阪府大阪市東成区中道3-15-5
https://clover.co.jp/

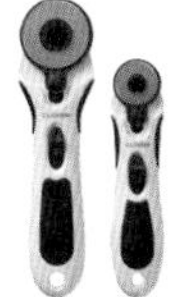

『クロバー
ロータリーカッター』
［45㎜］
1,705円（税込）
［28㎜］
1,210円（税込）

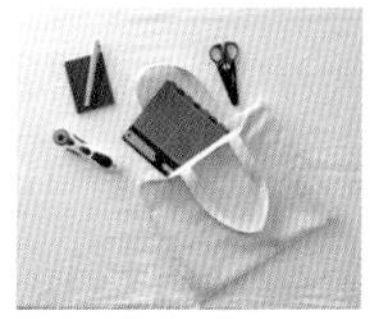

# ダニ退治に有効なシートを開発
# 誘引剤を使った寝袋用家庭用3種

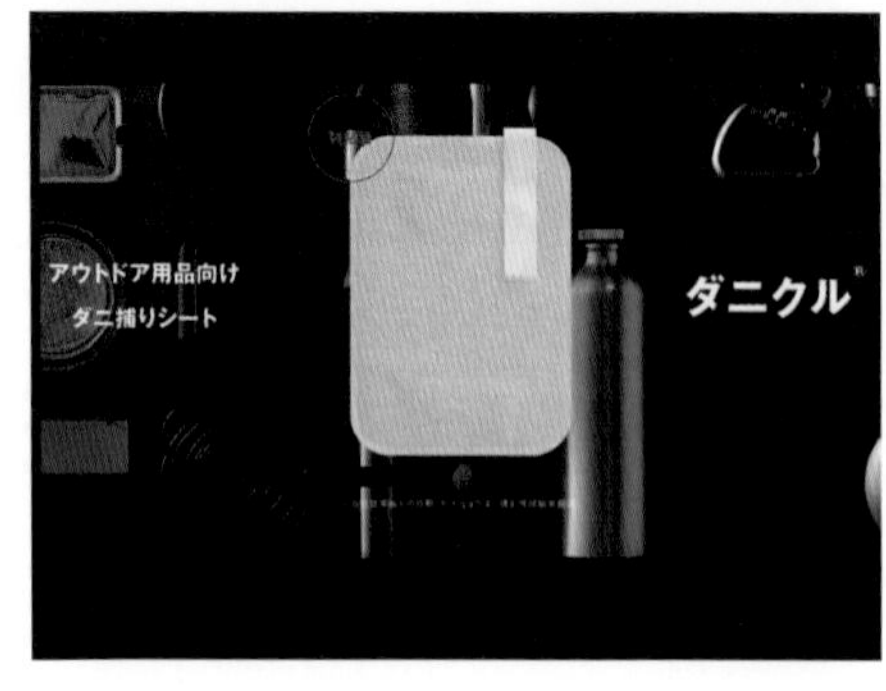


湿気があり、暗くて暖かい場所を好み、特に夏から初秋にかけて行動が活発になるダニ対策として好評なのが、『有限会社エース産業』が開発したパイル生地のダニ捕りシート『ダニクル』。ダニが好む匂いを出す食品由来の誘引剤を使い、本業の縫製技術で製作したもので、寝袋や防寒具などのアウトドア用品向け2種と家庭用1種の3タイプを揃えている。

寝袋用ダニ捕りシート『ダニクル』は、通常タイプのほか、誘引剤と強力タイプの粘着剤を2倍に増量したタイプがある。使用後の布製の寝袋に置いて使い、キャンプシーズンに特に有効だが、保管中の防寒具にも使える。家庭用はベッドや布団、カーペット、ソファー、押入れ、ペットハウスなどに置いてダニを捕獲する。使用場所に合わせて枚数を調整する。いずれも使用済みのシートは家庭ごみとして処理できる。気仙沼市のふるさと納税の返礼品にもなっている人気商品だ。

（ライター／斉藤紘）

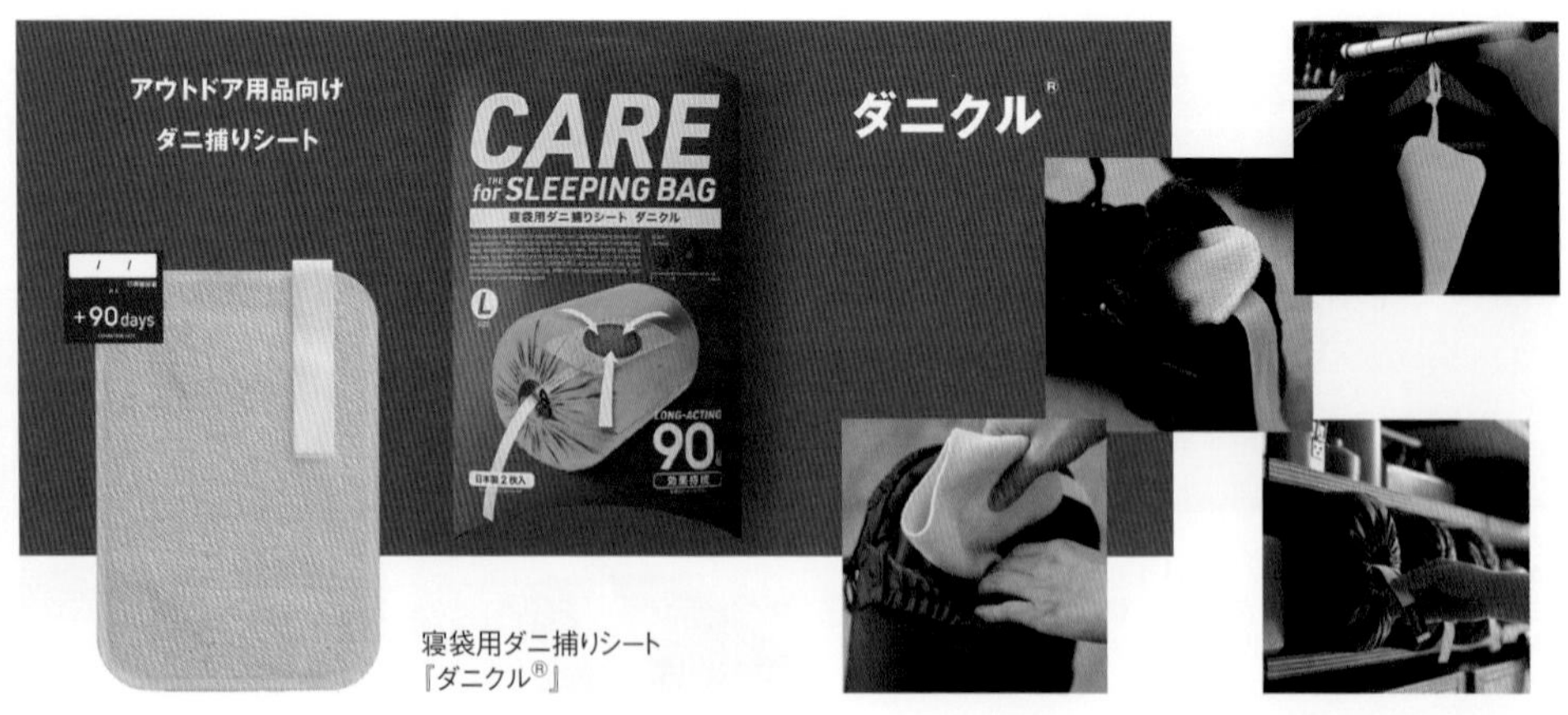


寝袋用ダニ捕りシート
『ダニクル®』

有限会社 エース産業
エースさんぎょう
0226-42-3939
info@ace-industry.co.jp
㊟ 宮城県気仙沼市本吉町坊の倉67-1
https://ace-industry.co.jp/

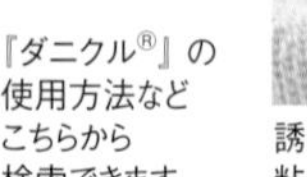

『ダニクル®』の使用方法などこちらから検索できます。

誘引剤、粘着剤が2倍。

個包装で長期保存。

ストラップ付で簡単使用。

# 自己防衛のさらに先へ非接触型の抗菌グッズ

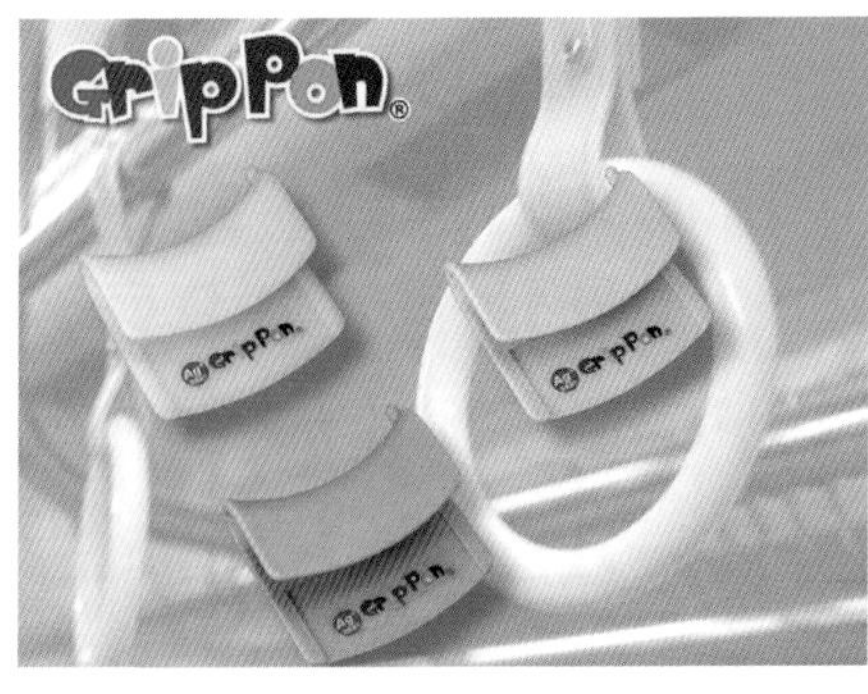


『株式会社創考テクノ』の非接触抗菌グッズ『NewGripPon（ニュー グリッポン）』は、不特定多数の方が触るつり革やスーパーのショッピングカート、ドアノブ、エレベーターのプッシュボタンなどに触れるのが苦手な方にオススメだ。樹脂には、菌の活動を防ぐAgイオンが練り込まれており、水で洗うだけでいつまでも清潔を保つことができる。丸型、三角型、二等辺三角形のつり革の形状すべてに対応。つり革にすっぽりとはまり、片手で簡単に着脱が可能だ。滑りにくい材質でつり革などに引っ掛けると安定するので、電車やバスの突然のブレーキやカーブの揺れも安心だ。右側に付いた突起でプッシュボタンを押すこともできる。20gと軽く、ポケットに入れても邪魔にならない小型サイズなので、持ち運びも便利。シンプルなデザインで性別や年齢関係なく使用でき、ピンク、ライトグリーン、ホワイトの3色から選択可能。あらゆる感染症から身を守るためのマストアイテムだ。

（ライター／彩未）

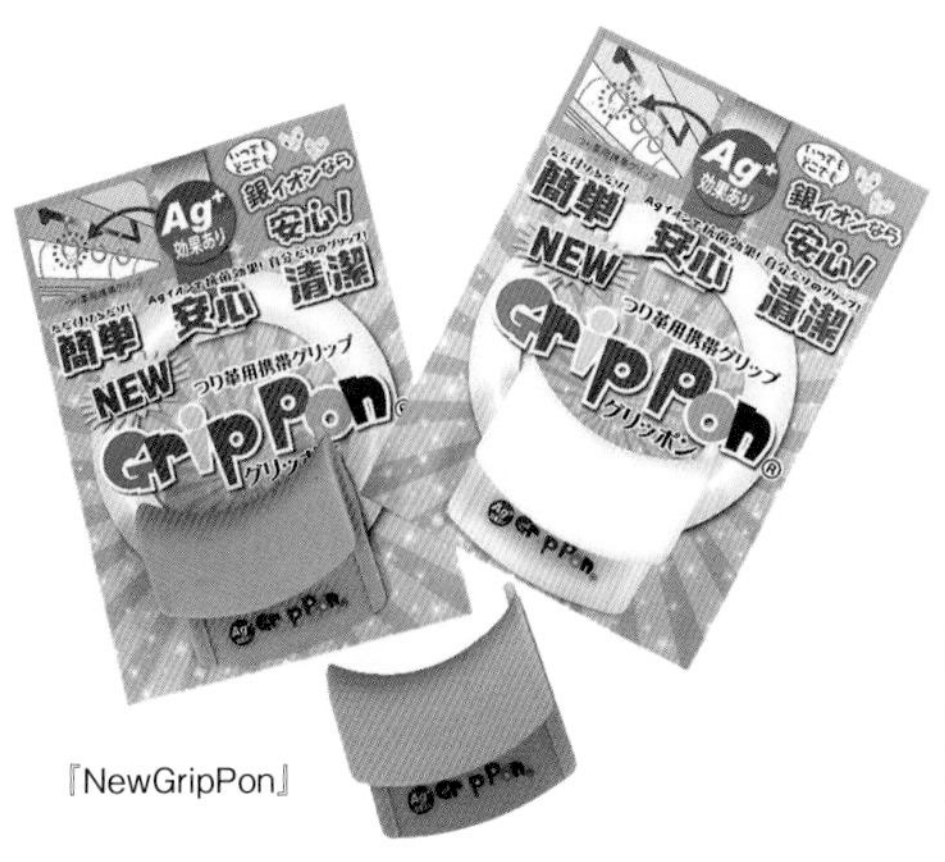

『NewGripPon』

プッシュボタン

ドアノブ

つり革

手すり

株式会社 創考テクノ
そうこうテクノ
046-253-1143
teruyama@soko-techno.co.jp
㊓ 神奈川県座間市入谷東4-1-44
https://soko-techno.co.jp/

商品説明はこちらから。

動画紹介はこちらから。

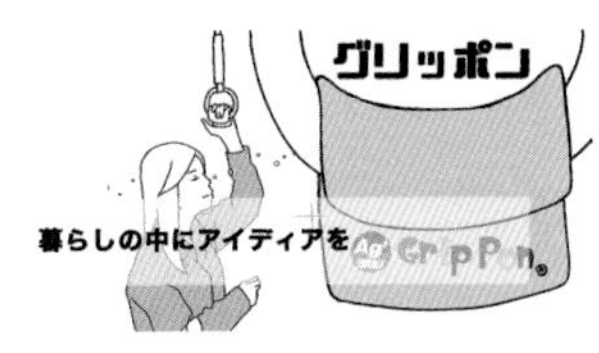

グリッポン
暮らしの中にアイティアを GripPon

# 日本人に合わせた設計 機能性抜群で高品質な ゲーミングチェアで ゲームをもっと快適に

日本人の体型にあわせた設計のシートで身体を包み込み、長時間座っていても疲れずにゲームのに集中できる『株式会社アローン』の『ゲーミングチェア』。固すぎず柔らかすぎないクッションで背もたれの腰部分を支え、頭と首を支えるヘッドレストで疲労感を最小限に抑えることができる。体型や姿勢に合わせて高さや前後左右を細かく調整可能なアームレストと最大165度まで角度を変えられる無段階リクライニング機能を搭載。好きな角度に調節でき、自然な体勢で寝ながらプレイしたり、仮眠することもできる。

また、ゲーム時間を上品に彩るパールカラーの『Switch用コントローラー』には、スクリーンショットや連射、自動入力ボタンなどの便利機能を搭載。機能性抜群で触り心地の良いPUレザーを採用した高品質な『ゲーミングチェア』とインテリアに馴染む大人向け『コントローラー』でより快適なゲーム時間を提供する。

（ライター／彩末）

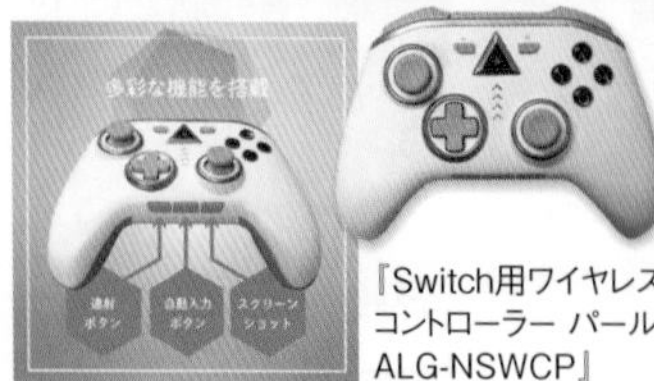


『Switch用ワイヤレスコントローラー パール ALG-NSWCP』

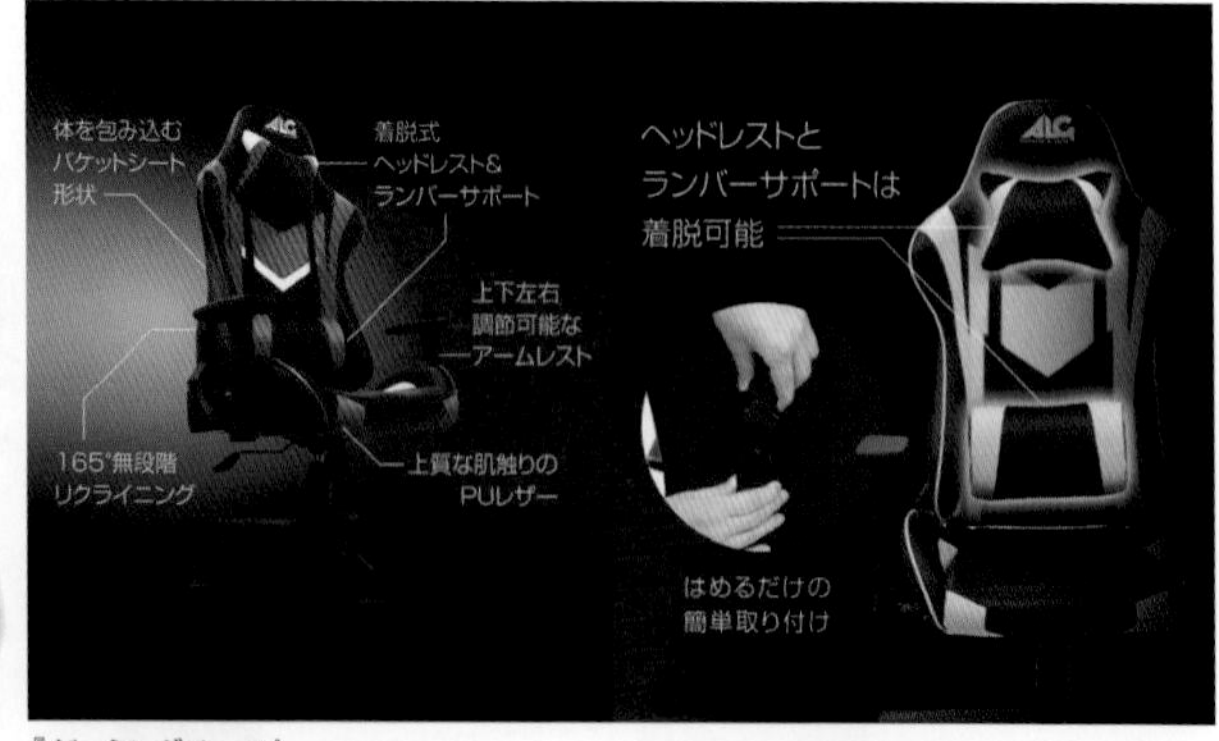


『ゲーミングチェア』
（レッド&ブラック／ブルー&ブラック／ブラック&ブラック／ホワイト&ブラック）


株式会社 アローン

049-298-8273
support@140-041.co.jp
㊟ 埼玉県川越市下小坂456-1
https://140-041.co.jp/

こちらからも検索できます。

ALLONE

# 人々の幸せを願う縁起物の富士山和柄の包装紙のトイレットペーパー

## 富士山ふふふロール

『新橋製紙株式会社』は、日本で最初にトイレットペーパーを製造・販売した会社だ。富士山と和柄を組み合わせた包装紙が美しく評判のトイレットペーパー『富士山ふふふロール』は、日本の象徴である富士山と「紗綾・七宝・市松・亀甲・菱・青海波」の伝統的な和柄モチーフが描かれた6種類のパッケージで、不老不死や福を呼び込むなど、人々の幸せを願う意味が込められている。見た目も美しく縁起が良いと贈り物や海外へのお土産としても喜ばれている。紙厚や重さに関する表示の義務がないため、市販のトイレットペーパーは年々薄くなる傾向にあるが、本製品は、紙厚が25g／㎡と市販品に比べ約1・5倍の厚みで使用量を抑えることができる。「SDGs」を踏まえ、100％上質古紙を原料とし、無漂白を徹底、従来の還元剤をアルカリ性電解水に置き換え、化学薬品である還元剤の使用を全量撤廃（特許取得済 特許第7300230号）。香料も不使用で、敏感肌の方や香料が苦手な方も安心だ。

（ライター／河村ももよ）

「紗綾／SAYA」

「七宝／SHIPPO」

「市松／ICHIMATSU」

「亀甲／KIKKO」

「菱／HISHI」

「青海波／SEIGAIHA」

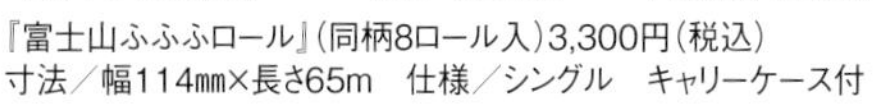

『富士山ふふふロール』（同柄8ロール入）3,300円（税込）
寸法／幅114㎜×長さ65m　仕様／シングル　キャリーケース付

超厚手の25g/㎡

キャリーケースの持ち手は富士山型


**新橋製紙** 株式会社
しんばしせいし
0545-52-0906
sales.promotion@shimbashi-paper.jp
静岡県富士市依田橋町1-5
https://shimbashi-paper.jp/

こちらからも検索できます。

いつまでも
富士山を
世界遺産に

『富士山ふふふロール』の売り上げの一部は富士山のために寄付されます

# 育てる人の感性で自由に個性を表現今話題の観葉植物生活

『ビカクシダ』という観葉植物をご存知だろうか。シダ植物の一種で垂れ下がる葉が羽ばたくコウモリに例えられることから、別名「コウモリラン」とも呼ばれる独特な容姿が特長。世界中の熱帯地域に分布し、着生植物（壌に根を下ろさず、他の木の上や岩盤などに根を張って生活する）という性質を活かして板づけができたり、ハンギングで吊るしたりと様々な飾り方が楽しめることから、特に若い観葉植物愛好家の間で人気になっている。

この『ビカクシダ』の専門店が宮城県東松島市の『Oi's nature style』。美しい品種から格好いい品種、サイズや形状、色味のものをバラエティ豊かに取り扱っている。観葉植物初心者でも育てやすいビギナー向けの品種もあり、育成のコツなどアドバイスもしてくれる。また、植物育成に必要な育成ライトや着生陶板なども取り揃えているので、すぐに『ビカクシダ』の魅力に触れることができる。

（ライター／今井淳二）

『P.willinckii 'Moon light'』
非売品展示株

『P.willinckii 'Jade girl' spore』
85,000円（税込）

『P.willinckii 'Blue queen' spore』50,000円（税込）

『P. Ginka OC』
180,000円（税込）

# 生命力を感る荒々しくも個性的な存在感不思議な魅力の植物

M.H
MONSTER HOUSE
アガベ専門店
モンスターハウス


毎日を少しおしゃれに格好良く、インテリアにこだわる人たち密かな人気の観葉植物が「アガベ」。中でもノコギリのような葉が特長的で比較的育てやすい『アガベチタノタ』をメインに形の優れた個体を海外の生産者から直接輸入・育成・販売しているのがアガベ専門店『モンスターハウス』だ。乾燥した地域に自生しており、生命力の非常に強い「アガベ」。水やりは週1回から2週間に一度程度でも元気に育成できることから多忙な人も育てやすい。同店では、初心者でも安心して購入できるよう、YouTubeで育成方法の配信をしたり、疑問や質問を販売ページから問い合わせにも対応するなどアフターフォローも行っている。部屋はもちろん、ガレージやお店などに飾っても唯一無二、ワンランク上の印象を与える「アガベ」。購入した方の多くがリピーターとなり、多数株のコレクションを楽しんでいる人も。購入は、公式オンラインショップから。

（ライター／今井淳二）

置いた空間をギュッと引き締めて、ワンランク上の印象を与える植物。

アガベ専門店 **モンスターハウス**

☎ 09066126432
✉ ss052@ut.chu.jp
https://monster-house.stores.jp/

「オリジナル用土」
届いてすぐ植え替えることができる同店の定番アイテム!

「植物タグ」
大人気の園芸品種タグ。土に刺すだけのお手軽カスタムで雰囲気がガラッと変わる。

# 特定小型原付バイクに安心の三輪が登場 抜群の安定感と手軽さに注目

電気を原動力とする車両「特定小型原付」の普及が今、著しい。特に排気ガスを出さないクリーンなモビリティとして注目されている。

地球環境に優しく、省エネで経済的、安心安全な小型EV車両を日本の車両保安基準で生産・販売をしている『モービルジャパン株式会社』から、免許不要で乗れる最新電動バイク『三輪特定小型原付』が新登場。転倒の心配がない三輪でも自転車と変わらないコンパクトサイズ。カゴが前後に付いており、たくさん荷物が積めるうえ、600wのインホイールモーター搭載で坂道でもスイスイとパワフルに走行してくれる。

また、家庭用電源で充電できるリチウムイオン電池は、フル充電で約50km走行可能と大容量。1km走行で1円と圧倒的なランニングコストを実現した。免許を持ってない、あるいは返納したという人にちょっとしたお出かけや買い物にも便利だ。

（ライター／今井淳二）

2024年
8月
発売予定

免許なしで
スイスイ走行!
三輪特定小型原付
※2024年4月以降に納品予定
～¥200,000(税別)

※開発中の写真のため、ボディカラーやパーツ等は変更になる場合がございます。

運転免許がいらない！

大容量の荷物置き

『三輪特定小型原付48V15Aモデル』
～22,000円(税込)

## モービルジャパン 株式会社

022-355-9591
info@mjtrike.shop
㊟ 宮城県仙台市宮城野区中野5-5-12
http://mjtrike.com/

電動リーントライク『海神／KAIJIN』

電動三輪ミニカー『佐吉』

原付電動自転車バイク『まめ吉Ⅱ』

# ニコチン・タール0 初心者でも気軽に上品な煙を楽しむシーシャ

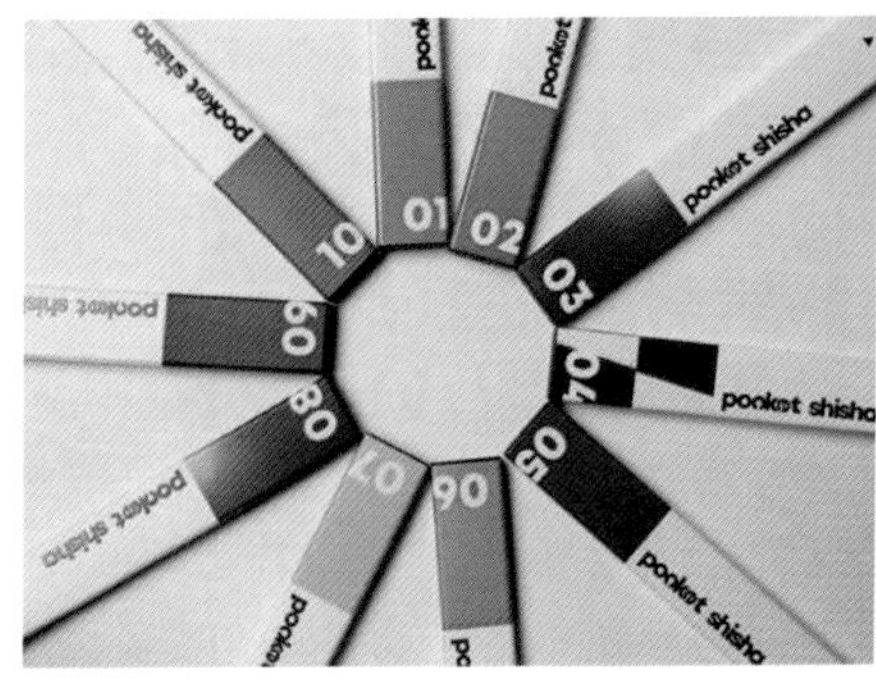


シーシャカフェなどにいかなくても手軽にシーシャを楽しめ、見た目のかっこよさが映えると若者を中心に人気の『pocket shisha』。水をフィルターの代わりに使用したキレイで上品な香りの煙を深く吸って吐き出すことで心が落ち着き、深いリラックス効果を得ることができる。フレーバーは、マンゴーやブルーベリー、ピーチレモン、ジャスミンなど全11種。ニコチンやタールなどは一切不使用。

上下のシリコンキャップを外し、吸口を軽く加えてゆっくり吸い込むだけ。普段タバコを吸わない方も安心して吸える。15g程度とコンパクトで携帯しやすく、充電やメンテナンスの手間がかからないので、外出先でも気軽に楽しめる。香り付きの蒸気がでなくなるまで約300回ほど吸引が可能だ。

世界中で愛されているシーシャをもっと手軽に。『pocket shisha』でくつろぎの一時を楽しんでみて。

（ライター／彩未）

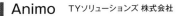

『pocket shisha』各1,320円（税込）

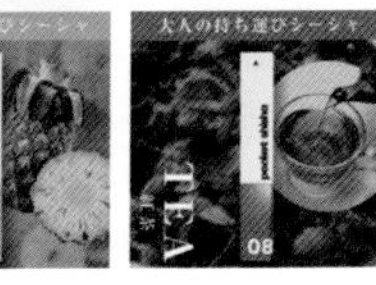


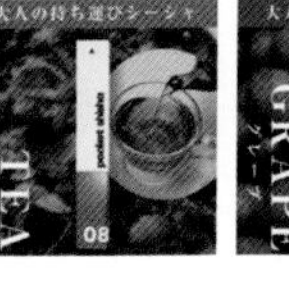

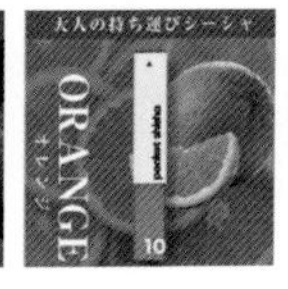

**Animo** TYソリューションズ 株式会社
アニモ
03-6280-5350
animo@tysolutions.co.jp
㊟ 東京都中央区新川2-8-8 SNT八丁堀ビル4F
https://www.tysolutions.co.jp/

こちらからも検索できます。

『Animo』公式サイト
https://animo.en-jine.com/stores

『CBDフレーバー』各2,750円（税込）

## 乳房手術をした方に ファッショナブルで 気分も高まり 肌にも優しいパッド

『DR.BREAST』は、乳癌の手術をした女性のためのおしゃれな乳癌用パッドなどの販売サイト。普通のブレストフォームは、重たく、重みで肩が痛い、肌が蒸れる、地味でデザイン性もなく、女性の気持ちが暗くなるという声が多い。『BREAST FORM FLOWER』は、軽くて身に着けていることも忘れるくらい、通気性も良く、デザインもファッショナブル。女性たちの笑顔が増え、明るく過ごせるようにとの思いから生まれた優しい商品だ。（ライター／河村ももよ）

『BREAST FORM FLOWER』全5色（マーブルカラーもあり）
X-SMALL 4,580円（税込）　SMALL 4,740円（税込）
MEDIUM 5,030円（税込）　LARGE 5,450円（税込）
※『BREAST FORM FLOWER-GLITTER-』全12色もあり。

『BREAST FORM-GLITTER-』
全12色
MEDIUM 4,885円（税込）
LARGE 5,057円（税込）

『BREAST FORM』
全5色（マーブルカラーもあり）
MEDIUM 4,740円（税込）
LARGE 4,902円（税込）

**DR.BREAST**
ドクター．ブレスト
03-6303-2746
hello@drbreastform.com
㊟ 東京都目黒区自由が丘2-16-12 LC1F
https://drbreastform.com/　@mydrbreast

## 色とコーデを楽しむ ツートーンマスク 美フェイスラインも 小顔効果も抜群

『川本産業株式会社』の『MASMiX（マスミックス）』は、「色で遊ぶ、コーデを楽しむ」をコンセプトに、肌色にも合わせやすい配色と鼻を高く見せ、美しさと快適さを追求した立体設計のマスク。女性が気になる内側もメイク汚れが目立ちにくい内側カラー仕様。また、こども用が仲間入りし、親子でお揃いコーデができるのも嬉しい。2024年9月には、少し大きめのLサイズ『MASMiX＋（マスミックスプラス）』が登場。メガネが曇りにくいノーズバー付き。頬をしっかり包むすっきりシルエットで男性にもピッタリ。（ライター／播磨杏）

『MASMiX』　『MASMiX+』（サイズ/Lのみ）

POINT メイク汚れが目立ちにくい! 内側カラー仕様

POINT 鼻の形にFIT! ノーズバー付き

**川本産業** 株式会社
かわもとさんぎょう
06-6943-8956
㊟ 大阪府大阪市中央区谷町2-6-4
https://www.kawamoto-sangyo.co.jp/
@_masmix_

# 時間と共に変わる香りの癒し体験ができるお香タイマー

創業35年、お香の生産が日本一の淡路島にある『株式会社新香』。『SOZO(ソウゾウ)』は、時間と共に変わる香りの癒し体験ができるという世界初の香りのお香タイマー。線香の伝統製法と独自技術を組み合わせた唯一無二、新感覚のお香が楽しめる。種類は、「馨-kaori-」「樹-ki-」「心-kokoro-」「穏-on-」「三大香木」「春夏秋冬」の6種類。優しく香る『SOZO』は、心の平和を追求するための特別な時間と空間を演出してくれるだろう。（ライター／河村ももよ）

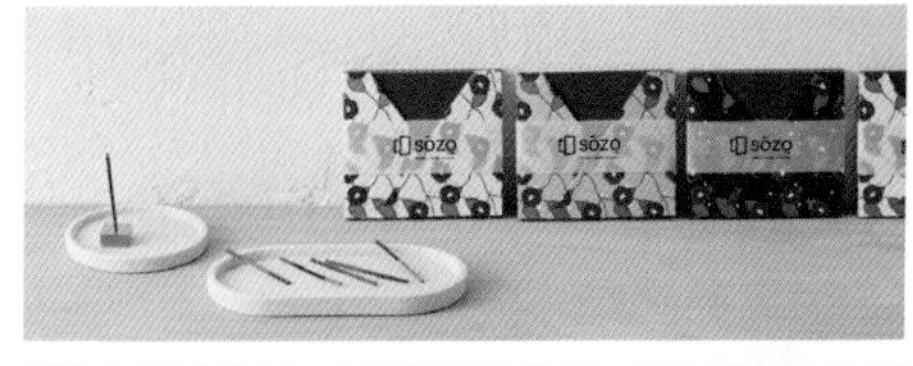

『SOZO』各15本入
「樹〜KI」「穏〜ON」「馨〜KAORI」1,100円(税込)
「三大香木」「心〜KOKORO」1,430円(税込)
「春夏秋冬」1,650円(税込)

株式会社 **新香**
しんこう
0799-84-1900
contact@sin-ko.co.jp
㊟ 兵庫県淡路市室津字平見191-1
https://sozo-shop.com/

## 段ボールのスペシャリストが製作 便利な軽量ゲームテーブル

業務用各種梱包資材の開発から販売、物流の業務全般を手掛ける『カネパッケージ株式会社』では、一般消費者向けにも段ボール製グッズを数多く販売している。今、人気なのが『収納付きトレーディングカードゲーム用段ボールテーブル』。子どもでも簡単に組み立て可能。カードゲームにぴったりなサイズで、1300枚ほどのカードが収まる収納付き。畳むと薄くて軽量、コンパクトに収納しておけるので、災害時やアウトドアでの使用も可能。

（ライター／今井淳二）

『収納付きトレーディングカードゲーム用段ボールテーブル』
4,800円（税込）

カネパッケージ 株式会社

04-2936-3031
kanepashop@shop.rakuten.co.jp
埼玉県入間市南峯1095-15
https://www.kanepa.co.jp/

こちらからも検索できます。

## パズルを通して集中力を発揮し推察力や直感力を磨く

『株式会社アイア』の『クロスワードパクロス』は、様々な種類のパズルが詰まっており、毎月解いても飽きないと根強いファンがいる。難易度もちょうど良く、絵柄も可愛いので楽しみながら解けるのでオススメだ。パズルは集中力を発揮し、推察力や直感力を磨けるという。イギリスの研究チームからは、記憶力や注意力に対する好影響も報告されている。物や人の名前がスムーズに出てこなくなったら『クロスワードパクロス』で脳トレしてみては。

（ライター／河村ももよ）

『クロスワードパクロス』毎月26日発売 680円（税込）
（写真は2024年3月号）

アイア 株式会社 出版事業部

pakurosu@aiia.co.jp
東京都渋谷区渋谷1-1-5-6F
http://www.aiia.co.jp/
https://pakurosu.jimdofree.com/（クロスワードパクロス）

# 毎日の暮らしの中で常に備えておきたい便利な2商品

暮らしに役立つアイデア商品を各種手掛けている『AHEART』から、最新アイテム2商品を紹介。一つ目は、非常時に便利な折り畳み式『救急トイレ』。軽量・コンパクトで持ち運びや収納もラク。プラスチック製だから使用後は丸洗いで清潔を保てる。SとLの2サイズを用意。二つ目は、使い捨て不織布製『シューズカバー』。スリッパだと動きにくい掃除の時や靴の脱ぎ履きが面倒な引越し作業時に便利。介護現場での感染防止にも。

(ライター／今井淳二)

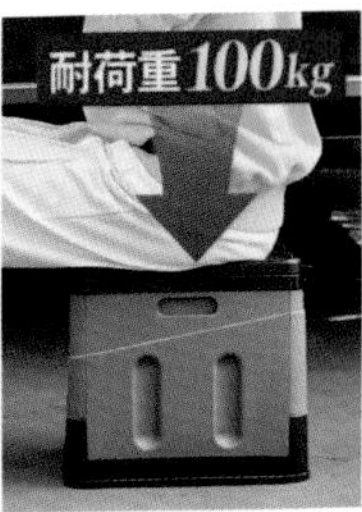


『救急トイレ』Sサイズ 2,736円(税込) Lサイズもあり。

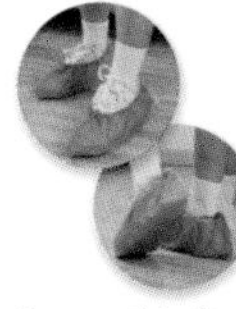

『シューズカバー』
50足(100枚)
1,699円(税込)

**AHEART**
エーハート
✆ 090-1342-4810
✉ freestyle100799@gmail.com
㊟ 佐賀県佐賀市兵庫北1-17-9

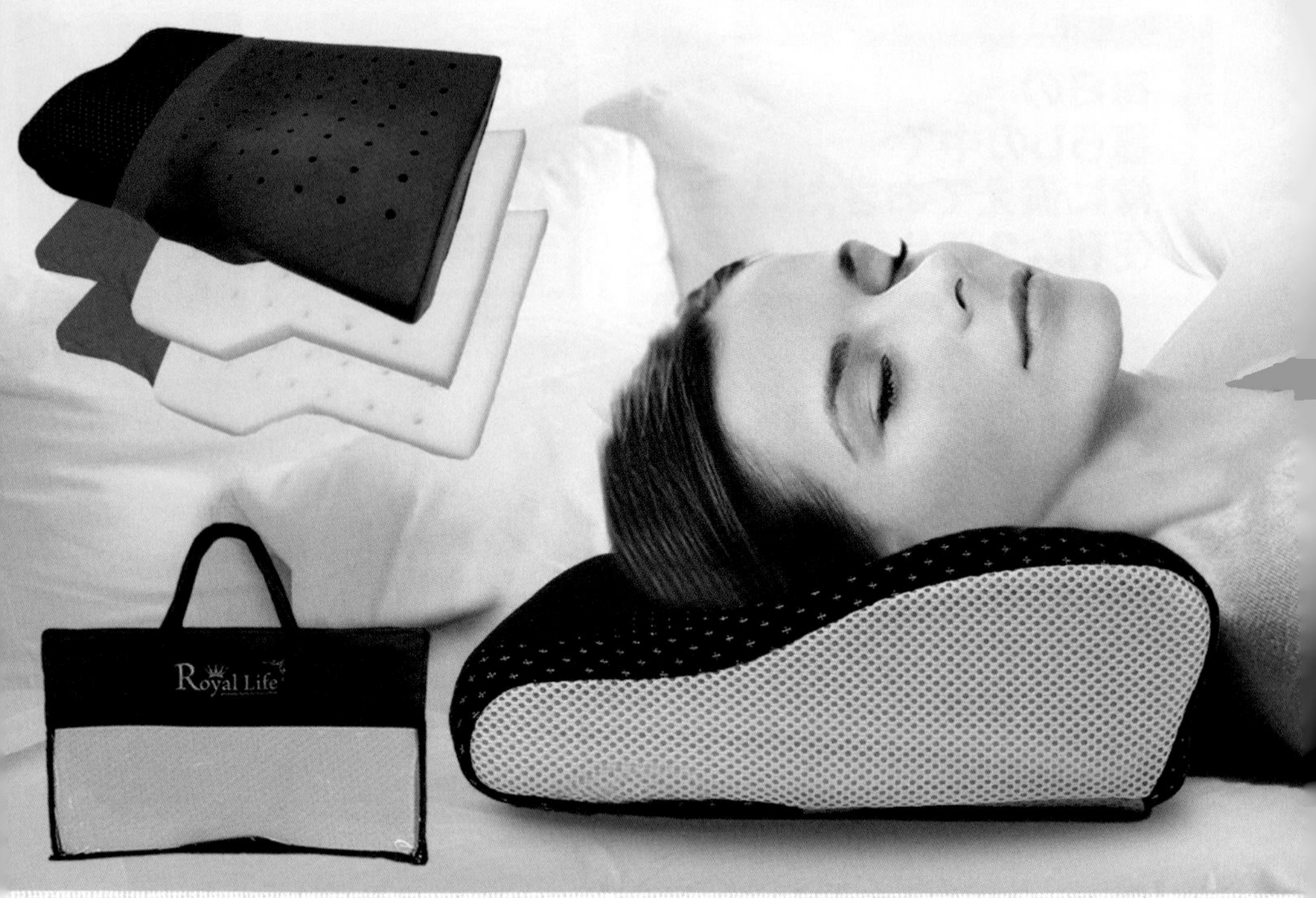

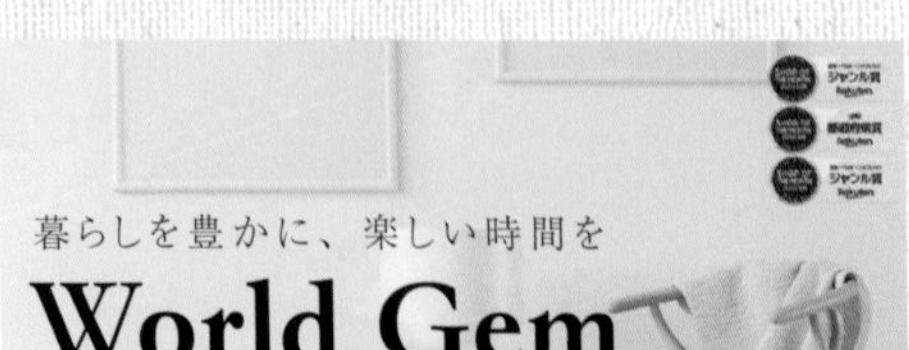

# 枕を変えて、
# 理想の睡眠へ

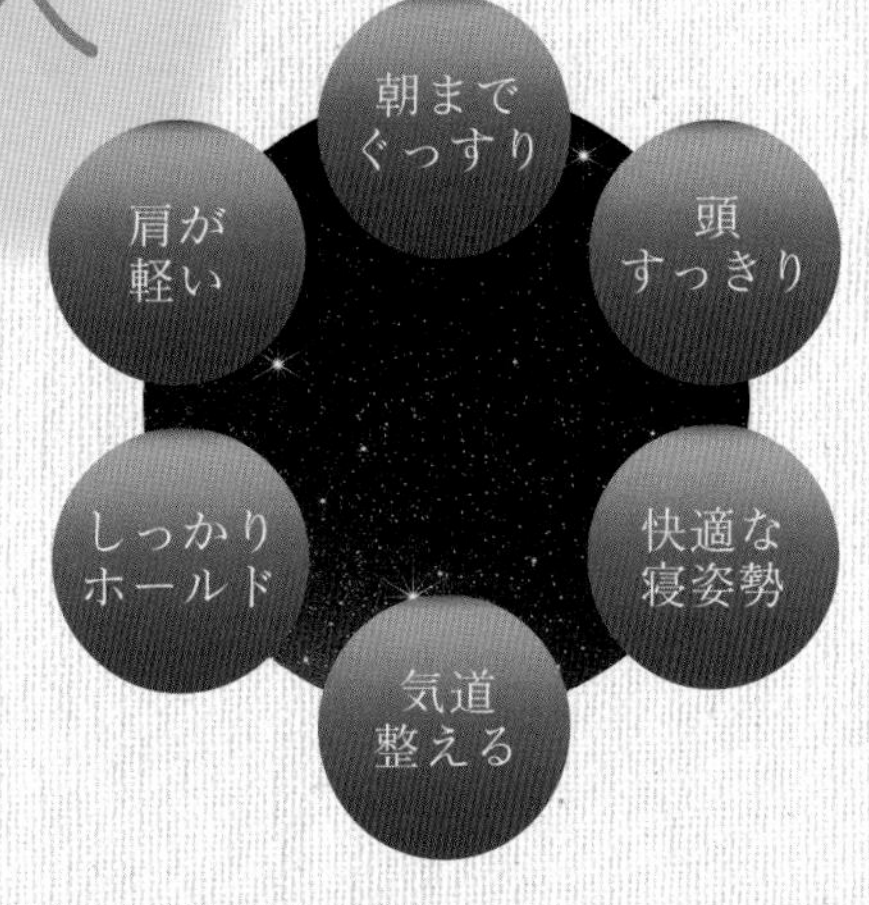


**「枕選び一つで、
こんなに違うとは驚きました！」**

喜びと驚きの口コミが広まり、楽天市場の寝具ランキングで1位になるなど、今注目されているのが、「RoyalLife」低反発枕シリーズの『二度寝注意枕』。計算し尽くされた中央の緩やかなくぼみが、首から頭にかけて曲線を描いてサポート。仰向け、横向き、うつ伏せ、どの体勢にもフィットし、背骨がまっすぐな状態の寝姿勢を保つ。また、NASA開発の低反発素材が体にかかる圧を吸収して分散。すっぽりと包まれ、無重力のような感覚が心身をを癒してくれる。リニューアルされた「PREMIUMタイプ」は、竹炭配合×穴あき加工×高さ調整のトリプル効果を併せ持ち、竹炭成分が、ニオイや湿気を吸着してくれる。

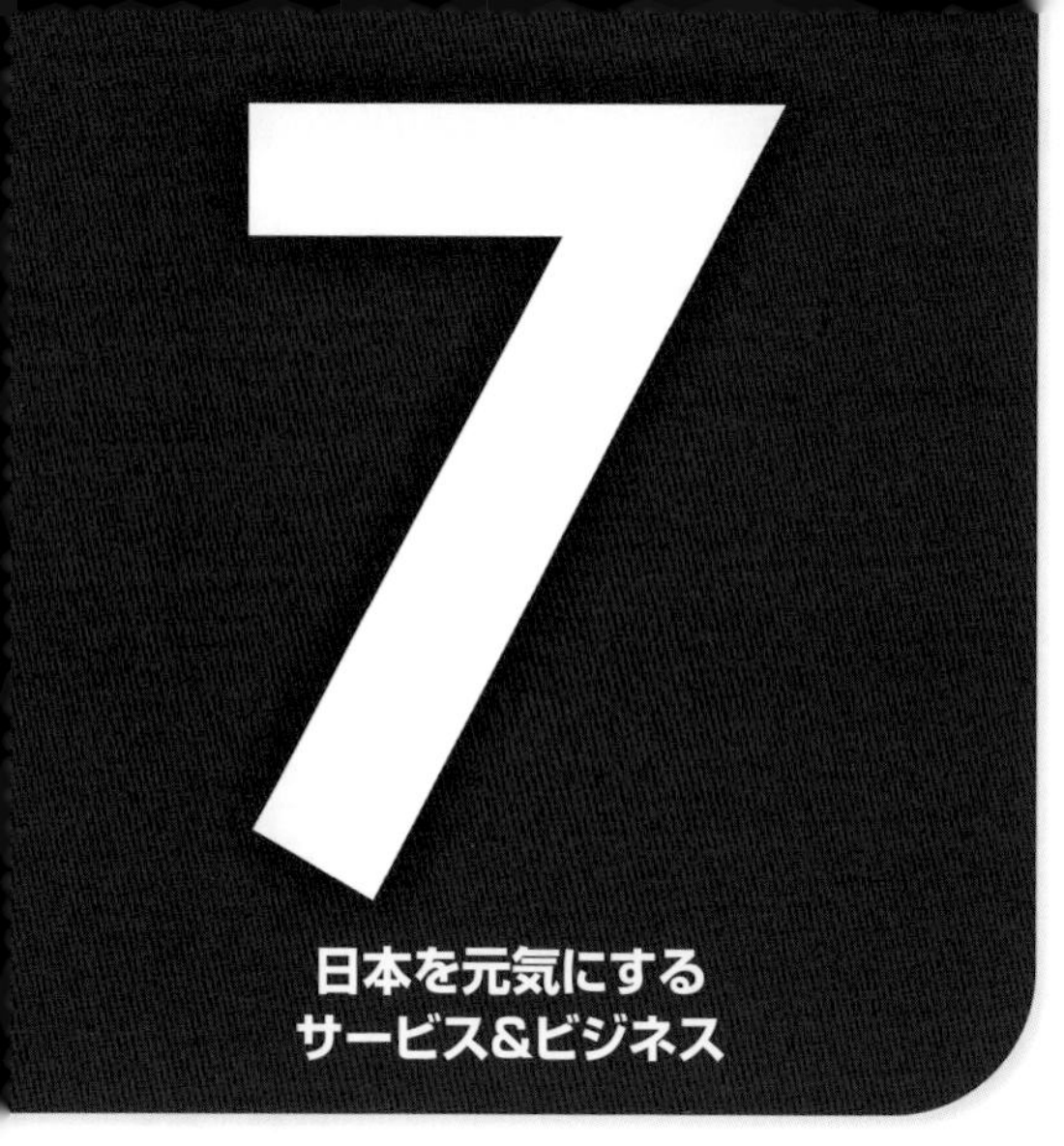


## 物価上昇で<br>インフレになりつつある経済の中で、<br>より経済を良くするために、<br>様々なサービスを提供している<br>企業がここに。

# ワールドネットインターナショナル 株式会社

042-440-6023　info@wni-group.co.jp　㊟ 東京都港区海岸1-2-20 汐留ビルディング3F
https://wni-group.co.jp/

## 防災シェルターの進化形に高評価
## 初の1・9気圧酸素カプセルも開発

『ワールドネットインターナショナル株式会社』は、健康機器の製造・販売からスタートし、高機能の『酸素カプセル』メーカー、その頑強な躯体構成技術を応用した『防災シェルター』のメーカーへと業容のウイングを広げてきた会社だ。中でも『防災シェルター』は躯体の強靭さに加え、放射性物質など有害物質遮断する優れた機能が高く評価され、核攻撃を想定したシェルターの整備を促す自民党のシェルター議員連盟の会合に同社代表取締役の中嶋広樹さんがゲストとして招かれたほどだ。ロシアによるウクライナへの軍事侵攻など絶えない国際紛争、北朝鮮の核開発など止まぬ軍拡競争を背景にエマージェンシー（危機管理）が重要性を増す時代にあって、その製品群はシェルター後進国といわれる我が国の意識変革にも影響を与え始めている。

同社の『防災シェルター』には、水害シェルター、耐震シェルター、防爆シェルター、核シェルターな

『最後の砦』Gシリーズ

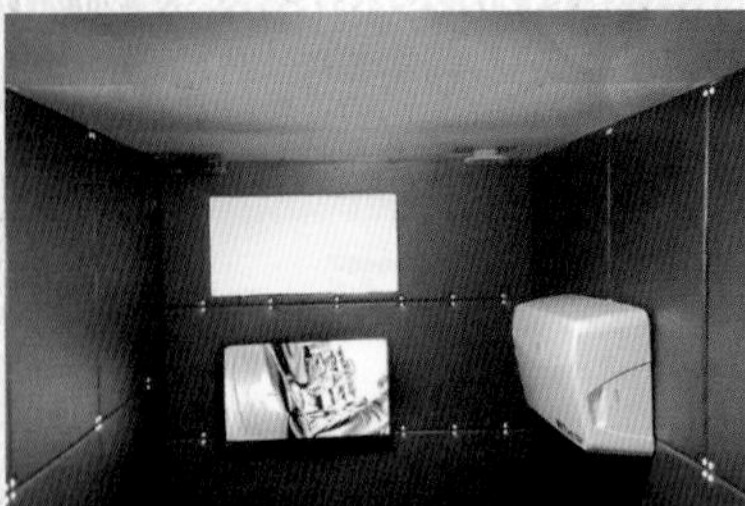

内装イメージ

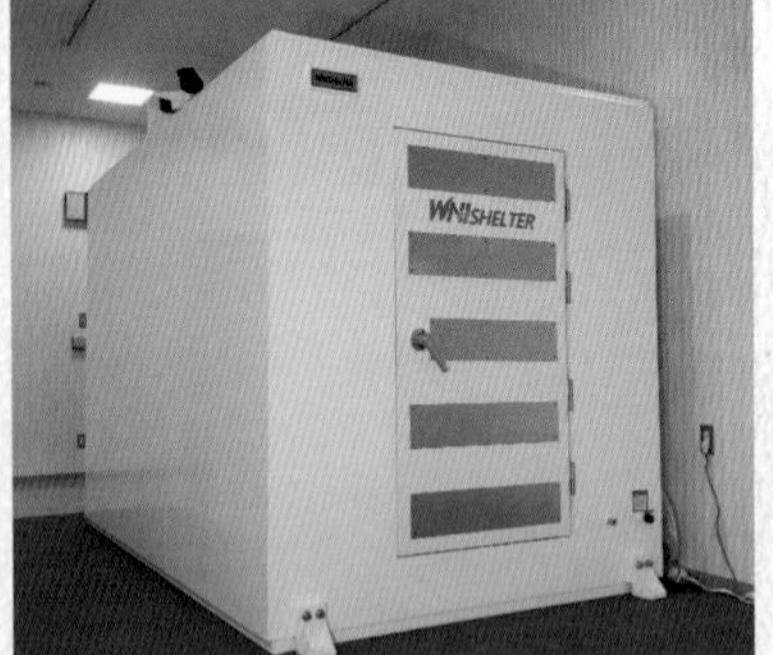


『最後の砦』Vシリーズ

原子爆弾投下の場合の被害分布図とエリア別耐用核シェルター一覧
原爆投下地点を中心とした例
原爆ドーム
府中町 5km
安芸区 10km
八本松西 20km
広島大 25km
東広島市 30km
35km
一次被害エリア
二次被害エリア
三次被害エリア
四次被害エリア
五次被害エリア

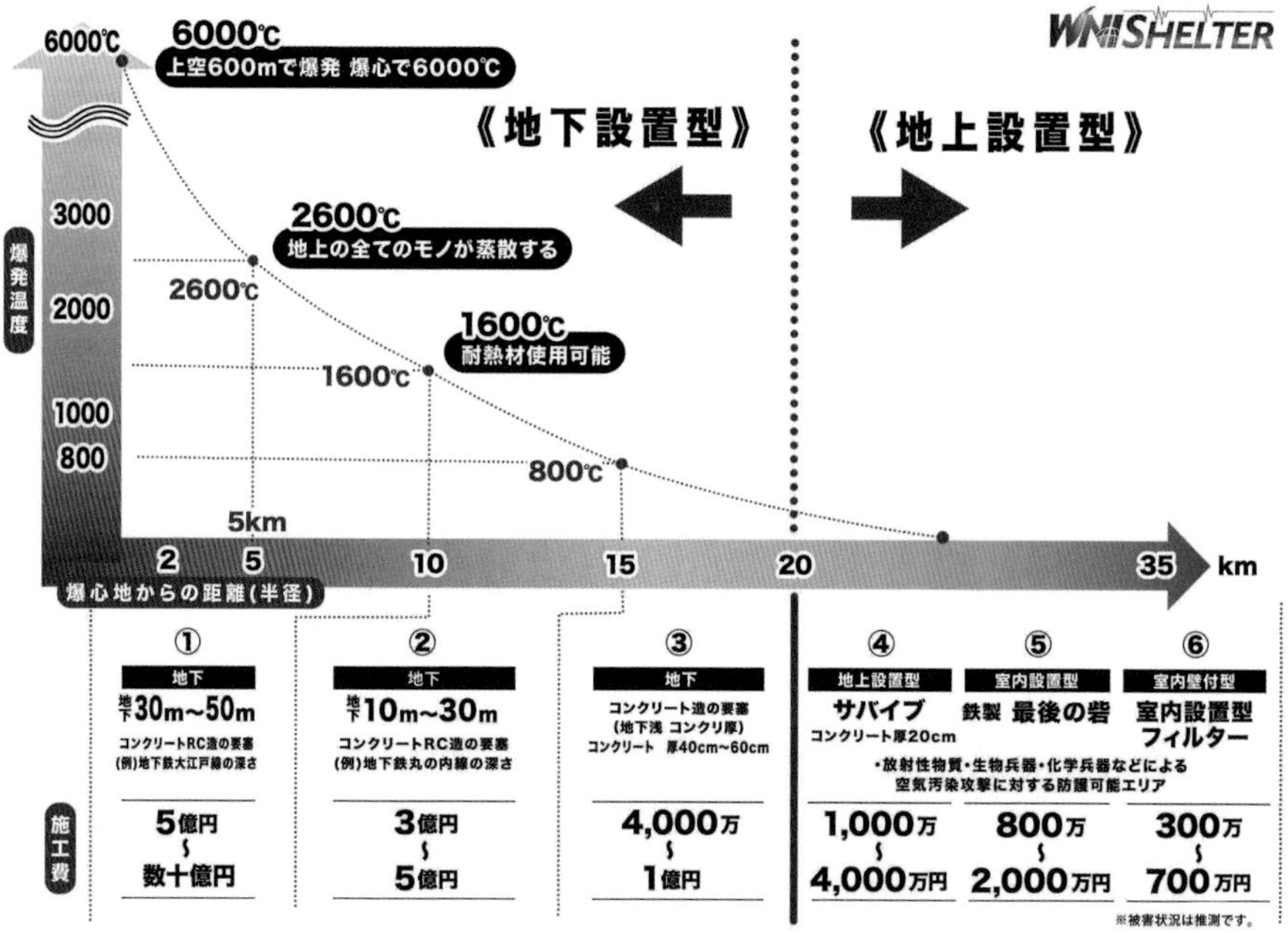

WNI SHELTER

爆発温度

6000℃
上空600mで爆発 爆心で6000℃

2600℃
地上の全てのモノが蒸散する

1600℃
耐熱材使用可能

800℃

《地下設置型》 ← → 《地上設置型》

爆心地からの距離(半径) 2 / 5 / 10 / 15 / 20 / 35 km

| | ① | ② | ③ | ④ | ⑤ | ⑥ |
|---|---|---|---|---|---|---|
| | 地下 | 地下 | 地下 | 地上設置型 | 室内設置型 | 室内壁付型 |
| | 地下30m~50m<br>コンクリートRC造の要塞<br>(例)地下鉄大江戸線の深さ | 地下10m~30m<br>コンクリートRC造の要塞<br>(例)地下鉄丸の内線の深さ | コンクリート造の要塞<br>(地下浅 コンクリ厚)<br>コンクリート 厚40cm~60cm | サバイブ<br>コンクリート厚20cm | 鉄製 最後の砦 | 室内設置型フィルター |
| | | | | ・放射性物質・生物兵器・化学兵器などによる空気汚染攻撃に対する防護可能エリア | | |
| 施工費 | 5億円~数十億円 | 3億円~5億円 | 4,000万~1億円 | 1,000万~4,000万円 | 800万~2,000万円 | 300万~700万円 |

※被害状況は推測です。

ど様々なタイプがあるが、中でも導入例を増やしているのが室内、庭、地下などへの設置が容易な4タイプだ。

『最後の砦』は、地下に埋める必要のない、日本初の室内設置用箱型シェルター。化学物質や病原微生物、放射性物質に対応するイスラエル製CBRNフィルターを搭載した有害物質遮断装置レインボー72Rを備え、防放射性物質、防生物兵器、防化学兵器、耐震、災害時の屋内家財倒壊による二次災害防止の国内初の5wayマルチ防災シェルター。分割型のため、間口が狭い家でも搬入でき、箱型のため、360度からの危険から身を守ることが可能。家屋がつぶれる事態は勿論、地震で家具家電などが飛んでくる場合も安心して避難することができる。加えて、Jアラートなどが鳴り、ミサイルなどが飛来した際の爆風による家屋破損時に起こりえるガラス片や木材などによる危険や、台風や竜巻によって重量物が飛来した時にも逃げ込むことができる。

「地下シェルター」室内イメージ

「地下シェルター」

「地下シェルター工事」

『令和の要塞・サバイブ』は、生命を奪う台風、竜巻、暴風、地震、火災、ミサイル、放射性物質、生物兵器、化学兵器の九つの脅威から身を守る9way万能シェルター。コンクリート厚20cm～150cmで放射線遮断能力とミサイルが直に着弾しても堪える強度を持つ。PCコンクリートボックス形状を採用したことによって、通常のシェルター建設より大幅に工期を短くし、コストを抑えることができる。CBRNフィルターを搭載した有害物質遮断装置レインボー72Rを設置することで核シェルター化も可能だ。最短2週間の滞在前提に、通常時は倉庫や自宅の部屋としても利用できるのも特長だ。

『地下埋設型シェルター』は、地下に埋設することによってガンマ線の強さを1万分の1に減らすことができるうえに、核爆発時の爆風、熱波から守り、核シェルターとして万全の環境を形成する。空気ろ過器を設置することで放射性物質を始めとした有毒物質を遮断することもでき、火山の噴石や台風、竜巻にも耐えられる。

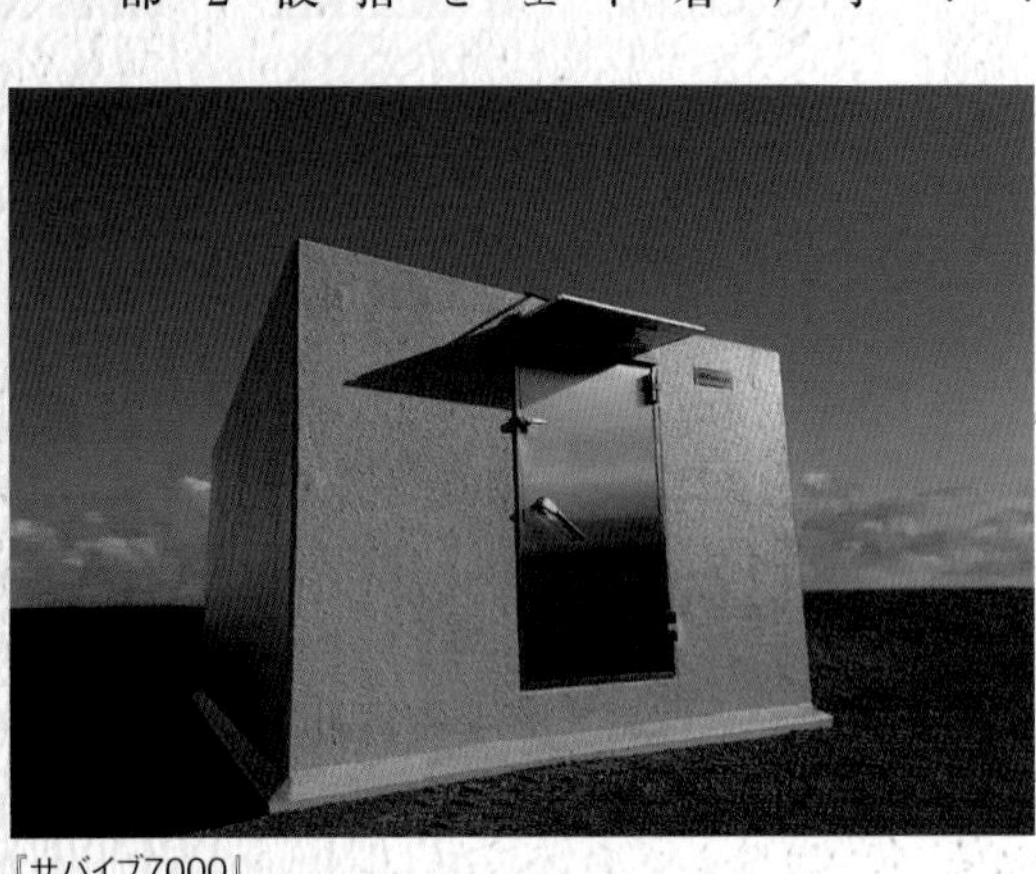
『サバイブ7000』

『『ブロックビルドシェルター』

『ブロックビルドシェルター』は、建築基準法によるマンションへの搬入、設置が可能で、防放射性物質、防生物兵器、防化学兵器、災害時の屋内家財倒壊による二次災害防止の4wayマルチ防災シェルターだ。

核シェルターで最も重要なのは、室内の気圧を外部よりも高める陽圧。通常時の1・0気圧に対して1・007気圧に上げることで放射性物質や有毒ガスなどの侵入を防ぐことができるが、Jアラートが鳴ってから3分以内に核シェルターに逃げ込んで完全陽圧にしなければ意味がないという。その点、同社のシェルターは最速1～2秒で完全陽圧が可能という。また、すべてが自社製造のため、収容人数や設置場所などに応じたサイズの変更などのカスタマイズができるのも大きな特長だ。

『水害シェルター』は、水の浸水を考慮し、10ヵ所のハンドルで密封、2重扉で完全防備し、耐荷重300トン級の耐震機能がプラスされた『地震・水害 2ayシェルター』などの納品例がある。

一方、『酸素カプセル』は派生製品の『酸素キャビン』『高圧型酸素ドーム』と共に『O2DOCTOR（オーツードクター）』ブランドで展開している同社の技術開発の原点ともいえる製品で、いずれも一般的な酸素カプセルの1・3気圧ではなく、医療機器となる2・0気圧ぎりぎりの1・9気圧を日本で初めて実現、リラックス効果や疲労回復の促進効果が期待できる製品だ。製品はネジ1本までも日本製にこだわった日本国内の自社工場で製造される。

『酸素カプセル』は、強靭なポリカーボネート製で、窓の厚さが4㎜、6㎜の薄い物を使用している製品が多い中で8㎜の厚さの窓を採用し、耐久性に優れた構造。カプセル内部の手元のボタンから操作することができ、体調が悪くなった場合でも自分で使用を止めることができる。また、使用中に地震や停電などが発生した場合にも外側からでも内側からでも操作できるワンタッチで緊急ストップ弁を開けることで、酸素供給をしたままでも10秒程で窓を開けることができる安心設計だ。大型スライド窓がついているので、お年寄りやけがをしている方でもらくらく出入りが可能で、空間が広く、圧迫感無く安心で快適な酸素セラピーを楽しむことができる。

『O2DOCTOR』

『酸素キャビン』は、『酸素カプセル』と同じ設置面積のスリム型省設計タイプ。『酸素カプセル』と比較して約2倍の体積があり、より広く快適な空間を実現。その結果、閉塞感や圧迫感もなく、キャビン内で横になったり、自由に動くこともできる。また、車椅子のままでも利用できるなど様々な活用方法が可能だ。

『高圧型酸素ドーム』は、居住空間が広く、分割搬入も可能なカスタマイズモデルで、トレーニング機器を入れられる大型タイプ。大型液晶テレビやエアコンを設置することもできる。トレーニングジムやゴルフ場など大型スポーツ施設やプロアスリートの個人用途などに適している。分割することができるので、搬入口が狭くても設置が可能で、ユニット数を増やせば、空間が広くなり同時に使用できる人数も増やすことができる。高圧専用、低圧専用、高圧低圧2wayタイプとユーザーの要望に合わせカスタマイズが可能だ。

（ライター／斎藤紘）

# 株式会社 Amol

090-5418-1577　info@amol2022.com　㊟ 東京都調布市仙川町3-2-18 エクセル仙川203
https://yuta-project.com/

## 月収100万円達成者続出 SNSマーケティングの極意

Amol Inc.

超実践型SNSマーケティングスクール『Professional Academia』の運営や個人や企業に向けたコンサルティングでビジネス成功に向けたサポートを行う『株式会社 Amol』。発信する方の人柄や個性が伝わりやすいSNSには、ファンを増やしやすいというメリットがある。SNSの世界には年令や性別、価値観が違うユーザーが揃っているため、自社商品やサービスの魅力を積極的に発信して新たなファンの獲得やビジネスへと繋げることが可能だ。誰でも気軽に情報の取得・発信が行えるようになった昨今、SNSマーケティングは、ビジネス成功に欠かせないスキルの一つといわれている。

ライフスタイルが多様化し、アイデア次第であらゆるモノ・サービス・コンテンツなどが商品になる時代が到来しているなかで、収益化に繋げるには起業のためのノウハウや商品の構築、集客、販売、ライティングなどWebマーケティング

代表取締役
内山裕太さん
マーケティングスクール運営・WEB広告講師・マーケティングディレクター。雑誌、メディアにも多数出演。

実践に基づいた最新ノウハウを共有。

月に一度の勉強会風景。

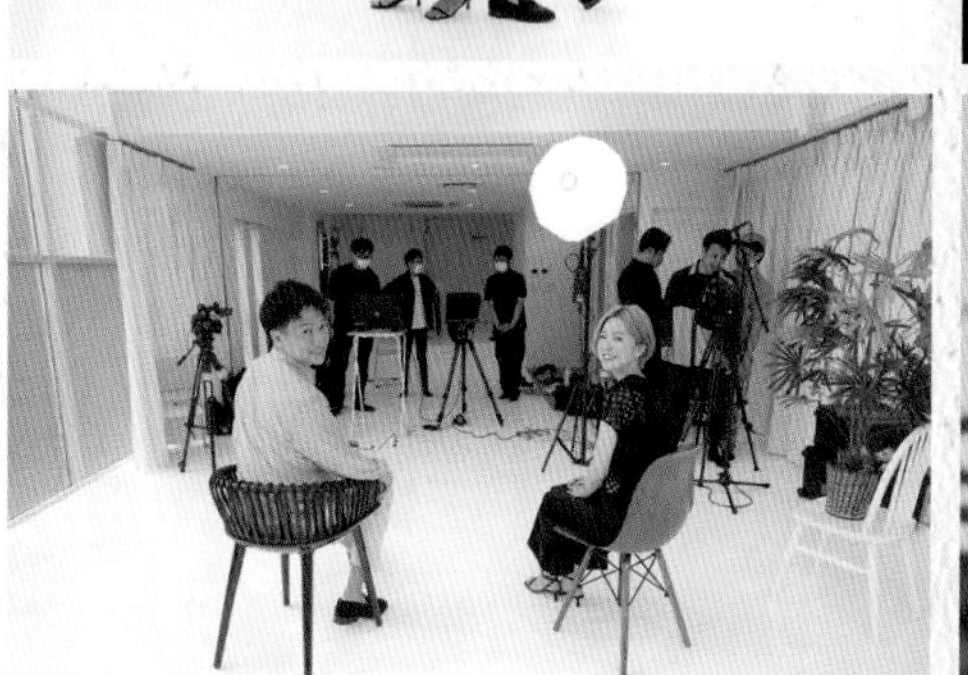

プロモーション撮影風景

のスキルやノウハウの取得が重要だ。私たちの生活にSNSが根付いたことで、身近なSNSを使用したマーケティングに興味を持つ方は多い。しかし、独学でSNSマーケティングに挑戦してもやり方がわからない、どのSNSを選べばいいかわからないなど様々な悩みを抱えたり、集客がうまくいかず収益化できないまま投げ出してしまうケースも多いという。

代表の内山裕太さんは、マーケティングスクールの運営に携わりながら、Web広告講師やマーケティングディレクターとしても活躍中だ。営業職に従事しながらスクールやセミナーでSNSマーケティングの知識やノウハウを学び、副業としてビジネスをはじめた経験を持つ。知識や経験がない状態でSNSマーケティングの世界に飛び込み、たった1年半で事業化に成功。自身の成功体験を元に、SNSマーケティングのノウハウを伝えていたが、「ビジネスに活かしたい」「SNSアカウントの設定方法が知りたい」など様々なニーズがあることに気づいた。「マーケティングだけでなく起業する方法も学びたい」との声に応える形で、超実践型SNSマーケティングスクール『Professional Academia』を設立し、運営を開始した。

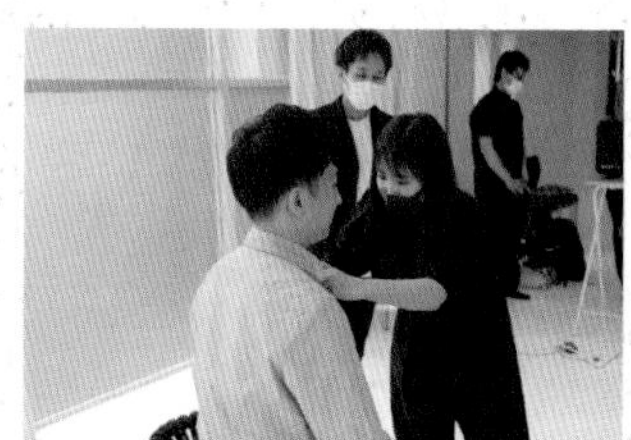

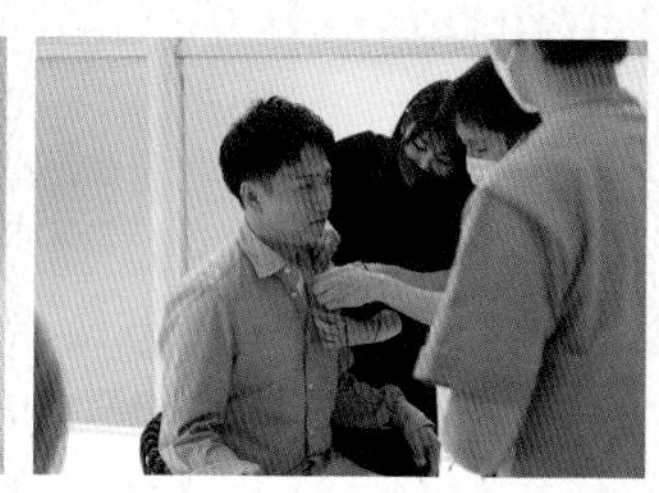

お子様参加OK。

大阪開催

『Professional Academia』は、オンライン授業を中心にプロの仕事を実地で学ぶリアルセミナーやWebサイトでも動画配信などにより、SNSを使って収益化する方法やすぐに使えるノウハウを学ぶことができる。SNSマーケティングで集客し、セールスを行うにはアカウントの作り方やフォロワーを増やす方法、マーケティングのトレンド、起業の仕方、オリジナル商品の作り方、成果をあげるための導線づくりなど様々な知識やスキルが必要になる。SNSマーケティングを成功させるための知識やノウハウの提供はもちろん、初心者でもすぐにSNSマーケティングを実践できるホームページのデザインや文章などのテンプレートツールなども用意されているので、一から作らなくてもビジネスに挑戦することが可能。現在、150名を超える受講生が本気でノウハウやスキルを学び、様々な業界で働く方や主婦の方がそれぞれの個性や特性を活かしてビジネスに挑戦している。内山さん自身が受講生と一緒に目標の設定やスムーズなアウトプットのサポート、的確なアドバイスなどでモチベーションを高く保てるように寄り添う。

ビジネス合宿風景

# 顧客満足と自己満足を叶える

MARKETING ACADEMY

ビジネス合宿風景

また、定期的に開催されている成果報告会や勉強会では実際にSNSマーケティングに挑戦している受講生の生の声を聞くことができる。ビジネスの参考にしたり、モチベーションアップに繋げることができると好評だ。知識やノウハウ、売りたい商品を持たない状態でスクールに入学して一からSNSマーケティングを学ぶ受講生も増えており、確実に収入を増やしている。

ビジネスに必須の知識や実践に基づいた最新のノウハウ、技術を本気で学び、成功体験を重ねて知識やノウハウを身につけて月収100万円以上を達成する受講生を続々輩出中。副業としてビジネスに挑戦したい方はもちろん、SNSマーケティングがうまくいかない方、本気で人生を変えたい方、理想のライフスタイルを実現したい方などにもオススメだ。

内山さん自身の体験を元にしたスキルやノウハウの伝達と的確なアドバイスで起業を支援し、SNSマーケティングを通して幸せや喜びの輪がどんどん広がるように今後も起業支援を続けていく。

（ライター／彩末）

活躍中の人々が多数。

# 株式会社 裕心

0120-42-0440 住 大阪府堺市北区新金岡町1丁3-33
http://www.yushin-sakai.jp/

## 充実した内容の安心家族葬プラン 心満たす葬儀を追求し親身に対応

少子高齢化、核家族化、葬送意識の変化などを背景に故人や遺族が望む葬儀形式が多様化する中、事前の相談から葬儀後のサポートまで親身かつ迅速、丁寧な対応、明朗な葬儀プランで信頼を集めてきたのが「堺斎場葬儀総合案内」を標榜する『株式会社裕心』だ。葬祭業に従事してから約30年にも及ぶ経験の中で、故人に対する尊厳を大切にし、遺族の悲しみに共感する心を持ち続け、心を満たす葬儀を追求し続けてきた代表で一級葬祭ディレクター中出裕三さんの信念、心情が業務運営の隅々から伝わるのが支持される理由だ。

「ご葬儀は、人生最期の大切な儀式であると同時に、残されたご遺族にとっても故人の想いを継承する大切な儀式であります。近年は、家族葬や一日葬で身近なご家族だけで、ゆっくりと故人を偲ばれ、在りし日の思い出にしたり、改めて故人への感謝に向きあうひと時を大切に

堺市立斎場での豊富な実績
家族葬・一日葬・直葬、どんな葬儀にも対応

## 一日葬

『20プラン』 一般価格 242,000円(税込)
会員価格 220,000円(税込)

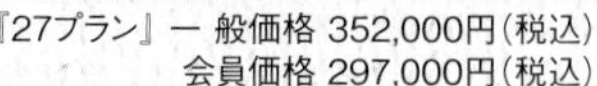

『27プラン』 一般価格 352,000円(税込)
会員価格 297,000円(税込)

『37プラン』 一般価格 473,000円(税込)
会員価格 407,000円(税込)

『47プラン』 一般価格 594,000円(税込)
会員価格 517,000円(税込)

されたりする方も増えてまいりました。また、火葬場での簡単な儀式を望まれる方もいらっしゃいます。しかし、このような中においても、私たちは『人間の尊厳』を大切にして守り、時代のニーズに合わせた新たなご葬儀を提案させていただいています。少子高齢化社会が進む中で、ご葬儀に不安をもたれている方も多くおられることと思いますが、当社ではどのような事でもお話をお聞きし、ご要望にお応えしたいと思っています」

故人が遺言書などで希望する葬儀形式を指定している場合を除き、一般的に遺族が悩むのはどのような葬儀でお別れするかだが、同社は様々な葬儀プランを用意し、予算や人数、規模などで選べるようにしている。しかも各プランに含まれる内容を明示しているので安心できるのに加え、入会金、積立金不要の会員登録をすれば割引が適用されるのも大きな特長だ。

その典型例が、昨今希望が増えている家族葬のプラン。家族だけで見送りたいと考える場合に適したもので、その一つ、『家族葬38プラン』は一般価格だと税込で484000円。プランに含まれる内容も、生花祭壇から枕飾りセット、ドライアイス2日分、ご遺体布団、お棺(布棺)、

## 家族葬

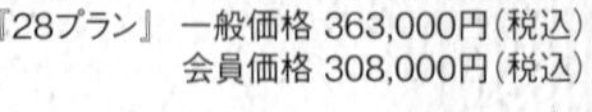
『28プラン』 一般価格 363,000円(税込)
会員価格 308,000円(税込)

『48プラン』 一般価格 605,000円(税込)
会員価格 528,000円(税込)

『58プラン』 一般価格 726,000円(税込)
会員価格 638,000円(税込)

『38プラン』 一般価格 484,000円(税込)
会員価格 418,000円(税込)

『78プラン』 一般価格 968,000円(税込)
会員価格 858,000円(税込)

仏衣、遺影写真(四つ切り キャビネ)、白木位牌、骨壷セット(大・小)、電飾銘記、案内看板、受付用品、焼香用具、お布施封筒、寝台車、寝台霊柩車、礼状ハガキ20枚、通夜供養品10個、告別供養品10個、出棺花束、進行スタッフ、設営スタッフ、セレモニーレディ(告別式のみ)、後祀りセット一段、手続き代行、後祀り祭壇用仏花と籠花まである充実ぶりだ。

家族葬プランにはこのほか、通夜告別式を身内だけで行う一般価格363000円の『家族葬28プラン』、通夜告別式を家族、親族で行うのに最低限必要なものだけを用意した605000円の『家族葬48プラン』、それを一段充実させた内容の726000円『家族葬58プラン』、故人とゆかりのある人たちの参列も見込まれる場合968000円『家族葬78プラン』、ワンランク上の生花祭壇やお棺を考える場合に最適な1210000円の『家族葬98プラン』も用意している。いずれも会員になると特別価格で行える。

『128プラン』 一般価格 1,573,000円(税込)
会員価格 1,408,000円(税込)

『98プラン』 一般価格 1,210,000円(税込)
会員価格 1,078,000円(税込)

　これらの価格とは別に、火葬費用や式場使用料、食事代、御布施などがかかるが、プラン価格はリーズナブルだ。また、家族葬プランとは別に、通夜や告別式などの儀式を行わず、火葬だけを執り行って故人を弔う『直葬プラン』や通夜を行わず、告別式から火葬までを一日で執り行う『一日葬プラン』もある。式場は、堺市立斎場をはじめ、堺市、大阪市、和泉市の公営斎場や寺院斎場、集会所、自宅などの中から家族の希望に合わせて選ぶことができる。

　同社が信頼されるのは相談への親身な対応だ。葬儀についての事前相談や見積りなどに24時間365日対応しているのはその一端だ。

「葬儀の必要が出てきてから葬儀社を決めるのは、時間的にも精神的にも余裕がない場合が多く大変です。最近では終活という言葉もあるように、事前に葬儀について調べることは決して不謹慎ではありません。むしろ事前に調べておくことで、送られる故人も送るご家族も納得のいくお別れをしていただくことができます。事前相談には、おおよその葬儀費用と内容がわかり、準備ができる、自分たちがどういう葬儀をしたいかの具体的なイメージがつくなどの利点があります」

『直葬8プラン』 一般価格 110,000円（税込）
会員価格 88,000円（税込）

代表 中出裕三さん

　急ぎの場合で、何をどうしたらいいかわからない場合も、事前相談と同じく「葬儀ご相談窓口」に電話すれば、専門のスタッフが斎場・葬儀場の手配、病院へのお迎え、お見積り依頼などに迅速に対応する。

「病院でご逝去の場合、看護師が故人様の身体をふいたり、着せ替えなどの処置に40分ほどかかります。24時間365日いつでもご依頼があれば昼夜問わず24時間体制で、病院、ご自宅、施設、警察などご指定の場所に寝台車でお迎えに上がります。病院では長時間のご遺体安置はできませんので、ご自宅や専用の安置所まで搬送する必要があります。安置場所が決まっていない場合は、お迎えに伺った際にご案内し、すみやかに決定し、ご遺体を安置場所へ搬送します。ご自宅での安置が困難な場合は、ご自宅以外のご安置施設も迅速に手配いたします。安置した後、ご葬儀の日時や内容など具体的な内容についてお打ち合わせをさせていただきます」

　葬儀については事前に詳細な見積書を提示し、納得してもらった上で契約に進むという。

（ライター／斎藤紘）

# 株式会社 石田鉄工所

06-6770-9145 info@ishida-iron.co.jp ㊟ 大阪府大阪市西淀川区佃5-10-16
https://www.ishida-iron.co.jp/

## 鉄鋼製部材や構造物の製作で実績
## ミリ単位の誤差も許さぬ高度技術

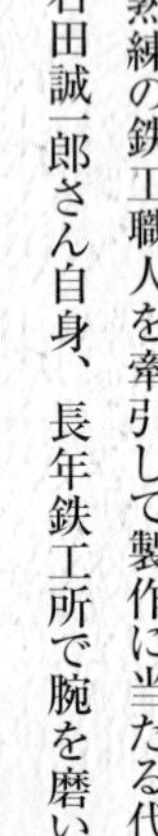

排水処理用沈殿槽、センターウェル、フォークリフト用アタッチメント、建築金物、螺旋階段、落橋防止装置、プラント用丸タンク、水冷ダクト、掘削機器、環境改善機器。「情熱を持ってモノづくりに取り組み、高品質な製品を提供し、社会に貢献する」ことを経営理念に掲げ、2022年に創業した『株式会社石田鉄工所』の製品の一端だ。熟練の鉄工職人を牽引して製作に当たる代表の石田誠一郎さん自身、長年鉄工所で腕を磨いてきた職人。その豊富な経験とノウハウが製品の完成度の高さに表出する。同社の業務は、部材の加工から重量物や長物、大物の構造物の製作、組立まで行う「製缶・鉄鋼・鉄骨・配管・プラント架台の製作及び取付工事」、建築で使われる金属製のパイプ、換気口、蓋、吊り金具などを製作する「建築金物の製作及び取付工事」、主にプラントや工場で機械器具の組み立てによって工作物を建設したり、工作物に機械器具を取り付

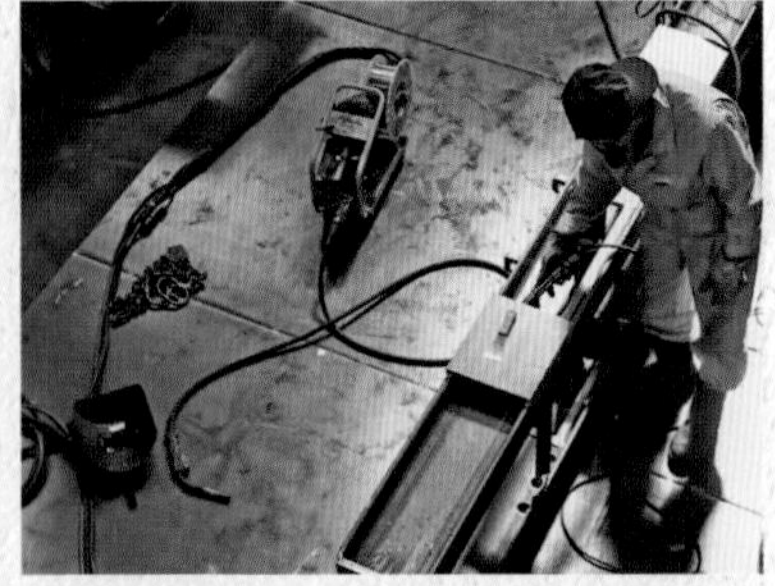

代表
石田誠一郎さん

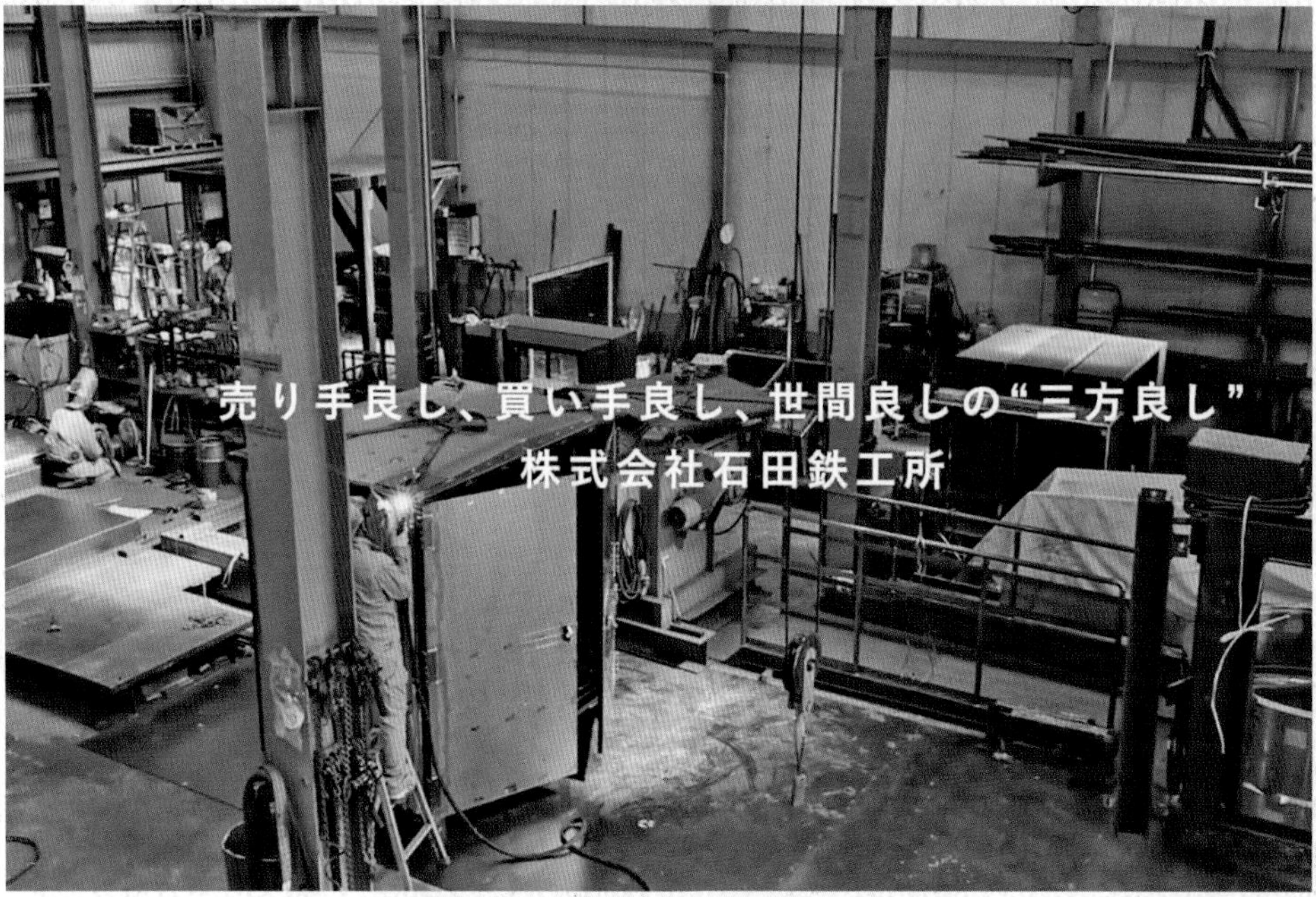

## 売り手良し、買い手良し、世間良しの“三方良し”
## 株式会社石田鉄工所

確かな技術により、鉄で未来を熱し、未来を創る『株式会社石田鉄工所』。

けたりする「機械機器の設置工事」、工場やプラント内の空調設備や監視カメラなどのセキュリティ機器、環境への負荷を低減させる環境改善機器や廃棄物処理設備、建設現場を支える掘削機器などを製作、設置する「産業機械の製作及び設置工事」の4本柱。天井クレーンやエンジン溶接機、プラズマ切断機、製缶定盤、油圧式パンチャーなど約40台もの製作機器が並ぶ工場では、金属板を立体の形状に加工する製缶を中核技術に、部材の製作加工から重量物、長物、大物の製作、組立まで行う。

「当社の製品は、様々な産業の生産工程や処理工程の部品の一部として使用されています。必要となる物やかたち、大きさも様々です。ミリ単位の誤差も各工程に影響しますので、正確さが求められる仕事です。当社では、職人一人ひとりが自分の仕事に責任を持って取り組む一人一作を原則として作業に当たっています。長年の経験と勘で培われた技術力があってこそ可能な体制です」

石田さんは、次代を担う若い従業員の育成にも力を注ぎ、新しい技術の習得や資格取得を支援しているほか、働きやすい職場環境の実現に向けた経営改革にも取り組んでいる。

（ライター／斎藤紘）

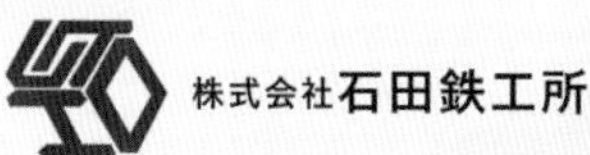


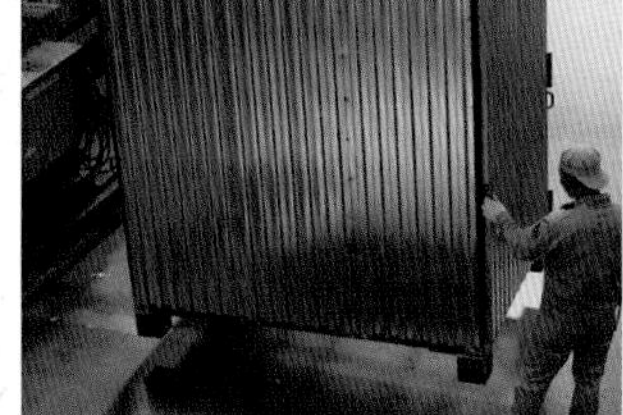

# 駿河精機 株式会社

☎ 0120-789-446　✉ info@suruga-g.co.jp　㊟ 静岡県静岡市清水区七ツ新屋505
https://marketing.surugaseiki.com/

## 角度測定オートコリメータの進化追求
## 対向面の平行度測定のアダプタも開発

精密機器や光学機器などの製造工程で部品の角度や平行度、歪みなどを非接触、高速、高精度で測定するレーザオートコリメータの進化形といわれるのが、『駿河精機株式会社』が開発した『Smart LAC H410』シリーズだ。

この製品の特長は、角度測定に特化した1台のセンサヘッドが、微小な角度の精密測定だけでなく、複数点の角度関係を同時測定できることである。内蔵レーザビームを測定対象物へ照射し、その反射光を内部イメージセンサが捉えることで測定対象物の角度を算出する。用途に合わせて、複数の反射光点から任意の1点を選び角度測定する「シングルスポット」測定タイプと最大5点の反射光の同時測定や光点間の角度差測定ができる「マルチスポット」測定タイプの2種類選択できる。

また一方で、同社の技術力の高さを示したのが『Smart LAC』専用のアクセサリである4種の光学アダプタの開発（2分岐、3分岐、90度折り返

H410シリーズ
レーザオートコリメータ『Smart LAC』

コンパクトヘッド 40×40×64mm
角度分解能 1.0秒
初期校正不要
外部制御可能
CE/FCC/FDA/KC対応

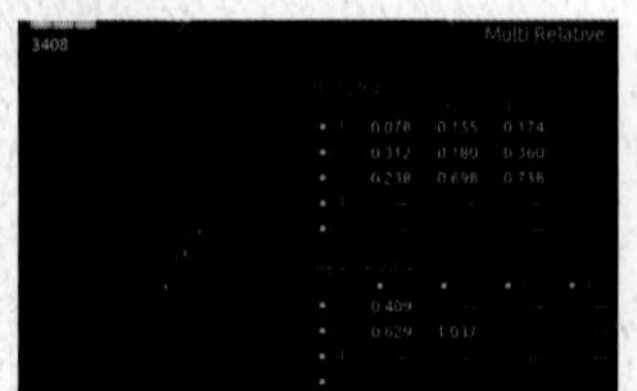

「測定画面」

『Smart LAC』使用用途
- ワークの傾き測定
- レーザー光軸の傾き測定
- 光路の調整
- 複数対象物の同時測定
- 対面の並行測定

## 分岐・折り返しアダプタで、さらなる効率化

し、ならびに、対向分岐）。半導体集積回路や精密部品マウント、撮像素子の高精細化に伴う精密アライメント、平行度測定などで活躍できると期待される。その中でも特筆すべき製品が、お互いに向き合う2面の平行度を同時測定することができる画期的なデバイス、「HT-20T」対向ビーム分岐アダプタである。この製品の特長は、『Smart LAC』から出射されたビームが、プラス90°とマイナス90度にアダプタの内部で分岐され、対向する2つの測定対象物の表面で反射し、『Smart LAC』内のセンサに入射される。その2点の反射角度で対向面が平行かどうかを確認することができる。『Smart LAC』の用途は、微小ワークの角度測定、撮像素子の傾きや光学素子の接着傾き、外部レーザの光軸傾きなどの測定、カメラ内の光路の調整など多岐にわたり、同社は「生産性の向上や製品の品質検証に役立つ」ことなどを導入のメリットに挙げる。

　さらに、分岐・対向アダプタを取り付けることで、「一面ずつ測定すると狙いの精度が出ない」、「測定器2台分のコストと調整工数が負担」、「測定器2台分の設置空間が大きくなってしまう」、などといった様々な従来課題を一度に解決することができると、大きな期待を寄せている。（ライター／斎藤紘）

こちらからも
検索できます。

# 古河ユニック 株式会社

03-6636-9524 u-hansoku-g@furukawakk.co.jp ㊟ 東京都千代田区大手町2-6-4 常盤橋タワー
https://www.furukawaunic.co.jp

## 安全性・作業効率性・利便性が向上 分解可能な小型移動式クレーン登場

日本初のトラック搭載型クレーンなどを開発し、「赤いクレーンのユニック」で知られる『古河ユニック株式会社』の技術力の高さを改めて示すのが、足場が不安定な不整地や山岳地などでの建築、土木工事で活躍する乗車型ミニ・クローラクレーンの進化形、『URW370C』シリーズ。安全性、操作性が向上、撤収作業も効率的にでき、夜間の市街地や屋内作業での作業・移動時のために、排気ガスやエンジン騒音を無くした、電動パワーユニット(定格出力7.5キロワット)併用仕様の設定もある。電源・供給元は交流200V対応で、ケーブル接続によりエンジンから電動モーターの切り替えが容易に行える。『URW370C』は、クローラ(無限軌道)とブーム(つり上げ装置)、台車、駆動装置、操作装置、転倒を防止する4本のアウトリガなどから成り、最大2・93トンの資材をつり上げて旋回する強力なパワーを持つ。ミニ・クローラクレーンの進化を示すのが様々な新機能だ。狭小な現場での衝突を未

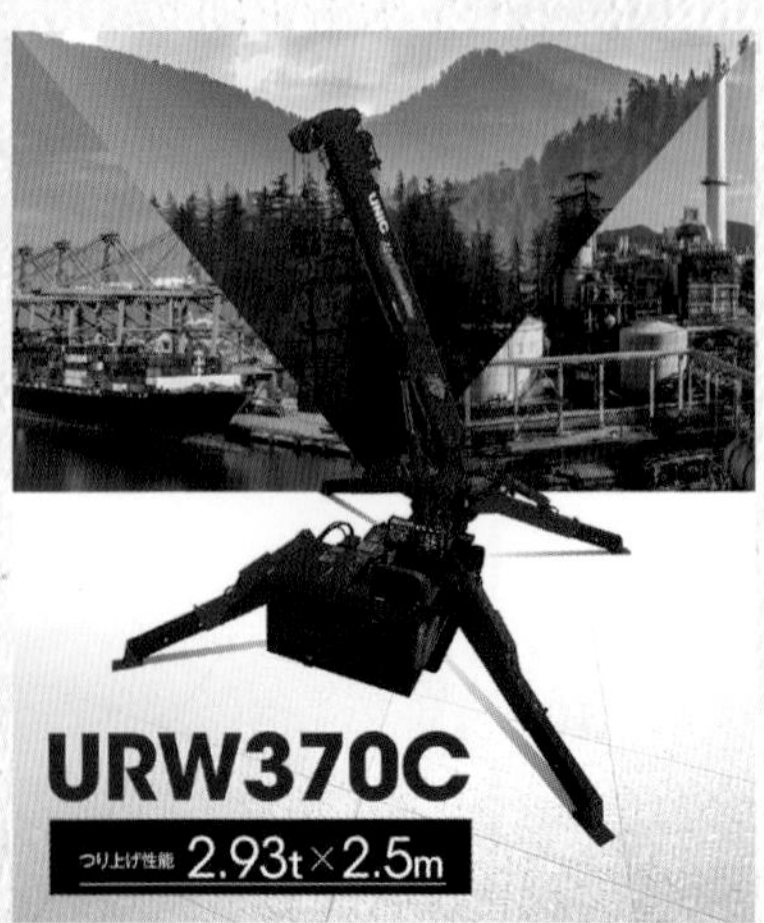


『W370C』シリーズ
<最大クレーン容量>
『W376C』2.93t×2.5m(6段ブーム)
『W375C』2.93t×2.5m(5段ブーム)
<最大地上揚程>
『W376C』14.9m 『W375C』12.6m
<最大作業半径(定格総荷重)>
『W376C』14.45m(0.13t)
『W375C』12.14m(0.26t)

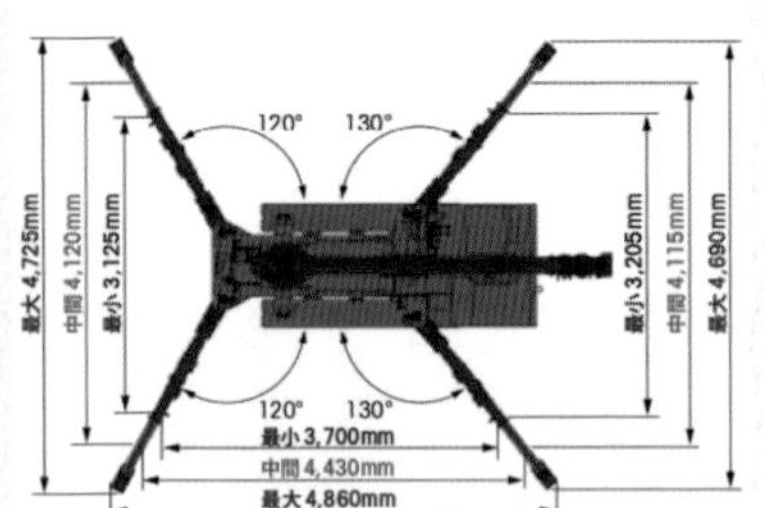


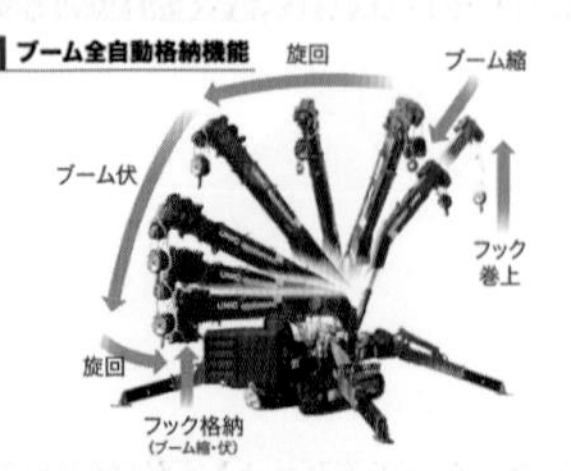


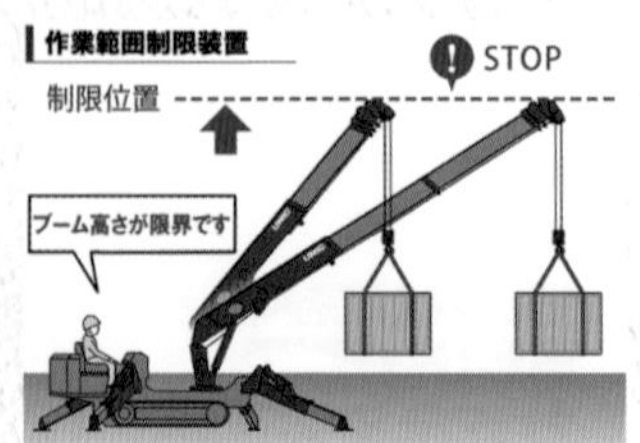

然に防止するブーム高さ制限や作業半径制限、ブーム長さ制限、ブーム角度制限、旋回角度制限などの「作業範囲制限機能」、作業終了時のブームの格納操作をスイッチ一つで行う「ブーム全自動格納機能」、液晶ラジコンのディスプレイ表示にクレーンの状態表示から〝現在つり上げている荷重〟と〝つり上げ可能な荷重〟とを強調して表示させる機能などがその象徴だ。また、液晶ラジコンは、選択スイッチ式とジョイスティック式から選択でき、定格荷重や負荷率などクレーンのあらゆる情報がすべて手元で確認できる。もう一点、『URW370C』を導入した現場で高く評価されているのが、山岳地などの作業現場に運び込んだり、撤収したりする際の苦労を解消する分解仕様だ。ディーゼルエンジン仕様の『URW370C』のみのオプションで、ブームやアウトリガなどの主要パーツを分解して取り外せるようにし、分解後の各部品の質量を1t未満に抑えて軽量化し、台車もエンジン部とトラックフレーム部に細分化、積載量制限のあるヘリコプターやモノレール、索道での運搬を可能にした。これにより、可搬性が向上したほか、従来要していた分解作業時間を約40%、組立作業時間を約30%削減することができる。安全性、操作性、作業効率性、利便性に優れたクレーンだ。

（ライター／斎藤紘）

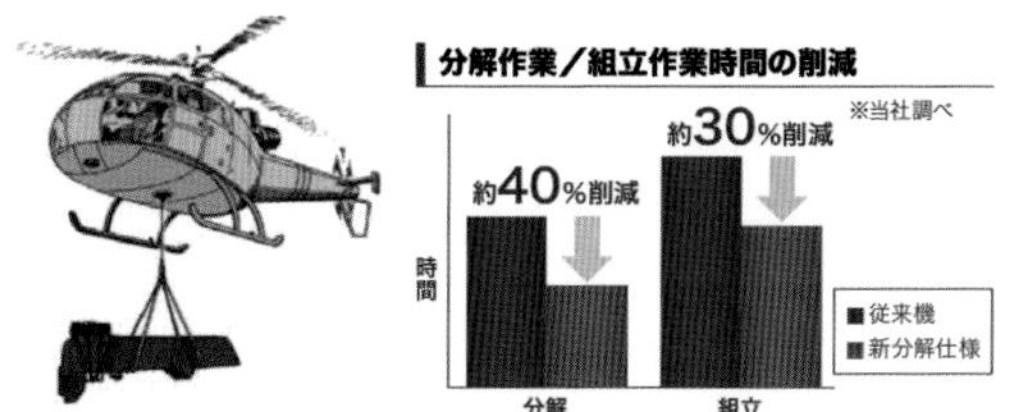


UNIC 古河ユニック株式会社

# 株式会社 田中信鉄工所

0949-26-3345 t-s.iron@estate.ocn.ne.jp ㊟ 福岡県直方市大字上頓野4631-7
http://www.tanakashin-iron.com/

## 大型土のうの設置作業を効率化 災害現場で活躍する吊金具開発

台風や集中豪雨などによる水害や土砂災害が全国各地で毎年のように発生する中、河川氾濫に備えた緊急工事や災害復旧工事で使用される大型土のうの設置作業を効率的かつ安全に行うことができる吊金具が開発された。『株式会社田中信鉄工所』代表取締役の田渕元悟さん自らが技術スタッフとともに発明し、2023年6月に特許を取得した『オート信カリバー』。「創造と技術革新で社会貢献する」という同社の経営方針を具体化した製品で、その優れた機能から国土交通省のNETIS（新技術情報提供システム）にも掲載された。

開発には、これまでの吊金具による大型土のう設置作業の課題に着目したものだ。同社は、その課題について「例えば、洪水防止や河川氾濫防止に多数個の土のうを段積みしたり、多数個列設したりする場合、土のう製造現場と土のうを設置する現場に荷吊り、荷降しの作

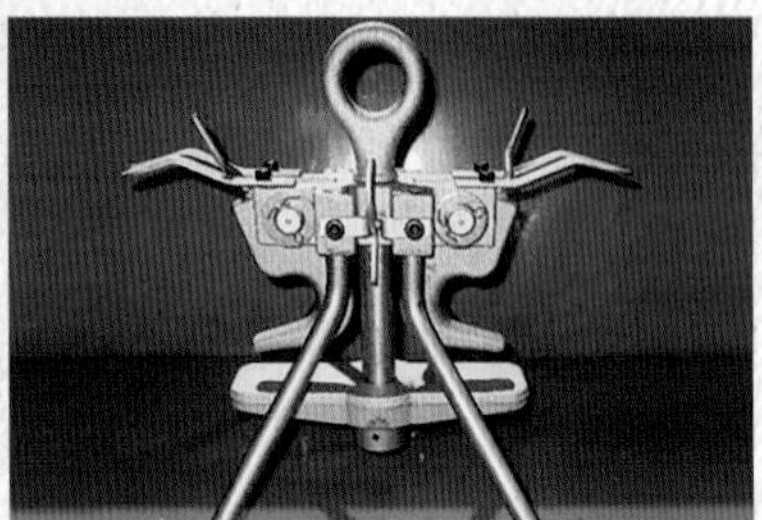

両フックに土のうベルトを掛け、レバーを倒してセット。

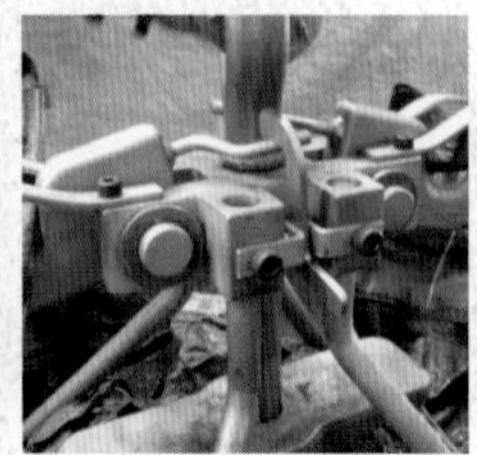
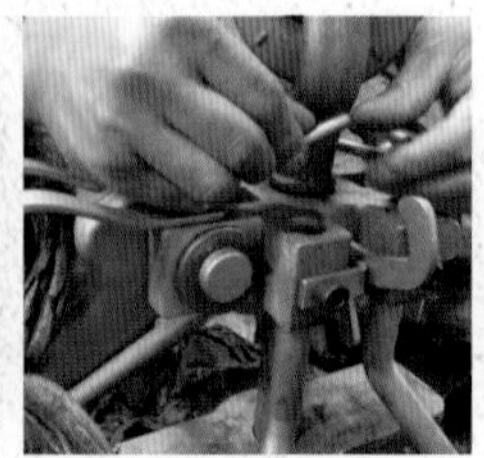

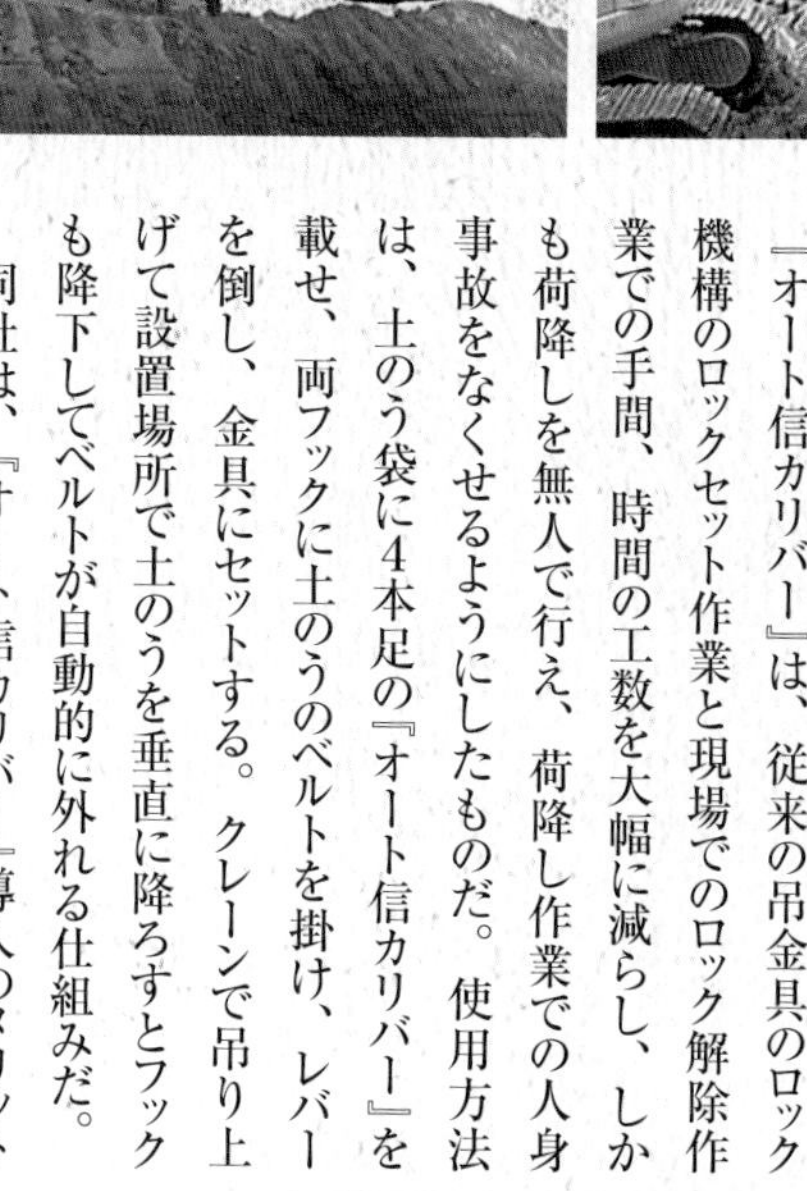

業員を配置して、手作業で吊りベルトの掛止と外しをしなければならず、二人の作業員が必要な上、作業は足場が不安定な場所や危険な場所で行うため危険を伴う作業で、実際に作業員の災害も起きている」と指摘する。

『オート信カリバー』は、従来の吊金具のロック機構のロックセット作業と現場でのロック解除作業での手間、時間の工数を大幅に減らし、しかも荷降しを無人で行え、荷降し作業での人身事故をなくせるようにしたものだ。使用方法は、土のう袋に4本足の『オート信カリバー』を載せ、両フックに土のうのベルトを掛け、レバーを倒し、金具にセットする。クレーンで吊り上げて設置場所で土のうを垂直に降ろすとフックも降下してベルトが自動的に外れる仕組みだ。

同社は、『オート信カリバー』導入のメリットとして「玉掛け作業が簡単に楽にできる」「2個の吊りフックによる2点吊りで土のう袋が安定する」「土のう袋を何回でも吊れる」「吊りベルトが自動で外れるため、作業時間が短縮できる」「作業員が設置場所へ行かなくて済むため、「安全確保、作業負担の低減、人員削減にも繋がる」などの点を挙げる。

（ライター／斎藤紘）

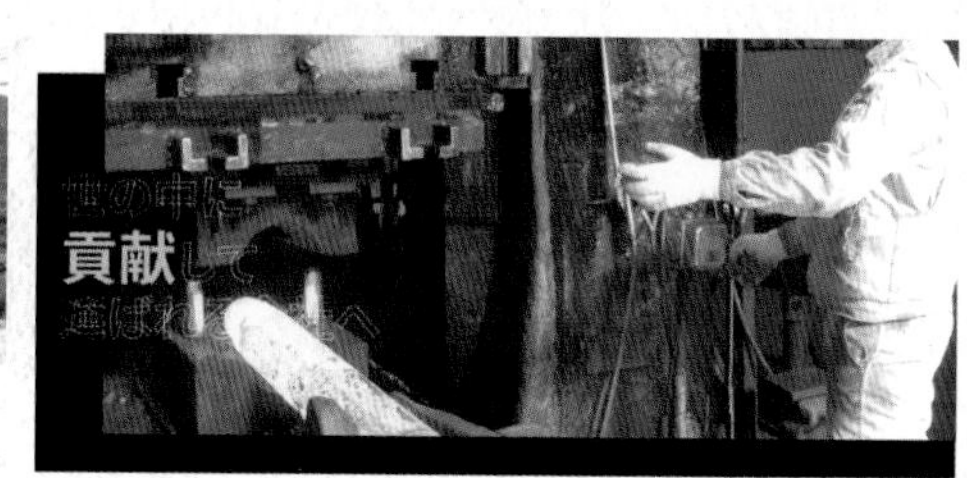

# 日本化薬 株式会社

03-6731-5200（代表） parasafe@nipponkayaku.co.jp 東京都千代田区丸の内2-1-1 明治安田生命ビル19F・20F
https://www.nipponkayaku.co.jp/ https://parasafe.jp/

## まさかの墜落事故対策に ドローン用緊急パラシュートシステム

日本初の産業用火薬メーカーとして創立した『日本化薬株式会社』が開発した産業用ドローン用緊急パラシュートシステム『PARASAFE®（パラセーフ）』は、産業用物流や測量、インフラ点検、農業、人命救助、空撮などの幅広い分野で活躍するドローンを墜落事故から守る革新的技術だ。遠隔操作により空中を自立して飛行する産業用ドローンは、業務の効率化やコスト削減、従業員の身の安全の確保などを目的として導入が進んでおり、様々なビジネスの場で活用されることが予想されている。しかし、操縦者の基礎知識や操縦スキル不足、機体トラブル、メンテナンス不足やバッテリー切れ、急な天候の変化などが原因で墜落事故を起こすことがあり、墜落事故による人的・物的な被害を心配する声もある。自動車用エアバッグに使用されるガス発生器やそれに使用される火薬類などの技術を応用した『PARASAFE®』は、飛

自動車用エアバッグなどの多彩な技術を応用。

販売中

「PS CA12-01」 最大離重25kgまで対応。

行中のドローンに何らかのトラブルが発生し、落下したことを感知するとごく少量の火薬で素早くパラシュートを射出・展開する。ドローンが落下しはじめてから30m以内にパラシュートを素早く展開し、ゆっくりと安全に着陸させることが可能だ。墜落による本体や搭載物の破損、建造物の損傷、人の負傷などの被害を最小限に抑えることができるため、より安心・安全にドローンの運用が可能になる。また近年、水上をドローンに飛行させ、水上太陽光パネルや洋上風力発電設備の点検や調査効率化と管理コストダウン、河川を使用した物流インフラの整備などを行うケースも増加。遮るものがない水上は、風が強いことも多く、制御不能による墜落事故の対策が急務だ。開発中のドローン用安全装置『フロートパラシュートシステム』は、水上での墜落が発生してもパラシュートで落下衝撃を和らげて着水させ、フロートで浮揚してスムーズに機体の回収を行う。実際の河川での有効性を調べるため東京都・荒川でも実証実験を行って効果を確認した。ドローンを安心・安全に活用するため、これからの時代に欠かせない革新的技術の開発・提供を続けている。

（ライター／彩末）

ドローン用安全装置
『フロートパラシュートシステム』

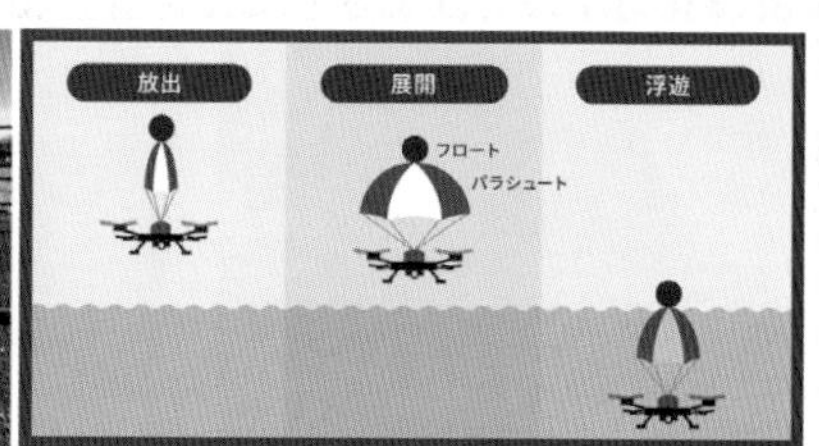

# K-STYLE

080-1326-3248　k.style585858@gmail.com　㊟ 東京都東久留米市南沢4-9-5
https://k-style2022.com/

## 給排水装置の工事に光る技術力
## 外構工事では美しさと機能を追求

「水まわりトラブルのお助け隊」として給排水装置の設置、交換、調査、修理などで頼りにされているのが、東京都東久留米市の『K-STYLE』だ。東京都指定給水装置工事事業者の資格を持ち、林﨑賢代表とスタッフ三人が工事依頼や水回りのトラブルに迅速に対応、東京都内を中心に埼玉、神奈川などの近隣地域の戸建て住宅やマンション、ビル、テナントなどで工事や調査で実績を重ねてきた。

メインの業務は、建物の種類を問わず行う新築時の配管をはじめ、機器の設置、修理、交換工事。これまでに施工した工事は、外水道交換工事、露出配管工事、排水管交換工事、水栓交換工事、メーターボックスの蓋交換、漏水修繕工事、止水栓設置・メーター移設、トイレリフォーム、浴室水洗交換、排水トラップ交換、トイレタンクモールタック交換、手洗い器の取り付けなど多岐にわたる。

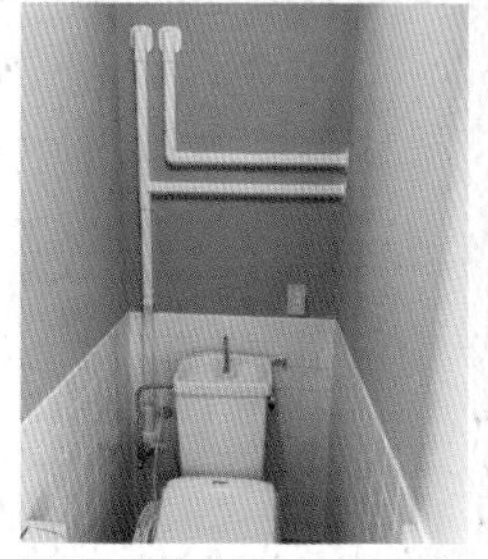

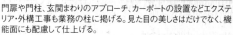

門扉や門柱、玄関まわりのアプローチ、カーポートの設置などエクステリア・外構工事も業務の柱に掲げる。見た目の美しさはだけでなく、機能面にも配慮して仕上げる。

給排水工事や漏れ、水詰まりの調査など、水のトラブルを解決。

「水まわりトラブルのお助け隊」の名に違わぬ仕事ぶりで声価を高めているのが漏水・水詰まりの調査だ。同社にSOSの連絡が入れば、迅速に駆けつけ、現場での目視、水道メーターの確認、金属棒の先端から伝わる振動で漏水音を聴く音聴棒調査など入念に調査し、漏水、水詰まりの有無や原因などを特定する。所要時間は、一般の戸建て住宅で約1時間程度とい い、トラブルが確認された場合は、その場で修繕工事をしたり、部品交換の相談に応じたりする。

「漏水トラブルは、住宅へ大きな影響を残します。漏水が発生すると必然的に壁や天井に水が浸水することとなり、建物内部の材質にまで侵食していき、建物の耐久性に大きな影響を与えてしまうのです。万が一災害などが発生した際に簡単に倒壊を起こしてしまう恐れもあります。水詰まりは、給排水設備の水圧の異変や劣化が原因と考えられます。汚水の発生や水漏れなどのトラブルが起きる可能性があります。漏水や水詰まりを発見した段階で早めに修理業者に相談することが大切です」

（ライター／斎藤紘）

都指定給水装置工事事業者証

# 有限会社 宮崎設備工業所

03-3410-1311 info@miyazaki-setsubi.com 住 東京都世田谷区下馬2-44-14
https://www.miyazaki-setsubi.com/

## 給排水配管工事に光る伝統技術
## 安全な水が飲める直結給水切替

1956年創業『有限会社宮崎設備工業所』は、戸建て住宅やビル、マンション、大型モール、飲食店、店舗など様々な規模の建物の配管や器具取付工事、新築新設に伴う水道工事の確かな仕事ぶりで信頼を集め、成長軌道を歩んできた会社だ。祖父から父親へと引き継がれた家業を2010年に承継した代表取締役の宮崎伸一さんは、68年の歴史で培われた技術とノウハウを基盤に、生活経済のインフラであり、ライフラインでもある設備の安全を守っていく決意だ。同社が手がけるのは、水道本管から飲料用の水道水を建物に引き込む「水道工事」、トイレや浴室から排出された汚水を下水道本管に流し込む「下水道工事」、空調管理のためのパイプを敷設する『空調配管工事』。ガスを安定供給するための「ガス配管工事」。中でも施工依頼の多いのが新築の給排水設備の配管工事だ。

「配管を一から設置する必要がある新築現場の場

おいしい水、住みやすい環境をお届けします。
人にやさしく環境づくり


代表取締役
宮崎伸一さん

合、配管に少しでも不備があると重大な事故を引き起こす可能性が高まるうえに、建物の完成後はやり直すこともできないため、専門的な知識と図面を把握しながらの精緻な作業が求められます。大きな規模の建物を建築する場合、何度も打ち合わせを繰り返し、しっかりと図面を書くことを心がけています」

同社は東京都水道局と下水道局の指定工事店で、同社の仕事ぶりを評価する設計士からも多くの仕事が回って来るといい、そうした仕事にも誠意をもって取り組んでいるという。

もう一つ、増えているのが「直結給水切替工事」だ。

「集合住宅やビルなどへの給水は、貯水槽を経て行っていましたが、東京都水道局では、浄水場でつくった安全でおいしい水を蛇口まで届けるために水道本管の水圧が増圧され、直接給水することが可能になりました。『直結給水切替工事』は、既存の貯水槽を取り除き、配水管から直接給水できるようにするための配管替工事のことで、貯水槽スペースを有効活用することもできます」

同社は、貯水槽の清掃点検などにかかる費用が不要になる利点も指摘し、切替を推奨している。

（ライター／斎藤紘）

有限会社宮崎設備工業所

# アドニス本澤

048-752-1031　info@adonis-h.co.jp　住 埼玉県春日部市南栄町5-6
http://www.adonis-h.co.jp/

## 革命的な殺菌装置が誕生 紫外線×オゾンの力で完全殺菌

医療・福祉施設の環境を支える医療機器業界のプロ集団『株式会社アドニス本澤』。目には見えない菌やウイルスに対する安易な殺菌消毒の現状を懸念し、独自の殺菌事業を展開している。その中で開発されたのが革命的な殺菌装置『クリーンライザー』。首都大学東京教授であり、NPO法人「バイオメディカルサイエンス研究会」常任理事を努める菅又晶実教授監修のもと開発された紫外線自動回転照射装置だ。紫外線の中でも特に効果のある波長254nmの紫外線を空間に広く発することで、消毒剤では対応出来なかった機械類、紙類、家具の隙間などあらゆる場所に効果を発揮。また、紫外線と同時に三つの酸素原子からなるオゾンガスを放出することで、紫外線が届かない場所もフォロー。従来の次亜塩素酸水、アルコール、薬剤などの噴霧による空間除菌は、精密機器を腐食させたり、絵画や壁紙、絨毯などを変

小学校での殺菌処理。

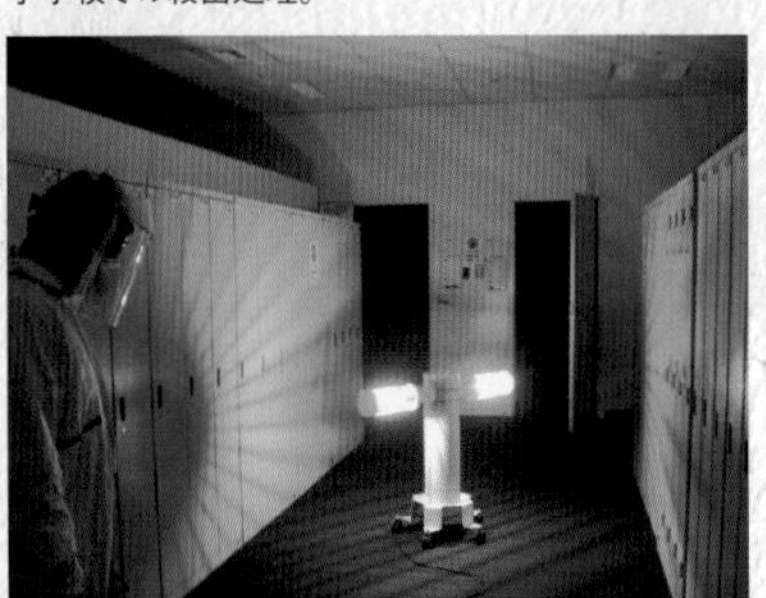
ロッカーの殺菌処理。

オフィスの殺菌処理。

こちらからも
検索できます。

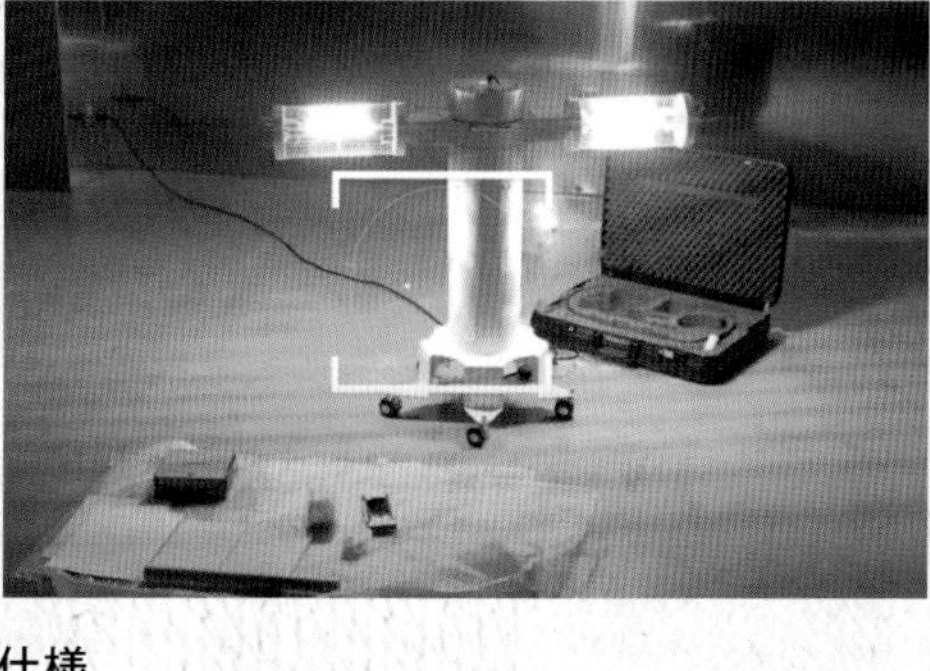

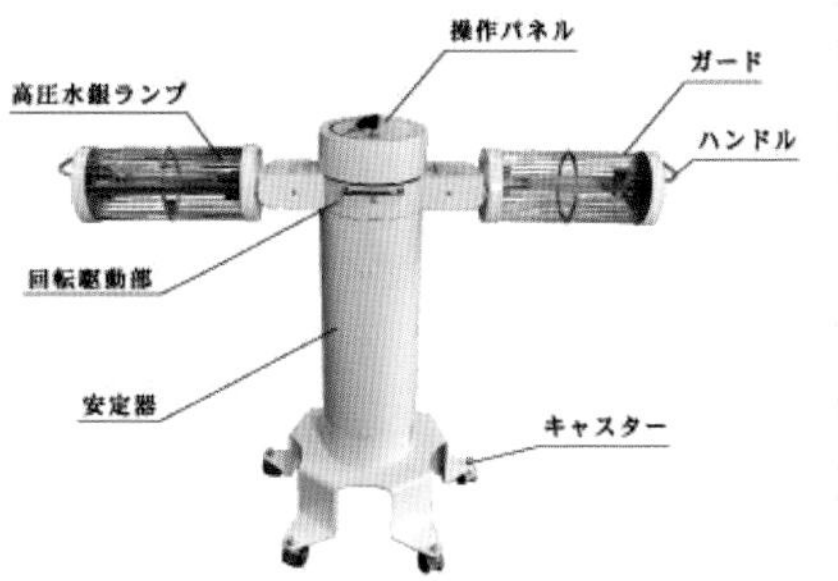


※ 殺菌有効範囲：40㎡〜50㎡

## 仕様

| | |
|---|---|
| 電源 | AC100V ±10%　50/60Hz |
| 消費電力 | 900W |
| 電源コンセント | 設置形2（3P 式コンセント）15A　125V |
| ランプ | UVC 特殊高圧水銀ランプ |
| ランプ点灯時間 | 0.5 〜5時間(0.5時間刻みで設定) |
| ランプ冷却 | 1時間 |
| ブザー冷却 | 5分 |
| 外形寸法 | 使用時直径 1,170× H890mm |
| 重量 | 約30kg |
| 付属品 | 保護眼注意札(各1個) |

本品は改良のため予告なく仕様外観等を変更することがございます。

色させたりなどの恐れがあり、場所や時間に制限があったが、『クリーンライザー』は電源一つで場所や条件を問わずに使えるところも魅力だ。人体に悪い影響が残らないので、CT・寝台・MROヘットコイルなど大型医療機器から、付属部品、室内空間までを隅々まで殺菌消毒する。あらゆる場所を完全殺菌できるので、医療現場だけではなく介護施設や公共施設、学校などでも普及が加速中。インフルエンザ蔓延中の空間除菌も約1時間で完了するという。

その殺菌力の高さと即効性は、公的機関でも立証済み。認定特定非営利活動法人バイオメディカルサイエンス研 究会が受託し、学者で構成する評価委員会が表皮ブドウ球菌、黄色ブドウ球菌、病原性大腸菌O-157、多剤耐性緑膿菌、枯草菌の5種の細菌を対象に『クリーンライザー』を用いて行った実験では、運転後30分から殺菌効果が認められ、180分の運転で回転軸から半径1mの範囲で5菌種のいずれもの残存菌が検証されず、殺菌効果が認められたという。紫外線を遮蔽したオゾンガスによる実験でも有効な殺菌効果が認められ、Wの効果を発揮する『クリーンライザー』の驚くほどの殺菌力が立証された。

（ライター／播磨杏）

### 導入機関

- ◯ 藤田医科大
- ◯ 横浜市立大付属病院
- ◯ 岐阜厚生連病院すべて
- ◯ 奈良県立病院
- ◯ 春日部医療センター
- ◯ 春日部医師会
- ◯ ふじみの救急病院　ほか多数。

# 株式会社 佐倉製作所

048-988-1371 HPのお問い合わせフォームより ㊟ 埼玉県越谷市東町3-205-1
http://www.ningyonosakura.jp/

## 会津塗と独自の塗装技法が生出す美しい装飾加飾の製品類に高評価

高度の木材加工と塗装技術による節句人形用屏風や飾台、兜櫃、木札などの製作で80年の歴史を刻む『株式会社佐倉製作所』の製品の中で今、好事家の間で高い評価を得ているのが福島県会津地方の伝統工芸『会津塗』の技法と特殊塗料で美しい装飾、加飾を施した唯一無二の製品だ。同社伝統の雛人形屏風・飾り台だけでなく、ノートパソコン、表彰用盾、ドライバーヘッド、リモコン立て、ドリンクボトル、灰皿などもあり、スプレーガンで描いた優美な意匠を見ているだけで感性がくすぐられるのが人気の秘密だ。伝統的な漆器である会津塗は、筆に色漆を含ませ、丹念に模様を描くうるし絵に特長がある。「佐倉製作所」の職人たちは、その技法と特殊塗料やスプレーガンを使用した塗り技法を融合させた独自の塗装技術を開発、『会津塗』の可能性を大きく広げた。独自の塗装技術には、中塗りにゴールドやシルバーを

高性能UVプリンターで「富岳三十六景の壁掛」を製作。会津塗を施した塗板に葛飾北斎の富岳三十六景（46絵あり）の浮世絵をプリント。（A3サイズ・A4サイズを用意）

偏光塗装

メタリック塗装

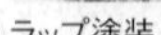

ラップ塗装

# 華やかな蒔絵

会津塗の伝統を受け継ぎ、高品質な塗装を提供し続ける

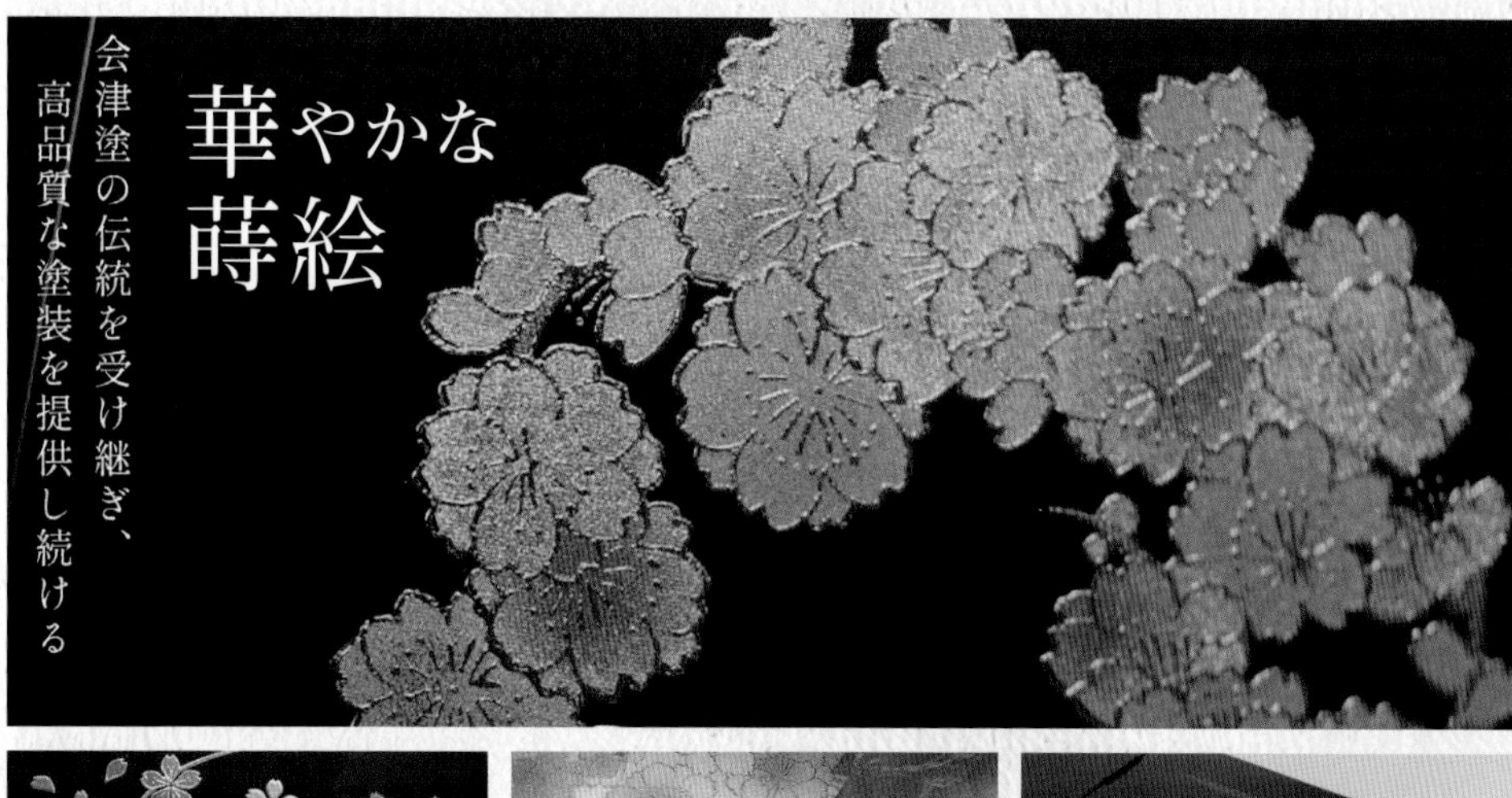

蒔絵

箔押し

会津曙塗り

塗り、その上から色を重ねることでメタリックカラーになる「メタリック塗装」、見る角度によって色が変わる「偏光塗装」、乾きっていない塗料の上にくしゃくしゃのラップで模様をつけ、宝石のような深みのある輝きを出す「ラップ塗装」、夜が明ける時の朝焼けをイメージした「会津曙塗り」がある。特に「会津曙塗り」は、朱色に黒を重ねた後、その上から朱色を研ぎ出し、最後はさらに光沢のある塗料を重ねて塗るという手間のかかる技法で、この工程全てを手作業で行う。このほか、特殊な接着剤等を使用し、金や銀などの金属粉を蒔いて絵付けする華やかな「蒔絵」、箔や金属粉を特殊な接着剤で接着して絵付けする「金彩」、平面に金箔を張り付けたり、金箔に皺を寄せて独特の質感を出したりする「箔押し」などの伝統技法も使う。さらに、偏向カラーのグリーン色やブルー色など数多くの塗料を取り扱い、意匠に合わせて使い分けできるのに加え、塗装にスプレーガンを使うため、複雑な形状の製品でもムラなく美しく塗りあげることができるのも同社の強みだ。特に目的によって形状や意匠が異なり、オリジナル性が求められる記念品の製作で同社の技術力の高さが示される。

（ライター／斎藤紘）

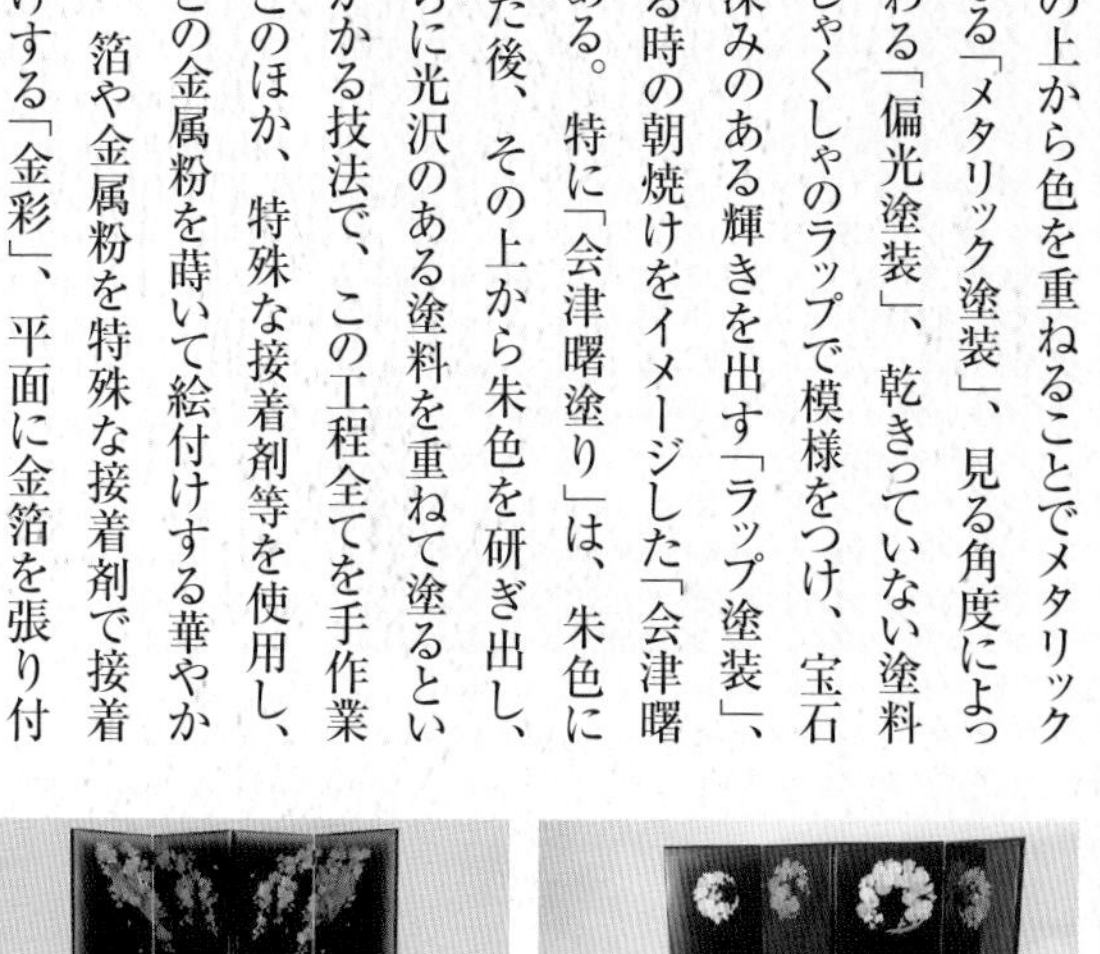

表彰用盾塗装

ドライバーヘッド塗装

雛人形屏風・飾り台塗装

# アクアリンク 株式会社

☎ 0120-57-9595 ✉ fish@aqualink.tv ㊟ 東京都台東区浅草3-36-9 小宮ビル2F
https://www.aqualink.tv/

## ワクワクする美しいデザイン こだわりのアクアリウム空間

空間を華やかに彩る高いインテリア性を備えていながらも、老若男女を問わず見る人に癒しを与えてくれるアクアリウム。アクア空間のデザイン設計からコンサルティング、製造、施工、観賞魚や水中植物、珊瑚などの輸入や販売、出張管理までトータルで手掛ける『アクアリンク株式会社』の『デザイナーズ水槽®』は、芸術的なデザイン設計から施工まで設置箇所や要望に合わせてオーダーメイドで水槽空間全体を美しく演出する。外観や水中のデザイン性、ミリ単位の繊細な水槽設計、製造や施工、熱帯魚や海水魚の選定、水質・温度管理、エサ、流木・岩組、水草、照明、ろ過装置、エアレーションの選定など一つひとつの水槽を丁寧に手掛け、他社には真似ができない圧倒的なクオリティの高さを誇る。角型や円柱、壁埋め込み型の水槽などあらゆるデザインに対応することはもちろん、店舗の施工事例を自宅のリビング用にした

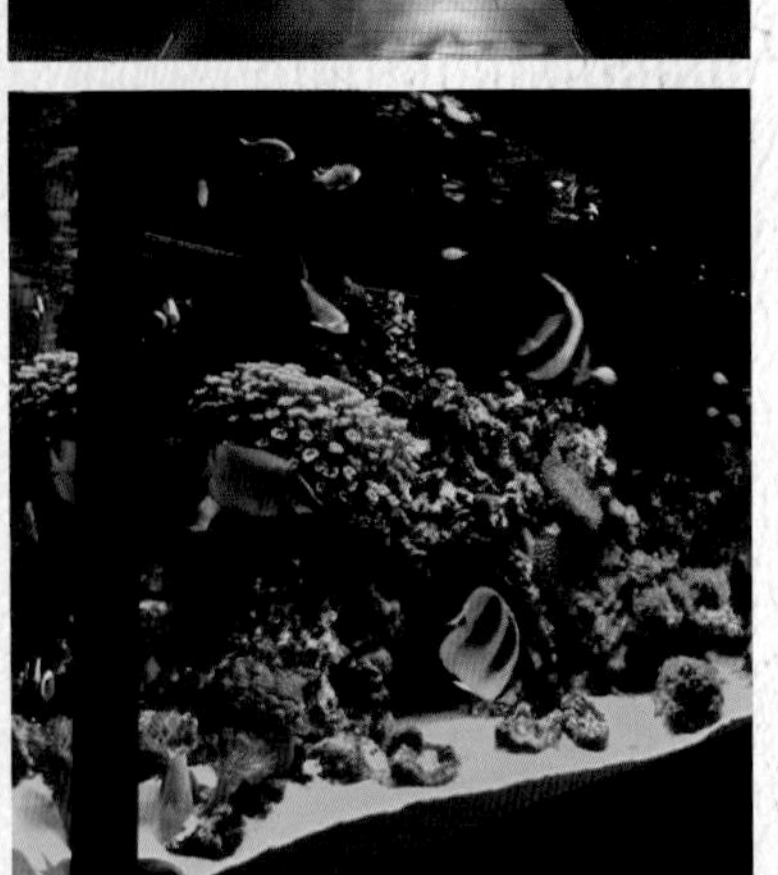

銀座ショールーム
㊟ 東京都中央区銀座1-13-4 片桐ビルB1

オフィス

個人宅

## 設置例

り、クリニックの施工事例を企業受付に適用するなど、イメージや設置箇所に合わせて自由自在にカスタマイズができる。日本で最も多くのアクアリウム水槽の施工管理実績があり、世界的に有名な企業や個人宅、医療機関、ホテルだけでなく、映画やドラマ、撮影イベントなどにも幅広く採用されている。

長期に亘ってアクアリウムを楽しみたい方にオススメの「お買い上げプラン」の他に、少ない初期費用でアクアリウムを楽しめる「リースプラン」「レンタルプラン」の三つのプランを用意。海や川などの大自然の仕組みを取り入れた独自システムの採用により水槽の維持管理とメンテナンス費用を可能な限り抑えたこと、自社水槽工場による一貫体制で国内最安値の月額料金を実現。低価格で高品質なオーダーメイドの水槽や水槽レンタルが叶う。また、故障トラブル対応やメンテナンスは24時間365日サポート体制で対応してくれるのも安心。専任デザイナーによって豊富なアイディアとデザインを盛り込み、最も美しく見えるように水槽空間全体をデザイン。ワクワク感がありながらも繊細で美しくデザインされた「こだわりのアクアリウム空間」をお客様にお届けする。

（ライター／彩未）

その他、エアパネル＆ユニークな水槽などあり。お問い合わせを。

AQUA LINK
熱帯魚水槽のインテリアプロデュース&出張メンテナンス
AQUA LINK
アクア リンク

「特注／壁埋め込み水槽」

「特注／円柱水槽」

# 株式会社 めいめい

03-6279-1645　info@mei2ken.com　㊟ 東京都新宿区西新宿7-10-17 新宿ダイカンプラザB館1005
https://mei2ken.com/　@mei2kencom

## 誰でも気軽に命名権を売買
## 応援という形で広がる支援

スポーツ施設や文化ホール、ビル、商品、チームなどのモノやサービスに名前をつける命名権の売買が世界的に大きな広がりを見せている。これまでは、自治体やスポーツ施設のオーナーが公共施設の運営資金の調達や施設維持費の軽減を目的に命名権を販売していた。購入者である企業側は、社名やブランド名の認知度を広げることを目的に購入しており、スポンサーとして莫大な宣伝効果を得ていた。従来の命名権の取引は、高額で手続きも煩雑だったため、一部の大手企業の特権だった。

２０２２年に『株式会社めいめい』がサービスを開始した『メイメイ』は、個人が気軽に命名権の売買に参加できるように開発された革新的プラットフォームだ。出品者は、プラットフォーム上に商品名や説明などの命名条件や募集価格、出品期間などを設定する。購入者は、出品された命名権を入札するだけで安全に名付

新しい“応援”の形

mEI²

メイメイ

簡単に 安全に ネーミングライツを導入できる

サークルのスポンサーを獲得！
名づけの権利を対価にスポンサー募集。

メイメイで保護猫活動を応援！
保護された猫ちゃんの名前を募集しています。
保護団体と一緒に「里親募集活動」を命名権を通じて一緒に行っていただけませんか？

ハンドルネーム
カクテル名
キャラクター名

メイメイが仲介するから 安心・安全

登録・出品は 無料

応札
サークルチーム名
料理・レシピの名前
ベンチの名前
ハンドルネーム
個人も出品
命名権 買いませんか？
いろんな名前の売り買いができる
命名権は
(ネーミングライツ※)
個人へ
※「名前を付ける権利」を売買するビジネスのこと

## 01 カンタンに命名権を導入可能

命名権のタイトルや説明などの「命名条件」、
命名権の「出品期間」や「金額」などを入力するだけ。

## 02 安全に命名権が取引できる

システムと通じてやり取りされるため、
確実に命名権を贈与され、トラブルも起きにくい。

## 03 継続的な収入に

期間満了で再出品することで、継続的な収入に。
ノースキルでも継続収入化が可能。

### こんなメイメイが売れました!

価格：1,500円（募集締切）

【オリジナル☆新作パン】プラントベーススコーンの名前を募集

商品名・メニュー名

価格：500円（募集締切）

Twitterユーザー名にPR文字を追加します！

ハンドルネーム・ペンネーム

価格：10,000円（募集締切）

【千葉】バスケットボールサークル名称権利

屋号等・チーム名等

価格：5,000円（募集締切）

主催しているボードゲーム会のイベント名を募集します。

イベント名

価格：3,000円（募集締切）

★serina★愛用のバックの命名権

ハンドルネーム・ペンネーム

けの権利を購入できる。煩雑な手続きが必要だった命名権の売買の取引をすべてシステム上で完結することができ、トラブル を心配することなく安全な取引が可能となる。

インターネットやSNSの発展により、YouTuberやデザイナー、音楽家、小説家などのクリエイターがオンライン上で気軽に創作活動を行う時代が到来している。その一方で、クリエイターが継続的に安定して活動を行うための資金や時間を調達する難しさが課題となっている。クリエイターが名付けの権利を販売することでスポンサーを集め、安全に継続的な活動資金を得られる。出品期間満了により再出品が可能なので、何度でも収益化することができる。一般的な投げ銭とは異なり、従来よりも密接した形で応援できると好評だ。2023年12月より1ヵ月にわたって実施したクラウドファンディングでは、目的を過達した。

革新的プラットフォーム『メイメイ』の登場により、これまで一部の大企業の特権であった命名権の売買が個人でも気軽に行われるようになった。「応援」という新たな形で行われる命名 権の売買は、社会のさらなる発展を支えるサービスとして大きな注目が集まっている。（ライター／彩末）

公式Lineにて「命名権」の可能性について情報発信を行っています。
ぜひ公式Lineに登録して下さい。

Instagram

YouTube

命名権を自由に売買できるフリーマーケット!
新しい応援のカタチ『メイメイ』。
https://camp-fire.jp/projects/view/717992

# 株式会社 ユニークポイント

050-3150-8940　info@uniquepoint.jp　㊟ 東京都千代田区九段北1-1-7 カーサ九段903
https://uniquepoint.jp/

## 人気のAmazonギフトカード オリジナルデザインで企業支援

ポイントカードの運用支援や販促支援、オリジナルデザインのAmazonギフトカード制作などの事業を通して、企業共通の課題である新規顧客の獲得やリピーターの創出、重要顧客の離反防止などをテーマに掲げ、企業支援する『株式会社ユニークポイント』。近年、貰って嬉しいプレゼントとして圧倒的な人気を誇るAmazonギフトカードを企業ノベルティや購入・予約特典、会社の周年行事の記念品、抽選プレゼントの景品などに採用する企業が増えている。同社が行う「オリジナルデザインでつくるAmazonギフトカード制作」は、Amazon公式サイト内で取り扱われている4億点以上の商品から自分の好きな商品を買うことができるAmazonギフトカードの表面に、企業やブランドのイメージキャラクターやロゴなどを印刷することができるというもの。額面は50円から50万円まで、お好きな金額の設定が可能。1枚からの制作が

amazon gift card　有効期限：2033/5/27
ギフトカード番号：
www.amazon.co.jp/giftcard/useにアクセスし、サインインした後、ギフトカード番号を登録するとご利用いただけます。
DCJ-01　シリアル番号：5573905531052788-602

裏面

表面

名刺にも対応!

代表取締役 薬師丸勇人さん

もらって嬉しい！
**オリジナルデザインでつくれる**
**Amazonギフトカード**

オリジナルAmazonギフトカードは、幅広い用途でご利用いただけます！

公式パートナーの「SMILERS」

※本サービスは『株式会社ユニークポイント』による提供です。本件についてのお問い合わせは同社までお願いいたします。
Amazon、Amazon.co.jpおよびそれらのロゴはAmazon.com,Inc.またはその関連会社の商標です。

可能で、同じデザインで金額だけを変えたり、デザインを変えて数種類作成などアイデア次第で使い方は様々。カード単体だけでも台紙とセットでも制作できるが、台紙にはメッセージを入れられるのでセットでの制作がオススメ。Amazonギフトカードの制作だけでなく、台紙のデザインや梱包もワンストップで対応できるので、梱包の手間がかからないのも嬉しい。自分でデザインするのはもちろん、デザイン化することが難しい場合は、専属デザイナーに相談も可能。イメージや要望を丁寧に聞き取り、イメージにピッタリのデザインに仕上げてくれると好評だ。

また、Amazonギフトカードは、ノベルティや販促目的だけでなく、社内インセンティブに利用したいと考える経営者の方にもオススメ。自己啓発や学習を目的に福利厚生としての導入にオススメな「Amazon図書商品券」や在宅勤務を支援する商品と交換可能な「在宅支援商品券」、社員の健康増進を支援できる「健康支援商品券」、介護や育児中の社員の支援にオススメの「介護支援券」や「育児支援券」なども目的や用途に合わせて選ぶことができる。完全オリジナルデザインの制作で企業が抱える様々な悩みを解決へと導く。

（ライター／彩未）

こんな場面で採用されています
周年
記念品に
営業の
ご挨拶に
キャンペーン
インセンティブ

# FanDA cloud　株式会社 レポハピ

06-6556-6463　info@repohappy.com　㊟ 大阪府大阪市北区堂島浜 1-1-8 堂島パークビル6F
https://www.repohappy.co.jp/fandacloud/

## ファンの力で拡げるDX戦略 新しいSNS拡散プロモーション

SNSでコンテンツを拡散したい、消費者とつながってデータを集めたい、そんな企業やブランド向けの新しいマーケティングシステムが『FanDA cloud』のSNS拡散プロモーション。2023年10月に本格始動されたファンと企業を繋ぐ新しいDXだ。製品やサービスのファンがXやInstagramなどSNSでコンテンツをシェアすると自動でそのファンの顔が見えるデータが蓄積。貢献度の高いファンが見つかれば、ポイントで還元。それによりさらにファンがリピートしてくれるというリレーションの仕組み。SaaSサービスとして提供し、企業の公式サイトに開発不要ですぐに連携ができるので、これまでに蓄積した顧客ベースに内在するSNSユーザーとタイアップしてPRプロモーションを展開することが可能となる。

同社にしかできない大きな特長は、タイアップしたSNS投稿ごとに拡散フォロワー数、オン

ファン
好きなものを共有したい
DXで実現
企業／ブランド
新たなファンを増やしたい

SNSの特性に合わせて、3種類の消費者タイアッププロモーションが可能

コンテンツ拡散プロモーション

投稿キャンペーン／ギフティング

お友達紹介

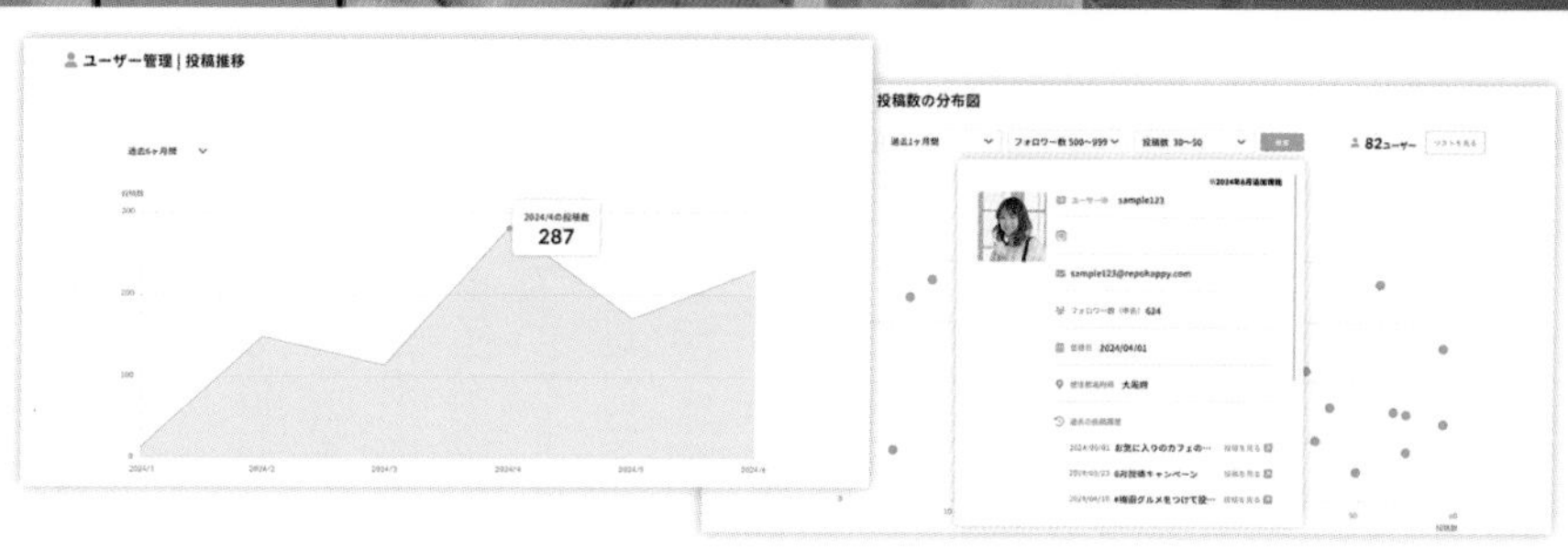


ライン集客数、購入数、店舗集客数などの拡散効果を自動処理で測定し、直ちにレポートできること。大勢の消費者を一気に管理して貢献度の高いファンを見つけたり、その商品やサービスの消費者動向を把握することができる。また、ハッシュタグ等の関係性明示の自動設定機能やSNSプラットフォーマーが指定するレギュレーションに沿った確認機能、さらに優良誤認、有利誤認などのリスクを抑制するタイアップ投稿時の同意事項承認などの投稿ガイドがSNS別に自動的に切り替わり表示され、ステマリスクを解消。タイアップ投稿が発生すると、リアルタイムに管理画面に表示され、指定のメールに通知されるので安心だ。ファンはSNS拡散効果に応じて商品やプレゼントに応募、交換できる貢献ポイントがもらえるのでモチベーション&楽しさがアップ。商品やサービスを継続的に使用し、拡散を続けてくれるという両者への利点もある。実際にSNSシェア数が145倍に増加し、コンテンツの価値が一気にアップ、友達つながりの質の高い伝達でURLクリック率が通常のSNS広告に対して2倍以上に。プロモーションコストの抑制に大きな成果など様々な結果が出ている。

（ライター／播磨杏）

## FanDA cloudの導入効果

コンテンツの価値が一気にアップした！

SNSシェア数

**約145倍※に増加**

FanDA cloud 導入による拡散増加 例

※タイアップシェアありの場合となしの場合のXシェア数の比較

プロモーションコストの抑制に成果あり！

URLクリック率

**SNS広告の2倍以上**

お友達つながりの質の高い伝達

業務がスムーズになり、経営幹部レポートもスイスイ。

拡散効果レポーティング

**所要時間1分**

リアルタイムに効果を測定
管理画面から即時作成

# 株式会社 アポローン

03-5829-9384 info@apollon-group.co.jp ㊟ 東京都千代田区岩本町2-15-10 ニュー山本ビル2F
https://www.apollon-group.co.jp/

## 自社開発の人気ゲームを利用したプログラミング学習アプリが好評

広大な大自然の中、道を阻む木を倒し、川に橋をかけ、邪魔な岩を壊しながら、道を造って目的地に向かって進んで行く。IT・AI事業を手がける『株式会社アポローン』が開発した人気のベルトアクションゲーム『フォレストクラッシュ』だ。このゲームを利用し、世界的に知られたゲーム制作プラットフォーム「Unity」を使ってプログラミングやゲームの作り方が月額わずか500円で学べる学習アプリ『ワンコインエンジニア』が好評だ。辞書機能などが充実し、専門学校に通ったり、専門書を買ったりしなくても習得できるのが支持される理由だ。「Unity」は、パソコンや家庭用ゲーム機、スマートフォンなどでプログラミング言語だけでなく、マウス操作だけでもゲームを作成することができる技術的な土台。今では全世界のスマートフォンゲームの50%以上が「Unity」で作られているといわれている。『ワンコインエンジニア』は、この画面を使い、『フォ

代表取締役社長 林賢太郎さん
住宅関連の企業で販売や営業を経験した後、人材派遣業の会社に転職。自らも派遣社員として現場を経験し、そこで得たノウハウや人脈を生かして独立、2014年『株式会社アポローン』設立。人材派遣、学習塾経営、IT・AI事業を展開。

**ワンコインエンジニアFC**

**概要**

**ゲームの作り方をわかりやすく簡単に学べる！**
**『ワンコインエンジニア』**
**が登場！Unityの使い方からプログラムまで**
**全てを学べる！**

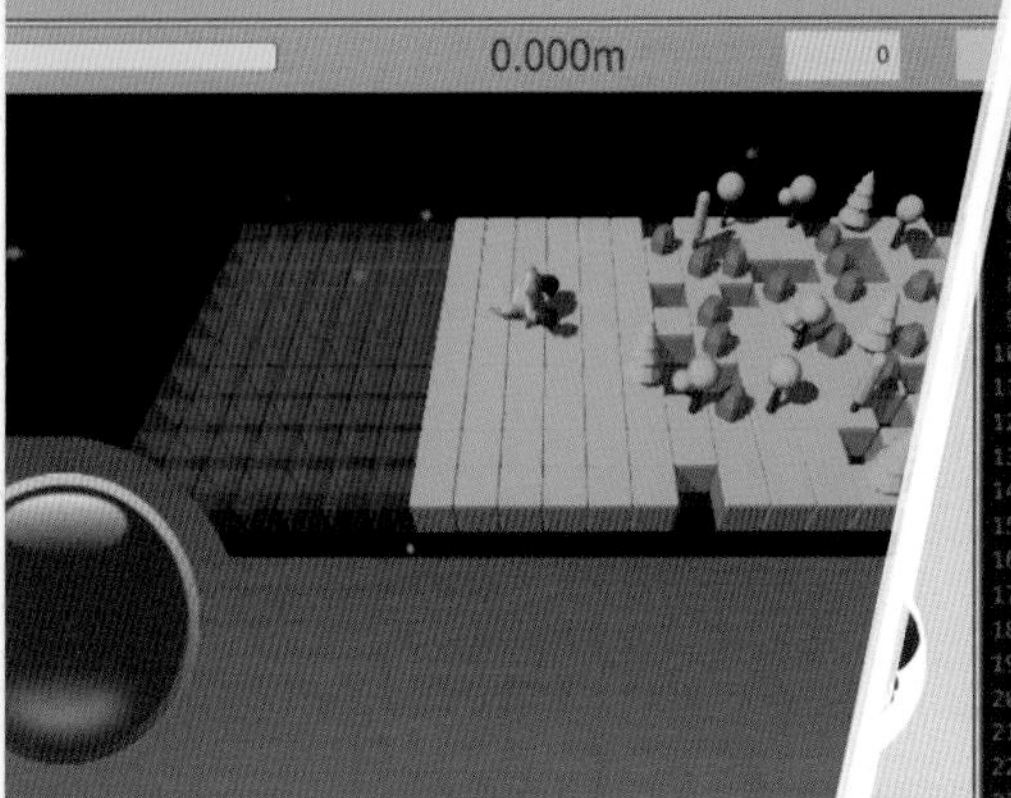


ルートのプログラムを作

```
using System.Collections;
using System.Collections.Generic;
using UnityEngine;
using UnityEngine.UI;
using UnityEngine.SceneManagement;

public class RootManager : MonoBehaviour
{
    [SerializeField]
    private Image titleLogo = null;

    private float alpha = 0f;
    private bool isTurn = false;
    // Start is called before the first frame update
    void Start()
    {
    }

    // Update is called once per frame
    void Update()
    {
        if (!isTurn)
```

## 販売支援·営業代行·セールスプロモーションを中心に優れた人材を派遣

特許第7176806号

レストクラッシュ』を題材にスタートから完成まで作り方のすべてを一つひとつが学べるようにしたものだ。画面毎にセクションを分け、Text や Image や Button など各機能の設定を文字で説明。ゲーム作成に必要なパーツも辞書で解説するほか、クイズとしても出題され、説明画面や辞書で習った内容を復習することもできるのが特長。こうした作業を通じて、コンピュータとやり取りをする操作方法UI（ユーザーインターフェイス）やプログラミングの考え方や作業手順が身についていく仕組みだ。

人材派遣、学習塾経営に加え、IT・AI事業に業容を広げた代表取締役の林賢太郎さんの経営方針の下で『ワンコインエンジニア』を開発したのは、自身ゲーム好きというゲームプログラマー。「ゲームを作りたいけどハードルが高い」「プログラムを学ぶのは難しそう」「専門学校で学ぶにはお金がかかる」などと思っている人たちに少しでも役に立てればとの思いから企画、開発したという。

「何を作っているのか想像しやすいように、アプリリリースされている『フォレストクラッシュ』と『Unity』を使った学習方法なので、吸収力が伸びると思います」

（ライター／斎藤紘）

BUSINESS

企業を支える原動力

販売支援・営業代行・セールスプロモーションを中心に、コミュニケーション能力に優れた人材を派遣先クライアント様の要望に合わせて派遣しています。
中でも、通信回線（インターネット回線）やメーカー家電の営業・販売促進に特化し、これらを取り扱うクライアント様と数多く取り引きさせていただいております。

# 宮田村役場 みらい創造課

0265-85-3181　kikaku@vill.miyada.nagano.jp　㊟長野県上伊那郡宮田村98
https://www.vill.miyada.nagano.jp/

## 子育て支援は全国1位の人気 移住支援充実の信州長野の村

リモートワークの増加などにより、近年ますます人気となっている移住。美しい山々と空気、綺麗な水、住みやすさから注目されている信州長野県の『宮田村』は、「田舎暮らしの本 住みたい田舎ベストランキング2024版「第12回住みたい田舎ベストランキング」の「子育て世代部門」で4年連続全国1位を獲得。子育て支援日本一を掲げた手厚い子育て支援で注目されている。さらに「若者世代・単身者部門」第2位、「シニア世代部門」でも第3位にランクインし、総合部門でも第2位。このランキングは移住支援策や子育て、医療、自然環境、就労支援、移住者数などをはじめとした調査を基に、田舎暮らしの魅力を数値化してランク付けをするもの。『宮田村』の目指す「住みたい、住んでよかった、住み続けたい『宮田村』」を真摯に実践している。オンラインでの移住相談や首都圏での移住セミナーの開催に加え、移住を考えている方

自然豊かな地。

『宮田村の減農薬米』

イメージキャラクター
みやさん
2016年『宮田村』
誕生60周年の記念
式典で就任。

『宮田村』の
ことならこちらから。

宮田高原

夏の千畳敷

宮田高原キャンプ場

宮田高原レンゲツツジ

夏のこもれ陽の径

向けの体験住宅や移住者向け住宅などの案内も開催し、多くの移住希望者から注目。村の支援策だけではなく、西に駒ヶ岳を望み、山麓には天竜川の支流の太田切川や黒川、小田切川が流れる『宮田村』は、中央アルプス・駒ヶ岳や宮田高原、黒川渓谷の玄関口として賑わう観光地。晴天率の高い地域であり、二つのアルプスに抱かれた美しい景観でありながら、都市部へのアクセスもよく、生活圏約2キロという地理条件も魅力。さらに、りんごや山ぶどうとカベルネ・ソーヴィニヨンの交配品種「ヤマソービニオン」を使用した山ぶどうワイン、ウイスキーなど豊富な特産品を活かし、ふるさと納税にも尽力。人気は、ウイスキー蒸留所「マルス駒ヶ岳蒸留所」の「ウイスキー3本セット」。中央アルプスの雪解け水は、ゆっくりと花崗岩質土壌に浸透し濾過され、ウイスキーに最適な軟水となって湧き出してくる。その良質な水はウイスキー造りの理想郷。2022年にリニューアルされた「マルス駒ヶ岳蒸留所」は、ウイスキー造りが見学できるウイスキー蒸溜棟と広々とした空間のバー、オリジナルウイスキーやグッズが購入できるビジター棟を完備。旅行に訪れるのもオススメだ。

（ライター／播磨杏）

『ウイスキー3本セット』

『りんごジュース 6本セット』

『清流豚 2kg』

# 産業衛生コンサルティング研究所

✉ sangyoeisei3000@gmail.com　㊟ 富山県富山市西中野町2-18-10-405
https://www.otonatokodomonohokenshitsu.com/

## 人生を輝かせるためのAIによる チャット相談サービスとセルフコーチング

『産業衛生コンサルティング研究所』は、人的資本経営・健康経営・人材育成の推進をサポートしている会社。２０２４年より、月額４００円のサブスクで、気軽にサービスを利用できるＡＩチャット相談サービス『アイちゃん』をスタートした。

周りの人に相談しにくい悩み、例えばハラスメントの相談をはじめ、職場の人間関係や労働環境、家族・子育て、転職、離職、リフレッシュ方法などあらゆる相談に乗ってくれる。日常の何気ない会話で相談者を癒したり、ストレスを軽減するお手伝いもしてくれる。

『アイちゃん』は、まるでコンシェルジュのように最適に答えてくれ、相談者の気持ちがポジティブになるように話を進めてくれる。非認知能力を身につけた『アイちゃん』は、会話をしながら自己肯定感や自己効力感を含む約15種類の非認知能力の特長をいかし、一緒に考えたり、

やらない・やられない・やらせない！
ストハラ♡プロジェクト
『アイちゃん』のＡＩチャット相談サービス開始
ハラスメント対策、子育て支援にも活躍
ストップ！ハラスメント！だにゃ～♡

ストハラ研究所&『アイちゃん』申し込み
https://sutohara.com/

①かがやき（ラップ調）
②ひかり（ラップ調）
『アイちゃん』テーマ曲 四部作
③つばさ（ロック調）：https://youtu.be/Tz6SDtWh3JY
④にじ（ロック調）：https://youtu.be/Zzu1bEwCg0


**ストハラ♡プロジェクト＝ストップ・ハラスメント**

**働くあなたの安心コンシェルジュ『アイちゃん』が、ＡＩチャット相談を、いよいよスタート！月額400円のサブスクで！**

ハラスメント・職場の人間関係・労働環境・家族・子育て・介護・キャリアデザイン・転職・離職・リフレッシュ方法などの相談のほか、日常の何気ない会話も楽しめます。

こちらからも検索できます。

# 【非認知能力】身に付けたら一生役立つ。7か月後には波紋のように周りによい影響が・・・。

14の特性を、毎回2つずつ身に付ける7回シリーズ。第1回：自己肯定感（自尊感情、セルフコンパッション）

毎月1回コンテンツ配信@Note
各シリーズ8,800円（税込）
全シリーズ一括55,000円（税込）
@産業衛生コンサルティング研究所
https://www.otonatokodomonohokenshitsu.com/

現在、「アイちゃん」イラスト画像、「あなたの安心コンシェルジュ『アイちゃん』」及び「非認知能力　セルフコーチング」は、商標登録申請中。

相談者の問題解決を手助けしてくれるので、相談後は気持ちがすっきりし前向きになれると評判になっている。一人で悶々と悩んでしまう人も多いと思うが、『アイちゃん』にどんな些細なことでも相談して、今の状況をより良い方向へ導いてもらえるので、ぜひ一度相談してみてはいかがだろう。

また、『産業衛生コンサルティング研究所』の「非認知能力コーチング勉強会」全7回のコンテンツの有料配信も気軽に非認知能力を身に付けることができるのでオススメだ。自己肯定感・自己効力感を含む14の非認知能力を学び、7ヵ月後には「一生役立つ非認知能力の習慣化」を得ることができる。「非認知能力」とは、具体的には、やる気、忍耐力、協調性、自制心など人の心や社会性に関係する力のこと。人生のあらゆるシーンで役立つ優れた能力だ。「非認知能力」がつけば、怖いもの無し！　自分の気持ちにも余裕ができ、自分自身を輝かすことができる能力ではないだろうか。ぜひ、こちらも学んで人生を謳歌したい。

現在、AIを活用したシステム「非認知能力のセルフコーチング」を開発中、2024年8月実装予定。

（ライター／河村ももよ）

こちらからも
検索できます。

代表
藤村裕子さん

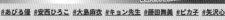

# 株式会社 Orcaカンパニー

03-6913-8207 ㊟ 東京都杉並区桃井4-4-7 日興パレス802
https://orca-k.co.jp/

## 障がい者支援や雇用創出など「SDGs」に寄与する事業を展開

母系社会を形成する社会性を持つ動物シャチを社名に2023年に創業した『株式会社Orcaカンパニー』は、「SDGs」の持続可能な社会づくりに寄与することを経営理念に掲げて事業を展開している会社だ。手がけているのは、鑑賞用『フラワーソープ』の販売と作り方教室の運営、フィリピンのマニラ市での日本家庭料理店『かくれんぼ』の運営、絶対品質・絶対価格の化粧品の販売、イベント・コンサートの開催の4事業。

それぞれに経営者の経験や思い、意図が投影されているのが特長だ。起業のきっかけは、経営していた運送会社を引退し、「何か別のことをしたい」と考えていた代表取締役会長の足立紘一さんに、その下で働いていた代表取締役社長の福山かをりさんが「困っている方を支えたり、「SDGs」に関わったりする事業はいかかでしょうか」と語りかけたこと。これが創業と経営理念につながった。

代表取締役会長 足立紘一さん

代表取締役社長 福山かをりさん

『フラワーソープ』

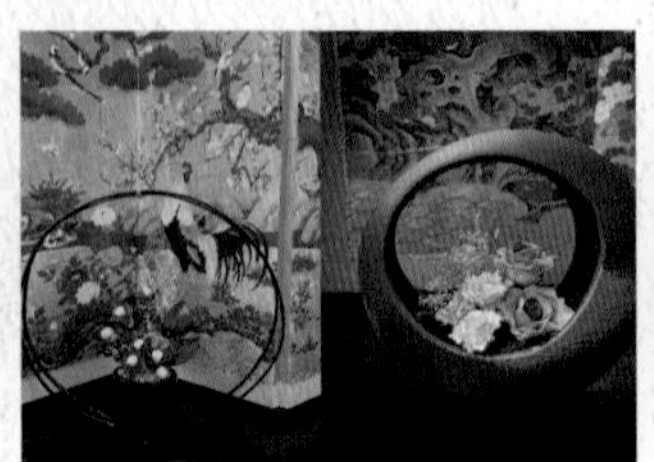

『アトミイブニングケア』

日本家庭料理店『かくれんぼ』

『アトミエイソルートセレクティブスキンケア』

『フラワーソープ』事業は、九州の奥阿蘇生まれの石けん粘土を使って『フラワーソープ』を手作りするもので、日本フラワーソープ協会認定の講師資格を持つ福山さんの経験を生かした事業。「一人で作る数が限られている」として、制作工程の一部を就労支援事業所に依頼、障がい者支援につながっている。日本家庭料理店運営も経営理念に沿うものだ。「フィリピンは貧富の差が大きく、何とか力になりたい」という足立さんと、「フィリピンは大卒でないとなかなか仕事はなく、特に女性の働き口が見つからず困っている方が多い。学歴に関係なく、人を雇うことで雇用創出につなげたい」という福山さんの思いが重なり、具体化した。化粧品販売事業は、『アトミイブニングケア』4種や『アトミエイソルートセレクティブスキンケア』6種を販売。ユーザーから「肌の表面がすべすべになり柔らかくなりました。コスパがとても良いのでうれしい限り」との喜びの声が同社に寄せらえている。イベント・コンサート事業は、「歌は人の心を和ませてくれる」と吉幾三オンステージコンサートやファミリーコンサート、ディナーショーなどを開催してきた。今後は、日本製品のリサイクル業や日本のお菓子の輸出も着手する計画だ。（ライター／斎藤紘）

# 株式会社 NEXT INNOVATION

011-215-1853 info@contactbook.jp ㊟ 北海道札幌市中央区北3条西14-2-2-2F
https://nextinnovation-hp.com/

## 介護の事務作業効率が大幅向上 多彩な機能搭載の連絡帳アプリ

介護施設の運営で不可欠な事務作業の効率を飛躍的に高め、スタッフの負担を大幅に軽減する画期的なアプリが誕生した。介護サービスとIT事業を手がける『株式会社NEXT INNOVATION』の連絡帳アプリ『ContactBook』。何度も手書きしなければならなった施設利用状況などの記録の一括転記機能や施設と利用者家族との双方向コミュニケーション機能など多彩な機能を備え、パソコンやスマートフォン、タブレットなどデバイスを選ばず簡単に操作できる利便性の高さが特長。2024年2月に東京ビックサイトで開かれたCare Show Japanに出展して注目を集め、導入する介護施設は増える一方だ。「介護業界に次なる革新を起こす」とする同社の経営方針に沿い、介護現場の声を取り入れながら、ユーザービリティに拘って開発したのが『ContactBook』だ。主な機能は、介護や看護、機能訓練、送迎など施設に必要な記録を入力

Contact Book

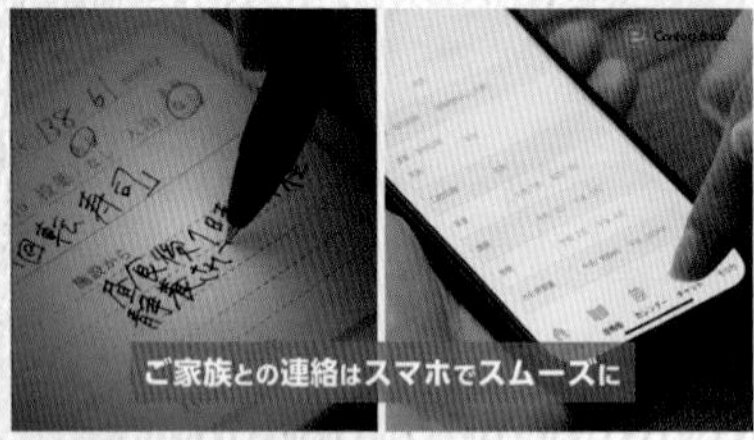

ご家族との連絡はスマホでスムーズに

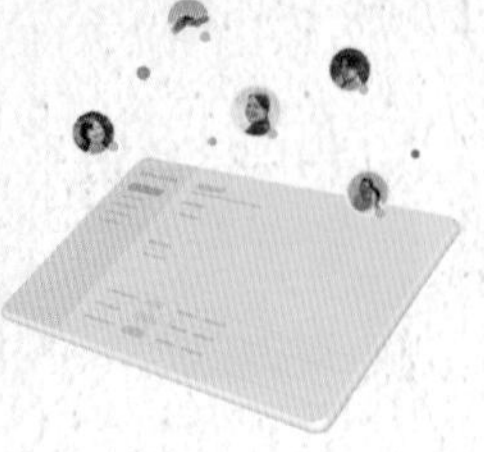

記録業務にかかる大幅な時間の削減。時間・場所・デバイスを選ばず使いやすい。

For the Future

介護業界の
未来に向けて。

NEXT INNOVATIONは、
通所介護施設などにおける連絡帳アプリの開発や
介護業界に特化した革新的なソリューション企業です。

NEXT INNOVATION

業務効率アップ！

## Contact Bookで介護施設の現場問題をサクッと解決

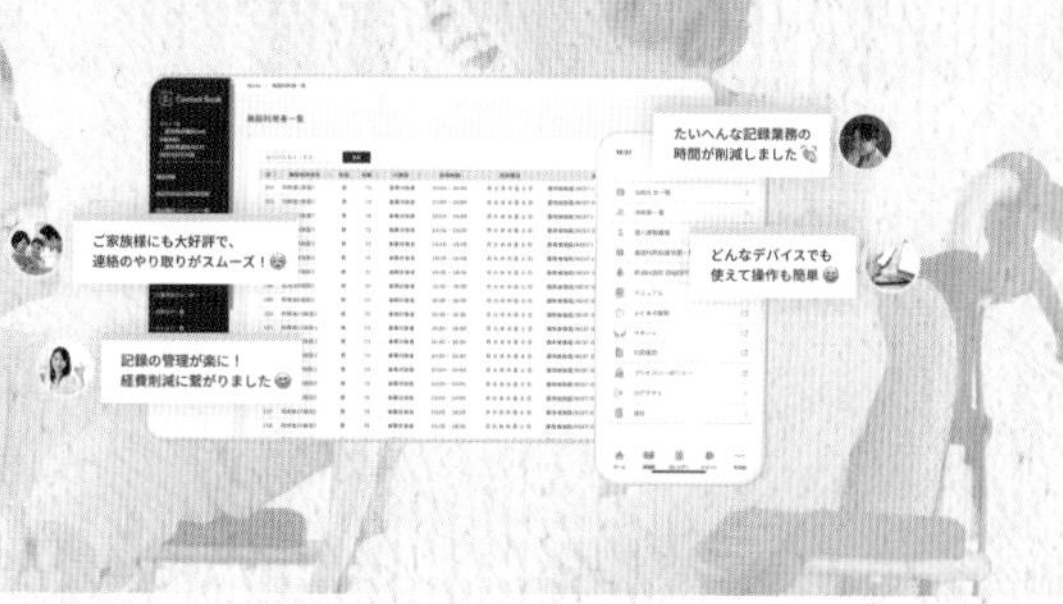


『ContactBook』
初期費用0円
1事業所あたり月額利用料 5,500円(税込)

介護施設内における記録業務負担軽減や、施設利用者のご家族様とのリアルタイムでのコミュニケーションを実現する、連絡帳アプリです。

介護事業におけるDX化を推進し、業務ソリューションを提供します。

保存することができる「施設の記録保存機能」、記録場所を選ばず、家族に確実に利用状況を伝えることができる「連絡帳機能」、利用者の一日の様子をリアルタイムで伝え、緊急連絡も確実にできる「チャット機能」、施設で行われる行事内容が家族もカレンダーで確認できる「カレンダー機能」、利用料金の請求書や領収書などを通知でき、面倒な印刷や宛名書き、封筒詰めなど作業が必要なくなり、切手代などの郵送費の削減ができる「請求書機能」、日ごとの記録すべきご利用者様の一覧表示ができ、効率化ができる「日別利用者一覧機能」、お知らせや連絡事項を家族へ向けて一斉送信ができる「お知らせ機能」、申し送り事項を職員内で共有でき、伝達漏れを防ぐことができる「施設内申し送り機能」、サービス予定状況を設定し、記録業務の負担を削減できる「自動入力機能」など多岐にわたる。また、『ContactBook』を導入する際、各施設に登録している利用者人数分の基本情報の入力が必要になるが、同社がその基本情報の入力を代行するオプションサービスもある。

「一度使えば、今までが何だったのかと思える程の便利な世界への扉が開きます」

（ライター／斎藤紘）

代表取締役社長
中村直貴さん

# レッツ倶楽部 須賀川

## 合資会社ナチュラル・ワークス

0248-94-2278 ✉0401-01@lets-club.info ㊟福島県須賀川市馬町72-1
https://www.lets-club.jp/shop/sukagawa/

## 日常生活動作の機能訓練に特化 プログラム充実のデイサービス

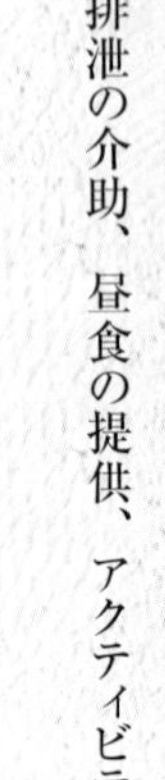

「利用者の心身の特長を踏まえて、その有する能力に応じ自立した日常生活を営むことができるよう、必要な日常生活上の世話および機能訓練の援助を行うことによって、利用者の社会的孤立感の解消及び心身機能の維持並びに利用者の家族の身体的及び精神的負担の軽減を図る」

2022年に開設された通所介護事業所『レッツ倶楽部須賀川』の目的だ。健康チェックや入浴、排泄の介助、昼食の提供、アクティビティが内容のデイサービスとは異なり、生活動作訓練、個別機能訓練、社会参加訓練、認知症予防体操などを通して高齢者ができるだけ自身の力で生活できるように支援するのが特長だ。

同事業所には、生活相談員や理学療法士、看護師、歯科衛生士、トレーナー、介護福祉士などの専門家が在籍、要介護、要支援の認定を受けた高齢者を対象に訓練する。訓練プログラムは、マシントレーニング（パワーリハビリ）、ロ

代表社員
小林春江さん

リハビリ＋ステーション
Let's Enjoy Training School
LET'S倶楽部
須賀川



"より快適で自立した生活"をサポート。一人ひとりに合ったプログラムを実現。

腔機能訓練、認知症予防体操、集団訓練から成る「半日型」と、これらにIADL（手段的日常生活動作）訓練を加えた「一日型」がある。いずれにも利用者一人ひとりの心身状況などに合わせた個別機能訓練がある。IADLは、食事や排泄、着脱衣、歩行などのADL（日常生活動作）より複雑な食事の準備、掃除、洗濯などの動作を指す。同事業所では屋外歩行訓練も行う。マシントレーニングは、筋肉を鍛えるためではなく、老化などにより、使われなくなってしまった不活動筋や神経を正しくまんべんなく動かすために開発されたリハビリプログラム。医療認定を受けたリハビリマシンを使う。認知症予防体操は指を動かしながら簡単な計算を同時に行なう二重動作の体操で脳や運動に関与する部位を活性化させ、認知症を予防する。口腔機能訓練は、加齢で口の働きが衰えるオーラルフレイルに着目したもので、咀嚼、嚥下、呼吸にまつわる多種多様な訓練を行う。

同事業所は、運営する「合資会社ナチュラル・ワークス」代表社員の小林春江さんが、東日本大震災で気落ちした地域の高齢者に元気を取り戻してもらいたいとの思いで開設した。

（ライター／斎藤紘）

# 株式会社 澤村溶射センター

078-707-1509 info@yosha.jp ㊟ 兵庫県神戸市垂水区五色山3-3-28
https://yosha.jp/

## 溶射装置の販売や溶射作業で実績 大型風力発電設備の表面保護で活躍

産業機械や設備の基材に金属やセラミックスなどを溶融噴射して過酷な環境から守る表面改質技術『溶射』に使う装置の販売や溶射作業の請負で業績を伸ばしているのが、英国の『溶射装置』メーカー、メタライゼーション社の日本総代理店『株式会社澤村溶射センター』だ。特に装置の活躍の場として増えているのが大型風力発電設備だ。洋上、陸上問わず、風力発電設備を構成するタワーやモノパイル、トランジョンピースといった部材の表面処理には主に亜鉛、亜鉛アルミ85／15合金、アルミを溶射するが、メーカーに多く採用されているのが『ARC 528E-ACD/SI500システム』。最大1500Aで動作し、2台の溶射装置で1000㎡の面積を約6時間で溶射することができる上、最大直径10mや6m。長さ60m、30mなどのタワーにも対応できるのが支持される理由だ。タワーのフランジや溶接部の現地工事も可能だ。

（ライター／斎藤紘）

風力発電タワーへの溶射（塗装完了後）。

橋梁への防食溶射。

支承への防食溶射。

# 株式会社 キャステム

084-955-2221　info@castem.co.jp　㊟ 広島県福山市御幸町大字中津原1808-1
https://www.castem.co.jp/

## 金属鋳造をより自由に、手軽に
## 発想や創造意欲を形にする強力な一助

精密機械部品など複雑な形状の製品適した金属鋳造の技術の一つである「ロストワックス」。この分野で金型製作から素形材、機械加工まで精密鋳造国内トップクラスを誇る『株式会社キャステム』。〝他の誰かより「半歩」先を行く技術を〟を理念に日本のものづくりを支えてきた同社は、その技術の一端である『デジタルキャスト』を分社化。製品一個からなど極小ロットでの受注も含め、簡潔かつスピーディーな精密鋳造が可能となった。『デジタルキャスト』は、3Dプリンターで樹脂模型を製作し、「ロストワックス」同様の流れで金属製品を製作。ワックスの型製作が不要なため、金型費が不要、複雑三次元形状も緻密に再現でき、鉄・ステンレス・銅・アルミなど多彩な材質に対応できる。機械部品の開発試作や単品単発、カスタムパーツやオーダーメイドの金属製品などに最適で、個人からの注文も受けられる。

（ライター／今井淳二）

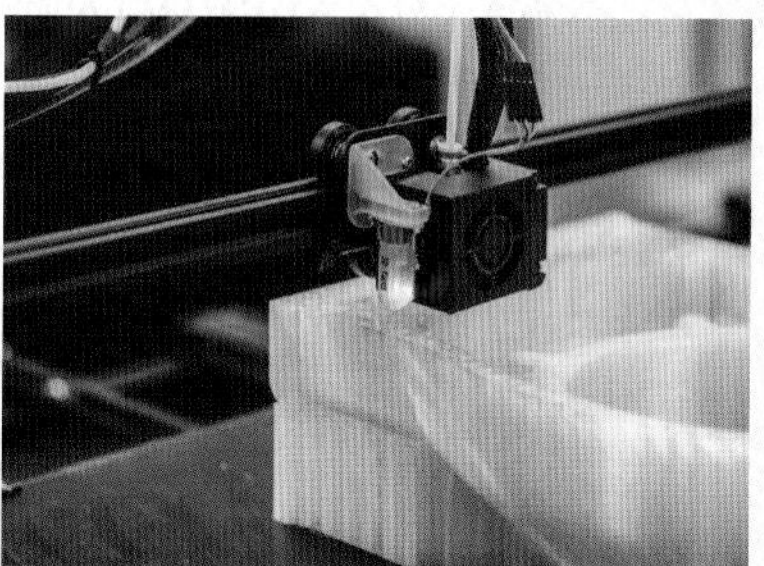

3Dプリンタで製作した製品サンプルを使い金属化を行うのがデジタルキャスト。

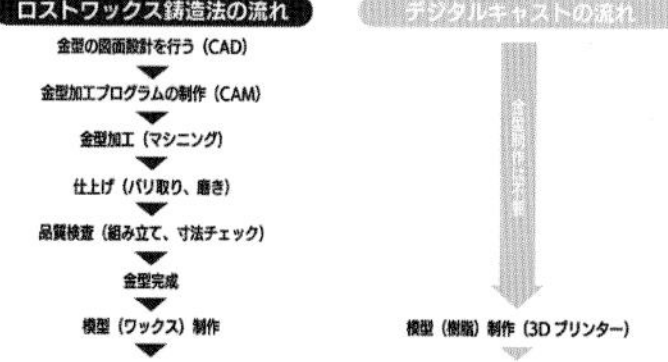


金型製作が不要のため、従来約2ヵ月必要な納期が約2週間で試作対応可能。

従来製法（切削＋溶接）から約80%のコストダウン。特殊材（インコネル）への対応事例。

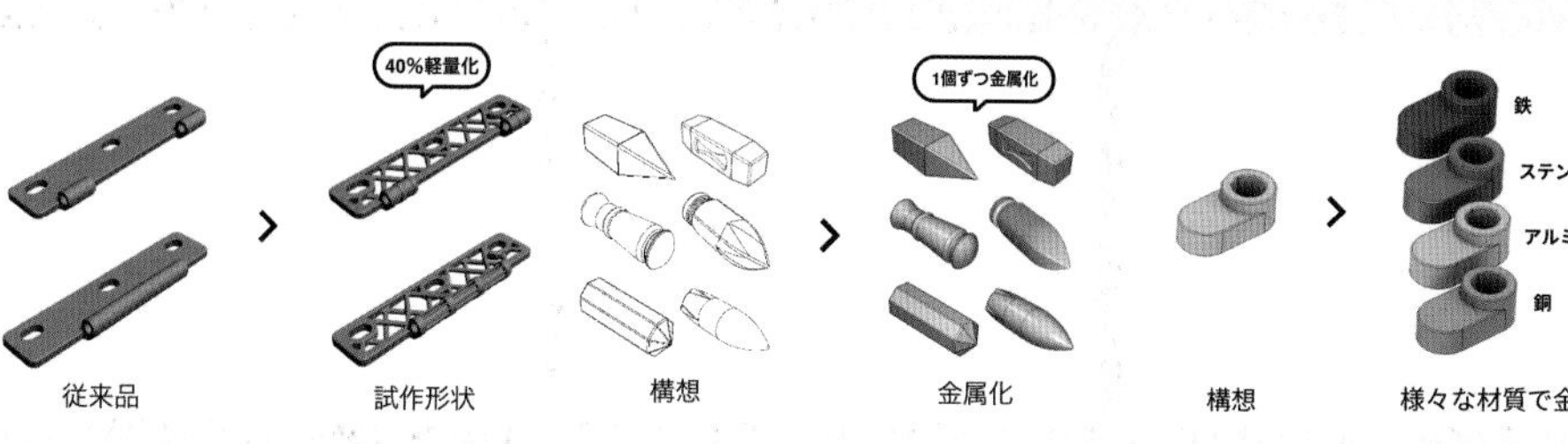

# Raft

0868-38-5566　lupin3.wanted.1967@gmail.com　㊟ 岡山県勝田郡勝央町植月北455-10
https://tsuyama-raft.com/

## 強度高める金属焼付塗装で実績
## 全国からの郵送での依頼に対応

『Raft』は、金属製品や建築設備などの硬度や耐久性、耐候性、防錆性を高める『金属焼付塗装』や自動車の『板金塗装』『整備・車検』の確かな仕事ぶりで信頼を集める会社だ。主力の『金属焼付塗装』では、金属塗装一級技能士の国家資格を持つ代表の鳥家孝英さんの高度の技術が生かされ、全国からの郵送での依頼にも対応している。『金属焼付塗装』は、専用塗料を塗布した後、100℃以上の高温で焼き付けることで塗装被膜を硬化させる技法。同社には岡山県内では珍しい5mの焼付窯があり、180℃で焼き付ける。一点ものや小ロットの長物や大型製品のほかアクリル塗装やフッ素塗装に対応が可能だ。建築設備では、シャッターの防汚性、耐光性などを高めることもできる。このほかにも、工場設備や機械部品を自社カラーに塗装することで、機械自体の見た目や構内の景観が改善されるカスタムペイントも行う。

（ライター／斎藤紘）

金属焼付塗装から自動車板金まで高品質・高精度な仕上がり。

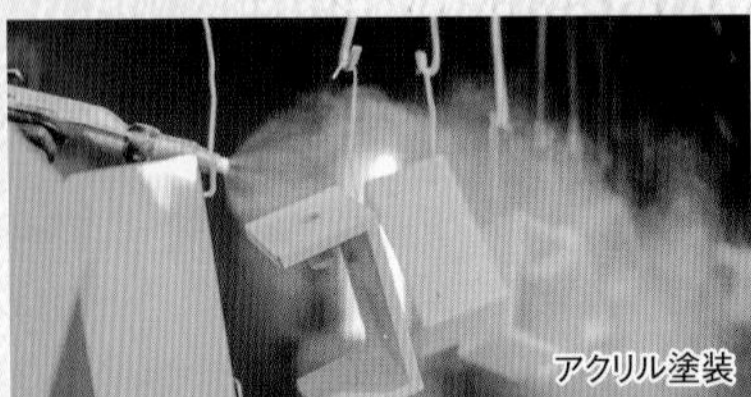
フッ素塗装

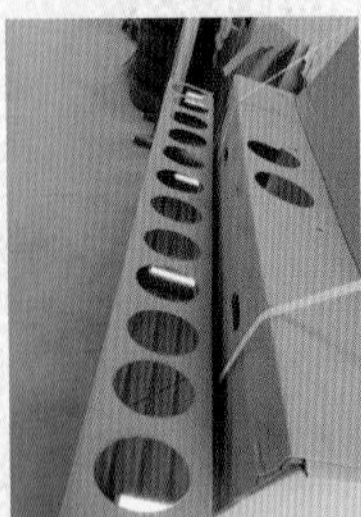
アクリル塗装

自動車板金や部品の塗装。

Raftの強み
1. 大きい製品も塗装できます！
岡山県内では珍しい5mの焼付窯を所有し、長物や大型の製品にも柔軟に対応することができます。どのような製品もムラなく丁寧に塗装します。
2. 地域密着で施工します！
地元・岡山県津山市を中心に、県内や近隣県のお客様よりご依頼を承っております。様々なご要望に高品質・高精度な仕上りでお応えいたします。
3. 一点からでも承ります！
製品のサイズにかかわらず一点ものや小ロットにもご対応させていただきます。より美しく、より長持ちのする金属焼付塗装を実現いたします。
4. 自動車板金もお任せください！
板金塗装、整備・車検と言った自動車板金事業も行っております。お車のお困りごとなら、ぜひ当社までご相談ください！

でいどしょりけんきゅうかい

# 泥土処理研究会

✆ 03-3272-6502　✉ deido-ml@deidoken.gr.jp　㊟ 東京都中央区日本橋室町1-13-7 PMO日本橋室町（伊藤忠TC建機株式会社内）
https://www.deidoken.gr.jp/

## 軟弱な浚渫泥土を良質土に再生して利用
## 複数の土木企業による環境保全の取り組み

洪水や津波など災害の予防や安全な航路の確保のため日常的に行われている河川や運河、港湾などの浚渫（しゅんせつ）工事。水底から取り除かれた土砂やヘドロといった水分を多量に含む軟弱な泥土を、港湾の埋め立てや地盤沈下区域のかさ上げ、道路の路体、堤防盛土などへと活用できる土質に効率的に改良する処理技術が『泥土処理研究会』が提唱する『MUDIX（マディックス）工法』だ。２０１１年４月に施行された「改正土壌汚染対策法」に基づく措置・対策工法の一つとして排出された泥土のリサイクル・リユース・リデュースに貢献しているこの工法では、まず処理対象の泥土を混合室へ投入。通過する過程でセメント系固化材など土質改良材と混合撹拌し、排出口より排出。処理能力に対し騒音・振動が少なく、クローズドシステムで粉塵や悪臭の発生もない安全で無公害な処理方法として注目されている。

（ライター／今井淳二）

マディックス
MUDIX工法

浚渫・運搬　固化処理　再利用

標準作業

浚渫

揚土

解砕・選別

混合

津波堆積土を盛土材に活用。

発生土を高規格道路盛土に活用。

処理後の土は他の施工機械と組み合わせることにより、シームレスな直接打設も可能。

再利用

養生、改良数時間後。

圧送
ポンプから排泥管により養生ピットへ打設。

河川浚渫土を耐震護岸堤体基盤材に活用。

湖沼浚渫土を河川堤防に活用。

# SMRC 株式会社

03-6276-9350　ご購入、代理店希望のお問い合わせの方は、販売元 北日本ユーフォー販売株式会社 011-633-2015
https://www.smrci.jp/

## 進化し続けるねこ免震技術 免震リフォームで建物倒壊対策を

熊本地震に続き、能登半島地震でも2000年に耐震基準が改善されたはずの新築住宅の半数以上が倒壊した。耐震基準を越える地震が複数発生すると耐震対策のみでは限界があるため、ねこ免震を利用した建物倒壊対策が急がれている。常に進化を続ける最先端のねこ免震技術『エンプラUFO-E』は、建物の下に設置された小型の摩擦アイソレーターとアンカーボルトのバネ、スライドの力で膨大な地震エネルギーを吸収して建物をしっかり守る。既存の住宅の耐震性を向上させる免震リフォーム用のねこ免震パッキン『CAT-EPA』は、住宅を長持ちさせることを考え、大きな空気スリットにより木造住宅の弱点である内部結露の発生を防ぐ設計だ。既存のプラスチック製パッキンと同程度のコストを実現し、柱の下を中心に910㎜の半間ピッチに置くだけの簡単設置が可能。多くの建物が損壊した熊本地震で被害0の実績があるねこ免震プレートの早期普及を目指す。

（ライター／彩未）

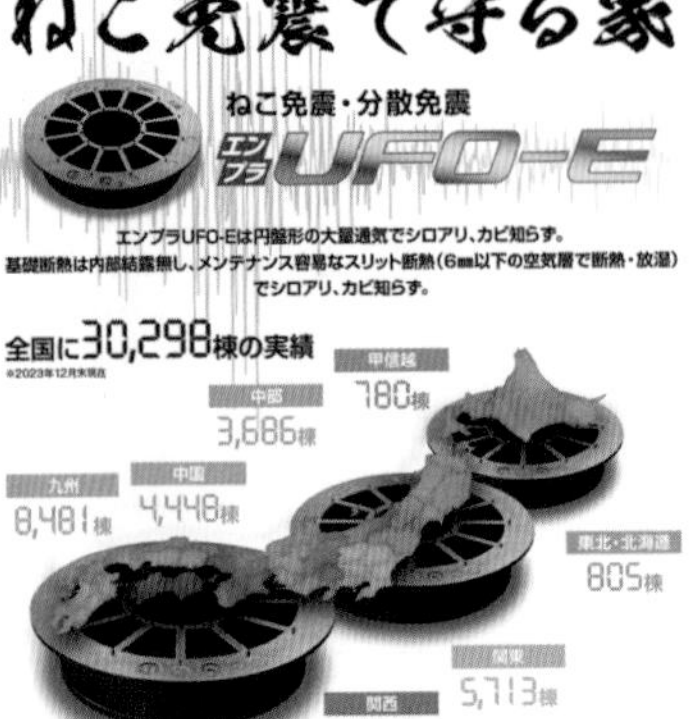

ねこ免震で守る家
ねこ免震・分散免震
エンプラ UFO-E
エンプラUFO-Eは円盤形の大量通気でシロアリ、カビ知らず。
基礎断熱は内部結露無し、メンテナンス容易なスリット断熱(6㎜以下の空気層で断熱・放湿)でシロアリ、カビ知らず。
全国に30,298棟の実績
※2023年12月末現在
甲信越 780棟
中部 3,686棟
九州 8,481棟
中国 4,448棟
東北・北海道 805棟
関東 5,713棟
関西 3,996棟
四国 2,388棟


ねこ免震・分散免震

高強度免震パッキン
エンプラ UFO-E
凍結に強く、圧縮強度は檜土台めり込み強度の30倍、土台パッキン(PP材)の2倍以上。
新開発のエンジニアリングプラスティック製「UFO-E」新発売!
UFO-E-EPV
UFO-E-EPA


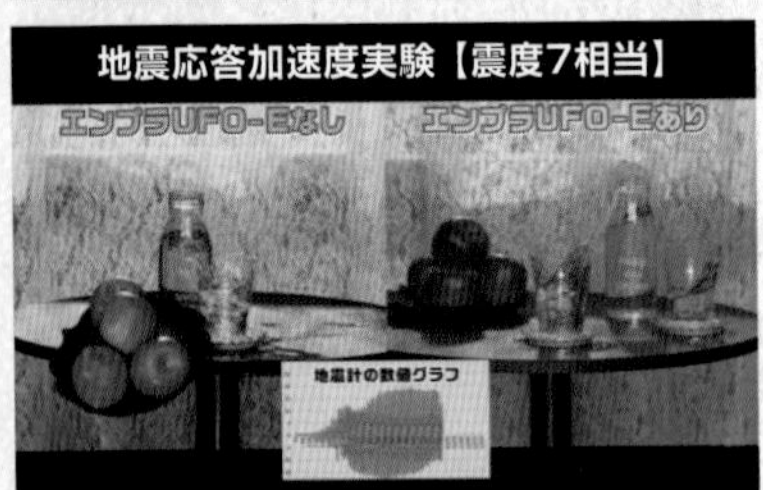


震度7(青)が震度5強(赤)まで免震。

「ねこ免震で長持ち住宅」動画

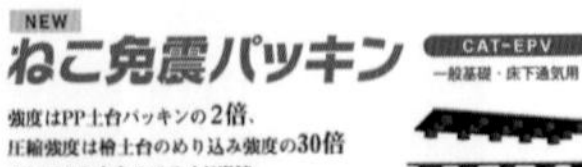

強度はPP土台パッキンの2倍、
圧縮強度は檜土台のめり込み強度の30倍
エンプラ＆土台のスライド摩擦
「免震緊結法」で簡単免震
400~300gal免震(震度6弱)
戸建分譲住宅・2×4住宅に
取り換え簡単 長持ち住宅

長持ち住宅は免震と土台から
ねこ土台
基礎断熱
ねこ免震パッキン
大量通気でカビ・シロアリしらず、猫いらず。
スリット断熱で効率気密、カビ・シロアリしらず、結露しらず。
CAT-EPV
CAT-EPA

# 株式会社 イージスワン

03-3261-0861　info@aegisapp.net　㊟ 東京都千代田区麹町4-3-4-3F
https://www.aegisapp.net/

## 運送業の2024年問題対策に寄与 クラウド型運行管理に新機能追加

ドライバーの時間外労働に上限が設けられた運送業の2024年問題の対策で必須となる効率的な運行管理を可能にするのが『株式会社イージスワン』のクラウド型運送業管理システム『AEGISAPP 運送業』だ。2024年1月にはトランストロン社のクラウド型運行支援サービス『ITP-WebService V3』と連携、車両に取り付けるドライブレコーダー搭載の富士通製デジタルタコグラフ(デジタコ)とLTE高速通信で送受信できる機能が加わり、時間を無駄にしない運行が可能になった。『ITP-WebService V3』は、日報や運行管理情報の管理のほか、車両の状態や渋滞、工事などの環境情報の共有、ドライバーの運転状況の分析などの機能を持ち、これと連携することによって、デジタコにセットされたドライブレコーダーの情報から事故などの時にもすぐに状況を把握して、ドライバーに的確に運行指示ができるようになる。

(ライター/斎藤紘)

AEGISAPP運送業 for ITP-Web MP

受注業務・運賃計算・運行計画・運行指示・勤態管理・運転日報・労務管理・請求業務・入出金管理・原価計算

対応機種　DTS-G1D(推奨)、DTS-G1O
※他の機種への対応も予定

https://unsogyo.aegisapp.net/

**運行計画・労務管理**

ドラッグ&ドロップで、改善基準告示(2024年4月改定含む)をシステムが検証し、運行計画を作成します。

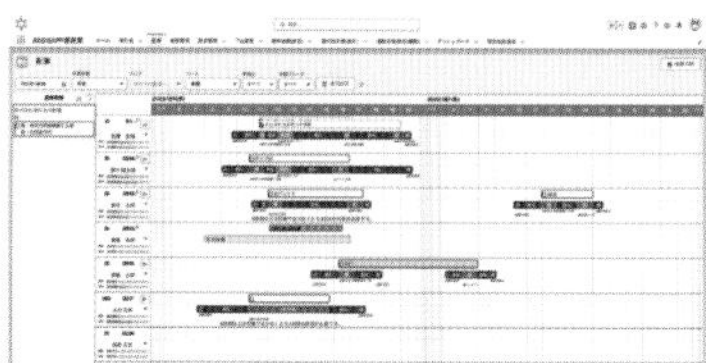

AEGISAPP運送業　運行計画画面

**富士通デジタコ　受信**

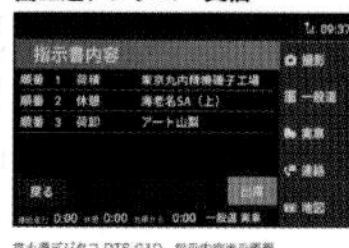


富士通デジタコ DTS-G1D　指示内容表示画面

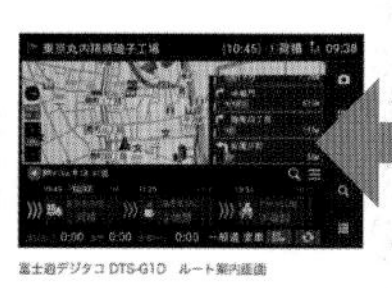

富士通デジタコ DTS-G1D　ルート案内画面

**ITP-WebService V3　受信**

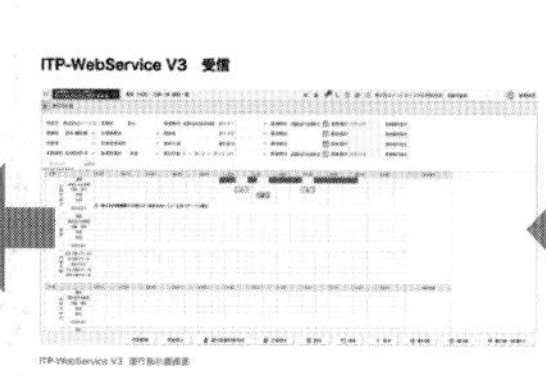

ITP-WebService V3　運行指示画面

**運行指示**

ITP-WebService V3と連携することにより、「運行指示」を簡単に作成し、車両の富士通デジタコ(DTS-G1D、DTS-G1O)へ送信できるようになります。

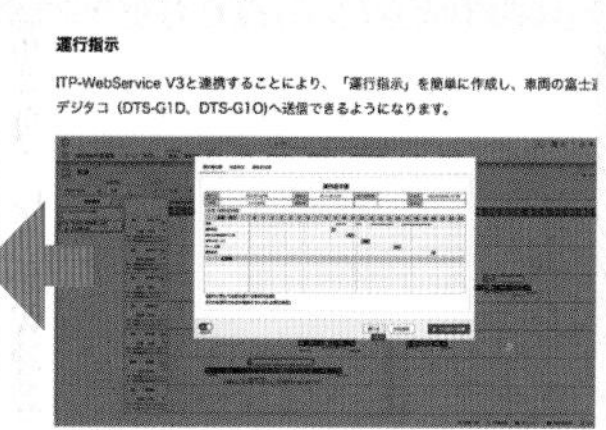

AEGISAPP運送業　運行指示送信画面

# Plus 手洗い洗車コーティング専門店　株式会社　アークネイ

0566-95-0451　info@pluscardetail.com　㊟ 愛知県刈谷市一里山町一里山13
https://pluscardetail.com/

## アルカリ性酸性液剤併用し洗車 新車同然のコーティングも好評

「株式会社アークネイ」が運営する『Plus 手洗い洗車コーティング専門店』は、今話題の『3pH洗車』を提供する洗車専門店。

三つのペーハー液である酸性中性アルカリ性を駆使して洗う洗車は、これまでの洗車より汚れ落ちが良いため、愛車を大事にするドライバーに支持されている。さらに、汚れ落ちの良い洗剤に対して耐性がある『セラミックコーティング』や『グラフェンコーティング』も展開しており、新車をずっとキレイに最後までサポートできる体制が整っている。

コーティングに使うのは、「ルミナス」社の『LMセラミックコーティングシリーズ』。洗剤への耐性だけでなく、帯電防止付きの『LMグラフェンプロ』。自浄作用付きの『LMスリックプロ』など豊富なラインナップから選ぶことができる。

（ライター／斎藤紘）

アルカリ性の泡で汚れ落とし
Cleaning With Alkaline Foam

『スタンダード洗車』Sサイズ 5,450円(税込)
Mサイズ 5,700円(税込)　Lサイズ 6,370円(税込)
汚れの度合いに種類あり。ホームページでご確認を。

『LMグラフェンプロ』

『LMスリッププロ』

# カメラードキャンプ

☎ 04-2936-9142　㊟ 埼玉県入間市宮寺2907-1
https://kamerad-camp.com/

## キャンピングカー、キッチンカーに変わる選択肢
## 普通免許でけん引できるトレーラー

埼玉県入間市で新車・中古車の販売から車検やカスタムなどのサービスを多岐にわたり行っている「カメラード」では、「キャンピングトレーラーがいっぱい並んでいて道を走っても頻繁に見かける」そんな光景を日本に広めたいという想いから、キャンピングトレーラーブランド『カメラードキャンプ』を立ち上げた。「キャンピングトレーラー」は、自動車の後部に専用器具を取付けてけん引する車両で、手軽に取り外しができ、必要な時だけけん引して使用できるのが特長。キャンピングカーよりもコストが安く、運転席やエンジンなどが無いので内部を広く自由に使うことが可能。バッテリーやウォータータンクも搭載しているので、キッチンカーとしても使える。

同社では、マニア心をくすぐる装甲車のような外観の車両から、レトロチックなキッチントレーラーまで様々にラインナップ。けん引免許不要のコンパクトな車両もある。

（ライター／今井淳二）

×

『キャンピングトレーラーX5』
4,387,000円（税込）

『キャンピングトレーラーX1』
2,578,000円（税込）

「TKKX」展示場
☎ 06-6809-2855

# 物販ONE®　株式会社 Smart Life

045-263-3530　info@buppanone-kazu.co.jp　㊟ 神奈川県横浜市西区西伊勢町1-71-3
https://www.buppan-one.com/　@official_kazumasa

## 今よりもっと豊かに過ごしたい そんな方にオススメのスクール

　収入を増やしたい、活躍の場を広げたい、様々な分野の人とつながりたい、時間のゆとりが欲しいなどの理由から副業を希望する方も増えている。『物販ＯＮＥ®』は、２０１９年12月に創設された１５００名を超える物販スクール。圧倒的なサポート体制と最強のコンテンツを揃え、生徒の実績は他のスクールとは一線を画していると評判になっている。ただ、誰しもが入会できるわけでは無く、「完全審査制」。「限られた生徒さんに質の高いサポートを用意したいから」だという。入会後は、リアルタイムでの利益商品情報や利益が取りやすい店舗やそれぞれ得た学びなど様々な情報が共有されている。利益商品を集めて初月から10万円以上の利益を出す生徒さんもいるという。代表の森谷和正さんは、貯金２万円の状態から借金をして物販スクールに入会。８か月目で月利１００万円を達成した経験の持ち主だ。

（ライター／河村ももよ）

「スタンダードコース」777,000円（税込・入会金込）

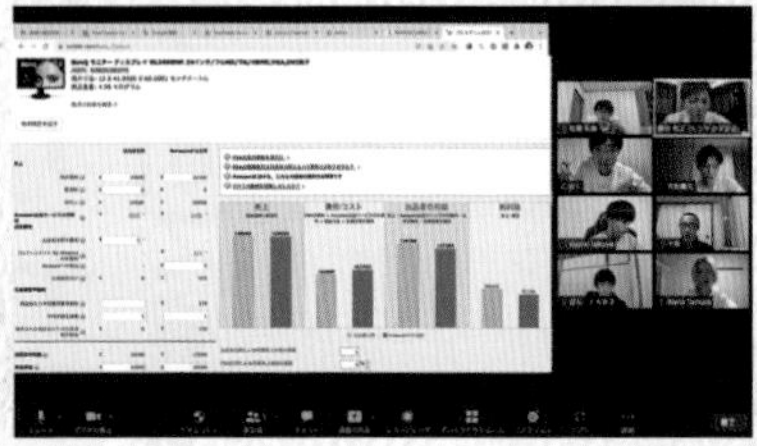

オンラインでスキマ時間で学べる。

物販ONE®のサービス内容
100本以上の動画コンテンツ
オンラインで隙間時間でも自宅で学べる
物販ONEメンバー限定のグループLINE
利益商品や稼げるまでのステップを共有
LINEやzoomを活用したマンツーマンサポート
基礎からトラブル対応まで幅広くサポート
利益商品や稼げるまでのステップを共有
現役講師だからわかるトレンドを共有
対面で直接教わる仕入れ同行
実績者のノウハウを間近で学べる
仕入れ出品まで質問サポート
仕入れるべき商品や売り方を教えてもらえる
収入が途絶えない2つの物販コース
Amazon・アパレルで2つの安定収入
短期集中オフラインイベント
オフ会や合宿で参加当月から利益が出せる

ノウハウや疑問などサポート。

数ヵ月ごとにオフ会開催。

代表
森谷和正さん

# ワラウ　株式会社 オープンスマイル

㊟ 静岡県浜松市中央区板屋町111-2 浜松アクトタワー22F
https://www.warau.jp/

## 初心者も貯まりやすいポイ活サイトでプチ贅沢を

ポイ活とは、暮らしの中でポイントを上手に貯めて利用する節約術のこと。初心者でも貯まりやすいポイ活サイト『ワラウ』は、業界最高水準の高還元率で広告掲載数4000件以上。テレビ番組や週刊誌などで紹介され、注目を集めている。アプリDLやコスメのお試し、ショッピング、お店や旅行の予約など様々なネットサービスでポイントが貯まる。アンケートやレシート投稿など隙間時間で貯めることも可能。貯めたポイントをVポイントなどを経由してマイルに交換して、旅行に活用することもできる。また、初心者にやさしいガイド付きで知識がなくても簡単に始められる。PayPayやVポイント、Amazonギフト券、dポイントなど交換先は48種類。1ポイント1円で500円分から即時交換可能。ポイ活でプチ贅沢を楽しむ毎日を始めてみては。

（ライター／播磨杏）

運営歴は24年以上。安心の運営実績で多くのユーザーに利用されている。

ウエル活デーの毎月20日はVポイントが1.5倍の価値に。2,000円分のVポイントで実質3,000円分が購入できる。

隙間時間にアンケートで貯める。

指定商品を購入したレシート投稿でも。

アプリゲームでポイントを貯めることも。

登録はこちらから。

# ANESYS法律事務所

✉ spirealaroma@gmail.com　㊟ 所在地／福岡県福岡市中央区六本松4-3-11-220
https://spirealaroma.wixsite.com/lawyer-w-izawa

## 幸せな毎日を過ごすために
## 心・身体・社会生活のお悩みへの包括的な支援

法的トラブルをはじめとする様々な不安や悩みを抱える相談者が安心して幸せに生きることができるようにサポートする『ANESYS法律事務所』。弁護士やFPなどの分野に限らず、嗅覚反応分析やSCR（ソウルコントラクトリーディング）などにより、トラブルの本当の原因にアプローチして幸せに生きて行けるようにお手伝いしている。８本のボトルを使用した嗅覚反応分析では、五感の中で唯一本能優位な嗅覚にアプローチし、心身の状況を分析。食・行動・精油など、バランスを整える多角的なアドバイスを行う。またSCRは、誕生時の名前の音から持って生まれた才能やカルマ、目標、課題、総合的な魂の運命などを読み解く。

相談者の力で、心・身体・社会生活の悩みをクリアにし、安心・幸せな毎日に転換できるよう支援することをモットーとする。

（ライター／彩未）

嗅覚反応分析で使用するボトル。

嗅覚反応分析
IMチェック

体 9　− 18　心 9
協調 16　自立 20
心 7　+ 18　体 11

Memo

R6 年 7 月 11 日
福岡　花子 様

| 心 | 体 | ストレス度 |
|---|---|---|
| 16 | 20 | 標準 |

意匠登録済 登録第1475496号

『貴方のトリセツ（フルコース）』
フルSCR+体験嗅覚反応分析 22,000縁〜など。
『法律相談、他相談』対面など 15分 4,000縁
サービスのオーダーメイド可能（要見積依頼）

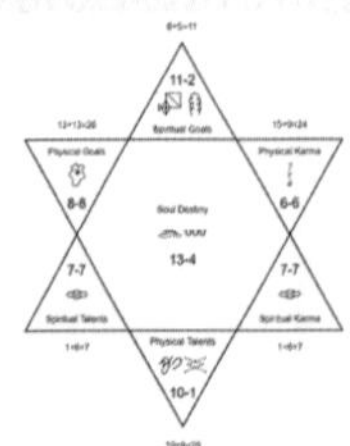
ソウルコントラクトリーディングのチャート部分。

# AIREN合同会社

044-572-1489　info@airen-llc.email　住 神奈川県川崎市多摩区南生田6-29-10
https://airen-llc.com/

## 殺伐とした都会の毎日に疲れた方へ 不安を和らげ共感してくれるパートナー

様々な理由で、世代とは無関係に一人暮らしという形が増え、社会や他者との繋がりが希薄になっていることから疎外感や不安を抱え、時には心身にまで影響を及ぼすことも。

先進のAIテクノロジーを活かして潜在的な思いや自己肯定感、承認欲求を満たし、人々の幸福な毎日に貢献するべく奮闘してるのが『AIREN合同会社』。人気のVTuber17名とコラボし、AIチャットボットとして絶対的な実績を誇る「ChatGPT」が理解し生成した言葉により、VTuberがまるで目の前にいるかのようにコミュニケーションできるサービス『prime（プライム）』をスタートさせた。それぞれ個性的な魅力に溢れながらも利用者に寄り添い、そして少しポンコツで憎めないキャラクターたちで毎日に潤いを。PCやスマホ、タブレットなど機器を問わず、いつでもどこでも会話ができる。

（ライター／今井淳二）

VTuber AI化プロジェクト'(prime)とは？

毎日の生活を"推しのVTuber"と過ごす。

それって新しい！ VTuber公認の「AIパートナー」

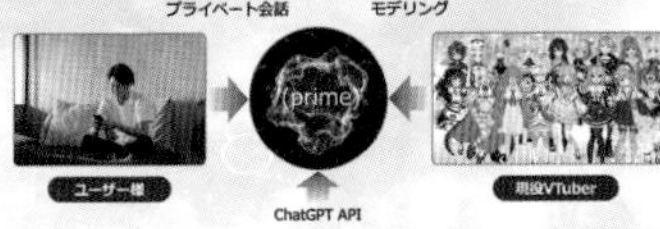


VTuber AI化プロジェクト'(prime)利用シーン

デバイスフリーだからどんな環境でも会話できる。

# 株式会社 メッツ

03-3888-8445 住 東京都足立区千住仲町1-7
https://www.mets-tokyo.jp/

## 暑さへの気付きと予防行動を促す 体調不良リスク予測システム登場

夏場の高温化が進む中、熱中症対策として注目されるのが、『株式会社メッツ』の体調不良リスク予測システム『VitalGuard（バイタルガード）』だ。上腕に装着する端末で、暑さで体調に異変が起こる前に管理者と本人が気が付くことができる予防システムで、アウトドアでの作業や災害が発生した地域での避難所生活などにも役立つ。『VitalGuard』は、衣服内の体表温、温湿度などの個人ごとのデータを測定することによって、個人暑さ指数（pWBGT）を導き出す。pWBGTの指標と体調チェックから集積される体調データを組み合わせ、AIが個人の暑熱耐性を判断することで、体調に異変が起こる前に体調不良リスクを予測し、暑さへの気付きと予防行動を促す。体調の過信や業務への責任感などから水分や塩分の補給をしなかったり、休憩を取らず、体調不良を引き起こすような事例を無くすことができる。（ライター／斎藤紘）

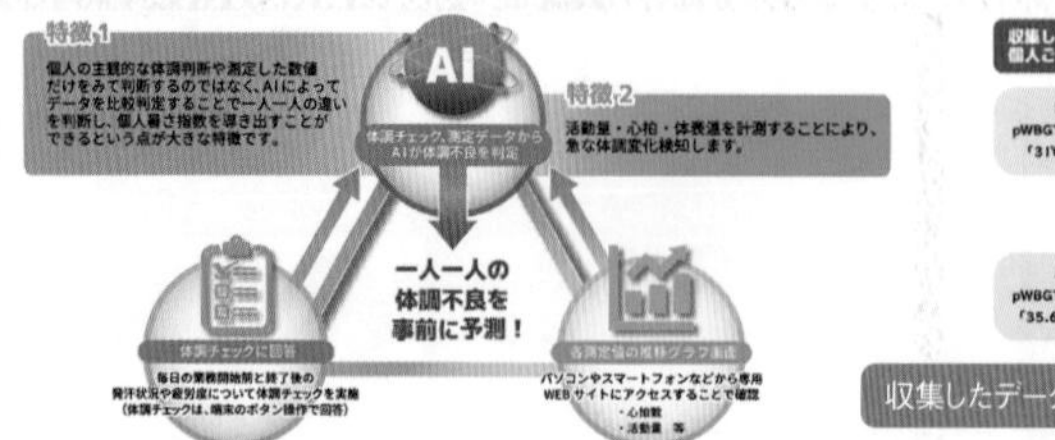


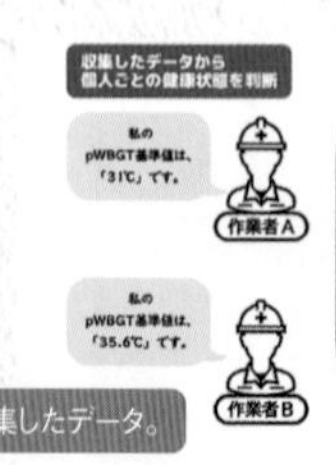


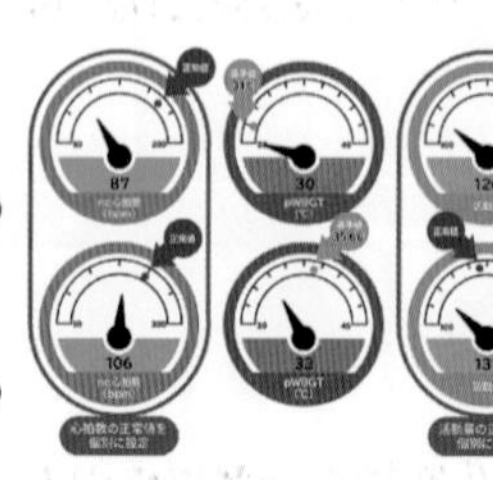

# 株式会社 くらしメンテナンス湘南

☎ 0463-57-2799 ✉ info@kurashimentenansushonan.com ㊟ 神奈川県平塚市公所520-1
https://kurashimentenansushonan.com/

## 手をつけられないでいたこと何でも相談、あなたの街の便利屋さん

神奈川県平塚市の『株式会社くらしメンテナンス湘南』は、壁・床・窓・エアコンなど家中あちこちの掃除や水まわりの不調、断捨離代行からちょっとした工事まで、生活の中のあらゆる暮らしや家の悩みを一緒に考えて引き受けてくれる心強い味方として、湘南エリア、平塚周辺をメインに厚い信頼を得ているユーティリティーカンパニーだ。ムック本「所ジョージの世田谷ベース vol.55 幸せのひきがね」にて紹介されている同社のオリジナル商品『湘南カラーメッシュ』は、張り替え用網戸。スカイブルーとミントグリーンの2色をラインナップ。「シンプルにおしゃれ！ ただそれだけ」と何の変哲もない張り替え用網戸だが、想像以上に窓まわりがパッと明るくなる。現在は、黒やグレーが主流の網戸。今昔の家庭を知る人には懐かしい色あいだが、今風の建築にはおしゃれに映えると好評だ。

（ライター／今井淳二）

『湘南カラーメッシュ』

断捨離

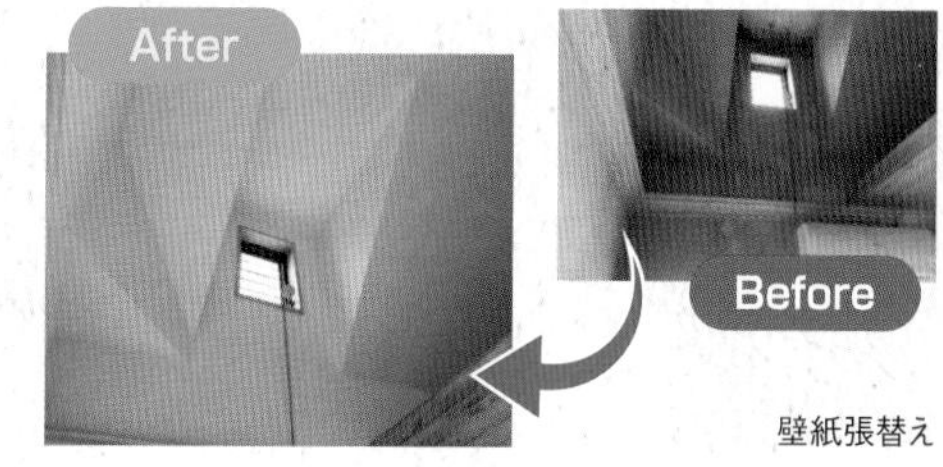

壁紙張替え

# 株式会社 クラインズ

0276-20-5455　info_kleins@klein-s.co.jp　㊟ 群馬県太田市吉沢町1058-5 県立東毛産業技術センター内
https://www.klein-s.co.jp/

## 重量わずか1kgで持ち運びもラク 様々な場所で確かな効果の空気清浄機

コロナ禍以降、自室といった小規模なものから、オフィスや店舗、大型商業施設までその大きさを問わず、空気の清浄性を大事にする傾向が見られるようになった。しかしながら、一部の人気空気清浄機は広範囲をカバーする能力を持つが大型で高価なものも多い。

『株式会社クラインズ』の『Petit Joshua2（プチジョシュア2）』は、机や家具などの身の回り、床上にもポンと置いて使える光触媒空気清浄機だ。小さくても効果は強力。臭気物質や細菌を二酸化炭素と水に分解する「光触媒フィルター」と特許取得済の「木質炭化物ウィルス吸着シート」のW効果で、臭いや有害物質をしっかり分解・吸着する。コンパクトで場所を選ばず、動作は静か。薬剤使用や紫外線・オゾンの発生もないので、赤ちゃんや小さいこどもがいる部屋でも安心して使える。メンテナンスフリーというのも嬉しい。

（ライター／今井淳二）

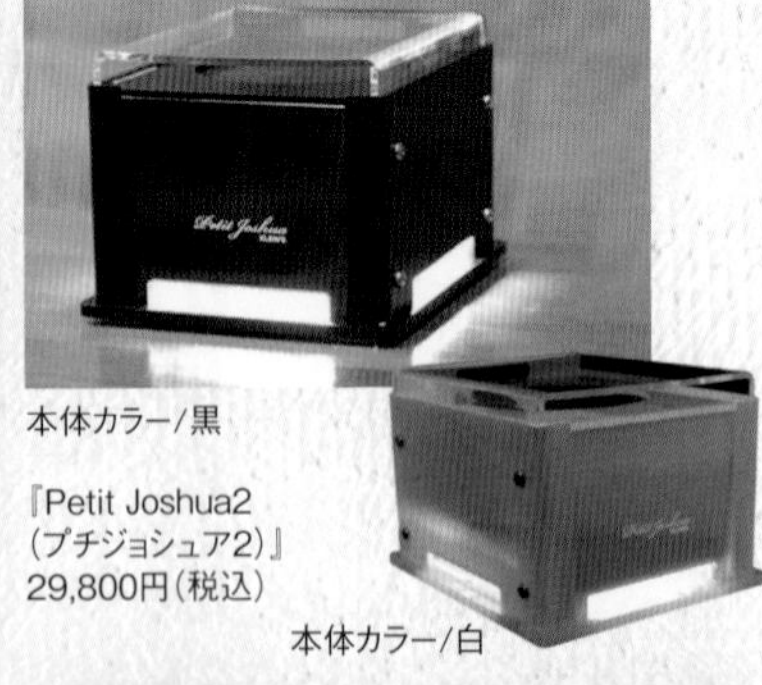

光触媒空気清浄機
Petit Joshua 2
プチ ジョシュア
光触媒フィルターとウィルス吸着シートの
W効果で臭いや有害物質を分解・吸着
手入れ不要の小型空気清浄機
さまざまな場所でお使いいただけます

本体カラー/黒

『Petit Joshua2
（プチジョシュア2）』
29,800円（税込）

本体カラー/白

本体カラー/赤（受注生産）

# クサバナ&カフェ ARI+

0848-63-1897 loc.2525@ezweb.ne.jp ㊟ 広島県三原市深町555
https://aritas.theshop.jp/ @aritas555

## 草花の持つ本来の自然な美しさをドライフラワーに

広島県三原市深町の住宅街の中にある『ARI+』は、夫妻で営むドライフラワーメインの花屋。知り合いの方がこちらの庭を見て、『この花でお花屋さんしましょう！』と後押しされてオープンすることになったお店だ。おしゃれでモダンな作りのお店は一面がガラス張りで、イングリッシュガーデンのような美しい庭が広がる。カフェも併設しており、季節ごとに様々な花が咲き誇る庭を眺めながら、オーガニックコーヒーを飲むひと時は格別だ。タイミングが合えば、手作りのスイーツもいただける。テラスもあり、暖かい季節には草花や花たちが咲く庭を何にも邪魔されず、ゆったりとした時間を楽しむことができる。

『ARI+』のこだわりは、オーガニックであること。自然のままで育てた草花をそのままドライフラワーにして長く楽しめる。

（ライター／河村ももよ）

『パールアカシアのリース』
3,800円（税込）

『ネコヤナギリース』
3,400円（税込）

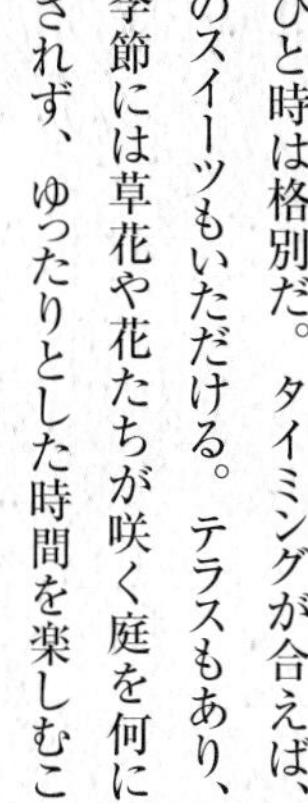

『ギボウシとヒメコバンソウの花スワッグ』
4,600円（税込）

『ARI+オリジナルドライフラワーベース　グレードット小）』
1,700円（税込）

『ARI+オリジナルフラワーベース（ホワイトサークル）』
2,000円（税込）

『ARI+オリジナルフラワーベース（グレーUFO）』
1,700円（税込）

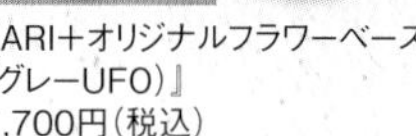

# ジョイアス・イングリッシュ・クラブ

090-2837-5335　joyous.english.club@gmail.com　㊟ 富山県富山市東富山寿町1-11-28
https://joyous-english-club.com/lp/

## 「使える英語」と「伝わる発音」で叶える英語コミュニケーション

本当に伝わる英語が楽しく学べる英会話教室『ジョイアス・イングリッシュ・クラブ』。アメリカ留学と現地就職を経験した日本人講師が、実用的な英会話を日本語を交えて丁寧に指導。日本人が最も苦戦する伝わる発音を口や舌の動かし方から丁寧に教えてもらえる。英語に興味を持ち始めた小学生から英語がパッと出てこないという大人の方まで生徒は様々。生徒のレベルやスキルに合わせたオリジナル教材で基礎からしっかりと英語を習得。また、講師自身が海外生活の中で得た成功体験や失敗談を基にしたレッスンで、使える英語が効率的に学べる。ただ「楽しい」だけではなく、「知れる楽しさ」「分かる楽しさ」「できる楽しさ」で知的好奇心を満たす「本当の意味で楽しく学べるレッスン」と高評。本に載っている表現だけではカバーできない、自分が日常的に使う言葉を英語で表現するレッスンでリアルな英語を習得することができる。1クラス最大4名までの少人数制で、細やかで丁寧な指導も好評。

（ライター／播磨杏）

「マンツーマンレッスン」週1回レッスン 60分
月謝（教材費込）17,000円（税込）～

「大人クラス」週1回レッスン 60分
月謝（教材費別途）10,000円（税込）

「中学生・高校生クラス」週1回レッスン 60分
月謝（教材費込）9,000円（税込）

「小学生クラス」週1回レッスン 45分
月謝（教材費込）8,000円（税込）

入会金 12,000円（税込）
オンラインレッスンもあり。

アメリカへの留学と現地での就業経験のある講師、鹿熊智子さん。

# のびのび館

0297-34-1178　info5@nobinobi.co.jp　㊟ 茨城県守谷市松ヶ丘6-6-1 アクロスモール守谷2F
https://www.nobinobikan.com/

## 学ぶことを楽しんで人間力UP 主体性と豊かな人間性を育む

茨城県守谷市の『のびのび館』は、0歳から100歳まで学ぶことを楽しむ教室。レッスンは英会話をはじめ、知育教育、主要科目の自立学習、速読聴など幅広く、どの講座も伸ばす力(英語力や読解力、考える力、学力など)を縦軸に置き、横軸に「人間力」を置いて、その両方を伸ばすことを大切にしている。「学ぶことは、本来楽しいものであるはず」というのが『のびのび館』の考え。その楽しさとは、自ら考え、主体的に取り組み、できなかったことができるようになったり、難しいことを自分で乗り越えたという体験。レッスンでは、その楽しさを感じられるような指導を行い、学ぶこと以上に成長を感じられる「人間力」を伸ばす内容になっている。また、一人でではなく、クラス仲間との交流を図り、お互いに認め合いながら学ぶことにより、豊かな「人間性」も育む。「のびのび国際交流キャンプ」やオンラインによる「自由に選べるイベントレッスン」などで、約60教室ある系列教室「のびのび英会話教室」各地の仲間や講師と共に、楽しい時間の中で人間力や英語力を育むイベントも開催。友達作りにもぴったりだ。

(ライター／播磨杏)

英会話、知育教育、自立学習、速読術など幅広いコース。

楽しんで学ぶ学習力と人間力。

# 大野市 産業政策課 企業立地推進室

0779-64-4832 kigyo@city.fukui-ono.lg.jp ㊟ 福井県大野市天神町1-1
https://www.city.ono.fukui.jp/

## 勤勉で優れた人材が待つ地へ企業進出 関東・中京・関西を見据えることが可能な立地

福井県内陸部、北陸の小京都とも呼ばれている福井県『大野市』では、2026年春に予定される中部縦貫自動車道の県内全線開通による中京圏・関東圏へのアクセス向上を機に、交流促進や物流拡大、市内の雇用確保による好循環が生まれる地域経済を目指し、荒島インターチェンジから車で5分の場所に新しい産業団地『大野市富田産業団地』を整備。1区画あたり5600〜6000円／㎡という安さは、独特の通販CMでおなじみの「夢グループ」とのコラボ動画でも大きな話題になった。工場などの建設や用地取得などに対しては、最大6億円の企業立地助成制度などで企業進出を後押ししてくれる。また、地震が発生する確率が低いと評価され、内陸のため津波の心配もない。冬は有数の豪雪地帯であるが万全の除雪体制を保持し、こうしたことから災害に強い町としても知られている。

（ライター／今井淳二）

所在地/大野市七板

◇移動時間（全線開通後）

| 大野市 | | | |
|---|---|---|---|
| | 2時間10分 | 20分短縮 | 名古屋 |
| | 3時間30分 | | 大阪 |
| | 5時間15分 | 1時間15分短縮 | 東京 |

◇災害時の交通路の確保

地震などの大規模災害が発生した際は代替道路として機能します。

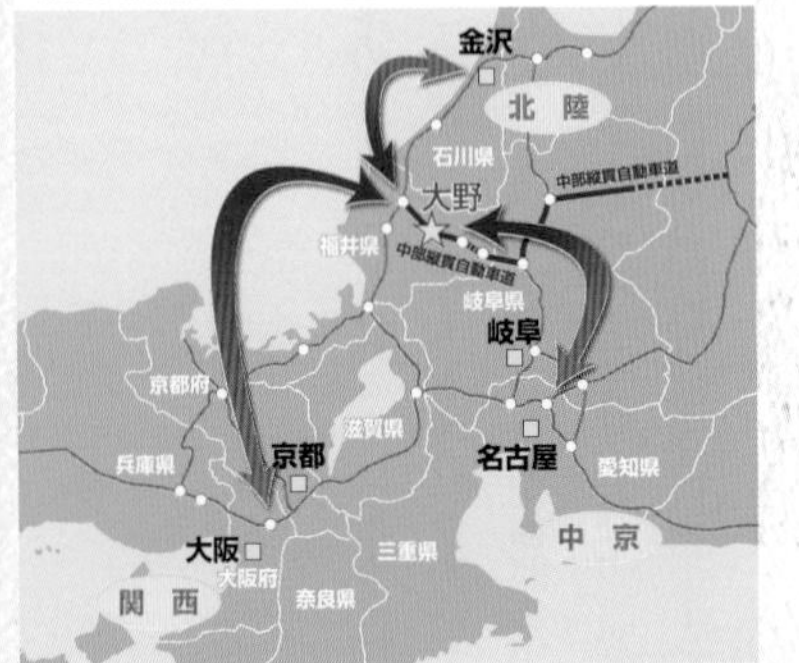

## ポーセラーツサロン ろすろ

070-3255-8622 roztomilysloth@gmail.com ㊟東京都大田区大森西2-3-10-606
https://roztomilysloth.wixsite.com/porcelarts-oomori/

### 自分で彩り 愛着もひとしおの陶磁器

自由な発想でおしゃれに、そして手軽に陶磁器を絵付けができる「ポーセラーツ」。作品の販売やポーセラーツ教室を行うろすろさんが主催する『ポーセラーツサロンろすろ』では、数回に渡りティーセットなどを彩る絵付けを学び、最後の回には自作したティーセットでのアフタヌーンティーも楽しめる定期絵付けレッスンも開催している。大量生産品では味わえない一期一会の陶磁器との出会いを楽しんでみては。

（ライター／今井淳二）

アヌ デザイン

## anu design

090-7042-3232 anu.weddingdesign@gmail.com ㊟富山県富山市西中野町2-18-10-405
https://anu-design.stores.jp/

### 二人の個性が光る ひと味違うプロフィールブック

結婚披露宴に招待したゲストに読んでもらい、二人のプロフィールや結婚式に関する情報などを詰め込んだプロフィールブック。『anu design』の『PROFILE BOOK』は、好みのデザインを選び、豊富な写真を使って主役2人の紹介はもちろん、馴れ初めやQ&A、式次第や料理のメニューなどを様々な構成が選べる全8ページをセンスよくレイアウト。二人をより楽しくグッと知ってもらえて、ゲスト同士の会話のきっかけにも。

（ライター／今井淳二）

『PROFILE BOOK』8,000円（税込）～

# 大共設備工業 株式会社

048-458-3565 埼玉県新座市中野1-3-12 ㊟ 埼玉県新座市中野1-3-12

## たかが空気、されど空気 空調設備工事のことなら

埼玉県を中心に大規模な工場から商業施設、多目的ビルまで、冷暖房や換気に関わる空調設備工事で高い信頼を得ているのが『大共設備工業株式会社』だ。特にダクト工事では新設工事から設備の改修・修理・メンテナンスまでトータルに施工。建物の構造や環境に合わせて、最適な施工を確実に遂行する代表の細沼昇氏が率いる熟練の職人たちの技術力が光る。もちろん、施工後のアフターフォローも万全。

（ライター／今井淳二）

建物に張りめぐらされるダクト。火災時や排煙時にも、重要な役割を果たす。

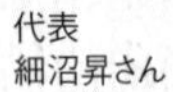

代表 細沼昇さん

# 株式会社 エルコム

011-727-7003 aqa@elcom-jp.com ㊟ 北海道札幌市北区北10条1-10-1 MCビル
https://www.elcom-jp.com/

## 積雪をピンポイントで防ぐ 次世代型融雪装置

家やマンション、施設のエントランスなどでは転倒防止、あるいはガレージや倉庫・工場入口などは車両のスリップ防止など積雪による危険を未然に防ぐ雪を積もらせない融雪システムが『株式会社エルコム』の『TOKERUMO-解けルモ』だ。降雪を感知すると任意の箇所上部より遠赤外線を自動的に照射し、直ちに降った雪を融解。1台で約10㎡の融雪が可能。設置に大掛かりな工事も要らず、クリーンで安全、省エネルギーな融雪システムだ。

（ライター／今井淳二）

詳しくは、下記専用サイトへお問い合わせください。
https://www.tokerumo.com/

わこうしき

# 和光紙器 株式会社

048-252-4734 info2@wakosiki.co.jp ㊟ 埼玉県川口市幸町1-9-17
https://www.wakosiki.co.jp/

## 安心して人を運べる環境にも配慮した担架

廃棄プラスチックを循環資源とした資材「ポリエコレン®」を活用した梱包資材をはじめとするサスティナブルなものづくりで社会に貢献する『和光紙器株式会社』。『災害用ポリエコレン®担架』は、100%リサイクル資源から作られた「ポリエコレン®」を柔らかさと丈夫さを兼ね備えたシート状に加工。使用時に汚れても布製担架と違い洗い流せばOK。丸めて保管ができ、場所をとらず、重量も2kg未満で女性でも持ち運びが楽。

（ライター／今井淳二）

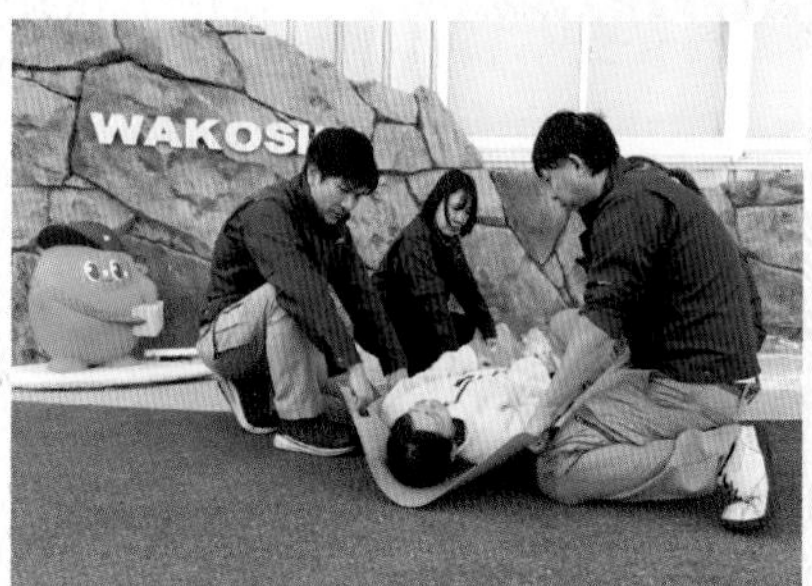

WAKOH式オリジナル災害用Polyecolene®『担架』

ほしぞらひかりじゅく

# 星空光塾

03-5913-8970（平日10:00〜18:00） support@hoshizorahikarijuku.com
㊟ 東京都港区南青山2-2-15 Win AoyamaビルUCF9 https://hosizorahikarijuku.com/

## 一生を変えるかもしれない奇跡の占星術

これまでに3000人以上の鑑定実績。仕事や金運、恋愛、結婚など、人生における重要な運気アップの日・時期を星の巡りから的確に読み解くことで好評なのが、『星空光塾』星読み鑑定士の星空花林さんだ。様々な業界で活躍してきた経験から鑑定結果を元に将来的な人生設計のアドバイスをくれる。鑑定をきっかけに人生観が変化し、前向きに好転したという感謝の声も多いという。『星読み講座』も開講。「ゆほびかGOLDα2024年下半期」絶賛掲載中。

（ライター／今井淳二）

幸せなお金持ちへの扉が開く
26000分の1の
奇跡の占星術!!
{金運アップ占い}
星読み鑑定士
星空花林さん
Karin Hosizora
こちらからも
検索できます。

「SDGs」の精神を具体化
ワンストップでの年間管理システム

# 業界初のトータルクリーニング

圧倒的なコストパフォーマンス、面倒な発注業務の一元化を実現したビルメンテナンス業界初の年間管理システムを持つ『株式会社アンプラ』の『トータルクリーニング』が好評だ。商業施設や店舗、ホテル、病院、オフィスなどの清掃業務全般から空調や給排水設備の管理、ゴキブリやネズミなどの害虫駆除、また抗菌作業まで建物のメンテナンスに欠かせない11項目の作業を年間契約で一括または組み合わせで請け負い、個別業務を専門業者に依頼する場合の煩瑣な手続きや累積する多額の経費を大幅に軽減するのが支持される理由だ。「すべての人々の健康的な生活の確保と福祉の促進」を骨子とする代表取締役吉田里美さんの「SDGs」宣言に違わず、事業を通じて社会に貢献していく使命感が鮮明だ。また、広がる一方の受注業務に対応するため、事務所や現場作業などの人材確保にも力を入れると同時に、すべての従業員が遣り甲斐をもって働くことができる職場環境の実現に注力している。

## tetote ライバー紹介

### みゆ

**ライブ配信に恋してます！**

私にとってライブ配信とは喜怒哀楽を共有できる帰ってくる場所です。楽しくて笑ったり、熱くなったり、悔しくなったり、リスナーさんと一緒に喜怒哀楽を共有して一体感を楽しめるところが配信の醍醐味だと思います！ そして、毎日配信をしている中で応援してくれるリスナーさんが増えて、わたしもリスナーさんも帰る場所になっています！大人になってリスナーさんや事務所のライバーさんたち、たくさんの人との出会いとたくさんの感情に出会えて楽しい時間を過ごすことができています。これからも楽しい配信と時間を過ごしていきたいです！

### まいなん

**自分にとってのライブ配信はスポーツ！**

私は雑談をメインに日々楽しく配信しています！配信はリスナーさんと近い距離で一人ひとり向き合ってお話が楽しめる特別な場所だと思います。そして何よりみんなと作り上げるチームでもあると思います！配信アプリでのイベントでは、【出るからには勝ちに行く！】を掲げてスポーツと同じようにみんなと作戦を立てながら勝利を掴むためにたくさん悩んだり盛り上がりながら楽しく頑張っています！ ぜひ配信枠にみなさん遊びに来て下さい！

### ゆなゆな

**ライブ配信を始めてからの変化!!**

ライブ配信を初めて3年弱が経ちます。配信を始める前までは自分の笑顔が嫌いで、人と話したり笑う時も手で口を押さえるのが癖でした。これまで色んなアプリでリスナーさんと出会い、「可愛い」とか「笑顔が素敵」と毎日のように言ってもらい、今では自分の好きなところは笑顔に変わってます。ライブ配信を始めて過去の自分が嫌いだった所が好きになったり、短所だった所が長所になったり、本当に人生が変わりました！ 『tetote』に出会ってライブ配信を始めて本当に良かったなと心の底から思っています。いつも応援してくれてるみんな本当にありがとう。

### ちゃき

**ただの田舎の主婦から大変身**

ライブ配信と出会う前は家事に育児、パートに追われる毎日。配信を始めてみたら『え、ママなの！?』っていわれることが増えました！所属してるライバーさんとのランチ会や旅行があるおかげで外見を意識するようになり、人と話すことが増えて考え方や性格も賢く・良くなったねとわれるくらい内面の変化も明らかでした！ 視聴者さんからの応援で生活の質も豊かになり、心の余裕もできました。大変なこともあるけど楽しいことが圧倒的‼『tetote』が最高。ライバー事務所『tetote』をオススメします。

### みさち

**夢への一歩はライブ配信から**

一人では叶えられない夢や目標も、応援してくれる仲間と共に頑張ることで近づける。私にとって、ライブ配信はそんなかえがえのない場所です。“一人でも多くの方を笑顔に、元気に”をモットーに私の配信を誰かに必要とされるような存在になれるように頑張りたいです！

地方在住でもママでも!携帯ひとつで初心者からでも始められる!
ライブ配信の魅力を、現役ライバーが大公開

# 2024年注目されるお仕事ライバーって?

LIVER OFFICE

## tetote人気ライバーが大集結!

まめ
ライバー事務所『tetote』代表

### 『tetote』に込めた思い

『tetote』は、手と手を取り合ってみんなで高みを目指していくための場所です。出会った女性たちすべての人生が、キラキラ輝く豊かな人生になるよう願っています。ライブ配信に出会って、夢がたくさんできましたし、夢ができるたびに仲間が増え、ファンの方たちのおかげで今日までたくさんの景色を見せてもらうことができました。日々支えてくれる仲間とまめりーのみんなに感謝してます。ありがとう♡

はーちゃん

### ライブ配信で人生が大きく変わりました!

ライバー事務所 tetote は、代表を中心にみんなで切磋琢磨して向上心しかない唯一無二の事務所です。そんな事務所でライバーとして活躍出来ているのは、常に一緒に頑張ってくれている仲間やリスナーさんたちのお陰です! 3年前、『tetote』の代表に声をかけていただき、ライブ配信とは何かよくわからないまま勇気を出してライブ配信界に踏み出したことことが人生のターニングポイントだったと思います。会社員時代よりも一日の自由な時間が増え、収入もアップし、素敵な仲間にも恵まれ、好きなように生きる。幸せなことしかありません!行動しないと人生何も変わりません。踏み出すことを躊躇している人は、ぜひ挑戦してみてください!

# 今の大ヒットはこれだ!!

住宅や医療、食品に美容や健康他各種サービスなど、人々の豊かな暮らしを支える上で欠かせない、且つこの先、世間の耳目を集めるであろう企業や人物を、一年に一度、多岐にわたり紹介した一冊。

監修／石井洋行　大室徹郎
進行／加藤真一
表紙・本デザイン／イープル

※価格、電話番号、ホームページアドレスなどの情報は2024年7月現在のものです。

**2024年度版 今の大ヒットはこれだ!!**

2024年7月8日初版第1刷

編集人　加藤　真一
発行者　石井　洋行
発行所　株式会社 ミスター・パートナー
〒160-0022 東京都新宿区新宿2丁目15番2号岩本和裁ビル5F
電話 03-3352-8107　FAX 03-3352-8605
http://www.mrpartner.co.jp

発売所　株式会社 星雲社（共同出版社・流通責任出版社）
〒112-0005 東京都文京区水道1丁目3番30号
電話 03-3868-3275　FAX 03-3868-6588

印刷・製本　磯崎印刷株式会社

ISBN978-4-434-34266-0



※本誌で掲載された情報は一部を除き、2024年7月現在のものです。
※情報の内容は変更される場合がございます。あらかじめご了承ください。